审计感悟

林忠华 著

立信会计出版社
LIXIN ACCOUNTING PUBLISHING HOUSE

图书在版编目(CIP)数据

审计感悟/林忠华著. —上海：立信会计出版社，2016.7
ISBN 978-7-5429-5083-3

Ⅰ.①审… Ⅱ①林… Ⅲ.①审计—文集　Ⅳ.①F239-53

中国版本图书馆 CIP 数据核字(2016)第 145929 号

策划编辑　窦瀚修
责任编辑　洪梅春　王　倩
封面设计　南房间

审计感悟
Shenji Ganwu

出版发行	立信会计出版社
地　　址	上海市中山西路 2230 号　邮政编码　200235
电　　话	(021)64411389　传　真　(021)64411325
网　　址	www.lixinaph.com　电子邮箱　lxaph@sh163.net
网上书店	www.shlx.net　电　话　(021)64411071
经　　销	各地新华书店
印　　刷	江苏凤凰数码印务有限公司
开　　本	710 毫米×1000 毫米　1/16
印　　张	35.5
字　　数	579 千字
版　　次	2016 年 7 月第 1 版
印　　次	2017 年 7 月第 3 次
书　　号	ISBN 978-7-5429-5083-3/F
定　　价	65.00 元

如有印订差错，请与本社联系调换

前　　言

　　我自1992年3月从国有大型企业调入上海市审计局工作,至今已有25个春秋。在长达四分之一世纪的审计工作生涯中,我从事或负责过审计政务、审计业务、审计管理、审计科研等多岗位、多方面工作,亲历或见证了审计工作的一些重大事件和重要任务。25年来,工作之余,我勤于思考,笔耕不辍,写了一系列探索和反映审计工作发展的论文、评论和新闻,并发表于杂志、报纸。为了缅怀历史,总结经验,激励后人,增加读者对审计工作和审计历史的了解,我将自己散见于各种杂志、报纸的有关审计工作的旧作新文整理结集,取名《审计感悟》。

　　《审计感悟》有三个部分:一是审计论文篇。共收录了本人撰写并发表的31篇审计论述文章,所涉内容较为广泛。这既是本人多年来对审计工作孜孜以求的探索和思考,也从不同侧面反映了上海审计工作的成果和经验。二是审计评论篇。共收录了本人撰写并发表的45篇审计评论文章,其中大部分是为《上海审计》杂志撰写的特约评论员文章。以言论的形式,展现了上海审计工作发展的历史轨迹。三是审计新闻篇。共收录了本人撰写并发表的81篇审计新闻稿,其中包括一些专题新闻稿。以新闻的形式,从多角度、多方面真实记录了上海审计的发展历程和工作业绩。

　　《审计感悟》还附录了本人参加审计课题研究、参加审计图书编审和志书年鉴编纂、参加审计工作报告和审计法规规章规范性文件专项材料起草、组织汇编审计制度规范课题研究成果论文讲义、出席或参加重要审计会议、参与组织重要审计会议或活动、参与接待或陪同有关领导考察调研、参加审计考察调研活动、参加审计项目评选、组织或参加审计学术交流活动、主持培训班和法制讲座、应邀作专题讲座或报告、参加高级专业技术职务任职资格评审、参与接待来沪访问的外国审计代表团、访问境外审计机构等情况。

附录记录了本人经历的一个时期上海审计工作法制化制度化规范化建设、审计政务、审计业务、审计科研、审计培训、审计外事工作等发展概况。

审计是崇高而大有希望的事业，从事审计工作是本人的幸运。25年的审计工作历经风雨，成绩斐然。《审计感悟》既记录了本人对审计工作的心得体会，同时也是上海审计工作发展的真实写照。以史为鉴，继往开来。若这本文集能有益于读者，有利于扩大审计影响、促进审计发展，则是本人最大的心愿。

本书的汇编，得到了上海市审计局办公室姜龙娣、胡培培、周阿江，经济责任审计处钱红喜，上海市审计科学研究所王桂萍、孙玛等的大力协助，在此一并表示感谢。

林忠华
2016年6月于上海

目　　录

审计论文篇

3	股份合作制企业审计调查浅析
9	中外合资企业审计浅析
14	探索审计宣传工作的有效途径
18	探索提高本级财政审计两个报告的质量
23	抓好经济责任审计　促进考核建设工作
28	进一步发挥审计在上海国有资产运行中的监督作用
33	试论对国家计划执行情况的审计监督
46	试析当前财政和国资领域的两项改革
50	政府投资项目效益审计初探
53	关于深化经济责任审计的若干思考
59	关于推进内部审计工作的若干思考
65	上海市管领导干部经济责任审计新特点
70	经济责任审计需研究改进的若干问题
77	企业内部控制初探
81	企业集团财务监管与审计监督
87	撰写审计报告和审计调查报告的有关要求
100	关于加强审计质量管理的若干思考
107	关于上海审计立法的若干思考
117	四个经典管理理论对审计管理的启示

121	当前审计面临的四大挑战及对策
126	审计人员应当具备的主要知识和能力浅析
131	国家和政府资产负债表初探
150	加强对大气污染防治的审计监督
158	探索领导干部自然资源资产离任审计
169	绩效审计方法探析
178	关于规范审计行为与加强审计质量控制的若干思考
189	外国审计机关绩效审计探析
200	促进审计教育界与审计实务界优势互补协同发展
206	"一带一路"战略与企业境外资产审计
218	联网审计：非现场审计的思考
238	我国审计组织体系浅析

审计评论篇

253	振奋精神　真抓实干　把强化审计监督的各项任务落到实处
257	认真学习　积极宣传　切实贯彻《审计法》
259	维护财经秩序的重要法律
261	贯彻《审计法》　迎接新三年
264	努力开创审计工作新局面
267	新年献辞——齐心协力　再创佳绩
269	高举伟大旗帜　推进审计事业
271	新年献辞——抓住新机遇　开创新局面
273	新年献辞——把审计工作推向新的发展阶段
275	突出重点　注重分析　讲求效果
278	跨入新世纪　再创新业绩
280	一个出色的审计调查项目
282	一个成功的审计调查项目

284	政府的厚望　审计的重任
286	经济责任审计的重要规章
288	推进内部审计的重要文件
290	严谨细致　精益求精
293	进一步做好审计理论研究工作
295	全面贯彻国家审计准则
297	加快审计工作法制化制度化规范化建设
299	充分发挥青年在审计理论研究中的生力军作用
301	大力推进审计信息化建设
303	上海审计法制建设的重大成果
305	用中共十八大精神指导做好审计工作
307	巨大的鼓舞　发展的良机
309	全面提升审计工作质量和水平
311	审计工作要努力促进改革创新
313	审计工作要更好地服务大局
315	继往开来　再建新功
318	审计整改要形成长效机制
320	审计工作要总结经验继往开来
322	紧紧围绕改革、发展、反腐加强审计监督
324	打造纪律严明的审计铁军
326	把上海市审计科研工作提高到新水平
328	坚持推动发展改革和惩治腐败"两手抓"
330	让绩效审计之花遍地开放
332	加强审计工作的纲领性文件
334	审计工作要做到"四个紧紧盯住"
336	迎接审计理论研究的春天
338	在践行"三严三实"中发挥审计作用
340	进一步加大审计执法力度
342	推动审计工作在新时期实现新发展

344	充分发挥审计在党和国家监督体系中的重要作用
346	审计工作要适应新常态践行新理念
348	大力倡导研究型审计

审计新闻篇

353	本市审计工作将有重大改进
354	审计工作要为宏观管理服务
355	商业用房体制亟待改革
358	黄浦区审计咨询业发展迅速
359	中外合资合作企业审计新法颁布
360	上海基建审计成绩斐然
362	劳动制度改革激发了职工的经营积极性
364	落实中央宏观调控决策　市审计局强化监督职能
366	石门一路北段形成服饰商业街
367	房地产企业财务管理亟待加强
369	东亚运主会场工程审计结束
370	特色商办工业应予扶持
372	上海一些基层供销社效益滑坡
374	上海加强新开工建设项目资金来源审计
375	黄浦区审计局围绕"四大资源"加强审计监督
376	上海将从五个方面调整审计工作
378	本市建筑市场发生六大变化
380	全国十五城区交流审计工作
381	本市城镇集体企业股份合作制发展迅速
383	襄阳南路电器街有特色
384	黄浦区积极发展区域证券业
385	企业实行股份合作制亟需规范化
387	城市信用社亟待加强贷款管理

389	司法审计事务所享誉沪上
391	上海市审计中心今成立
392	上海开展专项建设资金审计
393	本市聘任 13 名特约审计员
394	今年全市审计项目千余个
395	本市餐饮业财务管理亟待加强
396	对个人承包集体企业应加强管理
398	本市审计调查菜地建设基金
399	本市部分企业三产为何不景气
400	本市将对重大项目实施跟踪审计
401	《上海市审计师事务所规定》出台
402	本市举行大型审计咨询活动
403	上海审计立大功　十年节财二十亿
404	上海十四家审计师事务所跻身全国百强
405	十年长征路　一朝喜相庆
407	审计机关领导上街宣传《审计法》
408	《审计法》将于明年元旦起施行
409	关于《审计法》的问答
411	上海加强企业内部审计工作
412	企业建制必须强化"铁算盘"
413	审计审出大钱来
414	上海"十佳审计新秀"上榜亮相
415	今年金融审计重点:资产负债损益
416	外资审计瞄准效益和规模
417	本市今年审计工作重点已定
419	上海表彰内部审计先进
420	上海审计:对经济监督有效
421	金山县建立乡镇审计室
422	量体裁衣　锱铢必较

423	我国形成多层次外资审计格局
424	上海确定今年审计重点
425	申城评出"十佳审计青年"
426	市审计局"透明"办公
427	本市审计工作"锁定"目标
428	本市清查审计粮食亏损挂账
429	请党外人士当审计"高参"
430	280亿元违规金额无所遁形
431	审计十五载　节支八十亿
433	锐意进取　广开新路
435	历年来最好的审计报告
438	查大案要案线索　抓经济责任审计
441	上海确定五项审计任务
442	上海市审计局促进国有企业监事会建设
444	上海地区CIA考生就地报名
445	上海市实行经济责任审计工作联席会议制度
447	上海市审计局加大对口支援力度
448	加强审计监督　促进经济发展
453	上海市审计局提出审计综合工作四个重点
454	审计工作要总结经验加强研究提高层次
456	12名新聘特约审计员"上岗"
457	上海市市长韩正要求:审计要确保权为民所用
458	上海出台领导干部经济责任审计办法
460	上海要求进一步加强内部审计工作
461	上海加强市管干部经济责任审计
462	上海组织交流区县经济责任审计工作经验
463	上海出台经济责任审计结果运用办法
464	珍贵的照片　难忘的回忆
469	我与《上海审计》杂志

附录　个人审计工作经历

479	参加审计课题研究情况
484	参加审计图书编审和志书年鉴编纂情况
486	参加审计工作报告审计法规规章规范性文件专项材料起草情况
491	组织汇编审计制度规范课题研究成果论文讲义情况
496	出席或参加重要审计会议情况
505	参与组织重要审计会议或活动情况
515	参与接待或陪同有关领导考察调研情况
522	参加审计考察调研活动情况
526	参加审计项目评选情况
528	组织或参加审计学术交流活动情况
537	主持培训班和法制讲座情况
540	应邀作专题讲座或报告情况
545	参加高级专业技术职务任职资格评审情况
546	参与接待来沪访问的外国审计代表团情况
550	访问境外审计机构情况
552	任职与参加学习培训和考核奖励情况

审计
论文篇

股份合作制企业审计调查浅析

去年以来,本市股份合作制试点工作取得了明显的进展。截至今年5月底,全市试行股份合作制的城镇集体企业已达1 800户。为完善和规范股份合作制试点,促进其健康发展,今年上半年,黄浦、静安、徐汇、长宁、杨浦、南市、松江等区县审计局先后对本地区试行股份合作制的共70家企业进行了审计调查。调查结果表明:有关地区的股份合作制试点进展比较顺利,其发展是健康的;试点企业试行股份合作制的时间虽不长,但已取得了初步成效;然而在股份合作制试点中还存在着一些有待完善和解决的问题。

一、股份合作制试点取得的初步成效

作为集体所有制经济的一种实现形式,股份合作制恢复了集体经济的性质和特点,对促进集体企业转换经营机制、增强企业活力以及提高经济效益产生了积极效应。

1. 拓宽了资金来源渠道,增强了企业发展实力。上海城镇集体企业发展中的一个突出问题是资金紧缺。试行股份合作制,把职工手头的消费资金转化为生产发展资金,起到了弥补企业资金不足、增加企业生产经营投入、增强企业发展实力的积极作用。黄浦区商委系统6户老集体企业,改制前注册资金共计为312.7万元,改制后注册股本总额达595万元,较改制前增加了近一倍,其中个人股397.5万元,占总股金的67%。黄浦区集成实业公司将改制所集的100万元股金,用于调网并店、扩大经营规模、改善购物环境、调整商品结构、提高经营档次,先后在北京路开设了五金、电器等联营企业,在黄河路凤阳路开设了酒楼,在九江路开设了服装店,形成了"一业为主、多种经营"的经营战略。公司经济效益明显提高,所属企业的年利润总额已从原20万元提高到60万元。

2. 形成了企业和职工的命运共同体,调动了广大职工的劳动积极性和创造性。试行股份合作制,逐步体现了产权的人格化。职工投资入股后,既是企业的生产者,又是部分生产资料的占有者。职工与企业利益共享、风险共担,增强了职工的主人翁意识,激发了职工的工作热情和创造性。在过去,松江轧花厂的生产设备稍有毛病,生产工人撒手不管,现在机器出了故障需调换零件,生产工人就要算算成本,能够自己解决的问题决不去找机修人员处理。企业经济效益与个人经济利益紧密相关,使得职工们普遍自觉地关心生产成本,注重经济效益。过去该厂一到冬春季节,生产进入淡季,工人们就无事可做。改制后的去冬今春,全厂干部、职工利用生产淡季,自己动手修补包装原棉的麻袋,为厂里节约了一大笔开支。黄浦区康达烟杂商店改制后,一些核算店纷纷要求增加经营品种,主动延长营业时间,做足生意,出现了"不用扬鞭自奋蹄"的喜人景象。

3. 促进了企业转换经营机制,企业自主权有所扩大。从调查情况看,试点企业基本上按照试点办法的规定设置了职工(股东)代表大会,并选举成立了董事会。对涉及股份结构变化、生产经营方向、投资决策等的重大问题,均由董事会讨论决定。主管部门对企业日常经营活动的干预渐趋减少,企业的经营自主权在一定程度上得到了保证。各试点企业通过改革劳动人事制度、内部分配制度和建立民主管理制度,逐步理顺了企业内部关系,开始逐步形成自主经营、自负盈亏、自我约束、自我发展的经营机制。

4. 企业经济效益和职工收入明显提高。从调查情况看,试行股份合作制后,试点企业的经济效益和职工收入普遍得到了提高。静安区新星静电喷涂厂等5户企业改制后,1992年销售总额、利润总额、人均创利税率和人均收入,分别比上年提高了49.4%、63.8%、64.3%和60.9%。南市区联社系统的13户试点企业,今年头2个月的销售收入共计达429.77万元,利润共计达21.17万元,比去年同期增长了1.7倍和1倍。

二、股份合作制试点中有待完善和解决的问题

本市城镇集体企业股份合作制目前仍处于试点阶段,从调查情况看,试点工作中还存在着一些有待完善和急需解决的问题。

1. 资产界定和产权归属问题。试点企业在改制过程中,都遇到了改制前的资产界定和产权归属这一敏感问题。由于企业改制前的资产的形成较为复杂,既有企业改制前的历年积累,又有主管部门的"输血",所以形成了这部分资产难以界定、产权归属不清的状况。加紧对存量资产的界定,理顺产权关系,是当前发展股份合作制的关键工作。这一问题不解决,既影响企业自主权的落实,又不利于企业自负盈亏的责任界定,影响试点工作的进一

步发展。

2. 资产评估问题。调查中发现,有相当一部分试点企业没有委托具有资产评估资格的社会中介机构进行资产评估,而是由行业评估委员会自行评估,这在一定程度上使资产评估失去了客观性和公正性。调查中还发现,有些试点企业在改制时,没有按规定对原有固定资产进行清点登记造册和对流动资产盘点核实,未做到账物相符,清产核资工作很不完善。

3. 股金管理问题。从调查情况看,股金管理工作目前还没有引起试点企业的足够重视。试点企业基本上没有一套完整的股金管理制度,现有的示范性章程对股金管理的规制也不够明确。股金管理中比较突出的问题:一是股本金构成随意性较大。大部分试点企业以内部职工股为主,联社股和法人股兼而有之。有的试点企业只有内部职工股,而将企业改制前的部分资产作为借入资金,参照银行利率上缴给主管部门资产占用费。某区的6户试点企业在股本金构成比例上,联社股最高为37.5%,最低为16%;内部职工股最高为100%,最低为52.5%。两者相差一倍左右。二是部分入股资金未到位。据调查,某区15户试点企业中,有6户企业职工入股资金没有到位,占调查户数的40%。三是非企业内部职工参股。调查中发现,有些试点企业任意扩大入股对象范围,擅自吸收一部分有协作关系的外单位人员入股,出现了把股份搞成福利股、交际股、奖励股的不良倾向。

4. 试点企业财务会计制度问题。由于股份合作制企业财务会计制度尚未出台,不少企业改制后,财务核算和会计报表仍沿用过去集体企业的一套办法和表式,使得改制后一些新的内容无法在会计报表中直接反映。譬如对改制前企业的存量资产,未单独设置"改制前固定资产""改制前固定资产折旧""改制前固定资金"等会计科目,对其货币形态的反映不够详细;资金平衡表中的"股金"科目下面没有明细项目,使人无法从报表中了解其股本构成;利润表中利润总额不包括对外投资损益等,使得计税所得额不明了,企业税后利润分配情况在利润和利润分配表中未予以充分列示等等,这些与当前会计制度改革不相适应。

5. 企业外部政策及企业与原主管部门关系问题。试点企业反映,目前由于股份合作制试行中政策不配套、管理不完善、工作不协调等原因,使得改制企业仍负担过重,忧虑不少:一是改制后企业贷款遇到困难。由于股份合作制企业是无主管部门的企业,无法按现有贷款程序取得上级担保,加上目前财产抵押贷款的办法尚未实施,从而使试点企业与私营企业一样,贷款无门,给企业生产和发展带来了许多困难;二是试点企业负担仍然较重。由于现在一般企业的所得税都调整到了33%,原先对股份合作制企业制定的减征所得税为33%的优惠条件无形中消失。企业除了正常税负和向主管部门缴纳管理费外,近年内还要消化有关政策出台而新增的开支和因执行新财务会计制度而增加的成本费用,原有的经济效益已难以维持;三是办理改制手续过于复杂、缓慢。由于有关政府职能部门工作衔接、协调不够,目前企业申办改制手续十分费时费力。有一个企业在申办过程中,仅验资一项就等了两个多月。某区试点企业反映,申办企业工商注册登记最快的要三个月,慢的则要半年以上;四是试点企业尚未摆脱原主管部门的行政干预。一些区试点企业反映,改制后,企业与原主管部门的关系没有发生变化。企业负责人仍由原主管部门选定,企业工资标准由原主管部门审核决定。企业除了按章程向原主管部门上缴联社股的股利及资产占用费外,还要继续按原来的标准上缴管理费。

三、完善股份合作制试点的若干建议

作为集体企业一种重要的资产组织和经营形式,股份合作制顺应了建立社会主义市场经济体制的需要,易为广大集体企业职工所接受,是当前深化集体企业改革的有效途径。为促进股份合作制试点工作健康发展,需从政策、管理等方面予以进一步完善。

1. 重视做好改制企业清产核资和资产评估工作。为落实股份合作制企业经营自主权和自负盈亏的责任,试点企业对改制前的固定资产应进行清点,并登记造册;对流动资产应开展盘点,做到账物相符。今后申请试行股份合作制的企业,必须委托具有资产评估资格的审计师事务所、会计师事务所等社会中介机构进行资产评估,以保证评估的公正性和资产的真实性,为界定存量资产和明确产权归属奠定基础。有关部门应尽快制定相应的政策法规来保证此项工作依法进行。

2. 逐步理顺产权关系,相应调整改制企业与原主管部门的经济关系。有关部门应根据试点企业的不同情况,探索制定有关政策规定,切实开展界定企业存量资产、明确资产产权归属这项十分紧迫的关键工作;尽快解决改制中对国有资产的处理问题,使试点工作尽快进入实质性阶段。在逐步理顺产权关系的同时,要相应调整改制企业与原主管部门的经济关系,以利于

企业发展；产权归属明确后，原主管部门应以收取联社股红利的形式来代替目前收取的管理费，以适应股份合作制企业的规范要求。

3. 在税收上对股份合作制企业给予多方面的扶持。对新建的股份合作制企业，要按现有新办企业的减免税政策规定，享受减免税优惠；对低利、微利、亏损企业改制为股份合作制企业的，要给予一定时期的减免税照顾；股份合作制企业的所得税率，应逐步向股份制企业靠拢；应把股份合作制企业视作股份制企业，免去其能源交通基金和预算调节基金。

4. 抓紧研究制定股份合作制企业财务会计制度。有关部门应根据财政部颁布的《企业会计准则》和《企业财务通则》的要求，结合股份合作制企业的特点，抓紧研究制定股份合作制企业财务会计制度。在制定中，应考虑让股份合作制企业采用类似股份制企业的财务会计制度内容，以利于股份合作制企业合理调整企业的一些费用列支，把企业的利润搞实，逐步做到与国际财务制度接轨。

5. 改制企业应切实加强内部管理，注重机制转换。为加强股份合作制企业股金管理工作，试点企业应建立健全股金管理制度。企业内部职工股应控制在企业章程所规定的份额内，坚决纠正擅自扩大入股范围等问题；试点企业要加强对营运中的各项资产的管理，建立健全企业内部各项生产经营管理规章，确保集体财产安全完整、个人资产不受损失；试点企业要健全民主管理制度，强化自我约束机制，把主要精力放在转换企业经营机制上，使股份合作制试点真正体现出集体占有生产资料、共同劳动、民主管理、按劳分配和入股分红的集体合作经济的本质。

6. 积极创造条件，逐步扩大试点。为加快股份合作制的发展步伐，在目前尚未实施财产抵押贷款的情况下，有关部门和单位应筹措建立股份合作制企业基金，以解决股份合作制企业贷款难的问题；银行、工商、劳动、税务等有关政府职能部门要加强工作衔接和协调，对改制审批应通过"联审会议"的形式实行"一站式"服务或由主管部门负责，以加快股份合作制企业的审批速度；主管部门对试点企业要加强宏观管理，减少直接管理，搞好指导服务。要切实落实企业各项经营自主权，允许企业自主决定内部工资标准及发放形式。要改主管部门对企业的分红方案审核盖章后企业才能分配的模式为社会中介机构审计监督、鉴证后上报备案；逐步扩大股份合作制试点范围，试点工作不应局限于某些效益高的企业，要注重推动产权关系比较复杂的老集体企业和微利亏损的集体企业走上股份合作制道路，使股份合作制试点在广度和深度上都有新的突破和发展。

（本文刊于《上海审计》1993年第5期、《决策参考》1993年第10期、《财贸企业管理》1993年第5期、《上海经济》1993年第6期、《上海综合经济》1994年第2期、《现代企业经营》1994年第1期。本文获上海市会计学会1993年度潘序伦中青年会计审计优秀论文奖，获上海市审计学会第三届优秀论文奖）

中外合资企业审计浅析

改革开放以来,上海外商投资企业发展迅速。截至 1994 年年底,全市累计批准外商投资企业 10 741 家,协议吸收外资金额达 237.3 亿美元。蓬勃发展的外商投资企业,给上海经济注入了强大的生机和活力,已成为上海外向型经济发展的重要支撑点。

为了依法加强对外商投资企业的监督管理,促进提高协议资金到位率和利用外资的质量与效益,1994 年下半年,本市审计部门先后对总投资 1.7 亿美元、注册资本 1.15 亿美元的 50 户中外合资企业进行了财务收支审计,对总投资 19.39 亿美元、注册资本 8.22 亿美元的 100 户中外合资企业开展了以注册资本到位情况为主要内容的审计调查。审计和审计调查情况表明,中外合资经营企业作为利用外资的一种有效形式,在引进先进技术设备和科学管理经验、加快企业技术改造、扩大产品出口、增加外汇收入和提高经济效益等方面发挥了积极作用;本市中外合资企业注册资本到位情况总体上较好,被审计的 50 户中外合资企业注册资本到位率达 91%,被审计调查的 100 户中外合资企业注册资本到位率达 80.7%;绝大多数中外合资企业能自觉遵守我国有关法律、法规,并在各自的投资领域取得了较好的经济效益,其发展主流是健康的。但同时,也发现一些中外合资企业在经营行为、经济效益、经营管理等方面存在着一系列不容忽视和亟待解决的问题。

一、中外合资企业发展中需引起重视的几个问题

1. 注册资本未及时、足额到位。据对 100 户中外合资企业注册资本到位情况的审计调查,至 1993 年年底,该 100 户企业按协议应到位注册资本共计 7.76 亿美元,实际到位注册资本共计 6.26 亿美元。从资金到位总量上看,注册资本到位率较高,达 80.7%;从资金到位户数分析,100 户企业中,有 51 户企业中外双方注册资本如约到位,有 49 户企业注册资本未及时、足额到位。在未到位的 1.5 亿美元注册资本中,外方未到位注册资本 1.08 亿美元,占 72%;中方未到位注册资本 4 200 万美元,占 28%。据审计

分析,注册资本未及时、足额到位的主要原因:一是中外双方未认真做好合营前期工作,以致在合营过程中产生分歧而影响资金投入。在注册资本未及时、足额到位的49户企业中,有15户企业由于中外双方在对合营企业经营方向、投资设备作价、投资外汇汇率等基本合营条件未充分协商达成一致意见的情况下匆忙申报成立,以致在合营过程中产生意见分歧而影响注册资本到位。未到位注册资本达7 191万美元,占49户企业未到位注册资本总额的48%;二是外方对合营企业前景和效益缺乏信心而影响资金投入。在注册资本未及时、足额到位的49户企业中,有11户企业由于外方在出资时对合营企业前景和效益缺乏信心,以致造成注册资本迟迟不到位。未到位注册资本达4 195万美元,占49户企业未到位注册资本总额的28%。三是中外双方资金来源不落实。调查中发现,有10户企业因中外双方投资资金来源不落实而造成合营企业无法运转,未到位注册资本达2 397万美元,占49户企业未到位注册资本总额的16%。四是外方投资实物作价过高,造成注册资本变相不到位。据调查,在注册资本未及时、足额到位的49户企业中,有7户企业由于外方出资的实物作价不实,低价高报,造成注册资本虚列。虚列注册资本达749万美元,占49户企业未到位注册资本总额的5%。

  2. 亏损较突出。据对100户中外合资企业的审计调查,在已开业的63户企业中,有18户企业亏损,占已开业企业总数的29%,累计亏损额达1 662万美元。据审计分析,造成合资企业亏损的主要原因:一是企业经营管理不善。在18户亏损企业中,有6户企业由于经营管理不善,成本费用开支过大,导致企业累计亏损达256万元。二是"前期费用"摊销额大。在18户亏损企业中,有7户企业处于开业初期,由于企业装修费、装饰费、开办费等"前期费用"每年摊销入成本的数额较大,致使企业累计亏损达1 200万元。三是产品质量差,退货积压严重。在18户亏损企业中,有3户企业因产品质量差,无销路,退货积压严重,造成累计亏损达154万元。

  3. 盈亏计算不实,欠交国家税费。据对50户中外合资企业财务收支的审计,在已开业的47户企业中有12户企业盈亏计算不实,占26%。其中7户盈利企业共少计利润485万元,5户亏损企业共多计亏损1 507万元。此外,还发现有14户企业未按规定及时足额解交国家税金和费用,欠交金额共计达842万元,其中4户中外合资房地产企业欠交国家税金、费用共计达816万元。据审计分析,造成盈亏计算不实的主要原因:一是部分合资企业未按权责发生制的收支结账原则计列成本、费用,使企业本期收入和费用的入账没有体现出企业本期经营成果和生产消耗。二是部分合资企业采取销售收入不入账、账务处理不按会计年度划清等办法随意调节利润,从而影响了企业经营成果的真实性。

4. 外方在合营期内抽回资本金。据对100户中外合资企业的审计调查,有6户企业存在外方抽回资本金的情况,抽资金额共计达450万美元。经过对50户中外合资企业的审计,发现有5户企业存在资金到位验资后即抽回的情况,抽资金额共计达1 279万美元。其中包括中方以往来款、归还借款等名义抽回资本金74万美元。据审计分析,外方抽资的主要手法是以购买原材料、欠付货款、暂借款等名义抽回投资。

5. 企业内部管理薄弱。据对50户中外合资企业审计分析,有18户企业财务管理和会计核算不完善,其中12户企业存在虚增费用、福利性支出列费用、超规定范围和标准提取基金等情况;6户企业存在未按规定提取和解交养老保险金,税后利润未提取生产发展基金、储备基金、奖励福利基金等情况。此外,还发现16户企业内部控制制度不健全,主要表现为固定资产管理不严,账账不符;仓库管理制度不健全,产成品出库无凭证;现金收付和费用列支缺乏严格的审批签章制度;发票管理较差;私设账外账等等。

二、促进中外合资企业健康发展的若干意见

针对中外合资企业发展中存在的问题,积极采取措施,加强依法监督和系统管理,是当前本市促进提高利用外资质量的一项重要工作,应引起有关方面的高度重视。

1. 加强审批管理,提高合资质量。为了提高利用外资的质量,审批机关对申报成立的中外合资企业,应按照我国有关法律、法规,严格履行审批手续,加强审批管理,严格审核把关。要重点加强对合资项目的立项审批以及可行性研究报告、合同、章程的审批。要督促合营各方共同慎重做好合资项目的可行性研究,科学计算投资回收期,调查掌握对方资信情况,并按平等互利原则签订合营协议、合同和章程,以确保合理、有效地利用外资,提高合资项目的质量。

2. 加强登记管理,促进资金到位。中外合资企业的注册资本是合资企业设立的基本条件。为了促进提高协议资金到位率,工商行政管理机关要加大中外合资企业登记管理力度,实行对中外合资企业出资情况的定期检

查制度。对不遵守合营合同、章程的规定,不按期认缴注册资本的中外合资企业,工商行政管理机关要通过定期检查,发出出资提示通知或限期出资通知,督促其尽快将注册资本投入到位。对注册登记后长期不出资或尽管出小部分资金,但经催缴仍无措施缴纳全部注册资本以及擅自抽回资本、造成名存实亡的中外合资企业,工商行政管理机关要采取严厉措施,进行重点清理,逐一办理注销或吊销手续,并通过新闻媒体向社会公告。

3. 加强审计监督,保障各方权益。为了依法保障中外双方的合法权益,监督中外合资企业国有资产保值增值,审计机关要加强对中外合资企业的审计监督。要根据中外合资企业的特点,在审计中突出重点。一是要审查合资双方的投资到位情况。特别对外方的设备投资,要审查入关时有无经过国家商品检验部门的商品检验;对中方的设备投资,要审查是否经过国有资产管理部门的评估。二是要审查合资企业国有资产保值增值情况。要重点检查外方有无通过欠货款、暂借款等方式抽逃注册资本;有无将亏损长期挂账,造成中方损失;有无利用国家对中外合资企业的优惠政策,为其他单位代购商品,逃避国家监督,损害国家利益。三是要审查合资企业外汇的结算、使用和管理情况。要防止合资企业违反国家外汇管理部门的规定,私自调剂和买卖外汇。四是要审查合资企业资产、负债、损益情况。要严格检查合资企业收入是否及时入账,摊提等核算以及成本费用开支是否合规。要通过对企业经营状况、经营成果真实性的审计,核实企业盈亏。对亏损严重的合资企业,要帮助查找、分析亏损的原因。五是要审查合资企业照章纳税和利润分配情况。要防止合资企业偷漏税收以及利润分配不遵守规定,损害中方权益。

4. 搞好咨询服务,提高企业素质。要充分发挥会计、审计、律师、仲裁、评估、咨询等社会中介服务机构和外商投资企业协会的咨询服务功能,帮助中外合资企业改善经营管理,健全内控制度,搞好市场调研,解决法律纠纷,完善企业形象,提高经济效益,以促进中外合资企业整体素质的不断提高。

5. 加强法制宣传,完善政策法规。中外合资企业的一切经济活动,必须遵守我国法律、法令和有关条例的规定。各有关部门和新闻单位要进一步加强对中外合资企业的法律宣传,提高合资企业遵守我国法律、法规的自觉性,促进合资企业规范经营行为,做到依法经营。同时,有关部门要针对当前中外合资企业发展中出现的新情况和新问题,加强调查研究和跟踪调控,健全政策法规,完善管理措施,加快法制建设,为推动本市中外合资企业持续、快速、健康发展提供法律保障。

　　(本文刊于《决策参考》1995年第6期、《上海商业》1995年第3～4期合刊、《上海商业会计》1995年第3期、《现代企业经营》1995年第4期、《上海综合经济》1995年第11期。本文获上海市审计学会、上海市审计科学研究所1994—1995年度审计优秀论文二等奖)

探索审计宣传工作的有效途径

审计宣传工作是反映审计成果、扩大审计影响的重要途径,是推动审计工作发展的重要手段。近年来,上海市各级审计机关注重综合运用各种审计宣传方法,积极探索审计宣传工作的有效途径,在扩大审计宣传范围、增强审计宣传力度、提高审计宣传效果等方面取得了新的进展,为推动全市审计工作发展发挥了重要作用。

一、重视口头宣传

口头宣传是审计宣传工作中最常用的方法,其具有直接、生动、感受力强等特点。近年来,全市各级审计机关在审计宣传工作中重视口头宣传,探索了多种有效的宣传途径。

1. 工作汇报宣传。通过工作汇报,向本级党委、政府的主要领导反映审计成果,宣传审计作用,其效果明显,为全市各级审计机关的领导所重视。去年,市审计局领导先后4次向当时协管审计工作的市委副书记、副市长徐匡迪同志作了审计工作汇报。今年以来,市审计局领导又先后6次向协管审计工作的市委常委、副市长华建敏同志作了审计工作汇报。各区县审计局领导更是利用平时接触机会多的有利条件,经常主动地向区县党政领导汇报审计工作情况。实践证明,通过寓宣传于汇报之中,对取得各级党政领导对审计工作的理解和支持,推动审计工作发展,起到了显著作用。

2. 利用会议宣传。近年来,全市各级审计机关的领导十分重视利用各种重要会议开展审计宣传。去年年底,在徐匡迪同志的建议和主持下,市审计局领导在市政府召开的全市政府系统领导干部依法行政报告会上,向各委办局、区县的350名主要负责干部作了《中华人民共和国审计法》(以下简称《审计法》)宣传报告,收到了很好的宣传效果。今年以来,全市各区县政府和部分主管局相继召开了宣传贯彻《审计法》的大型报告会或讲座,各级审计机关的领导抓住机会,精心准备,积极宣传,有效地扩大了审计工作的影响。

3. 审计进点宣传。近年来,全市各级审计机关十分重视利用审计进点的机会,向被审计单位开展审计宣传。全市审计机关普遍形成了由各级领导带队进行审计进点宣传的做法。静安区审计局制定实施了审计进点仪式制度,即每次审计进点时,召开被审计单位领导和有关中层负责人会议,由审计组宣读《审计通知书》和《文明审计公约》,介绍审计目的、内容、程序和审计人员工作纪律,并要求被审计单位法定代表人对审计工作表明态度。通过实施审计进点宣传制度,不仅有效地增强了被审计单位的法制观念和审计意识,而且有利于审计机关认真执法和保持廉洁。

4. 社会咨询宣传。面向社会、接受咨询,是近年来全市审计宣传工作的又一新做法。去年5月18日和9月18日,全市各审计师事务所和各级审计机关先后两次在繁华闹市举行了颇有声势的大型审计咨询宣传活动。数百名审计人员热情向广大市民宣传《上海市审计师事务所规定》和《审计法》,并接受市民咨询。通过举办大型审计咨询宣传活动,进一步普及了审计法律知识,使社会各界加深了对审计工作的了解。

二、强化信息宣传

信息宣传是审计宣传工作的重要组成部分,其具有传播层次高、有用性强等特点。近年来,全市各级审计机关积极采取措施,强化信息宣传,有力地推动了全市审计工作发展。

1. 坚持办好各种审计信息载体。近年来,在全市审计系统的共同努力下,市审计局《上海审计动态》《审计简报》《审计情况反映》《上海内审》以及市审计学会《审计信息与文摘》、市社会审计协会《上海社会审计通讯》等审计信息载体质量不断提高,辐射强度不断增强,宣传效能进一步发挥,为促进全市审计事业发展起到了重要作用。上述审计信息载体除了在全市审计系统内部进行交流发放外,还报送到党政领导部门和各有关方面,成为展示审计工作成果、宣传审计工作作风的重要"窗口"。由于审计信息重点突出、内容完整、真实准确,受到了各级党政领导部门的重视。市审计局被市委办公厅、市政府办公厅列为信息工作考核的重点单位。

2. 注重开发审计信息"拳头产品"。近年来,全市各级审计机关紧密结合审计工作实际,把组织开发高质量、高层次审计信息作为审计信息工作的主攻方向。一大批有情况、有分析、有针对性的建议,能直接为各级领导决策服务的重要审计信息先后被各级党政领导部门采用。据统计,从1993年1月至1995年6月,全市审计信息被中共中央办公厅、国务院办公厅、审计署办公厅、市委办公厅、市政府办公厅、市政府研究室等领导部门采用以及市领导批示已达188篇次。黄菊、徐匡迪等市主要领导都对审计信息作过重要批示。审计信息"拳头产品"的不断开发,不仅为各级党政领导提供了决策依据,而且有效地扩大了全市审计工作的影响,推动了全市审计工作发展。

三、突出新闻宣传

新闻宣传是审计宣传工作最重要的手段,其具有传播面广、社会影响大、宣传效果显著等特点。近年来,全市各级审计机关加强与新闻单位的联系,抓住各个有利时机,积极主动地开展审计新闻宣传,为强化审计监督创造了良好的社会舆论环境。

1. 积极拓展审计新闻宣传的内容。近年来,随着审计新闻宣传力度的不断加大,全市审计新闻宣传在内容上已从以往比较单一的会议报道,拓展到审计机关重要举措、审计监督重要成果、审计重要法律法规、审计体系建设、审计队伍建设等方面。市审计局已与全市20多家中央和地方新闻单位建立了较为密切的工作联系。由于审计新闻宣传的内容发生了较大变化,各新闻单位都主动到审计机关采访约稿,出现了竞相报道的可喜局面。据统计,从1993年1月至1995年6月,全市市级以上新闻单位共采用各类审计新闻宣传稿件达343篇次。其中包括新华社、人民日报社、中央人民广播电台等中央新闻单位。

2. 不断改进审计新闻宣传的形式。近年来,全市审计新闻宣传的形式有了很大的改观,新闻专访、直播节目、工作研究等新的新闻宣传形式不断出现。仅去年以来,解放日报社、上海法制报社、上海人民广播电台、上海东方广播电台等新闻单位先后7次对市审计局领导进行了新闻专题采访,刊播了具有很大社会影响的新闻专访稿。去年9月29日和30日,上海人民广播电台"市民与社会""经贸一小时"直播节目分别特邀市审计局领导和知名企业家为嘉宾主持人,在电台直播室直播了两档"市审计局领导与企业家谈《审计法》"的专题节目,收到了很好的宣传效果。更引人注目的是,近年来,以审计情况为题材、具有强烈现实意义的"工作研究"文章在上海一些报纸上频繁刊出,总篇数已达20余篇。这些"工作研究"新闻样式的文章,不少出自审计人员之手。它以审计所揭示的经济运行中的热点问题为选题,提出问题,分析原因,寻求解决的办法或建议,受到了新闻单位的欢迎。每次见报,广播电台均予以摘播,形成了较大的社会影响,客观上为审计工作做了很好的宣传。此外,近年来审计理论文章、审计专版也不断在报纸上推出,从而使审计新闻宣传形式更趋多样化。

四、抓好书刊宣传

书刊宣传是审计宣传工作的一个重要方面,其具有学术性强、宣传影响深远等特点。近年来,市审计局在这方面作了很大的努力,取得了可喜的成绩。

1. 办好审计期刊。作为全市唯一的向国内外公开发行的审计专业刊物,《上海审计》杂志在宣传报道党和国家有关审计工作的方针政策和法律法规、开展审计理论和实务研讨、交流审计工作经验、介绍审计最新理论成果和国外审计资料等方面所具有的综合宣传功能,是其他新闻媒介所无法替代的。近年来,在全市审计系统的关心支持下,《上海审计》杂志围绕审计工作重点搞好宣传报道,不断增添新内容,推出新栏目,杂志质量和发行量有了进一步提高,较好地发挥了审计"喉舌"和审计理论园地的作用。在《上海审计》杂志创刊10周年之际,华建敏副市长、崔建民副审计长欣然为杂志题了词。

2. 编好审计志书、年鉴。志书具有"资治、教化、存史"的功能和作用。从1987年开始,市审计局先后组织了50余人,历时7年,克服各种困难,于1994年6月上海市审计机关成立10周年之际,编纂出版了第一部《上海审计志》。《上海审计志》是上海较早完成的一部地方专志。时任市长的黄菊同志欣然为第一部《上海审计志》的出版题写了贺词。《上海审计志》的编纂出版,为当代和后代审计工作者及社会各界了解上海审计的历史提供了重要史料,同时也为培养教育新一代审计人员提供了重要教材。今年《上海通志》的编纂工作也正式启动。以华建敏副市长为主编的《上海通志·综合经济管理》卷专设了"审计"章。对此,市审计局将组织专人,认真完成这一重要的编志任务。近年来,市审计局还认真为《中国审计年鉴》《上海经济年鉴》等大型参考书撰写反映上海审计工作业绩的专文,以展示上海审计事业发展的历史轨迹。

总之,审计宣传工作是一项系统工程,它需要审计系统内外及各有关方面协调配合,形成合力,才能搞好。上海市各级审计机关将在总结经验的基础上,再接再厉,不断探索审计宣传工作的有效途径,努力为强化审计监督创造更好的社会舆论环境。

(本文刊于《上海审计》1995年第6期)

探索提高本级财政审计两个报告的质量

按照《审计法》的规定,审计机关每年对本级预算执行和其他财政收支审计后,应向本级政府并受政府委托向本级人大常委会分别提出审计结果报告和审计工作报告。这两个报告是本级预算执行审计成果最集中、最综合的体现。写好两个报告,提高两个报告的质量,对于促进政府加强预算管理以及为人大常委会加强财政监督与审批财政决算提供依据,具有重要的意义。两年来,我局从以下几个方面着手,努力探索提高两个报告的质量。

一、拓宽审计领域,突出审计重点

要使两个报告在内容上有广度、有深度,必须在本级预算执行审计中不断拓宽审计领域,突出审计重点。拓宽审计领域,有利于政府全面、客观地了解本级预算执行中存在的问题,有利于人大常委会全面、客观地掌握政府的财政管理情况,也有利于两个报告在内容上做到取材丰富,避免局限性。突出审计重点,就是根据政府领导对财政审计工作的具体要求和人大常委会关注的热点问题,从宏观着眼,抓住预算收支、预算管理、预算外资金、财政专项资金等方面的重要问题和倾向性问题,审深审透,增强两个报告的针对性和深度。

在拓宽审计领域方面,两年来,我局除了坚持对市财税部门、市国资管理部门、市重点一级预算单位、接受财政补贴数额较大的政策性亏损企业、市财力安排的建设项目等进行重点审计外,还增加了与预算执行和其他财政收支关系密切的普教经费、科技资金、职工养老保险基金和失业保险基金、重点市级专项建设资金、环保专项贷款基金、地方财政还贷或企业还贷地方政府担保的国外贷款项目等审计事项。由于审计领域从预算资金的分配环节向预算资金的管理和使用环节扩展,从财政预算内收支向其他财政收支扩展,摸清了本级预算执行和其他财政收支的基本情况,查出了一些重要问题,使两个报告反映的审计情况趋于全面,体现的审计成果较为显著,得到了市政府和市人大常委会较好的评价。

在突出审计重点方面,两年来,我局努力抓准财政部门和其他预算单位在组织和参与预算分配及执行中存在的主要问题,坚持审深审细,为政府和人大的宏观决策提供依据。如今年我局在对市财政部门的审计中,突出抓了预算支出的编制和分配是否规范、财政基础管理工作是否完善这两个审计重点。由于问题抓得准,审得细,审计意见和建议提得实,因此收到了较好的审计效果。审计结果写入两个报告后,促进了财政部门规范预算支出管理,加强财政基础管理工作。

二、抓好审计实施,提高审计质量

写好两个报告的基础是搞好审计工作,提高两个报告质量的前提是提高本级预算执行审计工作的质量。在本级预算执行审计工作中,只有扎扎实实地抓好审计实施,确保审计质量和效果,才有可能写出有价值、有分量的审计结果报告和审计工作报告。在抓好审计实施、提高审计质量方面,我局主要从以下几个环节入手,促进两个报告质量的提高。

1. 账户入手,深入审计。对财政部门和其他预算单位银行开户情况进行审计监督,有利于增强审计监督力度,提高审计工作质量和效率,也有利于加重两个报告的分量。今年我局通过对财政部门和其他预算单位银行开户情况的审计,从源头上弄清了预算内外资金的基本情况,较准确地揭示了财政性资金在账户管理和资金使用中存在的问题。审计情况纳入两个报告后,促进了财政部门和其他预算单位清理、整顿账户,规范财政性资金管理。

2. 相互配合,协同审计。搞好本级预算执行审计是审计机关各专业审计机构的共同任务。两年来,我局注重发挥本级预算执行审计的整体功能,从两个方面加强财政审计与专业审计的配合。一方面,在制定审计项目计划时做到通盘考虑,使财政审计与专业审计在审计内容上有机结合,在审计分工上各有侧重,在审计进度上相互衔接。另一方面,在审计实施过程中加强统一协调,使财政审计与专业审计相互配合,做到审计要求相互兼顾,审计情况相互沟通,审计成果相互利用。如在今年本级预算执行审计中,我局财金审计处把市财政局国有企业计划亏损补贴退库数与其他专业审计处对公用事业、主副食品行业政策性亏损企业审计中的财政补贴资金实际到位数相核对,审查财政部门退库、拨付情况的真实性、合规性,收到了较好的效果。两年来,我局坚持将专业审计融入本级预算执行审计,一大批专业审计成果进入了两个报告,使报告的内容更加充实、丰富,审计的成效得到了综合反映。

3. 依法处理，体现成果。要使两个报告充分体现本级预算执行审计成果，充分体现审计监督在维护国家财政经济秩序中的重要作用，必须严格审计执法，抓好审计处理。两年来，我局不断加大审计执法力度，对本级预算执行审计中查出的重大违纪违规问题，坚持依法作出处理。如在今年的本级预算执行审计中，我局对被审计单位漏交国家税款、不正当获取财政补贴资金、侵占挪用预算资金等违纪违规问题，都依法作出了审计处理，并将审计处理情况写入两个报告。通过抓好审计处理，维护了预算的严肃性，树立了审计机关的权威，增强了两个报告的效果。

4. 综合分析，深入研究。加强对本级预算执行审计情况的综合分析和深入研究，是提高两个报告质量的关键环节。从某种意义上讲，做好这项工作，是对本级预算执行审计的进一步深化。两年来，我局加强本级预算执行审计情况综合分析与研究的做法是：首先，把本级预算执行审计中各个审计项目所形成的审计报告汇总起来，对大量的审计资料进行去粗取精、由表及里的综合分析和归纳提炼，对大量的审计数据进行汇集统计，使各项审计成果有机衔接，形成有深度、有说服力、有典型意义的报告基础材料。其次，对审计中发现的带有普遍性、倾向性、典型性的重要问题，进行深入细致的原因分析和对策研究，就账论事，就事论管理，就管理论制度，就制度论体制，从加强管理、完善政策、健全制度、深化改革、实现预算管理科学化和规范化的角度研究提出切实可行的审计意见和建议。再次，把握两个报告的不同侧重点，对两个报告的结构框架、内容重心、写法表述等进行反复研究，力求起草出既突出重点，又全面反映；既高度概括，又详略得当；既着眼宏观，又兼顾微观；既严肃依法，又客观适度的使本级政府和人大常委会都满意的审计报告。

三、注重报告规范，提高写作质量

两年来，我局在执行两个报告制度中，探索规范两个报告的基本结构、主体内容和起草、报送程序，注重提高两个报告的质量。

在规范两个报告的基本结构、主体内容方面，我局遵照审计署的指导意见，结合自身的实践探索，今年将审计结果报告分为4个部分，即1996年本级预算执行的审计结果、1996年本级其他财政收支的审计结果、对审计查出问题的处理和整改情况、加强和改善本市财政管理的几点建议。将审计工作报告分为5个部分,即1996年全市审计工作基本情况、1996年本级预算执行和其他财政收支审计的准备工作情况、1996年本级预算执行和其他财政收支的审计结果、对审计查出问题的处理和整改情况,以及进一步加强和改善本市财政收支管理的几点意见。上述两个报告的基本结构和主体内容大体相同,体现了本级预算执行审计工作为政府和人大常委会服务的一致性。但两个报告又有一定的区别:一是审计工作报告的内容范围比审计结果报告更宽泛一些。审计工作报告不仅报告了审计结果、审计处理和整改情况、审计意见,而且还报告了全市年度审计工作的基本情况和本级财政审计的准备工作情况。这样的写法,旨在宣传审计监督的成果、作用和表明政府对本级财政审计工作的重视,这有利于扩大审计工作的社会影响,使社会各界更好地了解审计、重视审计、支持审计。二是两个报告的角度和侧重点有所不同。审计结果报告是审计机关以自身为主体,站在审计机关的角度评价财政预算执行情况,以揭露问题为主,并提出加强和改进财政管理的建议。审计工作报告则是审计机关以政府为主体,站在政府的角度反映本级预算执行审计情况,侧重点放在对全局性财政状况的正面评价上,以及反映政府对财政管理中存在的问题所采取的整改措施。这样的写法,有利于人大常委会全面、客观地掌握政府的财政管理情况。

在规范两个报告的起草、报送程序方面,我局围绕提高报告的质量,注意抓好3个环节:一是对市财政局实施审计结束后,审计组必须先与市财政局有关业务处交换意见,听取说明,然后由我局领导出面,就有关审计情况听取市财政局领导的意见。在此基础上,着手起草审计结果报告。审计结果报告在呈报市政府前,我局向市财政局通报报告的主要内容,再次核定事实,并采纳对方的正确意见。二是本级预算执行审计结束后,同时抓紧起草两个报告。由于从审计实施结束到向市人大常委会提出审计工作报告的间隔时间不长,受时间条件的限制,我局在审计结果报告初稿呈报市政府领导的同时,将代市政府草拟的审计工作报告初稿一并上报市政府领导。这样既可以使审计工作报告有较宽裕的审定、修改时间,又可以使市政府领导将两个报告对照着研究、审定,效果较好。三是审计工作报告初稿草拟后,及时向市人大常委会财经委汇报,认真听取意见,不断修改完善,最终形成本级政府和人大常委会都基本满意的审计工作报告。

在提高报告的写作质量方面,我局坚持精心起草报告,注意把握以下要求:一是写清本级预算执行审计工作的基本情况;二是对本级预算执行情况和其他财政收支作出客观公正的综合评价;三是写清审计查出的问题,做到反映问题准确有据,突出重点,引用适用的法规,有必要的数据,列举典型事例;四是写审计处理意见时注意依法适度,提出审计建议时要考虑切实可行,有针对性。

今年是贯彻《审计法》、执行两个报告制度的第二年。两年来,我局在提高两个报告的质量方面作了一定的探索,取得了一定的成效,但也受客观环境的影响和现行法规的限制,存在着许多不足之处。我局将继续努力,进一步探索在现行审计体制下提高两个报告质量的途径,坚持审计工作质量与审计报告质量一起抓,不断提高两个报告的质量和效果,更好地发挥两个报告制度在宏观管理中的作用。

(本文刊于《上海审计》1997年第6期、《审计理论与实践》1998年第6期)

抓好经济责任审计　促进考核建设工作

　　今年以来,我局认真贯彻市委关于做好本市国有企业领导班子考核建设工作的要求,在市委的统一领导下,围绕搞好市管企业领导班子考核建设工作,积极发挥审计机关的职能作用,集中力量开展了对市管企业的经济责任审计。此次审计,审计实施面之广,审计资产量之大,审计力量投入之多,在我局审计工作史上是没有先例的。通过审计,不仅为搞好市管企业领导班子考核工作提供了重要依据,完善了干部考核制度,而且有效地扩大了审计监督的影响,推动了审计工作发展。

一、明确审计意义,抓好审计实施

　　加强国有企业领导班子考核建设,是当前深化企业改革、促进企业发展的迫切需要。根据市委组织部对本市国有企业领导班子考核工作提出的具体要求,审计部门的主要职责是通过审计,对企业的经济运行情况作出评价,为形成对企业领导班子和领导干部的综合考核意见提供审计依据。由此可见,审计是这次考核工作的重要环节和重要方法。运用审计这一特殊的监督手段,实现对企业领导干部任职期间经营业绩的量化考核和经济责任的客观评价,是这次考核工作不同于以往考核工作的重要特点和重要措施。

　　今年以来,我局按照市委组织部的要求,对37家市管企业实施了经济责任审计。市管企业大多为规模大型化、企业群体化、经营多元化的控股(集团)公司和大型企业集团。对其实施经济责任审计,不同于以往单个企业的财务收支审计或一般意义上的企业资产负债损益审计。开展市管企业经济责任审计,要求审计内容具有综合性,审计范围具有广泛性,审计评价具有全面性,审计结果具有多用性。实施这项审计,不仅审计工作量大,审计操作难度大,而且这次审计在时间进度上要求与企业领导班子的考核同步或提前,其审计工作的深度、广度、难度,都是以往企业审计所无法比拟的。为了保质保量地完成好这项艰巨的审计任务,我局在审计组织实施方面采取了以下几项措施：

1. 加强组织领导。今年年初，对市管企业实施经济责任审计的任务明确后，我局及时调整了年度审计工作计划，把抓市管企业经济责任审计作为今年全局审计工作的重中之重。在局内成立了由局长任组长，市委组织部、市国资办等有关部门的同志共同参加的审计工作领导小组，召开了审计工作动员大会。在全局6个专业审计处中，抽调5个专业审计处的200多名审计人员，组成37个审计组，由分管处长任审计组组长，分期分批实施审计。

2. 统一审计要求。为了保证审计质量，提高审计效率，使审计结果符合考核工作的要求，我局在审计内容、审计范围、审计方法等方面，对搞好市管企业经济责任审计提出了统一的要求。要求各审计组在符合统一审计要求的前提下，根据被审计企业的不同情况，制定具体审计方案实施审计。在审计内容上，要求通过审计企业资产、负债、损益的真实、合法性，企业主要经营指标完成情况，企业内部控制制度的设置和执行情况，企业遵守国家财经法律、法规情况等，为全面、客观、综合地考核评价企业领导班子和主要领导干部任职期间经济责任的履行情况提供审计依据。在审计范围上，要求达到较大的审计覆盖面，即审计的资产量不低于企业资产总额的70%，延伸审计的子公司户数不低于企业下属子公司总户数的30%，以增强审计评价的可信度。在审计方法上，要求根据审计的重要性原则，运用以内部控制制度评审为基础、统计抽样与经验判断相结合的制度基础审计方法来确定审计重点，以减少审计风险，不遗漏重大审计事项，提高审计质量和效率。

3. 抓好审计分工。鉴于市管企业下属企业多，审计工作面广量大，为了按时完成审计任务，我局在实施审计中注重发挥社会审计和内部审计的作用，抓好审计分工。除了直接审计市管企业本部外，市管企业中资产占用量大、经营风险度高以及对母公司发展影响大的子公司，也在原则上确定为由我局直接审计。对审计方案中确定审计的其他下属企业，则由市管企业委托资质高、信誉好的会计师（审计师）事务所进行审计，或由我局组织审计力量较强、工作开展正常的主管部门或市管企业内部审计机构实施审计。对参与经济责任审计的社会审计组织和内部审计机构，我局注重加强审计业务协调和质量控制，要求其审计内容符合审计方案的要求，并将审计结果抄报我局。通过抓好审计分工，形成了审计合力，加快了审计进度，为考核工作的顺利进行创造了条件。

据统计，今年我局在对37家市管企业实施经济责任审计中，已完成审计和计划实施审计的资产量累计达2 359亿元,审计资产量占到市管企业资产总额的78%。已完成延伸审计和计划实施延伸审计的市管企业子公司户数达317家。在我局广大审计人员的努力下,至10月上旬,有10家市管企业已全部结束了审计工作,出具了审计意见书或审计决定;另有10家市管企业,我局已完成了现场审计,提出的审计报告正在征求意见;还有17家市管企业,各审计组正在抓紧实施审计,计划于11月底前全部结束审计工作。

二、写好审计报告,注重审计效果

在探索开展市管企业经济责任审计中,我局除了在审计实施阶段注重抓好审计工作质量外,还在审计报告阶段重视抓好审计报告的质量,努力为企业领导班子考核工作提供高质量的审计成果。

1. 规范审计报告的编写要求。审计报告是反映审计工作成果的主要形式,也是审计法律规定应当征求被审计单位意见的审计文书。为了编写规范的审计报告,提高审计报告质量,我局专门制发文件,对编写经济责任审计报告的基本内容要求作了统一规定。文件要求经济责任审计报告的基本内容应包括被审计单位的基本情况,审计的范围、内容和方式,审计中发现的问题,审计评价,审计处理、处罚的意见及其依据等,以全面反映审计工作成果。从目前情况看,被审计企业对经济责任审计报告非常重视,许多企业领导对审计报告中提出的问题反复与审计人员探讨,斟酌再三后才签署意见。

2. 坚持开好审计汇报会。每个市管企业经济责任审计现场审计结束后,我局都安排召开审计汇报会。由全体局领导听取审计组审计情况汇报,并请市委组织部有关处室和有关工作党委干部处的同志一起参加。大家共同分析研究审计中发现的情况和问题,集体审定审计报告,严格质量把关,收到了很好的效果。同时,组织干部部门的提前介入,也为考核工作尽早运用审计成果创造了条件。

3. 重视作好审计评价。审计评价是经济责任审计报告、审计意见书中的重要内容,也是组织干部部门、国资管理部门在考核工作中十分关注的内容。我局坚持从实际出发,以法律政策为准绳,以审计事实为依据,以"三个有利于"为判断是非得失的根本标准,对审计事项作出实事求是、客观公正的评价。在审计评价的内容上,坚持与审计事项规定的内容相一致。在审计定量评价的方法上,以比较法为主,即与考核指标或预期指标比较,与上年同期比较,与横向比较。在企业经济效益评价指标的选用上,规定可以对总体经济实力、投入产出能力、营运能力、盈利能力、偿债能力、资产保值增值等8个方面的12项评价指标作有针对性地选择评价。在审计评价的用词上,要求准确、严谨,避免扣帽子式的说法,使被审计企业能接受。此外,我局还特别注意在经济责任的审计评价上,分清前任领导责任与现任领导责任、上级责任与下级责任、决策责任与管理责任、直接责任与间接责任、玩忽职守与工作失误等的关系;在经营业绩的审计评价上,分清客观因素与主观因素、历史原因与现实原因、企业外部原因与企业内部原因、企业效益与社会贡献等的关系。坚持辩证地看问题,准确界定经济责任,客观评价经营业绩。

4. 研究提好审计建议。从某种意义上讲,经济责任审计不仅仅是对企业领导干部的经济责任作出审计结论,更重要的是通过对问题的揭示和归纳,从中提炼出建设性的建议,以促使企业改善经营管理,提高经济效益。我局在出具经济责任审计意见书时注意避免就账论账,而是通过对审计中发现的问题的综合分析,就账论事,就事论制,从深化改革、加强管理、完善机制、健全制度的角度,研究提出切实可行的审计建议,受到了被审计企业的重视和欢迎。

从目前市管企业经济责任审计的初步结果来看,市管企业总体经营状况是好的,绝大多数企业领导干部在任期内兢兢业业,抓管理,抓效益,开拓市场,开源节流,使企业实现了国有资产的保值增值。特别是在企业转制过程中,广大企业领导干部以加快企业改革和发展为目标,带领职工克服困难,开拓进取,做了大量卓有成效的工作,壮大了国有企业经济实力,提高了企业经济效益,增强了企业竞争力。但审计中也发现了一些值得引起重视的问题:一是有些企业财务报表失真,资产、负债、损益的真实性较差。个别企业虚盈实亏,潜亏严重,资产质量状况不佳;二是有些企业基础管理尤其是资财管理较为薄弱,财务核算不规范,固定资产管理存在漏洞,对外投资监管不严,企业内部控制制度不健全,造成资产流失。个别企业存在严重违纪违规问题;三是有些企业经营不善,经营决策程序不健全,重大经营决策失误。特别是企业开展资产经营后,在长期投资方面决策不慎、投资效益低下,投资损失严重;四是个别企业虽然目前经营状况尚好,但对企业发展缺乏长远规划,对进一步开拓市场缺乏有效措施,企业尚未形成面向市场的新产品开发和技术创新机制,企业发展缺乏后劲。这次审计工作,得到了市委、市政府、市委组织部、有关工作党委和各被审计企业的高度重视。市委、市政府有关领导亲自听取了有关重要审计情况的汇报,市委组织部和有关工作党委的领导还多次听取了审计组的汇报,审计结果已成为部分市管企业领导班子结构调整的重要依据。各被审计企业认真执行审计决定,积极采纳审计意见,抓紧各项整改,使审计工作取得了良好的效果。

三、制订审计规章,加强制度建设

开展国有企业经济责任审计的实践证明,搞好经济责任审计,有利于加强国有企业领导班子建设,有利于建立健全国有企业监督制约机制,有利于促进国有企业的改革和发展。为了使这项审计工作走上制度化、规范化的轨道,我局在市委组织部的牵头下,本着"立足全局,抓住关键,重在起步,由粗及细,着眼长远,逐步完善"的原则,边审计实践探索,边研究制度规章,会同有关部门,参加了《上海市国有企业经济责任审计规定(试行)》的草拟工作。

党的十五大报告提出了"要加强科学管理,探索符合市场经济规律和我国国情的企业领导体制和组织管理制度,建立决策、执行和监督体系,形成有效的激励和制约机制""要建设好企业领导班子""建立有效的国有资产管理、监督和营运机制,保证国有资产的保值增值,防止国有资产流失"等要求。这进一步为我们明确了开展国有企业经济责任审计的指导思想,也激励着我们探索和做好国有企业经济责任审计工作。

根据市委组织部的要求,我局作为负责对全市国有企业经济责任审计工作进行业务培训、指导和监督的牵头部门,将在《上海市国有企业经济责任审计规定(试行)》颁布实施后,着手从审计内容、审计方法等方面制定一系列与之相配套的审计规范,并组织开展审计业务培训,以进一步推动全市国有企业经济责任审计工作的发展。

今年是我局探索开展市管企业经济责任审计工作的第一年。在广大审计人员的共同努力下,在有关工作党委干部部门的支持配合下,此项审计工作有了良好的开端,取得了初步的成效。但由于这项审计工作开展时间不长,缺乏经验,审计工作中还存在着一些不足之处。我局将认真贯彻党的十五大精神,继续努力,不断总结审计经验,进一步完善审计规范,加强审计培训,提高审计质量,更好地发挥国有企业经济责任审计在促进国有企业领导班子建设,推动国有企业改革和发展中的积极作用。

(本文刊于《现代企业经营》1998年第2期)

进一步发挥审计在上海国有资产运行中的监督作用

对国有企业进行审计监督,是我国宪法和审计法赋予审计机关的重要职责。本市审计机关成立十多年来,加强对国有企业的审计监督,先后开展了财经法纪审计、承包经营审计、经济效益审计、财务收支审计和经济责任审计,为促进本市国有企业依法经营,加强内部管理,提高经济效益,保障国家财政收入和国有资产保值增值发挥了积极作用。当前,在上海率先建立社会主义市场经济运行机制的过程中,审计监督已成为本市国有资产运行监督机制的重要组成部分,它与监事会、财务监控共同构成"三位一体"的国有企业制衡监督体系。实践证明,审计机关依法加强对国有企业的审计监督,有利于建立健全国有资产运行监督机制,维护所有者权益,保障国有资产安全有效运营,促进国有资产保值增值。

当前和今后一个时期,本市加强国有企业审计监督,进一步发挥审计在国有资产运行中的监督作用的思路和措施主要有以下几个方面。

一、抓大——集中力量抓好重点国有企业审计

上海是我国国有企业最集中的地区之一,全市国有企业量大、面广。1997年,全市国有工业企业就达3 245家,但全市审计机关的人员总数只有1 200多人。为了解决审计对象多与审计力量不足的矛盾,全市审计机关应按照抓大的原则,根据各自的审计管辖范围,集中力量抓好重点国有企业审计。其法定原则是:审计机关对与国计民生有重大关系的国有企业,接受财政补贴较多或者亏损数较大的国有企业,以及本级政府指定的其他国有企业,应当有计划地定期进行审计。

当前,市审计局要重点抓好对4类重点国有企业的定期审计:第一类是企业领导班子或主要领导干部由市委管理的市管企业;第二类是市级国有资产授权经营公司;第三类是市政府重点扶持的大型企业集团;第四类是市

公用事业、主副食品行业的政策性亏损企业。上述 4 类重点国有企业（前三类企业中部分单位有交叉）是本市国有经济的骨干，也是国有资产运行监督和审计监督的重点。各区县审计局要重点抓好对区县管企业和其他重点国有企业的定期审计。对已派驻稽查特派员的企业，审计机关原则上不再安排计划审计。对其他国有企业，要充分发挥社会审计组织（目前全市有会计师事务所、审计师事务所 96 家，执业的注册会计师 1 793 人）在企业财务会计监督中的作用，建立国有企业年度会计报表注册会计师审计制度，以维护企业、投资者和债权人的合法权益。

二、打假——重点突出对企业财务收支的真实性审计

从审计情况看，目前本市国有企业会计信息失真问题相当普遍，财务收支中的弄虚作假行为十分突出，不少企业做假账，报假账，算假账，盈亏严重不实。据市审计局 1998 年组织对 22 家市管企业及 202 家子公司进行的经济责任审计，114 家企业共虚增利润 22.69 亿元，65 家企业共虚减利润 4.93 亿元，相抵后合计虚增利润 17.76 亿元，占审计前报表利润总额 26.45 亿元的 67.15%。究其原因，主要是企业自身利益的驱动，以及企业内部和外部的监督不够严格。企业会计信息不真实，财务核算弄虚作假，不仅会滋生腐败，导致国有资产流失，而且会扰乱经济运行秩序，给政府宏观决策带来误导，其危害极大。

为了治理这一顽症，当前全市审计机关要以打假治乱为重点，突出抓好对企业财务收支的真实性审计。这是针对企业盈亏不实存在普遍性和严重性的现状而提出的一项紧迫任务。第一，要通过审计企业财务收支的真实性，摸清企业家底，核实企业资产、负债、所有者权益、收入、成本、利润等情况，对企业财务和经营状况的真实与否作出审计结论，防止国有资产流失。第二，要加大审计执法力度，依法严肃处理审计查出的侵犯所有者权益、国有资产流失、舞弊腐败等问题，严肃财经纪律，维护财经秩序。对审计中发现的重大违法犯罪线索，要及时移交司法机关和有关部门立案查处。第三，要加强对社会审计组织审计业务质量的监督，重点揭露出具虚假审计报告和验资报告，帮助被审计企业造假账、算假账等违法违规问题，维护社会公共利益和投资者的合法权益，促进社会审计组织公正执业。

三、扭亏——把促进企业加强管理、提高效益、扭亏增盈作为审计落脚点

从审计情况看,目前本市国有企业经济运行中存在着资产质量不高、亏损严重两大突出问题。据市审计局1998年组织对22家市管企业及202家子公司进行的经济责任审计,企业潜亏和不良资产共计130.35亿元,有79家企业经营亏损,亏损面达35%,亏损共计36.64亿元。经审计分析,造成这一状况的原因是多方面的,其中一个重要原因是企业自身忽视管理,缺乏监督,因而导致投资失误,资源浪费,不良资产上升,成本升高,效益下降,亏损增加。

加强国有资产运行监督,当前一项紧迫任务是通过强化对企业的审计监督,促进企业加强内部管理,提高经济效益,迅速扭转亏损局面。全市审计机关要充分发挥自身优势和"一审二帮三促进"的重要作用,在抓好企业财务收支真实性审计的基础上,把促进企业加强管理、提高效益、扭亏增盈作为审计落脚点。第一,要帮助企业建立健全以财务管理为中心的各项内部控制制度,促进企业加强预算计划控制、投资管理和成本管理,提高资金使用效益,提高资产运营质量,降低消耗,节省费用,向管理要效益。第二,要帮助企业分析亏损成因,查找经营管理方面的薄弱环节和效益流失点,促进企业改善经营管理,堵塞各种资源损失浪费的漏洞。第三,要维护企业的合法权益,制止和纠正一些部门和单位向企业乱摊派、乱集资等损害企业利益的行为。

四、建制——建立国有企业经济责任审计制度

搞好国有企业,确保国有资产保值增值,关键在于企业领导班子。为了加强对企业经营者的监督,明确企业经营者的经济责任,1998年3月,本市颁布实施了《上海市国有企业经济责任审计规定(试行)》,探索建立国有企业经济责任审计制度。其内容包括:企业年度经济责任审计,企业主要领导干部离任审计,企业重大经济事项审计。两年来,全市审计机关累计对61家市管企业、153家区县管企业实施了经济责任审计,取得了良好效果。审计实践表明,这项审计制度将审计监督与企业领导班子考核建设、国有资产运行监督管理有机结合,适应了国有企业改革和发展的需要,是一种行之有效的审计监督形式。第一,审计结果为组织部门客观真实地考核评价企业领导干部的工作业绩和实际工作能力、国有资产管理部门科学地考核企业国有资产保值增值提供了量化依据,促进完善了企业领导干部考核制度,健全了企业国有资产运行监督管理机制。第二,这项审计集财务收支审计、财经法纪审计和经济效益审计于一体,是一种综合性的审计。它克服了以往企业审计的单一性,有利于摸清企业家底,对企业财务和经营状况作出全面评价,揭示企业经济运行中存在的问题,分清经济责任,促进加强管理,提高经济效益,保障国有资产安全有效运营,促进国有资产保值增值。第三,这项审计的实施,促进了国有企业审计的制度化、经常化和规范化,有效地扩大了审计监督的影响,提高了审计工作的地位,发挥了审计体系的整体作用。1998年,全市社会审计组织、企业内部审计机构积极参与国有企业经济责任审计,有1 200多名社会审计人员参加了市审计局组织的国有企业经济责任审计业务培训,全市企业内部审计机构对2 339个单位实施了经济责任审计,推动了全市国有企业经济责任审计工作向前发展。

当前,要在总结经验的基础上,进一步坚持和完善国有企业经济责任审计制度。今后本市国有大中型企业每年要有一定的比例接受经济责任审计,几年一个循环。审计组织可以是国家审计机关,也可以是被委托的社会审计组织。同时,要根据企业国有资产运行监督的要求,不断深化审计内容,调整审计重点,提高审计质量,使这项审计制度在加强企业领导班子建设,促进国有资产保值增值中发挥更大作用。

五、合力——加强协调配合,形成监督合力,发挥审计机关在国有资产运行监督中的作用

审计机关作为专司经济监督职能的国家机关,在保障国有资产保值增值中肩负着重要责任。要加强与有关部门协调配合,加大监督力度,形成监督合力,发挥审计机关在国有资产运行中的监督作用。第一,要加强与国有资产管理部门的协调配合。要将国有资产授权经营公司经济责任审计结果抄送国有资产管理部门,配合做好国有资产保值增值考核评价工作;要组织对申请国有资产授权经营的企业进行审计,配合做好国有资产授权经营工作;要组织对企业不实资产申报核销项目进行审计,配合做好企业不实资产核销工作;要向国有资产管理部门牵头的政府监督部门联席会议通报重要审计情况,促进加强国有资产授权经营公司监事会建设,协同做好政府监督工作。第二,要加强与组织干部部门的协调配合。重点是通过开展企业经

济责任审计，配合组织部门做好市管企业、区县管企业主要领导干部任期综合考核工作。第三，要加强对企业内部审计的业务指导。内部审计是企业自我约束机制的重要组成部分。内部审计搞好了，企业国有资产的安全有效运营就有了保障。至1998年年底，全市已建立企业内部审计机构1 043个，配备专、兼职内部审计人员4 133名，这是本市加强企业国有资产运行监督的一支重要力量。全市审计机关要结合企业审计，检查内部审计工作质量，促进被审计企业建立健全内部审计制度，指导企业内部审计机构开展财务收支审计、经济责任审计、经济效益审计、投资项目审计等各项内部审计工作，充分发挥内部审计在企业财务监控中的重要作用。

建立有效的国有资产运行监督机制，是上海率先建立现代企业制度基本框架的目标要求。全市审计机关要围绕这一目标，充分发挥审计监督的职能作用，进一步加强国有企业审计监督工作，为保障国有资产保值增值，促进国有企业改革和发展作出应有的贡献。

（本文刊于《上海审计》1999年第3期、《决策参考》1999年第8期、《上海改革》1999年第8期、《上海综合经济》1999年第9期、《上海企业家》1999年第5期、《审计文摘》1999年第11期、《上海企业》2000年第3期）

试论对国家计划执行情况的审计监督

国家计划,即国民经济和社会发展计划,是社会主义国家调控宏观经济运行的重要手段。在社会主义市场经济条件下,国家计划是建立在发挥市场调节作用的基础上,体现宏观调控目标、任务、各项宏观经济平衡和各种基本比例关系,并由相应的指标体系和政策措施所组成的复合体,它以指导性计划和中长期计划为主。国家计划调控宏观经济运行的主要任务是:根据经济社会发展需要和社会财力、物力可能,合理确定经济社会发展战略和宏观调控目标,并通过实施产业政策、区域规划和投资政策,促进经济结构优化,实现整个国家经济的高速增长。

审计是独立检查会计账目,监督财政收支、财务收支真实、合法、效益的行为。我国宪法确立了审计监督的法律地位。1982年第五届全国人民代表大会第五次会议通过的《中华人民共和国宪法》(以下简称《宪法》)第九十一条规定:"国务院设立审计机关,对国务院各部门和地方各级政府的财政收支,对国家的财政金融机构和企业事业组织的财务收支,进行审计监督。审计机关在国务院总理领导下,依照法律规定独立行使审计监督权,不受其他行政机关、社会团体和个人的干涉。"十多年来,全国各级审计机关不断开拓进取,建立和发展了具有中国特色的审计监督制度。审计监督在维护国家财政经济秩序,保障国民经济健康发展,提高财政资金使用效益等方面发挥着越来越重要的作用。

一、加强对国家计划执行情况审计监督的必要性

随着社会主义市场经济体制的逐步建立和完善,国家计划的宏观性、战略性和政策性将更为突出,其速度指标的预测性和指导性将更为明显,将更注重搞好总量平衡,优化经济结构,提高经济增长的质量和效益。国家计划在具体内容和形式上,将不仅是总量计划,还体现为具体的结构计划,包括产业结构计划和地区结构计划。为了保证宏观经济的稳定和健康运行,国家必须建立计划、金融、财政之间相互配合和制约,能够综合协调宏观经济

政策和正确运用经济杠杆的宏观调控机制。同时,在社会主义市场经济条件下,国家减少对经济的直接控制,强调在国家宏观调控下,充分发挥市场在资源配置中的基础性作用。这就要求建立与发展有中国特色的审计监督制度,更好地为加强和改善国家宏观调控服务,为推动国民经济持续、快速、健康发展服务。

作为综合性的财政经济监督,审计监督涉及财政、金融、固定资产投资、农业、环境保护、社会保障、外资运用、国有企业等众多对宏观经济有重大影响的领域。审计监督在维护国家财政经济秩序,保障国民经济健康发展中发挥着重要作用,是完善宏观调控机制的一个重要组成部分。1994年颁布的《审计法》规定,各级审计机关在本级政府首长领导下,对本级预算执行情况进行审计监督,向本级政府提交预算执行审计结果报告,并受政府委托向本级人大常委会提交预算执行和其他财政收支的审计工作报告。这标志着财政审计工作真正纳入了国家财政预算管理体系,是我国审计监督制度的一项重大发展。但长期以来,我国还缺乏从国民经济整体角度对国家计划执行情况实施综合性的审计监督,各项专业审计的开展往往"单打一",比较分散,缺乏整体性、综合性;对一些涉及国民经济和社会发展重要事项的审计监督还不够有效或出现空白;审计成果的反映还不够全面。这在一定程度上影响了审计监督在宏观调控中的作用发挥,必须认真加以改进。

开展对国家计划执行情况的审计监督,是社会主义市场经济条件下加强新型的宏观调控的客观需要,是建立具有中国特色的社会主义审计监督制度的必然要求,也是充分发挥审计监督在宏观调控中的作用的重要途径。对国家计划执行情况审计监督的主要任务:一是监督国家计划和宏观调控措施的贯彻执行。通过对本级各部门、下级政府和广大企业事业组织财政收支、财务收支的审计监督,检查国家计划的贯彻执行情况,包括计划指标的完成情况和政策措施的落实情况,督促各部门、各单位积极采取措施,保证国家计划执行的真实、有效,促进发挥国家计划的效用,保证国家宏观调控措施的贯彻执行,保障本区域国民经济和社会发展目标的实现。二是监测宏观经济和微观经济运行。通过审计检查财政收支、财务收支的真实、合法和效益,揭示和反映本区域国民经济运行和社会发展中存在的突出问题,发挥审计的监测和预警作用,促进本级政府完善相应的调控政策措施,保障宏观经济健康运行。同时,通过对微观经济运行的审计监督,规范和整顿市场经济秩序,严肃财经法纪,保证国家财政收入,促进国有资产保值增值,为市场经济正常运行创造良好的法治环境。三是对国家计划执行情况和执行效果进行后评估。通过审计检查财政收支、财务收支和经济运行状况,以及对微观经济单位带有普遍性、倾向性的问题进行综合分析,及时反馈信息,对国家计划制定的合理性,执行的真实性、有效性以及速度、结构、质量、效益等执行效果进行后评估,为本级政府加强和改善宏观经济管理服务,促进优化经济结构,提高经济增长的质量和效益。

二、对国家计划执行情况审计监督的重点

对国家计划执行情况进行审计监督,涉及面广,综合性强,审计要求高。在审计对象和审计内容上应突出重点,抓住与国家计划执行有关的重点资金、重点项目、重点行业、重点单位来组织实施审计,并对国家计划执行中的重大事项开展专项审计调查。当前,对国家计划执行情况审计监督的重点可包括以下方面:

1. 对财政收支的审计监督。财政收支是国家计划的重要组成部分。集中财力,振兴国家财政,是保证经济社会各项事业发展的重要条件。在社会主义市场经济体制下,财政政策也是政府最重要的宏观调控手段。目前,我国财政的主要困难是:支出增长过快,收支矛盾突出,支出结构不合理,财政资金的使用效益比较低,财政宏观调控能力不强。要从根本上改变这种状况,其主要途径是尽快增加收入,减少支出,调整结构,提高效益。加强对财政收支的审计监督,有利于依法规范财政分配秩序,促进依法理财,加强增收节支,提高财政资金使用效益,加快建立稳固、平稳、强大的国家财政。

审计的重点:一是审计财政预算执行情况。要以保障预算顺利实现为目标,加强对财政、税务、海关、国库等部门以及一级预算单位的预算执行情况审计。核实财政收支,摸清财力状况,分析支出结构,检查预算执行情况,揭露财政分配和资金使用中存在的不真实、不合法、不规范以及损失浪费等问题。通过强化审计监督,促进深化财税改革,加强税收征管,严格财政监督,完善财政分配,调整和优化财政支出结构,提高财政资金使用效益,提高财政收入占国内生产总值的比重和中央财政收入占全国财政收入的比重,逐步建立适应社会主义市场经济要求的公共财政框架。二是审计其他财政收支情况。其他财政收支是财政预算的重要补充。要以促进加强其他财政收支规范化管理为目标,对预算外资金、政府性基金、行政性收费和罚没收入等其他财政收支进行审计监督。检查收支执行情况,分析资金使用效果

及其对经济运行的影响,揭露将预算内资金转移到预算外,削弱财政宏观调控能力以及财政资金信用化,脱离预算管理等问题。促进加快清理整顿预算外资金和政府性基金,促进实行行政性收费和罚没收入"收支两条线"管理,促进强化财政对社会保障、政策性金融、政府性基金等所有属于政府性资金的监督管理,充分发挥其他财政收支支持经济社会发展的积极作用。三是审计财政政策运用情况。要以促进实行积极的财政政策,推动经济社会发展为目标,对财政政策运用情况进行审计监督。重点检查增发国债专项用于基础设施建设,加大政府投资的力度和速度,引导企业、个人社会投资和国外投资,提高部分原材料和产品的出口退税率,加大"免、抵、退"税收管理办法的执行力度,对一般贸易出口收汇实行贴息办法,对国家鼓励发展的外商投资项目和国内投资项目实行免征关税和进口环节增值税政策,清理涉及企业的政府性基金和收费,减轻企业负担等各项财政政策措施的运用情况,评价财政政策措施促进扩大国内需求、刺激经济增长的作用效果;促进财政部门正确把握财政宏观调控力度,在稳定财政的前提下,采取积极有效的财政政策,增加投资,刺激消费,扩大出口,适度启动经济增长。

2. 对金融业的审计监督。金融是现代经济的核心,是宏观经济调控的重要杠杆。信贷计划是国民经济计划的一个组成部分。金融的发展和信贷结构影响着经济发展的速度和结构。金融的安全运行关系到国家经济的安全和社会的稳定。当前我国金融业发展中存在的突出问题是:金融监管不够健全,金融秩序在某些方面比较混乱,潜伏着较为严重的金融风险。加强对金融业的审计监督,有利于促进整顿金融秩序,加强金融监管,完善金融法制,防范和化解金融风险,增强金融宏观调控能力。

审计的重点:一是加强对金融机构的审计监督。金融机构的业务活动及其财务收支活动,涉及社会再生产的各个领域,是国家宏观经济和微观经济活动的综合反映。要以促进整顿金融秩序,防范和化解金融风险为目标,对国有独资商业银行、政策性银行、国家控股的股份制商业银行以及非银行金融机构进行审计监督。在审计资产负债损益真实性的基础上,重点检查信贷政策和业务经营计划的执行情况,以及业务经营的合规性、资本充足性、资产质量、资产流动性、盈利能力、管理水平和内部控制,揭露和纠正记假账、报假账、搞账外账等各种弄虚作假行为,以及盈亏不实、不良资产严重等问题,促进金融机构依法合规经营,完善内部控制,降低不良贷款比重,提高金融资产质量,建立风险防范机制,加大对重点企业、重点行业、重点项目的信贷支持力度,提高金融运营效益。二是加强对金融监管情况的审计监督。要以促进金融业安全、稳定、高效运行为目标,对中央银行、证券、保险三大监管机构实施金融分业监管情况进行审计监督。重点检查中央三大监管机构对金融机构准入的管理、对业务经营活动的监督检查、对有问题金融机构的处理及化解金融风险的措施等金融监管实施情况,评价金融监管的权威性、有效性、客观性和公正性,促进中央三大监管机构完善金融分业监管构架,加强监管机构之间的协调配合,加大金融执法力度,严格依法监管,提高金融监管质量和水平,促进金融业安全稳定运行。三是加强对金融调控情况的审计监督。要以加强和改善金融宏观调控,推动经济发展为目标,对中央银行实施以间接调控为主的金融调控情况进行审计监督。重点检查存款准备金率、利率、再贴现、中央银行再贷款、公开市场业务和贷款规模等货币政策工具运用情况,以及产业信贷政策、固定资产投资信贷政策、区域信贷政策、生产社会化信贷政策等信贷政策实施情况,评价货币政策的实现目标和信贷政策的实施效果;促进中央银行增强金融调控能力,继续实行稳健的货币政策,发挥货币政策工具适时调节货币供应量,保持人民币币值稳定,防止通货膨胀和促进经济增长的重要作用,发挥信贷政策改善信贷结构,促进经济结构调整,防止重复建设和盲目建设的有效作用。

3. 对农业资金的审计监督。农业是国民经济的基础,加强农业是国民经济发展的首要问题。国家制定计划时首先安排好农业,研究经济政策时优先研究农业。为了支持农业和农村经济发展,国家每年投入了大量农业资金,其来源包括财政预算安排的农业支出、预算外安排的农业专用资金、政策性农业专项贷款和国外援款。对这些资金合理有效的使用,对于稳定和加强农业的基础地位,加快发展农村经济具有重要作用。当前要从农业资金审计入手,检查国家关于农业发展的各项计划任务和政策措施的贯彻落实情况,从总体上把握各级政府对农业生产总量上的投入、支出及使用效益情况。

审计的重点:一是审计农业总体投入情况。从审计情况看,近几年来,财政预算内投入农业的资金总量不能保持稳定增长,有的地方甚至有较大幅度的下降,农业发展基金存在着筹集政策执行不力和使用不当等问题。要以促进贯彻国家的农业投入政策,确保逐步提高农业投入的总体水平为目标,对农业总体投入情况进行审计。重点审计各级财政和政策性银行农业资金的投入总量、投向构成情况,上级拨款和本级实际投入的比例,本级农业投入占同级财政经常性收入比重的增减变化等情况。通过审计,促进各级政府切实贯彻农业法,加大农业投入,确保各级财政每年对农业总投入的增长幅度高于财政经常性收入的增长幅度,为加快农业发展提供必要的财力支持。二是审计农业专项资金的使用管理情况。要以保证农业专项资金专款专用,提高资金管理水平为目标,重点审计国家扶贫专项资金、农业综合开发资金、三峡工程库区移民资金、扶持粮棉大县发展经济专项贷款、商品粮基地县建设资金、水利建设资金等农业专项资金拨付的及时性,投放的有效性,使用的合规性,管理的规范性,揭露和制止截留、挤占挪用和损失浪费等问题,促进严格管好用好农业专项资金,促进落实国家扶贫攻坚计划和政策措施,促进改善农业生产条件和落实农业生产所需资金,促进加快中小水利建设、大型商品粮棉基地建设,促进加快农业综合开发、农业产业化经营和生态农业建设。三是审计农业专项资金的使用效果。要以促进提高农业专项资金使用效益为目标,积极开展对农业专项资金使用效果的审计,逐步建立起对农业专项资金使用效果的审计评价指标体系,促进提高资金使用效果。要通过强化审计监督,进一步提高农业专项资金的使用效益,保证党和国家关于农业和农村政策的贯彻实施,促进粮棉油等基本农产品稳定增长,促进加强农业的基础地位。

4. 对固定资产投资的审计监督。固定资产投资是国家计划的重要内容,也是国家财政预算支出的重要组成部分。固定资产投资的来源:一是预算内投资;二是预算外投资;三是财政担保的贷款;四是不受财政制度约束的一部分财政性资金,即"制度外资金"。固定资产投资规模的适度增长,是国民经济持续快速健康发展的一个重要条件。固定资产投资结构是经济结构的基础,是经济结构调整的关键所在。当前固定资产投资中的突出问题是盲目投资和重复建设的现象仍比较普遍,投资效益不高,建设资金管理比较薄弱。加强固定资产投资审计,对于完善投资政策,调整和优化投资结构,规范资金使用,杜绝损失浪费,提高投资效益具有重要意义。当前,要适应投资主体多元化、投资方式多样化以及建筑市场建立和完善的新情况,以建设资金为中心,以国家和地方重点建设项目为重点,从宏观着眼,对固定资产投资全过程实施全面、有效的审计监督。

审计的重点:一是审计固定资产投资管理情况。要以促进财政性资金投入及时到位和保证资金合理有效使用为目标,加强对国家和地方重点建设项目的预算执行审计和竣工决算审计,基本实现审计机关对国家和地方重点建设项目竣工决算审计的全面覆盖。通过审计,揭露项目建设中的截留、挪用建设资金和损失浪费等问题,促进加强投资管理,节约建设资金,维护投资预算的严肃性,促进完善建设项目法人责任制、项目资本金制度、招标投标制、工程监理制和合同管理制,促进建立严格的政府投资项目管理机制,促进完善国家重大投资项目稽查制度,保证国家和地方重点建设项目计划的顺利实施。二是审计固定资产投资立项情况。要结合国家宏观调控和产业政策的要求,加强对固定资产投资立项情况的审计监督。重点检查投资决策依据的可靠性,分析项目建设的条件和环境,评价项目建设的可行性研究,检查勘察设计、概算预算编制、建设资金来源和项目立项审批的真实性、合规性,揭露和反映重复建设、盲目投资和资本金不落实、产品没有市场等问题,促进形成企业自主决策、自担风险,银行独立审贷,政府宏观调控的新的投资体制,促进提高固定资产投资质量和效益。三是审计固定资产投资结构情况。要以促进经济结构调整和加强产业协调为目标,对固定资产投资结构情况进行审计监督。重点检查和评价投资结构尤其是新投资的结构合理性,揭示投资结构的现状、存在的主要问题以及对经济运行的影响,为国家和地方政府调整固定资产投资结构提供准确的参考资料;促进政府把主要职能转到调控全社会固定资产投资的规模和结构上来,进一步管好用好财政性建设资金和国家统筹安排的建设资金,引导全社会资金投向。要通过对投资结构的审计监督,促进建立以政策引导、信息发布等间接调控手段为主的投资宏观调控体系,确保固定资产投资重点用于农业水利建设,能源、交通、通信、环境保护等基础设施建设,西部大开发建设,加大对科技、教育和高新技术产业的投入,提高技术改造投资的比重,加快普通民用住宅建设,促进国民经济持续、快速、健康发展。

5. 对环境保护资金的审计监督。环境保护是我国的一项基本国策,国家已制定了环境与经济社会相互协调和可持续发展的战略方针,并把环境保护项目和投入纳入了国家计划。当前我国环境保护中存在的一个突出问题是环境保护投入不足,历史欠账多,环境保护投入制度和经济政策不够完善。为了在经济快速增长条件下避免环境质量急剧恶化,近年来,国家多渠道筹集环境保护资金,加大了对环境保护的投入。加强对环境保护资金的审计监督,对于促进加大对环境保护的投入,保障环境保护资金征集、使用的合规、合法和有效,促进提高环境保护综合效益,实现国家计划确定的环境保护目标和任务具有重要意义。

审计的重点：一是审计环境保护资金使用管理情况。要以促进加强管理和合理有效使用环境保护资金为目标,重点审计排污费、环境保护专项补助经费、育林基金、防沙治沙专项资金、生态林建设资金、天然林保护资金等环境保护资金使用管理情况,以及国家和地方重点环境保护建设项目的资金使用管理情况,揭示环境保护资金管理和使用中存在的问题,监督有关单位加强资金管理,严格按照预算安排和规定的用途使用环境保护资金,防止资金流失和损失浪费,确保环境保护资金的有效使用和环境保护项目的顺利建设。二是审计环境保护项目效益情况。要选择对列入国家计划的部分重点环境保护建设项目进行综合效益审计,评审环境保护政策的执行效果和环境保护资金的使用效益,促进完善环境保护投资决策,提高环境保护资金的使用效益和环境保护项目的综合效益。三是审计环境保护投入情况。要以促进完善环境保护投入制度,进一步加大环境保护投入为目标,对环境保护投入情况进行审计和审计调查。掌握环境保护资金总量及构成等基本情况,揭示环境保护投入制度、环境保护经济政策、环境保护投资渠道、环境保护激励机制等方面存在的问题,促进政府进一步疏通国家财政资金、企业自有资金、银行信贷资金、国外贷款和社会捐助资金以及环境保护部门收取的排污费等各种投资渠道,完善环境保护投入制度和经济政策,加大环境保护投入,引导社会资金向环境保护集中,加快我国环境保护事业的发展。

6. 对利用外资的审计监督。对外开放是我国的一项基本国策。改革开放以来,我国有效地利用外资,弥补了国内建设资金的不足,加速了现代化建设。利用外资包括吸引外商直接投资和举借各种外债。当前我国利用外资中急需改进的问题主要表现为偏重数量,忽视质量,管理差,效益低,风险大。加强对利用外资的审计监督,有利于改善利用外资环境,加强利用外资管理,提高外资使用效益,防范外资利用风险。

审计的重点：一是审计国外贷援款项目执行情况。要以促进依法合理有效地利用外资为目标,对世界银行、亚洲开发银行等国际组织贷援款项目执行情况进行审计。监督资金及时到位,查处费用报表报账方面存在的弄虚作假行为,揭露和制止挤占挪用贷援款资金和配套资金等问题,促使项目单位和政府主管部门切实抓好贷援款项目建设管理,做到按计划实施,及时产生效益,维护我国的国际信誉。二是审计中外合资合作企业财务收支情况。要以促进提高利用外资的质量和效益为目标,对中外合资合作企业财务收支情况进行审计。促进投资各方责权利相统一,维护投资各方权益,保障国有资产保值增值,维护我国的产业安全和经济安全。三是审计外资投向结构情况。要以促进优化经济结构和提高经济素质为目标,开展对外资投向结构的审计调查。从产业结构、地区结构、技术结构等方面揭示外资投向中存在的不合理状况,促进按照国家产业政策优化外资合理配置,引导外资合理投向,促进改善我国经济结构,提高国民经济素质和利用外资的整体效益。四是审计外债偿还能力情况。要以促进提高外债偿还能力,防范外债债务风险为目标,对外债偿还能力情况进行审计调查,揭示外债偿还中存在的问题和风险,促进地方和部门根据我国经济发展需要和偿还能力,适度高效地借用外债,加强和改善对外借款的宏观调控,严格控制借用国际商业贷款,完善责权利相统一的外债借用还机制,切实增强外债偿债能力,保证按时偿还外债。

7. 对教育科技经费的审计监督。教育和科技的发展事关国家和民族的兴衰成败。科技进步是经济发展的决定性因素,科技进步和经济振兴的基础在教育。加大对教育和科技的投入,是实施科教兴国战略的基本保证。当前我国教育和科技事业发展中存在的一个突出问题是,预算执行中教育科技经费的实际增幅往往达不到法定要求。其主要原因是超预算的财政收入没有按相应的要求投入教育和科技。加强对教育科技经费的审计监督,对于确保教育科技经费的增长,促进管好用好教育科技经费,提高经费的使用效益,促进教育科技事业发展具有重要意义。

审计的重点:一是审计教育科技经费安排情况。要以促进预算执行结果实现教育科技经费拨款的增长高于财政经常性收入的增长,加快教育科技事业发展为目标,对预算执行中教育科技经费的安排情况进行审计监督。重点检查教育科技经费是否及时足额拨付到位,年度超预算财政收入是否相应增加教育科技投入,教育科技经费实际增幅是否达到法定要求。通过审计,监督和促进财政部门依法办事,保障教育科技经费的法定投入,为实施科教兴国战略提供财力保证。二是审计教育科技经费使用管理及效益情况。要以确保教育科技经费专款专用,提高经费管理水平和使用效益为目标,对教育科技经费使用管理及效益情况进行审计监督。核查经费使用的真实性,分析经费支出结构,评价经费使用的社会效益和经济效益,揭露截留、挤占挪用和损失浪费等问题。通过审计,监督和促进教育科技管理部门和预算资金使用单位加强经费管理,合理有效地使用资金,提高经费使用效益,确保完成教育科技发展的各项计划任务。

8. 对国有企业的审计监督。国有企业是我国国民经济的支柱。国有企业改革是经济体制改革的中心环节。搞好国有企业改革,提高国有企业经济效益,对于建立社会主义市场经济体制和巩固社会主义制度,对于整个国家的发展和社会稳定,都具有极为重要的意义。目前相当一部分国有企业生产经营困难,亏损严重,其原因是多方面的,其中一个重要原因是国有企业自身忽视管理,缺乏监督,因而造成资源浪费,成本上升,不良资产增加,效益下降,亏损加剧。加强对国有企业的审计监督,有利于促进国有企业加强经营管理,提高经济效益,保障国有资产保值增值,推动深化改革和经济发展。

审计的重点:一是加强对国有重点企业财务收支审计。国有重点企业是国民经济的骨干。要以促进国有重点企业改革和发展,保障经济增长为目标,有计划地组织对国务院和地方政府确定的国有重点企业进行审计。在审计企业资产负债损益真实性的基础上,重点检查企业财务状况和经营成果,揭露企业财务会计信息失真,盈亏不实,侵犯所有者权益,国有资产流失以及盲目投资造成损失浪费等问题,促进企业规范财务核算,加强内部管理,实现经营目标,提高经济效益,维护国家所有者权益,保障国家资本有效运营和国有资产保值增值。对重点亏损企业,要分析研究企业效益差的主要原因,帮助和促进企业加强内部管理,挖掘内部潜力,降低消耗,节省成本,提高效益,为企业走出困境服务。二是加强对股份制企业财务收支审计。股份制企业特别是上市公司是证券市场发展的基石。要以促进股份制企业规范运作和健康发展为目标,对股份制企业特别是上市公司进行审计监督。在审计企业会计核算真实性的基础上,重点检查信息披露的真实性、利润分配的合法性以及资产重组的规范性,促进股份制企业规范运作,稳健经营,提高盈利能力,增强竞争实力,成为行业发展的排头兵,推动证券市场稳定健康发展。三是加强对企业改革和发展中的重要问题审计调查。实现经济增长目标,关键要靠国有重点企业。加快国有企业改革和发展,除了政府政策扶持和改善企业外部环境外,关键在于企业眼睛向内,苦练内功,深化各项改革,加强经营管理。当前,围绕促进实现国有企业改革和发展的目标,一方面,要对国家促进国有企业改革和发展的一系列扶持政策措施的贯彻执行情况进行审计调查,反映影响企业经营、效益等的外部环境问题,促进政府部门进一步完善政策法规,为企业改革和发展创造良好的外部环境;另一方面,要对国有重点企业开拓国内外市场,加快技术进步,加强技术改造,强化内部管理,进行规范化的公司制改革,以及合理有效地进行国有资产重组,加强国有资产监督管理等重要问题进行深入的审计调查。反映情况,总结经验,揭示问题,提出建议,促进企业深化改革,加强管理,开拓市场,积极培育新的经济增长点,提高经济效益,为实现经济增长目标作出贡献。

9. 对社会保障资金的审计监督。建立完善的社会保障制度,对于深化国有企业和事业单位改革,推进国有经济的战略性改组,保持社会稳定,顺利建立社会主义市场经济体制具有重大意义。社会保障资金是社会保障制度的主要内容,其包括社会保险基金、社会救济资金、社会福利资金、社会捐赠资金、优抚安置资金、住房保障资金、社会互助资金等。目前我国社会保障资金使用管理中存在的突出问题:一是社会保障资金的筹措机制不够完善,养老金支出有较大缺口;二是社会保障资金的监督机制不够健全,管理不够严格,挤占挪用基金的情况时有发生;三是社会保障资金的运营机制不够规范、有效,基金保值增值问题没有得到有效解决。加强对社会保障资金的审计监督,有利于深化社会保障制度改革,确保社会保障资金的安全、完整和有效运营,提高社会保障资金的使用效益。

审计的重点:一是审计社会保障资金支出使用管理情况。要以严格社会保障资金管理,确保社会保障资安全完整为目标,重点审计国有企业下岗职工基本生活保障和再就业补助资金、养老保险基金、失业保险基金、医疗保险基金、城市居民最低生活保障资金等社会保障资金的支出、使用和管理情况。通过审计,揭露和制止挤占挪用、滞留欠拨和搞风险投资造成损失浪费等问题,确保社会保障资金合规有效使用和实行"收支两条线"管理,确保国有企业下岗职工基本生活费和离退休人员基本养老金按时足额发放,促进国有企业下岗职工基本生活保障和失业保险并轨,推动城镇职工基本医疗保险制度改革,强化城市居民最低生活保障,为改革、发展和稳定提供保障。二是对完善社会保障资金筹措机制问题进行审计调查。建立完善的社会保障体系,资金保证是关键和前提。社会保障资金的主要来源,一是用人单位和职工个人缴纳的社会保险费,二是各级政府的社会保障财政预算。目前的突出问题是养老金有较大缺口,造成这种情况的主要原因是过去没有足够的资金积累和人口老龄化导致退休人员急剧增加。要以促进建立稳定、可靠的社会保障资金筹措机制为目标,对完善社会保障资金筹措机制问题进行审计调查。重点调查扩大基金征缴覆盖面、加大省级调剂基金的力度、提高财政社会保障预算支出的比重、开辟新的资金筹集渠道等政策措施的贯彻执行情况和实施效果,提出审计意见和建议,促进稳定社会保障资金来源渠道,扩大社会保障资金积累规模,为社会保障制度正常运行创造条件。三是对社会保障资金保值增值问题进行审计调查。社会保障资金能否有效地保值增值,关系到社会保障制度的完善和社会稳定,关系到经济的进一步发展。目前我国社会保障资金的结余按规定只能全部用于购买国家债券和存入财政专户,这对保证基金安全是有利的,但基金保值增值问题尚未得到有效解决。要以促进社会保障资金有效地保值增值,保障经济社会稳定发展为目标,对社会保障资金保值增值问题进行审计调查。调查分析社会保障资金增值运营的现状和存在的问题,研究社会保障资金增值运营机制、投资领域和监管制度,反映情况,提出建议,促进培育社会保障资金增值运营机构,发展社会保障资金投资工具,完善社会保障资金监管体系,以实现社会保障资金有效地保值增值,为扩大基金积累规模,缓解基金支出压力,促进经济社会的稳定发展创造条件。

三、加强国家计划执行情况审计监督的措施

鉴于国家计划在宏观调控中的重要地位以及开展国家计划执行情况审计监督的重要意义,当前,应采取以下措施,加强对国家计划执行情况的审计监督。

1. 完善审计立法。国家应当适时通过有关立法,或修改审计法,将省级以上审计机关对本级国家计划执行情况实施审计监督,作为我国审计监督的一项重要法律制度加以确立,使审计监督进一步纳入国家宏观调控体系。当前,省级以上审计机关应积极探索,勇于实践,开展对本级国家计划执行情况的审计试点。

2. 改进审计组织实施方式。开展国家计划执行情况审计监督,涉及面广,综合性强。在审计组织实施上,首先,应制定综合、周密的审计项目计划,将与国家计划执行有关的各专业审计项目统一纳入国家计划执行情况审计的范畴,并做到与其他项目审计相结合,以集中审计力量,形成审计合力;其次,多组织行业审计、专项资金审计和专项审计调查,发挥其审计覆盖面大,审计目标针对性强,审计方法比较灵活,能比较集中地反映宏观经济管理中的重要问题和提出审计建议的优势,改进审计方法,提高审计效率;再次,充分利用内部审计、社会审计的工作成果和信息资料,解决好审计机

关审计任务重与审计力量不足的矛盾。

3. 研究确定好审计范围。开展国家计划执行情况审计监督是一项探索性很强的审计工作,要研究解决好审计范围的确定问题。在审计内容范围上,要尽可能地避免与财政预算执行情况审计相重复或交叉。应明确财政预算执行情况审计的内容范围为预算执行和其他财政收支,国家计划执行情况审计的内容范围为与国家计划执行有关的财政财务收支及经济活动事项,两者各有侧重。但就审计内容范围而言,后者大于前者。在审计时间、范围上,由于国家中长期计划的不确定因素较多,对其执行情况进行审计和评价的难度较大,故应选择对本级政府年度国民经济和社会发展计划的执行情况进行审计监督。

4. 加强审计综合分析研究。国家计划宏观性强,对其执行情况进行审计监督,必须从宏观着眼,运用从宏观到微观再到宏观的方法。对大量审计资料进行深入的综合分析研究,从促进国家计划执行和加强宏观经济管理的高度,反映审计情况,作出审计评价,提出审计建议,以取得良好的审计效果。

5. 探索建立年度审计结果报告制度。本级国家计划执行情况的审计结果,应如同本级预算执行情况审计结果一样,作为最重要的审计成果,每年向本级政府报告。这两种审计结果报告在内容上应尽可能地避免重复。对国家计划执行情况的年度审计结果报告应成为一种综合性的审计业务报告,以全面反映审计成果,让政府全面了解审计工作,逐步确立审计监督在宏观调控中的地位并发挥其应有的作用。

[本文刊于《上海综合经济》1999年第6期、《改革与理论》1999年第6期、《特区审计》1999年第2期、《军队审计》1999年第7期、《上海体改研究》1999年第7期、《宏观经济管理》1999年第8期、《经济学情报》1999年第4期、《现代审计》1999年第4期、《审计文摘》1999年第11期、《上海审计》1999年第6期。本文获上海市审计学会优秀科研成果二等奖(1999.6—2001.5)]

试析当前财政和国资领域的两项改革

当前,在上海财政和国资领域中,有两项改革值得关注:一是项目预算支出试行权责发生制的会计核算;二是建立国有资本经营预算制度。了解这两项改革的有关情况,对于做好审计工作,促进深化财政和国资改革很有益处。

一、项目预算支出试行权责发生制的会计核算

从2006年开始,上海市市本级项目预算支出要试行权责发生制的会计核算。为此,上海市财政局于2005年11月11日制发了《上海市市本级项目支出预算管理暂行办法(试行)》(沪财预〔2005〕174号),明确规定:项目预算支出试行权责发生制的会计核算,年度预算结余可结转滚动使用;项目支出会计核算按照合理计提、分类管理、明细核算原则实行权责发生制。以权责发生制(又称应计制,即以权利或责任的发生与否为标准,来确认收入和费用)为基础进行财政会计核算,合理计提当期费用,可以较为客观地反映财政资金每年的收支情况,有利于提高项目资金使用效益。

收付实现制(又称现金制,即以收到或付出为标准,来记录收入的实现或费用的发生)是以会计期间款项的实际收付为基准确定收入和费用,存在着很大的财政漏洞。比如,我国《预算法》规定,地方政府预算必须保持收支平衡。在收付实现制下,当年的财政收入收到了就能使用,表面看起来维持了平衡,但很多欠债(如地方政府长期拖欠企业建筑材料和施工款项,拖欠职工工资和应付医药费等)不能够在当年的政府预算和财务报表中反映出来,被推到以后偿还,这就造成了巨额的隐性负债。再比如,近几年各地基础设施建设突飞猛进,但每年具体有多少收入、多少负债,谁也说不清。因为各部门报给财政局的报表,钻收付实现制的空子,编制得很不合理,隐瞒了不少收入和负债。

试行权责发生制,可以使政府的隐性债务完全"曝光",有利于防止本届政府偿还的可能是以前各届政府举借的债务,以及本届政府举借的债务又

可能转嫁给以后各届政府偿还的问题。同时,试行权责发生制与试行三年预算滚动管理相结合,有利于解决长期存在的财政资金闲置问题,有利于提高财政支出效益。试行权责发生制,能够真实地反映政府部门提供公共产品和公共服务的成本耗费与效率水平,是今后我国公共财政管理改革的一个重要内容。

但是,我们也应当看到,我国政府公共财政预算中尚无实施权责发生制的先例。推行权责发生制,存在两大难题:一是与《预算法》有冲突。《预算法》明确规定,项目支出预算采用收付实现制。二是配套措施不善。目前我国还不具备全面推行权责发生制的条件,部门预算、国库集中支付制度、政府采购制度等许多配套措施还不够完善。

针对上述难题,上海对预算支出管理实行了分类核算,基本支出继续实行收付实现制的会计核算原则,而项目支出则试行权责发生制的会计核算,并选择在信息化建设、学科建设、大型科研设备购置三个领域试行。从某种意义上讲,这是采用修正的权责发生制,即在部分项目预算支出中先行试行,然后再总结经验和教训,向完全的权责发生制转变。从国内来看,目前这项改革在上海先行先试,然后在全国逐步推广。从国际上来看,已实行权责发生制的国家有澳大利亚、新西兰、美国等国家,但这些国家的改革并不是一蹴而就的。澳大利亚推行这项改革耗时近20年,新西兰花了近10年,都是实行分步改革的策略,结合政府职能和公共部门的全面系统改革,制定相关法律法规,才逐步实现了完全的权责发生制。

二、建立国有资本经营预算制度

自国务院国资委成立以来,国有资本经营预算一直是热门的话题。所谓国有资本经营预算,是指国有资产监督管理机构以国有资产出资人身份,取得国有资本经营收入,安排国有资本经营支出。目前,我国的国有资本预算职能由财政部行使,与公共预算混列,并未单独列支。

在2006年春节前召开的全国国有资产监督管理工作会议上,国务院国资委主任李荣融表示,国资委将进一步加强与有关部门的沟通,推进国有资本经营预算制度尽快建立,并从2006年起着手编制中央企业国有资本经营预算。国资委和财政部已经在原则问题上达成了一致,由财政部负责编制国有企业总的国有资本经营预算,由国资委负责编制所有中央企业的国有资本经营预算。各地国资委要结合本地实际,加快推进,已经试行国有资本收益收缴工作的地方,要进一步完善制度,规范使用。

近两年来,上海、北京、深圳等地在国有资本经营预算试点方面已迈出了第一步。2005年年底,上海19家国有资本经营预算试行单位已经按20%的比例,向市国资委设置的国有资产收益专户足额上交了2004年度国有资产收益。这是10多年来上海市国有企业第一次向国资监管部门上缴国有资产收益。

上海是我国国有资本经营预算最早试点的城市之一。早在1998年,上海市就在黄浦、闵行两个区和上海电气、烟糖两个控股公司进行国有资本经营预算试点,后来又在徐汇等区进行类似尝试。不过,那时试点单位的很多预算收入项目并没有落实,预算支出也只是停留在纸面上。至2005年,上海市才真正开始推行国有资本经营预算制度。当年11月22日,上海市人民政府批转市国资委制定的《上海市国有资产收益收缴管理试行办法》(沪府发〔2005〕33号),标志着上海市正式向企业强制性收缴国有资产收益。

根据上海试行办法,市国资委要设置专户,对国有资产收益进行管理。收益具体包括:按照股权比例和分配方案应分得的企业税后净利润;转让持有的企业股权取得的净收入;按照股权比例应分得的企业清算净收益;按照法律、法规规定应取得的其他收益、收入。支出主要用于国有经济发展,包括科教兴市、产业结构调整等。同时,适当安排部分资金解决国资国企改革、国资监管和应对突发事件所需的必要支出以及市政府确定的其他必要支出。

按照上海试行办法,企业税后净利润以经过审计的财务会计报告为准,在弥补以前年度亏损、提取法定公积金后,按照下列情况收缴:国有独资企业按照市国资委核定的比例和时间收缴;国有控股、参股企业按照股东会或类似权力机构确定的分配比例和分配时间收缴;转让企业股权所得收入剔除相关成本、费用后,按照股权转让合同规定的时间全额收缴。企业依法实施清算所得的清算净收益,根据国有股权比例,按照清算机构确定的时间收缴。企业如遭受重大自然灾害等不可抗力造成损失,经市国资委批准后,可适当减免应上缴的国有资产收益。经批准减免的国有资产收益,增加企业国有资本。同时,该办法还规定,企业国有产权代表应当积极配合市国资委做好国有资产收益收缴工作。市国资委管理国有资产收益的情况,接受市政府的审查、监督。

和许许多多的改革一样,国有资本经营预算制度也是地方先行。目前地方国有资本经营预算由各地国资委主导编制,财政部门配合。从各地情况看,强制收缴的利润比例有10%、20%、50%、100%不等。这个收缴比例问题是国有企业最关心的敏感话题。

按照上海市国资委的有关规定,2004年度国有资产收益以企业计提法定公积金后的当年度净利润为基数,收缴比例为基数的20%;企业按期、足额上交国有资产收益至指定账户后,市国资委即时返还该企业所属上市公司2004年度国有股红利。把这部分来自股市的分红返还给上市公司国有控股股东,是为减少强制性征收国有资产收益给上市公司带来的双重压力。

从各地实践情况看,实施国有资本经营预算的最现实问题,是要防止国有企业通过设立多级次企业,将利润层层向下转移,导致国有资本经营预算成为"记账游戏",无法形成现金流。如何建立起合适的、既能使出资人享受到应有收益,又能避免企业强烈抵制的股息红利制度,是建立国有资本经营预算的关键之一。同时,国有资本经营预算支出方向是否合理可行,也是决定国有资本经营预算运行成败的关键。在实行国有资本经营预算初期,预算支出范围应以四类支出为主,即国有企业改制重组成本支出、对现有出资企业补充资本金的支出、向社保基金的转移性支出、向公共财政的转移性支出。

为了完善制度,规范使用,国务院国资委将起草制定《企业国有资本经营预算管理条例》,对红利的收缴方式方法、预算收入、预算支出方向等作出明确规定,以促进依法建立国有资本经营预算制度。

(本文刊于《上海审计》2006年第2期)

政府投资项目效益审计初探

效益审计是审计工作的重要内容和发展趋势。开展政府投资项目效益审计,是加强和改进部门预算管理的重要环节,是促进有关部门和单位调整投资结构、优化投资方向、加强投资管理、提高投资效益的重要措施,也是审计机关效益审计工作的主攻方向。

政府投资项目效益审计政策性和专业性强,涉及面广,操作难度大。审计机关应按照先简后繁、先易后难、由点及面的原则,选择具有代表性的重点项目进行审计试点,积累经验后再逐步推开。

一、开展政府投资项目效益审计应坚持的原则

1. 坚持客观公正的原则。要通过效益审计,保证项目决策的科学性,保证概算、预算的准确性及决算的真实性,保证项目资金使用的规范性、安全性和有效性,促进提高资金使用效率和项目投资效益。

2. 坚持依法审计的原则。要从项目立项、可行性研究、概算、建设过程、竣工决算、环境保护、后续运营等方面,严格依照基本建设程序、建设管理制度和相关法律法规的有关规定进行审计。

3. 坚持经济效益、社会效益和生态效益相结合的原则。对于公益性强的政府投资项目,特别是关系经济社会发展和城乡协调发展的项目,在讲求社会效益和经济效益统一的同时,要更加注重社会效益和生态效益。

4. 坚持国家政策导向的原则。政府投资项目效益审计要充分考虑国家产业政策,在具体实施中对政府鼓励和限制的产业、产品,在审计评价指标体系的设立上要加以区分。

二、政府投资项目效益审计的内容

政府投资项目效益审计要贯穿整个项目周期,包括项目前期、项目建设期、项目竣工运营期。

1. 项目前期效益审计。即在安排项目投资预算前,采用科学的方法,对

项目在社会、经济、财务、生态环境等方面的效益进行检查、分析、评估,以判断项目是否值得投资,效益、效果如何,存在哪些风险等。

2. 项目建设期效益审计。即对建设期项目工程及财务管理等方面进行检查、分析、评估。审计内容包括:建设管理制度执行情况,工程进度及质量情况,各项合同执行情况,投资概算预算执行情况,财务管理及会计核算情况,建设资金到位和使用管理情况,建设工期及施工管理情况,洽商变更签证情况,对环境的影响情况等。

3. 项目竣工运营期效益审计。即对项目建成投产(或交付使用)后实际取得的经济社会效益及环境影响情况进行检查、分析、评估。主要从是否达到了预期目标或达到目标的程度、成本效益分析、对社会经济实际影响、项目可持续性等方面对项目进行审计评价。

三、政府投资项目效益审计的评价指标体系

开展政府投资项目效益审计,要明确项目的绩效目标(即评价指标的目标值)、评价指标和评分依据(依照绩效目标的实现程度确定评分标准),要采用定量分析与定性分析相结合的方法,并尽量采用定量分析方法。对于定性分析方法,可聘请权威机构和相关专家进行指标选取和分析评价。政府投资项目效益审计评价指标分为定量指标和定性指标。定量指标包括一般性指标和个性指标。

1. 一般性指标。它包括社会效益指标(就业效益指标、资源利用指标、环境影响指标)、财务效益指标(财务净现值、财务净现值率、财务内部收益率、实际财务内部收益率)、工程质量指标(工程质量合格品率、工程质量优良品率)、建设工期指标(工程提前或延期完成时间)、资金来源指标(资金到位率、财政资金依存度)、资金使用指标(建安工程费用增减率、设备购置费用增减率、建设投资增减率)、实际达到能力年限、实际单位生产(或营运)能力投资、实际投资利税率、实际投资回收期等广泛应用于公共支出项目效益审计评价的指标。

2. 个性指标。它是指一般性指标未列入、应结合投资项目不同特点和具体目标而设置的审计评价特定指标。

定性指标是指无法通过数量计算分析来评价内容,而采取对评价对象进行客观描述和分析来反映审计评价结果的指标。

建立审计评价指标体系是做好政府投资项目效益审计工作的关键之

一,也是审计机关面临的一个难题。审计机关应会同有关部门,依据不同行业的特点,对不同类型的项目分类设立审计评价指标库,构建动态的、可扩充的效益审计评价指标体系。审计机关在效益审计评价时,应针对不同项目、不同评价内容选用相应的效益审计评价指标。

四、政府投资项目效益审计评价的实现方式

1. 项目投资效益审计评价。它既可以对项目全过程进行效益审计评价,也可以对项目实施的某个阶段进行效益审计评价。侧重对单个项目建设成本、工程造价、投资控制等进行审计评价,为部门预算编制、政府采购、国库集中支付等提供参考依据。

2. 项目执行效益审计评价。它包括对建设项目达产能力、实际运行能力、设计能力、差异分析、项目偿债能力、盈利能力等进行审计评价。侧重对项目建设实施过程和结果的有效性进行审计评价,项目实施过程审计评价结论可作为有关部门监控资金拨付的依据,项目实施结果审计评价结论可作为有关部门审批同类项目立项的参考依据。

3. 项目后审计评价。这是指项目投产后或投入使用后一定时间,对项目运行进行的审计评价。侧重对项目决策初期效果和项目实施后终期效果进行对比分析,对建设项目投资产生的财务、经济、社会和生态环境等方面效益与影响及可持续发展情况进行审计评估、评价。

4. 项目效益审计分析。它侧重对项目财政性资金使用和效益情况及对经济社会影响进行审计分析。对定性指标,由于无法直接计量其效益,可通过专家评估、公众问卷、抽样调查及与其建设规模、建设内容、资金来源大致相同的类似项目相比较,以评判其效益的高低。

总之,开展政府投资项目效益审计,有利于加强预算管理,强化资金全过程监管,提高投资效益,逐步实现对财政资金从目前注重资金投入的管理转向注重对支出效果的管理,是当前审计机关面临的一项重要审计任务。各级审计机关要大胆实践,积极探索效益审计评价,如实反映效益审计结果,认真编制效益审计报告,充分发挥政府投资项目效益审计对财政资金的跟踪问效作用和决策信息反馈作用,促进提高政府投资项目决策管理水平和资金使用效益。

(本文刊于《中国审计报》2006年3月29日、《上海审计》2006年第3期、《工业审计与会计》2006年第5期)

关于深化经济责任审计的若干思考

上海经济责任审计工作发展至今已有10年。10年来,经济责任审计不仅在强化干部监督管理、促进领导干部认真履职、保障财政资金安全和国有资产保值增值等方面发挥了重要作用,而且有效地提升了审计机关的地位,树立了审计工作的权威。目前,本市审计机关经济责任审计项目数约占40%,审计工作量约占50%。经济责任审计越来越受到党委、政府的重视和社会各方面的关注,已成为审计机关的一项主要审计工作。

新修订的《审计法》明确了经济责任审计的法律地位,经济责任审计正处于新的发展时期。我们要抓住机遇,认真总结经验,坚持开拓创新,做到"五个注重",推动经济责任审计工作不断深化和向前发展。

一、经济责任审计要注重对领导干部履职情况的监督

经济责任审计作为一项全新的审计工作,既包括对法人的审计,也包括对自然人的审计。对法人的审计,即对被审计领导干部任职单位财政收支、财务收支真实、合法和效益的审计;对自然人的审计,即对被审计领导干部任职期间应负经济责任的履行情况的审计。前者是经济责任审计的基础,后者是经济责任审计的重点。当前深化经济责任审计,重点是要加强对领导干部履职情况的审计监督,推动经济责任审计从对法人的审计向对自然人的审计转变,更好地满足干部监督管理工作的需要。

加强对领导干部履职情况的审计监督,要突出三个重点:即行政效果或经营效果、行政能力或经营能力、廉政情况,抓好四项审计:即决策审计、内控审计、业绩审计、法纪审计。

1. 决策审计是经济责任审计的重中之重。决策是领导干部的重要职责。领导干部重大经济事项决策涉及重大投资建设项目、政府举债、国有企业改制、招商引资、重要经济政策制定、大额资金运作等方面。要从检查决策机制的健全性、决策程序的规范性、决策内容的合法性、决策实施的有效性和决策结果的效益性入手,评价重大经济事项决策的程序、执行和效果情

况,以及领导干部的经济决策责任,促进领导干部依法履行经济决策权。

2. 内控审计是经济责任审计的首要环节。管理是领导干部行政能力或经营能力的重要体现。领导干部经济管理行为涉及财政资金管理、公共资金管理、国有资产管理、有关经济活动管理等方面。要从检查内部控制制度的健全性和有效性入手,评价内部控制制度的建立和执行情况,以及领导干部的经济管理责任,促进领导干部依法履行经济管理权。

3. 业绩审计是经济责任审计的必要内容。行政效果或经营效果是领导干部政绩的重要体现。行政效果或经营效果涉及经济和社会事业发展状况,管理效益和经济效益,有关经济目标完成情况等方面。要从检查财政收支、财务收支的真实、合法和效益,以及与财政收支、财务收支有关的经济工作目标完成情况入手,评价领导干部任职期间的工作业绩和经济发展责任,促进领导干部落实科学发展观和树立正确的政绩观。

4. 法纪审计是经济责任审计的特殊要求。遵纪守法和廉洁自律是对领导干部的基本要求。法纪审计的重点是检查领导干部本人遵守国家财经法规和有关廉政规定的情况,关注领导干部任职期间有无利用职权为自己或他人谋取非法经济利益,评价领导干部的廉政责任,促进领导干部遵纪守法和廉洁自律。

二、经济责任审计要注重审计评价和责任界定

任何审计都要作出审计评价,经济责任审计涉及对自然人的审计,其审计评价的要求更高。经济责任审计评价应当遵循重要性、客观性、准确性、历史性和谨慎性原则。审计机关应当依据审计方案确定的重点内容,根据审计查证或认可的事实,依照法律法规和国家其他有关规定以及政策、目标、标准,提出审计评价意见。审计机关进行经济责任审计评价,应当客观描述审计事项的结果,反映领导干部任职期间的工作业绩和突出问题,分析列举领导干部任职期间所采取的与审计结果有直接联系的重大措施,并评估领导干部所采取的措施对审计结果的影响程度。要重点关注领导干部职务行为与审计查出问题之间的联系,明确领导干部应负的责任。

实施经济责任审计后,审计机关应当依照法律法规和国家其他有关规定,以及审计机关认可的被审计领导干部所在单位内部管理的有关规定,对领导干部任职期间不履行或者不正确履行经济责任的行为应承担的责任进行界定,包括直接责任、主管责任和领导责任。所谓直接责任,是指领导干

部直接违反或授意、指使、强令、纵容、包庇下属人员违反法律法规、国家有关规定和单位内部管理规定的行为，以及失职、渎职行为应承担的责任。所谓主管责任，是指除直接责任外，领导干部对其直接主管的工作不履行或者不正确履行经济责任的行为应当承担的责任。所谓领导责任，是指除直接责任外，领导干部对其非直接主管的职务范围内的工作不履行或者不正确履行经济责任的行为应承担的责任。被审计领导干部对有关违法违规问题应承担的责任，应当写入审计组的审计报告、审计机关的审计报告、经济责任审计结果报告。审计组的审计报告应当征求被审计领导干部的意见，审计机关的审计报告应当送达被审计领导干部，经济责任审计结果报告应当报送本级政府和干部管理部门。

三、经济责任审计要注重审计结果的利用

经济责任审计是为干部监督管理工作服务的，重在审计结果的有效利用。经济责任审计结果利用，是指干部监督管理部门、国有资产监督管理部门在对领导干部考核、任免、奖惩时，将审计结果作为参考依据。经济责任审计结果利用应当遵循以下原则：实事求是，客观公正；违纪必究，违法必惩；奖惩得当，注重实效；分工负责，成果共享。为了规范和促进经济责任审计结果利用工作，审计机关应会同干部监督管理部门、国有资产监督管理部门，建立健全经济责任审计结果利用制度，形成经济责任审计成果运行机制。

经济责任审计结果利用工作，应由各级经济责任审计联席会议统一协调，纪检、组织、监察、审计、国资等联席会议成员单位以及其他有人事任免权、奖惩考核权、责任追究处理权的有关部门在其法定职权范围内负责实施，并向联席会议报告实施结果。应当明确：经济责任审计工作联席会议办公室负责审计结果利用工作的综合协调和督促检查；纪检监察部门负责在党风廉政建设和反腐败工作中充分利用经济责任审计结果；干部管理部门要将经济责任审计结果作为领导干部职务任免、升降和奖惩的参考依据；国有资产监督管理部门和有关主管部门在加强国有资产监督管理和财政监督工作中，要有效利用经济责任审计结果；被审计领导干部及其所在单位应认真执行审计决定，积极转化和运用经济责任审计成果。同时，干部管理部门要建立经济责任审计结果利用资料库，协调联席会议各成员单位提供入库资料，形成网络，共享成果。

审计机关在经济责任审计结果利用方面,要重点做好三项工作:一是审计结果表明被审计领导干部所在单位执行财经法规良好、内部控制制度健全有效、财政财务管理规范有序的,可以建议有关部门予以表彰;二是被审计领导干部及其所在单位存在严重违反财经法规问题的,可以在一定范围内予以通报;三是加强审计综合分析,将审计发现的普遍性、倾向性、苗头性的问题,专题报告本级政府,并抄送联席会议成员单位,以促进加强法制建设和制度建设。

四、经济责任审计要注重审计项目管理和审计资源整合

当前经济责任审计工作中的突出矛盾是审计任务重与审计力量不足的矛盾。缓解这一矛盾的有效途径是改进审计项目管理,整合审计资源。审计机关要加强与有关部门的联系与沟通,积极提出建议,采取有效措施,不断改进经济责任审计项目管理,有效整合经济责任审计资源。

改进经济责任审计项目管理,要坚持"控制总量,突出重点"的经济责任审计项目安排原则。审计机关要根据自身人力资源状况和经济责任审计项目历年安排情况,向干部管理部门提出年度经济责任审计项目控制数的建议。同时,根据年度经济责任审计项目控制数,建议干部管理部门将委托审计项目分为两部分:一是根据党政领导干部和企业领导人员经济责任审计重点对象名单及任期内轮审一遍的要求,安排的以任中审计为主的经济责任审计事项;二是根据干部监督管理工作的需要,安排的以离任审计、查案审计为主的经济责任审计事项。就市管党政领导干部经济责任审计而言,要将公权力大、公益性强、公众关注度高的政府部门和各区县党委、政府的正职领导干部列为审计重点对象。就市管国有企业领导人员经济责任审计而言,要将掌管资金量大且承担政府交办任务的重点企业、国资国企改革调整重组后的特大型企业、地方商业银行及非银行金融机构领导人员列为重点审计对象。

整合经济责任审计资源,涉及审计机关内部和外部两个方面。就审计机关内部而言,在安排年度审计项目计划时,要注意将党政领导干部经济责任审计与部门预算执行审计相结合,企业领导人员经济责任审计与企业资产负债损益审计相结合,做到两审并一审,审计成果"一审多用"。就审计机关外部而言,要加强与干部管理部门的沟通,提出试行经济责任审计分类管理,扩大审计覆盖面的建议,形成政府审计、内部审计、社会审计共同参与经

济责任审计的新格局。以市管领导干部经济责任审计为例,市审计局可以将部分区县副局级党政机关领导干部经济责任审计事项授权区县审计局实施审计;对内部审计机构健全的正局级党政机关,可试行委托其对所属的副局级机关事业单位领导干部进行经济责任审计;对市国资委出资监管的资产总额较小的市管企业,可试行委托市国资委组织社会审计机构开展经济责任审计。对上述参与市管领导干部经济责任审计的内部审计机构和社会审计机构,由市审计局负责审计业务培训,并提出审计要求。

五、经济责任审计要注重推动部门单位建立健全经济责任审计制度

目前各级审计机关经济责任审计的对象是本级党委管理的领导干部。以本市审计机关为例,市审计局负责审计市管领导干部,区县审计局负责审计区县管领导干部。除此以外,市管单位、区县管单位内部管理的领导干部经济责任审计如何开展,是当前亟待研究解决的重要问题。从近几年的审计情况看,大量违法违规问题发生在部门单位内部管理的基层单位。为了从制度上进一步强化部门单位的内部控制和内部监督工作,各有关方面必须采取措施,推动部门单位建立健全经济责任审计制度,发挥内部审计和社会审计的作用,逐步实现经济责任审计工作的全覆盖。

《审计署2006年至2010年审计工作发展规划》提出了"推动部门单位开展经济责任审计""逐步完善经济责任审计制度"等要求。应当明确,开展部门单位内部管理的领导干部经济责任审计,责任主体在各部门、各单位,审计任务由内部审计机构或社会审计机构承担。审计机关的主要职责是加强对此项审计工作的业务指导和监督。在推动部门单位开展经济责任审计方面,本市审计机关要重点做好四项工作:一是要结合审计工作,对被审计单位开展经济责任审计工作情况进行检查和监督,促进被审计单位建立健全经济责任审计制度,开展经济责任审计工作,完善内部监督制约机制;二是要结合审计工作,对被审计单位经济责任审计业务质量进行检查和评估,充分利用经过核实的部门单位经济责任审计成果,帮助被审计单位提高经济责任审计工作质量;三是要会同有关部门,组织交流部门单位经济责任审计工作经验,对推动部门单位开展经济责任审计工作提出指导意见;四是要会同内部审计师协会或注册会计师协会,组织开展部门单位经济责任审计业务培训,规范审计操作,提高审计质量。

总之,经济责任审计是一项具有中国特色的审计工作,其本身具有独创性和探索性。我们要勇于探索,大胆实践,不断研究新情况,解决新问题,坚持在发展中创新,在创新中发展,为深化经济责任审计作出不懈的努力。

(本文刊于《上海审计》2006年第6期、《组织人事报》2006年11月23日、《现代审计与经济》2006年增刊、《审计月刊》2007年第2期、《北京审计》2007年第9期、《黑龙江省审计信息交流》2008年第2期)

关于推进内部审计工作的若干思考

内部审计是我国审计监督体系的重要组成部分。近年来,随着社会主义市场经济的发展,政府职能的转变和现代企业制度的建立,上海内部审计工作有了长足的发展。据统计,至 2006 年年底,全市已建立内部审计机构 1 586 个,其中专职机构 572 个;配备内部审计人员 5 086 人,其中专职人员 2 011 人。2006 年,全市内部审计机构当年共完成审计项目 37 008 个,共查出损失浪费 2.3 亿元,共增加效益 11.09 亿元。内部审计在监督本部门、本单位财政财务收支和经济活动真实、合法和效益,促进加强内部经济管理和实现经济目标等方面发挥了重要作用,已成为部门单位内部管理控制的一支重要力量。

推进内部审计工作是篇大文章,需要各方面共同努力,形成合力,突出重点,加大力度。就推进工作而言,审计机关重在指导,重在监督;内部审计协会重在服务,重在交流;部门单位重在领导,重在管理;内部审计机构重在抓质量,重在上水平。就推进工作关系而言,市与区县按照分级管理的原则,分级负责,上下联动,整体推进;在各部门各单位中,上级单位负责推进下级单位内部审计工作。只有各方齐心协力,不断总结经验,坚持开拓创新,才能推进内部审计工作取得新的更大的发展。

一、审计机关要发挥指导和监督作用

新修订的《审计法》明确规定,依法属于审计机关审计监督对象的单位,其内部审计工作应当接受审计机关的业务指导和监督。审计机关加强对内部审计的业务指导和监督,要重点做好以下几项工作。

1. 以审促建。审计机关要结合审计工作,对被审计单位内部审计制度建立健全情况、内部审计工作开展情况进行检查。检查结果要纳入审计报告,作为内部控制审计评价的内容之一。对审计中发现的被审计单位内部审计制度不健全、内部审计工作薄弱等问题,审计机关应当向其提出建立健全内部审计制度、加强内部审计工作的意见和建议。

2. 以审促质。审计机关要结合审计工作,对被审计单位内部审计业务质量进行检查和评估。检查评估的内容包括内部审计工作内容、内部审计所遵循的审计规范、内部审计所采取的质量控制措施等。通过检查和评估,揭示存在的问题,提出针对性的业务指导意见,帮助内部审计机构规范审计质量管理,提高审计业务质量,并据以确定对内部审计工作成果的利用程度。

3. 利用成果。内部审计与国家审计在审计内容、审计依据、审计方法等方面具有一致性。审计机关利用内部审计工作成果,不仅可以提高工作效率,降低审计成本,也有利于加强对内部审计的业务指导和监督。审计机关利用内部审计工作成果,内容包括内部审计机构对单位内部控制制度的评审结果,内部审计机构对下属单位进行审计的结果,以及利用内部审计发现问题的线索,确定审计的重点领域。此外,审计机关在开展大型企事业单位领导人员任期经济责任审计时,可以组织内部审计机构按照统一的审计方案要求实施对所属单位的审计,审计机关负责质量检查,以整合审计资源,加强业务指导。

4. 法制保障。审计机关要根据审计工作的需要,通过地方立法、政府规章等形式,从宏观层面研究制定有关推进内部审计工作发展的政策法规和规章制度。如本地区内部审计工作条例或规定、部门单位内部管理的领导干部任期经济责任审计实施办法等。从政策法规和制度建设上入手,为部门单位开展内部审计工作提供法制保障。

此外,审计机关要采用年度审计工作会议等形式,向内部审计机构通报审计机关的工作计划、工作重点,对本地区内部审计工作提出指导意见,引导内部审计工作的发展方向;要组织评选和表彰内部审计工作先进单位和先进个人,做到榜样示范,典型引路,激励引导;要做好审计署制发的内部审计情况报表的填报管理工作,对内部审计情况进行统计监督;要对内部审计协会工作进行指导、监督和管理,支持其依据法律和章程开展活动;要办好审计网站和审计杂志,为内部审计提供信息平台和理论园地。

二、内部审计协会要做好服务和交流工作

内部审计协会作为企事业单位内部审计机构和内部审计人员自愿结成的社会团体,是为本地区内部审计机构和内部审计人员服务的社团组织。内部审计协会要努力创新工作方式,拓展服务品种,通过开展各种有效的专

业服务和交流活动,扩大内部审计的影响,促进提高内部审计队伍的素质,充分发挥桥梁与纽带作用。

1. 加强业务培训。开展内部审计业务培训,是提高内部审计队伍素质的重要途径。当前内部审计协会要会同有关部门,重点抓好三类培训:一是举办以内部审计工作分管领导为对象的高层讲座,以及以内部审计机构负责人为对象的高级管理人员提高班;二是抓好广大内部审计人员的后续教育;三是开展计算机审计培训。要采取有效措施,保证培训质量,增强培训的针对性和有效性。同时,要组织实施好国际注册内部审计师资格考试,努力培养内部审计人才。

2. 搞好课题研究。内部审计协会要发挥人才优势,结合内部审计工作实际,组织开展内部审计理论和实务研究。当前要重点研究管理审计、经济效益审计、经济责任审计、内部审计项目管理与质量控制等课题。努力推动内部审计工作实现从以真实性、合规性为导向的财务审计为主,向以真实性、合规性为导向的财务审计和以内部控制与风险管理为导向的管理审计并重的全面转型与发展。要针对内部审计发展中的新情况、新问题,加强调查研究,提出对策建议,供有关部门决策参考,更好地为企事业单位加强管理,提高效益服务。

3. 总结交流经验。内部审计协会要深入基层,及时总结并大力宣传内部审计工作先进典型和先进经验,以点带面,推动内部审计新理念、新经验的发展和传播。要搭建交流平台,组织开展专题交流、行业交流等多种形式的交流活动,推动内部审计机构、内部审计人员之间的交流学习和工作研讨,促进提高内部审计工作质量和水平。

4. 提供咨询服务。内部审计协会要通过提供信息资料、召开会员例会、网站咨询答复、电话咨询答复、现场咨询指导等形式,为内部审计机构和内部审计人员提供政策法规、审计信息、审计技术方法、审计质量管理等方面的咨询服务,努力为广大会员排忧解难。

此外,内部审计协会要抓好内部审计准则和内部审计人员职业道德规范的宣传贯彻,促进建立内部审计自律机制;要维护会员合法权益,完成好审计机关和上级内部审计协会委托或授权的其他有关工作。

三、部门单位要加强领导和管理

建立健全内部审计制度,加强内部审计工作,责任主体在各部门、各单位。各部门、各单位要认真贯彻《审计法》和《审计署关于内部审计工作的规定》,采取切实有效的措施,建立健全内部审计制度,加强对内部审计工作的领导,加强内部审计队伍建设。

1. 建立健全内部审计制度。国家机关、金融机构、企业事业组织、社会团体以及其他单位,应当按照国家有关规定建立健全内部审计制度。法律、行政法规规定设立内部审计机构的单位,必须设立独立的内部审计机构;国有资产经营规模大、财政预算数额大且所属单位多的部门和单位,应当根据需要设立内部审计机构,配备内部审计人员;目前尚不具备设立独立的内部审计机构条件的单位,可以根据需要授权本单位财务部门之外的内设机构履行内部审计职责。设立内部审计机构的单位,可以根据需要设立审计委员会,配备总审计师。要采取有效措施,切实保证内部审计的独立性。

2. 加强对内部审计工作的领导。各部门、各单位的主要负责人要充分认识内部审计工作的重要性,切实加强对内部审计工作的领导。要完善内部审计规章制度,确保内部审计机构具有履行职责所必需的权限,积极支持内部审计人员依法履行职责。要定期研究、部署和检查内部审计工作,听取内部审计机构的工作汇报,及时审批年度审计工作计划、审计报告,督促审计意见和审计决定的执行。要认真解决本部门、本单位内部审计工作中遇到的困难和问题,并在管理权限范围内授予内部审计机构必要的处理、处罚权。内部审计机构履行职责所必需的经费,应当列入财务预算,由本单位予以保证。要采取有效措施,为内部审计工作的开展提供良好的工作条件和环境。

3. 加强内部审计队伍建设。内部审计工作专业性强、要求高,各部门、各单位要选调政治素质好、熟悉审计业务、思想作风过硬的人员从事内部审计工作。要支持和保障内部审计人员参加审计机关和内部审计协会组织的各项业务培训和岗位资格考试、后续教育培训,鼓励内部审计人员参加国际注册内部审计师资格考试,不断提高内部审计人员的理论水平、业务技能和解决实际问题的能力。

四、内部审计机构要提高审计质量和水平

各级内部审计机构要根据当前形势发展对内部审计工作的要求,更新观念,创新工作,科学确定本部门、本单位内部审计工作的目标和重点。要逐步从单纯的查错防弊向促进提高单位管理水平转变,从单纯的财务收支

审计向管理审计、风险评估、效益审计转变,从监督型向监督服务型转变,更好地为本部门、本单位加强管理、提高效益服务。各级内部审计机构要在本单位主要负责人或者权力机构的领导下开展工作,遵守内部审计准则、规定,按照本单位主要负责人或者权力机构的要求实施审计,不断提高审计质量和工作水平。

1. 突出审计工作重点。一是对本单位及所属单位的财政财务收支、预算外资金的管理使用以及经济活动情况开展审计,保障国有资产的安全、完整和会计信息的真实、可靠。二是以揭隐患、促管理为目标,积极开展管理审计和经济效益审计,反映经营管理和资金使用中存在的问题,及时提出改进建议,促进各项经营管理目标的实现和资金的安全有效运行。三是根据本单位主要负责人或者权力机构的要求及审计机关的委托,对本单位内设机构及所属单位领导人员进行任期经济责任审计,促进领导人员认真履行职责,从源头上预防和治理腐败。四是对本单位及所属单位固定资产投资项目实施审计,规范投资项目管理,保证国家建设资金的安全有效使用。五是对本单位经济管理中的重要问题开展专项审计调查,向本单位主要负责人或者权力机构报告审计调查结果,为领导决策提供参考依据。

2. 加强审计质量管理。内部审计机构应建立有效的审计质量控制制度,内部审计人员应以职业谨慎态度执行内部审计业务。内部审计人员在实施审计时,应当在深入调查的基础上,采用内控测试、分析性复核、抽样审计、计算机辅助审计等审计技术方法,获取充分、相关、可靠的审计证据,以支持审计结论和审计建议。内部审计报告的编制应当以经过核实的审计证据为依据,做到客观、完整、清晰、及时,具有建设性,并体现重要性原则。内部审计机构应建立审计报告的分级复核制度,并对被审计单位进行后续审计,以确保审计质量和审计效果。

3. 做好与外部审计的协调工作。鉴于内部审计人力资源有限,目前不少单位将部分内部审计业务通过对外承包来进行运作。内部审计机构应在单位管理层的支持和监督下,做好与外部审计的协调工作。一方面,内部审计机构相关审计工作应当与外部审计相互协调,并按有关规定向外部审计提供必要的支持和相关工作资料;另一方面,内部审计机构应当对社会中介机构受托开展本单位及所属单位有关财务审计、资产评估、工程项目审计等结果的真实性、合法性进行监督,并做好社会中介机构聘用、更换和报酬支付的监督工作。

总之,推进内部审计工作意义重大,任务繁重,涉及面广。各有关方面一定要明确各自职责,找准工作定位,理顺相互关系,形成工作合力,突出工作重点,加大推进力度,以确保推进工作取得实效。

(本文刊于《上海审计》2007年第1期、《北京审计》2007年第12期)

上海市管领导干部经济责任审计新特点

今年以来,为了适应强化干部监督管理,促进党风廉政建设的需要,上海市管领导干部经济责任审计工作发展迅速,成效显著,呈现出一系列新特点。本文特作如下分析。

一、经济责任审计力度进一步加大

根据市委组织部委托,今年市审计局将组织开展对 29 个单位 41 名市管领导干部任期经济责任的审计。审计对象包括:15 个机关事业单位 19 名主要负责人,5 个区 13 名主要负责人,9 户市管企业 9 名主要负责人。今年市管领导干部经济责任审计工作安排有以下特点。

1. 审计对象增多。被审计单位比去年增加 7 个,增幅达 32%;被审计市管领导干部比去年增加 16 名,增幅达 64%。这表明,经济责任审计任务加重,经济责任审计力度加大。

2. 地厅级党政领导干部经济责任审计项目数首次超过市管企业领导人员经济责任审计项目数。今年地厅级党政领导干部经济责任审计涉及 20 个单位 32 名主要负责人,分别占到今年经济责任审计被审计单位总数和被审计市管领导干部总数的 69% 和 78%。这表明,公权力大、公益性强、公众关注高的政府部门和各区县党委、政府的主要负责人,已成为经济责任审计的重点对象。

3. 部门领导干部经济责任审计首次与部门预算执行审计相结合。今年上半年,市审计局有 9 个部门领导干部经济责任审计项目与部门预算执行审计项目"两审并一审",占到今年部门预算执行审计项目总数的 53%。这表明,经济责任审计已贯穿市审计局全年审计工作,"两审并一审"已成为整合审计资源、加大审计力度的有效途径。

4. 区县党政领导干部经济责任审计实行党委政府主要负责人"捆绑式"审计。鉴于现行的地方行政管理体制是由党委主要负责人主持的党委会议决定重要的经济事项,政府主要负责人对党委会议决定的重要经济事项负责组织实施,因此今年对5个区党委政府主要负责人全部实行"捆绑式"经济责任审计。这表明,经济责任审计对象覆盖面不断扩大,经济责任审计更关注重大经济事项的决策情况。

二、经济责任审计思路进一步明确

经济责任审计是一项具有中国特色的审计工作,它在加强干部监督管理、促进干部素质提高、推进党风廉政建设等方面发挥着独特的作用。今年以来,随着《审计法》的修订,广大审计人员对经济责任审计的定位、特点和发展方向有了进一步的认识,其表现在审计工作实践中有以下特点。

1. 依法开展经济责任审计。新修订的《审计法》第二十五条规定:"审计机关按照国家有关规定,对国家机关和依法属于审计机关审计监督对象的其他单位的主要负责人,在任职期间对本地区、本部门或者本单位的财政收支、财务收支以及有关经济活动应负经济责任的履行情况,进行审计监督。"这一法律规定明确了经济责任审计的定位,即经济责任审计是对领导干部履职情况的审计监督。依法开展经济责任审计,必须把工作重心放在领导干部对财政收支、财务收支以及有关经济活动应负经济责任的履行情况的审计监督上。

2. 突出经济责任审计重点。今年市审计局明确,在实施市管领导干部经济责任审计时,应重点关注并评价下列情况:①经济和社会事业发展状况,部门、单位的事业发展或经营状况;②贯彻执行国家方针政策、遵守国家法律法规情况;③重大经济决策情况;④财政收支、财务收支及资产管理情况;⑤内部控制状况;⑥被审计领导干部遵守有关廉政规定情况。

结合中央关于构建社会主义和谐社会的要求,深化以下审计内容:①国家土地政策落实情况,土地出让金的管理使用情况,土地批租和转让的合法合规情况;②国家环境保护政策的贯彻落实情况,环保资金的投入使用情况,重大环境污染事故的责任追究情况;③"十一五"规划中有关节能降耗指标的落实情况;④社会主义新农村建设的有关政策落实情况;⑤政府负债尤其是区县、乡镇两级负债的规模、结构、成因、偿还能力及风险情况;⑥各类社会公共性资金监督管理和合规使用情况。

3. 加快经济责任审计的转型。经对多年的实践探索,广大审计人员逐步认识到,财政财务收支审计是经济责任审计的基础,对领导干部履职情况的审计是经济责任审计的重点。经济责任审计的内容比财政财务收支审计的内容要宽泛许多,经济责任审计的实质不是对法人的审计和评价,而是对自然人的审计和评价。依法开展经济责任审计,必须与时俱进,加快经济责任审计的转型,即经济责任审计要从以财政财务收支为重点的审计转向以领导干部履职情况为重点的审计,要从以法人为重点的审计转向以自然人为重点的审计。今年以来,市审计局在经济责任审计工作方案、审计结果报告的内容方面已初步体现了转型的要求。

三、经济责任审计工作进一步规范

经济责任审计是一项政策性强、审计难度大的审计工作。为了保证审计质量,防范审计风险,必须加强审计工作规范化建设,规范审计操作,严格审计质量控制。今年市管领导干部经济责任审计工作规范化建设有以下特点。

1. 统一经济责任审计工作方案。今年市审计局分类制定了《2007年部门(单位)党政领导干部任期经济责任审计工作方案》《2007年市管企业领导人员任期经济责任审计工作方案》《2007年区党政领导干部任期经济责任审计工作方案》3个经济责任审计工作方案。审计工作方案明确了审计目标、审计对象范围、审计主要内容及重点、审计组织和分工、工作要求、审计评价及审计文书等内容,为开展审前调查,制定审计实施方案,组织实施审计起到了指导作用。

2. 规范经济责任审计结果报告格式。为了规范经济责任审计结果报告格式,今年市审计局分类制定了《部门领导干部经济责任审计结果报告基本格式》《企业领导人员经济责任审计结果报告基本格式》《区县领导干部经济责任审计结果报告基本格式》,从基本情况、审计评价、审计发现的主要问题、其他需要揭示的事项、审计处理方式及审计建议等方面,规范了经济责任审计结果报告的内容框架,明确了审计评价的内容要素,以全面反映审计情况,提升审计成果质量。

3. 规范经济责任审计的责任界定。今年以来,市审计局根据有关文件规定,在各类经济责任审计工作方案和审计结果报告格式中,对经济责任审计的责任界定作了统一规范。市审计局要求各审计组依照法律法规和国家其他有关规定以及审计机关认可的被审计领导干部所在单位的内部管理规定,对被审计领导干部担任特定职务期间不履行或不正确履行经济责任的行为应承担的责任进行界定,包括直接责任、主管责任和领导责任。市审局重大审计项目审议会议对经济责任审计的责任界定加强审核把关,确保依法界定责任,准确界定责任,严格界定责任。

四、经济责任审计结果进一步运用

开展经济责任审计,重在审计结果的运用。今年以来,市审计局会同有关部门,采取有效措施,加强经济责任审计结果运用工作,注重提升经济责任审计成果运用水平,取得了良好效果。

1. 探索建立经济责任审计年度综合报告制度。今年2月底,市审计局对去年组织实施的13户市管企业13名领导人员、5个区县8名党政领导干部和4个部门4名领导干部任期经济责任审计情况进行了综合分析,向市政府报送了《关于2006年度市管领导干部任期经济责任审计情况的综合报告》。该综合报告报告了审计工作情况,反映了审计发现的主要问题,分析了产生问题的原因,提出了审计建议。综合报告受到市领导的高度重视,韩正、冯国勤、沈红光3位市领导做了4次批示,要求有关部门用好审计报告,加强对干部的监督和教育。为落实市领导批示精神,今年4月初,本市召开经济责任审计专题工作会议,专题研究经济责任审计结果运用工作,市领导冯国勤、沈红光出席会议并讲话。会议要求各有关部门加强调研、完善办法、落实措施、形成合力,认真抓好经济责任审计结果运用工作,努力把上海经济责任审计工作提高到一个新的水平。

2. 研究制定《上海市市管领导干部任期经济责任审计结果运用办法》。受市经济责任审计工作联席会议委托,去年7月起,市审计局组织力量着手研究起草本市市管领导干部经济责任审计结果利用办法。在总结本市近年来经济责任审计结果利用的有效做法的基础上,经过历时1年的深入调研和反复修改,先后形成了征求意见稿、草案和送审稿。经今年6月下旬召开的市经济责任审计工作联席会议审议同意的《上海市市管干部任期经济责任审计结果运用办法》已上报市委,拟由市委办公厅、市政府办公厅印发施行。该办法根据分工负责、加强协调、形成合力的原则,明确了市经济责任审计工作联席会议及其办公室在经济责任审计结果运用工作中的职责,对纪检监察机关、干部管理部门、国有资产监督管理部门和有关主管部门、审计机关和其他有关部门运用经济责任审计结果的工作内容、工作要求作了规定。同时,对被审计市管领导干部及其任职期间所在单位积极运用审计成果提出了要求。该办法的颁布实施,将对本市市管领导干部任期经济责任审计结果运用工作起到有力的推动作用。

3. 有关部门高度重视审计结果运用工作。今年以来,市有关部门采取有效措施,进一步加大经济责任审计结果运用力度。由市委组织部牵头,市经济责任审计工作联席会议办公室数次召开专题会议,分析经济责任审计结果情况,研究经济责任审计结果运用工作。市巡视办在今年组织开展的市管企业巡视工作中,要求4个市委巡视组分别听取市审计局经济责任审计情况介绍,充分运用经济责任审计结果。市国资委党委、市国资委收到经济责任审计报告后,由两委相关处室汇总信息,综合研究提出审计整改意见,要求被审计企业3个月内整改完毕,并由两委领导带队,深入被审计企业开展审计整改工作检查。在各有关部门的共同努力下,经济责任审计结果已成为市管领导干部考核、任免、奖惩、后续管理工作中的参考依据。

(本文刊于《上海审计》2007年第4期、《审计文摘》2007年第11期)

经济责任审计需研究改进的若干问题

党的十七大报告对健全经济责任审计制度提出了明确要求。贯彻党的十七大精神,必须进一步深化经济责任审计,使之更好地为贯彻落实科学发展观,加强干部监督管理和党风廉政建设服务。上海经济责任审计工作经过多年的发展,取得了长足的进步,但也存在着一系列需要研究和改进的问题。为了不断完善经济责任审计工作,本文现对本市经济责任审计的有关现状与问题作如下分析,并提出相应的改进建议。

一、关于经济责任审计项目名称

(一)现状与问题

目前,经济责任审计项目名称均以"财政财务收支及领导干部任期经济责任审计"或"资产负债损益及领导人员任期经济责任审计"出现,实际上是把两个审计项目(即财政财务收支或资产负债损益审计、领导干部任期经济责任审计)合二为一。在审计实施中,审计人员将相当多的时间和力量用于财政财务收支或资产负债损益审计,不仅造成审计实施时间较长,审计报告财政财务收支审计特征明显,而且影响了对领导干部应负经济责任的履行情况的重点审计。

(二)改进建议

经济责任审计除兼有财政财务收支或资产负债损益审计和效益审计的某些共同特点外,还有自身的特点。经济责任审计作为一种新的审计类型,已为《审计法》第二十五条所明确规定。为依法开展经济责任审计,应将经济责任审计项目单独立项。今后,凡经济责任审计项目,其名称在审计项目计划、审计通知书、审计报告中均表述为"**(地区、部门、单位)**(职务)**(同志)任期经济责任审计"。

二、关于经济责任审计模式的转型

(一)现状与问题

目前,在经济责任审计工作中,由于审计立项原因,以及审计人员对经济责任审计的实质、经济责任审计与财政财务收支或资产负债损益审计的区别不够明确,对经济责任审计工作方案执行不够到位,造成一些经济责任审计项目还停留在"财政财务收支或资产负债损益审计＋责任界定",不利于经济责任审计的深化和发展。

(二)改进建议

1. 明确经济责任审计与财政财务收支或资产负债损益审计的区别,把握经济责任审计的特征。经济责任审计与财政财务收支或资产负债损益审计相比较,主要有以下5个方面区别。

一是审计对象不同。经济责任审计的对象是领导干部,即自然人。财政财务收支或资产负债损益审计的对象是地区、部门、单位,即法人。

二是审计目标不同。经济责任审计的目标是正确评价领导干部任期经济责任,促进领导干部勤政廉政,全面履行职责。财政财务收支或资产负债损益审计的目标是维护财经秩序,保障财政资金合规有效使用和国有资产安全完整。

三是审计内容不同。经济责任审计的内容是审计领导干部任职期间应负经济责任的履行情况,即检查领导干部基于本人所担任的特定职务管理运用公共财政资金、国家资源以及国有资本、相关社会资金应当履行的职责和义务的情况。领导干部任职期间应负经济责任的履行情况,涉及经济和社会事业发展状况,部门、单位的事业发展状况或企业经营发展状况;贯彻执行国家方针政策、遵守国家法律法规情况;重大经济、经营决策情况;财政收支、财务收支及资产管理情况;内部管理状况;被审计领导干部遵守有关廉政规定情况等方面。财政财务收支或资产负债损益审计的内容是审计财政财务收支或资产负债损益的真实、合法、效益。

四是审计范围不同。经济责任审计的范围根据领导干部任期时间和与其履行经济责任相关程度来确定,包括领导干部任职期间直接分管或与其工作职责联系密切的部门和单位,以及与其经济责任相关的事项。财政财务收支或资产负债损益审计的范围是指被审计单位财政收支、财务收支所属的会计期间和有关审计事项。

五是审计方法不同。经济责任审计要按照与领导干部履行经济责任的关联性进行审计取证,其方法可归纳为6个相结合:即审计与鉴证相结合,内查与外查相结合,审计与座谈相结合,查账与查物相结合,详查与抽查相结合,审计调查与干部管理部门、纪检监察部门调查相结合。财政财务收支或资产负债损益审计则通过审查会计凭证、会计账簿、会计报表,查阅与审计事项有关的文件、资料,检查现金、实物、有价证券,向有关单位和个人调查等方法进行审计并取证。

经济责任审计的特征是:决策审计是经济责任审计的重中之重,内控审计是经济责任审计的首要环节,业绩审计是经济责任审计的必要内容,法纪审计是经济责任审计的特殊要求。

2. 明确经济责任审计的实质,加快经济责任审计的转型。经济责任审计尽管涉及对"单位"的审计,但对"人"的监督是其核心内容和实质所在。经济责任审计尽管涉及对财政财务收支的审计,但不是财政财务收支审计,而是对领导干部对财政财务收支应负经济责任的履行情况的审计(此项审计涉及检查单位执行国家财经法律法规、会计准则和有关财务会计制度情况,单位内部财务会计管理制度的健全性、单位内部财务管理和会计监督的有效性等方面,揭示单位财政财务收支中存在的重大问题,评价领导干部对财政财务收支应负经济责任的履行情况。但不是对财政财务收支的全面审计,不对单位财政财务收支结果作审计确认)。依法开展经济责任审计,必须从目前以财政财务收支为重点的审计模式逐步转向以领导干部履职情况为重点的审计模式,从目前以法人为重点的审计模式逐步转向以自然人为重点的审计模式。同时,根据经济责任审计的转型要求,对延伸审计范围,应由审计组按照与被审计的领导干部履行经济责任的关联性为原则,结合审前调查情况,在审计实施方案中自行确定并报批。

3. 加大经济责任审计工作方案的培训和执行力度。《审计机关审计项目质量控制办法(试行)》明确规定了审计工作方案在审计方案体系中处于指导地位,也是审计项目质量控制的基础。目前分类制定的经济责任审计工作方案作为审计机关规范性文件下发,理应得到执行。审计组必须根据审计工作方案规定的审计内容与重点编制审计实施方案实施审计,审计报告的有关内容框架和要素应与审计工作方案相衔接(如审计报告中审计评价部分的内容应与审计工作方案中的审计内容与重点相吻合)。经济责任审计工作方案下发前,应召开专题会议讨论并听取意见。下发后,各审计机构应组织开展对审计人员的方案培训和方案执行情况检查,以确保审计工作方案得到有效执行。

三、关于经济责任审计的责任界定

(一)现状与问题

1. 目前,本市审计机关正式出具的经济责任审计报告对被审计领导干部履行经济责任取得的成绩有相关评价,但对其对审计查出问题应负的责任未作界定。这一做法,既不符合经济责任审计有关文件规定,也不符合常理(被审计领导干部根据审计通知书要求,向审计组提交了本人经济责任履行情况的书面材料,有理由要求了解审计机关对审计查出问题其应负责任的正式界定意见),更容易造成误解(审计报告征求意见稿有责任界定意见,正式出具的审计报告没有责任界定意见,审计结果报告又界定责任,责任界定在审计文书中不够一致、规范)。

2. 目前,在对审计查出的问题进行责任界定时,有些审计组仅根据被审计领导干部担任特定职务情况(如其直接主管的工作或其非直接主管的职责范围内的工作)界定其应负主管责任或领导责任,而忽视对被审计领导干部是否存在不履行或不正确履行经济责任的行为的审计取证,责任界定的审计证据尚未符合相关性和充分性的要求。

(二)改进建议

1. 为体现经济责任审计项目责任界定的一致性,审计报告(征求意见稿)、审计报告和审计结果报告应对被审计领导干部对审计查出问题应负的责任予以界定,包括直接责任、主管责任和领导责任。

2. 在对审计查出的问题进行责任界定时,应注重对被审计领导干部担任特定职务期间不履行或不正确履行经济责任的行为进行审计取证,审计证据必须具备相关性(即审计证据与审计事项之间有实质性联系)、充分性(即审计证据足以证明审计事项并形成审计结论)。

四、关于经济责任审计评价

(一)现状与问题

目前,在经济责任审计报告或审计结果报告中,审计评价的内容还有待统一,审计人员对审计评价的要求还不够准确领会,审计评价工作还不够规范。

(二)改进建议

1. 审计机关应根据审计查证或认可的事实,依照法律法规和国家其他有关规定以及政策目标、行业标准进行经济责任审计评价。

2. 审计机关应依据审计方案确定的审计内容,对领导干部任职期间决策能力、行政或经营效果、管理水平、执行国家政策和遵守法律法规,以及遵守廉政规定的情况,提出审计评价意见。

3. 审计机关进行经济责任审计评价，应客观描述审计事项的结果，反映领导干部任职期间的工作业绩、问题，分析列举领导干部任职期间所采取的与审计结果有直接联系的重大措施，并评估领导干部所采取的措施对审计结果的影响程度。

五、关于经济责任审计结果报告的内容表述

（一）现状与问题

目前，经济责任审计结果报告在表述审计查出的问题时，较多地使用了会计等专业语言，事情过程描写甚为详细，报告使用者（组织部门等）反映较难看得懂，在对领导干部使用、考核时利用审计结果有困难。

（二）改进建议

1. 提高经济责任审计结果报告的实用性。经济责任审计的重要作用是为干部监督管理和党风廉政建设服务，经济责任审计结果报告应反映干部管理部门和干部监督部门关心的问题。经济责任审计结果报告在反映领导干部经济责任履行情况时，应根据重要性原则，以"重大""重要"为界，反映被审计领导干部负有直接责任、重要主管责任或领导责任的问题，以及虽非责任问题，但应引起有关部门重视或为规避审计风险必须揭示的重大事项。必要时，也可以出具"本次审计，未发现被审计领导干部任职期间存在不履行或不正确履行经济责任的行为应承担责任的问题"的审计结果报告。

2. 提高经济责任审计结果报告的可读性。经济责任审计结果报告在表述审计查出的问题时，可参考审计机关本级预算执行和其他财政收支审计工作报告的写法，做到文字精炼，通俗易懂，尽量避免过多地描述事情过程，以及使用过多的专业语言。

六、关于经济责任审计报告的基本格式

（一）现状与问题

目前，本市审计机关经济责任审计结果报告基本格式已有初步规范，但经济责任审计报告基本格式尚无明确规范，各审计机构在起草经济责任审计报告时存在格式不够统一、规范的问题。

（二）改进建议

经济责任审计报告与审计结果报告在基本格式上大致趋同。为便于各审计机构起草经济责任审计报告，应另行制定经济责任审计报告基本格式

规范。经济责任审计报告基本格式规范可考虑以下框架：一、基本情况；二、审计评价；三、审计发现的主要问题及审计意见；四、其他需要反映的事项（根据需要）；五、审计建议（根据需要）；六、附表（根据需要）。为避免经济责任审计报告正文篇幅过长，对财政财务收支及资产管理审计发现的一般问题，以及延伸审计二、三级单位发现的一般问题，可通过附表形式反映，附表与正文具有同等效力）。

七、关于经济责任审计合理有效利用外部信息资源

（一）现状与问题

1. 目前，企业领导人员经济责任审计尚未有效利用社会中介机构的审计结果，存在重复审计情况。

2. 目前，区县党政领导干部经济责任审计尚未有效利用政府统计部门的统计结果，对地区经济和社会事业发展状况的审计评价不够全面。

3. 目前，审计机关在经济责任审计工作中尚未与干部管理部门、干部监督部门和国有资产监督管理部门建立制度化的信息提供机制。

（二）改进建议

1. 在企业领导人员经济责任审计中应合理利用社会中介机构的审计结果。现行法规规定，任何独立的企业法人必须接受社会中介机构的年报审计。市国资委在对市管企业领导人员年度考核时，聘请社会中介机构对企业提供的年报审计报告进行复查。据此，审计组在审前调查阶段，应通过认真阅读、分析社会中介机构出具的审计报告，结合其他调查取得的资料，明确有关审计重点，以提高审计实施方案编制的针对性。对社会中介机构审计报告中披露的重大事项，以及社会中介机构出具的有保留意见或拒绝发表意见的审计报告，审计组在实施审计中应予以特别关注。

2. 在地方党政领导干部经济责任审计中应有效利用政府统计部门的统计结果。统计具有信息、咨询和监督三大职能，政府统计部门是行政执法机关。中共中央组织部有关文件明确规定，在考核地方党政领导干部时，可运用统计部门统计结果。在地方党政领导干部经济责任审计中，审计组可利用政府统计部门依法公布的统计结果，结合审计核实的有关情况，对地区经济和社会事业发展状况作出审计评价，以弥补审计机关在监督检查地区经济、社会发展状况方面存在的手段和方法的不足。

3. 建立干部监督部门、干部管理部门、国有资产监督管理部门在经济责

任审计实施前,向审计机关提供与经济责任审计事项有关的情况的工作制度和机制。具体可采取书面提供情况、会议介绍情况等方式,以便审计组了解相关信息,有效实施审计。

八、关于社会中介机构参与经济责任审计的质量控制

(一)现状与问题

目前,部分受聘的社会中介机构的审计人员对除财务收支以外的其他经济责任审计重点,在审计操作中尚不能完全适应,参与经济责任审计的质量和效果有待提高。

(二)改进建议

为保证企业领导人员经济责任审计项目的整体质量,审计机关在选聘社会中介机构时,应将其所派审计人员的业务工作经历作为评审条件之一(在社会中介机构已派出的审计人员中,原审计机关人员或审计机关退休人员的审计质量相对较好)。同时,应减少经济责任审计项目整体委托数量,尽可能采用聘请社会中介机构审计人员参与经济责任审计的方式。此外,审计机关应举办培训班,加强对参与经济责任审计的社会中介机构审计人员的经济责任审计业务培训。在审计项目实施中,审计机关要指派专人,加强对社会中介机构审计质量的监督检查,及时指导,严格把关。

总之,经济责任审计是一项具有中国特色的审计工作,需要不断探索、完善、深化、发展。我们要认真贯彻党的十七大精神,解放思想,开拓创新,以求真务实的态度,不断研究新情况,解决新问题,努力推动上海经济责任审计工作向前发展。

(本文刊于《上海审计》2008年第1期、《审计月刊》2008年第3期、《审计文摘》2008年第4期。本文获上海市审计学会2007—2008年度优秀审计论文二等奖)

企业内部控制初探

企业内部控制是审计工作十分关注的一个重要问题。不少审计情况表明，企业经营失败和财务信息失实等情况，在很大程度上都可归结为企业内部控制制度的缺陷或失效。建立并有效执行企业内部控制制度，对于保证会计信息质量，保护企业资产的安全完整，增强企业风险防御能力，保护投资者合法权益，进而促进企业改革和发展，有着非常重要的意义。

所谓内部控制，是指在内部牵制的基础上，由企业管理人员在经营管理实践中创造，并经审计人员理论总结而逐步完善的自我监督和自行调整体系。内部控制分为内部会计控制和内部管理控制（或称内部业务控制）两部分，前者在于报告企业资产，检查会计数据的准确性和可靠性；后者在于提高经营效率，促使企业有关人员遵守既定的管理方针。近几十年来，内部控制理论有了很大的发展，先后出现了内部控制结构和内部控制整体框架等理念，内部控制的目标已从保证资产的安全、完整，过渡到保证财务报告的可靠性、法律法规的遵循性以及提高企业经营的效率和效果。

必须指出的是，目前不少企业把内部控制看作是一堆堆的手册、各种文件和制度，也有的企业把内部成本控制、内部资产安全控制等视为内部控制。因此，必须明确，内部控制不是简单的制度汇编，更不是照搬别人现存的制度。别人成功的制度，不能根本上解决自身的问题。原因在于每一个企业的内部机制和环境不同，照搬制度只能解决形式上的问题。同时，还必须明确内部控制也不能"包治百病"。内部控制作为一种管理方法或管理工具的形式，是提高企业核心竞争力的重要手段。但企业发展面临的市场、供应商、客户以及竞争对手等外在因素要靠外部控制，良好的内部控制能增强企业把握外部机会的能力。

一、当前企业内部控制存在的主要问题

1. 对内部控制制度建立和实施的重要性认识不足。国有企业过去长期处在计划经济中，内部控制制度的建立起步较晚。部分企业经营者对内部

控制制度的建立和实施的重要性认识不足,不愿建立和完善内部控制制度,或者自己不能认真遵守并监督全体员工遵守内部控制制度,热衷于通过随意性强的行政命令来管理企业。即便是制定了一些相关制度,大多也停留在表面,这是目前部分国有企业管理水平不高、效益低下的原因之一。

2. 公司法人治理结构不完善。国有企业目前存在"一股独大"现象,股东大会、监事会作用有限,有的甚至形同虚设,独董不独、董事"不懂事"、监事不能发挥监督作用等治理问题普遍存在,互相监督制约的体制作用没有得到很好发挥,内部人控制的现象没有得到根本的转变,内部控制建设缺乏强劲的推动力和监督力。

3. 企业内部控制和监督不力。目前相当一部分企业内部监督体系残缺不全,有关内部控制内容不够合理或流于形式,内部审计未能真正履行其应有的职能。目前内部审计存在两大问题:一是独立性不够,只是服务于企业负责人。内部审计既不能监督上司,也不能有效监督同级,工作范围受限,权威性不强。二是重查错纠弊,轻防错防弊,内部审计的建设性作用发挥不够。

4. 风险评估不足,风险意识薄弱。大多数企业最主要的风险是营运风险。企业应该建立可以识别、分析和管理风险的机制,并确认高风险领域,以加强管理。目前国有企业尚缺乏这种机制,往往出现盲目扩张等风险。

二、企业内部控制建设应当明确的若干理念

1. 明确内部控制的团队责任。内部控制是企业董事会、管理层和全体员工共同参与的一项活动,组织中的每一个人都对内部控制负有责任并受到内部控制的影响。特别要克服内部控制仅仅是财务部门的事情,与其他部门无关的错误认识。由于企业的所有业务操作最终都会在财务信息中体现,所以财务部门是内部控制的核心部门,但这并不表示内部控制与其他部门无关。从内部控制涉及的业务层面看,内部控制涉及企业各业务环节,需要企业的全体员工共同参与,主动维护并不断改善企业的内部控制。

2. 内部控制必须与企业经营管理过程相结合。内部控制是企业经营过程的一部分,它使经营达到预期效果,并监督企业经营过程的持续进行。内部控制应当与经营过程结合在一起,而不是凌驾于企业的基本活动之上。内部控制只是管理的一种工具,并不取代管理。

3. 内部控制是一个动态过程。内部控制是对企业的整个经营管理活动

进行监督与控制的过程。企业的经营活动不停止,内部控制过程也不会停止。企业经营管理环境的变化,要求内部控制越来越趋于完善。内部控制是一个发现问题、解决问题、再发现问题、再解决问题的循环往复过程。

4. 内部控制要注重"人"的重要性和"软控制"的作用。内部控制受企业董事会、管理层及其他员工影响,透过企业中人的行为及语言而完成。只有人能够制定企业目标,并设置控制机制。反过来,内部控制也影响着人的行为。"软控制"主要指精神层面的管理要素,包括企业高层管理人员的管理风格、管理哲学、企业文化、内部控制意识等。

5. 内部控制要建立在成本与效益原则的基础上。内部控制并不是要消除任何滥用职权的可能性,而是要达到一种为防范滥用职权而实施控制的投入与滥用职权的危害成本之间平衡的机制。内部控制并不是越具体越好。在内部控制建设过程中,应当突出重要性原则,在原有企业经营管理的基础上优化重点业务流程,区分企业风险顺序和重要程度进行设计,控制重要风险,防止脱离企业实际,搞成繁文缛节。要处理好现有管理制度和新的内控体系之间的关系。企业内控体系建设不是全盘否定现有的管理制度,而是按照风险管理的思路,补充和完善现有的管理制度,使其更加体系化。

三、企业内控设计应当注重的若干要素

1. 内控设计应以控制流程(业务循环)为单位,而不是以部门为单位。一个控制流程往往涉及多个部门,若以部门为内部控制单位,容易人为割裂各个控制环节,影响各个部门在整个控制流程上的协同发挥,造成整个控制流程可能出现纰漏或失控。

2. 内控设计应当确定控制目标,通过识别和分析控制风险确定控制点并选择控制措施。内部控制的目标分为三类:与运营有关的目标、与财务报告有关的目标以及与合法性有关的目标。风险识别和分析是连接控制目标和控制点及控制措施的纽带。没有风险评判过程,将使控制点的确定和控制措施的选择陷入盲目或武断。

3. 内控设计应考虑企业内部行使控制职能的人员素质与岗位相适应。缺乏相应胜任能力的人员通常无法正确行使赋予其的控制职能,从而影响内部控制功能的正常发挥。企业内部人员的素质评估和岗位匹配是内控设计必经的程序之一。

4. 内控设计应注意保持控制环节之间的相互牵制。一项完整的经济业

务活动，必须经过具有互相制约关系的两个或两个以上的控制环节方能完成。横向至少有彼此独立的两个部门或人员办理以使该部门或人员的工作受到另一个部门或人员的监督；纵向至少经过互不隶属的两个或两个以上的岗位或环节。另外，业务流程中的各个岗位和环节应协调同步，避免只管牵制错弊而不顾工作效率的机械设计，做到既相互牵制，又相互协调，从而在保证质量及提高效率的前提下完成经营目标。

总之，作为企业管理的中枢环节，内部控制是防范企业风险行之有效的一种手段。它通过对企业风险的有效评估，不断加强对企业经营风险薄弱环节的控制，把企业的各种风险消灭在萌芽之中，也是企业风险防范的一种有效方法。各级审计机关和广大审计人员要结合审计工作，高度关注企业内部控制问题，加强审计检查，提出审计意见和建议，充分发挥专业经验和优势，促进企业内部控制建设，为推动国有企业改革和发展作出应有的贡献。

(本文刊于《上海审计》2008年第2期)

企业集团财务监管与审计监督

所谓企业集团,就是以资本为纽带形成的经济联合体。随着经济全球化、国际化进程的加快,社会主义市场经济体制的全面确立,以及科技飞速发展,市场竞争加剧,加快培育具有国际竞争力的大企业集团已成为当务之急。同时,发展企业集团也是推动国有资本战略性重组,促进国有企业改革和发展的重要举措。企业集团在功能定位上应当成为五个中心,即战略规划中心、经营决策中心、投融资中心、资源配置中心、风险管理与控制中心。目前,企业集团运行中还存在着一系列有待解决的问题。加强财务监管和审计监督,对于促进企业集团健康发展具有重要意义。

一、当前企业集团运行中存在的主要问题

1. 法人治理结构尚未到位。目前多数企业集团层面仍为按照企业法注册的国有独资企业,规范的董事会建设仍处于试点过程中,集团层面的股份制改造尚需推进,科学的决策机制与有效的内部制衡机制相结合的法人治理结构尚未有效建立,企业决策风险依然存在。

2. 普遍存在母公司空心化的情况。由于多数集团公司是按行政命令组建起来的,先有子公司,后有总部,不是通过投资发展起来的,难以形成规范的母子公司体制。下属子公司都是独立的法人单位,都有经营决策权和资金使用权,都是一个封闭的组织,不是真正意义上的子公司,经营出现亏损经常由集团公司承担,经营盈利后则通过各种渠道转移。此外,前些年通过上市,大量优质资产转移到了下属的上市公司,集团公司总部成了管理的壳,职能趋于弱化。

3. 整体运作能力不强。由于企业集团内部产权关系未理顺,投资主体不明确,内部控制机制不健全,集团总部对下属企业重大事项的管控能力和经营资源的整体运作能力不强,难以形成集团整体合力。此外,由于下属企业没有利润中心、成本中心等经营管理职能的分工,集团公司代理效率低下。

4. 对下属企业的控制力不强。由于下属法人单位过多,管理链条过长,层级过多,削弱了集团公司的控制力。特别是集团公司财务监控不力,母公司对子公司财务监控弱化与财务决策干预过度并存,不想管的不管,不该管的乱管。子公司出现问题,母公司往往一无所知。集团公司对下属企业管理失控,家底不清,出现了企业做大了,控制力和竞争力反而下降了的情况。

5. 企业运行质量有待提高。主要体现在部分企业集团主业盈利能力不强,债务负担重,财务风险大,历史遗留的一些不良资产或低效资产还没有得到彻底解决。

二、解决企业集团运行中存在问题的对策思路

1. 创新集团公司的管理模式。其主要是理顺集团内部产权关系,建立适应市场竞争要求的母子公司管理体制,确立母公司的地位,强化集团总部的功能,充分发挥集团的整体优势,增强综合竞争力。

2. 创新集团公司财务管理模式。其主要是促进企业运用现代先进的财务管理理念和方法,加强内部控制机制建设,严格控制成本,强化风险监管,提高投资回报和经济效益,提升财务管理水平,实现国有资产保值增值,为提高集团综合竞争实力奠定基础。

3. 构建出资人的财务监督体系。其主要包括财务预决算管理、财务动态监测、财务绩效评价、资产质量评估、重大财务事项备案管理等,为国有资产监督管理工作提供依据。

4. 加强企业审计监督。其主要包括开展企业主要负责人任期经济责任审计、财务决算审计,推动企业建立健全内部审计工作体系等,保障企业集团规范运作和健康发展。

三、创新企业集团财务管理模式的若干理念

1. 集团公司要充分发挥财务功能作用。财务是企业活动的中心环节,财务是围绕资金所进行的一系列活动,资金是企业运转的血液。现代企业财务管理已超越了业务核算,不仅延伸到资金筹集、成本控制、预算管理、财务分析等功能,还延伸到企业战略规划、价值管理、内控建设、资本运作、业务流程管理、资源整合、风险管理等方面。财务资源是企业最基本的资源,财务控制是企业最有效的控制,财务风险是企业最致命的风险。

2. 集团公司要实现财务管理集约化。集约化财务管理模式的运作目标

是整合资源、统一政策、形成合力。所有子公司的投资发展要与总部的规划相联系,资源的配置要紧紧围绕集团的发展战略,要以市场化的手段而不是行政的手段来调拨资源。市场化的手段包括全面预算管理、资金的集中管理和统一结算、财务信息化、统一会计核算政策、统一风险控制流程、会计委派制等。

3. 集团公司要形成财务运作体系化。集团公司财务运作需要若干系统支撑,包括以现金流量为核心的资金运作系统,以资源盘活与整合为内容的资本运营系统,以适时监控与及时反馈为目标的财务信息系统,以安全、高效为目标的风险评估与监控系统,以权责统一、责任明确为特征的财务主管管理系统。上述系统的建设是集团公司实现统一运作的必备手段,是集团公司企业管理的一场深刻革命。

4. 风险防范是集团公司财务管理的首要职能。财务管理必须是风险有效防范条件下的资金管理,财务集约化必须是在强化风险控制条件下的资源统一配置。集团公司成为五大中心后,权力大大增强了,风险也相应集中了,这就要求集团公司必须充分重视风险防范,建立和完善企业财务风险预警与控制机制,落实财会内部控制责任,对本单位经济活动的全过程进行财务监督和控制,及时处理财务危机或者资产损失,确保整个集团财务管理的安全高效。

四、加强企业集团财务监管的若干重点

1. 加强企业集团财务管控能力建设。要以加强集团公司财务管控为抓手,突出集团总部作为集团财务管控"第一责任人"的作用,将财务监管工作层层传递到各级企业。通过全面预算管理、重大财务事项监管、统一会计核算等多种有效手段,不断强化总部财务功能,增强企业集团总部对各级企业资源配置和财务监控的能力,夯实财务基础管理,提高集团化运作水平。

2. 加强企业财务预算管理。企业集团要完善适合本企业的财务预算制度,逐步规范财务预算的编制、执行、评价等环节的程序以及各部门的职责。通过建立内部预算监控体系,加强对预算重要环节的重点监管,加强对重要子企业、重要项目的预算的控制和监督,提高企业财务预算执行的质量,有效发挥预算管理的引导和控制作用。

3. 加强企业财务决算工作。企业财务决算是企业年度财务收支状况和经营成果的综合反映,是企业经营管理水平的具体体现,也是出资人考核企

业经营业绩、评价企业综合财务绩效的基本依据。做好财务决算工作,不仅有助于检验企业财务管理的规范性、内部会计控制的有效性,而且有助于验证企业发展战略的科学性、经营决策的绩效性,促进提高企业经营管理水平。要完善财务决算报告制度,进一步规范财务决算工作的程序和内容,正确编制集团财务决算合并报表,按规定充分披露财务信息。对社会审计机构和国资监管部门揭示的问题,企业要积极落实整改。

4. 搞好企业财务动态监测。财务动态监测是以企业月度财务报告为基础,选用一套分析指标和方法,选取重点监测对象,对企业财务状况所作的跟踪分析。衡量企业的经营状况,并不是资产增长越快越好或利润越多越好。要综合衡量企业财务改进状况,评价企业盈利能力、资产质量、债务风险和发展能力,看企业整体绩效是否提高。

5. 加强企业重大财务事项监管。重大财务事项是指对企业生产经营和财务状况产生重大影响的事项。重大财务事项监管包括审核企业投融资、重大经济合同、大额资金使用、担保等事项的计划或方案;对企业兼并收购、资产划转、债务重组等事项实施必要的尽职调查;对企业业务整合、技术改造、新产品开发以及改革改制等事项开展财务可行性论证分析,实施财务监管等。

五、加强企业集团审计工作的若干要求

1. 推动企业审计创新。在经济全球化的背景下,大企业集团应当以全球视野、战略思维,将有效资源向主业集中,强化核心业务,创新管理方式,优化内部组织结构和产业布局,提高对价值链、产业链的系统集成能力。在此背景下,企业审计也需要创新。企业审计创新主要体现在四个转变,即从控制导向向风险管理的转变,从监督评价向管理咨询的转变,从经营审计向战略审计的转变,从合规性审计向绩效性审计的转变。

2. 形成企业审计合力。为促进企业集团健康发展,政府审计、内部审计、社会审计要各司其职,形成合力。政府审计机关主要是依法开展企业集团主要负责人任期经济责任审计或资产负债损益审计,促进主要负责人正确履行职责,维护国家所有者权益,促进企业改革发展。内部审计机构重在加强内部控制机制建设,增强企业集团风险防范能力,内部审计职能要逐步由查错纠弊向管理审计、效益审计和风险审计转变。社会审计机构要受托搞好清产核资审计、财务决算审计等,帮助企业加强会计基础管理、财务管

理和财会内控机制建设,促进提高企业会计信息质量。

3. 完善企业审计内容。企业审计内容可归纳为三大方面,即合规性审计、绩效性审计和风险性审计。合规性审计不仅包括检查企业是否规范执行国家统一的法律法规和政策,也包括检查企业是否建立健全了管理制度,各项内部管理制度是否有效执行。绩效性审计包括检查企业经营效益、资产运行效率、经营决策与管理效率等内容。风险性审计包括检查战略风险、市场风险、财务风险、法律风险等内容。在完善企业审计内容方面,要突出两个重点:一是拓展合规性审计的内容范围,即由检查国家法律法规执行情况拓展到检查企业内部管理制度建立和执行情况;二是推动审计新发展,即由合规性审计转向合规性审计、绩效性审计和风险性审计并举。

4. 突出企业审计重点。企业审计的重点主要包括:(1)战略性审计,检查战略规划的科学性和可行性,执行是否有效;(2)经营决策审计,检查决策过程是否科学民主,决策效果是否明显,决策责任是否明确;(3)内部控制审计,检查内部控制制度是否完善有效,重大的控制节点是否都有制度保障,是否有效执行;(4)重大经营活动审计,主要是检查投融资、担保、购销、资产处置、改制重组等重大经营活动的合规性、效益性和风险性;(5)盈利水平与盈利质量审计。盈利水平审计是将企业盈利情况与行业中其他企业盈利情况进行横向对比,重点是检查在相同的经济环境下,同样的资源是否取得了同等的盈利水平。盈利质量审计主要是检查企业在一定经营期间所取得的盈利是建立在怎样的运行效率基础上,以及对未来经营的影响,是否具有充分的现金保障,是否存在潜亏挂账等;(6)经营风险审计,包括检查投资风险、担保风险、坏账风险等;(7)管理创新与绩效审计,包括检查资金管理、预算管理、成本费用管理、重大事项管理等方面是否建立了有效的内部控制制度,是否适时引入了先进的管理方法,是否建立了有效的组织管理体系,对子公司的管理与控制是否到位等。

5. 改进企业审计报告。企业审计报告包括企业主要负责人任期经济责任审计报告,既要客观公正地反映企业领导人员任期的经营绩效,也要真实揭示企业经营管理中存在的突出问题,包括企业存在的或潜在的风险。审计报告在揭示问题与风险时,首先应反映经营决策方面和内部管理方面以及对子公司监控方面存在的问题,最后才是反映会计信息方面存在的问题。

总之,加强企业集团财务监管与审计监督是一项系统工程,涉及面广,任务繁重,需要各方面协调配合,形成合力,逐步推进。各级审计机关和广大审计人员要围绕中心,服务大局,大胆探索,不断创新,充分发挥专业优势,为推动国有资本战略性重组,培育具有国际竞争力的大企业集团作出应有的贡献。

(本文刊于《上海审计》2008 年第 3 期)

撰写审计报告和审计调查报告的有关要求

审计报告是审计结果的综合反映,是审计的最后工序,在整个审计工作中占有重要地位。审计报告的质量优劣,一定程度上事关审计工作的成败。

审计写作是审计机关公务员的一项基本技能。审计监督无论是在微观层面还是在宏观层面发挥作用,都离不开审计写作。增强审计写作能力,是开展审计工作的需要,是履行审计监督职责的需要,是审计机关公务员执行审计公务的需要。

一、常用审计文书的分类及相互关系

（一）审计文书的分类

1. 审计业务文书:其主要是审计报告,还有审计通知书、审计决定书、审计移送处理书、财政决算审签报告、听证审计通知书等（审计机关特定的业务文书）。

2. 审计行政公文:审计结果报告、审计综合报告、审计调查结果报告等（报告类审计行政公文,属上行文）。

3. 审计信息:审计情况反映、审计情况专报、审计要情等（反映审计情况的专报类审计信息,属政务信息范畴）。

（二）审计文书的相互关系

1. 审计报告是报告类审计行政公文、专报类审计信息的基础,后者是前者的文种转换或内容综合。

2. 报告类审计行政公文与专报类审计信息文种不同,但格式和内容要素基本相同,后者是前者的浓缩和精炼。

二、撰写审计报告的有关要求

审计报告是审计机关实施审计后,对被审计单位的财政收支、财务收支的真实、合法、效益发表审计意见的书面文书。审计报告包括审计组的审计报告和审计机关的审计报告,前者是审计机关内部业务文书,后者是审计机关对外发布的审计业务文书。一份合格的审计报告,应当满足规定的要素和实体要求,具备要素齐全、结构完整、文字规范、结论恰当等质量特征。

根据审计署6号令的规定,审计报告的内容包括:审计依据,被审计单位基本情况,被审计单位的会计责任,实施审计的基本情况,审计评价意见,审计查出问题的定性、处理处罚及移送处理决定,审计建议7个要素(除审计建议外,其余6个要素为必备内容)。在撰写审计报告时,按照上海市审计局目前惯例,一般把其分为导语(也称引言)、基本情况(包括被审计单位基本情况和实施审计的有关基本情况)、审计评价、审计发现的主要问题及审计意见(审计意见既包括处理处罚决定,有关移送处理的决定,又包括有关要求被审计单位改进管理、加强内控等意见)、审计建议5个部分。

(一) 导语

导语是审计报告封面(标题)至报告主要内容的过渡,为审计报告全文提供总揽全局的引言。该部分应当包括下列内容:

1. 审计依据。它包括审计的法律依据(即实施审计所依据的法律、法规、规章的具体规定)和委托依据。

2. 审计实施机关。一般表述为"我局"即可。

3. 审计实施的起止时间。一般采用审计通知书反映的审计开始日至审计交换意见日。

4. 被审计单位名称。在审计报告正文首次出现的应当使用全称(一般应使用被审计单位公章的名称),并注明"以下简称××"。也可使用规范化简称。

5. 审计事项。如预算执行情况、财政财务收支情况、专项资金筹集管理使用情况、领导干部(人员)任期经济责任履行情况等。

6. 审计范围。它包括审计的时间范围和空间范围。审计的时间范围,如××××年度至××××年度,必要时可以追溯审计以前年度情况。审计的空间(地域)范围,一般可以表述为纳入审计重点抽查的二级单位或者延伸调查的相关单位。

(二) 基本情况

1. 被审计单位基本情况。该部分内容一般分为两段。

(1) 被审计单位概况。包括被审计单位的经济性质、管理体制、财政财务隶属关系或国有资产监督管理关系。此外,也可增加被审计单位历史沿革、内部组织结构、业务范围、工作职责、员工数量等内容,但应注意控制篇幅。

（2）财政财务收支概况。即被审计单位的基本财务数据，也可以根据审计项目的不同特点，选择相关通用的财政财务指标简要表述。如企业审计可列示决算报告反映的资产、负债、权益、收入、利润总额；部门预算执行审计可反映财政部门批复本级预算情况、本级预算的实际执行情况以及累计结余（如有预算之外的其他财政收支，也应表述）。这一段也应注意控制篇幅。

经济责任审计报告还应反映被审计的领导干部（人员）的职务、任职期间、工作分工等基本情况。

2．实施审计的有关基本情况。该部分内容包括：

（1）审计的重点内容。注意此段内容不需详写，只要简写即可。以经济责任审计为例，审计的重点内容为：审计对象所任职地区的经济和社会事业发展情况，或者所任职单位的事业发展情况，或者所任职企业的经营发展情况；重要经济、经营决策情况；财政收支、财务收支及资产管理情况；内部管理情况；有关法律法规、廉政规定、国家其他有关规定执行情况。

（2）主要的审计方式、方法。

（3）被审计单位的承诺情况（即被审计单位的会计责任）、配合审计工作的情况和自行整改情况（在审计期间较长以及审计现场结束至审计组提出审计报告的时间相隔较长的情况下，审计报告应如实反映被审计单位在审计发现问题至审计组提出审计报告之日止的自查自纠和自行整改情况，以全面反映审计绩效。但注意此内容只要概括表述即可，不必展开）。

（三）审计评价

审计评价是审计机关对审计事项的最终结论，是审计报告的核心内容之一，是审计对象和审计报告其他使用者较为关注的内容之一。

1．审计评价的总体要求。该部分内容包括：

（1）发表审计评价意见应运用审计人员的专业判断，并考虑重要性水平、可接受的审计风险、审计发现问题的数额大小、性质和情节等因素。

（2）审计机关只对所审计的事项发表审计评价意见。审计评价应当依据充分，客观公正，符合实际情况。对审计过程中未涉及、审计证据不充分、评价依据或者标准不明确以及超越审计职责范围的事项，不发表审计评价意见。

（3）审计评价意见不能与审计发现的问题相矛盾。

(4) 审计评价用语要平实、适度,以写实为主。

2. 审计评价的具体要求。该部分内容包括:

(1) 明确审计评价的内容。审计报告应紧紧围绕审计目标和审计方案确定的重点审计内容进行审计评价。企事业单位财务收支审计,应围绕"财务收支真实合法效益"和"内部控制制度的健全性有效性"两方面进行审计评价。部门预算执行审计的评价,还应具体包括:被审计单位的预算执行是否遵守了预算法及其他法律法规的规定;预算资金的使用是否符合效益性要求,是否存在重大损失浪费;财务处理是否符合会计法、相关会计准则和会计制度的规定;是否建立完善的内部控制制度,并有效执行;是否严格执行了以前年度的审计决定,落实了以前年度的审计建议(对常年进行的常规审计项目,均应有此要求)。经济责任审计按照前述的审计重点内容进行审计评价。

(2) 明确审计评价的标准:①真实性评价。真实性评价应以审计结果为基础,检查被审计单位的会计处理遵守相关会计准则、会计制度的情况,以及相关会计信息与实际的财政收支、财务收支状况和业务经营活动成果的符合程度,作出真实(认定结果有95%的把握)、基本真实(判断正确性大于50%小于95%)、不真实(存在重大错报)的审计评价。②合法性评价。合法性评价即检查被审计单位的财政收支、财务收支符合法律、法规、规章和其他规范性文件的程度,作出较好地遵守(发现的审计事实未超过重要性水平且在可接受的审计风险之内)、基本遵守(部分审计事实尽管超过重要性水平,但该事实的存在不影响遵守国家有关财经法规的整体性,可以作出除该事项外基本遵守了国家有关财经法规的评价)、未能遵守(存在严重的违法行为,且金额大和性质恶劣)国家有关财经法规的评价。③效益性评价。效益性评价即检查被审计单位财政收支、财务收支及其经济活动的经济、效率和效果的实现程度。具体评价时应说明采用何种评价标准(如预算或计划指标,历史指标和同行业先进指标等)及具体计量结果。

(3) 定性评价和定量评价相结合。审计评价在表述上一般采取先列举事实,再进行评价的形式。评价时应有审计涉及事实的总体数量,经审计的数量,以及经审计的数量占总体数量的百分比。对审计事项真实性的评价,应将被审计单位提供的账、表所反映的数据与审计后认定数据进行比较;对审计事项合法性的评价,应揭示违规事实、违规金额等内容;对审计事项效益性的评价,应将被审计单位的经济效益实效与当年计划(目标、指标)、历史同期水平、同行业先进水平或者可行性研究报告等进行比较;对内部控制的评价,应反映内部控制是否健全或有效的情况。

(4)总体评价与专门评价相结合。本级预算执行和其他财政收支审计结果报告、经济责任审计结果报告的审计评价部分可分为总体评价(概括评价)和对审计重点事项的专门评价(分项评价),使报告的使用者能对审计情况建立起总体印象,避免只见树木,不见森林。在分项评价中,也均应先列示总体审计结果,再作出具体评价。

3. 审计评价应注重克服的问题。该部分内容包括:

(1)该评价的不评价。突出表现为有的审计报告对财政财务收支的真实性不作评价,主要原因是审计的深度和广度不够,怕承担审计风险;经济责任审计报告中,普遍存在及事不及人的现象,缺乏对被审计的领导干部(人员)履职情况的评价。

(2)审计评价主观片面。主要表现为审计报告只有评价意见,没有评价依据。某些审计评价意见未经过必要的审计检查和测试,审计评价证据不足。或是仅对部分情况审计查证后,进行主观推理得出整体结论,审计评价意见存在片面性。

(3)审计评价意见不能与审计查出的问题相衔接,自相矛盾。表现为审计评价意见与"审计发现的主要问题"内容相矛盾。如审计评价认为,某单位较好地执行了国家财经法规,收支合法,但在其后"审计发现的主要问题"中又列举了大量违法违规问题。造成这一现象的原因,是不加以审计分析和审计查证就照搬照抄被审计单位的工作总结或审计对象的述职材料,且评价均为正面评价。

(4)审计评价超出审计范围。审计评价的基础是所审计的事项,并不是全面评价。有的审计评价意见超越审计范围对审计事项之外的有关情况加以评价,与审计职责不相符。

(5)审计评价表述失当。如有的审计评价顾及被审计单位的"脸面"或者迁就被审计单位的不合理要求,将基本真实、基本合法、基本健全夸大为真实、合法、健全有效。有的审计评价对某些重大问题发表肯定意见时,不用任何前缀词加以限制,语言表达过于绝对,风险防范意识差。

(四)审计发现的主要问题及审计意见

无论何种类型的审计报告,该部分均是审计报告中体现审计成果、发挥审计监督作用的核心内容,也是审计对象最为重视和最容易引发审计风险的敏感内容。必须高度重视,精心写好。

1. 结构安排要合理。

(1) 对"审计发现的主要问题"的结构安排,包括两个方面:一是类别结构,二是顺序结构。一般来说,类别结构优于顺序结构,即首先考虑审计发现的主要问题的分类,然后考虑各类别问题的排列顺序。

(2) 对审计发现的问题,以其问题的性质进行归类。对问题的定性分类,一般应遵循在划分大类的基础上再予以细分的原则。如金融审计,可在划分重大案件线索、资产质量问题、违规经营问题、风险管理问题、违反财务会计制度问题、内部控制制度和信息化建设问题六大部分的基础上,对每一部分再按照审计发现问题的定性予以细分。如违规经营问题又可细分为账外经营、违规放贷、违规办理结算业务和违规办理存款业务等。

(3) 对问题表述的顺序安排应遵循三项原则:①由重点到一般。即按照金额、性质等重要性程度(问题的违法违规性质从重到轻,违法违规金额由大到小的顺序)归类排列叙述,主要问题在前,次要问题在后。如违法犯罪行为问题、财政财务收支违规行为问题、管理与内部控制制度缺失问题等。②由共性到个性。对审计机关统一组织的部门、行业、专项资金审计项目,经济责任审计项目,其审计工作方案必然会明确一些审计必查的共性问题,这也是对审计结果进行汇总的重要内容。在编撰审计报告时,应首先考虑将共性问题列于前面。③由整体到局部。即由宏观至微观的顺序安排。如商业银行审计中关于"资产质量""业务违规""财务违规"的顺序。在同一类问题中,母单位的问题在前,子单位的问题在后。如属于由母单位的决策行为造成的子单位的问题,则应从决策的角度统一列入母单位的问题部分。

上述三种顺序安排,不一定要在一份审计报告中同时使用,而应根据审计项目的特点,酌情选择合适的排列顺序。

(4) 同类问题要集中在一段或一节内表述,而不应在同一段内说明不同类别的几个问题,或将一个或一类问题分散在几个段落进行表述。

(5) "审计发现的主要问题"应列举审计查出的重大问题,而不必将审计发现的所有问题一一列举。就经济责任审计而言,主要反映审计发现的被审计领导干部(人员)任职期间所在单位的重大问题,以及与被审计领导干部(人员)履行经济责任情况有关的问题。

(6) 对审计中发现的其他需要研究、关注的问题或事项(即主要为关系被审计单位重大利益或长远发展,有关法规、政策不明确或需要相关部门研究解决的重大问题或事项),且确有必要在审计报告中反映,则应单独设立"审计发现的需要研究、关注的问题"或"其他需要揭示的事项"部分,与"审计发现的主要问题"部分并列。

(7) 对几种分类方式的分析:①按照审计范围内的被审计单位及所属单位分类。如商业银行审计报告中采用"(一)分行本部""(二)营业部""(三)××支行"等。这种按被审计单位层次分类的方式能够反映出审计发现问题的区域分布,但难以反映出问题定性的分布。②按照审计内容所涉及的会计要素、资金收支或重点事项分类。如"(一)资产方面的问题""(二)负债方面的问题""(三)损益方面的问题""(四)管理方面的问题""(五)其他方面的问题"等。这是目前最为广泛使用的分类方式,符合审计实施方案对相关审计内容和审计重点的安排,也具有一定的合理性。但是这种按涉及问题方面分类的方式致使报告使用者必须在分类标题之下才能看出具体是什么问题。③多种分类标准交叉使用。如在一份审计报告中,把违法违规问题、二级单位问题、会计要素问题等分类标准混合使用,如"损益方面的问题""所属上市公司的问题""私设小金库"等。这种分类方式在目前也较为常见,其缺陷是问题相互交叉,如小金库问题多与损益问题相关,从而导致结构上的混乱,使审计报告的使用者难以清楚地了解被审计单位存在的问题。这种分类方式应该避免使用。

2. 事实定性要准确。

(1) 每个问题阐述段一般应列有小标题(为开头的第一句话,即定性标题)。小标题是对审计发现问题的高度概括,小标题一般应包含对问题的定性用语和金额。

(2) 每个违法违规问题的表述包括三部分内容,即违法违规问题事实、定性及依据、处理处罚决定或移送处理决定及依据。三部分内容应根据文字多少注意适当分段。除上述三段式之外,还有以下 3 种段落结构:①合一式。即将三部分内容合并成一个段落,适用于违法违规事实相对简单的问题,且问题定性与审计处理处罚为同一依据的情况。②两段式。即将问题事实和审计定性合并为一段,审计处理处罚意见单独一段;或者将问题事实单独一段,审计定性和审计处理处罚意见合并为一段。这适用于违法违规事项相对简单,但问题定性与审计处理处罚为不同依据的情况,或者是违法违规事项相对复杂需要单独叙述,而问题定性与审计处理处罚为相同依据的情况。③分总式。即对同类性质的问题事实采取并列式叙述,在问题之后统一作出审计定性和处理处罚。

经济责任审计项目的"审计发现的主要问题及审计意见"部分,一般由问题阐述段、审计意见段和责任界定段所组成。应当注意的是,责任界定是对审计对象履行经济责任过程中存在问题所应承担的责任作出界定,要防止生搬硬套,定责无据。不能仅按审计对象的职务、职责来定责,而应根据审计对象的履职行为(必要时应进行审计取证)来定责。责任界定表述时,一般应写明定责的理由、依据。

(3)问题事实表述一般应包括违法违规主体、时间、主要情节、金额、截止审计时的状况等。文字要简洁,避免过多的过程或细节描述。

(4)审计定性用语必须规范、准确,不得模棱两可,含糊其辞。审计定性要与法律法规相对应,与审计机关惯用的概念相一致,不能回避矛盾,更不能过分迁就被审计单位的要求。以未按规定使用专项资金问题为例,应定性为"挪用",不能定性为"挪借""滞留""动用""挤占""未按原规定使用""用于规定的用途之外""不符合规定用途"等。

(5)审计定性依据的法律法规要适用、准确、规范。一是注意法律法规的时效性,不能使用过期或者未生效的法律法规。二是注意法律法规的针对性和级次。在同一问题适用多个法律法规的情况下,应选用最合适、最有针对性的法律法规。在不同级次的法规不矛盾的情况下,应选择使用级次最高的法规。三是在引用法律法规时,一般应列明文件名称、具体条款号及条款内容;在引用规章和规范性文件时,一般应列明发文单位、文件名称、发文号、具体条款号及条款内容。

(6)审计定性应注意克服的问题:①审计报告缺乏审计定性的内容,应定性而未定性,只描述了问题事实的过程。②审计定性缺乏依据。没有具体、明确的法律法规作为审计定性依据,如仅简单地写"不符合国家有关规定"。③审计定性模糊,不准确,混淆问题的性质,存在避重就轻的现象。如把"贪污"说成"挪用",把"挪用"说成"私自借贷",把"挪用公款"说成"挪用资金",把"截留"说成"没有及时下拨",把"挤占挪用"说成"混淆资金渠道",把"隐瞒收入设立小金库"说成"收入没有及时入账",把"乱收费"说成"超额收费"等。④引用的法律法规内容过于简化。如"不符合《金融企业会计制度》第七条的规定",没有写明具体条款内容。

3. 审计意见要恰当。

(1)审计处理处罚要有结论意见。对应该处理处罚的问题,不能只列查出的问题,而没有处理处罚结论意见。

(2) 法律法规明确的,应按法律法规的规定作出处理处罚。审计处理处罚决定应列出明确的法规依据。不能用内部规定来处理违反国家规定的问题,不能用已废止的法规来处理目前查出的问题。

(3) 在法律法规基础上,审计机关有统一的处理处罚原则时,按统一原则作出审计处理处罚。审计机关没有统一的处理处罚原则的,要慎用自由裁量权,注意不同项目、不同时期审计的可比性,把握好审计处理处罚的尺度和力度。

(4) 审计处理处罚决定应列明金额,特殊情况无法列明的,应作出说明。

(5) 需要移送处理的事项,一般应写入审计报告,并注明该问题已(将)移送处理。对于一些不宜让被审计单位知悉的内容(主要是指涉嫌犯罪的事项),可不写入审计报告。

(6) 对审计发现的其他问题(如财政财务收支管理、内部控制等),应提出具体的审计意见。

(7) 关于审计发现问题的原因分析(根据审计署 6 号令,原因分析并不是审计报告的必备内容,但要作出宽严适度、恰当合理、实事求是的审计处理处罚,必须全面把握问题产生的主客观原因),可根据审计项目的具体情况,以简短精辟的文字反映审计查出的主要问题产生的原因。一般在每一类别问题之后汇总表述,也可以紧跟具体问题之后表述。分析产生问题的主要原因,应以事实为依据,防止空发议论。既要分析被审计单位自身或人为的主观原因,也不能忽略社会、环境和历史等方面的客观原因。

(五) 审计建议

该部分不是审计报告的必备内容,只是在必要时,针对审计发现的共性问题,以及需提请政府及有关部门研究解决的问题,向被审计单位或者政府及有关部门提出深化改革、加强管理、健全政策法规、完善体制机制等建议。

审计建议要具有针对性、可操作性和建设性 3 个特征。所谓针对性,是指审计建议应与审计查出的并且已在审计报告中予以反映的问题相对应,不能提出与审计事项无关的建议。所谓可操作性,是指审计建议必须具体、有效、切实可行,避免"加强财政财务管理、完善内部控制"之类的原则性语言。所谓建设性,是指审计建议被采纳后,能够有助于加强和改善被审计单位的管理,促进深化改革,提高经济效益。

三、撰写审计调查报告的有关要求

专项审计调查主要分为反映情况和揭露问题两类。以反映情况为主的审计调查,即调查有关历史情况和现实情况,揭示事物发展的规律,对未来趋势作出判断,提出政策建议,为上级决策机关制定政策或计划提供依据和参考。此类审计调查报告一般为综合性报告,要求全面、系统、深入。以揭露问题为主的审计调查,旨在通过调查,在掌握基本情况的基础上揭露存在的问题,分析问题产生的原因,提出解决问题的意见或建议,为上级决策机关解决问题、修订完善政策法规提供依据或参考。此类审计调查报告一般为专题性报告,具备特定的内容和时间范围,往往只涉及某一特定事项。这种以揭露问题为主的审计调查,在目前审计机关的项目安排中占有重要位置,如大规模开展的重点行业、重点资金筹集管理使用情况的专项审计调查等。

(一)审计调查报告的内容

根据《审计机关专项审计调查准则》,审计调查报告一般包括以下内容:调查的范围、内容和起讫时间;被调查事项的基本情况;发现存在的问题及原因分析;调查结论和改进建议;其他需要反映的情况和问题。

(二)审计调查报告的撰写要求

1. 调查的范围、内容和起讫时间。即审计调查报告的导语部分,这一部分与审计报告导语部分类似。

2. 被调查事项的基本情况。鉴于审计调查覆盖范围广的特点,该部分内容不能按照常规审计报告的"基本情况"部分那样用较为明确的标准去撰写,而是应当根据调查项目的特点,选择适宜的内容和形式来撰写。其原则性要求:一是反映背景。能够让报告的使用者了解所调查事项的相关环境和背景;二是概括全貌。应当侧重于政策执行过程和资金运行过程两条主线,反映出总量、流程;三是前后相关。基本情况应当与其后存在的问题,以及所作出的调查结论、提出的建议存在一定的关联。

3. 发现存在的问题及原因分析。这是审计调查报告的重中之重。从目前审计调查的内容看,主要集中于四大问题:一是资金管理使用不合规,影响相关政策目标的实现;二是政策落实不到位,损害群众切身利益,或者片面追求经济发展速度而造成国家和人民群众利益受到损害;三是项目进展缓慢,资金使用效益不高或者决策失误、管理不善造成损失浪费和国有资产流失；四是重大违法违规案件线索。

该部分内容的类别、顺序、篇段等结构安排，二级标题及小标题，典型事例的选取等方面的内容，其要求与审计报告一致，但与审计报告的主要区别是：

（1）不需要具备处理处罚意见。对有些问题可以只列出事实，而不予定性，也可以省略一些较为烦琐的法律法规引用，其结构安排明显比审计报告紧凑。

（2）需要具备较为深入的原因分析。原因分析是政策建议的基础。审计调查报告要针对调查发现的问题，深入剖析问题形成的原因。如问题产生的历史原因和现实原因（是政策方面原因、运行机制原因还是人为原因），问题发展的规模、程度和趋势，问题的性质及其已造成的后果和影响等。

（3）需要具备充分的定量分析。问题的描述及其成因分析，都需要具备充分的数据基础。如对资金的来源和结构、流向、使用范围和效益等前后期的比较分析，与其他地区、行业的横向对比，与经济发展趋势的对比分析等。

4．调查结论和改进建议。

（1）关于调查结论，目前存在两大问题：一是有相当多的审计调查报告尚未具备"调查结论"这一部分内容，即在"发现的问题及成因分析"之后，就是"审计建议"的内容。二是调查结论与"审计评价意见"雷同。有些审计调查报告仍然采用了审计报告的格式，把具备"调查结论"性质的内容，写为"审计评价意见"，放在"基本情况"之后。从专项审计调查的发展趋势看，调查内容已逐渐呈现出与绩效审计相融合的特征。审计调查报告中的调查结论也应当以绩效评价为主，逐渐倾向于政策执行效益、资金使用效益、环境资源效益三大内容，并辅之以决策、管理、制度等方面问题的综合分析评价。

（2）关于改进建议。审计调查报告中的改进建议与审计报告中的审计建议，虽然在针对性、可操作性、建设性三大特征方面是一致的，但在本质上还存在相当大的区别：审计报告的审计建议是向被审计单位提出的，而审计调查报告由于是上行文，其改进建议一般是对上级决策机关提出，需要着眼于宏观和未来发展，从体制和机制上提出建议，为领导决策和政策法规的完善提供依据。这对审计人员提出了更高的要求。审计人员要具备很强的宏观意识、较高的政策水平、明晰的法制观念，对所调查的事项进行严谨的经济效益和社会效益分析，科学判断所调查事项的未来发展趋势，从而保证改进建议的宏观性和前瞻性。

四、审计报告写作中应注意的问题

(一) 文字表述方面

1. 慎用模糊性语言。如"部分""个别""多数""少数"等。一般不用"据称""据悉""大概""可能"等。

2. 尽可能少用专业术语和不规范用语。如"杠杆收购""优惠头寸""自批自贷""以贷收息"等难懂的专业术语。还如"割肉""空手套白狼"等行话或白话。杜绝使用比喻、夸张等修饰词语和形容词。要用规范的书面语,不用口语,如应用"法定代表人",而不用"法人代表"等。

3. 主语确定后不能随意变换。避免如"上海市审计局""市审计局""我局""我们"的主语变换现象。审计报告中单位(包括被审计单位或其他单位)的称谓一律采用第三人称形式,使用全称或规范化简称后,在不会引起歧义的情况下,其后才可使用"该单位"或"该公司"。"上海市×××(单位)",一般"上海"可省略。

4. 标题要切题,力求做到题文相当。题目过大或过小,与本段文字内容不相符或不相称,都不妥当。标题力求凝练、简洁,切忌冗长以及同时反映多个主题的"多元化"倾向和妄加抒情评论之类的倾向。

5. 阐述问题事实时要有数据。切忌整段均为文字,无一数字,不符合审计报告的特征。凡是有合计数的,其中包含的问题的数据必须全部表述清楚,涉及问题数据较多的,可列表叙述。

6. 要正确分段或分层次。避免"一口气写到底",杜绝整整一段长达一页甚至更多。对事实的描述,尽量使用概括性语言。要使用较少的文字和标点符号把审计事项表述清楚,力戒把简单的事情复杂化。

7. 要突出主题。凡与审计目标无关或者关系不密切的事项,一般不得写入审计报告。要避免重复,对一些常识性的或者前文已经表述清楚的概念,一般不得在下文重复提及。对一些归纳汇总的问题,要审慎选择典型例证。举例不在多,但要典型。不能过多地列举例证,防止例子堆积。

8. 不写错别字。如"账目"写成"帐目","部署工作"写成"布署工作","作出安排"写成"作出按排"等。

(二) 数字表示方面

1. 审计报告中的数值除整数值外,绝对数一律保留两位小数,相对数(百分数)一般可保留一位小数。数值之间存在钩稽关系的,应保持钩稽关系正确。

2. 金额单位应根据具体情况和需要确定。一般以"元"为单位,数额较大的可以使用"万元"或"亿元"("万万元"一般以"亿元"表示为妥)。对于财政审计、金融审计或者查出违纪违规金额较大的企业审计项目,其审计报告数值一般只需精确至万元即可;对于缴纳税金或由被审计单位调账的问题,应当是审计查实的数字,要精确到元、角、分。

(三)标点符号方面

1. 正确使用标点符号。重点用好逗号、句号和分号,防止一逗到底,防止长达 50 字以上的长句。

2. 正确使用标识符号。即层次顺序为:一、(一)、1、(1)、①。

(四)公文主题词使用方面

1. 上报市政府的审计行政公文,使用市政府公文主题词表;审计机关系统之间的公文往来,使用审计署公文主题词表。

2. 正确标注主题词。最多用 5 个,类别词、类属词要用对。要查找选用,不能自行生造。

写好审计报告,必须坚持严谨细致的工作作风,加强审计报告撰写全过程的质量控制。一是审计报告起草前,执笔人要通过充分酝酿和集体讨论,认真准备审计报告提纲;二是认真进行修改。审计报告定稿前,要对整个审计报告从头至尾通读通校。同时,进一步加以思考,及时发现报告在内容、结构、数字计算、文字表述、格式及错别字等方面存在的问题,并作修正;三是建立审计报告分级复核制度。审计组组长应对审计报告的真实性和完整性负责;提交审计组所在部门后,所在部门的负责人要认真复核;审计机关的复核机构或专职复核人员也要认真复核。在此基础上,才能将审计报告提交审计机关审定;四是审计报告的打印、校对、装订、送达等,也是编制审计报告阶段不可忽视的环节。只有各司其职,层层把关,才能确保审计报告的质量,防范因审计报告不当带来的风险。

(本文刊于《上海审计》2009 年第 5 期、《审计文摘》2009 年第 11 期)

关于加强审计质量管理的若干思考

审计质量是指审计机关审计工作的优劣程度。广义的审计质量是指审计工作的总体质量,包括审计管理和审计业务;狭义的审计质量是指审计业务即审计项目质量。审计质量与审计风险成反比,审计质量越高,审计风险就越低,反之亦然。

审计质量是审计工作的生命线,是提升审计公信力、扩大审计影响力、提高审计执行力的保证。特别是在审计公开环境下,提高审计质量是防范审计公开风险的根本保障。审计质量管理是审计业务管理的重中之重,也是全部审计管理中的焦点和难点。

当前,总体而言,审计机关审计业务操作越来越规范,审计质量呈持续提高的态势。但不可讳言,部分审计项目质量低下的问题依然存在。在日常的审计报告复核、审计项目审议和年度的审计项目质量检查、审计项目评优中,不难发现部分审计项目质量客观上仍存在一定的隐患和风险。具体表现在以下方面:一是审计准备不够充分,缺乏深入、规范的审前调查,编制的审计实施方案不够具体、不够规范、重点不够突出,针对性、指导性、操作性不够强;二是收集审计证据不够严谨、不够充分、不够规范,有些重大问题没有查深查透;三是审计工作底稿编制不够规范,随意性大,直接影响审计报告的编制;四是审计定性不够准确,审计处理处罚不够恰当,法规依据引用不当,审计结论出现偏差;五是审计报告内容不够完整、要素不够齐全、表述不够清晰、用词不够规范,审计评价不够恰当,审计综合分析不够全面,审计意见和建议缺乏针对性、可操作性;六是审计质量控制不够严格,部分审计项目三级复核制度未落实到位。

造成上述问题的原因是多方面的,既有主观原因,也有客观原因,但主要是主观原因。经分析,具体原因有以下方面:一是部分审计人员的质量意识、风险意识、责任意识不够强,个别审计机关业务部门的领导干部对审计质量的重视程度不够。二是部分审计人员的审计能力不够强,不能适应审计业务发展的需要。三是审计工作受到外部干预和压力时,审计机关和审计人员的审计独立性坚持得不够。四是审计质量控制机制不够健全,审计逐级责任制和审计质量责任追究制度未真正建立和完善。五是审计质量管理力度不够大,重审计实施,轻审计准备;重审计问题,轻审计规范;重审计报告,轻过程监控。

审计质量管理是一项系统工程,既涉及审计业务,又涉及审计管理;既涉及审计行为,又涉及审计人员。加强审计质量管理,必须坚持系统、全面的观点,实施全面管理、全过程管理和多层次管理。

一、抓好"三项工作",为提高审计质量提供法制保障

1. 全面贯彻《国家审计准则》。《国家审计准则》是审计机关和审计人员履行法定审计职责的行为规范,是执行审计业务的职业标准,是评价审计质量的基本尺度。新修订的《国家审计准则》将于2011年1月1日起施行。全面贯彻《国家审计准则》,对于保证审计质量,防范审计风险,发挥审计保障国家经济和社会健康运行的"免疫系统"功能具有重大意义。各级审计机关要采取有效措施,认真组织好《国家审计准则》的学习、宣传和贯彻,并结合实际,在遵循准则规定的基础上制定实施细则。广大审计人员要深刻领会、正确掌握《国家审计准则》的主要内容和精神实质,做到"真学、真懂、真信、真用",切实增强贯彻执行《国家审计准则》的自觉性。要加大对《国家审计准则》执行情况的监督检查力度,使审计准则成为指导审计活动的一只无形的手,在审计过程的各个环节,影响和约束审计人员的行为。要结合审计工作,切实把审计准则规定的内容融入审计实践之中,将学习成果转化为依法审计、规范审计的自觉行动,不断提高审计质量和水平。

2. 进一步加强审计规范化建设。各级审计机关要结合贯彻修订后的《审计法实施条例》和《国家审计准则》,有规划、有步骤地对原有的审计质量管理制度规范进行清理和修订。同时,要制定配套的规章制度,编制各类审计指南或审计操作规范,及时对审计文书的种类、内容、格式作出规范,探索审计实施方案和审计文书质量控制"标准化"模式。要细化审计工作流程,统一审计工作标准,使审计计划、审计实施、审计报告各环节严格按规范操作。要特别注重细化和明确审计质量责任、审计职业道德、审计人力资源、审计业务执行、审计质量监控等方面的审计质量控制制度,强化全面审计质量控制。各项审计规范化建设要体现针对性,增强可操作性,使审计人员能用、好用、管用。要结合优秀审计项目评选和审计项目质量检查,择优推广

审计实施方案、审计报告的文书范本,发挥其示范引导作用。

3. 大力开展审计法制教育。依法审计是审计工作的基本原则,也是提高审计质量的重要前提。从实际情况看,目前尽管审计人员法制观念有了很大增强,但对法的理解和运用还不够准确,错误运用法律法规的现象还时有发生。此外,与审计工作密切相关的财经法律法规在不断修改,更需要审计人员不断学习。法律是定性分析,审计是定量分析。不懂法律,无法做到依法审计;不懂法律,无法保证审计质量。要改变只注重审计知识的学习和运用,而忽视法律知识的学习和运用的现象。各级审计机关要把审计法制教育作为提高审计人员素质和审计工作质量的一项重要任务来抓,积极开展多种形式的普法学法活动。要以审计法规与审计业务结合为切入点,加强审计人员法律知识培训,进一步增强审计人员的法律意识、程序意识和质量意识。要把依法审计贯穿于审计工作全过程,实现审计对象依法确定、审计项目依法实施、审计问题依法处理、审计行为依法规范。要做好财经法律法规的收集整理工作,不断完善审计法规库的建设,编制各类审计定性和处理处罚依据手册,切实提高审计人员的依法审计能力。

二、突出"三个环节",为提高审计质量提供控制保障

1. 突出审计方案的质量控制。审计方案包括审计机关审计工作方案和审计组审计实施方案。审计方案是审计质量控制的"龙头",是指导审计人员实施审计的"路线图"。要高质量地编制审计方案,首先要搞好调查了解。审计实施方案必须建立在对被审计单位调查了解的基础上,评估被审计单位存在重要问题的可能性,确定审计应对措施,突出方案的具体可行。重要审计项目的审计实施方案应当报经审计机关负责人审定。提高编制审计实施方案的质量,必须明确审计目标,细化审计内容,突出审计重点,确定审计步骤和方法,落实审计分工和审计责任。要增强审计实施方案的针对性、指导性,防止审计操作与审计实施方案脱节,真正发挥审计实施方案指导、规范和控制审计过程的作用。

2. 突出审计实施的质量控制。强化审计实施过程的质量控制是提高审计质量的中心环节。审计实施的主要工作是收集、整理审计证据。收集审计证据时,必须注重审计证据的质量要求,审计证据应当具有适当性和充分性。审计人员应当真实、完整地记录实施审计的过程、得出的结论和与审计目标有关的重要管理事项,形成审计工作底稿,为编制审计报告提供支持。

要加大审计组组长对审计工作底稿的现场审核力度,及时发现和纠正审计证据不充分、不适当,审计结论不恰当等问题,加强对审计人员现场审计工作的指导、监督和检查。审计机关业务部门的领导干部要深入审计第一线,靠前指挥,对审计人员进行工作领导和思路引导,加强现场审计督导力度。要建立健全行之有效的审计复核制度,切实解决审计工作底稿未经复核或复核流于形式的问题。在审计工作底稿编制和审核工作中,从内容到形式都要注重规范与完善。

3. 突出审计报告的质量控制。审计报告是反映审计工作情况和审计结果的载体,审计质量最终体现在审计报告上。审计报告必须以审计工作底稿为基础,以审计证据为依据,如实反映审计发现的主要问题,做到内容完整、事实清楚、结论正确、用词恰当、格式规范。审计组在起草审计报告前,应当集体讨论起草事项并作出记录。审计组应当在防范审计风险的情况下,按照重要性原则,从真实性、合法性、效益性方面提出审计评价意见。审计组应当根据审计发现问题的性质、数额及其发生的原因和审计报告的使用对象,评估审计发现问题的重要性,如实在审计报告中予以反映。审计机关业务部门应当对审计报告进行复核并提出书面复核意见。审理机构可以根据情况对审计报告进行修改。审计报告原则上应当由审计机关业务会议审定。要进一步提高审计报告的综合分析水平,重点分析宏观性、普遍性、政策性或者体制、机制问题并提出改进建议,充分体现审计成果,提升审计质量。

三、推行"三项制度",为提高审计质量提供制度保障

1. 推行审计项目审理制度。修订后的《审计法实施条例》和《国家审计准则》明确规定审计机关实行专门机构审理制度。实施审计项目审理制度,改变了以往审计法制机构仅停留在对审计报告的一般复核上,强化了对审计实施全过程的质量监督,是审计质量控制发展的一个更高阶段。各级审计机关思想要重视,态度要坚决,措施要有力,积极创造条件,探索开展审计项目审理工作,推动审计质量控制由复核向审理过渡。同时,要加强调查研究,不断总结经验,逐步规范审理流程,提高审理效率,保证审理质量。在审理过程中,审理机构要以审计实施方案为基础,重点关注审计实施的过程及结果。要重点审查审计实施方案确定的审计事项是否完成,在此基础上,对审计发现的主要事实、相关证据、适用法律法规和标准、审计评价和处理处

罚意见以及执行审计程序情况等进行全面审理。要以推行审计项目审理制度为契机,把审计工作底稿与审计实施方案对应起来,权力与责任并举,过程与结果并重,严把审计项目质量关。

2. 推行审计业务质量检查制度。审计机关应当按照《国家审计准则》的规定,实行审计业务质量检查制度,对其业务部门和下级审计机关审计业务质量进行检查。审计业务质量检查应当重点关注审计结论的恰当性、审计处理处罚意见的合法性和适当性,重点揭示该审计的没审计、该发现的没发现、该报告的没报告、该处理的没处理等问题。要不断深化审计业务质量检查内容,加大检查力度,逐步由检查程序性内容为主过渡到检查实质性内容为主,并注意把质量检查与总结推广经验有机结合起来。同时,要将审计业务质量检查与层级监督和审计质量责任追究结合起来,加大责任追究力度,发挥警示引导作用,促进提高审计质量。

3. 推行审计责任制和审计质量责任追究制度。从实际情况看,审计质量的优劣,与审计人员的责任心以及审计责任制和审计质量责任追究制度实施到位情况有着绝对的关系。为了增强审计责任意识,严格界定审计内部责任,必须明确审计组成员、审计组组长、审计机关业务部门、审理机构、审计机关负责人对审计业务实行分级质量控制,并对有关事项承担责任。审计机关对审计人员违反法律法规和《国家审计准则》的行为,应当按照相关规定追究其责任。所谓审计质量责任是指审计项目质量责任人在审计工作过程中,因故意或者重大过失,违反审计法规、审计准则等相关规定,依法应当承担的责任。该责任具体分为直接责任、审核责任、领导责任。直接责任是指直接履行审计职责的审计人员因故意或者重大过失产生质量问题应当承担的责任。审核责任是指对审计项目质量负有审理、复核职责的审理人员、审计组组长因故意或者重大过失未能发现质量问题应当承担的责任。领导责任是指对审计项目质量负有监督、管理和审定等职责的相关部门负责人因故意或者重大过失未能发现质量问题应当承担的责任。推行审计责任制和审计质量责任追究制度,有利于增强审计人员责任心,规范审计行为,提高审计质量。这是加强审计质量控制的一项重要举措,必须动真格,严格执行,执行到位。

四、加强"三项建设",为提高审计质量提供基础保障

1. 加强审计人力资源建设。在审计质量控制中,最活跃、最积极的因素

是人。提高审计质量的关键是提高审计队伍素质。加强审计质量管理,必须加强审计人力资源建设。审计人员应当具备与其从事审计业务相适应的专业知识、职业能力和工作经验。审计机关应当合理配备审计人员,确保审计组成员在整体上具备与审计项目相适应的职业胜任能力。审计职业是专家行为。要加强审计人员的教育培训,通过岗位培训及专业进修等方式,不断提高审计人员的职业能力。要注重培训的多样性和有效性,不仅要开展法律法规、会计审计、宏观经济政策、被审计单位行业知识等方面的培训,还要注重先进审计经验、优秀审计案例的总结和交流。要积极试行主审竞争上岗等制度,逐步建立与审计职业和能力相适应的干部考评制度。审计机关的领导干部作为审计质量的"第一责任人",要以身作则,带头贯彻执行各项审计质量管理制度规范,履行好审计质量控制的各项职责,充分发挥领导者的作用。要加强审计法制队伍建设,为审计法制机构配备足够数量且素质能适应工作要求的人员,进一步提高审计法制队伍的战斗力。

2. 加强审计职业道德建设。审计是有职业道德的。审计职业道德的优劣与审计质量有着密切的联系。审计人员应当恪守严格依法、正直坦诚、客观公正、勤勉尽责、保守秘密的基本审计职业道德。审计人员执行审计业务时,应当保持应有的审计独立性,不得参加影响审计独立性的活动,不得参与被审计单位的管理活动。审计机关应当建立审计人员交流等制度,避免审计人员因执行审计业务长期与同一被审计单位接触可能对审计独立性造成的损害。在审计职业道德建设中,要通过教育、检查等方式,增强审计人员的责任意识、质量意识和审计独立性,培养审计人员高尚的品德、正直的人格和一丝不苟的工作态度,提高审计人员"德、能、勤、公、廉、俭"等方面的素质,为提高审计质量提供思想作风保证。

3. 加强审计质量技术建设。在审计质量控制体系建设中,要注重将审计项目质量管理与审计信息化建设有机结合起来,通过技术创新,运用技术手段、技术控制来提高审计质量,发挥"制度加科技"的优势,提高审计项目质量控制的信息化水平。要按照审计项目实施流程和要求,构建和推广运用审计管理系统加强审计业务的全面质量控制,使其成为审计质量的计算机控制系统。要利用计算机技术开发和运用审计网上作业软件,特别是将审计内容和审计重点在审计工作底稿进行格式化,克服审计取证和编制审计工作底稿的随意性,提高审计质量的可控性。要建立数字化的审计工作方案和审计实施方案的内容要素;推行数字化审计工作底稿和审计证据,完善审计工作底稿的结构化要求和相关要素;推行数字化审计报告,建立审计报告的格式要素和内容要素;加强审计复核审理软件的应用,建立电子审理室。要继续完善审计公文、被审计单位情况、审计专家经验、审计法规等数据库建设。要通过网络监控审计工作状态,运用信息技术做好非现场审计工作,加强对以往审计工作的监督检查,为提高审计质量提供技术保障。

总之,加强审计质量管理是审计工作永恒的话题,是审计工作科学发展的迫切需要。各级审计机关和广大审计人员要高度重视,全员参与,常抓不懈,持之以恒,取得实效,为推动审计工作科学发展提供质量保障。

(本文刊于《上海审计》2010年第6期、《审计月刊》2010年第12期、《现代审计与经济》2010年增刊、《中国审计报》2011年2月16日。本文获上海市审计学会2011—2012年度优秀审计论文三等奖)

关于上海审计立法的若干思考

审计监督是宪法规定的一项国家制度。审计监督具有保障经济社会健康运行的"免疫系统"功能,是推动民主法治建设的重要手段,是国家治理的重要组成部分。为了进一步完善审计监督制度,推动审计工作科学发展,结合本市实际情况,拟制定《上海市审计条例》。

一、上海审计立法的背景分析

1982年,宪法确立我国实行审计监督制度。1994年和1997年,《审计法》和《审计法实施条例》相继颁布,标志着审计工作逐步走上法制化、规范化轨道。2006年和2010年,全国人大和国务院分别对《审计法》和《审计法实施条例》进行了修订,为审计机关依法履行审计监督职责创造了良好条件,也为地方审计立法提供了较为充分的依据。

自1984年成立以来,本市审计机关认真贯彻《审计法》和《审计法实施条例》,依法履行审计监督职责,严肃查处重大违法违规问题和经济犯罪案件线索,注重从体制、机制和制度层面揭示和分析问题,为维护财政经济秩序,提高财政资金使用效益,促进廉政建设,保障经济和社会健康发展发挥了重要作用。截止到2010年年底,全市各级审计机关共审计38 830个单位,查出违规金额共计451亿元,直接为国家财政增收节支66亿元,向司法机关和纪检监察机关移送案件127件。

在上海审计工作加快发展的同时,尚存在审计法制建设与新时期审计工作需要不相适应的状况。自1995年《审计法》实施以来,本市在审计工作方面仅有3件政府规章:《上海市企业内部审计制度规定》(1995年10月9日上海市人民政府发布)、《上海市预算执行情况审计监督规定》(1996年2月18日上海市人民政府发布)、《上海市社会保障基金审计监督规定》(1997年1月8日上海市人民政府发布)。上述规章内容单一,不能适应新时期审计工作的需要。本市至今还没有一部体现上海审计工作特点的综合性的地方审计法规。

从外省市审计立法情况来看,截至目前,已有江苏、安徽等 8 个省、自治区、直辖市结合本地实际,颁布实施了地方审计监督条例,并取得了较好效果。4 个直辖市中,重庆市、天津市已先后颁布了地方审计监督条例,北京市的审计立法已进入人大立法程序。

为了改变上海审计法制建设与审计工作发展不相适应的状况,在市十三届人大四次会议期间,郑蔼兰等 15 位代表提出了《关于制定〈上海市审计监督条例〉的议案》(第 23 号)。2011 年 4 月 12 日,市十三届人大常委会第二十六次会议审议通过了《上海市人民代表大会财政经济委员会关于市十三届人大四次会议主席团交付审议的代表议案审议结果的报告》。该报告指出:总结本市审计工作的实践,借鉴兄弟省市的有益经验,通过立法进一步提升和规范本市的审计工作,十分必要。为此建议市政府有关部门抓紧调查研究,完善法规草案,适时提请市人大常委会审议。2011 年 6 月 15 日,市政府法制办提出《关于对〈上海市人大常委会办公厅转送市人大财政经济委员会关于市十三届人大四次会议主席团交付审议的代表议案审议结果报告请研究处理的函〉的会办意见》,要求抓紧开展《上海市审计监督条例》的立法调研工作,对立法目的、需要创制和细化的内容等进行科学论证,适时向市人大常委会报告。2011 年 7 月 18 日,市政府办公厅向市人大常委会办公厅提交了《关于办理〈上海市人民代表大会财政经济委员会关于市十三届人大四次会议主席团交付审议的代表议案审议结果的报告〉的函》(沪府办函〔2011〕38 号)。该函提出:制定地方性审计法规,有利于上海深入贯彻落实《中华人民共和国审计法》及其实施条例,更好地发挥审计监督对保障和服务上海"四个中心"建设的作用,促进廉政建设,保障经济社会健康发展。

二、上海审计立法的必要性

1. 制定《上海市审计条例》是贯彻落实《审计法》和《审计法实施条例》、强化审计监督的需要。《审计法》和《审计法实施条例》的颁布施行,进一步丰富和完善了中国特色社会主义审计监督制度。但是,《审计法》和《审计法实施条例》在全国范围内适用,其部分规定还比较原则。如:对财政、金融、企业、政府投资建设项目、社会公共资金和财政专项资金等领域的审计监督作了规定,但没有明确相应的审计事项范围、审计对象范围、审计内容范围;对审计结果的报告、公布、移送、运用的规定不够具体;对审计整改的督查制度、检查机制没有明确规定等。这些都需要通过地方立法,在与上位法不抵触的情况下,对《审计法》和《审计法实施条例》比较原则的规定进行细化、补充,体现地方特点,增强可操作性,满足本市审计监督工作的需要。

2. 制定《上海市审计条例》是贯彻落实科学发展观、推动审计工作发展的需要。贯彻落实科学发展观,对新时期的审计工作提出了新的更高的要求。随着上海经济社会快速发展,财政收支和固定资产投资规模不断增大,重大政府投资项目、重大民生工程、重点专项资金投入量大、社会关注度高,审计监督的范围和深度也随之增加,审计工作面临着许多新的挑战。目前,从《审计法》和《审计法实施条例》的规定来看,一是没有对开展绩效审计作出明确规定,二是没有对开展资源环境审计作出明确规定,三是没有对开展跟踪审计作出明确规定,四是没有对开展计算机审计作出明确规定。这些都影响了审计监督作用的发挥,迫切需要通过地方立法予以解决。要通过立法创制,包括将本市审计机关在实践中探索形成的一些成功经验和成熟做法法制化,进一步明确审计监督职责,完善审计监督方式,促进财政资金有效使用,促进政府各项经济政策有效落实,促进经济社会可持续发展,使审计保障经济社会健康发展的职能作用得到进一步发挥。

3. 制定《上海市审计条例》是保障审计机关依法履职,营造良好的审计法制环境的需要。近年来,随着财政资金、国有资产规模的不断扩大和资金流向范围的更加广泛,审计工作面临着许多新情况、新问题。如:国有资产境外投资缺乏审计监督,审计机关审计任务繁重与审计人力资源不足的矛盾日益突出,对使用财政资金的单位配合审计的责任有待明确,审计机关与政府其他部门之间的协调机制有待健全,审计机关的有关审计权限和被审计单位的有关法律责任有待强化,审计机关委托中介机构和聘请专业人员参与审计业务的工作有待规范等。这些都需要通过地方审计立法进行规范,以营造良好的审计法制环境,保障审计机关依法履行审计监督职责。

近年来,为更好地发挥审计机关在本市经济社会发展中的服务保障作用,本市先后出台了有关审计工作方面的一些规范性文件,如《关于进一步加强内部审计工作的意见》(沪府办发〔2007〕15号)、《关于进一步加强审计整改工作的意见》(沪府发〔2009〕61号)、《上海市市级建设财力项目审计监督暂行办法》(沪府办发〔2010〕41号)等。但这些文件客观上存在位阶较低、法律约束力不够强的问题。因此,有必要在总结审计工作实践经验的基础上,将现行的行之有效的政策措施上升为地方性法规,以增强法律约束力,更好地发挥审计服务上海"四个中心"建设的作用。

三、上海审计立法的可行性

1. 本市审计工作积累了一定的实践经验。本市审计机关成立 27 年来，强化审计监督，发挥审计职能作用，已成为保障本市经济社会健康运行的一支重要力量。特别是近年来，本市审计机关围绕审计工作中出现的新情况和新问题，在强化本级预算执行审计、政府投资建设项目审计、资源环境审计、经济责任审计、专项审计调查，加强绩效审计、跟踪审计、计算机审计，推进审计结果公开、审计整改工作等方面进行了积极探索，积累了一系列成功的经验，为制定《上海市审计条例》提供了丰富的实践基础。

2. 审计署与市领导的重视和支持。审计署明确要求地方审计机关"要积极争取地方人大、政府的支持，结合本地区的实际，研究制订与《审计法》《审计法实施条例》相配套的地方性审计法规或规章"。近年来，本市审计工作得到市委、市人大、市政府的高度重视和充分肯定。仅 2009 年 1 月至 2011 年 7 月，俞正声书记、韩正市长等市委、市政府领导对有关审计结果报告、审计调查报告、审计情况专报作出批示共计 103 次，并多次在有关全市性会议上强调加强审计监督工作。2011 年 1 月 27 日，市委常委、副市长屠光绍到市审计局调研工作时，要求加快上海审计法制建设。2011 年 5 月 18 日，市人大常委会副主任杨定华率上海审计立法调研组专赴江苏进行审计立法考察调研。

3. 审计立法的各项准备工作扎实推进。一是开展立法的前期研究。2010 年，市审计局将《上海市审计监督条例》立法研究列为重点课题，组织开展了审计立法的前期研究。2011 年，市审计局又与市人大常委会预算工委、市人大常委会法工委、市政府法制办组成《上海市审计条例》立法研究和立项论证联合课题组，进一步深化上海审计立法研究和立项论证工作。二是深入开展立法调研工作。2011 年 3 月至 5 月，市审计局多次召开《上海市审计条例》立法调研座谈会，广泛听取 18 个区县审计局和市审计局 10 个审计业务处对审计立法需求的意见和建议，分析、梳理、研究审计立法需要解决的重点问题。通过举全市审计机关之力，推进审计立法工作，取得了良好的立法调研效果。2011 年 5 月，《上海市审计条例》立法研究和立项论证联合课题组先后赴北京、天津、江苏、重庆 4 省市开展审计立法考察调研。通过了解掌握各地审计立法情况，分析研究各地审计立法特点，为本市审计立法工作提供了许多可借鉴的经验。三是着手起草《上海市审计条例（草案）》。

2011年6月,市审计局成立了《上海市审计条例(草案)》起草小组。在广泛调查研究的基础上,起草小组四易其稿,起草形成了《上海市审计条例(草案)》初稿。

四、上海审计立法的基本思路和主要内容

1. 上海审计立法的基本思路。制定《上海市审计条例》,要坚持以下几项原则:一是坚持"问题引导立法,立法解决问题"的原则。针对上海审计工作存在的问题,研究制定解决措施,提高审计立法的针对性。二是坚持法制统一的原则。全面贯彻《审计法》和《审计法实施条例》,同时兼顾其他相关法律、法规、规章。三是坚持细化与创制并举的原则。既要细化上位法的有关规定,又要增强创制性内容。在尊重上位法的同时,努力体现上海审计工作的特点。做到不照搬照抄上位法,不追求体例上的完整,注重增强地方审计立法的有效性和可操作性。四是坚持强化审计监督与规范审计行为相结合的原则。既着眼于完善审计监督制度,明确审计监督职责,强化被审计单位的义务和法律责任,健全审计协调配合机制,形成监督合力,又着眼于规范审计机关和审计人员行为,推进依法审计。五是坚持可操作性与前瞻性并重的原则。总结上海审计工作实践中的成功做法和经验,通过制定地方性法规,将行之有效的政策措施固定下去,形成长效机制。既要注重立法的可操作性,又要适当体现立法的前瞻性,力争制定出一部体现上海审计工作特点和发展需要的地方性法规。

制定《上海市审计条例》,要着眼于以下几个方面:一是进一步明确审计监督范围;二是进一步明确审计机关的审计监督职责;三是进一步加大审计监督力度;四是进一步完善审计工作制度和机制。

2. 上海审计立法的主要内容。其内容主要包括以下几点。

(1) 关于绩效审计。推进绩效审计,对于促进转变经济发展方式,提高财政资金使用和公共资源配置的效益,推动建立健全绩效管理制度,提高绩效管理水平和建立健全政府部门责任追究制具有重要意义。《审计署2008年至2012年审计工作发展规划》指出,"到2012年,每年所有的审计项目都开展绩效审计"。近年来,本市审计机关探索开展绩效审计,取得了一定的成效。随着政府信息公开工作的推进和政府绩效管理制度的建立,社会公众对绩效问题将更加关注,要求审计机关进一步加大绩效审计力度,拓展绩效审计领域。但《审计法》和《审计法实施条例》没有对绩效审计作出明确的

具体规定。为了加快推进绩效审计工作,有必要在地方立法中对开展绩效审计的领域、审计内容、专门审计项目的安排、审计评价依据等予以明确,并探索建立绩效审计报告制度和推进绩效审计结果运用。

(2) 关于资源环境审计。近年来,本市审计机关以促进贯彻落实节约资源和保护环境的基本国策为目标,对绿地建设专项补贴资金使用管理情况、吴泾工业区环境综合整治专项资金使用管理及环境整治效果情况、节能减排专项资金管理使用及有关政策落实情况、国有土地使用权出让收入和土地整治资金收支管理情况、农业面源污染治理和农村村庄环境整治情况等加强审计监督,发挥了审计在资源管理与环境保护中的积极作用,促进了节能减排措施落实,推动了生态文明建设。但《审计法》和《审计法实施条例》没有对资源环境审计作出明确的具体规定。为了加强资源环境审计,有必要在地方立法中对资源环境审计的审计事项范围、重点审计内容予以明确,以推动资源环境审计工作深入开展,促进建设资源节约型和环境友好型社会。

(3) 关于跟踪审计。温家宝总理在第十一届全国人大二次会议上所作的政府工作报告中指出,"财政资金运用到哪里,审计就跟进到哪里"。近年来,审计机关根据市领导的要求,对本市对口支援都江堰市灾后恢复重建项目实施情况、中小学校舍安全工程建设情况、市容环境专项整治项目实施情况、中国 2010 年上海世博会运营资金管理和工程建设管理情况、本市对口支援新疆喀什 4 县发展资金和项目情况、第 14 届国际泳联世界锦标赛赛事专项经费使用情况等进行了全过程跟踪审计,取得了显著成效。但审计工作中也存在着项目管理职责与审计监督职责的界定不够清晰等问题。《审计法》和《审计法实施条例》没有对跟踪审计这一新型的审计组织实施方式作出明确的具体规定。为了充分发挥跟踪审计的有效作用,有必要在地方立法中对跟踪审计的审计事项范围、工程项目跟踪审计的重点、跟踪审计报告的出具等加以明确。

(4) 关于计算机审计。目前,本市财经领域普遍运用计算机信息系统处理业务和财务事项,但审计实践中存在着被审计单位提供电子数据和计算机技术文档不及时、不完整等问题。这既影响了审计工作的开展,又导致审计难以揭示被审计单位内部控制薄弱环节和重大风险隐患,不利于有效发挥审计监督职能作用。提高审计业务信息化水平,积极开展信息系统审计,探索开展网络远程审计,是审计工作适应信息化发展的必然要求。国务院办公厅印发的《关于利用计算机信息系统开展审计工作有关问题的通知》（国办发〔2001〕88号），明确了信息化条件下审计机关的权限和被审计单位的配合义务，并要求审计机关积极稳妥地探索开展网络远程审计。市政府颁布的《关于进一步加强本市财政性资金和社会公共资金监管的若干意见》（沪府发〔2008〕31号）要求"建立资金网上实时全程监管系统"，强调"在平台建设中，应当为审计、监察等部门预留端口，便于审计、监察等部门进行有效监控"。因此，有必要在地方立法中对信息系统审计的重点内容、实施网络远程审计的领域、审计机关要求被审计单位提供电子数据和转换格式的权限，以及被审计单位信息系统管理违规行为的法律责任等予以明确规定，以加快推进计算机审计，充分发挥审计监督的作用。

（5）关于财政审计、金融审计和企业审计。财政审计是审计机关的基本职责，是国家审计的永恒主题。加强金融审计，是上海建设国际金融中心、推动建立高效安全的现代金融体系的必然要求。开展企业审计，是深化上海国资国企改革，保障国有资产保值增值和促进企业可持续发展的重要抓手。多年来，本市审计机关在财政审计、金融审计、企业审计三大审计领域开展了卓有成效的工作，积累了有益的经验。在地方审计立法中，有必要结合本市审计工作实际情况，对本级预算执行审计的审计事项范围、金融审计的审计对象范围、企业审计的审计内容范围加以明确和规范，以细化上位法的有关规定，推动本市财政审计、金融审计、企业审计工作科学发展。

（6）关于建设项目审计。《审计法》和《审计法实施条例》赋予了审计机关对政府投资和以政府投资为主的建设项目进行审计监督的职责。近年来，本市审计机关围绕促进城市建设管理、努力实现政府投资项目审计全覆盖的目标，强化了对重大工程项目、建设财力项目的审计监督，取得了显著成效。2010年，市政府办公厅转发了市审计局制定的《上海市市级建设财力项目审计监督暂行办法》。2011年，审计署颁布了《政府投资项目审计规定》（审投发〔2010〕73号），对政府投资项目审计工作作出了具体规定。在地方审计立法中，有必要依据上述审计办法和规定，结合本市政府投资项目审计工作实际情况，对政府投资建设项目审计的重点对象范围、重点内容范围、延伸调查范围，以及审计结果的法律效力、执行途径和审计结果的运用等作出明确规定，以细化上位法的有关规定，推动本市政府投资建设项目审计工作深入发展。

（7）关于社会公共资金和财政专项资金审计。社会公共资金和财政专项资金的使用与管理,关系经济社会科学发展,涉及人民群众切身利益。近年来,本市审计机关以促进深化改革和完善相关政策制度,推动社会主义和谐社会建设为目标,加强对社会保障资金、重大民生工程、重点专项资金的审计监督,取得了明显成效。但《审计法》和《审计法实施条例》对社会公共资金和财政专项资金审计的规定比较原则,审计事项范围不够具体。因此,有必要在地方审计立法中,对各类社会公共资金和财政专项资金进行梳理,明确审计事项范围和审计对象范围,以细化上位法的有关规定,促进管好、用好各类社会公共资金和财政专项资金,提高资金使用效益,推动科学发展及和谐社会建设。

(8)关于境外审计。随着经济的全球化和"走出去"战略的实施,本市地方国有金融机构在境外设立分支机构,地方国有企业在境外投资设立独资或者控股企业,投资境外的项目数量不断增加,大量国有资产投向境外。如何对境外国有资产进行审计监督,《审计法》和《审计法实施条例》没有明确规定,需要通过地方立法作出相应的规定。因此,拟在地方审计立法中,对境外审计的审计事项范围以及开展境外审计的条件保障予以规定,以建立健全对境外国有资产的审计监督机制,保障境外国有资产安全。

(9)关于审计结果。审计结果是审计机关工作成果的体现,是审计发挥"免疫系统"功能的载体。审计结果既涉及审计机关,也涉及被审计单位,还涉及有关部门和单位,具有很强的作用效果和社会影响。审计结果包括审计结果的报告、审计结果的执行、审计结果的公布、审计结果的移送和审计结果的运用等方面。《审计法》和《审计法实施条例》对审计结果有一些规定,但不够具体、全面。为了进一步完善审计工作制度和机制,拟在地方审计立法中,对建立健全各类审计结果报告制度和专题报告制度,完善审计结果执行制度,明确审计结果公布制度、完善审计结果移送制度,建立健全各类审计结果运行机制等作出具体规定,以细化上位法的有关规定,充分发挥审计监督职能作用,体现审计工作成效。

(10)关于审计整改。审计结果的有效利用和审计查出问题的有效整改,是审计监督职能作用有效发挥的关键。为了加强财政财务管理,消除被审计单位和审计领域存在的屡审屡犯、屡禁不止的现象,近年来,各级政府十分重视审计查出问题的纠正和整改。市政府和市经济责任审计工作联系会议分别出台了《关于进一步加强审计整改工作的意见》和《上海市市管领导干部(人员)任期经济责任审计整改工作暂行办法》(沪委组〔2009〕发字56

号),明确搞好审计整改必须有一系列行之有效的制度作保证。因此,有必要依据上述文件,在地方审计立法中,对建立健全审计整改督查制度、审计整改结果报告制度、审计整改检查制度和联动机制、审计整改问责制度、审计整改结果公告制度,以及审计整改检查事项范围、被审计单位不执行审计决定的法律责任等作出明确规定。通过将审计整改工作涉及的各方权利、义务以法规的形式予以固化,进一步推进审计整改工作,确保审计监督的严肃性和权威性。

(11)关于审计监督协调机制。按照现行的管理体制,对财政资金、国有资产的监督管理涉及财政、发展改革、国资监管、审计等多个部门。目前监管工作中存在部门之间重复监督、职能交叉等问题,各方面的监督资源有待整合,监督合力有待形成。同时,审计机关在执行审计业务时需要与有关部门建立协作配合机制。因此,有必要在地方审计立法中,对有关部门利用审计结论、办理审计移送事项,审计机关提请有关部门协助执行审计业务、协助执行审计决定,以及有关单位不执行审计处理措施的法律责任等作出具体规定,以建立健全审计监督协调机制和审计结果共享机制,形成监督合力,提高监督工作效率。

(12)关于区分被审计单位责任和审计机关责任。从审计情况看,当前部分被审计单位仍存在法制观念不强,内部控制不严,财政收支、财务收支行为不合规,提供审计的财务会计资料不真实、不完整等问题,导致屡审屡犯、假账真审等现象发生。为了改变这一状况,有必要在地方审计立法中,依据《国家审计准则》,对被审计单位的责任和审计机关的责任加以明确和区分,并对被审计单位向审计机关提供资料的范围予以规定,以规范被审计单位行为,促进其建立健全自我约束机制,保障审计工作顺利开展。

(13)关于委托中介机构和聘请专业人员。近年来,随着本市经济社会的快速发展,各级审计机关现有的审计力量与审计任务之间的矛盾日益突出,审计机关通过政府购买服务的形式,委托社会中介机构或外聘专业技术人员参与审计业务的情况日益增多。另外,2010年国务院办公厅和市政府办公厅就促进注册会计师行业加快发展颁布了相关的政策文件,为拓展会计师事务所执业领域创造了条件,同时提出了完善注册会计师行业行政监管及惩处机制的要求。因此,有必要在地方审计立法中,对委托中介机构和聘请专业人员参与审计业务的方式与经费保障,受托中介机构和受聘专业人员的执业要求,实施委托审计管理,以及受托的社会中介机构和人员违规行为的法律责任等作出规定,以规范委托中介机构和聘请专业人员的工作,发挥其积极作用,促进其健康发展。

(14)关于规范审计行为。依法独立行使审计监督权是审计工作的基本要求,《宪法》《审计法》《审计法实施条例》和《国家审计准则》对审计机关和审计人员依法独立行使审计监督权也有相应的规定。同时,各级审计机关十分重视规范审计执法行为,在长期审计实践中形成了具有审计职业特色的审计人员行为准则。因此,在地方审计立法中,有必要对审计机关和审计人员保持审计独立性的要求,审计人员应当遵守的行为准则,以及审计人员违规行为的法律责任作出具体规定,以进一步规范审计行为,保证审计质量,促进依法审计。

(15)关于审计保障。《国家审计准则》对审计机关设立总审计师,加强审计质量控制有规定。目前,审计署和市审计局已建立总审计师制度,对严把审计业务质量关发挥了积极作用。而本市各区县审计机关尚未建立总审计师制度,分级质量控制机制不健全。此外,从审计情况看,目前本市乡镇财政性资金监督管理较为薄弱,存在问题较多,市委、市政府今年已部署开展专项治理工作。而区县审计机关因审计人力资源不足,缺乏对乡镇财政审计全覆盖的力量保障。因此,有必要在地方审计立法中,对本市审计机关建立总审计师制度,以及保障乡镇财政审计人力资源作出规定,以加强审计机关审计质量控制,强化对乡镇财政性资金的审计监督。

五、上海审计立法的预期效果评估

制定和颁布实施《上海市审计条例》,将产生以下预期效果:一是将有效促进《审计法》和《审计法实施条例》在本市的贯彻落实,扩大审计监督的社会影响,营造更为良好的审计法制环境。二是将有利于解决目前本市审计工作中遇到的影响审计职能有效发挥的主要问题,有力地推动全市审计工作全面、科学发展,更好地发挥审计工作在本市经济社会发展中的服务保障作用。三是将填补本市审计法制建设的空白,完善审计监督的法律体系,强化全市财政收支、财务收支监督管理,为上海加快推进"四个率先"、建设"四个中心"提供坚强的审计保障。

(本文刊于《上海审计》2011年第5期)

四个经典管理理论对审计管理的启示

审计管理是审计机关为了实现审计目标而进行的决策、计划、组织、实施、控制的活动过程。审计管理主要是对审计人员和审计业务的管理，包括审计计划管理、审计业务组织与审计人力资源管理、审计业务执行管理、审计质量管理、审计成果管理等。加强审计管理，有利于有效地使用审计资源，减少或避免审计风险，保证审计质量，提高审计效率和效果。

当前在加强审计管理中，我们要注重学习、借鉴和运用西方的现代管理理论。西方的现代管理理论经过100多年的发展和完善，已经比较成熟，我们称之为"经典管理理论"。对经典管理理论，我们要认真分析其来龙去脉、侧重点与合理性，结合审计工作实际加以正确运用。既要避免把经典管理理论看作神秘莫测的玄学，贬低了管理理论的科学性；也要避免把经典管理理论看作永远适用于一切情境的绝对真理，降低了审计机关自身的主观能动性。

本文试对价值链管理理论、二八定律、木桶定律、酒与污水定律四个经典管理理论对审计管理的启示作一浅析，以期对加强审计管理有所帮助。

一、价值链管理理论对审计管理的启示

所谓价值链管理就是将企业的生产、营销、财务、人力资源等方面有机地整合起来，做好计划、协调、监督和控制等各个环节的工作，使它们形成相互关联的整体，真正按照链的特征实施企业的业务流程，使得各个环节既相互关联，又具有处理资金流、物流和信息流的自组织和自适应能力，使企业的供、产、销形成一条珍珠般的"链"——价值链。

价值链管理的目标是创造一个价值链战略，这个战略是为了满足客户的需要，为了达成链中成员的无缝整合。价值链管理的意义是优化企业核心业务流程，降低企业组织和经营成本，提升企业的市场竞争力。

在审计管理中运用价值链管理理论，要注重以下三个方面。

1. 审计机关价值链管理的关键是建立以审计成果为中心的业务流程。审计机关的价值链是由一组业务流程构成的。在审计机关的价值链中，有

些业务流程特别重要,直接决定着审计工作的成效,称之为核心业务流程,如审计业务执行管理、审计质量管理、审计成果管理等。其他业务流程是对审计提供基本支持,称之为支持业务流程,如审计业务组织与审计人力资源管理、审计信息化管理等。不管何种业务流程,都必须以审计成果为中心。致力于为审计成果服务的思想是审计机关业务流程再建和优化的基石。审计机关要围绕审计成果这一目标,对审计的系统运作进行设计,优化核心业务流程,以提高审计质量、效率和效果。

2. 审计机关价值链管理的重要任务是整合审计业务组织。审计业务组织是审计机关价值链管理的支持系统。审计机关进行价值链管理的重要任务之一是根除部门主义,整合审计业务组织。审计机关要根据以审计成果为中心的业务流程和构建财政审计、经济责任审计大格局的要求,优化组织结构设计,完善审计业务组织,或按业务流程将某些审计业务组织由原来松散联系变为紧密结合。要认真总结地方政府性债务审计、社会保障资金审计等审计组织实施经验,从审计工作全局出发,以形成具有竞争力的审计机关价值链为目标,整合现有审计人力资源,做好部门协调和配合工作,降低审计组织成本,提高审计业务管理水平。

3. 审计机关价值链管理的先进工具是信息化管理。审计机关要成功实施价值链管理,就必须改变传统的管理方式、业务流程和组织结构,把上下级审计机关之间以及审计机关内部的各种业务及其流程看作是一个整体过程,把审计机关的外部价值链与审计机关的内部价值链有机地整合起来,形成一体化的价值链管理体系。要做到这一点,必须依靠信息化管理这一先进工具。审计信息化管理的价值在于改进审计业务流程和运作方式,提高审计效率,降低审计成本。审计机关决策层要先接受信息化的管理思想,广大审计人员要接受信息化的审计方式和管理方式。只有建立强硬的推行机制,才能推动审计信息化的成功,才能保障审计机关价值链管理顺利实施。

二、二八定律对审计管理的启示

二八定律是19世纪末20世纪初意大利经济学家巴莱多发明的。他认为,在任何一组东西中,最重要的只占其中一小部分,约20%,其余80%尽管是多数,却是次要的。二八定律反映了一种不平衡性,但它却在社会、经济及生活中无处不在。

二八定律告诉我们,在工作中不能"胡子眉毛一把抓",要学会抓主要矛盾。企业经营和管理中要抓住关键的少数,即那些能给企业带来80%利润、总量却仅占20%的关键客户,加强服务,以达到事半功倍的效果;要坚持"有所为,有所不为"的方针,突出重点,抓关键人员、关键环节、关键项目、关键岗位。

在审计管理中运用二八定律,首先,要求我们在审计计划管理、审计业务组织与审计人力资源管理、审计业务执行管理、审计质量管理、审计成果管理等方面,弄清楚审计工作中的20%到底是哪些?从而将工作的注意力和精力集中到这20%的方面(包括20%的骨干审计力量、20%的重点审计项目、20%的重点审计事项、20%的重点审计成果等)上来。其次,要求我们采取有效的倾斜性"跟进"措施,集中审计资源,建立审计核心人才团队,抓住重点审计项目和重点审计事项,主攻重点审计成果,确保重点方面取得重点突破,进而带动全面,取得审计工作整体进步。再次,要求每个审计人员注重审计时间管理,重新审视审计工作时间表,分清轻重缓急,始终做到重点审计目标第一,重点审计事项第一,重点审计查证第一,重点审计成果第一。

三、木桶定律对审计管理的启示

木桶定律是指,一只沿口不齐的木桶,它盛水的多少,不在于木桶上那块最长的木板,而在于木桶上最短的那块木板。要想多盛水——提高水桶木板的整体长度,不是去增加最长的那块木板长度,而是要下功夫依次补齐木桶上最短的那块木板。

木桶定律启示人们,这个由许多块木板组成的"木桶"不仅可象征一个企业、一个部门、一个班组,也可象征某一个员工,而"木桶"的最大容量则象征着整体的实力和竞争力。木桶定律告诉领导者:在管理过程中,要下工夫狠抓单位的薄弱环节,否则,单位的整体工作就会受到影响。人们常说"取长补短",即取长的目的是为了补短,只取长不补短,就很难提高工作的整体效应。

将木桶定律运用于审计管理,一是要求我们着力加强审计干部队伍建设、审计法治化建设、审计信息化建设、审计理论建设和审计文化建设五项基础建设,夯实审计事业可持续发展的根基。因为任何一个环节太薄弱,都有可能影响并制约着审计工作的科学发展。二是要求我们从审计质量责任、审计职业道德、审计人力资源、审计业务执行、审计质量监控五个方面入手,全面加强审计质量管理,合理配置各种资源,建立健全各项制度,严格实施各种控制,及时补上影响审计质量的那块"短板"。三是要求我们从审计人员录用、审计人员继续教育、审计业务培训、审计业绩评价考核、审计人员奖惩激励五个方面着力,全面加强审计人力资源管理,确保审计人员具有与其从事业务相适应的职业胜任能力。四是要求我们重视审计团队建设。一个审计团队好比一辆汽车,汽车是由无数个零部件组成的,只有每一个零部件都达到最佳工作状态,那汽车才能奔驰绝尘。在一个审计团队里,只有想方设法让短板子达到长板子的高度或者让所有的板子维持"足够高"的相等高度,才能完全发挥团队作用,充分体现团队精神。五是要求我们在审计管理和自身建设上,正视短处,自我完善,敢于揭短,善于补短,争取成为优秀的管理者和优秀的审计人员。

四、酒与污水定律对审计管理的启示

管理学上一个有趣的定律叫"酒与污水定律",意思是一匙酒倒进一桶污水,得到的是一桶污水;把一匙污水倒进一桶酒里,得到的还是一桶污水。显而易见,污水和酒的比例并不能决定这桶东西的性质,真正起决定作用的就是那一匙污水,只要有它,再多的酒都成了污水。

酒与污水定律告诉我们,在一个组织中,难免会有污水,而污水又会给组织带来各种各样的矛盾和冲突。这就要求管理者掌握酒与污水的冲突与协调的技巧,对组织中的成员加以引导和筛选,剔除具有破坏力"污水",发现人才,善用人才,使合格者的力量指向同一目标,这就是人才的运作。

将酒与污水定律运用于审计管理,要求我们加强审计人力资源管理,加强审计业务组织建设,加强审计质量监控,加强审计廉政监督,严明审计纪律,规范审计行为,防范审计质量风险和审计廉政风险,保持审计团队的步调一致,发挥每个审计团队成员的最大效能,共同为完成审计任务、实现审计目标而努力。同时,要求我们强化对审计人员的考核、奖惩、调配和思想教育,努力改变目前审计机关人员"能上不能下,能官不能民,能进不能出,不能用也得用"的状况,优化审计团队环境,不断提高审计人员的思想道德素质,培育"实、高、新、严、细"的良好作风,促进和谐机关和精神文明建设。

管理是一门科学,更是一门艺术。管理的成功是各方面综合作用的结果。在审计管理中对经典管理理论的运用,需要我们不断探索,总结经验,依靠的是三分理解七分领悟、三分外力七分内功。管理理论的魅力就在于其科学性与艺术性的动态结合。

(本文刊于《上海审计》2012年第2期、《中国审计报》2012年6月6日、《北京审计》2012年第6期)

当前审计面临的四大挑战及对策

近年来,在发挥审计保障经济社会健康运行的"免疫系统"功能理论观点的指引下,审计工作取得了长足的进步。审计力度不断加大,审计成效日益明显;审计影响不断扩大,审计地位日益提高。但审计工作在加快发展的同时,也面临一些新情况,呈现一些新特点。这需要我们认真分析,积极应对,采取新举措,迎接新挑战,以推动审计工作科学发展。

一、审计项目越来越大

近年来,随着审计工作的发展,审计项目呈现大型化、集群化、复杂化的态势。一是对大企业、大银行、大项目的审计逐年增多,审计对象层级多,审计事项内容多,审计项目涉及面广。特别是审计署统一组织开展了全国地方政府性债务审计、全国社会保障资金审计,审计项目超大型,审计范围广覆盖。二是审计机关开展了对省市、地市、县市主要负责人任期经济责任审计,审计事项涉及一级政府履职的方方面面,审计项目的中观性、综合性特点突出。三是随着财政审计、经济责任审计大格局的逐步形成,审计项目不仅子项目集群化,而且各子项目可能分属不同的专业审计,呈现一个审计项目多种专业审计融合的复杂化趋势。

审计项目的大型化,给审计工作带来了新的挑战。一是增加了审计实施的难度。如何在保证审计覆盖面的前提下,在有限的审计时间内,讲求审计的深度,不遗留重大审计事项,成为每个大型审计项目审计组必须认真考虑的问题。二是增加了审计协调的难度。审计协调包括审计分工和进度协调,审计处理处罚协调,审计结果报告协调等。三是对审计组和审计人员提出了更高的要求。要求审计组人员结构复合型,审计人员业务技能多面手。

针对审计项目大型化、集群化、复杂化的新情况,要采取以下措施:一是审计项目管理信息化。运用信息技术加强审计项目管理,形成以审计计划管理为主线,以审计项目实施为导向,以审计质量控制为核心的数字化审计项目管理系统,实现对多个审计组的分级分类管理。二是审计业务组织精细化。审计工作方案要贴近实际、科学合理,开展试审计;审计实施方案要规范编制、及时调整,增强应对性;审计业务协调要全程控制、抓点带面,注重整体性。在审计组织实施上,特别要破除部门主义,根据审计事项需要组成联合审计组,优势互补,提高审计组的整体战斗力。三是审计实施操作规范化。加强现场审计质量管理,规范编制审计报告,探索大型审计项目跟踪审理,建立审计质量分级控制和责任追究制度。大型审计项目审前必须抓好参审者全员业务培训。四是加强审计综合分析研究,注重审计成果的开发利用。大型审计项目都要采用专题报告、审计信息、综合报告等方式反映审计成果,多出审计"精品"和"高端产品",提升审计成果层次。五是完善财政审计、经济责任审计大格局建设,整合审计资源,形成审计合力。通过各专业审计的有效融合,实现更高层次、更大范围的审计目标。

二、审计法规越来越多

近年来,随着法制建设的不断完善,审计法规呈现海量化。一是随着中国特色社会主义法律体系的形成,审计领域涉及的主要法律、行政法规已经完备,相关的地方性法规也日益增多。据统计,截至 2011 年 12 月底,我国已制定现行有效的法律 239 件,行政法规 714 件,地方性法规、自治条例、单行条例 8 921 件。二是随着政府职能的转变和监管意识的增强,部门规章、政府规章不断完善;从中央到地方,从部门到单位,涉及财政经济领域的规范性文件也日趋完备,日益增多。上述情况,既为依法审计创造了有利条件,同时也对审计人员学法用法提出了更高要求。

针对审计法规的海量化,迫切需要进一步提升审计人员对法律法规的理解、把握和运用水平,增强依法审计能力。一是要求审计人员认真学法。依法审计是审计工作的基本原则,法规运用能力是审计能力的重要方面。面对浩如烟海的审计法规,审计人员必须花时间刻苦学习。没有法律武装,依法审计将是一句空话。要改变只注重审计知识的学习和运用,而忽视法律知识的学习和运用的现象。审计机关要加强审计法规培训,每年都要组织审计人员参加法规考试。二是要求审计人员准确用法。随着审计项目的集群化和审计事项的复杂化,审计工作对审计法规的需求呈现跨专业、多样化的特点。审计人员必须下苦功,全面掌握和准确运用每项审计中必需的法律法规。作为必备要素,各类审计项目的审计工作方案、审计实施方案都要附常用主要审计法规,为审计人员依法审计提供帮助。当前审计人员特别要重点掌握贪污贿赂犯罪及主要经济犯罪的构成要件和立案标准,增强审计揭露经济犯罪案件的能力和水平。三是加强审计法规库建设。要组织力量,分层次、分门类收集整理审计法规资料。要推动审计法规与信息技术的深度融合,借助审计管理系统,完善审计法规库的查询、检索功能,及时更新维护,充分发挥审计法规库的应用成效。要编写各类审计的审计定性及处理处罚依据手册,为审计人员准确执法提供帮助。

三、审计信息化要求越来越高

近年来,随着国民经济信息化的推进和信息技术的发展,审计信息化建设面临紧迫任务,审计工作面临严峻挑战。一是被审计单位广泛运用信息技术进行业务处理和财务核算,信息系统日趋复杂,数据量急剧增长,迫切要求审计机关和被审计单位所使用的工具手段必须处于同一个量级,否则无法实施有效监督。二是当前审计工作存在审计任务繁重与审计力量不足、各单位"单兵作战"难以适应现代审计组织方式、信息技术快速发展与复合型人才结构性短缺、现有技术水平难以满足海量信息数据处理需求等诸多矛盾和困难,迫切需要加快审计信息化建设,靠人才兴审,靠科技强审。不发展信息化,审计能力和效率将大打折扣;不发展信息化,审计事业就没有出路。

针对审计信息化要求越来越高的新情况,要采取以下措施:一是加快"金审工程"建设。完善审计管理系统(OA)功能,提升现场审计实施系统(AO)功能,加大 OA 和 AO 两大系统应用力度,OA 要在各级审计机关部署应用,AO 要在所有审计项目中广泛使用;在信息化程度较高的重要行业逐步推进联网审计,推动审计工作由单纯的现场审计向现场与远程相结合转变、由单纯的静态审计向静态与动态相结合转变、由单纯的事后审计向事后与事中相结合转变;逐步建立中央和地方审计数据中心,推进财政、金融、企业、社会保障、资源环境等专业审计数据库建设,构建审计法规、审计技术方法、审计评价信息、审计案例等信息资源库,完善国家审计信息资源体系建设。二是加强审计信息化人才培养。要调整人员结构,重点引进计算机专业人才,逐步提高审计机关计算机人才比重;要加大培训力度,采取经常培训、专项培训和骨干培训相结合,集中培训、网络培训和案例教学相结合等方式,对现有人员进行后续教育培训,努力培养一大批既精通审计业务,又掌握信息技术的审计人才。三是注重审计信息化成果应用。在现场审中，AO应成为每个审计人员的必备工具，并积极开展小软件、小模块的开发应用，推动现场审计向"技术智能型"审计转变，提高审计人员利用信息技术查核问题、综合分析、评价判断的能力；在审计管理中，要逐步实现审计计划编制、审计组织管理、审计质量控制、审计成果利用、审计档案归集等全过程的数字化，努力提高审计管理效能。此外，探索开展信息系统审计，既要审计数据，又要审计信息系统，并逐步探索对电子政务项目和企事业单位信息系统的绩效审计，进一步提升审计能力和水平。

四、社会对审计的期许越来越大

近年来，随着审计"免疫系统"功能的发挥和社会公众公民意识的增强，社会对审计的期许越来越大。一是要求加大审计公开的力度，做到审计结果如实向人大报告、主动向社会公开，保障社会公众的知情权、监督权。二是要求审计查处更多的大案要案线索，在反腐倡廉中发挥更大作用。三是对审计整改和审计问责更为关注，要求审计既"体检"，又"治病"，防止屡审屡犯。四是要求审计机关推进绩效审计，着力民生审计，更多地关注财政资金使用效益和人民群众切身利益。

社会对审计的期许越来越大，对审计机关而言，既是压力，又是动力；既是挑战，也是机遇。这就要求审计机关牢固树立科学审计的理念，坚持与时俱进，回应社会关切，调整工作重点，改进工作方法，发挥职能作用，更有效地服务国家治理。为此，要采取以下措施：一是完善审计公告制度，做到重点审计项目计划、审计结果、审计整改情况"三公开"。通过加大审计公开力度，促进完善国家治理。二是在制定年度审计项目计划前，听取社会公众的意见，做到审计问需于民、问计于民；在反映审计成果时，注重从体制、机制、制度等方面深入研究，提出建议，充分发挥审计的建设性作用。三是强化审计整改情况督促检查，运用好审计专题报告、审计移送处理、审计结果公开等手段，加大审计监督力度，防止屡审屡犯。四是强化审计查案意识，发现疑点线索，坚持一查到底，发挥审计监督在反腐倡廉中的应有作用。五是大力推进绩效审计，坚持对财政资金和社会公共资金追踪问效。各级审计机关每年都要提出有分量的绩效审计结果报告。同时，在强化民生审计方面，各级审计机关每年都要围绕资金、项目、政策等方面有新举措，出新成果。

（本文刊于《上海审计》2012年第5期、《审计与理财》2012年第12期、《财会与审计》2012年第6期、《现代审计与经济》2012年增刊、《特区审计》2012年第 4 期、《重庆审计》2012 年第 6 期、《广东审计》2012 年第 6 期、《青海审计》2012 年第 6 期、《江苏审计》2012 年第 12 期、《中国审计》2013 年第 1 期、《审计月刊》2013 年第 1 期、《现代审计》2013 年第 1 期、《中国审计报》2013 年 1 月 30 日、《中国内部审计》2013 年第 3 期、《海南审计》2013 年第 2 期。本文入选中国政府审计研究中心、西南财经大学会计学院现代审计研究所 2012 年 11 月 18 日主办的第二届"审计理论创新发展论坛"。本文获上海市审计学会 2011—2012 年度优秀审计论文一等奖）

审计人员应当具备的主要知识和能力浅析

审计是公认的专家行为，审计人员应当具备与其从事审计业务相适应的专业知识、职业能力和工作经验。"工欲善其事，必先利其器"。审计工作的成功与否，很大程度上取决于审计机关和审计人员的能力建设。知识是人类经验的总结和智慧的结晶，能力是一个人综合素养的集中体现。一名优秀的审计机关审计人员应当具备以下十个方面的知识和能力。

1. 财务会计知识。审计监督的主要对象是财政收支、财务收支和有关经济活动。从账户入手，检查与审计事项有关的财务会计报告、会计账簿、会计凭证，是审计的基础工作。审计人员应当具备扎实的会计、财务管理知识，熟悉会计核算，了解和掌握各行业的财务会计制度，这是审计的基本功。基本的会计知识包括企业财务会计、行政事业单位财务会计、管理会计、财务管理学、会计报表分析等。作为审计人员，如果没有深厚的会计知识作前提，是无法参与和从事审计工作的。会计专业知识是保证审计质量、减少审计风险的必备条件。优秀的审计人员必须具备超过会计人员的会计专业知识。审计人员只有在看懂被审计单位账务处理的基础上，找出问题所在，才能对被审计单位的财务管理工作提出意见和建议。

2. 审计知识。行有行规。审计人员从事审计工作，掌握审计专业知识是必不可少的。审计专业知识，包括审计基本理论、专业审计知识和审计操作技能，审计的定性分析和定量分析等方法，国内外审计学科的前沿理论和发展动态等。审计人员应当了解审计发展历史和审计工作发展规划，熟悉审计法及其实施条例、国家审计准则、专业审计指南和审计操作规范，掌握各种审计取证方法和审计文书格式规范，掌握审计计划管理、审计现场管理、审计质量控制、审计结果运用等要求。审计人员只有不断夯实、更新自身的审计专业知识，掌握审计新理念、运用审计新方法，提高自身的审计技术水平，才能适应现代审计的不断发展和变化，才能高效、圆满地完成审计任务。

3. 法律法规知识。依法审计是审计工作的基本原则，法规运用能力是审计能力的重要方面。审计工作涉及的法律法规体系包括法律、行政法规、地方性法规、部门规章和政府规章、规范性文件。掌握与审计工作相关的国家、地方法律法规和规定,是审计人员检查和发现被审计单位违反国家规定的财政收支、财务收支行为问题的定性依据,也是审计评价和审计处理处罚的前提。审计人员不仅需要掌握财政收支、财务收支审计领域常用的法律法规,而且要对社会保障审计、资源环境审计、固定资产投资审计等其他专业审计所涉及领域的法律法规和规定有所了解。优秀的审计人员还应注意法律法规的层次性、时效性和地域性,及时更新所掌握的法律法规知识。审计人员只有熟练掌握和准确运用法律法规知识,才能对审计发现的问题定性客观、准确,处理处罚适当、合法。

4. 哲学知识。做好审计监督工作,需要有正确的世界观和方法论作指导。审计人员要有哲学思维,学会用辩证唯物主义的观点看待问题,分析问题,解决问题。对审计中发现的情况和问题,要辩证、发展、联系、全面地作出分析和判断。要坚持实事求是,防止主观主义、教条主义;要坚持辩证思维,防止片面性;要坚持全局观点,防止从局部出发;要坚持长远观点,防止短期行为、短视行为;要坚持原则性,防止随意性;要坚持创新性,防止因循守旧、固步自封;要坚持突出重点,防止四面出击;要坚持精益求精,防止粗枝大叶;要坚持深入思考,防止盲目性。在开展审计工作中,要正确处理好监督与服务、依法审计与实事求是、全局与局部、长远与当前、原则性与灵活性、继承与发展、全面与重点、共性与个性、个别与一般等的关系。同时,要运用系统论的观点组织实施审计。在审计工作中要善于抓重点,抓主要矛盾和矛盾的主要方面,利用有限的审计时间和审计资源,力争取得最大的审计效果。

5. 与审计相关的行业知识。审计是综合性的财政经济监督,涉及国民经济和社会发展的主要领域。从一定意义上讲,审计是一项博大精深的专业工作,审计人员应当具备与审计事项有关的行业知识。从事财政审计的审计人员,应当了解和掌握财政、税务、国库等方面的知识;从事金融审计的审计人员,应当了解和掌握银行、证券、保险、基金、期货、信托投资等方面的知识;从事社会保障审计的审计人员,应当了解和掌握社会保险、社会福利、社会救助等方面的知识;从事农业与资源环境保护审计的审计人员,应当了解和掌握农业、资源、环境保护等方面的知识;从事行政事业审计的审计人员,应当了解和掌握教育、科技、文化、卫生、媒体等方面的知识;从事企业审计的审计人员,应当了解和掌握企业经营管理、国有资产经营管理等方面的知识;从事固定资产投资审计的审计人员,应当了解和掌握固定资产投资、建筑工程等方面的知识;从事外资运用审计的审计人员,应当了解和掌握国外贷款、援款等方面的知识;从事经济责任审计的审计人员,应当了解和掌握干部监督管理、廉政建设等方面的知识。俗话说,隔行如隔山。审计人员应当干一行、专一行,努力成为某一审计领域或某一审计方面的专家。同时,随着审计工作的深化和发展,审计项目涉及的行业和业务领域更加广泛,需要审计人员了解和掌握与审计事项有关的广博知识,成为杂家。审计人员应当具有多种学科交叉的知识,具有通用型、复合型的知识储备。

6. 审计查证能力。审计查证能力表现为审计人员有职业敏感性与洞察力。审计人员在审计工作中,面对大量的审计资料,只有具备对问题观察的敏锐性,才能从蛛丝马迹中发现问题。洞察力则表现为在发现问题的基础上,找准查实问题的关键环节,及时有效地取得审计证据并作出准确的审计判断。优秀的审计人员应当具有审计项目全局观念,时刻保持应有的审计谨慎性、敏感性,有明确的审计重点思路,对所分工任务的审计方向有很好的层次感,能够在审计工作中迅速找到审计事项的切入点和审计调查的着力点,直接深入重点怀疑的问题。审计人员审计查证能力的强弱,不仅决定着审计效率和审计成本,还决定着审计质量和审计成效。审计查证能力非一朝一夕所能养成,需要审计人员通过长时间审计实践和审计经验的积累,逐步培养自身的职业敏感性和洞察力。

7. 综合分析能力。分析是将一种事物分为简单或基本组成部分并分别加以研究,以确定各组成部分的属性及其相互联系。综合是将一种事物的各个组成部分结合为整体,从总体上研究该事物。做好审计综合分析研究,就要对大量的审计资料进行去粗取精、由表及里的综合分析和归纳提炼,对大量的审计数据进行汇集统计,对审计中发现的带有普遍性、倾向性、典型性的重要问题进行深入的原因分析和对策研究,使各项审计成果有机衔接,形成有深度、有说服力、有典型意义的报告基础材料。同时,要注重就账论事,就事论管理,就管理论制度,就制度论体制、机制,从加强管理、完善政策、健全制度、深化改革等角度研究提出切实可行的审计意见和建议。从某种意义上讲,审计综合分析研究是审计工作的进一步深化。优秀的审计人员应当具备综合分析能力,能够从审计发现的问题中透过现象看本质,分析深层次原因,从体制、机制、制度、管理、政策等方面提出解决和预防问题的审计建议,在更高层面上发挥审计的"免疫系统"功能。

8. 口头沟通能力。沟通能力是审计人员必备的职业素养。沟通能力包括表达能力、辩论能力和倾听能力。审计既是外勤工作,也是一项系统性的工作。审计人员在审计工作中,对外需要与不同的审计对象打交道,协调被审计单位及时准确地提供审计所需资料,配合审计组开展审计查证工作;对内需要与审计组成员协同合作,互相配合,步调一致地推进审计工作。这些都离不开沟通协调。沟通协调贯穿于审计工作的全过程。在调查了解阶段,审计人员要善于沟通,消除被审计单位的戒备心理和抵触情绪;在审计实施阶段,审计人员在询问、取证过程中,要与被审计单位和当事人进行良好的沟通,摆事实讲道理,做到既坚持原则、又灵活变通。在语言表达上,应做到有礼有节,对事不对人;在审计报告阶段,与被审计单位交换意见是一项技巧性很强的沟通工作,需要审计组和审计人员采取有针对性的沟通措施,做好沟通预案和解释工作,妥善应对被审计单位对审计查出问题的异议,使双方对审计报告达成共识。

9. 文字写作能力。审计写作是审计人员的一项基本技能。审计监督无论是在微观层面还是在宏观层面发挥作用,都离不开审计写作。增强审计写作能力,是开展审计工作的需要,是履行审计监督职责的需要,是审计机关公务员执行审计公务的需要。审计写作包括审计业务文书(主要是审计报告,还有审计通知书、审计决定书、审计移送处理书、财政决算审签报告、听证审计通知书等)、审计行政公文(主要是审计结果报告、审计调查结果报告、审计综合报告、审计专题报告等)和审计信息(主要是审计情况反映、审计简报等)。其中审计报告的写作最为重要。审计报告是审计行政公文、专报类审计信息的基础。审计报告是审计结果的综合反映,是审计的最后工序,在整个审计工作中占有重要地位。审计报告的质量优劣,一定程度上事关审计工作的成败。一份合格的审计报告,应当具备要素齐全、结构完整、文字规范、结论恰当等质量特征。审计人员应当刻苦钻研,努力写好审计报告。审计机关应当建立健全各类审计文书格式规范,加强审计文书质量控制。

10. 计算机运用能力。计算机运用能力是优秀审计人员必备的素质之一。在信息化条件下,如果审计人员不具备相应的计算机操作能力,面对被审计单位运用信息技术进行业务处理和财务核算的信息系统和数字化的电子数据,很有可能出现无账可查、无法审计的情况。信息化素质不提高,审计人员将失去审计资格,审计机关的综合管理人员将失去任职资格,审计机关的领导干部将失去指挥资格。随着社会经济活动的复杂性与海量数据的客观存在,审计人员只有熟练运用计算机审计手段,才能满足海量信息数据处理的需要,才能提高审计工作的质量和效率,并在信息系统审计等方面有所建树。优秀的审计人员应当成为既精通审计业务,又掌握信息技术的复合型人才。审计人员应当提高利用信息技术查核问题、综合分析、评价判断的能力。在现场审计中,现场审计实施系统(AO)应成为每个审计人员的必备工具,并积极开展小软件、小模块的开发应用,推动现场审计向"技术智能型"转变。

为了加强审计人员能力建设,审计机关应当按照《国家审计准则》的规定,建立和实施审计人员录用、继续教育、培训、业绩评价考核和奖惩激励等制度,以确保审计人员具有与其从事业务相适应的职业胜任能力。

加强审计人员能力建设,主要途径有三条。一靠学习。审计机关应当成为学习型机关。审计人员应当树立自觉学习、终身学习的理念。从某种意义上讲,学习能力是审计人员最根本、最核心和最为关键的一种能力。审计人员应有学习的欲望和激情,审计机关应当创造良好的审计人员自我再造的环境。审计机关应引导和鼓励审计人员加强自学,参加会计师、评估师、税务师、律师等注册类资格考试,参加审计、计算机、建筑等专业性资格考试,增强业务技能,勇攀知识高峰。二靠培训。审计是智力劳动,审计人员必须不断更新知识。审计培训是审计人员更新知识和能力建设的主要途径,也是审计工作的重要组成部分。审计机关应当制订培训计划,让所有审计人员每年都能接受一定期限的职业培训,完善审计人员的专业技能。三靠实践。实践出真知。审计实践是审计能力建设的最好课堂,也是检验审计人员能力高低的试金石。审计人员应参加不同层次、不同领域的审计实践活动,以积累审计经验,增强审计思维的敏锐性。审计机关应当通过老师带教、挂职锻炼、主审竞岗、项目参与等形式,帮助审计人员通过审计实践不断锻炼成长。

(本文刊于《上海审计》2013年第1期、《重庆审计》2013年第1期、《山西审计》2013年第1期、《青海审计》2013年第2期、《河北审计》2013年第2期、《中国审计》2013年第6期、《中国审计报》2013年5月8日、《特区审计》2013年第2期、《海南审计》2013年第3期、《广东审计》2013年第3期、《北京审计》2015年第6期)

国家和政府资产负债表初探

党的十八届三中全会审议通过的《中共中央关于全面深化改革若干重大问题的决定》提出"加快建立国家统一的经济核算制度,编制全国和地方资产负债表""改进预算管理制度""建立跨年度预算平衡机制,建立权责发生制的政府综合财务报告制度"。认真学习贯彻党的十八届三中全会精神,研究探索编制国家资产负债表和建立权责发生制的政府综合财务报告制度等改革,对于指导做好政府审计工作至关重要。

一、国家和政府资产负债表概述及中外概况

（一）国家资产负债表概述

"国家资产负债表"并不是一个新的概念,它借助了企业资产负债表的概念。国家资产负债表是将一个经济体视为与企业类似的实体,将经济的多个部门在某一个时点上的所有资产和负债进行分类,然后加总,得到反映该经济体总体存量的报表。在国民经济核算体系当中,也称为国民经济资产负债表。国家资产负债表由政府资产负债表、企业资产负债表、金融部门资产负债表和居民资产负债表几个部分加总组成。国民资产负债核算是我国国民经济核算体系的重要组成部分,是以一个国家或地区经济资产的存量为对象的核算。它反映某一时点上机构单位、机构部门及经济总体所拥有的财力、物力的历史积累和与之相对应的债权债务关系,反映一个国家或地区的资产负债总规模及结构、经济实力和发展水平。

我国资产负债核算的资产是经济资产,该资产分为非金融资产和金融资产两大类。非金融资产包括固定资产、存货和其他非金融资产(资源资产、无形资产等),金融资产包括国内外各种金融债权、储备资产等。由于受核算条件限制,目前我国只对资产进行初步核算,尚未包括估价和重估价核算,也尚未包括对艺术品、资源等方面进行的核算。

国家资产负债表与政府资产负债表有所不同,前者属于国民经济核算范畴的内容,后者则属于政府会计范畴的内容。宏观的国民经济核算与微

观的会计核算之间存在许多差异。我国原先处于计划经济时代,国家的资产、负债与政府的资产、负债曾经有较高的统一度。即使经过多年的改革和发展,目前政府资产负债依然是国家资产负债中十分重要的组成部分。

(二)政府资产负债表概述

建立基于权责发生制的包含政府资产负债表的政府综合财务报告制度,是建立现代财政制度的统计和数据基础。作为会计报表体系中最主要的一张报表,政府资产负债表通过政府的资产和负债,反映政府未来将面临的风险和抗风险能力。政府资产负债表提供了某一个时点的债务和资产存量,可以为评估地方政府的举债能力提供更加合理的科学依据。

权责发生制(又被称为"应收应付制""应计制")和收付实现制(又被称为"现收现付制")是两种不同的会计核算制度。目前我国行政单位基本采用收付实现制,事业单位正在进行权责发生制的会计制度改革,但尚不完全。在行业内,仅医院和出版社以权责发生制为会计核算基础。所谓收付实现制,就是钱花出去了,才算支;钱收进来了,才算收。该收没收的,不算收;该支没支的,不算支。收付实现制只计流水账,无法体现债权债务关系。好比我现在买了你一物品,但没付款,账目上就体现不出我的负债,也体现不出你的债权;只有当我付钱给你的时候,才计作我的支出,你的收入。权责发生制则恰好相反。我欠了你钱,在会计报表上记录为你的资产,我的负债。

我国现行的政府会计报表是按照收付实现制进行编制的,无法满足政府管理者全面了解政府债务规模、债务结构和债务风险的需求,其原因在于按照收付实现制编制的报表反映的信息存在"滞后性"和"狭隘性"。"滞后性"是因为只有在实际发生现金收支时才进行会计核算和报告,不能提供管理政府债务风险的前瞻性信息。"狭隘性"是因为采用收付实现制的现行预算会计报表无法完整反映贷款担保等隐性负债和或有负债信息,无法反映政府对该部分负债所承担的责任和风险,容易误导外部信息使用者对政府业绩和受托责任的评价。

在收付实现制的政府会计体系下,自然无从评估我国的政府债务风险。目前我国的政府预算只反映流量而缺乏存量,只反映当年的财政活动而缺乏长期的财政趋势和风险评估,只反映直接负债而缺乏或有负债。要评估政府债务风险,要掌握政府资产状况,就需要编制政府资产负债表。政府资产负债表的编制,离不开政府会计制度改革。未来我国的政府会计制度将从收付实现制向权责发生制改革。建立权责发生制的政府综合财务报告制度,可以积极主动地预防财政风险,克服政府财务报告制度中的缺陷,有效管理公共债务,提高财政的稳定性和可持续性。

（三）中外国家资产负债表概况

西方国家在20世纪30年代就开始了针对国家资产负债表的研究,目前也一直在对国民经济体系核算进行理论化和系统化的梳理。西方国家在公布国家资产负债表方面已经有很多先进和成熟的经验。目前加拿大、澳大利亚、英国等发达国家以及巴西等发展中国家的官方统计部门,都会定期公布其国家资产负债表或政府金融资产负债表。

我国国家统计局在20世纪80年代中期开始研究资产负债核算,1992年把资产负债核算正式纳入《中国国民经济核算体系》,1995年制定了全国统一的国民资产负债核算制度,1996年开始试行编制国家资产负债表。至今已编制过十多年的国家资产负债表,其中绝大多数的内容均未公布。资产负债核算为国家和地方宏观经济管理决策部门提供了经济存量方面的数据依据,为了解国情、摸清家底发挥了重要作用。但目前此项工作还停留在统计方法和数据层面,缺乏对政策含义的分析,缺乏前瞻性的判断能力。

（四）中外政府资产负债表概况

20世纪80年代起,由于政府财政赤字快速扩张、债务不断积累,仅靠传统年度决算报告无法全面反映政府真实的财务状况,澳大利亚、新西兰、美国、英国等一些西方国家开始推行政府财务报告制度,并将政府财务报告作为政府债务信用评级的重要依据。政府资产负债表在国外已有成功实践,例如,美国联邦政府采取双轨制,"既有一张现收现付的预算表,又有一张资产负债的权益表"。完全的权责发生制改革如英国,决算和会计核算制度都是权责发生制,出具(决算)报告的时候有权责发生制和收付实现制两份报告。目前可供我国借鉴政府资产负债表编制和公开经验的国家有新西兰、澳大利亚,甚至哥伦比亚等国家。最早引入权责发生制会计制度的新西兰已编制了20年。

我国编制政府资产负债表的工作已经准备多年。早在2003年,财政部就已提出推进政府会计改革。2007年,政府会计改革被列入《国民经济和社会发展第十一个五年规划纲要》。2009年5月,海南作为全国第一个政府会计改革的示范省份,制定了《权责发生制改革会计核算办法》,海南省农业厅和海南医学院作为第一批试点单位。此次试点开始了我国政府及非营利会计制度引入权责发生制的首次尝试。2009年8月,财政部发布《医院会计制度》,规定医院的会计制度以权责发生制为主,这被认为叩响了公共部门会计制度变革的大门。紧跟其后,财政部又发布了《高等学校会计制度》《中小学校会计制度(修订)》《科学事业单位会计制度(修订)》《事业单位会计制度》等事业单位会计制度。上述新的会计制度实施后,医院会计制度相对清晰,自有资产的会计核算制度是权责发生制,财政拨款则采用收付实现制核算。2010年年底,财政部发布了《权责发生制政府综合财务报告试编办法》,并于2011年在海南、广东、甘肃、上海、四川等11个省市开展试编工作。在财政部2011年两会期间向全国人大提交的预算案中,"研究推进政府会计改革,探索试编政府资产负债表"被列为2011年加快财税体制改革的工作之一。2011年颁布的《国民经济和社会发展第十二个五年规划纲要》中,编制政府资产负债表作为一项重要的财税体制改革被写入其中。2012年,财政部提出,积极开展权责发生制政府财务报告试编工作,健全预算会计制度体系。2013年,财政部又提出,深入推进政府会计改革,加快建立权责发生制政府综合财务报告制度。财政部部长楼继伟在作2012年中央决算报告时强调,要加强政府债务管理,"健全债权债务人对账机制,推进政府会计改革,加快建立政府财务报告制度,全面动态监控地方政府性债务情况"。2012年至今,在继续采用收付实现制进行日常会计核算的基础上,财政部选择北京、黑龙江、江苏等23个省(自治区、直辖市、计划单列市)探索试编权责发生制政府综合财务报告,完整地反映政府收支状况等。一些省市还在辖区内选择部分县市开展试编工作。2014年将在总结试编经验的基础上,进一步增加试编地区,尽快研究制定政府会计制度和准则。

二、编制国家资产负债表的重要意义

(一)有利于摸清国家的家底,提高"国家财富"管理的透明度

编制国家资产负债表,可以反映国家的资产负债水平。有了国家资产负债表,人大、政府和社会公众可以了解国家和各个部门的资产、负债和净资产的情况。有了国家净资产的公开数据,人大和社会公众就可以判断国家的"富裕程度"和可能的变化趋势。有了国家资产负债表,可以看出国家的财政状况,国家可以参考相关财政指标制定相关政策,未雨绸缪,更好地促进经济的发展。编制国家资产负债表,从宏观上看,是为了能看到整个国

家经济的全景,为深化改革和顶层设计提供可靠的依据。从微观上看,编制并定期公布我国的国家资产负债表,可以摸清国家的家底,提高"国家财富"管理的透明度。

(二)将中短期经济政策的长期成本显性化

越来越多的国际经验表明,导致宏观经济大幅波动甚至危机的原因不仅是外部的冲击,更多的原因来自不适当的经济政策和经济制度。国家资产负债表的编制、发表和对一系列风险指标的及时分析,可以将短期经济政策的长期成本显性化,对于"短期化"政策行为构成一定约束。在经济和社会生活中,许多政策可以带来短期利益,可以刺激经济和缓解社会压力("花钱买稳定"),但却导致了当前难以识别的长期成本。由于目前缺乏分析工具和公开的信息渠道,这些长期成本有多大、应该由谁买单、何时发生等关键问题均不得而知,这事实上鼓励和纵容了政府的许多短期行为。在国家资产负债表的基础上建立"政府显性债务的可持续模型",可以通过分析这些政策对今后政府中长期债务影响的预测,反映政策的长期成本。应该看到,在刺激经济的时候,其实负了很多的债。短期只看到 GDP 增长很快,几年之后却突然发现债务大幅度上升。眼下地方融资平台的债务问题备受关注,处理不好,再过几年可能会变成银行的金融风险。有了国家资产负债表,就可以比较早地发现这些问题。只有把资产和负债搞清楚,才能够真正理解国家未来将面临的风险和抗风险能力。

(三)将结构性因素变化导致的长期成本显性化,帮助规划国有企业和养老金体系的配套改革

通过预测由长期结构性因素导致的政府债务,可以用来估算对财政的压力,比如人口因素。今后几十年内我国人口老龄化是一个不可逆转的趋势。在这个过程中,养老金缺口肯定会扩大,医疗成本肯定会上升。人口快速老化和劳动力人口快速下降是我国今后财政债务可持续性面临的最大挑战。需要从国家资产负债表的角度,尤其是通过预测今后债务把这个问题显性化。在国家资产负债表基础上建立的"政府显性债务的可持续模型",可以用来预测这些因素导致的养老金缺口、对财政压力的规模及其将会发生的时点。另外,许多重大改革将涉及部门间资产和负债的重新配置。比如,国家需要从资产负债表的角度,清晰地了解养老金体系未来支付缺口的大小和发生的时点,判断在何时需要将多大规模的国有资产划拨到社会保障系统。

(四)帮助规划地方融资平台问题的解决方案,提高地方财政透明度

地方财政在今后几年内面临的主要挑战是地方融资平台的不良债务。综合的解决方案必然要考虑各种具体措施,如从地方资产的存量中拿出一部分来变现、增加地方政府直接发债、中央转移支付等。规划这些措施的前提是编制各地方政府的资产负债表,"盘点"每个有融资平台的地方政府有多少资产,哪些是目前可以变现的,哪些是未来通过金融操作(如证券化)后可以变现的,哪些地方政府有支付能力因而可以发更多的地方债来为融资平台提供再融资等等。

三、编制政府资产负债表的重要作用

(一)有利于增加政府财政的透明度

如果只有政府财政收支透明,资产和负债不透明,这种透明度是不完整的。我国是公有制为主体的社会主义国家,政府拥有庞大的资产,而且政府债务规模也非常庞大和引人关注。政府每年的财政收支是流量,政府资产和负债是存量数据。如果只公布财政收支,将只局限于流量的透明。从市场经济角度审视,政府运营与企业经营并无两样。无论是作为市场化的承债主体,还是制定短、中、长期的整体运行目标,政府应该像企业一样编制健全的资产负债表。透过这张表,投资者、债权人以及社会公众能了解"国家财富"的资产与负债的结构、比例、期限,实现政府财政信息透明化。

编制政府资产负债表能较好地揭示政府部门财务状况,相对于政府资产负债的统计而言,在统计范围上更广、更全面,能更准确地反映政府部门的财务状况。传统上,财政部门以财政赤字等流量指标来显示政府财政状况,容易产生误导。例如,政府卖掉一块地,产生了财政收入,容易让社会公众以为政府的财政状况很好。如果从资产负债表角度进行分析,就可以清楚地看到,政府只不过把土地资产变成了现金资产,没有产生任何积极的变化。此外,政府资产负债表能在一定程度上反映未来的财务状况。从资产方来看,政府部门的一些资产项目(例如政府投资的小额贷款公司、建设的廉租房等)有现金回报;从负债方来看,未来需要支付的债务还本付息、社会养老金都在负债方有所体现。从现实需要来讲,如果地方政府要发行债券,也必须编制资产负债表,让投资者明了其财务状况。

(二)有利于起到预警作用

比如有些资源枯竭型城市,靠卖地筹集财政资金,从财政收支情况来看

收入是不错的,会造成社会公众对其财政状况错误的判断。但政府资产负债表则会显示政府资产净值,令政府更明晰需要改进的方面。有了政府资产负债表,上级政府对下级政府的管理和考核将更加科学合理。例如,现在一些地方政府官员通过腾挪公共部门资产来掩盖财政赤字,这种方法在政府资产负债表中就行不通了。又如,有些官员把举债建设的功劳算在自己头上,把还本付息的责任抛给下一任官员,这种行径在政府资产负债表的分析上也容易暴露无遗。

(三)有利于地方政府更好地加强债务管理,防范风险

政府债务问题一直是社会各界关注的焦点。近两年,我国地方政府债务规模急剧扩大,地方政府在经济发展方面高度依赖信用规模的扩展,但是对自身真正的负债能力并不完全清楚。有的地方政府甚至不断盲目举债。目前地方债务已成为影响宏观经济稳定的最大风险之一。2013年中央预算报告显示,国务院同意由财政部代理发行3 500亿元地方债,弥补地方财政收支差额。这是我国自2009年发行地方债后,地方债发放额度最高的一次。2013年的国务院政府工作报告指出,要继续加强地方政府性债务管理。妥善处理债务偿还和在建项目后续融资问题,积极推进地方政府性债务管理制度建设,合理控制地方政府性债务水平。

政府债务是政府拓宽理财渠道、满足社会经济发展需要的有效手段。关键是要把债务量控制在合适的范畴内,并加强管理,使债务资金的使用发挥它应有的作用。目前,存在一些基层政府为了加快发展、改善民生,在自身抗风险能力不足的情况下过度负债、超常负债、或是负债结构不合理的情况。这会对财政运行的安全性乃至经济发展的持续性产生不良影响,对此需要加强管控力度。通过编制地方政府资产负债表,可以盘点每个地方政府有多少资产是可以变现的,比如政府持有的上市公司股份,或哪些是未来通过金融操作比如证券化后可以变现的,哪些地方政府有较强的偿债能力。

发达国家地方发债都有完整的资产负债表。我国目前尚未真正实现地方自行发债,由中央财政兜底的地方债属于准国债的形式。地方政府要实现真正的自行发债,必须有自己规范完整的资产负债表。目前地方政府由于房地产与土地财政受制约,其他收入短期也难以大幅提高,借债就成了维持公共财政正常运转和适度投资的手段。采取中央代发的形式,地方债就不会太大。要适度放开地方债规模,并合理规避风险,编制科学、明晰的地

方政府资产负债表是前提。地方的负债风险增大也成为建立地方政府资产负债表的驱动因素。

作为中央与地方财政关系重构的重要一环,地方债有利于中央、地方相对均衡地理顺财政关系,是保证地方财政完整性的标志之一。形成有借有还的循环体系,财政链条才完整。为了防范违约等债务风险,必须将资产负债表做好。地方政府资产负债表或财务报告的编制将有助于地方政府更好地管理自身债务,防范风险。地方政府应编制资产负债表和财务状况年报,披露所筹资金的用途和债务偿还计划,并设立偿债基金备用。这样,作为公开的市场融资行为的地方政府自行发债,将面临更强的市场约束力。发债资格审批机制可以敦促地方政府自律,激励地方政府通过改善当地信用状况获得更低融资成本,使市场资金配置更加合理和高效。要通过编制国家和各级政府资产负债表,明确资产类型、科目,并建立与中长期规划相适应的中长期财务规划模型,加强资产质量分析,提升资产效率。

(四)有利于强化对政府的监督

政府资产负债表的编制,可以令人大等监督机关更多关注政府掌握的资产情况,也有助于政策制定的科学性。更重要的一点是,公开信息以后,也便于监督。编制政府资产负债表后,应当通过审计机关的审计,向社会公开。政府基于合适的理由,可以由小到大逐步扩大披露范围。此外,还要定期接受人大代表的审议,其中涉及国家机密的信息可以剔除或以其他保密形式体现。

(五)有利于加强预算的完整性

目前全口径预算一直都只有政府财政收支,如果不纳入资产和负债,"全口径"是落空的。一个好的预算口径,首先,必须要全面反映政府和公共部门的活动。如果只能反映一小部分的政府活动,就不太可能搞清楚整个政府经济活动的规模到底有多大,也很难理清政府负债到底有多大,政府干预应该是加强还是应该减弱?其次,预算口径不光要反映流量也要反映存量。所谓"流量"就是收支和结余或赤字,"存量"就是资产、负债和净资产、净负债的概念。目前,很多国家已经有了资产负债表,有些国家甚至把净负债作为政府财政指标的重要内容之一。从财政风险角度来看,分析负债的意义往往大于赤字的意义。再次,好的预算口径的特点是不仅要反映当年的财政活动,还要反映长期的财政趋势和风险。最后,不但要反映显性负债,也要反映或有负债。最典型的或有负债就是担保。

四、编制国家和政府资产负债表的难点

（一）国有资产过于庞大而难以统计

我国是社会主义国家，公共部门非常庞大，统计上有一定的难度。许多西方国家已成功编制了政府资产负债表或公共部门资产负债表，但是这些国家的经验很难运用于我国，原因是我国的准政府部门较为庞大。公共部门内部之间的借贷款往来也非常复杂，很难准确统计。例如，银监会公布的我国地方政府融资平台就有1万多个。目前政府资产负债表编制面临的难题是：行政单位归财政部管，国有非金融企业归国资委管，国有金融企业没有全面数据，财政拨款的事业单位只能隔几年普查一次，自然资源（土地、矿产等）更没有明确的统计数字。编制政府资产负债表的难点还在于那些地方与中央共同拥有的国有企业，能否有效纳入统计范围。由于企业的所有权性质十分复杂，要厘清其资产评估和资金划分等问题比较困难。再者，企业处于不断的动态发展中，而国家资产负债表是静态的，以静制动十分被动。

（二）隐形债务难以计量

比如我国养老金的隐性缺口问题，有的统计数据表明，我国养老金的缺口达4万亿元，有的说达10万亿元。除此之外，或有债务也是难以计量。或有债务的大小取决于债务违约的可能性，乐观和悲观的估计会导致债务规模差异很大。例如，中国铁路总公司目前约有2.91万亿元债务（即原铁道部债务），这些债务是否一定需要中央政府来偿付？有可能需要部分偿付，也有可能通过中国铁路总公司自身的努力独立偿还。

（三）技术原因导致数据不准确

由于技术上的问题，我国目前在收集相关数据方面不够准确，比较困难。比如，国有企业以价值100亿元的大楼做抵押，贷款60亿元，因为"资产＝负债＋所有者权益"，这样一来，负债多了60亿元，资产也相应多了60亿元，而这种信息所传达的是资产虚增，信息并不准确。又如，本来外汇储备是一种负债，但是在编制国家资产负债表时，又把外汇储备放在资产项目中，这并不合理。还如，一些不上市的土地、房产如何计价；公共部门的许多资产（例如文物）也许有一定的市场价值，但不可能在市场上出售。

（四）尚未完全建立权责发生制会计准则

目前，我国政府会计体系仍沿用原来的预算会计管理体系。随着我国

市场经济环境的变化和财政管理体制改革的深入,建立在收付实现制基础上的现行预算会计体系,已难以担当起提供各方所需政府财务会计信息的重任。现行的预算会计主要反映的是收支的计划和收支的执行,擅长对资金使用过程的控制,但对资金使用的结果是缺乏控制的。现有行政事业单位财务制度仅限于记账,对于固定资产不计提折旧,很难明确核算政府的资产状况。按照现有的政府会计核算,是典型的资产不实。如果按照这种方法来清产核资,既没有计算折旧,也没有计算增值,是没有意义的。目前执行的收付实现制的会计制度缺乏披露资产负债的能力,而我国很多资产如文物等没有原始价值。提高财政透明度,首先,必须从会计制度上予以改革,使财政信息能更为真实有效地反映政府各项经济活动;其次,将预算和直接债务之外的财政信息公布于众;再次,必须建立一套完善的与债务预算制度相适应的包括政府会计和预算基础、政府资产负债表框架、政府财务报告框架等内容的地方政府债务统计与报告制度。

(五)财政管理难度加大

单一权责发生制的会计核算制度也并非尽善尽美,因为反映的是应计而非现计情况,现金流量的不可观就是其主要缺陷。为了弥补权责发生制体现不出现金流情况的缺陷,企业往往会提供一份现金流量表。我国医院也是如此,其自有资金采用权责发生制,但也需要编制现金流量表来看清资金情况。用现金流量表来弥补权责发生制的缺陷,但现金流量表不是按提供公共服务种类归集支出,跟预算管理肯定会有一些脱节。在我国预算现在仍是收付实现制的情况下,向权责发生制改革,如何让预算和决算对应起来,将使得财政管理变得比较复杂。这将成为此项改革的难点所在。

因为财政预算是收付实现制,所以财政拨款后的会计核算制度如果采用权责发生制,就无法与预算对应。从财政管理角度来看,决算和预算要对应,就会要求决算也要用收付实现制编制。如果核算是权责发生制,这将会对政府会计提出很高的要求。相当于两种会计核算都要在账面上记录清楚,才能够出具两份报告。从顺序上来看,是先进行事业单位改革,后进行行政单位改革。因为事业单位有很多成本是比较好核算的。

试编地方政府资产负债表近期能否起效,结合国情来看,要在短期内达到发达国家资产负债表的完整与规范程度难以做到。再受制于制度与技术层面的薄弱,效果上不能期望过高。毕竟要做到产权明晰、资产资源情况掌握充分、经营性及非经营性资产偿还的可依赖程度的评估,涉及县、市到省层层的评估能力。2012年审计署公布的全国三级地方政府性债务是按有偿还责任、担保、兜底等偿还责任来划分统计的,而按风险管理划分或许更为有效。

有效的地方政府资产负债表需要做到标准合理、内容完整、口径规范。而目前预算透明度不高、评估口径不够规范统一、地方政府对各项评估的专业人才与技术经验缺乏,影响了目标的实现。大量难以评估的隐性债务的存在更增添了压力。此外,灵活性很大的无形资产评估也是个难题,地方政府存在着为借债而夸大其价值的操作空间。

五、探索编制国家资产负债表和建立权责发生制的政府综合财务报告制度的若干建议

(一)研究制定《政府会计准则》

目前,我国还没有比较完整的政府会计体系。从国外的经验看,一般而言,政府会计主要包括两个方面的内容:一是反映政府预算情况的政府预算会计,二是反映政府财务活动的政府财务会计。我国目前只有反映政府收支状况、资金使用情况的政府预算会计,尚未建立政府财务会计。我国的预算会计包括财政总预算会计、行政单位会计和事业单位会计。后两者比较能统一。而财政总预算会计的设计与后两者有很大的不一致。如何使三者有机衔接需要研究。如果政府会计实行权责发生制核算,必须处理好决算和预算的衔接。因为财务数据会根据权责发生制会计制度形成,而预算则是基于收付实现制的。在预算会计中,财政总预算会计不核算实物资产,只有资金收支、调拨和结余;政府的实物资产是放在行政单位会计中核算的。现行的预算会计制度相对于经济社会发展的需要严重滞后,政府会计改革必须首先从改革预算会计制度开始。

完善政府会计制度,不仅要进行会计制度改革,更要有相关支撑和配套的法律、法规及制度作保障。美国、加拿大进行政府会计改革都首先制定了统一的适用于政府整体及其组成部门和机构的政府会计准则,来作为编制政府财务报告和实施审计的依据。相比之下,我国推进政府会计改革的当务之急是建立和实施统一适用于行政单位、事业单位及其他政府组成主体的权责发生制政府会计准则。近两年,预决算、"三公经费"的公开以及中央政府对地方债风险的重视,为未来政府财务会计的建立与权责发生制的引入提供了契机。没有科学的政府会计体系作为基础,地方政府债务风险的监控,以至于整个财政风险的监控都失去了判断的依据。所以,需要尽快推进政府会计改革,建立政府会计准则。建议有关部门制定出台《政府会计准则》,以规范权责发生制的政府综合财务报告编制工作。

(二) 加快政府会计的改革

要编制好政府资产负债表,前提条件是政府会计的改革必须要到位。完全脱离现有的会计系统,单独出一个所谓的政府资产负债表,所涉及的成本会很高;而要在现有的会计系统基础上做,就需要对会计系统进行优化。目前政府部门的核算基础是收付实现制,更关注于流量信息而忽视存量的信息,其必然的结果是政府财务报表中资产和负债反映的信息不充分。政府会计核算机制有四种方式,一种是收付实现制,一种是权责发生制,还有两种是介于这两者之间的,称为更正后或修改过的收付实现制和更正后或修改后的权责发生制。我国目前的政府会计制度,既不是百分之百的收付实现制,也不是百分之百的权责发生制。进一步推进改革后,最后应该是更正后或修改后的权责发生制,而不会是完全的权责发生制。

目前,如要生成权责发生制的政府财务报告,有两种方式:一是平时的会计核算就采用权责发生制来计量,从而生成权责发生制的财务报告;二是平时的会计核算仍然采用传统的收付实现制的核算基础,期末通过分析和调整收付实现制与权责发生制的差异事项,生成权责发生制的财务报表。简言之,通过调表不调账的方式产生权责发生制的信息。美国、加拿大等西方国家政府会计改革的基本思路都是建立和完善独立于预算和预算会计系统的权责发生制政府财务会计和报告系统。即将财务会计和预算会计适度分离,提供两套信息,同时有一个调节表,把两套信息的差异通过调节表列示出来,并且两套信息都对外公布。

我国政府会计改革的首要任务和关键点,就是弄清楚收付实现制和权责发生制的关系。这两者不应是替代关系,未来的改革趋势不是权责发生制去替代收付实现制。收付实现制是适合预算会计的,它对预算资金收和支的来龙去脉的反映是比较清楚的。而权责发生制擅长对资金使用结果的控制。未来的政府会计系统将实行"双体系"制度,一个是财务会计以权责发生制为基础,一个是预算会计以收付实现制为基础。即便实现了完全的权责发生制,财务报表最后也有两套,一套是按照权责发生制编制的,一套是按照收付实现制编制的,后者有利于与预算管理的衔接。

政府会计改革提了很多年,实际取得的效果却很少。在目前地方债的压力下,或许可以加速推动政府会计改革。现在关注地方债,不能只看资金的流量,不能只考虑现金流会不会断裂,它只影响短期的偿付能力,更核心的指标是资产负债率。短期内没有流动资金,并不意味着还不起债。是否有债务风险,需要看资产负债率,需要摸清资产底细。资产状况不是凭空估摸出来的,是通过会计核算体系得出来的:确定政府会计准则,把每一笔经济业务都计进去,通过会计核算,自动生成报表。要知道政府资产状况,需要政府资产负债表这个体系,而这个体系的基础是政府会计。

政府会计改革是渐进的。事业单位会计改革中的虚提折旧和虚摊无形资产是一次很好的尝试。政府会计不可能一次到位实现完全的权责发生制,但可以逐步过渡。为了更好地反映资产和负债,可以借鉴虚提折旧和虚摊无形资产的做法,对政府会计中的资产负债进行改革研究,从而使得资产负债更真实,同时支出和收入符合收付实现制。即通过一定的会计科目设置,使得资产负债核算是权责发生制的,而支出和收入是收付实现制的。这样,资产负债真实了,收入和支出便符合预算。

权责发生制的会计制度改革顺应了绩效管理的要求,权责发生制更强调资金使用效益,不用"为花钱而花钱",将有助于改变饱受诟病的"年底突击花钱"局面。如果是收付实现制,年度拨款的钱到了12月31日没有花完,可能要么钱会被收回,要么影响下一年的基数。如果是权责发生制,这就不只是看现在,而是看全项目,但是这其中要配套中期预算的改革。看预算不只是看年度,还要看三年中期预算,这样看项目就会更清楚。权责发生制将更好地反映政府成本,但能否解决"年底突击花钱"的问题,还需要看资金是否会被要求当年花完。如果仍有进度要求,恐怕难以消解"年底突击花钱"的冲动。但良好的制度设计可以在一定程度上缓解这一问题。

政府会计制度的改革是一个系统工程,涉及确认范围、计量基础和报告类型等不同方面的改革,要做好统筹规划。由于政府债务种类复杂,在会计核算过程中需要合理的估算方法的支持,同时还需要充分考虑权责发生制的采用成本。在符合成本效益的原则下,结合不同债务的特点,逐步、有针对性地推进权责发生制。

(三)严格界定资产负债表与表内项目的范围

我国政府资产负债表并不存在一个确切的定义,这是理论界和政策界的一个疏忽。究其根源,在于我国现行预算会计管理体制的僵化和过时所致。由于政府资产负债表没有一个确切的定义,这使得其覆盖范围也存在一些争议。政府资产负债表的覆盖范围是公共部门,一般包括政府、政府机构、政策性银行(国家开发银行、进出口银行和农业发展银行)以及国有非营利性组织(例如国有医院、国有高校)等。

地方政府的资产负债表不仅应覆盖政府部门的资产,还应覆盖地方政府的全部下属法人,包括企业法人、事业法人、机关法人、特设机构等,最终形成县、(地)市、省三级政府财政部门出具的完整的地方政府财务报告。就全国改革方向而言,目前试编工作仅限于接受预算拨款的行政单位和事业单位,没有覆盖"企业化"的事业单位,也没有覆盖国有金融企业和国有非金融企业。从可操作角度考虑,可将各级地方政府所属政府部门、行政单位及其行政职能的派出机构(包括垂直管理的下属机构)、目前列入决算口径的事业单位纳入政府财务报告的具体列报范围。国有企业、未纳入决算口径的其他国有事业单位、有严格限定用途的基金等暂不纳入具体列报范围。

近年来,我国地方政府投融资平台数量和融资规模不断扩大,地方政府债务可能引发的风险受到各方的关注。建立规范化反映和披露地方政府财务状况的机制,是加强地方政府债务管理,防范财政风险的迫切需要。目前需要统计核实的政府负债有下列类型:第一,政府显性负债。从2008年年底开始,我国一些地方政府已发放各种形式的地方债,这些显性债务并没有完整系统的统计数字。第二,乡镇的隐性负债。我国许多乡镇债务累累,日常运转难以为继,这些负债中的大部分没有被反映在乡镇的资产负债表中。第三,地方政府和行政事业单位积欠的工程款。近年来,一些地方政府和有关行政事业单位为了搞"形象工程",举债上项目,积欠了大量施工单位工程款,这些负债也没有被如实反映在预算会计报表中。第四,地方政府的或有负债。当前,一些地方政府为企业或下属融资平台提供担保事项时有发生,这些或有事项形成的或有负债也没有被予以充分披露。

要编好政府资产负债表,还要区分清楚政府性债务和政府债务。目前政府下属的有公共投资消费性的事业单位和融资平台公司,从严格意义上说属于政府性债务,而非政府债务。对地方政府拥有的土地、自然资源、旅游资源、房产等可以纳入统计范围。此外,要做到准确有效,资金流量作为资产评估和洞悉财政状况的重要参数一般表现得比较清楚,这也是地方债务最基本的表现形式。应配套做好地方政府现金流量表,配附于相应的资产负债表。这个定期统计地方政府现金流动性的数据表,可以与地方政府资产负债表形成动静结合的评估体系,更全面地反映地方负债情况。

（四）尽快编制国家和政府资产负债表

现在通过审计署组织的审计，地方政府性债务的情况已经清楚，但地方政府的资产情况还不清楚。资产情况不清楚，对风险的判断还会存在很多模糊的地方。就像企业一样，企业风险的评估要看资产负债率，是资不抵债，还是资产抵除负债以后富足有余。下一步，要进一步摸清楚地方政府的资产情况，并让地方政府编制资产负债表，这对控制债务的风险和整个财政风险会打下一个很好的基础。

怎样才能够保证债券的发行是安全的？现在最首要的就是要构建、编制我国地方政府的资产负债表。让地方政府的财政预算更加透明，这样也有利于对它进行信用评级。针对那些债务情况比较严重、还款能力差的地方政府，不应该允许其过度放债。而对于财政状况比较好，经济发展比较好的地方政府，也可以量力而行。总体来讲，我国政府应该建立统一的、政府性的债务管理制度，对政府的财政预算、债务预算进行更加明细化的归类，或者叫归账、分类管理。针对一些还款困难或者债务性风险、违约率风险比较大的地方政府，应当重点加强检查。在这种情况下，我国地方政府的资产负债表实际上是构建整个大的风险管理的前提或基础。

国家和地方政府资产负债表，被认为可以摸清"家底"，提高财政管理透明度；可以分析政府资产与负债的结构、比例、期限，揭示政府债务风险；可以借由资产负债表的可持续性保证经济发展的可持续性。有关部门应通过拟定并颁布相应的制度，明确编制国家资产负债表的部门、编制时间、编制政策，明确资产负债核算概述、资产负债表编制方法、资产负债核算指标解释等，使这项工作制度化、程序化和规范化。在资产、负债的分类设置上，可根据国家实际情况，区别并创新设置资产、负债分类，以达到国家资产负债管理的目的。对非经营性资产，还可以细化为公益性资产、行政事业办公性资产、国有企业非经营性资产等。首先应该从整体开始资产负债表的编制，然后推进到每个部门。全国的资产负债表是中央和地方的汇总，所以中央和地方都需编制资产负债表。资产负债表包括的资产范围很广，比如基础设施、文物、自然遗产、办公资产等。应当先从办公资产开始编制，再逐步扩展范围。政府资产负债表中的资产一般分为两个部分，一部分是实物资产，一部分是经营资产，包括持有的股权以及其他一些权益。按形态可以分有形的和无形的，按目的可以分经营性的和非经营性的。在定期编制国家资产负债表的基础上，还要建立多维度、多角度的精细化国家资产、负债分析体系,并结合国家财政收支预算,制定财务模型,做出精细的分析报告,为国家拟定相关政策提供科学依据。

(五)地方政府应当公布资产负债表

通过资产负债表引入一系列偿债能力指标有几个好处:一是这些指标可用于判断当期政府债务风险;二是可以提供对未来政府债务可持续性的分析;三是可以帮助判断预算的赤字(增加政府的净负债)对政府偿债能力的影响;四是可以帮助判断资产的下降(比如土地卖掉或价值缩水后)对政府今后偿债能力的影响。我国的地方政府应该编制和公布资产负债表,作为其增加透明度、防范财政风险的一项重要改革。在构建地方政府资产负债表过程中,一些城市可以先试点起来。如果公布出一张相对比较健康的资产负债表,其实可以显著降低地方债的融资成本,尤其是证明相关城市在长期上有更强的支付与偿还能力。同时,它还可以提高财政与政府的透明度,有利于社会公众对财政问题的了解,有利于人大在预算制定过程中发挥更大的监督作用,也有利于推动政府预算管理的法制化进程。

如果地方政府的资产负债表做出来了,就可以根据地方政府的资产负债表给出的存量指标,更加科学地提出三年到五年期的滚动预算,使财政工作更加科学有效地推进。在资本市场发展和金融工具完善方面,如果独立发行市政债,不但可以解决资金问题,还可以通过市政债来进一步完善债券市场和金融工具。

上海是我国较早实践政府资产负债表的地区之一。上海将"建立政府财务报告制度,试编政府资产负债表,建立健全管理规范、风险可控、成本合理、运行高效的地方政府举债融资机制,切实发挥政府债券在支持和促进上海'十二五'时期经济社会发展中的重要作用。"上海已开展并完成市级政府权责发生制政府综合财务报告和政府资产负债表的试编工作。上海可以率先试点公布政府资产负债表。事实上,过去五年中,如果只看经济增速的排名、财政收入占比,上海的数据都出现了一定下滑,而地方政府资产负债表可以提供一些内涵式和质量性的指标。同时,地方政府的资产和负债情况的公开,或有负债的披露,本身就可以改善上海的投资环境,加快上海国际金融中心建设。

(六)发挥政府资产负债表对中长期财政的预测作用

政府资产负债表试编过程中的最主要原则是更全面反映地方政府的财政形势,是为了服务于财政管理体制改革的整体需要,并非单独着力于加强地方政府债务管理。截至目前,所有的试编地区都未对外公布政府资产负债表。预计"十二五"末期时机成熟时,有关部门和地区会有较明确的说法,使资产负债表与各地区财政形势的总体判断基本相符,并形成长效约束机制。

事实上,社会公众关注的不仅仅是一纸政府资产负债表,更关注对资产负债表的分析,以及其所反映的相关问题。目前一些地方政府陷入债务泥潭,而一些地方政府正在试编资产负债表,以方便评判地方举债能力。就具体的风险而言,在未来一个相当长的时期内,我国发生主权债务危机的可能性极低,但是,包括养老金缺口在内的或有负债风险需要引起警惕。我国国家资产负债表的近期风险体现在房地产信贷和地方政府债务上,中长期风险则为对外资产负债、企业债务和社会保障资金欠账。债务本身不是问题,关键是债务的风险问题。在市场经济条件下,各级政府总是会有债务。我们的目标不是消除债务,而是把债务用好。同时,把债务的风险控制在地方政府可承受的范围之内。这样,债务就可以进入良性循环。积极推动地方政府编制资产负债表,这对于控制债务的风险和整个财政风险将起到基础性的作用,意义非常重大。

土地储备和地方国有资产是地方政府资产的主要来源,银行贷款则是地方政府负债的主要渠道。目前尝试编制的政府资产负债表只限于行政事业单位,今后应当包括企业化管理的事业单位、国有金融企业和国有非金融企业,这几块加起来也称为公共部门。为公共部门的每一部分都编制资产负债表,这样分子部门编制的地方公共部门资产负债表可以帮助政府判断债务产生的来源;哪些子部门可以有利润来源和现金流入来支撑债务,从而把金融和债务的关系看得更清楚。除了编制所谓"静态"的资产负债表外,政府还要提供滚动的长期财政预测,也就是除了资产负债表中资产负债的存量之外,还要提供未来几年的财政预算收入和支出部分。在当年资产负债表上还可以增加预测未来几年的资产负债,尤其重要的是未来的负债水平。这用于辅助滚动的长期财政,将预测从三年推广到五年,甚至更长。通过中长期的财政收支预测,可以建立各个不同的预算之间的关系,从而判断在政策上某一本预算是不是能持续。如果这一本预算不能持续,是不是需要另一本预算中的资产来加以弥补。在这个基础上,可以帮助政府未雨绸缪地采取一些防范长期财政危机的改革措施。

(七)加强对政府资产负债表的审计监督

审计机关要通过"同级审"和"上审下"相结合的方式,对政府资产负债表进行审计监督,重点对地方政府公布的资产负债表的偿债能力数据进行真实性审计。政府资产负债表审计要按照"摸清底数,反映问题,揭示风险,提出建议"的总体思路,实现以下工作目标:通过审计,摸清政府性债务的规模、结构及增减变化情况;客观反映和评价政府性债务资金在支持经济社会发展、改善民生等方面发挥的积极作用,以及有关部门和地方政府在完善政府性债务管理制度,积极稳妥处理存量债务,严格控制新增债务,清理规范地方政府融资平台公司等方面采取的措施和取得的成效;发现政府性债务举借、管理和使用中出现的新情况和新问题,揭示债务风险隐患;摸清财政结余资金、留存未用资金的规模、结构、分布以及存储等情况;提出促进加强政府性债务管理,有效防范和化解潜在风险,清理压缩财政结余、结转资金,促进盘活财政存量资金,以及保障经济持续健康发展的意见和建议。

政府资产负债表审计内容和重点:一是政府性债务规模,以及债务人、债务来源和债务资金投向等结构情况。二是政府性债务管理情况。政府性债务管理制度是否健全,是否明确归口管理部门,财政部门"地方政府性债务管理系统"数据是否真实、完整,风险预警和控制机制是否建立完善。是否按照国务院要求清理规范地方政府融资平台公司,有无将机关办公楼、学校、医院、公园、市政道路等公益性资产和储备土地等作为资本违规注入融资平台公司,注入融资平台公司的土地有无经过法定出让或划拨程序,以出让方式注入土地的,融资平台公司是否足额缴纳土地出让收入等。三是政府性债务举借情况。有关单位在政府性债务举借过程中,有无以虚假或不合法的抵(质)押物、高估抵押物价值违规贷款,弄虚作假发行企业债券和中期票据等债券的问题;各级政府及其全额拨款事业单位有无违规提供直接和间接担保等问题;乡镇政府有无违规举借政府性债务的问题。重点关注有关单位有无以信托融资、融资租赁、集资、回购(BT)、垫资施工、延期付款,以及向非金融机构和个人直接借款、以个人名义借款等方式举借政府性债务、提高融资成本等情况;融资平台公司有无违规通过财务公司、信托公司、基金公司、金融租赁公司、保险公司等举借政府负有偿还责任的债务,有无违规承诺将储备土地预期出让收入作为偿债资金来源等。四是政府性债务资金使用情况。有无违反国家产业政策,将政府性债务资金违规投向"两高一剩"(高耗能、高污染、产能过剩)行业,违规进入资本市场、房地产市场,投资建设"形象工程"、楼堂馆所,未按合同规定用途使用债务资金等问题,有无债务资金闲置浪费等问题。五是本级财政和预算部门、单位结余资金,留存未用资金,包括预算净结余资金、预算结转类资金、各类财政专户结存资金,以及其他财政存量资金的规模、结存期限结构、项目构成、资金结存形态等情况。重点关注财政资金有无长期沉淀、闲置,未发挥应有的效益,以及财政管理不细化、预算编制不科学、预算约束软化、公共资金管理效率低等问题。

审计中要注重分析研究,提升审计成果的质量和水平。一是运用负债率(年末债务余额占 GDP 的比率)、债务率(年末债务余额占当年综合财力的比率)、偿债率(当年偿还债务本息占当年综合财力的比率)等指标,分析政府性债务的风险情况。二是运用债务率、偿债率、逾期债务率(年末逾期债务额占年末债务总余额的比重)和借新还旧率(举借新债偿还的债务本金占当年偿还债务本金总额的比重)等指标,对比分析政府性债务风险的增长变化情况。三是分析以土地出让收入为偿债资金来源的债务规模及偿债风险变化情况。四是分析公路等交通运输行业和地铁等市政建设项目的债务规模及偿债风险变化情况。五是分析地方政府融资平台公司的资产质量、财务状况、盈利能力和偿债风险变化情况。六是从不同的结存期限、预算内预算外、财政部门和预算单位、不同的结余构成等角度,分析财政存量资金的规模、结构、分布以及存储等情况。

(本文刊于《上海商学院学报》2013 年第 6 期、《河南商业高等专科学校学报》2013 年第 6 期、《山西财政税务专科学校学报》2013 年第 6 期、《中国审计》2013 年第 24 期、《地方财政研究》2014 年第 1 期、《开放导报》2014 年第 1 期、《理财》(学术版)2014 年第 1 期、《上海审计》2014 年第 1 期、《西部财会》2014 年第 1 期、《哈尔滨市委党校学报》2014 年第 1 期、《中共南昌市委党校学报》2014 年第 1 期、《特区审计》2014 年第 1 期、《预算管理与会计》2014 年第 2 期、《中国审计报》2014 年 3 月 12 日、《中国经济报告》2014 年第 3 期、《科学发展》2014 年第 4 期、《审计与理财》2014 年第 4 期、《上海对外经贸大学学报》2014 年第 4 期、《兰州商学院学报》2014 年第 2 期、《内蒙古审计》2014 年第 2 期、《海南审计》2014 年第 2 期、《甘肃审计》2014 年第 2 期、《环渤海经济瞭望》2014 年第 4 期、《环渤海经济瞭望》2014 年第 5 期)

加强对大气污染防治的审计监督

大气环境保护事关人民群众根本利益,事关经济持续健康发展,事关全面建成小康社会,事关实现中华民族伟大复兴的中国梦。当前,我国大气污染形势严峻,以可吸入颗粒物(PM10)、细颗粒物(PM2.5)为特征污染物的区域性大气环境问题日益突出,区域内空气重污染现象大范围同时出现的频次日益增多,严重制约社会经济的可持续发展,威胁人民群众身体健康。"雾霾"成了网上出现频率最高的词语,治理雾霾已成为民生改善和置于经济发展之上的当务之急。治理大气污染既与民生紧密相连,也是转方式、调结构的关键措施。随着我国工业化、城镇化的深入推进,能源资源消耗持续增加,大气污染防治压力不断加大。坚决向污染宣战,治污环保成为我国政府的核心目标。2013 年 9 月,国务院发布《大气污染防治行动计划》,提出了大气污染防治的总体要求、奋斗目标和政策举措。截至目前,已有 25 个省(区、市)制定了本地的落实方案。一场以雾霾治理为重点的大气污染防治攻坚战、持久战已在全国打响。

国家审计是国家治理体系的重要组成部分,应当为生态文明建设作出贡献。环境审计是国家审计的重要组成部分,应当在大气污染防治中发挥作用。大气污染防治审计是大气污染防治工作的重要组成部分,是审计机关的一项重要职责。各级审计机关要围绕中心,服务大局,迅速制定大气污染防治审计行动计划,积极组织实施大气污染防治审计项目,把大气污染防治审计作为当前最重要、最紧迫的环境审计任务抓实抓好,为实现国务院《大气污染防治行动计划》和各地落实方案提出的防治目标发挥审计的促进和保障作用。

大气污染防治审计的主要任务:一是检查大气污染防治政策措施的执行情况,分析评价政策效用,促进落实和完善相关政策制度,规范大气污染防治工作行为。二是检查大气污染防治资金的投入、分配、使用和管理情况,分析评价资金使用效果,促进规范资金管理,提高资金使用效益。三是检查大气污染防治重点项目的建设和运营情况,分析评价项目建设运行情况,促进加强项目管理,提高项目运营效果。四是检查大气污染防治目标的实现情况,分析评价政府履责绩效,促进落实大气污染防治目标责任制,加快大气污染防治工作。

各级审计机关要以促进落实国务院《大气污染防治行动计划》和各地落实方案提出的防治目标为目标,按照"摸清基本情况、揭露发现问题、分析问题原因、促进政策落实、完善制度机制"的工作思路,以检查大气污染防治政策措施执行情况和大气污染防治专项资金分配、管理和使用情况为主线,以影响大气污染防治工作成效的重点部门、重点行业、重点企业、重点项目和重点资金为主要对象,组织开展审计和专项审计调查。大气污染防治审计的显著特征是绩效审计,要完善审计内容,加强审计组织,创新审计方式,提高审计成效。

一、加强对大气污染防治政策措施执行情况的审计监督

环境政策分为控制型手段和经济手段两种类型。经济手段以环境成本内部化为原则,对各类市场主体进行基于环境资源利益的调整。相比控制型手段,经济手段具有促进环保技术创新、降低环境治理成本和行政监控成本等优点。经济手段主要运用财政、价格、税收等政策。信贷、金融等政策近年来在不断完善,在大气污染防治中也可以起到一定的作用。经济手段主要发挥两方面作用:一是引导激励。如已经在推行的脱硫电价政策,有效解决了电厂脱硫的资金运行问题。二是惩罚抑制。如排污收费政策对企业排污起到了一定的抑制作用,同时,通过收费还可以筹集资金,为污染治理提供支持。

国务院《大气污染防治行动计划》由 35 项措施组成,涉及减少污染物排放、推进产业结构优化升级、加快企业技术改造、调整能源结构、严格节能环保准入、完善环境经济政策、健全环境法律法规体系、建立区域协作机制、妥善应对重污染天气、明确政府企业和社会责任等诸多方面。环境保护部和全国 31 个省(区、市)签订了目标责任书,细化分解梳理了近期需要完成的 22 项政策措施,包括 6 项能源结构调整政策,涉及气代煤和洁净煤的扩大使用等;10 项环境经济政策,涉及价格政策、税收政策、投资政策等;6 个方面的管理政策,主要是考核办法、节能环保标准等。

为加快大气污染防治工作,2014 年 2 月 12 日召开的国务院常务会议要求在抓紧完善现有政策的基础上,进一步推出以下措施:一是加快调整能源

结构。实施跨区送电项目,合理控制煤炭消费总量,推广使用洁净煤。促进车用成品油质量升级,2014年年底前全面供应国四车用柴油。推行供热计量改革,开展建筑节能,促进城镇污染减排。加快淘汰老旧低效锅炉,提升燃煤锅炉节能环保水平。提前一年全面完成"十二五"落后产能淘汰任务。二是发挥价格、税收、补贴等的激励和导向作用。对煤层气发电等给予税收政策支持。中央财政设立专项资金,2014年安排100亿元,对重点区域大气污染防治实行"以奖代补"。制定重点行业能效、排污强度"领跑者"标准,对达标企业予以激励。完善购买新能源汽车的补贴政策,加大力度淘汰黄标车和老旧汽车。大力支持节能环保核心技术攻关和相关产业发展。三是落实各方责任。实施大气污染防治责任考核。健全国家监察、地方监管、单位负责的环境监管体制。完善水泥、锅炉、有色等行业大气污染物排放标准。规范环境信息发布。

各级审计机关要以促进政策作用有效发挥为目标,加大对大气污染防治各项政策措施执行情况的跟踪审计力度,促进政令畅通。要密切关注财政、能源、产业、价格、投资、税收、信贷、金融等大气污染防治政策措施的执行情况,及时发现和纠正有令不行、有禁不止等行为,深入分析政策实施效果和政策目标实现状况,及时揭示和反映政策措施不完善、不配套、不衔接、不适应以及政策目标未实现等问题,为政策措施的及时调整、完善提供参考和依据,促进提高政策效用,促进各项政策措施更加符合实际,更加合理和有效。要以《大气污染防治法》《大气污染防治行动计划》《重点区域大气污染防治"十二五"规划》等为依据,密切关注大气污染防治法律法规、规划计划、政策标准的约束和引导作用,揭露和查处防治规划政策措施不落实、违规排放污染物、防治设施运营不正常、严重污染环境等问题,促进落实和完善大气污染防治相关法律、政策、制度。

二、加强对大气污染防治资金投入使用管理及绩效情况的审计监督

根据科学论证及评估,大气污染防治行动计划共需投入资金1.75万亿元。按照"谁污染谁负责"的原则,污染治理资金以企业自筹为主。政府投入资金优先支持列入规划的污染治理项目。中央财政设立专项资金,加大对重点区域大气污染防治的支持力度,重点用于工业污染治理、交通污染治理、面源污染治理,以及区域大气污染防治能力建设。采取"以奖代补""以

奖促防""以奖促治"等方式,加快地方各级政府与企业大气污染防治的进程。地方政府根据规划计划确定的大气污染控制任务,将治污经费列入财政预算,加大资金投入力度。各级财政加大涉及民生的"煤改气"项目、黄标车和老旧车辆淘汰、轻型载货车替代低速货车、环保能力建设等政策支持力度,将空气质量监测站点建设、运行和监管经费纳入各级财政预算,对重点行业清洁生产示范工程给予引导性资金支持。省级财政统筹整合主要污染物减排等专项,设立大气污染防治专项资金,加大省级基本建设投资对大气污染防治的投入。此外,国家实行按照向大气排放污染物的种类和数量征收排污费的制度,征收的排污费一律上缴财政,按照国务院的规定用于大气污染防治,不得挪作他用,并由审计机关依法实施审计监督。

随着各级政府大气污染防治投入的加大,加强资金监管已成为当务之急。各级审计机关要以促进资金合规有效使用为目标,加强对大气污染防治专项资金投入、分配、使用和管理情况的审计监督,监督资金合规使用,揭露资金虚报冒领、违规申请、挤占挪用、滞留沉淀和监管弱化、损失浪费等问题,促进建立有效的监管机制,防止资金"跑、冒、滴、漏"。要分析评价资金使用效果,促进提高资金使用效率和效益,确保资金投入的有效性。要注重发挥财政资金的引导作用,撬动企业和社会资本投入大气污染防治领域。要加强对排污费征收、使用和管理情况的审计监督,揭露偷漏拖欠、挤占挪用、违规使用等问题,促进管好、用好排污费。对排污费被挪用的,审计机关要责令退回挪用款项或者采取其他措施予以追回,并追究直接负责的主管人员和其他直接责任人员的责任。要通过审计,筑牢大气污染防治资金管理使用的"高压线",对侵占挪用等违法违规行为严惩不贷,确保大气污染防治资金合规有效使用。

三、加强对大气污染防治重点项目建设运营情况的审计监督

2014年地方"两会"纷纷把环保治理列为关注焦点,不少省份和地区拟投入巨资加快大气污染防治基础设施建设。大气污染防治重点项目分为二氧化硫治理、氮氧化物治理、工业烟粉尘治理、工业挥发性有机物治理、油气回收、黄标车淘汰、扬尘综合整治和能力建设八类。其中能力建设重点包括区域空气质量监测能力建设、企业污染排放监控能力建设、机动车排污监控能力建设、污染排放与环境质量调查等项目。大气污染防治重点项目投资总需求约3 500亿元,其中:二氧化硫治理项目投资需求约730亿元,氮氧化

物治理项目投资需求约530亿元,工业烟粉尘治理项目投资需求约470亿元,工业挥发性有机物治理项目投资需求约400亿元,油气回收项目投资需求约215亿元,黄标车淘汰项目投资需求约940亿元,扬尘综合整治项目投资需求约100亿元,能力建设项目投资需求约115亿元。

各级审计机关要以促进项目顺利建设和有效运营为目标,对大气污染防治重点项目开展全过程跟踪审计。揭露项目管理不善,违规使用建设资金,项目达不到预期的节能减排效果,造成资金损失浪费等问题,促进加强项目管理,确保资金安全和高效使用,保障项目建设顺利实施和建成运行,提高项目运营效果。要重点关注建设项目对大气环境的影响,对新建、改建、扩建向大气排放污染物的建设项目,要检查其环境影响评价审批情况。建设项目未通过环境影响评价的,不得开工建设。要监督建设单位保证建设项目配套建设的大气污染防治设施与主体工程同时设计、同时施工、同时投入使用。监督建设项目配套建设的大气污染防治设施经环境保护行政主管部门验收合格后,主体工程方可正式投入生产或者使用。

四、加强对大气污染防治目标实现情况的审计监督

国务院《大气污染防治行动计划》提出,到2017年,全国地级及以上城市可吸入颗粒物浓度比2012年下降10%以上,优良天数逐年提高;京津冀、长三角、珠三角等区域细颗粒物浓度分别下降25%、20%、15%左右。为实现这一具体目标,必须加快重点行业脱硫、脱硝、除尘改造工程建设,加快淘汰黄标车和老旧车辆,推广新能源汽车,加快提升燃油品质;到2017年,煤炭占能源消费总量比重降到65%以下;鼓励民间和社会资本进入大气污染防治领域;国务院与各省级政府签订目标责任书,进行年度考核,严格责任追究。

实施《大气污染防治行动计划》,关键在于狠抓落实。地方各级政府对本行政区域内的大气环境质量负总责,要认真执行行动计划提出的各项任务,特别是在重点污染源治理、产业转型升级、加快调整能源结构、严格节能环保准入、建立区域协作机制等方面,不搞地方保护,不搞临时突击,不搞数字游戏。以壮士断腕的勇气,坚决淘汰落后产能,坚决卡住违规项目,坚决惩治违法排污,切实处理好当前利益与长远利益的关系,在保护中发展,在发展中保护,让人民群众看到大气污染防治的决心和诚意,享受到实实在在的环境质量改善成果。

各级审计机关要以促进实现本地区大气污染防治目标为目标,通过资源环境审计、领导干部经济责任审计、专项审计调查等途径,对本地区大气污染防治目标实现情况进行审计监督。重点检查本级政府及其部门、重点行业、重点项目单位贯彻执行大气污染防治政策措施、完成大气污染防治目标、管理使用大气污染防治资金、重点大气污染防治项目建设运行、重点企业节能减排等情况,注意揭露大气污染防治政策措施执行不到位、乱上不符合国家大气污染防治政策的项目、淘汰落后产能进展滞后、大气污染防治目标未实现,以及资金分配不合理、管理不严格、制度不完善等问题。通过对有关地方和单位大气污染防治工作开展情况及实施效果的审计监督和评价,促进强化重点污染源治理,优化产业结构,调整能源结构,加快火电、钢铁、水泥等落后产能及小锅炉、挥发性有机物排放类行业落后工艺的淘汰步伐,加快实现二氧化硫(造成雾霾的因素之一)和化学需氧量等主要污染物减排,以及可吸入颗粒物和细颗粒物浓度下降的目标。

五、创新审计方式,加强统筹协调,形成大气污染防治审计合力

大气污染防治是一项长期、艰巨、复杂的任务。各级审计机关要围绕大气污染防治审计工作重点,构建大气污染防治审计与其他专业审计相结合的整体工作格局。财政审计要关注各级政府制定、执行大气污染防治政策制度和筹集、分配、管理和使用大气污染防治财政资金的情况,揭露大气污染防治政策制度执行不到位和大气污染防治财政资金分配、使用与管理中存在的不合规、不真实等问题。固定资产投资审计要关注大气污染防治重点建设项目在规划布局、立项审批、设计施工、生产运营等环节是否严格执行国家大气污染防治产业政策,以及对环境的影响及其防治措施的合法性、效益性,揭露违反国家大气污染防治产业政策、环境保护措施不到位、浪费资源、污染环境和破坏生态等问题。金融审计要关注金融机构对国家重点支持的大气污染防治项目的信贷、保险支持情况,关注"绿色信贷"政策执行情况,揭露违规向国家限制类、淘汰类行业和企业发放贷款,造成资源浪费和环境污染等问题。企业审计要关注企业执行国家大气污染防治政策法规情况和大气污染防治资金投入与使用效果,以及大气污染防治设施建设与运行效果,揭露挪用节能减排专项资金,治污设施运行不正常,在生产经营过程中违法排放废气,造成高污染和破坏生态环境等问题。外资运用审计要加强对国外贷援款节能减排促进项目、环境保护公约项目和生态环境改善项目的审计监督力度,关注项目执行环境政策和项目环境目标实现情况,促进加强资金和项目管理,提高项目绩效。经济责任审计要关注领导干部(人员)履行大气污染防治职责、完成大气污染防治责任目标的情况,揭露责任制度不完善,考核目标不明确,以及由于决策失误、履职不当、行政不作为和管理不力造成的大气污染问题。

要不断创新大气污染防治审计方式与方法。一是积极开展合作审计。各级审计机关尤其是京津冀、长三角、珠三角等重点区域审计机关,要根据大气污染防治跨行政区域的特点,通过平行审计或联合审计的方式开展大气污染防治事项审计和专项审计调查。要建立协商机制,加强审计情况的协调、沟通与交流,共同研究和探讨解决问题的措施与办法。审计报告分别提交给本级政府,审计结果及整改措施和效果互相通报,做到目标统一、重点突出、分工明确、成果共享,促进跨行政区域大气污染问题的解决。大气环境保护无国界。条件具备时,我国审计机关还可与邻国审计机关开展大气污染防治审计国际合作。二是积极开展跟踪审计。跟踪审计具有审计目标的预防性、审计介入的及时性、审计过程的持续性、审计内容的广泛性等特点。各级审计机关要对大气污染防治工程项目、大气污染防治重大政策措施和行动计划实施情况试行跟踪审计,确保大气污染防治工程项目顺利实施,大气污染防治重大政策措施和行动计划得到落实,突出问题得到控制或纠正,促进有关部门和单位健全制度、完善措施、加强管理、改进工作。三是积极开展专项审计调查。各级审计机关要发挥专项审计调查目标宏观、范围广泛、针对性强、程序方法灵活、反映情况及时等优势,对大气污染防治法律法规规章和政策执行情况、大气污染防治行动计划实施情况、大气污染防治资金筹集分配使用情况开展专项审计调查。针对发现的问题,从政策、制度和管理方面查找原因,提出审计调查意见和建议,为政府及有关部门加强大气污染防治工作管理和完善决策提供信息支持。四是积极运用信息技术与方法。各级审计机关要充分运用大气污染防治综合协调部门和行业主管部门已有的信息系统、监测测量技术、检查手段和方法,对大气污染防治相关问题和指标等进行审计和分析,提高审计成果的质量和水平。要开展大气污染防治统计信息系统、排污费征收管理系统的安全性、稳定性、合理性和效率性审计,对数据的真实性、有效性进行核查,推动被审计单位切实加强内部控制和改进管理。

大气污染防治审计涉及政策法规复杂,审计范围广泛,专业技术性强,必须加强审计机关内外的统筹协调和工作配合。一是加强纵向指导。上级审计机关要组织开展大气污染防治政策法规、审计技术方法的培训,加强审计计划、审计方案执行情况的检查和指导,帮助下级审计机关解决审计工作中遇到的困难和问题。要适时分析研究处理审计查出的各类问题,总结反映审计工作经验和审计成果。二是加强横向协作。各级审计机关要加强与同级发展改革、财政、税务、环境保护、国土资源、城乡建设、工业和信息化、国有资产监督管理、电力监管等相关职能部门的工作联系、协调配合与信息沟通。在充分听取各方意见的基础上确定审计项目,制定审计方案,共同组织力量开展审计工作,共同解决审计工作中的困难,共同分析审计中发现问题的原因及处理意见和建议,充分发挥大气污染防治监管合力,努力提高大气污染防治审计的效率和效果。为保障审计工作顺利开展,审计机关可以适当聘请行业主管部门、技术服务机构、企业和科研单位的专家参加大气污染防治审计项目,帮助提供技术指导,解决审计工作中遇到的政策、技术等方面难题。三是注重分析研究。各级审计机关要着力加大对大气污染防治突出问题的危害及原因的分析力度,有的审计项目可以考虑出两个成果,即一个审计或专项审计调查报告、一个绩效分析或研究报告。把大气污染防治财政资金投入与大气污染防治项目进展以及大气污染防治目标实现统筹考虑,把问效、问绩、问责贯穿审计始终,注意揭示大气污染防治制度、体制、机制方面的缺陷,积极提出加强管理和完善政策法规等方面的意见与建议,充分发挥审计监督的建设性作用。

(本文刊于《上海审计》2014年第2期、《山西审计》2014年第2期、《青海审计》2014年第2期、《中国财经信息资料》2014年第7期、《中国审计》2014年第6期、《鄱阳湖学刊》2014年第2期、《河南商业高等专科学校学报》2014年第2期、《广东经济》2014年第4期、《环境保护与循环经济》2014年第4期、《中国审计报》2014年6月18日、《河北审计》2014年第3期、《上海商学院学报》2014年第2期、《环境研究与监测》2014年第2期、《理财》(学术版)2014年第2期、《上海市经济管理干部学院学报》2014年第4期、《广东审计》2014年第3期、《党政研究》2014年第4期、《上海经济》2014年第7期、《审计文摘》2014年第8期、《高等学校文科学术文摘》2014年第5期、《理论建设》2014年第6期)

探索领导干部自然资源资产离任审计

党的十八届三中全会审议通过的《中共中央关于全面深化改革若干重大问题的决定》提出,"探索编制自然资源资产负债表,对领导干部实行自然资源资产离任审计"。探索开展领导干部自然资源资产离任审计,这是党中央为加强生态文明建设采取的一项重要举措,是中国特色社会主义审计制度的一项重大创新,是审计署牵头推进深化改革的一项重大任务。

自然资源,又称天然资源,是指在其原始状态下就有价值的自然物,如土地、矿藏、水利、生物、气候、海洋等资源,是生产的原料来源和布局场所。狭义的自然资源只包括实物性资源。资源性国有资产,是指产权归属于社会公众,按照现有认知水平、经济和科技水平,通过对资源进行开发利用,能给产权主体带来经济价值、收益和财富的自然资源。我国资源性国有资产主要包括土地资源、矿产资源、森林资源、水资源、荒地等。自然资源核算,目前仅涉及草原、森林、矿产、土地、水资源五类。自然资源是人类生存和发展的物质基础和社会物质财富的源泉,是可持续发展的重要依据之一。自然资源具有两重性,既是人类生存和发展的基础,又是环境要素。

当前,生态环境问题已经成为制约我国发展的重大矛盾、影响生活质量提高的重大障碍、威胁民族永续发展的重大隐患。引入自然资源资产离任审计,势必促使党政领导干部和国有企业领导人员进行重大决定时充分考虑生态因素。作为加强生态文明建设的一项制度创新,"对领导干部实行自然资源资产离任审计"一经提出便受到社会各界积极关注,舆论对此给予高度评价。

对领导干部实行自然资源资产离任审计,作用是多方面的:一是事前预警。抑制官员盲目透支环境、超前开发资源的冲动;二是事后追责。一改过往"有人破坏无人补偿"的怪现象,努力纠正畸形政绩观。此项审计将生态文明建设的顶层设计落到实处,填补了制度空白,有利于强化责任落实,改善生态保护不力的状况。这既是重要的制度创新,也是在生态文明建设方面针对领导干部的重要的约束举措。

作为落实党的十八届三中全会改革任务的具体举措,领导干部自然资源资产离任审计刚刚起步,没有现成的、直接可以操作的模式,需要大胆探索和审计试点。

一、领导干部自然资源资产离任审计与经济责任审计、资源环境审计的关系

1. 领导干部自然资源资产离任审计与经济责任审计的关系。将自然资源资产纳入领导干部离任审计是全新的举措,此前只有经济责任审计。开展领导干部自然资源资产离任审计不仅是落实领导干部生态文明建设责任的创举,而且是对领导干部经济责任审计的拓展和延伸。领导干部自然资源资产离任审计是领导干部经济责任审计的重要组成部分,它从检查领导干部履行自然资源资产决策、管理职责入手,是一种特殊的经济责任审计。

中央经济责任审计工作联席会议制发的《2014年经济责任审计工作要点》,明确要求开展领导干部自然资源资产离任审计。生态文明建设的成效及相应责任,应该成为领导干部经济责任审计的重要内容。生态文明建设责任和经济责任密不可分。领导干部经济责任涉及的重点领域,往往与生态文明建设高度相关。如调整经济结构、转变经济发展方式,都是经济责任和生态文明建设责任两者的共同指向。中共中央办公厅、国务院办公厅印发的《党政主要领导干部和国有企业领导人员经济责任审计规定》明确规定,应当关注与领导干部履行经济责任有关的管理、决策等活动的经济效益、社会效益和环境效益情况。只有在经济责任审计中更加强调生态文明建设的责任,关注领导干部任职期间生态环境是否遭受污染和破坏,领导干部任职期间出台的各项经济决策和本人政绩是否以牺牲生态环境为代价,完善对领导干部的生态建设考核制度,才能对被审计领导干部履行经济责任情况作出全面客观的评价,才能改变政府环境责任无人问责、环保政绩考核无从落实的局面,把经济发展与节约能源资源、保护环境和生态文明建设结合起来。

2. 领导干部自然资源资产离任审计与资源环境审计的关系。领导干部自然资源资产离任审计也是资源环境审计的重要组成部分,它由人及物,是一种特殊的资源环境审计。

我国的资源环境审计以落实节约资源和保护环境基本国策为目标,先后对土地、矿产、森林、海洋等重要资源保护与开发利用情况,对水、大气、固

体废弃物、生态保护等环境保护与污染防治情况进行了审计,取得了显著成绩。但同时也要看到,当前资源环境审计工作还不能有效满足生态文明建设的需要。

从审计目标看,资源环境审计的目标是:评价资源环境保护法律、法规和制度的执行情况,促进国家完善资源环境立法,提高各级资源环保部门的执法水平。开展领导干部自然资源资产离任审计,其目标主要是:促进走出一条低投入、低消耗、少排放、高产出、能循环、可持续的新型工业化道路,推动形成节约资源和保护环境的空间格局、产业结构、生产方式和生活方式,推进建设以资源环境承载力为基础、以自然规律为准则、以可持续发展为目标的资源节约型、环境友好型社会。

从审计内容看,资源环境审计主要包括对资源环境保护资金筹集、使用和管理的审计,对资源环境保护投资项目的审计,对资源环境保护制度合理性、有效性的审计等内容。开展领导干部自然资源资产离任审计,则需要在自然资源资产负债表审计的基础上,重点关注以下内容:推进主体功能区战略实施,优化国土空间开发格局;加快转变经济发展方式,促进生产方式转型;着力加强生态保护与修复,营造良好生态环境;不断创新体制机制,完善生态文明制度,以及领导干部自然资源资产监管职责履行情况等。与单一的资源环境审计相比,领导干部自然资源资产离任审计关注领域的范围更加宏观,发挥作用的领域更加宽广。

二、领导干部自然资源资产离任审计的目标

领导干部自然资源资产离任审计的总体目标是:通过审计,强化领导干部对生态文明建设的责任,促进建立生态环境损害责任终身追究制,推动实现科学发展、可持续发展。

在我国,生态文明建设制度方面将趋向于严格化。和经济领域改革的放开放松不太一样,生态文明建设方面要从严从紧。环境保护,企业是基础,监管是关键。环境改善是管出来的。就自然资源而言,政府监管尤为重要,因为自然资源的管理、使用和分配属于政府行为。

强化审计机关在推进生态文明建设中的作用,是应对资源约束趋紧、环境污染严重、生态系统退化等问题的必然选择,同时也是拓展国家审计范围的重点方向。审计机关开展领导干部自然资源资产离任审计,要从尊重自然、顺应自然、保护自然的生态文明理念出发,在国土资源开发、资源节约、

生态环境保护和生态文明制度建设等领域,全方位推动加快生态文明建设,为实现美丽中国作出积极贡献。

国土资源是生态文明建设的物质基础、空间载体和构成要素,在生态文明建设中具有全局性、战略性、根本性的地位。我国是一个人多地少、耕地资源稀缺的发展中大国,面临着建设用地供需矛盾突出、耕地保护难度增大、用地粗放浪费等问题。通过实施领导干部自然资源资产离任审计,审计机关要从统筹经济、社会和生态文明建设协调发展的大局出发,促进优化国土资源布局,促进研究解决土地资源供需矛盾不断加剧、土地资源利用较为粗放等问题,在保障发展和保护资源的同时,推动国土资源管理取得新成效。

节约资源是建设资源节约型、环境友好型社会的题中应有之义,是全面推进生态文明建设的必然选择。只有对传统产业进行生态化改造,大力发展节能环保等战略性新兴产业,使绿色经济、循环经济和低碳技术在整个经济结构中占较大比重,才能推动经济绿色转型。通过实施领导干部自然资源资产离任审计,审计机关要促进全面落实节约优先战略,推动以总量控制倒逼节约集约、以严格标准促进节约集约、以政策法规保障节约集约、以试点示范带动节约集约,促进提高资源综合利用效率。

我国改革开放进程中,"唯增长速度"发展观念导致的结果,必然是高投入、高排放和高退化,同时体现为环境保护无力、社会发展面临环境方面的严峻挑战。通过实施领导干部自然资源资产离任审计,审计机关要促进反思传统工业文明发展模式的不足,充分吸纳中华传统文化智慧,并从文明进步的新高度,推动认识和解决生态环境问题。

生态文明建设是一项重大的历史性任务和系统工程。凡与生态文明建设相关的问题,不但与生态文明建设资金的筹集、分配和使用有关,也与公共政策制定的合理性和执行的到位程度有关,更与生态文明制度建设有关。通过实施领导干部自然资源资产离任审计,审计机关应当发挥自身的优势,从体制、机制、制度层面发现和分析研究问题,为制定和完善生态文明建设政策法规提供参考依据。

三、领导干部自然资源资产离任审计的内容与重点

(一)领导干部自然资源资产离任审计的内容

1. 审计自然资源资产法规政策执行情况。对自然资源资产方面的法

律、法规、规章和政策执行情况进行审计,评价领导干部任职期间自然资源资产管理和保护责任,促进领导干部落实科学发展观和树立正确政绩观,在自然资源资产方面守法、守规、尽职、尽责,促进自然资源资产政令畅通。

自然资源资产管理和保护行为,主要指政府及其相关部门对自然资源资产相关政策与制度的落实情况,与之相对应的是自然资源资产政策措施和目标的执行责任。一是审计公共政策和自然资源资产相关规划目标的落实情况。检查相关自然资源资产规划是否符合国民经济和社会发展规划的要求,能否达到相应的环境治理与保护目标等。二是审计生态保护和修复制度的执行情况。检查控制不合理的资源开发活动,实施天然林保护、水土保持等生态修复工程,加强生态功能保护区和自然保护区建设与管理等情况。三是审计重大环境工程(治理)项目的建设情况。为推动解决当前突出的环境问题,我国实施国家重点环保工程建设,并纳入国民经济和社会发展规划及有关专项规划。地方党政主要领导干部对本行政区域国家重点环保工程规划目标完成情况负责。相应的,各地区、各部门对国家重点环保工程承担目标责任。

审计中,要分析政府在制定国民经济和社会发展中长期规划时是否考虑了可持续发展原则和生态环境因素,评价经济政策、产业政策和国际合作政策等在内的自然资源资产政策体系的健全情况,以及政府环境政策对企业经济活动的引导作用;要检查自然资源资产公共政策制定的及时性,评判政策目标的价值取向是否体现了环境公平,是否维护了公共利益。

2. 审计自然资源资产重大决策事项。从检查决策机制的健全性、决策程序的规范性、决策内容的合法性、决策实施的有效性、决策结果的效益性入手,对自然资源资产重大决策事项进行审计。评价自然资源资产重大事项决策的程序、执行和效果情况,以及领导干部的决策责任,促进领导干部依法履行自然资源资产决策权。

自然资源资产决策行为,主要指政府及其相关部门制定自然资源资产政策或规划的行为,体现政府在维护自然资源资产公共利益方面的决策责任。主要包括自然资源资产公共政策、制度和相关规划的制定程序和实施效果。要关注决策过程是否有充分可靠的信息支撑,以及决策程序的合法性、科学性。

要关注制定生态功能保护区和自然保护区的环境规划等情况,动态跟踪各种经济活动对生态环境的影响,评价高耗能、高排放和产能过剩行业的准入门槛,分析生产、流通、消费各环节循环经济的推动情况;评价节能减排、重点河流湖泊环境改善和农村环境连片整治等重大环境项目的立项科学性,关注项目可行性研究报告中的绩效目标的实现情况,评价重大环境项目的实施效果。

3. 审计自然资源资产管理情况。从检查内部控制制度的健全性和有效性入手,对有关自然资源资产管理制度的建立和执行情况进行审计。评价自然资源资产管理状况、相关自然资源资产工作目标完成情况,以及领导干部的自然资源资产管理责任,促进领导干部依法履行自然资源资产管理权。

自然资源资产监管行为,主要指负有监管义务或责任的政府及其相关部门组织专门机构和人员,监督相关部门、企事业单位落实自然资源资产政策或规划,以保护环境和维护公共利益的行为,与之相对应的是自然资源资产监管责任。包括政府督促自然资源资产监管部门严格依法开展监管工作,以及自然资源资产监管部门采取有效措施,落实国家法律、法规和政策要求,督促相关部门和单位履行自然资源资产保护责任,确保完成自然资源资产管理工作目标等情况。

要检查自然资源资产管理体系的科学性。关注自然资源资产管理制度改革的推进情况,重点关注自然资源在各个利益主体之间的配置是否有效公平,是否对自然资源进行了有效管理,自然资源是否实现了资产增值;评价相关财政转移支付机制的科学性,关注向低碳经济和循环经济的转型情况。

要检查自然资源资产监管和环境保护责任人的职责履行情况。关注政府自然资源资产监管和环境保护目标责任机制、政府自然资源资产和环境信息公开机制、政府支持公众参与机制等是否健全,环境责任指标是否纳入政府主要领导干部政绩的考评,分析上下级政府生态文明建设责任的角色定位是否明确;重点关注应向上级政府负责的自然资源资产管理和环境保护具体目标的量化情况,尤其关注相关问责机制的建立情况。

4. 审计自然资源资产负债表。自然资源资产负债表是用国家资产负债表的方法,将全国或一个地区的所有自然资源资产进行分类加总形成报表,显示某一时点上自然资源资产的"家底",反映一定时间内自然资源资产存量的变化。探索编制自然资源资产负债表,就是要核算自然资源资产负债的存量及其变动情况,以全面记录当期(期末——期初)各经济主体对自然资源的占有、使用、消耗、恢复和增值活动,评估当期自然资源价值量的变化,为实行领导干部自然资源资产离任审计提供详细的科学依据。

编制自然资源资产负债表,是对领导干部实行自然资源资产离任审计、建立生态环境损害责任终身追究制的基础。国内外对编制自然资源资产负债表还没有成熟的方法制度,因此需要探索。在统计部门探索完成自然资源资产负债表编制之前,审计机关可选择若干重点的自然资源资产开展真实性、合法性审计试点,以摸清自然资源资产"家底",掌握情况,揭示问题,分析原因,提出意见和建议。

(二)领导干部自然资源资产离任审计的重点

1. 国土资源开发情况。第一,检查人口资源环境相均衡、经济社会生态效益相统一原则的执行情况,重点关注城乡建设用地增减挂钩、低丘缓坡荒滩开发、工矿废弃地复垦等机制的运行效果,促进生产空间集约高效、生活空间宜居适度、生态空间山清水秀。第二,检查主体功能区战略的实施进度情况,推动各地区严格按照主体功能定位发展,推进构建科学合理的城市化格局、农业发展格局、生态安全格局。第三,检查陆海统筹情况,客观评价海洋资源开发能力。关注煤层气、页岩气等非常规油气资源勘查开发进度,推动减少环境污染和温室气体排放;分析海底矿产资源开发的有序性,推动发展海洋经济,优化海洋资源开发格局。第四,分析资源有偿使用制度、农村土地管理制度、国土资源管理体制以及行政审批制度的改革进度和力度,评估制度供给的有效性。

2. 资源节约情况。第一,检查节约环保与调整产业结构、污染防治与企业节约增效、发展节能环保产业与扩大内需、生态保护与优化生产力空间布局的结合情况。第二,检查资源的综合利用情况。关注矿产资源综合开发利用和煤层气、煤矸石、大宗工业废弃物、秸秆等农业废弃物的综合利用,促进生产、流通、消费过程的减量化、再利用、资源化。第三,检查传统产业的生态化改造情况。评估节约环保技术和生产体系的运行运转,关注是否大幅降低了能源、水、土地消耗强度,实现自然生态系统和经济社会系统的良性循环。第四,检查"两高一资(高能耗、高污染和资源性)"、低水平重复建设和产能过剩项目的解决情况。关注节能、节水、节电等应用工程项目的专项投入、专项收费。

3. 生态环境保护情况。第一,检查环境保护宏观战略体系、全面高效的污染防治体系、健全的环境质量评价体系、完善的环境保护法规政策和科技标准体系、完备的环境管理和执法监督体系、全民参与的社会行动体系等建立健全情况。第二,检查重大生态修复工程的实施情况,评价生态产品生产能力,推进荒漠化、石漠化、水土流失的综合治理。第三,检查饮水、重金属、化学品、危险废物、细颗粒物和持久性有机污染物等重大环境问题的解决情况。第四,关注整治违法排污企业保障群众健康环保专项行动的效果,关注各类自然资源资产违法行为的查处情况。

4. 生态文明制度建设情况。第一,检查生态环保综合管理体制的健全情况,关注职能是否有机统一、运转是否协调高效;关注是否加强规划和政策引导,综合运用财税、价格等经济杠杆,建立健全生态补偿机制。第二,检查自然资源资产监管和环境保护权力运行机制情况,评价现行制度安排的合理性,关注联席会议等综合决策机制的作用发挥情况;关注行使行政审批权、行政评审权、行政执法权和自由裁量权的规范性;评估自然资源资产监管和环境保护权力运行相关问责机制的有效性,在此基础上关注各级政府实施自然资源资产监管和环境治理战略的进展情况。第三,检查政府自然资源资产监管和环境责任的落实情况。关注是否建立了体现生态文明要求的目标体系、考核办法、奖惩机制,是否把资源消耗、环境损害、生态效益纳入了经济社会发展评价体系和地方党委政府的绩效考核。

四、领导干部自然资源资产离任审计的实施路径

(一)以生态文明建设责任履行为主线

根据政府行为和相关政府履行生态文明建设责任的方式,领导干部自然资源资产离任审计的实施路径应以生态文明建设决策责任、执行责任、监管责任的履行为主线,以政策审计、资金审计、项目审计、法规政策制度执行审计、监管审计、报表审计为抓手,以责任追究为保障。

(二)以政策审计、资金审计、项目审计、法规政策制度执行审计、监管审计、报表审计为抓手

1. 政策审计。检查决策责任主要通过政策审计实现。政策是广义的,包括三个层次:法律法规;政策制度;自然资源资产监管和环境保护规划。通过检查和评价政府及相关部门制定的自然资源资产监管和环境保护政策是否符合国家法律、法规,是否符合经济和社会的可持续发展战略,是否适合本区域的社会经济环境并切实可行,是否存在重大缺陷,促进政策制度的建立健全和全面落实。政策审计可以与领导干部经济责任审计、财政审计等结合进行,也可以在独立型的领导干部自然资源资产离任审计项目中

实施。

2. 资金审计、项目审计与法规政策制度执行审计。自然资源资产监管和环境保护政策或制度的执行责任主要通过以下三种行为来实现：一是自然资源资产监管和环境保护资金的筹集、分配、管理和使用。二是自然资源资产监管和环境保护工程项目的规划、建设、运行和管理。三是通过相关部门履行自然资源资产监管和环境保护职责，实施对法规、政策、制度的执行。

一是资金审计。目前，自然资源资产监管和环境保护资金筹集、分配、管理和使用中的漏洞和弊端不少，侵吞、挪用和无效使用的情况时有发生。因此，有必要对自然资源资产监管和环境保护资金的筹集、管理情况，资金来源和支出的合法性和真实性，以及资金的投入情况等进行审计，揭露问题，分析评价每个责任主体应承担的责任，促进自然资源资产监管和环境保护资金合规有效使用。

二是项目审计。项目是资金的载体。通过检查自然资源资产监管和环境保护工程（治理）项目的规划、建设、运行、管理及其效益情况，揭示和查处工程项目建设中存在的资源浪费、环境破坏等问题。重点关注工程项目建设是否体现可持续发展战略的环境政策理念，各类重点建设项目是否存在未履行环境影响评价审批程序即擅自开工建设或者擅自投产的情况，评价建设项目环境影响评价制度的执行情况。

三是法规政策制度执行审计。重点关注是否存在批准在已无环境容量、生态环境脆弱的地区、重要生态功能保护区违规进行开发建设、企业生产活动；重点关注是否依照有关自然资源资产监管和环境保护法律、法规实施生态保护工程，采取生态修复措施；重点关注是否推动产业结构优化升级，推进重点行业、产业园区和省市循环经济试点工作，落实污染源头控制制度，实行清洁生产并依法强制审核等。

3. 监管审计。我国负责资源性国有资产监督管理的机构包括国土资源、发展改革、水利、农业、林业、环境保护、税务、财政、国资监督管理等部门。通过检查这些部门机构职责分工的合理性和科学性，监管制度建设的健全性，管理手段（如在线监控系统）和管理活动（如监督管理目标任务的分解、落实）的科学性、有效性等，评价监督管理职责履行情况，以及实施各项监管措施的成效，促使其全面履行资源性国有资产监督管理职责。

4. 报表审计。其主要检查自然资源资产负债表编制的合规性、准确性。通过审计，核算自然资源资产的平衡情况，评估当期自然资源资产实物量和价值量的变化。如果这个变化是正的,说明当期的自然资源资产是增值的,当期地方政府的生态政绩是正的,对生态文明建设作出了贡献;反之则意味着当期的自然资源资产在贬值或下降,说明辖区政府的生态政绩是负的,对生态文明作出了负贡献,领导干部应负相应的责任。

(三)构建领导干部自然资源资产离任审计与其他专业审计相结合的整体工作格局

各级审计机关要围绕审计工作重点,构建领导干部自然资源资产离任审计与其他专业审计相结合的整体工作格局。要将领导干部自然资源资产离任审计与其他专业审计相结合,将审计内容纳入其他专业审计方案,特别是将领导干部经济责任审计和领导干部自然资源资产离任审计有机地结合起来。要明确领导干部自然资源资产离任审计在整个经济责任审计体系中的地位以及实施审计的切入点,把自然资源资产和生态文明建设责任作为领导干部经济责任审计的重要内容。要探索开展独立型的领导干部自然资源资产离任审计或专项审计调查,也可以根据实际情况,选择开展土地资源资产、矿产资源资产、森林资源资产、草原资源资产、海洋资源资产等专项离任审计。

五、推进领导干部自然资源资产离任审计的若干措施

(一)开展审计试点

各级审计机关要会同组织部门,按规定程序办理领导干部自然资源资产离任审计的相关委托手续,确定有代表性的省、市、县,开展领导干部自然资源资产离任审计试点。在实地调查了解自然资源资产权属、分布、结构、管理、利用、效果等情况的基础上,研究制定领导干部自然资源资产离任审计实施方案。各地要建立自然资源资产离任审计专家库,根据工作需要,聘请具有资源、环境、法律、工程技术等相关专业知识的人员参与审计工作。

(二)建立工作机制

各级审计机关应与组织、国土资源、发展改革、水利、农业、林业、环境保护等部门建立领导干部自然资源资产离任审计工作协调机制,完善联合审计、联席会议、信息交流与通报、审计整改与审计结果利用等工作制度,确保信息共享、及时沟通。各地党委、政府要按照中共中央组织部《关于改进地方党政领导班子和领导干部政绩考核工作的通知》,加大政绩考核中资源消耗、环境损害、生态效益等指标的权重,支持审计机关依法独立行使自然资

源资产离任审计监督权,并将审计结果作为考核和任免干部的重要依据。

(三) 加强理论研究

各地审计机关要与自然资源资产监管部门进行深入的沟通协调,收集相关资料,了解和调研自然资源资产分布和管理情况。各地应组织高校等相关科研机构,着手开展领导干部自然资源资产离任审计课题研究,研讨自然资源资产离任审计的相关理论体系、指标体系、评价体系及审计方法,为实行领导干部自然资源资产离任审计制度提供思想先导和理论支撑。

(四) 加强队伍建设

现有审计队伍状况不能满足审计机关推进生态文明建设的需要。各级审计机关尤其是基层审计机关要采取有效措施,加强对环境科学与工程、投资等领域专业人才的培养。要学习、运用生态文明建设领域的各种专业技术手段和方法,如国土资源管理全国遥感监测"一张图"数据库和综合监管平台。要积极创新审计技术方法,在审计围湖、填海、占用农田、绿化造林、越界采矿、变更土地用途等方面运用地理信息技术,不断提高审计质量和水平。

(本文刊于《上海审计》2014年第3期、《审计月刊》2014年第6期、《特区实践与理论》2014年第4期、《理财》(学术版) 2014年第6期、《中国审计报》2014年8月13日、《山东审计》2014年第4期、《中共珠海市委党校珠海市行政学院学报》2014年第4期、《中共南昌市委党校学报》2014年第4期、《当代审计》2014年第4期、《河南商业高等专科学校学报》2014年第4期、《中国财经信息资料》2014年第23期、《审计研究》2014年第5期、《南方论刊》2014年第10期、《环境保护与循环经济》2014年第9期、《上海商学院学报》2014年第4期、《中国浦东干部学院学报》2014年第5期、《贵阳市委党校学报》2014年第5期、《海南审计》2014年第5期、《宁波环境科学》2014年第4期、《内蒙古审计》2014年第6期。本文获2014年6月14日中国审计学会、北京工商大学在北京联合举办的自然资源资产离任审计专题研讨会优秀奖,获上海市审计学会2014年度专题征文一等奖,获中国审计学会2014年度优秀审计论文二等奖)

绩效审计方法探析

绩效审计是世界审计的主流,是我国政府审计的发展方向。大力推进绩效审计,需要研究绩效审计的方法。着力构建绩效审计评价及方法体系,认真研究、不断摸索和总结绩效审计经验和方法,是审计署提出的审计机关的一项重要任务。

所谓审计方法是指审计人员为了行使审计职能、完成审计任务、达到审计目标所采取的方式、手段和技术的总称。审计方法包括整个审计过程中所使用的各种方法。绩效审计的原理与传统财务审计的原理是相同的,都是收集某一经济活动及其相关事项的数据,与既定标准相比较,将结论传递给有关各方的一个系统的过程。与传统财务审计不同的是,绩效审计没有严格的审计准则可供遵循。绩效审计吸收了管理咨询中专业分析的合理成分,同时严格保证审计人员的独立性、客观性。绩效审计沿用了一部分传统财务审计的方法,比如审阅法、核对法、函询法、观察法、盘点法、抽样法等,但也有自身独特的方法。绩效审计在收集审计资料和评价审计事项过程中,除运用财务审计中广泛使用的审阅、观察、计算、分析等技术和方法以外,更主要地运用了调查研究和统计分析技术。

除了常规的财务审计方法对绩效审计同样适用外,其他一些独特的方法也被绩效审计所采用。对此,学术界主要有三种观点:一种观点认为绩效审计的方法包括三个部分。如竹德操等(1997)认为,其方法体系包括审计方法基础(含哲学基础、理论基础和数学基础)、一般方法或绩效审计模式(即"收集审计证据,对照审计标准,作出审计评价,提出审计意见和建议")和审计技术方法(有审阅法等传统审计方法,因素分析法等经济活动分析法,网络图法等图表审计方法,回归分析法等数学分析方法,量本利分析法等现代管理方法,以及其他技术方法等)。另一种观点认为绩效审计的方法包括四大类。如李敦嘉(1996)认为,绩效审计方法包括四类:第一类是核实的方法,如审阅法;第二类是对比的方法,包括实绩与计划比;第三类是分析的方法,包括因素分析法等;第四类是评价的方法,包括现值法等。也有人认为绩效审计的方法由四个部分组成,包括审计工作组织方法、审计查证方法、审计分析方法及审计评价方法。还有一种观点认为绩效审计的方法可以简单地分为两种,然后再行细分。如任月君等(1999)认为,绩效审计方法包括财务审计方法(审阅法等)和其他方法(如指标对比法、比率分析法等)。由于绩效审计对象范围广泛,审计项目实施中为实现审计目标所采用的方法也无法固定,管理学、社会学、统计学、经济数学等社会科学研究的方法几乎都能用到,都适用于绩效审计。

事实上,绩效审计工作本身就很复杂,审计过程中往往是多种方法交叉使用或同时使用,各种方法很难完全分开。加之,不同的审计项目,所采用的方法也应有所区别。从原则上说,凡是有利于绩效审计开展的方法都应归入绩效审计方法(体系)。当然,随着时间、地点及审计项目的不同,绩效审计方法会有所不同或有不同的内容。但是,其基本可归为两类,即传统审计的方法与专门用于绩效审计的方法。为了推动绩效审计方法的研究,本文对绩效审计分析方法和绩效审计评价方法作一探索和分析。

一、绩效审计分析方法

1. 成本效益分析法。成本效益分析法,是将一定时期内项目的总成本与总效益进行对比分析的一种方法。即通过分析成本和效益(效果)之间的关系,以每单位效益(效果)所消耗的成本来评价项目效益(效果)。针对支出确定的目标,在目标效益额相同的情况下,比较支出所产生的效益及所付出的成本,通过比较分析,以最小成本取得最大效益为优。

2. 数量分析法。数量分析法,即对经营管理活动相关数据进行计算分析,并运用抽样技术对抽样结果进行评价的方法。

3. 因素分析法。因素分析法,是将影响投入(支出)和产出(效益)的各项因素罗列出来,分析所有影响收益及成本的内外因素,计算投入产出比,进行综合分析的一种方法。即查找产生影响的因素,并分析各个因素的影响方向和影响程度。

4. 层次分析(AHP)法。层次分析(AHP)法,其基本原理是根据具有递阶结构的目标、子目标(准则)、约束条件及部门等来分析方案,用两两比较的方法确定矩阵,然后把判断矩阵的最大特征跟相对应的特征向量的分量作为相应的系数,最后综合出各方案各自的权重(优先程度),是一种定性和定量相结合的方法。

5. 统计分析法。统计分析的方法有很多，但最主要的是回归分析法。回归分析法是对两类或多类经济数据之间的因果关系进行分析，推导出相应的回归方程，然后以此回归方程来推算自变量与因变量的变化规律。回归分析法的实质是从观察数据中找出自变量与因变量之间的相关关系。统计分析是绩效审计中用来了解情况、进行分析的常用方法。在评价经济性、效率性、效果性时，经常用统计分析的方法，分析其中各因素的影响，确定其中的因果关系，或者找出存在的差距及原因。相对于调查来说，统计分析方法不易操作，要求审计人员具备一定的技术和能力，但准确性强，结论相对可靠。回归分析可以同时检验几个变量之间的关系，与趋势分析法和比率分析法相比，可以提供更加丰富的资料。这种方法需要审计人员具备一定的统计知识，但是随着计算机应用的普及，可以利用专门的统计软件来进行复杂的回归分析，使审计人员更容易应用这一方法。

6. 数据包络分析（DEA）法。数据包络分析（DEA）法，即以相对效率概念为基础，以凸分析和线性规划为工具，应用数学规划模型计算比较，用来评价多输入和多输出的"部门"（称为决策单元）的相对有效性。DEA法可以看作是一种非参数的经济估计方法，实质是决策单元之间的相对效率，对评价对象作出评价的方法。DEA法根据一组关于输入—输出的观察值来确定有效生产前沿面。

7. 分析程序法。分析程序法，是指审计人员通过对与审计事项有关的重要金额、比率、结构或者趋势进行比较和分析，从中发现异常变动和异常项目的审计方法。分析程序主要有四种类型：一是比较分析。就是将与审计事项有关的若干个可比数据（包括某一相关数据、经济数据、经营数据、非经济数据、预算或计划、多期数据、行业数据等）进行对比，找出同一时期、同一性质的若干数量之间的差异，从而对公共资金筹集、分配、管理或使用情况进行总结，发现问题，合理评价。比较分析法，是指对绝对数所作的比较。例如，将被审计单位当期的营业收入总额与预算营业收入总额这两个绝对数进行比较。二是比率分析。就是通过计算各种比率来分解、剖析被审计项目绩效。比率分析法，是指对各种比率的比较。如常见的速动比率、流动比率、存货周转率等财务指标以及其他各种技术指标。三是结构分析。所谓结构分析法，是指对某项信息各个组成部分所占的比例进行分析。例如，对企业的各类产品占生产总量的比例进行分析，可以确定各个货种的盈利能力，也可以用于判断被审计单位当期的经营是否符合组织的发展战略。

四是趋势分析。就是将与被审计项目有关的若干期财务或者非财务数据进行比较和分析,从中找出规律或发现异常变动。趋势分析法,是指对两个或两个以上的历史数据进行对比分析,以便计算出它们增减变动的方向、数额,以及变动幅度。包括绝对数趋势分析和相对数趋势分析。

8. 数理统计方法。数理统计方法,主要有主成分分析、因子分析、聚类分析和判别分析等。主成分分析法是把原来多个变量划为少数几个综合指标的一种统计分析方法,从数学角度来看,这是一种降锥处理技术;因子分析法是从指标的独立性角度挑选指标,根据因子载荷的大小来挑选指标,留下载荷较大者;聚类分析法是从指标的代表性角度筛选指标,先采用系统聚类法将指标聚为一定数目的类别,然后选择每一类中的代表指标作为入选指标,以每类中平均相关系数较大而类间平均相关系数较小的指标为代表指标;判别分析法是预先根据理论与实践确定等级序列的因子标准,再将待分析的地理实体安排到序列的合理位置上的方法。

9. 调查法。调查法,即凭借一定的手段和方式(如访谈、问卷调查),对某种或者某几种现象、事实进行考察,通过对收集到的各种资料进行分析处理,进而得出结论的方法。访谈是指通过访谈者与被访谈者之间的交流来获取信息的方法。访谈有多种方法,可以通过电话、面对面、信函访谈,访谈形式可以一对一、一对多、多对多进行,访谈对象可以是被审计单位有关人员和单位外的相关人员,如人大代表、研究人员、社会专家,长期关注某一事项的人员等。但应注意的是,访谈获取的证据一般不能作为事实性证据的唯一证据,也就是说,访谈获取的证据还需要经过审计人员的进一步证实。当涉及的人员或单位很多、以致无法进行必要访谈时,可以采用问卷调查的方式。问卷调查的关键环节是设计一整套科学合理的表格,要求所有内容采用问答方式,这些问题应该非常明确,切忌模棱两可或带有某种诱导性。对于受益面比较广的资金支出,特别是具体到某一类公众个体的资金,比较适合这种方法,比如扶贫资金、三峡移民资金等。

10. 专题讨论会。专题讨论会,即通过召集组织相关管理人员就经营管理活动特定项目或者业务的具体问题进行讨论的方法。

二、绩效审计评价方法

1. 目标评价法。目标评价法,是将当期经济效益或社会效益水平与其预定目标标准进行对比分析的方法。它分析完成(或未完成)目标的因素,从而评价支出绩效。此方法既可用于对部门和单位的评价,也可用于对周期性较长项目的评价,还可用于对规模及结构效益方面的评价。

2. 综合评价法。综合评价法,是在多种指标计算的基础上,根据一定的权数计算出一个综合评价值,依据综合评价值对公共支出项目进行评价。综合评价法是我国目前绩效评价使用最多的方法。我国政府部门和地方政府大多采用这种方法,评价的准确度较高、较全面,但在指标选择、标准值确定及权数计算等方面较复杂,操作难度相对较大。该方法可综合成本效益法、最低成本法、专家意见法、生产函数法等各方法的优点,适用项目支出、单位支出、部门支出和财政总体支出等各层次的绩效评价。

3. 360度反馈评价法。360度反馈评价法,是一种多角度进行的比较全面的绩效评价方法,也称全方位考核法或全面评价法。它由审计对象的上级、同级、下级以及客户的综合评价结合自我评价综合而成。所谓360度反馈评价,就是指帮助一个组织的成员(主要是管理人员)从与自己发生工作关系的所有主体那里获得关于本人绩效信息的反馈过程,这些信息来自包括上级、下属、平级同事、本人及客户和供应商等。360度反馈评价方位全、角度多、误差小;实行匿名方式,比较客观;有助于促进组织成员彼此之间的沟通和互动,提高团体凝聚力和工作效率,促进组织变革与发展。但这种方法也存在评价成本大、评价时间长、评价工作难度大等问题。同时,需要对收集到的信息进行分门别类的统计和分析,往往需要一些外部专业的咨询公司来指导完成。

4. 公众评议法。公众评议法,即通过公众问卷及抽样调查等方式,获取具有重要参考价值的证据信息,评价目标实现程度的方法。它是指对于无法直接用指标计量其效益的支出项目,可以采取问卷统计、测评等方式向公众进行该公共支出项目实施效益情况的调查,以评判其效益高低。该方法适合于对公共管理部门和财政投资兴建的公共设施进行评价,具有民主性、公开性的特点。

5. 沃尔评分法。沃尔评分法,把若干财务比率用线性关系结合起来,以评价企业的信用水平。沃尔选择了流动比率、产权比率、固定资产比率、存货周转率、应收账款周转率、固定资产周转率、自有资金周转率7项指标,分别给定各自的分数比重,然后通过与标准比率进行比较,确定各项指标的得分,从而对企业的信用水平作出评价。沃尔评分法的原理也可用于对经营者的绩效评价,其缺陷在于所选定的指标不够科学全面。另外,当某项指标严重异常时，会对总评分产生不合逻辑的重大影响。

6. 综合指数评分法。综合指数评分法，是在沃尔评分法的基础上改进发展而来的。综合指数评分法增加了盈利指标和成长指标，使指标体系较为完善；在给每个指标评分时，分别规定了上限和下限，从而减少了个别指标异常对总分的不合理影响。但其全部指标为财务指标，可能会使经营者忽视非财务指标。由于评分时有标准分值作基础，某一指标即使为负值，其得分也可能为正值，不甚合理。

7. 平衡计分卡（BSC）。平衡计分卡（BSC），是一种全面、系统、有效地考察和评价企业经营业绩的财务和非财务指标体系的方法。它根据公司的战略目标设计测评指标，从财务、流程、客户和创新学习能力四个不同的维度对公司的经营管理绩效进行综合、全面、系统地测量和评价。

8. 关键绩效指标（KPI）法。关键绩效指标（KPI）法，把对绩效的评估简化为对几个关键指标的考核，把关键指标当作评估标准，对员工的绩效与关键指标作出比较的评估方法，在一定程度上是将目标管理法与帕累托定律的有效结合。关键指标必须符合 SMART 原则：具体性（Specific）、衡量性（Measurable）、可达性（Attainable）、现实性（Realistic）、时限性（Time-based）。这种方法的优点是标准比较鲜明，易于作出评估。缺点是对简单的工作制定标准难度较大，缺乏一定的定量性；绩效指标只是一些关键的指标，对于其他内容缺少一定的评估。关键绩效指标设计流程：设计企业级关键业绩指标，设计部门级关键业绩指标，设计岗位级关键业绩指标，制定评分要素和评估标准，确定指标权重，对关键业绩指标进行特性与属性测试，构建指标逻辑，建立指标辞典。操作流程分为三步：关键绩效指标体系的设计；关键绩效目标体系的制定；关键绩效指标和目标的评估与调整。运用关键绩效指标法应注意的事项：不同岗位应该有不同的关键业绩指标组合；关键业绩指标与绩效目标的衡量，可量化的量化，难以量化的细化，但评估手段要量化、可操作；激励指标与控制指标相结合。

9. 目标管理（MBO）法。目标管理（MBO）法，是一种综合性的绩效管理方法，是一种以建立目标体系为基础的考核方法，它特别强调全体员工共同参与设定具体的又确实能客观衡量工作业绩的目标。MBO 法将组织整体目标逐层转化为各阶层与各单位的子目标，形成目标体系。同时，以预定的目标作为激励员工的工具，定期回馈上级共同讨论进行绩效评估，是一种完整的规划与控制程序。

10. 标杆管理法。标杆管理法,即对经营管理活动状况进行观察和检查,通过与组织内外部相同或者相似经营管理活动的最佳实务进行比较的方法。它的定义为"一个将产品、服务和实践与最强大的竞争对手或是行业领导者相比较的持续流程"。标杆管理活动分为五个阶段,每个阶段有三个步骤。一是计划阶段:确认对哪个流程进行标杆管理;确定用于作比较的公司;确定收集资料的方法并收集资料。二是分析阶段:确定自己目前的做法与最好的做法之间的绩效差异,拟定未来的绩效水准。三是整合阶段:就标杆管理过程中的发现进行交流并获得认同,确立部门目标。四是行动阶段:制订行动计划;实施明确的行动并监测进展情况。五是完成阶段:处于领先地位;全面整合各种活动;重新调校标杆。标杆管理分为四类:内部标杆管理、竞争标杆管理、职能标杆管理、流程标杆管理。

11. 历史动态比较法。历史动态比较法,是将某一类支出或项目的历史数据进行对比分析,了解其历史上的变化及效益波动情况。它既可以看出其发展趋势,也可以了解各种因素在不同时期的影响及作用机理,进而分析其效益差异的成因及改进方向。该方法适用于对项目支出、单位支出和部门支出的绩效评价。

12. 费用职能比较法。费用职能比较法,将公共管理部门及单位担负的社会职能与相关费用进行比较分析,从而评估其工作质量和效率。在公共管理部门及单位职能定位明确的情况下,行使某一项职能所需的资金应有一定的数量约束,只要数量约束是严格的,评估就会有比较充分的依据,部门和单位社会职能行使情况及行政效率的高低就可能被评估出来。但职能具有扩展性及不确定性,会相应增加评价的难度。

13. 经济增加值(EVA)法。经济增加值(EVA)法,是一套以经济增加值理念为基础的财务管理系统、决策机制、激励机制制度。从算术角度来说,经济增加值是从税后利润提取包括股东和债务的所有资金成本后的经济利润,是公司业绩衡量的指标,衡量企业创造的股东财富的多少。

14. 最低成本法。最低成本法,也称最低费用选择法或最低投入法,适用于那些不易观测或计算公共支出效益大小的情况。该方法通过分析比较项目的投入,评价和选择费用或成本最低为最优,如社会保障支出项目,以成本最低为原则来确定最终的支出项目。该方法主要适用于对项目支出进行绩效评价。

15. 生产函数法。生产函数法,通过生产函数的确定,明确产出与投入之间的函数关系,借以说明投入产出水平即经济效益水平的一种方法。用公式表示就是:$Y=f(A,K,L\cdots)$,其中Y为产出量,A、K、L等表示技术、资本、劳动等投入要素。生产函数法不仅可以准确评价综合经济效益,而且对评价资源配置经济效益、规模经济效益、技术进步经济效益等都有重要作用,但函数关系的确定较为复杂。该方法更适合对项目的绩效评价。

16. "本量效"分析法。"本量效"分析,是指将公共支出项目绩效评价中所涉及的项目投入、项目产出与项目效果这三大类指标分别赋予"本量效"的内涵。即将"项目投入"与"项目成本"相对应,"项目产出"与"项目所涉及业务的数量"相对应,而"项目的最终结果"与"项目的绩效"相对应。对公共支出项目的绩效评价,可采用"本量效"分析方法,并将该分析方法贯穿于公共支出项目的决策、实施和完成阶段的全过程评价之中。

17. 功效系数法。功效系数法,是指根据多目标规划原理,将所要考虑的各项指标分别对照不同分类和分档的对应标准值,通过功效系数转化为可以度量记分的方法。综合分析判断法则是指综合考虑影响企业经济效益和经营者业绩的各种潜在的或非计量的因素,参照评议参考标准,对评议指标进行影响比较分析判断。根据《国有资本金绩效评价规则》的规定,国有资本金绩效评价指标体系由基本指标、修正指标和评议指标三个层次共32项指标构成,基本指标和修正指标是定量指标,评议指标为定性指标。功效系数法从理论上来说也属于综合指数法,它的改进之处在于在绩效评价中所起的功效不同。将指标分为三个层次,更主要的是增加了非财务指标,因而更加科学、完善。它的不足之处是:盈利指标所占权重较高,达42%,而盈利指标较容易被人为调节,从而诱使经营者粉饰或片面追求权重较高的指标;修正指标也仅仅是对基本指标额进一步说明,并没有修正基本指标中存在的问题;这种方法测算起来过于复杂,指标体系也不尽全面。

18. 模糊数学法。模糊数学法,是采用模糊数学建立模型,对经济效益进行综合评价的方法。将模糊的、难以进行比较、判断的经济效益指标之间的模糊关系进行多层次综合评价计算,从而明确综合经济效益的优劣。该方法适用于经济效益能准确计量的财政支出评价,项目支出和单位支出的绩效评价均可采用。

19. 目标成果法。目标成果法,即根据实际产出成果评价被审计单位或者项目的目标是否实现,将产出成果与事先确定的目标和需求进行对比,确定目标实现程度的方法。

20. 专家意见法。专家意见法,指通过邀请在某一方面具有特长的若干专家,对项目支出绩效进行评价后,汇总分析专家意见的一种评价方法。

在绩效审计中,衡量项目绩效水平,既取决于内容的科学性和绩效标准的合理性,也取决于是否找到合适的衡量、评价方法。由于政府绩效审计的对象往往是公共部门、公共管理活动、公共服务行为及公共产品,因此无法完全套用对工商企业的一些评价方法来评估政府机构的活动,要求审计人员必须寻求衡量政府部门绩效的专门技术和系统方法。当然,在政府绩效审计中并不排斥已被传统审计所证明了的有效的审计技术,只是在某些方面出于特殊的需求,政府绩效审计需要有更多的专门技术可供审计人员选择应用。在各种审计方法中,每一种审计方法都有其局限性和不足,这就对审计人员提出了更高的要求。在实施政府绩效审计过程中,必须灵活选择和运用各种审计方法。

绩效审计采取何种方法,应根据审计项目特点、审计事项的性质来确定。绩效审计方法的分类是相对而言的,同一种方法根据需要可以在不同审计环节使用,同一审计项目可以结合多种方法一起使用。除了上述方法,为了应对时代发展的挑战,审计人员还应当不断学习和应用新的体现时代要求的绩效审计技术和方法。《世界审计组织绩效审计指南》指出:"最高审计机关应该用各种最新审计方法武装自己,包括以系统为基础的审计技术、分析性复核方法、统计抽样、对自动化信息系统的审计,等等。"在实施绩效审计中,审计人员要根据具体情况决定采用哪一种审计技术和方法。不论审计人员决定采用什么技术和方法,都必须以保证审计报告的客观性和公正性为原则。

(本文刊于《上海审计》2014 年第 4 期、《财会学习》2014 年第 10 期、《山西财政税务专科学校学报》2014 年第 4 期、《广东审计》2014 年第 5 期、《山西审计》2014 年第 6 期)

关于规范审计行为与加强审计质量控制的若干思考

党的十八届四中全会吹响了加快法治建设的新号角,开启了全面推进依法治国的新进程。审计机关深入学习贯彻党的十八届四中全会精神,必须更加自觉地坚持依法审计。

依法审计是审计工作的基本原则。依法审计主要有两层含义:一是依法开展审计监督。特别是对审计查出的违反国家规定的财政收支、财务收支行为等问题,必须依法作出审计处理、处罚。二是依法规范审计行为。审计机关和审计人员在审计工作中必须严格遵循《审计法》《审计法实施条例》《国家审计准则》等现行的审计法律、法规、规章,规范审计行为和审计操作。当前,审计机关依法审计的总体状况是好的,但也存在着一些不容忽视的问题。一些审计人员法治观念不够强,审计行为不够规范,存在一定的审计随意性。特别是审计标准不够明确,审计取证不够严密,审计评价缺乏依据,审计定性不够准确,审计结论不够恰当,审计处理处罚不够严格。这不仅增大了审计风险,而且影响了审计成效。

不依法审计,是最大的审计质量问题。审计行为不规范,审计机关将面临行政复议被纠正或行政诉讼败诉的可能。审计质量有瑕疵,审计服务国家治理的职能作用将无法有效发挥。

为了保证审计结论的客观性、公正性、准确性和权威性,有效发挥审计服务国家治理的职能作用,各级审计机关和广大审计人员必须切实增强法治观念,把依法审计贯穿于审计工作的全过程,进一步规范审计行为,加强审计质量控制,提高审计工作水平。要加大对《国家审计准则》执行情况的监督检查力度,切实增强贯彻执行《国家审计准则》的自觉性,使《国家审计准则》成为指导审计活动的一只无形的手,在审计过程的各个环节,影响和约束审计人员的行为。为此,需要从以下十个方面着手,进一步规范审计行为,加强审计质量控制,以更好地推进依法审计,服务依法治国。

一、关于审计职业判断标准的选择要求

（一）明确作为审计职业判断依据的标准

审计职业判断依据的标准，是依法审计的基石。根据《国家审计准则》第六十五条的规定，审计人员可以选择下列标准作为审计职业判断的依据：①法律、法规、规章和规范性文件；②国家有关方针和政策；③会计准则和会计制度；④国家和行业的技术标准；⑤预算、计划和合同；⑥被审计单位的管理制度和绩效目标；⑦被审计单位的历史数据和历史业绩；⑧公认的业务惯例或者良好实务；⑨专业机构或者专家的意见；⑩其他标准。

上述审计职业判断依据的标准，既是审计评价依据的标准，也是衡量被审计单位财政收支、财务收支以及有关经济活动是否存在问题的依据。在上述标准中，第一、第二项关于法律、法规和国家有关方针政策方面的标准，侧重适用于以合规性为审计目标的审计项目；第三项中的会计准则和会计制度侧重适用于以资产、负债、损益真实性，或者对财务报表发表审计意见为审计目标的审计项目；第四项至第九项列举的技术标准、预算计划、绩效目标、历史业绩、良好实务、专家意见等标准，侧重适用于绩效审计项目选用。

除上述标准外，根据《党政主要领导干部和国有企业领导人员经济责任审计规定实施细则》的规定，经济责任审计还可以增加下列标准作为审计职业判断的依据：①中国共产党党内法规和规范性文件；②地方人民代表大会审议通过的政府工作报告、年度国民经济和社会发展计划报告、年度财政预算报告等；③领导干部所在单位的"三定"规定和有关领导的职责分工文件，有关会议记录、纪要、决议和决定；④有关职能部门、主管部门发布或者认可的统计数据、考核结果和评价意见等。

（二）慎重稳妥地选择审计职业判断依据的标准并作出审计结论

1. 根据《国家审计准则》第六十五条的规定，审计人员在审计实施过程中需要持续关注标准的适用性。由于对标准适用性的判断直接关系到所作出的审计结论的客观性和恰当性，审计人员在调查了解被审计单位及其相关情况的过程中，要结合审计目标和被审计单位的实际情况，对可选择的标准进行认真研究、比较和判断，从中选出最适用的标准，为得出客观、恰当的审计结论奠定基础。随着调查了解的深入和审计工作的开展，审计人员还要持续关注标准的适用性。如果所了解的新情况使审计人员认识到原先选

用的标准并不适用,或者审计人员找到更为贴切恰当的标准,要及时予以调整和更换。

2. 根据《国家审计准则》第六十六条的规定,审计职业判断所选择的标准应当具有客观性、适用性、相关性和公认性。标准不一致时,审计人员应当采用权威的和公认程度高的标准。

审计职业判断所选择的标准具有四个特征：一是客观性。即所选择的标准应是客观存在的,不受审计人员或被审计单位任何偏见的影响。审计人员不得以自己的主观判断作为判断被审计单位是否存在问题的依据。二是适用性。即所选择的标准必须符合审计目标的要求,与被审计单位所处的环境相适应,并且是现行有效的。三是相关性。即所选择的标准必须与审计项目中所要评价的有关具体业务或事项具有实质性联系。四是公认性。即所选择的标准能够被审计报告阅读者和社会公众所接受,以确保依据该标准所得出的审计结论令人信服。

在审计人员面临多个可选择标准且标准之间不一致时,审计人员要采用权威的和公认程度高的标准,以增强审计结论的信服力。例如,在评价某项业务的合规性时,可选择的标准中,从法律、行政法规、部门规章,到被审计单位内部制定的规章制度,其权威性和公认程度逐次降低。当较低层次的规定与较高层次的规定不一致时,审计人员应选用较高层次的规定作为判断标准。

3. 关于绩效审计评价依据的确定和绩效审计标准的选择,《上海市审计条例》规定,审计机关应当依照有关法律、行政法规、规章以及政策、制度、标准和绩效目标等,确定绩效审计评价依据。审计机关选择绩效审计评价标准时,可以听取被审计单位、专家、学者、政府部门、行业协会及社会公众的意见。

与合规性审计和财务审计相比较,绩效审计可选择的标准范围更加宽泛,审计人员可以运用职业判断灵活选用。例如,审计人员评价被审计单位在节能降耗方面取得的成效时,可以选用被审计单位年初编制的相关计划、预算作为标准,也可以选用相关历史数据或者行业平均水平、最佳水平作为标准。

4. 贯彻《审计署关于印发切实发挥审计监督作用促进经济平稳健康运行若干意见的通知》(审办发〔2014〕73号),当前,审计机关要正确把握改革和发展中出现的新情况新问题。一方面坚持依法审计,对严重违法违纪、以权谋私和腐败问题,要严肃查处;另一方面坚持实事求是,既不能以现在的规定制度去查处以前的老问题,也不能用过时的制度规定来衡量当前的创新事项。对突破原有制度或规定,但符合中央精神和改革方向,有利于科学发展、有利于深化改革、有利于中央政策措施落实的创新举措,要予以支持,促进其规范和完善,消除经济发展的制度障碍。对改革和发展中出现的工作失误,不能一味简单地套用现成的标准和规定,要认真研究分析,历史地、辩证地、客观地看待,慎重稳妥地反映和处理。

二、关于获取审计证据的规范要求

(一)对审计证据质量和数量的要求

审计是查证的过程,审计取证的状况和结果决定着审计成果。根据《国家审计准则》第八十四条的规定,审计人员获取的审计证据,应当在质量和数量上分别满足适当性和充分性的要求。①审计证据在质量上应当满足适当性的要求,即审计证据在支持审计结论方面必须同时具备相关性和可靠性。相关性要求审计证据与审计事项及其具体审计目标之间具有实质性联系,与审计事项无关的不能用来作为审计证据支持审计结论,审计证据还必须与所要实现的具体审计目标相关联。可靠性要求审计证据真实、可信。②审计证据在数量上应当满足充分性的要求,即审计证据的数量应当足以支持所要得出的审计结论。

(二)对于重要问题获取审计证据的要求

为了确保对重要问题查深查透,《国家审计准则》第九十九条规定,审计人员可以围绕标准、事实、影响、原因四个方面获取审计证据。①标准是判断被审计单位是否存在问题的依据,包括法律法规、政策、会计准则、行业技术标准等;②事实是客观存在和发生的情况,事实与标准之间的差异构成审计发现的问题;③影响是问题产生的后果,通过了解问题产生的后果,有助于更准确地判断问题的性质和严重程度;④原因是问题产生的条件,包含主、客观因素。应当在找准问题产生的症结的基础上,准确判断问题的性质,提出合理、可行的审计意见。

(三)对获取审计证据的其他要求

该类要求包括:①不同来源和不同形式的审计证据存在不一致或者不能相互印证时,审计人员应当追加必要的审计措施,确定审计证据的可靠性;②使用有关监管机构、中介机构、内部审计机构等工作结果作为审计证据的,应当对其与审计目标的相关性、作为审计证据的可靠性进行判断;③在审计实施过程中,审计人员应当持续评价审计证据的适当性和充分性。已采取的审计措施难以获取适当、充分的审计证据的,审计人员应当采取替代审计措施;仍无法获取审计证据的,由审计组报请审计机关采取其他必要的措施或者不作出审计结论。

三、关于编制审计工作底稿的规范要求

(一)明确编制审计工作底稿的内容要求

根据《国家审计准则》第一百零七条的规定,审计工作底稿记录的审计过程和结论主要包括:①实施审计的主要步骤和方法;②取得的审计证据的名称和来源;③审计认定的事实摘要;④得出的审计结论及其相关标准。

(二)明确审计工作底稿审核的要求

根据《国家审计准则》第一百零九条的规定,审计组起草审计报告前,审计组组长应当对审计工作底稿的下列事项进行审核:①具体审计目标是否实现;②审计措施是否有效执行;③事实是否清楚;④审计证据是否适当、充分;⑤得出的审计结论及其相关标准是否适当;⑥其他有关重要事项。

根据《国家审计准则》第一百一十条的规定,审计组组长审核审计工作底稿,应当根据不同情况分别提出下列意见:①予以认可;②责成采取进一步审计措施,获取适当、充分的审计证据;③纠正或者责成纠正不恰当的审计结论。

四、关于审计评价的规范要求

(一)明确审计评价的原则

审计评价是审计结果的体现,每个审计项目都要作出审计评价。根据《国家审计准则》第一百三十三条规定:①审计组根据不同的审计目标,以审计认定的事实为基础,在防范审计风险的情况下,按照重要性原则,从真实性、合法性、效益性方面提出审计评价意见;②审计组应当只对所审计的事项发表审计评价意见。对审计过程中未涉及、审计证据不适当或者不充分、评价依据或者标准不明确以及超越审计职责范围的事项,不得发表审计评价意见。

(二)明确审计评价的内容要求

①审计评价应既包括正面评价,也包括对审计发现的主要问题的简要概括,还可以对被审计单位执行以往审计决定情况和采纳审计建议情况作

出总体评价;②审计评价意见不能与审计发现的主要问题相矛盾。

（三）明确不同类型审计项目审计评价的要求

①财政收支、财务收支审计项目的审计评价应围绕审计目标,依照有关法律法规、政策及其他标准,对被审计单位的财政收支、财务收支及其有关经济活动的真实、合法、效益情况进行评价;②经济责任审计项目的审计评价还应包括对领导干部任职期间履行经济责任的情况进行评价;③专项审计调查项目的审计评价应围绕审计调查的目标,主要对被调查事项相关的政策和制度的执行效果进行评价,也可对相关财政收支、财务收支和经济活动的真实、合法、效益情况进行评价。

（四）审计评价要注重分析研究

审计结论不能简单地建立在拿事实与标准相对照的基础上,审计人员还应进一步研究和分析问题产生的原因和影响。有些问题是基于人为的责任或内部控制的缺陷等原因造成的,有些问题是基于客观情况形成的,有些问题则是出于衡量问题的标准本身不合理,有些问题的社会危害不大或者从发展角度看还有较好的影响。不可否认的是,随着经济社会的快速发展和变革,现行的一些规定已经滞后于实践的发展,因此出现了各种合法不合理或者合理不合法的问题。对此,审计人员在审计评价时对问题要加强分析研究,辩证、客观地看待,实事求是地定性和处理。

五、关于审计报告中"审计发现的主要问题"的规范要求

（一）明确"审计发现的主要问题"反映的原则

财政收支、财务收支审计报告主要反映:①被审计单位违反国家规定的财政收支、财务收支问题;②影响绩效的突出问题;③内部控制和信息系统重大缺陷等问题。经济责任审计报告还应反映领导干部履行经济责任过程中存在的问题。专项审计调查报告除符合审计报告的要素和内容要求外,也应当根据专项审计调查的目标,重点分析和反映宏观性、普遍性、政策性或者体制、机制和制度及执行中存在的问题。

对应"审计发现的主要问题",审计机关应当在审计报告中提出以下审计意见:①对违反国家规定的财政收支、财务收支行为的处理、处罚意见;②移送有关主管机关、单位的意见;③改进财政收支、财务收支管理工作的意见。经济责任审计结果报告中对领导干部应当承担责任的问题或者事项,可以提出责任追究建议。

（二）明确"审计发现的主要问题"的内容要求

①反映被审计单位违反国家规定的财政收支、财务收支问题的，一般应表述违法事实、定性及依据、处理处罚意见及依据。②反映影响绩效的突出问题的，一般应表述事实、标准、原因、后果，以及改进意见。③反映内部控制和信息系统重大缺陷的，一般应表述有关缺陷情况、后果及改进意见。④专项审计调查中对政策、体制、制度及其执行中存在的问题，一般应表述问题事实、标准、原因及其影响，以及改进建议。对审计调查发现的主要问题，原则上应有明确的标准依据，并对问题产生的原因作深入分析，从而有针对性地向政府及有关部门提出完善政策、健全法规制度、加强管理的审计建议。⑤根据《党政主要领导干部和国有企业领导人员经济责任审计规定实施细则》第二十四条的规定，经济责任审计在反映审计发现的主要问题的基础上，还应按照权责一致原则，根据领导干部的职责分工，在充分考虑相关事项的历史背景、决策程序等要求和实际决策过程，以及是否签批文件、是否分管、是否参与特定事项的管理等情况，依法依规认定其应当承担的直接责任、主管责任和领导责任。

（三）审计机关应当依法作出处理处罚决定

根据《国家审计准则》第一百二十六条的规定，对审计或者专项审计调查中发现的被审计单位违反国家规定的财政收支、财务收支行为，依法应当由审计机关在法定职权范围内作出处理处罚决定的，审计机关应当出具审计决定书。

六、关于审计报告中"其他需要揭示的事项"的规范要求

（一）明确"其他需要揭示的事项"反映的原则

①主要反映审计发现的由于历史遗留或政策不完善、法规制度不健全等原因导致的问题或现象；②非被审计单位自身原因导致的可能关系国家经济安全、信息安全和影响人民群众经济利益的重大事项；③其他需要提请上级有关部门、有关单位引起重视并逐步研究解决的重大事项；④其他事项。

对应"其他需要揭示的事项"，审计机关一般应当提出深化改革、加强管理、完善法律法规、贯彻落实国家方针政策、建立健全制度、妥善处理历史遗留问题等审计建议。

（二）明确"其他需要揭示的事项"的内容要求

一般应表述需要揭示事项的具体情况、分析产生问题或现象的原因及

其所产生的后果或对目前及未来的影响等,并提出审计建议。

七、关于审计报告征求意见的规范要求

(一)明确审计报告征求意见的范围

该范围包括:①审计组在实施审计或者专项审计调查后,应当集体讨论审计实施情况和审计结果,并作出记录,在此基础上提出审计报告。审计组集体讨论确定有关事项是编制审计报告的必经程序。无论审计项目资金规模大小或者简单复杂程度如何,每一个审计项目在编制审计报告的过程中都必须履行这一程序。相关记录或者会议纪要应作为重要管理事项记录归入审计项目档案。这也可理解为编制审计报告在审计组内部征求意见。②审计组提出的审计报告按照审计机关规定的程序审批后,以审计机关的名义征求被审计单位、被调查单位和拟处罚的有关责任人员的意见。对于审计机关统一组织的审计项目,根据需要编制审计综合报告,必要时,应当征求有关主管机关的意见。③经济责任审计报告还应当征求被审计人员的意见;必要时,征求有关干部监督管理部门的意见。④审计报告中涉及的重大经济案件调查等特殊事项,经审计机关主要负责人批准,可以不征求被审计单位或者被审计人员的意见。

(二)对征求意见的审计报告有异议的处理

该类处理方式有:①被审计单位、被调查单位、被审计人员或者有关责任人员对征求意见的审计报告有异议的,审计组应当进一步核实,并根据核实情况对审计报告作出必要的修改。必须强调的是,审计对象提出的异议有事实和法律法规依据、有相关证据支持、言之有理的,审计组应当予以采纳。②审计组应当对采纳被审计单位、被调查单位、被审计人员、有关责任人员意见的情况和原因作出书面说明。③审计组应当将被审计单位、被调查单位、被审计人员或者有关责任人员对审计报告的书面意见及审计组采纳情况的书面说明报送审计机关业务部门复核。④审计机关业务部门应当对被审计单位、被调查单位、被审计人员或者有关责任人员提出的合理意见是否采纳进行复核,并提出书面复核意见。

八、关于审计项目审计业务会议审议的若干要求

(一)明确审议范围

审计项目审计业务会议审议是审计机关行之有效的审计质量控制机制

之一,必须坚持不懈,不断强化。为进一步加强审计项目质量控制,保证审计质量,防范审计风险,根据《上海市审计局审计项目审计业务会议审议规则》(沪审法〔2011〕65号)的规定,由局长主持召开的审计业务会议审议范围是:①审计结果报告需要上报市政府或审计署的;②审计查出问题的金额巨大或情节严重,或者被审计单位与审计组对审计结论或责任界定存在较大分歧,或者审计处理、处罚存在法律适用疑难,分管副局长认为需要提交局长主持的审计业务会议审议的。

(二) 争议事项处理

在审计报告书面征求被审计单位意见前已召开审计业务会议审议,书面征求被审计单位意见后,被审计单位提出较大分歧意见的,或者审计机关审理机构在审理过程中对审计结果类文书中的有关内容与审计机关业务部门有重大争议的,可以报经该审计项目分管副局长或者总审计师同意后,审计机关审理机构可以组织专家进行论证,并提请再次召开审计业务会议审议审定。

九、关于审计项目审理的若干要求

(一) 明确审理职责

审计项目审理是指审计机关审理机构依据《审计法实施条例》《国家审计准则》的有关规定,对审计机关业务部门提交的反映审计项目过程和结果的相关资料进行审查、修改,并提交审计结果类文书的行为。审理工作在审计机关业务部门按规定程序完成审计报告等审计结果类文书代拟稿的复核后进行。审计机关审理机构的主要工作职责是审查修改审计报告、审计决定书等审计结果类文书,提出审理意见。同时,审理机构也承担审计机关规定的其他职责,如审核有关审计信息等。

(二) 明确审理内容

为了进一步加强审计项目质量控制,切实履行审理职责,规范审理行为,根据《国家审计准则》和《上海市审计局审计项目审理工作办法(试行)》(沪审法〔2011〕65号)的规定,审理工作以审计实施方案为基础,重点关注审计实施的过程及结果。主要审理下列内容:①审计实施方案确定的审计事项是否完成;②审计发现的重要问题是否在审计报告中反映;③主要事实是否清楚、相关证据是否适当、充分;④适用法律法规和标准是否适当;⑤审计评价、定性、处理处罚意见是否恰当;⑥审计程序是否符合规定。

在审理过程中,审理人员应当重点审理被审计单位有异议事项、认定审计对象应负责任事项、审计移送处理事项、作出审计决定事项等重要事项的审计工作底稿和审计证据。

（三）审理结果处理

审计机关审理机构进行审理后，可以根据情况采取下列措施：①要求审计组补充重要审计证据；②对审计报告、审计决定书进行修改。

审理过程中遇有复杂问题的，经审计机关负责人同意后，审计机关审理机构可以组织专家进行论证。

审理过程中，遇审计机关审理机构与审计组所在业务部门有争议或涉及重大事项时，应当进一步了解、沟通。之后，双方仍存在争议的，应当向总审计师和审计组所业务部门分管副局长报告。必要时，提请再次召开审计业务会议审定。

（四）审理情况通报

审计机关审理机构对审计项目的审理情况和审计结果类文书的修改情况，应当作为审计业务考核的依据。审计机关审理机构应当对审计项目审理情况进行定期分析、总结，反馈审计机关各业务部门，报告审计机关负责人，建立审计项目审理情况通报制度。

十、实行审计业务分级质量控制与质量责任追究和年度考核制度

（一）实行审计业务分级质量控制

根据《国家审计准则》第一百七十四条以及《上海市审计局审计业务分级质量控制责任制（试行）》（沪审法〔2011〕41号）的规定，上海市审计局实行审计组成员、审计组主审、审计组组长、审计机关业务部门、审计机关审理机构、审计机关负责人对审计业务的分级质量控制。

（二）明确审计质量责任

根据《国家审计准则》第一百七十六条、第一百七十九条、第一百八十三条和第一百八十六条的规定：①审计组成员应当对未按审计实施方案实施审计导致重大问题未被发现的；未按照《国家审计准则》的要求获取审计证据导致审计证据不适当、不充分的；审计记录不真实、不完整的；对发现的重要问题隐瞒不报或者不如实报告的事项承担责任。②审计组组长应当对审计项目的总体质量负责，并对审计实施方案编制或者组织实施不当，造成审计目标未实现或者重要问题未被发现的；审核未发现或者未纠正审计证据

不适当、不充分问题的;审核未发现或者未纠正审计工作底稿不真实、不完整问题的;得出的审计结论不正确的;审计组起草的审计文书和审计信息反映的问题严重失实的;提出的审计处理处罚意见或者移送处理意见不正确的;对审计组发现的重要问题隐瞒不报或者不如实报告的;违反法定审计程序的事项承担责任。③审计机关业务部门应当及时发现和纠正审计组工作中存在的重要问题,并对审计组请示的问题未及时采取适当措施导致严重后果的;复核未发现审计报告、审计决定书等审计项目材料中存在的重要问题;复核意见不正确的;要求审计组不在审计文书和审计信息中反映重要问题的事项承担责任。审计机关有关业务部门对统一组织审计项目的汇总审计结果出现重大错误、造成严重不良影响的事项承担责任。④审计机关审理机构对审理意见不正确的;对审计报告、审计决定书作出的修改不正确的;审理时应当发现而未发现重要问题的事项承担责任。⑤审计机关负责人对审计项目实施结果承担最终责任。

(三) 实行审计质量责任追究

根据《国家审计准则》第一百八十七条和《上海市审计局审计项目质量责任追究办法(试行)》(沪审法〔2011〕41号)的规定,上海市审计局对审计人员违反法律、法规和《国家审计准则》的行为,依法追究其审计质量责任。

(四) 实行审计业务年度考核制度

根据《国家审计准则》第一百九十四条的规定,审计机关应当实行审计业务年度考核制度。审计机关实行审计业务年度考核制度是审计机关审计业务管理的重要内容,也是对审计机关审计业务质量监督评价的重要措施。考核的主要内容是审计质量控制目标的实现情况,即检查和评估法律法规和《国家审计准则》是否得到遵守,审计结论是否恰当,以及审计处理处罚是否依法进行。审计机关审计业务年度考核制度与审计业务质量检查制度、优秀审计项目评选、审计质量控制制度及其执行情况评估制度相辅相成,共同构成落实《国家审计准则》"审计质量监控"要求的重要制度。当然,审计业务年度考核本身不是目的,而是帮助审计机关实现审计质量控制目标的管理手段。通过审计业务年度考核,评估审计质量控制的成效,旨在提高审计机关审计业务的整体质量,推动审计质量控制目标的最终实现。

(本文刊于《上海审计》2014年第6期、《青海审计》2014年第6期、《现代审计》2015年第1期、《中国审计报》2015年3月25日、《山西审计》2015年第4期、《山西审计》2015年第5期)

外国审计机关绩效审计探析

绩效审计是当今世界审计领域有别于财务审计、合规审计的一大审计类型。绩效审计作为现代审计的重要标志,是世界政府审计的主流,是我国政府审计的发展方向。长期以来,美国、英国、德国、法国、加拿大、日本、俄罗斯、印度、南非等国家的审计机关致力于开展绩效审计,取得了显著成效。这些国家审计机关开展绩效审计的有益经验和做法,值得正在探索绩效审计的我国审计机关学习借鉴。

一、外国审计机关绩效审计概况

(一) 美国审计署

美国的政府绩效审计经过40多年的发展,在帮助政府进行角色调整、风险管理和综合治理等方面均发挥了显著作用。如今美国审计署的绩效审计开展比例已达到85%。美国审计署通过关注联邦政府各机构的工作效率和整体运行,不断对各相关部门及政策工具进行评估,服务国会和美国民众,成为美国国家治理的重要保障。2013财政年度,美国审计署发布了709份报告,提出了1 430项建议,全年审计工作为联邦政府产生可量化的经济效益达515亿美元,提出的审计建议有80%被国会和审计单位采纳。随着治理全球化,美国审计署的绩效审计更加关注国家政策措施的全球和区域风险,绩效审计报告内容也随之扩展到众多非传统领域,其中国土安全、老兵事务、国际事务等审计业务增长幅度较大。

1. 绩效审计职责。根据美国现行法律,美国审计署绩效审计的法定职责包括:一是对联邦政府履责情况和绩效进行审查评估,并向国会提交审计报告或发表证词,包括政府履行法定职责的绩效状况、重大政策实施状况及效果、重大决策事项等。二是对联邦现行重大外交、军事、财政、金融和商业政策进行跟踪审计,评估政策执行、政策本身的有效性并提出完善建议。三是对联邦机构和投资项目(包括接受联邦资金资助的地方政府和私营机构)进行绩效审计评价,提出建设性意见,以帮助改进管理,提高绩效。

2. 绩效审计特点。一是绩效审计战略目标与国家治理目标的内在一致性。美国审计署的绩效审计紧紧围绕美国国家治理目标开展工作,顺应国家治理的新需求扩大关注角度。美国审计署制定六年战略规划,且每四年更新一次。以 2007—2012 年战略规划为例,美国审计署绩效审计的战略目标分别是帮助国会和政府应对金融安全问题、本土安全威胁和全球化挑战,帮助政府进行角色转换以适应 21 世纪挑战。二是开展政府职能"重复、交叉与分割"审计。2010 年,美国审计署针对联邦政府巨大的债务赤字导致政府财政的不可持续发展问题,通过审计调查结合例行的审计工作,确定了联邦政府部门职能中不必要或潜在的重复和交叉事项,找到了存在职能分割的项目和领域,提出了解决措施,进而节约了行政成本。在近期公布的 2014 年度报告中,披露了 11 个发生重复、交叉与分割的政府行为证据,15 个可避免浪费的领域,向国会提出了 64 项改进措施,预计可节省 5 亿美元以上的财政支出。三是采用科学的审计方法。美国审计署采用综合评价法、结构访谈法、案例研究法等审计方法提高绩效审计质量。其中前瞻性分析审计是美国审计署绩效审计实务中的重要方法。美国审计署开展的前瞻性分析评价内容包括政府如何做好对未来需求、成本和结果的预测,以更好地为国会决策提供服务。

3. 绩效审计报告。绩效审计报告是美国审计署审计报告的主要组成部分,称之为"报告与证词"。绩效审计报告所涉及的被审计部门和机构可以分成行政部门、独立机构、司法机构、立法机构、国际组织、特殊领土六类。美国审计署网站显示,其累计发布的 5.2 万余份审计报告中,涉及行政部门的报告最多,达 3 万余份;其次是独立机构,将近 1 万份。绩效审计报告所涉及的专题非常广泛,包括审计与财务管理、预算与支出、经济发展、教育、就业、能源、金融市场与制度等 30 余个。涉及最多的专题是审计与财务管理 9 700 余份,其次是政府运营 8 100 余份。在发布的绩效审计报告中,有一部分被称为"证词",是美国审计署根据国会有关委员会的要求提供的,为该委员会职责范围的事项提供证据支持。2010 财政年度,美国审计署向国会提交了 67 份证词。2012 财政年度,美国审计署在国会有关委员会会议之前作证 159 次。

(二)英国审计署

英国的绩效审计走在世界审计的前列。英国审计署每年完成约 60 个单独的绩效审计项目,财务审计项目也均包含了绩效审计的内容。绩效审计范围涉及国防、交通、教育、环境、养老、卫生、文化、法律、财政、农业等众多领域,主要关注政府的项目、方案和举措是如何实施的;改进财政管理和财政报告;信息的更好利用;确保公共服务的有效开支。审计报告内容包含如何进一步提高公共服务水平的建议。英国审计署绩效审计取得了显著的经济绩效。根据最新公布的数据,2013—2014财政年度,英国审计署共发布了66份绩效审计报告和4份关注本地公共服务的研究报告,通过开展绩效审计,为英国增加各项收益或节约各项费用合计约11亿英镑。

1. 绩效审计计划的重点。英国审计署绩效审计计划的重点每年都有变化,以反映主要领域工作重点的变化。目前,英国审计署绩效审计工作重点:一是降低成本。审查政府机构如何制订并具体执行结构化缩减开支的计划。二是责任。关注政府改组的影响,以及责任交付新模式的运转情况。三是地方一级的服务提供。研究整个服务提供系统,或关注地方一级的融资渠道以及实施和管理方法。四是跨政府问题。关注跨政府或多个政府机构,从中提炼成功的做法。五是解决主要经济挑战。定期审查政府为改善当前经济状况而实施的主要行动。英国审计署对议会负责,执行政府绩效审计的目的在于就财政收支、资源管理等政策目标实施过程中的经济性、效率性和效果性向议会提供独立信息。为维护审计人员的独立性,英国审计署不对政策目标的自身优劣进行评价。

2. 绩效审计模式及主要方法。一是收集审计证据。英国审计署在绩效审计中常用的证据收集方法可分为定量法和定性法两类。定量法主要包括调查法、案例研究、统计分析法等;定性法主要包括访谈法、观察法、文档和实物证据法等。二是分析审计证据。英国审计署在绩效审计中常用的证据收集方法可分为定量分析法和定性分析法两类。定量分析法包括:初步分析法、统计推断法、统计检验法、数据关联分析法等。定量分析主要通过计算机辅助审计技术进行数学和统计分析,检查定量数据的偏差、异常、极端值、信息丢失以及数据的合理性,在此基础上剖析数据探测信息所蕴含的模式、趋势和联系。定性分析法包括:编码和抽象法、数据矩阵法、序时分析法、频率计算法等。三是得出审计结论。英国审计署在绩效审计中经常采用"碰头会"的方法,即审计人员向审计组全体成员讲解审计的结果,将审计报告与审计证据联系起来,避免得出有失偏颇的审计结论。

3. 绩效审计标准和跟踪检查。英国审计署在绩效审计中并不自己制定绩效审计标准,而是借助历史数据、各行业主管部门绩效管理指标体系、社会权威质量评估机构评判标准,以及审计部门以往的审计资料构建绩效审计指标体系,确保绩效审计中引用的数据、标准、指标、评价结果既能被社会各界接受,又能对政府各部门的绩效管理产生切实的功效。此外,跟踪检查是英国审计署绩效审计循环的最后一个环节,是保证审计质量、评价审计效果的一项重要措施。该环节工作内容包括:一是确认审计影响。绩效审计影响分为量化的经济影响、量化的非经济影响和质的影响三类。二是实施建设性的事后监督工作。事后监督采用新闻媒体报道、外部监督、征求被审计单位意见和审计组复核四种方式。值得注意的是,目前,英国审计署绩效审计报告质量的评价工作由伦敦经济学院的独立专家组承担。

(三)德国联邦审计院

作为德国最高联邦机构之一的联邦审计院,主要通过财政监督、咨询建议以及自身厉行节约的原则,来确保国家机器运行的合法合理高效。联邦审计院在预算监督方面的主要内容是审查预算单位的支出是否符合法律、是否经济节约,重点是经济性。联邦审计院一般不评价一项政治决策,而是在审计报告中提供关于事实的信息和数据,在其法律允许的范围内承担咨询任务,提供决策帮助。联邦审计院承担建议和咨询任务的目的在于避免或减少发生财政方面的错误并提高效用。咨询是德国联邦审计院在其经济性审计方面的独到之处,重视事前的经济性研究与分析。建议包含如何提高质量以及开源节流的方式。

横向审计是目前德国联邦审计院最受重视并广泛运用的审计形式之一,它是适应经济性审计的开展而出现的。横向审计是就同一审计题目或问题,对许多不同的公共部门和单位进行比较分析,查明产生问题的原因,提出处理办法和建议。横向审计分为三类:部门内部单位间的横向审计;不同部门间的横向审计;不同部门内部单位间的横向审计。德国联邦审计院的横向审计,是比较、分析方法在审计工作中的灵活运用。这一审计方式,帮助审计人员找到评价经济性的标准,查明问题存在的原因,有针对性地提出改进建议,易于被审计单位所接受。同时,它有助于审计人员发现带有普遍性、代表性的问题,从宏观角度提出意见和建议,以促使财政预算的调整和立法的完善。作为德国联邦审计院进行经济性审计的一种独特审计方式,横向审计在经济性审计中发挥着重要的不可替代的作用。

(四)法国审计法院

法国审计法院的主要任务是对国家公共财政收支和预算执行及决算情

况进行事后审计,审核其准确性、合规性和真实性,以及公共资金的使用效益和公共管理绩效。法国审计法院的审计有两大目的:一是通过司法裁决或向其他司法机构提诉来纠正违法违规问题;二是通过提出审计建议来促进管理改进和实施改革措施。从审计活动的性质来看,法国审计法院的审计活动分为司法性审计和非司法性审计两种。司法性审计针对的是公共会计账目,非司法性审计针对的是审计对象的经营管理状况。

非司法性审计除了对公共政策的评估外,最主要的是开展管理审计,即绩效审计。管理审计包含了财务、效益、责任等方面的内容,关注审计对象管理活动的经济性,人力、财务及其他资源的利用效率,业绩效益及其影响。管理审计涉及政府各个部门及其公共机构、社会保险机构、国有企业以及国家拥有部分资产的合营企业、国家给予财政补贴或享受国家税收优惠的企业。管理审计与公共会计账目审计紧密结合在一起,是一种综合性审计活动。在长期的审计实践中,管理审计通过对企业或机构管理活动的科学性、有效性进行客观、系统的评估,提出整改、优化意见和建议,推动了经济、社会、教育、保险、环境保护等领域的健康发展,得到了法国社会和国民的广泛认可。

(五)加拿大审计署

加拿大法律规定,加拿大审计署的主要目标是:以其特殊的地位,对联邦内阁政府的责任和业绩作出独立的评价和建议,以强化和完善公共经济责任。从当前状况和发展趋势看,加拿大审计署已由审查单纯的财务信息转变为越来越关注非财务信息,比如审查政府部门的运转是否符合立法规定,重大项目的效益、效率、效果如何等。加拿大审计署按审计目标划分的职责,除了真实性审计和合法性审计这两种传统的财务审计外,另一项职责是开展综合审计(含绩效审计)。加拿大审计署的审计工作,大部分是综合审计,小部分是财务审计。

综合审计是将传统的财务审计与绩效审计结合起来,用综合性的工作方式来实施审计,是财务鉴证、遵循授权和货币价值的全面审计。对政府及其部门的综合审计,内容包括政府组织或职能、活动或项目等的合法合规性、经济性、效率、效果,对环境的影响,对社会公平正义的维护,对公共财产的保护等。但对政策制定和政府项目立项本身的合理性不提出质疑,也不评价政府政策的成就。加拿大审计署要求所有政府规划都制定有效性方面的绩效标尺,并负责对是否存在这些标尺以及这些标尺的适当性进行评价。

与传统财务审计相比,综合审计难度较大,所耗费的审计资源多。综合审计的基本特征:一是广泛性,指审计数量、内容和范围具有广泛性。二是协调性,指最大可能地与内部审计机构协调或依靠其工作。三是周期性,指审计报告时间依据被审计单位的大小或复杂性来决定,一年一次或多年一次。四是建设性,促进加拿大法律法规和政策的日趋规范。值得注意的是,早期综合审计中的绩效审计即"3E",指经济性、效率和效果审计,后来增加了环境审计和公平性审计,把"3E"拓展到了"5E"。

(六)日本审计院

日本审计院(日本会计检查院)作为宪法规定的独立于内阁的机关,担负着"检查国家和法律规定的机关的会计行为,监督其经营管理和会计事务是否真实有效"的职责。20世纪90年代后期,日本开始引进并应用新公共管理理论与方法,强调绩效审计和政策评估。1997年,日本修订了《审计院法》,在法律上增加了业绩检查的内容,明文规定审计院对正确性、合规性、经济性、效率性及有效性进行检查。日本审计院审计内容的重点从正确性及合规性审计向经济性、效率性及有效性审计的转移,反映了现代审计的重心开始从微观意义上的会计审计向宏观意义上的绩效审计的转变。日本审计院正在由过去的单方面审计向多方面审计转型。不过,为了防止介入国会或者内阁的责任领域,日本审计院在进行绩效审计时非常谨慎。在通过审计指出某项政策措施或公共事业缺乏有效性时,日本审计院一般仅仅表明意见,对于如何采取对策作出改善处置,则完全交给内阁主管省、厅。

日本审计院在绩效审计中,努力强化经济性、效率性及有效性的业绩评价型检查,特别是事业项目执行效果的有效性检查,重点是将有效性和经济性作为审计内容。经济性的标准是指机关、企业的实行以及预算的执行能否用最少的费用实施进行,即事务事业以及预算的执行方面是否还有节约费用的空间。效率性的标准是指相同的费用能否取得更大的成果或是和费用对比能取得最大化的成果。有效性的标准是指机关、企业的实行以及预算的结果是否达到预期的目的,是否实现预期效果。

(七)俄罗斯联邦审计院

俄罗斯联邦审计院的特色工作是战略审计,一方面是从宏观视角分阶段动态评价国家重点战略规划的可实现性和风险,提出改进战略的意见;另一方面是动态监督重大战略和政策的贯彻落实情况,揭露问题,促进整改。在开展战略审计中,俄罗斯联邦审计院注重在绩效审计结果和财务审计数据的基础上,关注战略审计目标的相互关系,确保战略审计、绩效审计和财务审计的平衡性和综合性。俄罗斯联邦审计院对公共资金使用情况进行绩效审计时,不仅针对资金的使用进行核查,同时也按国家总体目标和计划对财务资源的开支进行核查。

俄罗斯联邦审计院绩效审计的主要目标是审核实体的经济、效率和业绩情况。在实施过程中,主要考虑的指标包括经济性、效率性和效益性。俄罗斯联邦审计院绩效审计的基本原则是对以下活动作了规定:劳动力资源、财务资源和其他资源的使用和效率;公共项目的管理、规则、组织、执行、控制情况的效率和业务范围;公共组织开展的活动是否按确定的宗旨和目标进行;落实公共事业项目的成本效益;查明阻碍达到所需质量标准和目标的因素;分析问题产生的原因,并确定提高工作效率的方式。俄罗斯联邦审计院在对公共资金使用情况进行绩效审计时,采用公共资金使用情况和其成本之间的比率来确定公共资金使用效率,这包括公共资金使用的经济性、效率性和效益性。

(八)印度主计审计长公署

印度主计审计长公署的审计实施主要包括三个方面:财务审计、合规性审计、绩效审计。合规性审计往往包含在财务审计中进行。绩效审计旨在检查工程、方案、项目、活动等的计划和执行情况,并评价其绩效和效果。印度主计审计长公署的绩效审计项目通常由总部办公室在考虑其对人民生活的重要性、覆盖范围、影响程度等条件之后予以选择。一般而言,涉及大量支出和覆盖全国活动的主要项目是选择的对象,但是方案的复杂性、内容和执行困难也是影响选择的因素。相对于具有年度预算限制的全国性方案,在较小地区执行的方案应当被优先选取。

印度主计审计长公署绩效审计的主要内容包括:调研、调查可行性研究的充分性;项目、计划、方案等的时间安排;关于执行情况和监控的制度和程序;物质成果、财务成果与预期目标的相关性;物资管理和存货管理的相关安排;期中估价结果;范围变化的影响;计划时间表的遵守情况和时间或成本的超支;预计收入的完成情况。绩效审计的方法包括检查系统和结构、检查文件、询问行政人员、基于部门的数据库进行分析等。为了完善国家审计机关监督机制,印度主计审计长公署接受由加拿大、澳大利亚、墨西哥、荷兰、瑞典、挪威、南非等国家最高审计机关组成的国际同业互查组对于其绩效审计的审查,并对外披露同业互查报告。

（九）南非审计署

目前，随着南非政府绩效管理改革的日益深化，对公共部门的绩效考评在政府财务报告审计中扮演着越来越重要的角色。绩效审计是南非审计署的重要业务之一，南非审计署的价值观坚持绩效导向。根据南非相关法律，公共部门财务官员有义务提交《年初既定绩效目标实现情况报告》，并接受南非审计署的审查。南非审计署的战略目标中，高度重视政府公共部门的资金使用和管理效率，并要求深入分析审计结果产生的根本原因，以此制定切实有效的整改措施，促进公共部门提高资金的使用效率。同时，南非审计署强调助力完善会计制度，提高政府部门的财务管理效率。

近几年，南非审计署政府财务报告审计的重点内容有四个方面：一是重点审查《年初既定绩效目标实现情况报告》所含绩效信息的可靠性和有效性，并对照规定的目标对公共部门进行绩效考评；二是重点审查政府采购行为对《政府采购法》的遵从程度，包括采购竞争的公开性和有效性，交易的公平性和合理性，以及政府采购宏观目标的实现情况；三是重点审查公共部门人力资源管理情况，关注其机构人员的配置情况及组织绩效；四是重点审查公共部门的信息系统管理，关注数据的完整性、系统的安全性与内控的有效性。

二、外国审计机关绩效审计对我国审计工作的启示

（一）明确政府绩效审计的法律地位

依法审计是现代审计制度建立和运行的基础。美国1974年制定了《国会预算与拨款控制法案》，英国1983年出台了《国家审计法》，都对开展绩效审计作出了法律规定。虽然我国有关审计法规制度对绩效审计有原则要求，但规定不健全，针对性不强，缺乏操作性。为了保障绩效审计的监督权和建议权的充分发挥，我国需要建立健全政府绩效审计的相关法律法规，为绩效审计开展提供法制保障。具体途径为：通过修订现行的《审计法》及其实施条例，或制定专门的政府绩效审计条例，对政府绩效审计的审计目标、审计主体、审计客体、权利义务、法律责任、公告规定等加以明确，对我国政府绩效审计的制度安排作出规定，以确立政府绩效审计在我国审计监督体系中的法律地位。

（二）制定政府绩效审计准则或指南

从1972年迄今，美国审计署制定并发布了7版《政府审计准则》。最新

版政府审计准则称为2011版政府审计准则,涵盖了财务审计、绩效审计和舞弊审计等主要审计业务类型。英国审计署为开展绩效审计,颁布了《绩效审计手册》,对绩效审计的质量控制提出了指导性意见,用绩效标准强化审计质量。目前,我国政府绩效审计缺乏规范化,审计操作难以遵循,审计质量无法考评。我国审计机关应在具体的审计实践操作中,通过修订国家审计准则和制定《绩效审计指南》,对绩效审计的审计内容、审计程序、审计评价标准、审计方法、审计报告格式等予以细化,规范绩效审计的具体业务和质量标准,以保障绩效审计结果公允,促进绩效审计快速发展。

(三)拓展公共政策执行情况绩效审计

1993年颁布的《政府绩效与成果法》,为美国审计署开展公共政策评价研究提供了法律依据。该法案使美国审计署从监管联邦政府部门局部的、具体项目的执行层面,上升到监管国家整体战略计划实施的层面,并为美国审计署公共政策评价提供了科学评价指标体系。如今,绩效审计、项目评价和政策分析占到美国审计署工作量的90%以上。现阶段,我国绩效审计未能完全满足国家治理的需要,必须拓展绩效审计范围,践行审计服务国家治理的理念。公共政策执行情况绩效审计是一种宏观、高层次的政府绩效审计。服务理念应当作为政府绩效审计的指导思想。当前,要加大对中央重大政策措施贯彻落实情况的跟踪审计力度,把促进政策措施贯彻落实作为审计工作重点,持续跟踪审计各地区、各部门贯彻落实中央重大政策措施情况,及时发现和纠正有令不行、有禁不止行为,及时揭示和反映政策执行中出现的新情况新问题,促进政令畅通,发挥政策效用,推动国家治理机制良好运行。

(四)在各个审计领域加大绩效审计力度

外国审计机关绩效审计内容丰富,覆盖面广。例如,英国审计署绩效审计对象范围主要包括五个方面:一是政府工程建设项目投资和实际运行情况绩效审计;二是大额财政资金使用情况绩效审计;三是公共部门日常管理活动情况绩效审计;四是环境保护绩效审计;五是对公众关注的事项绩效审计。我国审计机关要把绩效理念贯穿审计工作始终,在各个审计领域加大绩效审计力度。要开展财政预算执行绩效审计,持续关注财政资金的存量和增量,推动财政资金合理配置、高效使用,促进财政提质增效。要加强财政专项资金绩效审计,关注财政支出的绩效,促进财政专项资金规范高效使用。要加强"三公"经费、会议费使用和楼堂馆所建设等方面的审计,促进厉行节约和提高行政运行绩效。要加大对民生和资源环保项目的绩效审计力度,深入分析财政投入与项目进展、事业发展等情况,坚持纵向到底,循着资金流向走,从政策要求、预算安排、资金拨付一直追踪问效到项目或个人,推动民生改善和生态文明建设。要加强国有企业经营绩效审计,促进国有资产保值增值。要加强国家建设项目投资绩效审计,促进提高项目投资绩效。要加强外资运用绩效审计,促进提高利用外资的质量和效益。经济责任审计与绩效审计在审计目标上有共同之处,从某种意义上说,经济责任审计是领导干部履职绩效审计。要以绩效审计理念提升经济责任审计目标、深化经济责任审计内容、创新经济责任审计方法、完善经济责任审计评价,促进绩效审计与经济责任审计全面结合,推动经济责任审计转型升级。

(五) 坚持探索开展独立型绩效审计项目

从世界审计领域的发展趋势看,绩效审计已经成为政府审计的主流。提高政府绩效是公共管理的基本目标之一。外国审计机关每年都安排一定数量的独立型绩效审计项目,有的还制定绩效审计战略规划。例如,美国审计署已将绩效审计年度计划与国会听证需求相衔接,形合动态耦合机制。相比之下,我国审计机关绩效审计尚处于起步阶段,独立型绩效审计项目安排甚少。从目前我国审计工作实践来看,独立型绩效审计与结合型绩效审计并重是现实的选择。独立型绩效审计是指专门单独立项开展的绩效审计项目,主要审查和评价审计对象配置、使用、利用财政资金和其他公共资源的绩效目标设定情况;财政资金投入和使用情况,其他公共资源配置和利用情况;为实现绩效目标制定的制度、采取的措施和绩效目标的实现程度及效果。独立型绩效审计是绩效审计的发展方向,逐步开展独立型绩效审计是绩效审计工作走向高端和成熟的标志。我国审计机关在制定审计工作五年规划和年度审计项目计划中,应结合自身实际情况和工作目标选择,坚持独立型绩效审计和结合型绩效审计并重,加大探索独立型绩效审计的比重,不断扩大绩效审计的影响,推动绩效审计实践向"促进良治"的目标发展。

(六) 加强政府绩效审计队伍建设

绩效审计涉及范围广,对审计人力资源的结构要求更为复杂。美国审计署员工知识背景包括会计、法律、工程、公共管理、经济学、社会科学等。德国联邦审计院多数审计人员具有法律背景,同时也雇用商科和经济类毕业生、计算机专家以及建筑、机械、通信、电子和信息技术等领域的工程师。同时,绩效审计需要利用多种专业的专家。加拿大审计署每一项综合审计

（含绩效审计）都设有一个顾问委员会，由来审计署内外部具有优良的专业技能、洞察力、知识和经验的专家组成，他们通常是所在专业领域的领头人。为了保障政府绩效审计顺利实施，我国审计机关必须优化审计人员知识结构，吸收经济学、法学、管理学、统计学、数学等知识背景的人员充实审计队伍。同时，应根据不同的绩效审计项目，在审计实施之前对审计人员进行专门的业务技能培训，尤其要注重对目标审计、内部控制审计、管理审计等方面的培训。此外，要建立和完善绩效审计专家库、社会中介机构库，优化绩效审计专家聘任和聘请社会中介机构人员参与绩效审计的方式、方法，充实绩效审计力量，提高绩效审计质量。

（本文刊于《上海审计》2015 年第 2 期、《国际商务财会》2015 年第 4 期、《财会学习》2015 年第 4 期、《长江论坛》2015 年第 2 期、《中国财经信息资料》2015 年第 14 期、《西部财会》2015 年第 5 期、《河南商业高等专科学校学报》2015 年第 2 期、《理论建设》2015 年第 3 期、《山西财政税务专科学校学报》2015 年第 2 期、《教育审计》2015 年第 2 期、《现代审计》2015 年第 5 期、《中国审计报》2015 年 12 月 2 日、《预算管理与会计》2016 年第 1 期、《上海经济》2016 年第 2 期）

促进审计教育界与审计实务界优势互补协同发展

上海是我国高等教育最集中的地区之一,全市共有本科普通高等院校37所。同时,上海也是我国审计、会计高等教育的重点地区之一。上海对外经贸大学、上海立信会计学院、上海海关学院、上海金融学院、上海政法学院5所高校开设审计学本科专业;上海交通大学、上海国家会计学院、上海立信会计学院3所高校开展审计专业学位硕士教育。此外,复旦大学、上海交通大学、同济大学、华东师范大学等21所高校开设会计学本科专业;复旦大学、上海交通大学、同济大学、上海财经大学等16所高校开展会计学术学位硕士教育;复旦大学、上海交通大学、同济大学、华东理工大学等7所高校开展会计专业学位硕士教育。会计学本科专业、会计学学术学位硕士教育和会计学专业学位硕士教育均开设审计课程。上海高校拥有一大批从事审计教学的教育工作者。高校审计专业可谓与国家审计机关、内部审计机构、社会审计组织并列的审计战线的第四路大军。如何充分发挥好审计教育界的资源优势,实现其与审计实务界的优势互补、协同发展,是事关上海审计事业科学发展的重大问题,应当予以重视。

一、充分发挥审计教育界的智力优势

审计教育界集中了一大批审计、会计、财务管理、信息系统审计等专业的教授、学者。他们学有专长,理论功底好,学术造诣高,具有智力优势和人才优势,是推动上海审计事业科学发展的宝贵资源。要采取有效措施,充分发挥审计教育界在审计理论研究、审计学术交流、审计人才培养等方面的重要作用,为上海审计事业科学发展提供智力支持。

(一)审计理论研究方面

1. 吸收高校教师参加审计课题研究。就上海市审计局而言,目前承担的课题研究包括审计署重点科研课题、上海市科技发展基金软科学研究项目、上海市审计局审计科研课题;就上海市审计科学研究所而言,目前承担的课题研究包括上海市人民政府决策咨询研究重点课题、审计署审计科研所科研协作课题、上海市审计科学研究所课题；就上海市审计学会而言，目前承担的课题研究包括中国审计学会合作课题、上海市社会科学界联合会学会学术课题研究合作项目等。2014年，上海市审计局、上海市审计科学研究所、上海市审计学会共完成各类审计科研课题41项。开展审计课题研究，课题组成员要做到审计人员、审计科研人员、高校教授专家"三结合"，以提高课题研究水平，努力使上海审计科研工作走在全国前列。多年来，上海市审计局、浦东新区审计局、徐汇区审计局、松江区审计局等审计机关注重吸收高校教师参加审计课题研究，取得了良好效果。

2. 鼓励高校教师参加社会招标审计课题研究。2014年起，上海市审计局和上海市人民政府发展研究中心联合发布上海市人民政府决策咨询研究审计专项课题年度招标，两年共向社会公开招标"国家审计促进政府自身建设的作用和途径研究""自然资源资产负债表与领导干部自然资源资产离任审计研究""大数据环境下的审计方式和技术创新研究""审计在法治政府建设中的作用和途径研究"课题4项，共有7个高校教授专家组成的课题组参加课题投标。高校教师在社会招标审计课题研究中崭露头角。

3. 特邀高校教师担任审计科研机构特约研究人员。为加强审计科研队伍建设，2008年12月和2013年3月，上海市审计科学研究所先后两届在全市审计机关聘任特约研究员37人和56人。特约研究员的主要任务是：以优化组合的方式组成课题组，承担审计署下达的重点审计科研课题研究和市审计局立项的部分重点审计科研课题研究；承担市审计科学研究所委托的其他审计科研工作。今后可根据需要，聘请高校教师担任上海市审计科学研究所特约研究员，进一步发挥高校教师在审计理论研究中的重要作用。

4. 特邀高校教师参加审计课题立项评审和结题评审。目前，上海市审计局已特邀高校教授参加上海市人民政府决策咨询研究审计专项课题立项评审和上海市审计局审计科研重点课题结题评审。今后可更多地特邀高校教师参加审计课题立项评审和结题评审，以加强课题研究质量把关，促进提高审计科研水平。

（二）审计学术交流方面

1. 特邀高校教师参加审计专题研讨会或论坛。2012年12月，上海立信会计学院、浦东新区审计局联合举办"浦东审计创新论坛"，获得圆满成功。2015年，中国审计学会将举办"金融审计与区域性金融稳定"等专题研讨会。同时,其还将举办以"加强审计创新,完善审计制度、保障依法独立行使审计监督权"为主题的第三届全国审计青年论坛。上述专题研讨会和论坛将邀请各有关高校教学科研人员参加,以推动深化审计理论研究,加快青年审计人才培养,为审计人员和高校教学科研人员建言献策、展示风采搭建平台,促进审计事业健康持续发展。

2. 鼓励高校教师参加优秀审计论文评选。为推动群众性审计理论研究,上海市审计学会坚持每两年组织开展优秀审计论文评选。在2011年至2012年优秀审计论文评选中,高校人员获奖论文有5篇,占获奖论文总数的29%;在2013年至2014年优秀审计论文评选中,高校教师获奖论文有4篇,占获奖论文总数的22%。

3. 特邀高校教授举办审计学术报告会。为加强审计学术交流,2011年11月和2012年11月,上海市审计学会举办审计学术报告会,先后邀请复旦大学李若山教授、北京国家会计学院秦荣生教授作"经济发展方式转变与国家审计""关注云计算发展对会计、审计的挑战"学术报告。两场学术报告会作为上海市社会科学界联合会"学会学术活动月"系列活动,受到听众好评。

4. 加强审计科研机构学术交流。目前,除上海市审计局设有上海市审计科学研究所外,上海国家会计学院也设有审计研究所。要加强审计科研机构之间的学术交流,充分发挥审计教育界在审计理论研究方面的优势。

(三)审计人才培养方面

1. 举办审计业务培训班。2014年,依托上海立信会计学院的办学条件和师资力量,浦东新区审计局在审计业务培训方面作出了探索。2015年,上海市审计局举办"行政事业单位会计制度及内部控制规范"培训班,邀请上海立信会计学院教授授课。为加强审计机关审计业务培训,今后上海市审计培训中心可建立高校师资库。

2. 举办审计业务讲座。近年来,上海市审计局有关审计业务处分别邀请复旦大学、上海大学、南京审计学院、上海交通大学等高校教师,为审计人员作"资源环境审计研究""高校审计研究""计算机审计""计算机审计中级培训"等业务讲座,促进提高审计机关审计人员业务水平。

3. 举办内部审计人员后续教育培训班。2014年,上海市审计培训中心邀请上海立信会计学院教授,为内部审计人员后续教育培训班学员讲授"内部控制与监督"课程,促进提高内部审计人员业务水平。

4. 举办审计专业技术资格考试考前辅导班和参加高级审计师资格评

审。上海市审计培训中心每年邀请南京审计学院教授,为本市审计专业技术资格考试考前辅导班学员作初、中级审计师资格考试考前辅导和高级审计师资格考试考前辅导,受到好评。同时,上海市审计局聘请2名高校教授担任上海市审计系列高级专业技术职务任职资格评审委员会委员。

二、充分发挥审计实务界的实务优势

上海审计实务界具有较为雄厚的审计力量。截至2014年年底,在国家审计方面,除审计署驻上海特派员办事处外,另有上海市审计局和17个区(县)审计局,共有审计人员1 023人;在内部审计方面,全市共有内部审计机构1 626个,配备专、兼职内部审计人员5 421人;在社会审计方面,全市共有会计师事务所326家,拥有注册会计师6 111名。审计实务界的不少从业人员毕业于高校审计、会计等专业,努力报效母校是广大审计实务界人员的心愿。审计实务界要充分发挥自身优势,为高校审计专业在教学、科研、实习、就业等方面的发展提供广阔舞台,努力做审计教育界的坚强后盾,成为审计教育事业发展的重要基地。

(一)适当参与审计教育活动

高校审计专业教育旨在培养具备良好的政治思想素质和高尚的审计职业道德素养,系统掌握现代审计学基本理论及相关领域的知识和技能,具有开阔的国际视野、较强的专业实战能力、能够创造性地从事政府审计、注册会计师审计和内部审计工作的高层次应用型审计专门人才,为审计实务界补充人力资源。审计实务界拥有一大批实务经验丰富的审计人员,每年完成审计项目数以万计。他们来自审计一线,掌握审计信息和动态,了解审计实践与需求。审计实务界人员适当参与高校审计教学活动,理论联系实际,可以为审计教育注入动力,增添活力。具体参与形式包括审计实务界人员参加高校审计专业教育指导委员会或担任行业专家,为提高审计教学水平建言献策;担任研究生校外导师,指导研究生论文写作;开设研究生讲座,担任研究生暑期学校或论坛师资,传授审计知识和实务技能;参加研究生招生复试和毕业论文答辩,促进提高审计教育质量。

(二)为高校审计专业教学提供参考资料

审计实务界有着强大的审计法规库、鲜活的审计案例库和有效的审计经验库,可为高校审计专业提供教学参考资料。近几年来,上海市审计局先后编著和公开出版了《审计案例集》《审计案例选编》;浦东新区审计局先后编著和公开出版了《画说审计》《审计门诊》《案说审计》。这些审计出版物深入浅出,通俗易懂,具有很强的实践性,可供高校审计专业教学参考。

(三)为高校审计专业学生提供实践基地

高校审计专业是应用性很强的学科,只有注重实践操作,学以致用,才能学有所成。审计实务界要发挥自身优势,为高校审计专业学生提供实践基地。以上海立信会计学院为例,在国家审计方面,目前浦东新区审计局、松江区审计局成为其审计专业学生的实训基地或实习基地;在内部审计方面,目前上海汽车集团股份有限公司、上海市教育委员会审计中心成为其审计专业学生的实践基地;在社会审计方面,目前立信会计师事务所、沪港国际咨询集团成为其审计专业学生的产学研基地或实践基地。通过高校审计专业学生参与审计项目和审计机构审计人员现场带教,使高校审计专业学生接触审计实践,将所学知识转化为审计技能,为增长才干、实现就业创造条件。

三、充分发挥审计学会的桥梁纽带作用

上海市审计学会是本市审计科学研究的学术团体,主要涉及全市国家审计、社会审计和内部审计领域的理论和实务研究。市审计学会理事会已历经八届,现有个人会员660人,单位会员7个。市审计学会内设学术委员会和秘书处。学术委员会的职责是协助秘书处组织、指导研究活动,审定研究成果;学会秘书处具体负责学会日常工作。要充分发挥市审计学会的桥梁纽带作用,为审计界"四路大军"加强审计理论研究和学术交流,共同推进审计事业科学发展搭建平台,搞好服务。

(一)加强市审计学会在高校的组织建设

2008年以来,市审计学会已发展高校人员95人为市审计学会个人会员,已吸纳7所高校审计系(学院)为市审计学会单位会员。在市审计学会本届理事会86人中,高校人员9人,占10.5%;在市审计学会本届常务理事会23人中,高校教授3人,占13%;在市审计学会本届学术委员会11人中,高校教授5人,占45.5%。今后要继续大力发展高校中青年教师为市审计学会个人会员,切实加强市审计学会在高校的组织建设,发挥市审计学会的平台作用,为审计教育界加强与审计实务界的联系创造条件。

(二)培育高校审计理论研究队伍

2013年,中国审计学会对高校审计理论研究骨干情况进行摸底调查,上

海高校有10人入选全国审计理论研究人才信息库。2014年,市审计学会在会员中选派3名高校教师参加中国审计学会审计教育分会举办的以"国家审计在推进国家治理体系和国家治理能力现代化中的作用和途径"为主题的审计理论研究骨干培训班,帮助高校审计理论研究骨干开拓审计研究思路,把握审计理论研究热点。

(三)组织召开高校审计教育理论研讨会

市审计学会要以高校审计教育理论研究为导向,为审计教育界加强相互沟通联系搭建平台。近期,可分别以"国家审计机关、内部审计机构、社会审计组织对高校审计专业学生知识与技能的要求"为题,组织召开高校审计教育理论研讨会。组织高校审计专业教师,从高校审计专业培养目标、教学方案、课程设置、师资配备等方面开展研讨交流,以改进高校审计专业教学方式,体现专业特色,提高教学质量,更好地满足用人单位和上海审计事业发展的需要。

(本文刊于《上海经济》2015年第5期、《上海审计》2015年第3期、《审计与理财》2015年第6期、《上海教育财会》2015年第2期)

"一带一路"战略与企业境外资产审计

习近平主席在2013年9月和10月先后提出了建设"新丝绸之路经济带"和"21世纪海上丝绸之路"的战略构想,引起了国内和相关国家、地区乃至全世界的高度关注和强烈共鸣。初步估算,"一带一路"沿线总人口约44亿,经济总量约21万亿美元,分别约占全球的63%和29%。"一带一路"作为中国首倡、高层推动的国家战略,对我国现代化建设和屹立于世界的领导地位具有深远的战略意义。审计机关要围绕中心,服务大局,积极跟进,主动作为,大胆创新,保驾护航,充分发挥审计促进"一带一路"战略实施的重要作用。

一、"一带一路"的战略意义和面临的挑战

(一)"一带一路"的战略意义

1. "一带一路"的战略构想顺应了我国对外开放区域结构转型的需要。众所周知,我国前期的对外开放重点在东南沿海,而广大的中西部地区始终扮演着"追随者"的角色,这在一定程度上造成了东、中、西部的区域失衡。"一带一路",尤其是"一带",起始于西部,也主要经过西部通向西亚和欧洲,这必将使得我国对外开放的地理格局发生重大调整。由中西部地区作为新的牵动者,承担着开发与振兴占国土面积三分之二广大区域的重任,与东部地区一起承担着中国"走出去"的重任。

2. "一带一路"战略构想顺应了我国要素流动转型和国际产业转移的需要。当前,尽管国内仍然需要大规模有效投资和技术改造升级,但我国已经具备了要素输出的能力。据统计,2014年年末,我国对外投资已经突破了千亿美元,已经成为资本净输出国。"一带一路"建设顺应了我国要素流动新趋势。"一带一路"战略通过政策沟通、道路联通、贸易畅通、货币流通、民心相通这"五通",将我国的生产要素尤其是优质的过剩产能输送出去,让沿"带"沿"路"的发展中国家和地区共享中国发展的成果。

3. "一带一路"战略构想顺应了我国与其他经济合作国家结构转变的需

要。当前,我国的经济面临着全面转型升级的重任,长期建设形成的一些产能需要出路,而许多处于发展中的国家面临着当初我国同样的难题。通过"一带一路"建设,帮助这些国家和地区进行比如道路、桥梁、港口等基础设施建设,帮助发展一些产业比如纺织服装、家电,甚至汽车制造、钢铁、电力等,提高其经济发展的水平和生产能力,顺应了我国产业技术升级的需要。

4."一带一路"战略构想顺应了国际经贸合作与经贸机制转型的需要。近年来,国际经贸机制发生着深刻变化并有新的动向。"一带一路"战略与中国自由贸易区战略是紧密联系的。有资料显示,目前我国在建的自由贸易区涉及32个国家和地区,其中大部分是处于"一带一路"沿线上。因此,中国的自由贸易区战略必将随着"一带一路"战略的实施而得到落实和发展。

(二)"一带一路"战略面临的挑战

"一带一路"战略的实施不仅有机遇也充满了挑战,需要我们有一定的风险意识,并未雨绸缪。首先,自1999年以来,我国政府就一直鼓励企业"走出去"。最初的投资大多集中于一些全球贫穷国家的资源开采项目上。近年来,随着国内经济实力的不断增强,我国对外投资首次超过了外资流入,对外投资也被引导到发展中经济体和发达经济体中的更为引人瞩目的项目上。过去我国"走出去"模式基本上围绕着大宗商品,现在开始在一些实行竞标机制的国家承建基础设施项目。在具体实施"一带一路"战略时,必须对这些国家的政治格局、法律环境等进行仔细研究,在投资之前作好风险应对的预案,将投资的风险降到最低。其次,"一带一路"战略实施中的任何创新都会有潜在的风险,尤其以金融为主的虚拟经济创新蕴含的乘数式风险,需要我们时刻保持高度警觉。最后,实施"一带一路"战略必须与国内经济状况相适应。我国的产能过剩是相对的,国内在基础设施建设方面仍有很大空间,大有可为。要防止不顾及国内的实际需求而一味向国外投资和转移产业,防止可能会产生对国内投资的挤出效应和产业的"空洞化"。

"一带一路"战略是当前的热门话题。"一带一路"战略的实施,涉及我国境外投资、境外国有资产的监督审计问题。我国在实施"走出去"战略的同时,境外国有资产监督难的问题日益凸显。

二、企业境外资产监管和审计的现状与困难

(一)企业境外资产规模巨大

据国务院国资委统计,截至2014年年底,我国共有107家中央企业在

境外设立了8 515家分支机构,分布在全球150多个国家和地区。"十二五"以来,中央企业境外资产总额从2.7万亿元增加到4.9万亿元(本文的统计数据口径均不包括中央金融企业,下同),年均增长16.4%;营业收入从2.9万亿元增加到4.6万亿元,年均增长12.2%。中央企业境外投资额约占我国非金融类对外直接投资的70%,对外承包工程营业额约占我国对外承包工程营业总额的60%。以上数据表明,我国中央企业境外资产的规模巨大,中央企业在"走出去"战略中已经成为名副其实的国家队和主力军。

在国务院国资委监管的中央企业中,有华润集团、招商局集团、港中旅集团、南光集团4家港澳中资企业。最近几年,我国中央企业"走出去"的步伐明显加快,包括中国建筑、中国中铁、中国铁建、中交集团、中国水电集团、中冶集团等都成为中国企业跨国经营的先锋。从经营表现来看,这部分境外单位的经营情况要明显好于境内单位。中央企业的境外单位仅用占全部中央企业约五分之一的资产带来了接近四分之一的利润。2009年国际金融危机的爆发也为中国企业并购境外资产带来了良机,中央企业成为这场并购浪潮中的绝对主力。中央鼓励企业"走出去"成为企业资产和所有者权益增长的原因,但收入和利润增速没有与之同步亦有原因。因为大部分中央企业并购主要集中在石油天然气勘探、电力、煤炭、贵金属与矿石等资源类行业,而这些行业在金融危机后业绩大幅下滑,中央企业的境外资产经营也受到了较大影响。

(二)企业境外资产面临较高风险

与境内投资相比,境外投资风险更高。其主要原因:一是制度不完善。我国境外投资管理大多处于初级阶段,在管理模式、人员配备、内部控制方面还无法像境内企业一样健全。二是境外业务国际化程度较高。境外投资的对象在国外,业务国际化,容易受到境外政治环境、经济环境、社会环境等方面的影响。三是监管环境复杂。境外投资实体属于东道国注册企业,受到境外监管机构的监管。作为东道国企业,境外投资在外汇、税收、资本流动等方面受到一定的限制。

随着中央企业境外投资活动的增加,境外资产风险问题引发了越来越多的关注。经过了中航油期货巨亏、中信泰富及几大航空公司金融衍生品亏损等事件后,完善中央企业境外资产管理已经是迫在眉睫。从近年情况看,中国兵器装备集团公司境外投资总体效益不佳,在境外投资成立的17家海外公司中,至2012年年末有5家已停业、7家累计亏损1.38亿美元。

中国航天科技集团公司境外投资及财务管理制度不健全,至2012年年底所属部分境外企业共亏损1.42亿元,目前仍有两家企业的股权由单位委托个人代持。事实上,面对不同的法律、政策和经营环境,管理境外资产所面临的问题更多。目前,中央企业基本都针对境外国有产权管理建立了相应的制度,但存在境外产权管理制度整体上仍不健全的问题。由于所在国(地区)法律法规、宗教、文化、投资政策及环境等方面的差异,使得境外企业生产经营面临一定的风险。

中央企业境外资产面临的风险主要有以下方面:一是境外投资决策失误造成的风险。部分中央企业在未经科学论证的情况下,盲目开展境外投资,造成国有资产损失。二是境外企业违规从事金融投资的风险。一些境外企业违反规定,擅自从事高风险的期货、期权、外汇等金融衍生品工具投资,造成国有资产损失。三是境外企业管理者利用手中权力进行利益寻租的风险。少数境外企业的管理者利用手中掌握的权力,将境外企业合同、工程等承包给亲戚、朋友或其他关联关系人,收取回扣、提成等,造成国有资产损失。四是国有资产"私人化"的风险。一些中央企业为掩盖国有资本的敏感身份,或受东道国法律的约束,不得不以私人的身份代持国有股权。由于监管不力,造成国有资产及其分红流失。五是恶性竞争的风险。部分从事竞争业务的中央企业为取得国外合同、工程等订单,不惜牺牲利润竞相压价,有的甚至以低于成本价的价格竞标,造成国有资产损失。六是政治与社会动乱风险。境外投资的东道国如果出现政治和社会动乱,很可能会导致中央企业投资损失。

(三)企业境外资产监管面临困难

中央企业境外投资的监管根据职能划分,由商务部、国资委、财政部、发展改革委、银监会、外管局等部门负责。国资委主要承担中央企业出资人职能,履行中央企业国有资产综合监督管理的重要职责。商务部、财政部等部门在各自职能范围内对国有企业履行相应监管职责。然而由于监管力量的不足,监管部门对境外资产的监管力度不够,监管覆盖面过小,监管频率低,监管业务领域不深入,部门间不能形成监管合力,造成中央企业境外资产长期缺乏有效监督管理。

在对境外资产的监管方面存在以下突出问题:一是监管手段上重审批轻管理。对企业境外投资重视事前审批而忽视事后监管,使得企业运营效率受到影响。二是监管方向上重微观轻宏观。监管方向上过于重视微观层面的管理,而非宏观方面的监督。企业的自主经营、自负盈亏的能动性得不到发挥,不利于企业的长期成长。三是监管方式上重形式轻实质。对境外投资的监管过于注重形式上要件的齐全和审批,而忽略了经济实质内容,达不到监管的目的。四是监管分工上重划分轻协同。对企业境外资产的监管各自为政,忽略了监管信息共享、监管工作协同,容易造成重复监管,增加企业负担。

(四)企业境外资产审计面临困难

审计署对中央企业境外资产的审计,近些年还主要是立足国内,多采取与经济责任审计或财务收支审计相结合的方式,将中央企业境外业务经营情况作为重要的经济事项进行检查。真正的实地审计,仅对部分企业的驻港机构开展过。1999年经国务院批准,审计署对招商局集团下属的香港明华船务有限公司和中国工商银行香港分行进行了审计,并提交了相关的专题报告。

目前来看,对境外资产的审计监督存在以下亟需克服的困难:一是目前只有审计法等法律层面对境外国有资产审计的授权,但缺乏实施细则。境外国有资产审计的组织方式、审计范围和审计评价等在法规上尚处于空白。二是相关法规对境外国有资产监督重前期轻后期。我国现行境外投资的行政法规集中在投资的审批和监管上,但对投资后境外企业的监管力度较小、措施不多,特别是相关管理人员应当承担的经营责任不够明确。企业一旦"走出去",监管部门往往不能及时有效地对境外企业进行监督,也给审计评价和审计定性带来一定困难。三是国际法律障碍,审计管辖权的冲突。比如,在外国注册的独立法人企业一般会成为所在国的企业,对境外企业实施审计相当于对外国企业进行审计监督。另外,实施境外审计时,一些常用的审计方法,如问询、外调等都存在障碍,审计技术手段与境内审计相比受到很大程度的限制。

三、对企业境外资产进行审计监督的必要性

境外资产是企业用国有资本在境外投资产生的可带来预期收益的资源。从企业境外资产的规模和面临的风险来看,对境外资产的监管责任重大。加强对企业境外资产的审计,有助于监督国家对外经济战略的落实,促进境外国有资产保值增值,维护国家经济安全。

(一)最高审计机关国际组织关于海外机构监督的共识

1. 关于国际或跨国机构的财务控制。1956年9月24~29日,最高审

计机关国际组织第二届国际大会对国际或跨国机构的财务控制这一议题达成以下共识：只有由审计机关对跨国机构的收入和支出确实进行了有效的外部审计，各成员国才能确信，含有自己股份的跨国机构得到了妥善的管理。会议对此项专题提出建议，确保此项外部财务审计的独立性、合法性和有效性的先决条件是：审计国际或跨国机构的审计师应由各成员国共同委派；只有根据具体的技术标准，通过高水平的专业测试才能被委派；指派给接受各成员国款项的国际或跨国机构的每一名专业合格的审计人员，都应在接到派遣国最高审计机关领导人的推荐书后才能被任命。

2. 关于国家海外机构及其他海外机构的监督。1962年5月18～26日，最高审计机关国际组织第四届国际大会关于"对国家海外机构及其他海外机构的控制"专题中认为："如同对国内机构一样，最高审计机关有义务控制本国在海外的国营公司及驻海外机构的财务活动。"最高审计机关国际组织第九届国际大会于1977年通过《利马宣言》，其中第23条关于"对政策投资的工商企业的审计"中明确规定："如果企业中政府掌握很多股份，审计机关需要对这些企业进行审计。"最高审计机关国际组织1986年在悉尼通过的《关于绩效审计、公营企业审计和审计质量的总申明》第3点指出："公营企业拥有大量的国家资金、政府投资和其他物质资源，需要充分的经济责任，这种经济责任只有经过最高审计机关审计后，才能得到保证。"对境外企业进行审计，符合最高审计机关国际组织达成的共识。

（二）对企业境外资产进行审计是法律赋予审计机关的职责

境外企业是指总部设在境外的企业或由境内企业在境外投资设立的子公司。2006年修订的《中华人民共和国审计法》第21条规定："对国有资本占控股地位或者主导地位的企业、金融机构的审计监督，由国务院规定。" 2010年修订的《中华人民共和国审计法实施条例》第19条将这类企业界定为国有资本占企业、金融机构资本（股本）总额的比例超过50％，或低于50％但国有资本投资主体拥有实际控制权。这里的国有控股企业并不特指境内境外，包括总部设在境外的企业或企业在境外投资控股（全资）或占据主导权的子公司。

审计机关要发挥在国家监督体系中的重要作用，应着力实现对公共资金、国有资产、国有资源的审计监督全覆盖。企业境外资产作为国有资产的重要组成部分，理应纳入国家审计监督全覆盖的范围。根据《国务院关于加强审计工作的意见》，审计机关应加大对经济运行中风险隐患的审计力度，密切关注境外企业国有资产运营中存在的薄弱环节和风险隐患,积极提出解决问题和化解风险的建议,以维护国家的经济安全。

四、加强对企业境外资产审计监督的对策

审计机关要促进防范和化解境外投资风险,维护国家经济安全,应按照审计监督全覆盖的要求,创新企业境外资产审计监督方式,开展经常性的企业境外资产审计。

(一)找准审计监督的着力点,不断完善企业境外资产审计的内容与重点

1. 以境外企业资产审计为抓手,促进境外国有资产保值增值。企业投入境外的国有资产,虽以境外公司法人财产权的形式体现,仍需承担国有资产保值增值责任。在股权多元化的情况下,境外企业中方负责人是国有股权的管理者,对国有资产的保值增值负有经济责任。对企业境外资产的直接审计,可以有效地发现境外资产管理中存在的风险隐患,解决境外资产运营中存在的问题。特别是在国有资产投入巨大的投资项目中,对境外资产进行直接审计尤为必要。

审计机关对企业境外资产的直接审计,应重点关注境外资产的运营情况,查处严重违法违纪问题和经济案件线索,促进企业境外资产的保值增值。一是对境外企业向母公司报送的财务会计报告进行审计。关注境外企业财务会计报告是否经过符合条件的会计师事务所审计,必要时可以根据相关监管合作协议,抽查国外会计师事务所审计工作底稿,对财务会计报告资产、利润等项目的真实性、完整性、准确性进行复核。二是对境外投资项目运营的情况进行审计。关注境外投资项目投入、产出是否符合预期,关注境外投资项目债务利息负担、投资回收的现金流管理是否安全。三是对境外企业的产权登记情况进行审计。关注境外企业产权登记是否符合国家关于境外国有资产登记的规定,关注境外国有资产及其收益是否以个人形式持有,以及境外资产产权是否因变动而导致国有资产流失。四是对境外企业的金融投资业务进行审计。关注境外企业是否违反我国法律规定从事高风险的金融投资业务,关注境外企业对金融风险敞口的管理情况。五是对境外投资的外汇风险管理进行审计。关注境外投资项目融资的外汇结构与投资收益的外汇结构是否匹配,关注外币按照记账本位币进行价值重估所导致的外汇折算风险,关注境外投资净回收时的外币汇率折算风险。六是

对境外企业中方负责人经济责任的履行情况进行审计。关注境外企业负责人或其他管理人员由于玩忽职守、贪污腐败、利益寻租等违法活动导致国有资产流失的情况。

2. 以境内母公司对境外资产的管理审计为核心,促进企业境外资产管理能力的提高。作为境外资产管理的责任主体,境内母公司对境外资产的管理至关重要。从近些年审计和媒体披露的案例来看,境内母公司对境外资产的管理还不完善,有些企业一味追求"走出去"的政绩,急于将境外业务"做大做强",忽视了境外投资风险控制制度的基础建设。境外投资业务复杂、专业性强,境外资产管理的核心在于境外投资的风险控制。提高境内母公司的境外资产管理能力显得尤为重要。

审计机关应加大对境内母公司境外资产管理的审计,重点关注境外资产投资的风险控制制度建设,促进企业加强境外资产风险控制管理。一是对企业风险控制机构和职能设置情况进行审计。关注企业是否对境外企业风险控制进行指导,风险控制机构和职能设置是否满足需要。二是对企业境外投资的项目管理流程进行审计。关注企业境外投资项目可行性论证是否充分,尽职调查和评估是否完备,项目筛选是否科学,项目过程管理是否符合程序,项目报告制度是否完善,项目结果评估制度是否建立等。三是对企业境外投资风险预警系统进行审计。关注企业境外投资风险预警系统是否建立和有效运行。四是对企业境外投资应急处置机制情况进行审计。关注企业境外投资应急处置机构和职能的设置、应急处置预案的制定和演练、应急处置能力建设等制度是否完备并加以落实。

3. 以对境外投资监管机构监管职能履行的审计为基础,促进完善企业境外投资的监管。审计机关对境外投资监管机构监管职能履行情况的审计,应重点关注境外资产监管体系的制度建设情况,促进境外资产监管体系的完善。一是关注境外资产监管权力清单、责任清单的制定,确定政府与市场的界限,推动公开、透明、规范的境外资产监管体系的建设。二是关注境外资产监管发现的主要问题,分析问题产生的体制、机制、制度原因,提出有针对性的解决办法。三是关注境外资产监管的绩效。通过分析境外资产监管的成本与实绩,评价监管机构境外资产监管的绩效。四是关注境外资产监管管辖权的国际协调。境外投资的企业从注册地来看属于外国企业,受东道国监管机构的管辖。我国监管机构应在维护我国监管主权的前提下,通过与境外监管机构签订监管合作协议,加强监管的协调、配合,建立信息畅通、合作共赢的监管协调机制。

(二)积极探索和研究"走出去"审计的规则、制度、方法,加强企业境外资产审计的基础建设

目前从国家层面看,审计署主要对中央企业在香港的投资进行了一些监督,在其他国家和地区,由于各种原因还没有涉及。障碍主要是目前我国还没有制定境外审计实施细则,审计的职责、权限尚未明确。此外,法律上也存在一定障碍。企业在境外投资,遵守其他国家法律规定,我国审计机关怎么行使审计监督权是一个亟待研究解决的问题。作为国家最高审计机关,审计署要积极探索和研究"走出去"审计的规则、制度、方法,加强企业境外资产审计的基础建设。一是要研究"走出去"审计采取什么样的方式,积极地"走出去"审计。2015年,北京市审计局安排了市属国有企业境外投资和经营状况审计;云南省审计厅安排了对外投资总体情况审计调查,及时揭示境外投资领域的重大风险隐患,防止国有资产流失,维护国有资本安全完整。二是要促进相关主管部门加大信息化建设的步伐,对"走出去"企业的重大项目的决策、重大项目的投资、重大资金的调度使用,通过信息化手段加强管控。三是要加紧修订相关法律法规,明确对境外国有资产的审计监督职责,解决法律依据不足的问题。四是要从方法制度方面提前思考、提前布局,促进国有企业真正"走出去",能够科学发展,同时也能管得住,管得好。五是要建立统一管理平台,明确企业"走出去"数据采集报送清单和报送频率,推进企业"走出去"电子数据库建设,提高运用信息化技术审计核查问题、评价判断、综合分析等能力。六是要加强境外审计机构和干部队伍建设,加强对境外审计的法规政策研究,并积极促进国际审计和司法合作。

(三)拓展企业境外资产审计监督的范围,提高审计实效

按照我国法律法规的规定,依法属于企业境外资产审计监督对象的单位除了境外企业外,还包括管理境外投资企业的境内母公司,以及依法履行境外投资监管职能的国内相关监管机构。

1. 加强对负责境外子公司管理的境内母公司的审计。负责境外子公司管理的境内母公司属于国有企业,是审计法规定的国家审计的监督对象。根据2011年《中央企业境外国有资产监督管理暂行办法》第十六条的规定,中央企业是所属境外企业监督管理的责任主体。根据该办法第三十三条和第三十四条的规定,对境外企业经营管理的监督检查和中方负责人的考核评价也由境内母公司承担。按照2004年《中央企业内部审计管理暂行办

法》的规定,对境外子企业的定期内部审计也由境内母公司承担。从《中央企业境外国有资产监督管理暂行办法》第四条的规定来看,境内母公司作为境外投资的投资人,对所属境外企业国有资产履行下列监督管理职责:依法审核决定境外企业重大事项,组织开展境外企业国有资产基础管理工作;建立健全境外企业监管的规章制度及内部控制和风险防范机制;建立健全境外国有资产经营责任体系,对境外企业经营行为进行评价和监督,落实国有资产保值增值责任;按照《中央企业资产损失责任追究暂行办法》的规定,负责或者配合国资委开展所属境外企业重大资产损失责任追究工作;协调处理所属境外企业突发事件等。

审计机关对境内母公司管理境外资产情况进行审计,可依托对境内母公司领导人员的任期经济责任审计,并视情况开展对境外子公司的延伸审计,实现境内境外审计一体化。审计机关通过对境内母公司履行境外子公司的监督检查、考核评价、内部控制审计、经济责任审计等职责情况的审计,可有效实现对境外资产审计监督的职能。对境内母公司履行境外投资管理职责的审计,是从股权运营管理的角度对企业境外投资的审计监督,有利于促进境内母公司加强对境外资产的管理,强化内部审计,提高境外资产管理水平。

2. 加强对履行境外投资监管职能的国内监管机构的审计。根据《中央企业境外国有资产监督管理暂行办法》第三条的规定,国务院国资委依法对中央企业境外国有资产履行下列监督管理职责:制定中央企业境外国有资产监督管理制度,并负责组织实施和监督检查;组织开展中央企业境外国有资产产权登记、资产统计、清产核资、资产评估和绩效评价等基础管理工作;督促、指导中央企业建立健全境外国有资产经营责任体系,落实国有资产保值增值责任;依法监督管理中央企业境外投资、境外国有资产经营管理重大事项,组织协调处理境外企业重大突发事件;按照《中央企业资产损失责任追究暂行办法》组织开展境外企业重大资产损失责任追究工作等。

对履行境外投资监管职能的机构进行审计,是审计机关对境外资产审计监督的重要手段。审计机关对境内监管机构进行审计,宏观性、政策性、指导性更强,有利于从体制、机制、制度方面发现问题,提出加强监管的意见建议和相关对策。审计机关对监管机构职责履行情况的监督,是在监管基础上的一种再监督,有助于督促国家境外资产监管政策的贯彻落实。

五、对"一带一路"战略落实情况进行审计检查的措施

为贯彻落实党中央、国务院"一带一路"的宏伟战略,发展改革委、商务

部、外交部已代表国务院提出《推动共建丝绸之路经济带和 21 世纪海上丝绸之路的愿景与行动》(以下简称《愿景与行动》)。各级审计机关要采取有效措施，在稳增长等政策措施落实情况跟踪审计、财政审计以及经济责任审计等工作中，加强对有关部门落实"一带一路"战略情况的审计检查，促进各项规划的制定，提高专项资金使用效果，推进重点投资项目建设。

(一) 促进规划制定和政策落实，防范投资风险

要重点检查发展改革委、财政部、商务部、外交部、交通运输部、人民银行、海关总署等与"一带一路"战略紧密相关的政府部门，是否根据《愿景与行动》制定本部门规划及配套政策；是否确立工作目标、线路图和时间表并加以分解细化，明确职责；是否统筹整合各方力量和资源，发挥政府部门的引导作用、市场的主导作用和企业的主体作用；是否遵循市场规律和国际通行规则利用周边国家市场拓展发展空间，充分发挥国际、国内市场调节机制，建立风险防范机制；相关地方省市政府部门是否科学制定规划和实施意见；是否存在利用"一带一路"战略盲目上项目、忽视投资的经济效益和社会效益，造成新的潜在投资风险的问题。

(二) 促进加强金融体系建设，提高资金使用效果

要对中央财政资金、金融性资金及外汇储备资金中涉及"一带一路"战略的专项资金进行跟踪审计。检查各项资金是否按照国家有关规定管理使用，有无违法违规问题；促进资金整合并发挥效益，对闲置不能形成有效支出的，要在揭示问题的基础上，积极提出建议，推动专项资金统筹安排；检查相关政府部门是否拓宽融资渠道、创新融资手段，保障企业发展和重大项目建设；检查相关金融机构在推进亚洲基础设施投资银行，筹建金砖国家开发银行，加快丝路基金组建运营等各项工作是否有序进行，银行贷款、银行授信等多边金融合作工作是否开展，各项金融监管机制、风险应对和危机处置机制是否建立，分析产生问题的原因，积极提出审计建议。

(三) 推进重点项目建设，促进政策目标落实

要加强对与"一带一路"战略相关的互联互通基础设施、产业投资、资源开发、生态保护等建设项目的审计。关注项目前期论证和可行性研究是否充分，配套条件是否落实，推动对已批复但开工和建设滞后的项目尽快形成实物工作量；督促项目建设单位按照有利于项目实施、政策目标落实、促进经济增长的要求，尽快完善程序；对正在报批项目，重点揭示审批环节多、耗时长、效率低等突出问题，促进优化审批流程、加快进度。

（四）促进经济结构调整和优化，推动产业转型

要检查相关政府部门在产业转型和结构调整方面是否经过科学论证评估，地区产能转移承接机制是否建立；是否因地制宜，发挥地缘优势、产业优势和经济优势，按照"优势互补、互利共赢"的原则，加强在新一代信息技术、生物、新能源、新材料等新兴产业领域的深入合作，建立创业投资合作机制；产业链分工布局是否进行优化，境外经贸合作区、跨境经济合作区等各类产业园区的建设是否科学有序；是否存在基础产业已转移，先进产业无法落地，造成新的结构失衡现象。

（本文刊于《上海审计》2016年第1期、《中国总会计师》2016年1月号、《国际商务财会》2016年第1期、《广州审计通讯》2016年第1期、《天津经济》2016年第2期、《科学发展》2016年第3期、《上海商学院学报》2016年第1期、《教育审计》2016年第1期、《财会研究》2016年第2期、《预算管理与会计》2016年第4期、《成都行政学院学报》2016年第2期、《长江论坛》2016年第2期、《新疆财经》2016年第2期、《天水行政学院学报》2016年第3期）

联网审计:非现场审计的思考

当今,信息化浪潮席卷全球,正深刻地改变世界,也改变着审计工作。随着国民经济信息化,被审计单位财务管理和业务管理也日益信息化,审计工作信息化已刻不容缓。中国审计的出路在于信息化,信息化的关键在于数字化。特别是在实行审计监督全覆盖的新要求下,除了整合审计资源外,另一有效途径就是加速审计工作信息化,向科学技术要审计力、要覆盖面,包括采用联网审计这一非现场审计方式。中共中央办公厅、国务院办公厅《关于实行审计全覆盖的实施意见》(中办发〔2015〕58号)明确要求:探索建立审计实时监督系统,实施联网审计。联网审计作为计算机审计发展较高阶段的产物,是适应新的审计环境所产生的审计方式,是审计工作信息化的主攻方向之一。

联网审计作为非现场审计,国外把与之形成相同的审计方式一般直译为在线审计(Online Auditing)。相对于现场审计,联网审计最主要的功能是远程实时或者亚实时获取被审计单位数据资料、动态预警、实时核查。审计人员与审计资料在空间上是分离的,但通过网络技术,审计人员可以获取审计资料,在审计人员所在的审计机关就可以审计多个被审计单位。如果被审计单位采用集中处理会计业务,审计人员足不出户就可以审计被审计单位遍布在各地的下属单位,从而扩大审计的覆盖面。

非现场审计是指审计人员通过连续地收集、整理被审计单位业务经营管理的数据和资料,运用适当的方法和流程进行分析的远程审计程序。非现场审计是现代信息处理和传递方式下迅速发展起来的一种审计监督方式,与现场审计相比,具有全面性、时效性以及审计成本低、效率高和规范性强等方面的优势。

一、联网审计的特征

联网审计是审计机关与被审计单位在计算机网络互联环境下开展的审计。联网审计中,审计人员不再进行现场组网,只需要利用已经组建完成的网络系统,对被审计单位进行非现场的数据采集、转换、监控、审计。联网审计是审计机关与被审计单位进行网络互联后,在对被审计单位财政收支财务收支相关信息系统进行依赖性测试的基础上,通过网络实现高效率的数据采集、分析与处理,对被审计单位财政收支财务收支的真实、合法、效益进行实时、远程检查监督的行为。联网审计的联网方式,由于各级、各地审计机关所面对的财政管理体制各有特点,大致分为以下两种:一是审计机关与集中会计核算、集中资金管理的数据大、集中的信息系统进行联网,可以称为大联网。二是审计机关直接与某预算单位进行联网,可以称为点对点联网。与传统的现场审计相比较,联网审计具有以下特征。

（一）实现实时审计

通过网络互联环境,审计机关可以根据审计目标的需要及被审计单位财政财务管理的情况,实时访问、检查、采集被审计单位财政收支财务收支的有关数据。这种实时访问、检查,改变了传统现场审计每年只对被审计单位财政财务管理数据进行次数有限的检查的状况,缩短了每次检查活动的相隔期间以及检查周期。对于具体的财政收支财务收支事项,审计机关既可以在该事项结束后实施审计,也可以在该事项进行过程中实时进行审计。审计人员获取的资料不仅是已过去的、某一个阶段的和相对静态的资料,而且可以是刚刚发生的、相对鲜活的、动态的资料。

（二）实现远程审计

联网审计中,审计机关可以通过网络远程访问被审计单位的财政财务管理信息系统及其数据库或数据库备份,并应用审计软件进行数据采集、分析、处理、检查和审计。除必须现场核实的审计证据以外,在被审计单位信息化程度不断提高的情况下,审计机关还可以逐步通过扫描（拍摄）纸质凭证以及网络视频等方式实现对疑点凭证的远程查阅,实现电子账册、凭证等审计证据的远程取得。

（三）实现高效率的数据采集和分析

在传统审计中,受纸质账册资料的限制,审计人员在现场审计时间和审计范围内可以查阅的资料是有限的。即使在现场进行数据采集、分析,利用计算机辅助审计的情况下,查阅审计所需的数据量也受到所携带设备和审计范围的限制,时间上受到现场组网和审计进度的影响。在联网审计中,由于网络连接一次性完成,数据采集和分析的数量不受设备限制,数据采集和分析的时间也不受现场组网与审计进度的影响。正是由于联网审计比传统现场审计具有更大的审计数据采集和分析量,需要的时间却比传统现场审计少,因此可以实现更高效率的数据采集和分析。

(四)信息系统成为必须审计的内容

在网络互联的方式下,由人、计算机硬件、软件和数据源组成,负责收集、加工存储、传递和提供决策所需信息的信息系统,是财政财务数据源的必然载体,是审计必须关注的对象。在传统审计中,审计人员通过内部控制测评,确定对会计和其他经济信息的可依赖性。在联网审计中,对信息系统的审计是通过收集和评价审计证据,对与审计机关进行网络互联的信息系统是否能够保护资产的安全、维护数据的完整、使被审计单位的目标得以有效地实现、使组织的资源得到高效地使用等方面作出判断的过程。由于网络互联是联网审计存在的基本前提,因此,网络安全性、资产安全性、数据完整性、经济活动的效果性和经济性构成了在网络互联环境下信息系统审计的目标,而网络安全性是信息系统审计的首要目标。

通过实时性特征,可以认为联网审计具有预警功能,即通过软件预警功能自动发现同类问题。通过远程特征,可以认为联网审计具有资料高度共享的功能,即实现审计机关之间、被审计单位之间及其相互之间信息的高度共享。通过高效率的数据采集和分析特征,可以认为联网审计具有监督活动的高覆盖面功能,即不仅对联网的被审计单位进行监督,还可以对与其实现网络连接的所有下属单位进行监督;不仅对已经开始实施审计程序的被审计单位进行监督,还可以对与其有数据关联的其他被审计单位进行监督。总之,联网审计改变的不是审计内容而是获取审计数据的形式。然而正是因为获取审计数据形式的变化,可以促成审计工作由单一的现场审计转变为与远程审计相结合,由单一的静态审计转变为与动态审计相结合,由单一的事后审计转变为与事中审计相结合。

二、联网审计的关键技术和机制

从联网审计的对象看,联网审计技术分为数据审计技术和信息系统审计技术。从联网审计的程序看,开展联网审计必须实现组网、系统测试、数据采集与处理、网络数据安全控制等环节。根据这一程序,联网审计技术包括组网技术、信息系统控制测试技术、数据采集和处理技术、网络数据安全技术。上述联网审计技术相互有所交叉,其中组网技术、数据采集和处理技术更为关键。审计预警机制则是联网审计的必备功能和优势所在。

(一) 组网技术

从技术实现模式看,被审计单位信息系统远程查询终端和联网审计业务网络两种方式都可以实现联网审计的基本目标。审计机关采用远程查询终端访问被审计单位数据服务器或管理网,可以使审计人员充分利用被审计单位信息系统自身所具有的功能,及时、全面地了解被审计单位数据,增强审计人员取得资料的主动性和独立性,使审计所需要资料的取得不受被审计单位的限制,减少所提供数据被修改的可能性,进一步保证审计获取数据资料的真实性和完整性。但是,审计人员使用远程终端进行查询前须与被审计单位协商一致并取得身份认证后方可进行,这导致其使用的时间和范围受到较大的局限,只能作为联网审计的一种必要的补充手段。联网审计必须要利用网络技术,建立审计业务网络,获取被审计单位的相关信息和数据。

采取建立审计业务网络的模式,对于开展联网审计具有两大优势:一是审计机关可以提高审计自主性,减少对被审计单位信息系统的依赖和影响。审计机关通过联网审计业务网络,可以定期、远程取得被审计单位信息系统完整的电子数据,在审计机关内设立被审计单位电子数据资料的数据中心,经过计算机自动校验核对,确保审计业务数据的真实性,从而达到满足审计业务需求的目的。二是在联网审计业务网络的基础上,审计机关可以开发更多的专业审计应用软件,审计人员可以根据审计业务的需要,从多角度、多层次进行多种条件的自由组合查询,便于全面、系统地掌握被审计单位信息资料,减少手工劳动,提高审计效率。

采取建立审计业务网络的模式,能有效解决传统审计中的下列问题:一是解决审计人员获取被审计单位纸质资料和电子数据的真实性、完整性问题,以及采用计算机辅助审计软件需要进行数据转换时产生数据丢失、数据错误的问题。二是解决审计在时间上的滞后性。通过联网审计业务平台建立财务预警机制,可以防止被审计单位由于管理不善、决策失误造成严重损失浪费和国有资产流失。三是解决现有计算机审计辅助软件只能对部分数据实现查询、筛选和过滤,不能辅助决策的问题。在充分借鉴审计人员职业判断和审计经验的基础上,联网审计业务平台可以通过趋势分析、回归分析等各种数理统计方法,对被审计单位的数据资料进行全面、宏观、综合的分析,为审计人员寻找审计线索和重点提供帮助,辅助审计决策。

被审计单位财务核算系统分为非集中管理方式与集中管理方式两种。

非集中管理方式是指被审计单位中本级及所有一级、二级预算单位分别拥有自己的财务核算系统。集中管理方式是指被审计单位中所有一级、二级预算单位财务数据集中管理，整个部门只有一套财务核算软件。根据被审计单位财务核算系统的现状，联网审计组网技术需要形成适用于以下四种情况的成熟解决方案。

一是利用被审计单位现有局域网资源组成审计网络的解决方案。联网审计环境中，常用的网络解决方案是利用被审计单位楼宇内现有的局域网资源，多台审计用计算机通过连接交换机组成一个局域网，数据采集前置机与被审计单位的备份数据库相连，也与审计的交换机相连。数据采集前置机采集被审计单位数据，并对数据进行相应的数据格式转换。审计用计算机对转换后的数据进行分析处理。利用被审计单位网络资源实现联网审计，是一条切实可行的联网渠道。该解决方案的优点是简化审计网络连接过程，有效解决电子数据由于远程传送带来的传输瓶颈问题，审计人员可以同时作业，分工协作，提高审计效率。

二是利用 PSTN 电话拨号实现远程网络审计的解决方案。在联网审计中，远程网连接的第一种方式是选择 PSTN 电话拨号方式实现。PSTN 网络从 21 世纪 80 年代开始建设至今，是现阶段普及程度最高、成本最低的公用通讯网络，它在网络互联中也有广泛的应用。PSTN 的应用一般可分为两种类型：一种是同等级别机构之间以按需拨号（DDR）的方式实现互联，一种是 ISP 为拨号上网用户提供的远程访问服务的功能。在联网审计中，PSTN 联网接入方式的特点是：使用常规电话线，连接方式为拨号连接，承载信号为模拟信号，传输质量较低，一次性投入及使用费用较低，连接和使用均比较灵活。

三是利用 ISDN 电话拨号实现远程网络审计的解决方案。在联网审计中，远程网连接的第二种方式是选择 ISDN 电话拨号方式实现。ISDN（Integrated Services Digital Network）即综合业务数字网，是以电话综合数字网为基础发展而成的通信网，它能提供端到端的数字连接，用来承载包括话音和非话音在内的多种电信业务。客户能够通过一组有限的标准的多用途用户/网络接口接入这个网络。在联网审计中，ISDN 联网接入方式的优点是：设备简单容易维护，无须重新组网，投资少；运行费用不高；通讯速率较好。

四是利用 SDH 专线实现远程网络审计的解决方案。在联网审计中，远程网连接的第三种方式是选择 SDH 专线方式实现。SDH（Synchronos Digital Hierarchy)即同步数字系列,是一种新的数字传输体制。在数字通信系统中,传送的信号都是数字化的脉冲序列。这些数字信号流在数字交换设备之间传输时,其速率必须完全保持一致,才能保证信息传送的准确无误,因此叫做"同步"。在联网审计中,使用 SDH 组成一个审计局域网,数据资源可以在审计组内实现完全共享,而且能够保证数据传输的带宽为 2M,为远程审计中组网方式中比较理想的方式。缺点是一次性投入及月租费用相对前两种比较高。

(二) 数据采集和处理技术

组网完成后,审计人员开展的重要工作是获取和转换电算化数据,这是审计人员利用审计软件进行业务和余额测试的基础与前提。

1. 数据采集技术。实施网络环境下的审计监督,采集被审计单位数据的主要特点是时效上的亚实时性(既不是单机条件下的事后数据,又稍滞后于实时数据),所以审计机关不能依赖被审计单位的月备份、年备份数据,而是要从其信息系统中及时采集。被审计单位端数据采集,包括以下五个方面的技术。

一是设置前置机。在被审计单位端设置审计前置机,审计人员所有的查询请求通过前置机进行。对于进行日常监督的行政事业单位,可以在被审计单位信息系统某一台计算机中置入审计机关编制的程序,相当于软件型的前置机。在数据集中式单位,则应根据数据量的需要配置合适性能的 PC 服务器。

二是 PC 服务器的群集。对数据式集中单位进行远程审计时,可能要采用租用国家公共通讯网络条件下的远程网络审计解决方案。审计人员通过网络发送的只是查询信息,而真正的查询处理将在被审计单位端完成。此时的审计前置机必须具有相当强的处理能力,才能满足远程对海量数据查询的需要。采用服务器群集技术解决处理能力问题,应当将硬件 PC 服务器与相关群集数据库之间的兼容性进行选型搭配试验。

三是大中型计算机向 PC 服务器的数据迁移。数据大集中单位的信息系统,一般采用大中型计算机处理、存储数据,其操作系统、数据库类型与审计人员所使用的 PC 计算机大不相同。需要选购或者研制开发批量导入导出性能适合的迁移中间件。

四是前置机审计模型。安装在前置机上的审计模型包括:由时间触发、定期检测被审计单位数据变动情况;有选择地采集数据;同步增量数据(包括本地和异地);验证数据的完整性;根据系统设置的检索条件,对新数据进行自动审计、预警。

五是数据转换清理。被审计单位的原始数据,需要转换成适合审计需要的数据清理。其一般包括:数据类型转换、日期时间格式转换、代码转换、值域转换。对于联网审计的行政事业单位,需要开发对用友、金蝶、安易等常用财务软件的转换工具。对于数据大集中单位的大型信息系统,需要逐一开发专用的数据转换工具。

2. 数据处理技术。在联网审计中,审计机关利用计算机对电子数据进行审计,主要是以浏览、选择、比较、检查的方式处理数据。通过网络获取电子数据之后,在审计方法上与单机计算机审计无太大的区别,但在数据处理方式、处理时间和处理量上有较大的差异。审计机关通过网络获取电子数据之后,将解决以下三个问题。

一是具备海量数据存储的能力。在联网审计条件下,审计机关能够取得的数据大量增加。这不但为掌握一个被审计单位的情况打下了基础,也为支持其他审计项目,开展全面的或者行业性的审计分析提供了便利条件。为了提高审计监督的效率,审计机关的数据存储主要采取在线存储和近线存储,故应提供大容量的数据存储能力,并具有可扩充性。

二是提供并行处理的机制。在联网审计条件下,数据集中式单位的审计数据处理面对的是海量数据。如果没有高速度、大批量的数据处理手段,建成的审计系统实际不可用。采用并行处理会在很大程度上提高审计数据处理的速度。鉴于服务器集群相对于小型计算机具有第一次投资小、可扩充能力强等优势,审计端的数据处理应采用服务器群集技术。

三是审计业务支撑体系。在联网审计中,将审计经验抽象为审计模型,建立业务支撑体系,是提高审计效率的关键。计算机层面要实现的技术问题是研制将审计经验转化为审计模型的工具。在现有的现场审计实施系统中,已经集成了在全国审计机关中征集并经过专家评议的若干条审计专家经验,作为一个工具以成功案例的形式展现在广大审计人员面前,以便用户在审计工作中参考使用。审计机关应进一步研究科学的审计建模体系,继续丰富、充实、完善审计专家经验库。

(三) 审计预警机制

审计预警机制就是审计人员利用网络互联环境下联网审计技术自动发现问题的一种技术实现机制。具体说,这种机制是指审计人员将审计经验转换为审计模型,通过审计预警指标的设置和运行,对采集到的数据进行转换、分析,对先后两次数据进行比较以及对这些数据进行自动审计,并借此对可能出现的问题或趋势进行关注与查证。这种机制既是联网审计的必备功能,也是联网审计的优势体现,审计机关必须将此机制纳入联网审计系统建设。

联网审计预警机制主要在联网查询阶段发挥作用,目的是通过预警为联网查询提供关注重点,为进一步查证、提出问题纠正函与审计提供基础信息。审计预警一般是在前置服务器实现自动或手工采集后自动实现的。审计人员通过审计经验的增加、审计方法的改变,可以调整预警内容。审计预警机制包括以下内容:一是制定审计预警指标体系;二是以将预警指标以审计方法的形式添加到联网审计实施系统中;三是利用添加的审计方法进行查询,发现问题和疑点;四是预警查证结果并进行处理。

审计预警指标包含的信息应是多方位的。由于审计目标和范围不同,审计机关需要的信息是多方位的,既包括资金量信息,也包括资金使用情况信息,还包括项目使用人信息。预警指标也应针对这些不同的信息进行不同的设置。比如,超过重要性水平的资金数额需要预警,不按照规定用途使用资金的情况需要预警,未经过规定审批权限审批的项目或资金也需要预警等。

三、联网审计的程序

在联网审计中,由于审计人员要通过网络实施很多原来在被审计单位现场开展的工作,这就需要形成审计人员在网络环境下开展联网审计的特殊审计程序。与现场审计相比,联网审计在审计程序上具有的特殊性表现为:减少了现场查账环节,增加了对联网信息系统的测试与审计,以及日常联网查询、数据采集与分析等新的审计程序。具体来看,联网审计中,审计人员主要通过高效率的数据采集、分析和处理,并利用审计软件对业务和余额进行测试,这些工作在未实施联网审计前都是在现场实施的。由于证据存在形式的多样性,联网审计还需要有大量现场取证工作。联网审计中,审查过程则是由若干个周期性的查询构成的,对每次查询都可能伴随一次现场取证或核实。因此,日常联网查询是联网审计在现场审计基础上新增的最重要的审计程序。

联网审计的一般审计程序,同样具有准备、实施和报告三个阶段。准备阶段包括制订审计工作方案,审前调查了解,制订审计实施方案,成立审计组,发出审计通知书等;实施阶段包括信息系统测试与审计,日常联网查询,证据收集、整理、归纳等;报告阶段包括形成审计报告、审计结果处理等。

(一)制订审计工作方案,实施审前调查了解,制订审计实施方案

传统现场审计方式中,审计工作方案的主要内容包括:审计目标、审计范围、审计对象、审计内容与重点、审计组织与分工以及工作要求等。联网审计中,相关内容根据联网审计的特征而有所不同。例如,在部门预算执行联网审计中,具体审计目标包括:一是利用网络互联条件下实时审计的特征,提前了解部门预算编报,实时了解预算执行情况,促进有关部门加强预算管理;二是利用网络互联条件下远程审计的特征,在实时审查资金使用基础上,广泛关注资金使用环节与途径,促进提高财政资金使用效益。对于联网审计范围,鉴于联网核查具有高效率数据采集的优势,除明确将审计年度的数据纳入审计范围以外,应将审计年度之前连续两个年度的数据资料纳入审计范围,实现追踪、比较核查。联网审计的重点应是来源和去向都具有电子数据信息的重点资金。审计机关要实时了解项目支出,把握资金使用的动态情况,从连续的情况反映中更加深入透彻地把握项目和资金情况的整体性。

联网审计的审计期间为1年,这决定了联网审计的审前调查了解与传统现场审计的审前调查了解有着明显的不同。联网审计审前调查了解的方式和内容分为两类:一类是传统审前调查了解方式,主要是到被审计单位调查了解情况,查阅相关资料,走访上级主管部门、有关监管部门、组织人事部门及其他相关部门等。另一类是利用连接的网络进行审前调查了解。审计机关可以通过网络获取电子数据信息,对被审计单位进行试审。调查了解内容是了解被审计单位的财政财务管理信息系统,对其是否可靠和可靠程度形成基本的判断。

在编制联网审计实施方案过程中,审计机关应着重关注以下内容:一是联网审计的目标。根据《审计法》,联网审计的目标是关注财政收支财务收支的真实、合法和效益。鉴于联网审计实时、高效率数据采集与分析的特征,审计机关利用联网审计能够实现更大程度上的效益性目标。对联网的财政财务管理信息系统、政策制度、预算管理机制提出建设性意见,是联网审计最重要的目标。审计机关要归纳总结被审计单位行业审计方法和行业指标。二是联网审计的范围。鉴于联网审计高效率采集和分析数据的特

征,在编制审计实施方案时,除应明确将审计年度的财政收支财务收支纳入审计范围以外,应尽可能多地将能够通过联网取得数据的相关单位纳入延伸审计的范围,追溯的年度也可以比现场审计追溯的年度适当扩大。审计组应当对审前调查了解所取得的资料进行初步分析性复核,关注资料间的异常关系和异常变动,分析被审计单位财政收支、财务收支及其有关的经济活动中可能存在的重要问题和线索,确定审计重点。审计重点也是数据采集的重点。审计实施方案应包括重点审计模块的业务需求内容。

(二)信息系统测试与审计

审计机关发出审计通知书或专项审计调查通知书,与被审计单位形成明确的审计关系与审计调查关系后,审计人员必须对被审计单位信息系统进行测试,检查其可信赖程度与有效性,检查其数据的真实性与完整性,确保审计获取的数据是真实完整的。当前实施的联网审计是财务审计,这决定了联网审计方式对信息系统的测试目的是为了判断其是否能够为保全会计报表的真实、公允发挥作用,关注资产的安全和数据的完成是否能够得到保护。

对信息系统测试的方法分为一般方法和利用计算机的方法。一般方法主要用于对信息系统的了解和描述,包括:面谈法、系统文档审阅法、观察法、计算机系统文字描述法、表格描述法、图形描述法等。利用计算机的方法主要用于对信息系统控制进行测试,包括:测试数据法、平行模拟法、在线连续审计技术(如嵌入审计模块)、综合测试法、受控处理法和受控再处理法等。

对信息系统进行测试后,确定其是否可以依赖。对可以依赖的再进行符合性测试;对不可以依赖的,联网审计应立即转入现场审计,在实施审计时直接对被审计单位财政收支、财务收支的业务活动或者会计报表项目进行实质性测试。

(三)联网查询

信息系统测试完成后,联网审计进入联网查询阶段,这是非常重要的审计过程。在网络互联环境下,联网查询的数据采集工作由前置服务器应用程序自动或手工完成。在查询阶段,审计人员需要通过客户端下载由前置服务器采集到的数据。

审计人员在查询期间的主要工作就是在面对被审计单位海量数据的情况下,通过联网审计业务平台,根据实际审计业务需求对前置服务器所采集的被审计单位业务数据,按照各种条件进行筛选、分类和查询,并充分借鉴审计经验,发挥计算机处理大量复杂计算的优势,综合、全面地进行计算、对比和分析,据此确定审计重点,有针对性地对重点敏感的数据和高风险的数据进行详查。每次查询完毕,审计组应当向所在部门提交联网查询报告。联网查询报告内容包括:核查的内容和重点,重点内容的基本情况和变动情况,查询问题的变动情况,重点和疑点的关注情况,新发现的重点和疑点,持续关注的内容,上次关注点的结论,对查询问题、重点和疑点的基本判断,拟对疑点进行取证的建议和安排等。

(四)证据的搜集与整理

由于联网审计中审计证据产生的途径与传统审计不同,若被审计单位电子数据缺乏可靠性,势必对审计结果带来系统风险。受被审计单位信息化程度的制约,目前审计机关不可能通过联网取得全部所需要的审计证据。对于信息化程度高的部门单位,审计机关可以从网上取得某些证据,如电子凭证、电子合同等;对信息化程度有限,只局限于电子记账的部门单位,证据的收集只能从现场取得。联网查询发现疑点,应向被审计单位发放联网审计疑点询问函,必须通过联网取证与现场取证相结合的方式取得全部审计证据。

(五)审计结果的处理与审计报告

审计机关对被审计单位出现的异常或明确的违法违规疑点,并经取证明确的问题,应以正式函件告知被审计单位。这种函件可以称为联网审计问题纠正函。联网审计问题纠正函应确定为审计机关正式审计文书,明确其是对联网查询发现的被审计单位财政财务管理中出现的问题,发送给被审计单位要求其纠正和规范的函件。联网审计问题纠正函需要被审计单位改正,并向审计机关告知纠正结果。审计期间结束前的最后一次查询,审计机关应当对被审计单位函复的问题纠正情况进行确认,没有纠正的,应当出具审计决定书或审计移送处理书。

联网审计报告的形成基础是联网查询报告、审计工作底稿、审计证据、联网审计问题纠正函。联网审计报告内容包括:被审计单位的基本情况,被审计单位的会计责任与审计责任,联网查询情况,联网审计问题纠正函的总体情况,对被审计单位财政财务管理和信息系统内部控制的基本评价,审计查出的被审计单位违反国家规定的财政收支、财务收支行为的事实和定性、处理处罚决定以及法律、法规、规章依据,有关移送处理的决定。必要时,可以对被审计单位提出改进财政收支、财务收支管理的建议。

四、联网审计的若干范例

（一）天津市开展联网实时审计

2013年以来，天津市审计局运用"制度加科技"的方法，积极构建审计监督"一张网"。开发建设了包括审计监督指挥中心、联网实时审计中心和审计数据中心在内的审计监督综合管理系统。建立完善了联网实时审计工作机制，将全市157个政府部门和重点国有企业、地方金融机构及项目建设单位纳入联网范围。通过无项目审计和实时监控，开展跨行业、跨领域数据比对分析，前移审计关口，及时发现问题，及时预警提醒，及时规范整改，发挥审计的预防和威慑作用，初步形成了具有实时和大数据特点的联网实时审计新模式。2015年7月30日，天津市政府颁布实施《天津市联网实时审计监督办法》（津政令第21号），为审计机关依法有序开展联网实时审计创造了良好法制环境。该办法主要突出5个重点：一是突出大数据审计理念；二是突出审计监督全覆盖要求；三是突出发挥审计建设性作用；四是突出审计监督程序创新；五是突出保障数据安全。该办法是对近年来天津市联网实时审计工作的经验总结与发展完善。

（二）广东省探索联网审计

广东省审计厅依托数字化审计，积极联络有关部门，制定建设规划，着力构建实时在线审计监督平台。目前，已经构建了与省财政厅、省社保局及部分地级市财政、业务信息系统的联网，实现了实时在线浏览查询功能。同时，依托数字化审计业务分析模型，着手完善实时在线电子数据审计分析监督功能。未来3年内，将逐步联网各有关单位，积累和丰富涉及财政、税务、保险、工商、民政、住房等跨部门、跨行业和跨年度的电子数据，建设完善实时在线审计监督平台，实现相关的预警预测分析功能，对违规问题及时发现和纠正，进一步提升审计全覆盖水平。

（三）青岛市实施联网审计

近年来，青岛市审计局率先实现多行业统一平台联网审计，破解了单一行业联网审计数据分散、环境孤立，无法实现跨行业关联分析的重大技术难题。对财政、社保、地税、投资和公积金5个重要领域全部实施了联网审计，对交通收费、医疗卫生等8大重要行业的20个系统全部实施了信息系统审计，审计效率提高10多倍。几年来，通过计算机审计，查出违规和管理不规范金额 70 多亿元,移送案件线索 6 起,揭示信息系统漏洞近 200 个,组织撰写的 48 篇审计案例或方法获审计署优秀。

(四)湖北省咸宁市形成联网审计平台

湖北省咸宁市审计局加强与政府相关部门的联系沟通,加快审计信息系统与财政、国库、税务、社保、国土、规划、发展改革、水利、交通、住房建设、房产、学校、医院等部门单位的联网,形成联网审计平台。目前,基本完成了 136 家市直预算单位的财务数据采集整理工作。建立数据分析室,组建数据分析团队,对联网获取数据进行日常监控和定期筛选、分析、核对。按照分析结果,对核实结果为一般性问题的单位,出具"问题联系单",告知相关单位并要求落实整改。对核实结果为重大问题或共性问题的,出具"审计建议函",要求相关单位落实整改。

(五)湖北省襄阳市开展住房公积金联网审计

湖北省襄阳市审计局积极探索住房公积金联网审计,促进规范管理,保障资金安全。一是建成数据分析系统,编写联网审计操作规范。研究梳理住房公积金审计相关法律法规和专家经验,确定了 4 类业务 18 个审计事项,完成了数据规划和方法体系,建立了审计数据库和审计方法模型库,建成住房公积金审计数据分析系统,编制了住房公积金联网审计操作规范。二是实现网络直联,定期采集数据。在市公积金管理中心设置了前置服务器,通过广电专线直联市审计局住房公积金审计数据分析系统。市公积金管理中心定期将数据备份在服务器上,每月至少更新 1 次。采集范围包括市直及县市区 2000 年以来的所有数据。

(六)湖北省荆门市开展医保资金联网审计

湖北省荆门市审计局积极探索大数据环境下的医保资金联网审计,建立医保资金联网审计数据分析系统,研究开发审计方法模型,取得较好成效。编撰了医保资金联网审计操作规范,开展实时联网审计监测,出具了 2 期联网审计监测报告,研究基金征缴、支付关键指标的波动趋势,分析收支压力,提出针对性的审计建议。在医保资金交叉审计中,运用上述审计分析模型,查出某地医保资金管理中存在的问题 20 余项,移送违纪违法问题线索 7 件。

五、当前联网审计中存在的困难与问题

联网审计以"金审"工程为依托,构建各部门预算、决算、财务核算、资金

支付等审计专业数据库,实现与被审计单位信息数据库的对接,形成连续性的数据归集和积累机制,从而打造出数据高度集中的审计分析平台。目前,不少审计机关结合部门预算执行审计,有效利用联网审计系统数据全面和财务数据实时更新的优势,对有关部门单位开展联网审计。通过建立年度新会计账,配置采集参数,上传联网审计相关数据,使用联网审计系统查看财务账套数据并与预算等数据进行关联分析,发放联网审计疑点询问函和联网审计问题纠正函,实现了联网审计全过程的深度参与。在联网审计和扩大审计监督覆盖面方面也积累了一些经验。但是,从面上情况看,当前在开展联网审计中还存在不少困难与问题,具体见如下几点。

(一)被审计单位信息化建设进展缓慢

有的被审计单位没有实现部门与所属二级预算单位的财务数据联网。有的被审计单位行业管理信息系统各自独立、互不相通,均为信息孤岛,造成业务数据的分散化、碎片化。被审计单位信息化建设滞后,财务、业务数据集约化、标准化程度低,给联网审计数据采集和分析应用带来一定困难。

(二)联网审计系统部署和数据采集不够全面

一方面,对已联网审计的部门所属二级单位财务数据联网的覆盖面不够广;另一方面,对已联网审计的部门业务数据联网的覆盖面不够广。有些已经与审计机关实现联网审计的部门,只对财务核算数据进行采集,还没有覆盖由部门管理的行业数据。随着审计工作的发展,对行业数据联网的规划及实施有待进一步深入。如何对部门分散管理的行业数据进行统一规划、统一采集,也是在对业务数据联网审计过程中需要重点解决的问题。

(三)联网审计工作规律性和有效性不够

与被审计单位的互联互通,只是打下了联网审计工作的基础,为部门预算执行的实时、跟踪审计创造了便利条件。要真正使得联网审计发挥效用,还需要有效地、有规律地使用联网审计系统开展审计工作。当前开展的联网审计,主要集中在就账论账、就事论事层面,通过使用SQL语句查询当年某个账套或者几个账套的财务数据,往往从财务核算数据本身来发现疑点,缺乏后续进一步跟踪,造成有效性不够。此外,联网审计年度之间不均衡,年度内的月度之间不均衡,表现为规律性不够。

(四)审计作业系统(AO系统、联网审计系统)基层审计机关应用缺乏

联网审计是近年来全国各级审计机关都在积极探索开展的一项工作,但作为基层审计机关,仍有大部分地方未实现或未全部部署该项工作。目

前,基层审计机关推广应用审计作业系统(AO系统、联网审计系统)严重不足,联网审计范围狭窄。截至目前,全国仅11个省级、22个地市、4个区县部署了财政、地税、社保等相关行业联网审计系统。真正联网的只有陕西省城镇企业养老保险基金联网系统,其他因被审计单位不予配合,加之审计法律法规对实时取数、在线审计没有明确规定,只能建立联网系统的核心部件,实现数据清洗、分析、展现,不与被审计单位联网。联网审计的应用有待拓宽、深化。

(五)审计人员对联网审计参与度不大

联网审计系统是以单个计算机审计方法模型为单位,对计算机技术水平差的老审计人员是一个障碍,只能由计算机基础好的青年审计人员使用。其运行模式导致审计人员不能全员参与,最终影响其充分发挥数据分析能力。此外,补充的计算机审计方法新模型,思路由审计人员构建,嵌入系统却需要专业技术人员完成。

(六)复合型人才匮缺

由于联网审计操作较为复杂,在联网审计系统中进行综合查询与分析需要一定的专业技能,这也导致了审计人员缺乏足够动力开展联网审计工作。截至目前,通过审计署计算机中级考试的审计人员占全国审计干部的比例不到7%。审计人员的计算机水平是制约联网审计发展的第一大因素。

(七)信息系统审计缺位

目前,除浙江、江苏、上海等地信息系统审计开展得较多外,其余大部分省份没有开展信息系统审计或仅作了个别尝试。信息系统审计缺位,最终将导致审计机关不能对被审计单位信息系统提供的数据是否完整、真实、准确作出全面评价,不能防范"假账真审"的风险。

(八)联网审计管理不完善

审计署已发布的50个计算机审计实务公告对联网审计管理未进行规范,对数据采集、数据存储载体没有操作规范。当前,迫切要解决联网审计管理中存在的以下问题:一是联网审计资源不能有效整合。由于审计机关隶属于本级政府,各级联网审计仅在本级预算拨款单位间进行,各级审计机关与金融、税务等重点部门的联网资源很难实现对接与共享。二是审计软件开发推广工作不协调,盲目重复投资。由于缺乏审计软件的统一开发与推广,各级审计机关都在自主开发软件。随着被审计单位网络资源的不断共享,审计资源的共享程度也将越来越高,这些软件的重复性将越来越明显,造成资源浪费。

（九）计算机审计机构缺失

目前,全国审计机关除审计署18个驻地方特派员办事处设有计算机审计处外,已有14个省级审计机关设立了计算机审计处（信息化办公室）,但大部分地方审计机关没有负责信息化建设项目和联网审计、信息系统审计的专业机构。

六、完善联网审计制度的对策和措施

联网审计是运用云计算的方式实施的远程审计,实现了信息化的异地审计。联网审计作为计算机审计发展的高级阶段,联网审计技术为审计人员所带来的便利明显,计算机审计技术的优势突出。联网审计作为一种全新的审计方式,对推动审计工作信息化意义重大。各级审计机关和广大审计人员要站在审计工作科学发展的高度,进一步提高对联网审计重要性的认识。要充分认识到：联网审计是主动适应经济社会信息化高速发展的必然选择,是完善国家治理的内在要求,是贯彻实践科学审计理念、创新审计工作模式、思路和方法的重要实践,是推进部门预算执行审计监督全覆盖的重要路径,是提升审计人员业务技能、提高审计工作效率的重要工具,也是展示审计人员审计技能的重要平台。各级审计机关要采取有效措施,大力推进联网审计,加速实现审计工作信息化。

（一）促进被审计单位加快信息化建设

被审计单位自身信息化建设情况是联网审计工作的外部条件,是实施联网审计、实现审计监督全覆盖的前提条件,也是关系联网审计工作进展的制约性因素。如果被审计单位自身不能实现与所属二级单位财务系统的先期联网,即使被审计单位本级与审计机关实现联网审计,也无法达成以联网审计实现审计监督全覆盖的目标,从而大大降低了部署联网审计系统的绩效。今后一个时期,各级审计机关应积极联系、协调还没有实现本级与所属二级单位财务系统联网的被审计单位,推进财务系统网络信息化建设。要积极建言,从加强被审计单位自身对所属单位财务监管的角度出发,促进被审计单位在较短时间内实现本级与所属二级单位的财务互联,为推进联网审计创造外部条件。

（二）重视联网审计被审计单位的选择

联网审计作为一种全新的审计方式,其审计方法、审计对象、审计程序都有一定的特殊性。根据哪些要素确定联网审计的被审计单位,是决定联网审计成败、联网审计质量优劣的重要前提。选择联网审计的被审计单位可以从联网审计的特征着手进行考虑:第一,远程特征决定了审计机关应当选择在网络互联环境下比现场审计成本低的被审计单位。审计机关与被审计单位实现网络互联需要投入价值不菲的计算机设备。从审计成本与审计收益的配比关系看,只有实施联网审计所需要的资金成本、人力成本与审计收益的比例比现场审计小时才应选择联网审计。第二,实时特征决定了审计机关应当与需要进行随时监督的重点部门进行网络互联。第三,高效率的数据采集和分析特征决定了联网审计被审计单位应当存在不能以手工方式、短时间的现场联网方式取得的,相对集中、覆盖面广的海量数据。第四,信息系统成为必须审计的内容的特征决定了被审计单位应当已建立起较为完善的网络系统,硬件配备水平较高,被审计单位的主要业务通过计算机完成,有关的基础数据和原始资料能够通过网络查阅和传输,内部控制制度较为完善,被审计单位建立了专门的信息机构。

（三）推进地方审计机关联网审计建设

地方审计机关要积极创造条件,加快构建一个实时监控、动态监测的在线审计系统。对于信息系统比较完善的项目,应当运用计算机审计、信息系统审计或者联网审计方法开展审计。主要通过在审计机关建立审计数据中心,与被审计单位数据中心通过专门通道实现联网,审计人员通过手提电脑与审计机关数据中心相连,由被审计单位开放权限和数据,最终实现与被审计单位数据和信息的实时联网,这样审计人员就可以根据需要,定期对新增数据运用审计方法体系或模型开展全部扫描和系统体检,及时发现倾向性问题,提醒被审计单位注意或向有关部门反映。通过联网揭示相关信息系统存在的行业信息孤岛、资源不能共享、业务不能协同,以及系统不安全、不可靠、不经济等方面的突出问题,促进信息系统的服务效能。地方审计机关要在积累经验的基础上,积极配合上级审计机关开展省、市、县"三级联动"的联网审计。从近年来审计项目安排情况来看,一个较为可行的办法是在部门年度预算执行审计项目中,视联网情况安排对该部门单位的联网审计。每年上半年集中安排一轮对所有联网部门单位进行联网审计,包括建立年度新账、收集上传年度联网审计基础资料、进行数据关联分析和核查等;每年下半年再安排一轮对部门单位的联网审计,主要是预警信息梳理、数据关联分析和核查等。

(四)做好联网审计部门单位预警信息的梳理

在联网审计数据采集服务器中,内置有许多联网审计预警模型。这些预警模型都是以往审计过程中的经验总结,能查找、发现已联网的审计管辖单位财务核算数据中一般性、常规性的问题疑点,并在前置机预警报告中列示。此外,在联网审计数据库服务器中还有部分审计模型,产生全部联网审计部门单位预算执行总体进度等方面的预警信息,并在预警报告中列示。审计人员要在登陆联网审计系统后,及时梳理这些预警信息,根据部门单位实际情况进行核实后,选择是否生成疑点并作进一步处理。在联网审计过程中,要针对不同联网审计部门单位自身的业务流程、财务管理和核算实际情况,不断完善适合各自部门单位特点的前置采集服务器预警模型。

(五)做好联网审计部门单位数据关联分析和核查

一是做好部门单位财务数据与预算数据的关联。解决好被审计单位本级因财务多账套核算,财务账套核算数据与预算数据关联不完整的问题。二是进一步完善部门单位预算数据与财务数据关联模型。对部分预算项目在财务账套中分科目核算的情况,要依据实际掌握的情况,在联网审计系统中予以完善。三是在此基础上,作好联网审计部门单位数据关联分析。对部门单位预算执行情况进行全过程、全范围审计监督,发现疑点认真核查。四是不断完善预警模型和创新审计查询分析方法。根据各部门单位业务特点及以前年度审计工作经验,积极创新审计查询分析方法,充实联网审计应用模型专家经验,最终形成一套适合审计管辖单位特点的审计专家经验库。

(六)加强联网审计业务培训

联网审计技能是传统审计技能与信息技术高度结合的产物。随着"金审"工程的实施,"预算跟踪+联网核查"审计模式改变着以往的审计工作方式。审计人员仅仅掌握传统审计技能,无法保障顺利使用联网审计系统开展审计工作。审计机关应加强多渠道培训,提升审计人员联网审计能力:一是继续加大审计业务人员计算机中级培训力度,提高审计署计算机中级考试通过率。同时,给予相应的项目或课题,以提高其计算机审计应用能力;二是对计算机专业人员加大审计业务知识的培训,鼓励计算机专业人员参加国际注册信息系统审计师(CISA)考试;三是将审计业务人员与计算机专业人员轮岗,以岗位练兵方式提升联网审计水平;四是尽快建设信息化培训平台——模拟仿真实验室,通过案例教学,不断提升审计人员联网审计能力;五是与高校、企业合作,成立有关研究机构,积极建立产学研联动机制,为审计人员理论与实践互动提供平台;六是审计机关在引入新人时,优先考虑具有计算机、统计背景的专业人才。

(七)建立联网审计成果衡量标准

实时、远程的监督,以及联网审计疑点询问函、联网审计问题纠正函等新的审计文书,使被审计单位存在的很多问题在产生初期即告消失。这体现了联网审计事中监督和事后监督相结合的特点,也决定了审计查出问题在数量上将会大幅度减少,从而使审计查出问题情况不能作为衡量审计成果的标准。审计机关应当建立适应联网审计的审计成果衡量标准。一是对提出并得到被审计单位及时认可的联网审计问题纠正函,以及联网审计报告等多项联网审计结果作为衡量审计成果的标准。二是坚持"体制、制度、管理、效益"的监督思想,通过联网审计报告提出审计意见和建议的采纳情况来衡量审计成果。三是从联网审计的长远发展来看,审计机关应当坚持以绩效审计为发展方向的联网审计思路,把审计的目标放到资金或项目的经济性、效率性和效果性上来。利用联网审计高效率数据采集、处理与分析的优势,利用联网审计多部门比较查询分析的优势,真正促进财政资金的有效使用,减少损失浪费。在绩效审计的大背景下,审计机关必须改变单纯监督的观念,树立服务经济建设的大局意识。随着联网审计的开展与推广,为审计人员提供了一个收集、分析各项经济数据资料的平台,审计机关将能够在最有效的时间内大量掌握财政、税务、银行等部门单位的反映国家经济发展建设的信息资料。这有利于审计人员增强宏观意识,以全局的眼光来思考和研究经济发展中出现的重大问题,找寻问题产生的根源,分析对经济建设可能产生的影响,提出深化各项改革、完善政策法规、加强经济管理的建议,促进国民经济持续快速健康发展。

(八)完善联网审计管理

当前,联网审计方式还不为审计人员所了解,其实时、高效采集财政收支财务收支数据的特征还不为审计人员所重视,相关联网审计项目管理制度严重缺乏。为了推进联网审计发展,审计机关应建立健全联网审计管理制度,包括联网审计跟踪作业制度、联网查询报告制度、网络权限管理制度等。针对联网审计管理中存在的问题,审计机关应采取以下措施:探索适用范围更广的公网传输机制;通过与重点行业、重点领域的联网,建立审计数据中心,扩大资源共享面;加快研发通用开放的联网审计实施系统,使地方审计机关从审计系统研发和技术创新方面解脱出来,集中精力进行软件应用;完善现有系统的接口程序,制订有关行业的数据接口标准。此外,联网审计专业性强,需要有计算机专业的审计机构来开展审计工作。计算机审计机构的设置是优化整体审计范围布局的重大举措,也是带动各级审计机关紧跟现代化时代要求的必要手段。

(本文刊于《上海审计》2016 年第 2 期、《中国审计报》2016 年 4 月 20 日、《财政科学》2016 年第 4 期、《上海商学院学报》2016 年第 2 期、《开放导报》2016 年第 3 期、《审计月刊》2016 年第 6 期、《当代审计》2016 年第 2 期、《特区审计》2016 年第 2 期)

我国审计组织体系浅析

纵观世界和我国,审计组织体系一般由三部分构成:国家审计(政府审计)、社会审计(注册会计师审计)、内部审计。国家审计、社会审计、内部审计三类审计组织都从事审计工作,但其审计特征、审计目标、审计职能作用、审计业务类型等大不相同。为了使社会公众和被审计单位对国家审计、社会审计、内部审计有正确的认识,有必要对我国审计组织体系作一个综合分析。

一、国家审计、社会审计、内部审计概况

(一)国家审计(政府审计)概况

世界主要国家的国家审计体制大致有四种类型:一是议会型,即审计机关不是议会的组成部分,但负责对政府进行独立审计,为议会服务。典型的如美国审计总署。二是司法型,即审计机关只对公共资金的收回作出司法判决,同样为议会服务。典型的如法国审计法院。三是行政型,即审计机关属于政府组成部门,国家审计亦为政府审计。典型的如中国审计机关。但审计机关不参与行政管理工作,独立审计,为人大服务。四是独立型,即审计机关所有审计都必须是独立的,也为议会服务。典型的如日本会计检查院。

我国国家审计监督制度确立于1982年。1982年12月4日第五届全国人民代表大会第五次会议通过的《中华人民共和国宪法》第九十一条规定:"国务院设立审计机关,对国务院各部门和地方各级政府的财政收支,对国家的财政金融机构和企业事业组织的财务收支,进行审计监督。审计机关在国务院总理领导下,依照法律规定独立行使审计监督权,不受其他行政机关、社会团体和个人的干涉。"审计署作为国务院25个组成部门之一,是我国最高审计机关,现有19个内设机构、9个直属单位、20个派出审计局、18个驻地方特派员办事处。《中华人民共和国宪法》第一百零九条规定:"县级以上的地方各级人民政府设立审计机关。地方各级审计机关依照法律规定

独立行使审计监督权,对本级人民政府和上一级审计机关负责。"1994年8月31日第八届全国人民代表大会常务委员会第九次会议通过了《中华人民共和国审计法》(以下简称《审计法》),国家审计有了专门法。2006年2月28日第十届全国人民代表大会常务委员会第二十次会议通过了《关于修改〈中华人民共和国审计法〉的决定》,把经济责任审计列为审计机关职责。经过三十多年的发展,我国国家审计已成为党和国家监督体系的重要组成部分。目前,全国审计机关共有审计人员9万多名。

(二) 社会审计(注册会计师审计)概况

社会审计是指注册会计师依法接受委托、独立执业、有偿为社会提供专业服务的活动。社会审计的产生源于财产所有权和管理权的分离。中国注册会计师制度创建于1918年,于1980年恢复重建。为了发挥注册会计师在社会经济活动中的鉴证和服务作用,加强对注册会计师的管理,维护社会公共利益和投资者的合法权益,促进社会主义市场经济的健康发展,第八届全国人民代表大会常务委员会第四次会议于1993年10月31日通过了《中华人民共和国注册会计师法》。1999年年底,根据国家发展社会中介机构的产业政策和有关要求,注册会计师行业率先在中介服务机构中完成脱钩改制,会计师事务所由原来挂靠政府部门、企事业单位的下属机构,脱钩改制为由执业人员发起设立的自主经营、自我管理、自我约束、自担风险的独立中介机构。

社会审计制度的确立是中国实行改革开放政策,建立社会主义市场经济体制的必然要求,对促进改革开放和经济发展发挥了重要作用。根据《中华人民共和国公司法》的要求,目前我国数千家上市公司的年度及中期财务报告都必须由注册会计师进行审计并公告。会计师事务所与注册会计师成为规范社会主义市场经济秩序的一支重要力量。社会审计作为会计审计咨询业,是我国社会主义市场经济体系的重要组成部分,属于第三产业,是国家大力促进发展的现代服务业之一。

注册会计师是依法取得注册会计师证书并接受委托从事审计和会计咨询、会计服务业务的执业人员。会计师事务所是依法设立并承办注册会计师业务的机构。注册会计师协会是由注册会计师组成的社会团体。截至2016年3月31日,中国注册会计师协会有团体会员(会计师事务所)8 381家,其中:有40家证券期货资格会计师事务所,有11家获准从事H股企业审计业务的内地大型会计师事务所。个人会员超过21万人,其中注册会计师 101 448 人,非执业会员 116 294 人。目前,全国具有注册会计师资质的人员超过 25 万人,全行业从业人员超过 30 万人。注册会计师行业服务于包括 2 800 余家上市公司在内的 420 万家以上企业、行政事业单位。2015 年度全行业业务收入超过 680 亿元。

(三) 内部审计概况

内部审计是我国审计监督制度的重要组成部分,也是组织内部控制的重要组成部分。《审计法》第二十九条规定:"依法属于审计机关审计监督对象的单位,应当按照国家有关规定建立健全内部审计制度;其内部审计工作应当接受审计机关的业务指导和监督。"《中华人民共和国审计法实施条例》(以下简称《审计法实施条例》)第二十六条规定:"依法属于审计机关审计监督对象的单位的内部审计工作,应当接受审计机关的业务指导和监督。依法属于审计机关审计监督对象的单位,可以根据内部审计工作的需要,参加依法成立的内部审计自律组织。审计机关可以通过内部审计自律组织,加强对内部审计工作的业务指导和监督。"

目前,全国共有内部审计机构近 7 万个,配备内部审计人员 25 万余人,并建有内部审计自律组织——各级内部审计协会。目前,大型企业集团、股份制上市公司、金融机构、高等院校等组织内部审计制度较为健全。

二、国家审计、社会审计、内部审计的本质与特征

独立性、权威性、公正性是审计的特征。独立性是审计的最本质特征,是区别于其他经济监督的关键所在,也是保证审计工作顺利进行的必要条件。国内外审计实践经验表明,审计在组织上、人员上、工作上、经费上均必须具有独立性。审计的权威性是保证有效行使审计权的必要条件。审计的权威性总是与独立性相关,它离不开审计组织的独立地位与审计人员的独立执业。与权威性密切相关的是审计的公正性。从某种意义上说,没有公正性,也就不存在权威性。审计的公正性,反映了审计工作的基本要求。

(一) 国家审计的本质与特征

国家审计的本质是国家治理系统中内生的监督控制系统之一,服务于国家治理的决策系统,对国家治理的执行系统实施监督和约束,是依法用权力制约权力的基础性安排。审计署原审计长李金华提出:审计是国家财政的"看门狗"。审计署现任审计长刘家义提出:国家审计的本质是国家治理这个大系统中一个内生的具有预防、揭示和抵御功能的"免疫系统"。

国家审计的特征:一是法定性。我国国家审计是法定审计,强制审计,代表国家(政府)行使审计监督权。拥有公共资金和管理国有资产的单位,都必须依法接受国家审计的监督。审计机关作出的审计决定具有法律效力,被审计单位和有关人员必须执行。二是独立性。法律规定,审计机关依法行使审计监督权,不受其他行政机关、社会团体和个人的干涉。从制度设计看,审计机关不具有资金分配权、项目审批管理权,没有具体的行政管理职能。这种独立的角色和地位,决定了审计机关能够不囿于部门利益的羁绊,依法维护国家所有者权益,当好国家利益的捍卫者和公共资金的守护者。三是全面性。我国国家审计是综合性的财政经济监督,涉及财政、金融、固定资产投资、社会保障、农业与资源环保、外资运用、行政事业单位、国有企业等国民经济和社会发展主要领域。国家审计对公共资金、国有资产、国有资源和领导干部履行经济责任情况实行审计全覆盖。

(二)社会审计的本质与特征

社会审计是以第三者的身份,依法接受委托、独立执业、有偿为社会提供专业服务。社会审计的主要任务是维护市场经济秩序,保护社会公共利益和投资者的合法权益。

社会审计的特征:一是独立性。注册会计师应独立于政府部门、委托单位和个人,根据与委托方签订的业务约定书,提供有关法律、法规规定的各项专业服务。会计师事务所是经过有关部门批准、登记注册的法人组织,依照法律规定独立承办审计查账验证和咨询服务业务,其审计报告对外具有法律效力。二是有偿性。社会审计是受托审计、有偿审计,按国家规定的取费标准和行业惯例收取服务费用。三是服务对象的社会性。社会审计的委托方具有广泛的社会性,包括企业、事业单位、社会团体或个人。在执业过程中,注册会计师依法独立承办委托业务,并对其出具报告的真实性、合法性负责。

(三)内部审计的本质与特征

内部审计的本质是一种管理权的延伸,是组织内部的一种管理活动,是代表管理权的审计,是内部控制的重要组成部分,是内部控制的"践行者"和"推动者"。

内部审计的特征:一是服务的内向性。内部审计是为了加强经济管理和控制,提高经济效益而开展的审计,其根本目的是服务于组织的管理者,是对内提供服务的。二是工作的相对独立性。内部审计机构和人员受本单位负责人或权力机构领导,这决定了内部审计的独立性是有限的、相对的。内部审计不具有对外鉴证职能,其审计报告不能作为对外报告来使用。三是审查范围的广泛性。内部审计机构和人员熟悉组织的业务活动、内部控制和风险管理,这决定了内部审计的审查范围较为广泛。内部审计擅长开展内部控制审计、绩效审计等审计业务。

三、国家审计、社会审计、内部审计的职能与作用

(一) 国家审计的职能与作用

国家审计的职能包括监督、鉴证、评价,以监督职能为主。国家审计的法定职责是监督。监督的对象是公共资金、国有资产、国有资源和领导干部履行经济责任情况。

国家审计在党和国家监督体系中的重要作用:一是保障国家重大决策部署贯彻落实;二是维护国家经济安全;三是推动深化改革;四是促进依法治国;五是推进廉政建设。按照李克强总理对审计工作的指示:审计要当好国家利益的捍卫者;审计要当好经济发展的"安全员";审计要当好公共资金的守护者;审计要当好权力运行的"紧箍咒";审计要当好反腐败的"利剑";审计要当好深化改革的"催化剂";审计要当好政策措施落实的"督查员"。国家审计具有两大职能作用:一是查错纠弊,发挥防护性作用;二是促进绩效,发挥建设性作用。

(二) 社会审计的职能与作用

社会审计的职能包括鉴证、咨询、服务,以鉴证职能为主。

社会审计的作用:一是维护社会主义市场经济秩序,保护社会公共利益。注册会计师及其会计师事务所通过检查企业编制的财务报表的合法性、公允性和一贯性,检查企业执行国家财经法律、法规和规章制度的情况,维护市场经济秩序和保护社会公共利益。二是促使政府转变职能。在社会主义市场经济体制下,政府可利用注册会计师及其会计师事务所出具的审计报告,了解企业的财务状况和经营成果,了解国家财经法律、法规和政策的执行情况,以便进行宏观调控。三是促进完善现代企业制度。现代企业制度的一个根本特征是企业财产所有权和经营管理权相分离。企业编制的财务报表是反映企业经营状况的晴雨表,企业所有者、债权人、潜在投资者、政府和社会公众都重视企业会计信息的质量。为了维护股东和债权人的合法权益,规范企业管理人员的行为,法律规定必须聘请注册会计师对企业管

理者编制的年度财务报表进行审计。同时，根据加强现代企业管理的需要，会计师事务所提供包括股份制改造、代理记账和设计会计制度、税务代理、资产评估以及管理咨询在内的各类专业服务。四是促进对外经济的发展。为改善投资环境，注册会计师及其会计师事务所要帮助外国投资者了解我国的投资政策，承办可行性研究、税务代理、工商代理等业务；对外商投资企业进行法定审计，维护投资各方的合法权益；依法对中方为兴办中外合资、合作经营企业投入的资产进行产权界定和资产评估，防止国有资产流失；根据国际惯例，对境外上市或直接融资的国内企业进行审计，出具审计报告，协调国内企业会计准则与国际会计准则的差异。

（三）内部审计的职能与作用

内部审计的职能是确认与咨询。"确认"的含义就是指通过监督检查，对审计的事项予以鉴证，并在此基础上提出评价意见和建议。"咨询"是在评价的基础上提出的意见和建议，是评价的进一步发展。从内涵上来看，确认和咨询包含了监督和评价的含义。相对于"监督"所体现的内部审计的查错纠弊功能，现代内部审计更强调由"咨询"所体现出的内部审计的价值增值功能。

内部审计的作用：一是监督制度、计划的贯彻执行情况，为本单位负责人或权力机构决策提供依据；二是揭示管理薄弱环节，促进部门和单位健全内部控制制度；三是促进部门和单位改进工作，提高经济效益；四是监督受托经济责任的履行情况，维护部门和单位经济权益；五是监控资金、资产的安全，促进部门和单位资产保值增值。

四、国家审计、社会审计、内部审计的目标、对象范围和业务类型

（一）国家审计的目标、对象范围和业务类型

国家审计的目标：推进法治，维护民生，推动改革，促进发展。围绕"反腐、改革、法治、发展"这条主线开展审计工作。

国家审计的对象范围：公共资金、国有资产、国有资源和领导干部履行经济责任情况，国家重大政策措施和宏观调控部署落实情况。

国家审计的业务类型：国家审计准则将审计业务划分为审计、经济责任审计和专项审计调查三类。第一类，审计机关对依法属于审计机关审计监督对象的单位、项目、资金进行审计。目前已经开展的财政收支审计、财务收支审计、授权审计、跟踪审计、投资项目审计、专项资金审计、绩效审计、计

算机审计等各种审计业务,只是审计形式的不同,皆属"审计"类型。具体审计类型包括:财政审计(含财政预算执行及决算草案审计、部门预算执行及决算草案审计、税收审计、政府投资项目审计等)、社会保障审计、金融审计、国有企业审计、资源环境审计、外资运用审计等。第二类,审计机关按照国家有关规定,对依法属于审计机关审计监督对象的单位的主要负责人经济责任的履行情况进行审计。第三类,审计机关对预算管理或者国有资产管理使用等与国家财政收支有关的特定事项进行专项审计调查。

(二)社会审计的目标、对象范围和业务类型

社会审计的目标:维护社会主义市场经济秩序,服务经济社会发展。

社会审计的对象范围:为所有企业提供财务报表审计业务,并为政府部门、医院、高校、社会团体等非营利组织提供专业服务。以审计鉴证业务为核心,以咨询业务为拓展。

社会审计的业务类型:企业财务报表审计,事业单位财务报表审计,企业资本验证,企业合并、分立、清算事宜中的审计业务,商业银行审计,工程项目审计,内部控制评价审计,财政支出绩效评价,管理会计咨询,司法会计鉴证,以及领导干部经济责任审计等特殊业务目的的审计。

(三)内部审计的目标、对象范围和业务类型

内部审计的目标:促进组织完善治理、增加价值和实现目标。

内部审计的对象范围:业务活动、内部控制和风险管理的适当性和有效性。

内部审计的业务类型:预算执行审计或财务收支审计、内部管理的领导干部经济责任审计、绩效审计、建设项目审计、内部控制审计等。

五、国家审计、社会审计、内部审计的准则体系

(一)国家审计:中国国家审计准则

修订后的《中华人民共和国国家审计准则》(以下简称《国家审计准则》)将原有国家审计基本准则和通用审计准则规范的内容统一纳入国家审计准则,形成一个完整单一的国家审计准则。在国家审计准则的下一层次研究开发审计指南,进一步细化相关审计业务操作的具体要求。据此构建起由宪法、审计法和审计法实施条例、国家审计准则和审计指南等不同级次规定组成的国家审计法律规范体系。

《国家审计准则》正文分为七章,即总则、审计机关和审计人员、审计计

划、审计实施、审计报告、审计质量控制和责任、附则。共200条。同时,《国家审计准则》在吸收原有审计准则和相关规定中能够继续适用的内容后,废止了审计署以前发布的28项审计准则和相关规定。

国家审计准则是审计机关和审计人员履行法定审计职责的行为规范,是执行审计业务的职业标准,是评价审计质量的基本尺度,适用于各级审计机关和审计人员执行的各项审计业务和专项审计调查业务。同时,其他组织或者人员接受审计机关的委托、聘用,承办或者参加审计业务,也应当适用国家审计准则。但审计机关和审计人员配合有关部门查处案件、与有关部门共同办理检查事项、接受交办或者接受委托办理不属于法定审计职责范围的事项,不适用国家审计准则,应当按照其他有关规定和要求办理。

(二) 内部审计:中国内部审计准则

中国内部审计准则体系由内部审计基本准则、内部审计人员职业道德规范、20个内部审计具体准则和5个内部审计实务指南构成。内部审计基本准则和内部审计人员职业道德规范作为准则体系的第一层次。内部审计具体准则作为准则体系的第二层次,分为作业类、业务类和管理类三大类。作业类准则涵盖了内部审计程序和技术方法方面的准则,具体包括审计计划、审计通知书、审计证据、审计工作底稿、结果沟通、审计报告、后续审计、审计抽样和分析程序9个具体准则;业务类准则包括内部控制审计、绩效审计、信息系统审计、对舞弊行为进行检查与报告4个具体准则;管理类准则包括内部审计机构的管理、与董事会或者最高管理层的关系、内部审计与外部审计的协调、利用外部专家服务、人际关系、内部审计质量控制以及评价外部审计工作质量7个具体准则。内部审计实务指南作为准则体系的第三层次,分别为审计报告指南,建设项目审计指南、物资采购审计指南、高校内部审计指南和企业内部经济责任审计指南。

(三) 社会审计:中国注册会计师审计准则

为了规范注册会计师的执业行为,提高执业质量,维护社会公众利益,促进社会主义市场经济的健康发展,2006年2月15日,财政部印发(财会〔2006〕4号)文,批准中国注册会计师协会拟订《中国注册会计师鉴证业务基本准则》等22项准则,修订《中国注册会计师审计准则第1142号——财务报表审计中对法律法规的考虑》等26项准则,自2007年1月1日起施行。现行的《独立审计基本准则》等相关准则同时废止。2010年11月,财政部印发(财会〔2010〕21号)文,批准中国注册会计师协会修订《中国注册会计师审计准则第 1101 号——注册会计师的总体目标和审计工作的基本要求》等 38 项准则,自 2012 年 1 月 1 日起施行。财会〔2006〕4 号文中《中国注册会计师审计准则第 1101 号——财务报表审计的目标和一般原则》等 35 项准则同时废止。为了帮助广大注册会计师正确理解和运用注册会计师执业准则,中国注册会计师协会在注册会计师执业准则框架下,制定了实施指南。实施指南覆盖所有准则项目,共 48 项,计 100 余万字,自 2007 年 1 月 1 日起与中国注册会计师执业准则同步施行。为了指导注册会计师更好地运用中国注册会计师审计准则,解决审计实务问题,防范审计风险,2013 年 10 月 31 日,中国注册会计师协会印发(会协〔2013〕77 号)文,起草了《中国注册会计师审计准则问题解答第 1 号——职业怀疑》等 6 项审计准则问题解答,自 2014 年 1 月 1 日起施行。2014 年 12 月 31 日,中国注册会计师协会印发(会协〔2014〕76 号)文,制定了《中国注册会计师审计准则问题解答第 7 号——会计分录测试》等 7 项审计准则问题解答。

中国注册会计师执业准则包括鉴证业务基本准则、审计准则、审阅准则、其他鉴证业务准则、相关服务准则和会计师事务所质量控制准则,共计 48 项。实施指南是对注册会计师执业准则的细化、深化和具体化,为注册会计师如何正确理解和运用准则提供可操作性的指导意见,与注册会计师执业准则构成一个完整的注册会计师执业规范体系。问题解答根据审计准则制定,为注册会计师如何正确理解审计准则及应用指南、解决实务问题提供细化指导和提示。注册会计师在执行审计业务时,应当将审计准则、实施指南与问题解答一并掌握和执行。

六、国家审计、社会审计、内部审计的相互关系

(一)国家审计与内部审计的相互关系

1. 国家审计作为一种外部审计,在工作中要利用内部审计的工作成果。任何一种外部审计在对一个单位进行审计时,都要对其内部审计情况进行了解并考虑是否利用其工作成果。这是因为:第一,内部审计是单位内部控制的一个重要组成部分,外部审计人员要对单位内部控制进行测评,就需要了解其内部审计情况;第二,内部审计和外部审计在审计内容、审计依据、审计方法等方面有一致之处,这为外部审计利用内部审计工作成果创造了条件;第三,利用内部审计工作成果可以提高外部审计工作效率,节约审计费用。

国家审计利用内部审计工作成果需要对其工作进行评价,评价的内容主要有:第一,内部审计的审计内容;第二,内部审计准则的遵循情况;第三,内部审计成果的可信程度。国家审计人员要对内部审计的审计工作底稿、审计证据等进行复核,重点评价其采取的审计质量控制措施,在此基础上决定对其工作成果的利用。

国家审计利用内部审计工作成果,主要包括以下方面:一是内部审计对单位内部控制制度的评审结果。国家审计可以在进行评价和审查之后加以利用。二是内部审计机构对下属单位进行审计的结果。国家审计可以在评价后利用其工作成果,减少对下属单位的审计工作量。三是利用内部审计发现问题的线索,确定审计的重点领域,进行深入的检查。

2.审计机关依法对部门和国有企事业单位内部审计进行业务指导和监督。第一,注重分类指导。审计机关要根据相关单位行业属性、业务特点、规模大小等因素,适时制发内部审计工作指导意见、工作指引或工作方案,对内部审计工作进行分类指导;不断提升内部审计统计工作水平,进一步加大对内部审计工作情况的统计调查和综合分析力度;根据审计法实施条例等有关规定,通过各级内部审计协会,加强内部审计人员业务交流和培训,逐步形成分层次、分类型、多渠道、多形式的内部审计培训和交流工作新格局。第二,加强对内部审计工作质量的监督检查。审计机关在实施审计时,要对有关部门、单位内部审计工作开展情况进行检查和评估,并将检查和评估结果作为确定审计风险和选择审计方法的重要依据。在实施领导干部(人员)经济责任审计和单位财务收支审计时,将检查和评估结果纳入审计报告,作为单位内部控制审计评价的内容之一;各行业主管部门要加强对下属单位内部审计工作开展情况的监督和检查,并将其作为重要的考核内容。第三,充分利用内部审计工作成果。探索建立重点部门、单位内部审计计划、有关审计报告及审计整改情况向同级审计机关备案制度。审计机关要充分利用内部审计工作成果,在制定年度审计项目计划时,将相关部门、单位内部审计工作开展情况、审计整改情况等,作为审计项目计划编制的参考依据。审计机关在开展审计项目时,可以在评估相关部门、单位内部审计工作质量的基础上,利用内部审计机构工作成果,避免重复审计,提高审计效率。

(二)国家审计与社会审计的相互关系

1.通过政府购买服务,聘请社会审计人员参与国家审计。为了解决审计机关人力资源不足或者现有审计人员专业知识结构和技能不够的问题，《国家审计准则》第二十条规定，审计机关可以聘请外部人员参加审计业务，以满足审计组整体上具备职业胜任能力的要求。同时，为了解决审计组执行审计业务过程中遇到特殊专业领域问题，《国家审计准则》第二十条还规定，审计机关可以聘请外部人员提供技术支持、专业咨询、专业鉴定，以便于审计机关向社会专业人士或者专业机构寻求技术支持。根据《国家审计准则》第十四条规定，审计机关聘请的外部人员应当遵守法律法规和国家审计准则，恪守审计职业道德，保持应有的审计独立性，具备必需的职业胜任能力。除涉密项目外，审计机关应当根据需要购买审计服务，并制定完善相应管理办法。

2. 对社会审计机构为依法属于审计机关审计监督对象的单位出具的相关审计报告进行核查。根据《审计法实施条例》第二十七条的规定，审计机关进行审计或者专项审计调查时，有权对社会审计机构出具的相关审计报告进行核查。审计机关核查社会审计机构出具的相关审计报告时，发现社会审计机构存在违反法律、法规或者执业准则等情况的，应当移送有关主管机关依法追究责任。此外，根据《审计法实施条例》第三十三条第二款规定，审计机关经与有关主管机关协商，可以在向社会公布的审计、专项审计调查结果中，一并公布对社会审计机构相关审计报告核查的结果。

(三) 内部审计与社会审计的相互关系

1. 内审外包，做好对社会审计的协调工作。鉴于内部审计人力资源有限，目前不少单位将部分内部审计业务通过外包社会审计来进行运作。内部审计机构应当在单位管理层的支持和监督下，做好与社会审计的协调工作。内部审计与社会审计之间的协调，可以通过定期会议、不定期会面或者其他沟通方式进行。内部审计与社会审计的协调工作包括：与社会审计机构和人员的沟通；配合社会审计工作；评价社会审计工作质量；利用社会审计工作成果。内部审计与社会审计应当在审计范围上进行协调。在编制年度审计计划和项目审计方案时，应当考虑双方的工作，以确保充分、适当的审计范围，最大限度减少重复性工作。在条件允许的情况下，内部审计与社会审计应当在必要的范围内互相交流相关审计工作底稿，以便利用对方的工作成果。内部审计与社会审计应当相互参阅审计报告。内部审计与社会审计应当在具体审计程序和方法上相互沟通，达成共识，以促进双方的合作。

2. 加强对委托审计业务的质量控制。内部审计机构应当根据适当的标准对社会审计工作质量进行客观评价,合理利用社会审计成果。内部审计机构在评价社会审计工作质量时,应当重点关注下列内容:社会审计机构和人员的独立性与客观性;社会审计人员的专业胜任能力;社会审计人员的职业谨慎性;社会审计机构的信誉;社会审计所采用审计程序及方法的适当性;社会审计所采用审计依据的有效性;社会审计所获取审计证据的相关性、可靠性和充分性。内部审计机构在评价社会审计工作质量时,应当充分考虑其与内部审计活动的差异。内部审计机构在评价社会审计工作质量时,可以采用审核、观察、询问等常用方法,以及与有关方面进行沟通、协调的方法。

(本文刊于《上海审计》2016年第3期、《中国审计报》2016年6月29日)

审计
评论篇

振奋精神 真抓实干
把强化审计监督的各项任务落到实处

辞旧迎新,豪情满怀。在党的十四大关于强化审计监督的精神鼓舞下,我们迎来了新中国审计事业史上第十个年头。

不久前召开的全国审计工作会议,传达了李鹏总理和其他领导同志对审计工作的重要指示,讨论了强化审计监督为加快改革开放和现代化建设服务的问题,进一步明确了我国审计事业的发展方向、任务和措施。

会议强调指出,为了适应建立社会主义市场经济体制的需要,审计机关必须把工作重点转移到为宏观经济管理服务上来,要经过若干年的艰苦努力,让审计监督真正成为高层次的综合性财政经济监督。这次会议标志着我国审计事业进入一个新的阶段。

在过去的一年里,本市各级审计机关和广大审计干部,在党委和政府的领导下,紧紧围绕经济工作中心,适应改革开放新形势,加强和改进审计工作,为促进上海改革开放和经济发展做了大量的工作,取得了新的成绩。在新的一年里,我们要再接再厉,认真贯彻党的十四大和全国审计工作会议精神,振奋精神,真抓实干,把强化审计监督的各项任务落到实处,更好地为上海改革开放和经济发展服务。这是对今年全市审计工作的基本要求。从这一要求出发,今年的工作要在以下几个方面作出努力。

一是切实转变思想观念,正确履行法定职责。建立社会主义市场经济体制,对审计工作提出了新的要求。审计监督要随着经济体制的建立逐步强化。各级审计机关和广大审计干部必须适应当前加快改革开放、转换国有企业经营机制和转变政府职能等形势的要求,进一步解放思想,勇于破除各种不适应社会主义市场经济发展的陈旧观念和传统习惯,牢固树立审计工作为建立社会主义市场经济体制服务,为改革开放和经济发展服务的指导思想。这是强化审计监督的前提条件。各级审计机关要组织广大审计干部认真学习邓小平同志建设有中国特色社会主义的理论和党的十四大提出的社会主义市场经济理论,提高思想认识,增强改革开放意识,结合审计工作实际,积极探索,大胆试验,勇于改革,通过改革达到强化审计监督的目的。依法审计是《宪法》赋予审计机关的基本职责。当前我国经济体制正处于转换时期,加快改革开放,新情况、新问题不断出现,审计执法要正确处理好依法审计和实事求是处理问题这两者的关系。既要坚持履行审计监督职能和依法审计原则,又要对查出的问题区别不同情况,实事求是地处理,把原则性和灵活性结合起来。各级审计机关要注意收集、分析审计执法中遇到的共性问题和情况,积极向有关部门提出完善法规的建议,以加快经济法制建设,保障社会主义市场经济健康发展。

二是突出审计重点,发挥宏观作用。为适应审计监督为宏观管理服务的要求,要把审计的重点放在区县政府和财政部门管理的国家资金;少数关系国民经济全局和国家财政补贴较多的国有企业的资产负债和损益;重点建设项目投资、农业、科教、社会保障等专项资金;国外贷款援款项目;掌管国家资金较多的政府部门等。为突出审计重点,要适当减少一般企业、事业单位的审计数量,只在必要时进行抽审。强化对重点部门或单位、重点项目和资金的审计监督,其目的在于促进合理有效地使用资金,保障国有资产保值增值,监督宏观调控措施贯彻执行,保证改革开放健康发展。审计监督涉及国民经济各个领域,具有在宏观管理中充分发挥作用的有利条件。各级审计机关和广大审计干部要增强宏观意识,善于把微观审计中发现的问题同促进改善宏观管理结合起来,通过从宏观着眼,对审计发现的普遍性、倾向性问题进行分析研究,向政府和有关部门提出促进完善政策、法规和改革的措施。同时,各级审计机关要围绕经济工作中心,对中央和本市加快改革开放、推动社会主义市场经济发展的一系列经济政策、经济法规和改革措施的贯彻落实情况进行检查监督,对财政经济活动中的一些重要问题开展审计调查,提出有深度、有建议的报告,供党政领导决策参考。要充分发挥审计促进社会主义市场经济发展的功能作用,逐步把工作重点转到为宏观管理服务上来。

三是完善审计内容,改进审计方法。财政审计在内容上要着重审计区县政府财政收支,监督如实反映财政情况,并逐步扩大到财政部门管理的预算外资金和国有资产管理。在方法上要坚持开展预审计,探索上下结合审计,要作出对上年审计的综合报告上报市政府;企业审计要根据国务院《全民所有制工业企业转换经营机制条例》的规定和本市国有企业众多的情况进行改革。审计机关主要审计少数重点企业和财政补贴较多的企业,其他国有企业逐步改由在社会审计组织审签基础上进行抽审。审计的内容是资产负债和损益情况,对亏损增加、盈利下降的企业,要延伸检查有关内部管理制度和经济活动。审计机关要注意维护企业合法权益,对企业举报其他单位摊派人力、物力、财力的问题,要及时调查处理。同时,要开展对国家控股的股份制公交企业国有资产保值增值等情况的审计调查;基建审计在内容上要着重审计重大市政建设项目资金投入、使用、管理等情况,并逐步做到对重点建设项目投资活动的全过程进行审计监督。要通过连续跟踪审计、派驻项目审计员等方法,促进被审计单位加强工程管理,节约建设资金,确保重大市政建设项目按期建成;行政事业审计在内容上要着重审计科技、教育等事业经费和专项经费的投入、管理、效益等情况和养老、待业、医疗等社会保障制度专项基金的征收、使用、保值等情况,以及检查"三有一多"的政府部门有无摊派、截留、挪用资金等行为。在方法上要做到审计监控与审计调查相结合,并建立年度行政单位审计综合报告制度。同时,要完成好市政府交办的大型国际性文体活动经费收支审计任务;外资审计要不断提高对国外贷款援款项目的审计质量,及时完成年度审计报告。组织开展对大中型中外合资企业的审计,重点检查国家资产的安全、损益情况,并探索对境外企业的审计。

四是加快发展审计咨询业,促进健全内审制度。为适应社会主义市场经济和第三产业发展的要求,要继续采取积极措施,加快发展审计咨询业。审计机关要加强对审计师事务所的管理和业务指导,监督检查其业务质量,组织开展业务交流。审计师事务所要以更好的业务质量、职业道德、服务态度赢得信誉,与其他社会审计组织开展竞争。国有企业转换经营机制,更加需要健全内部审计制度。内部审计工作要把重点逐步转到促进加强内部管理、提高经济效益上来。审计机关要通过总结交流内部审计工作经验,加强业务指导,帮助企业改进和完善内部审计制度,健全自我约束机制。

五是加强审计队伍建设,抓好信息宣传工作。强化审计监督,需要有一支热爱审计事业、业务精、作风好的审计队伍。要大力加强审计培训工作,组织领导骨干学习政治、业务理论和宏观经济管理知识;组织审计人员系统学习审计专业知识、新的财会制度和有关财经法规;要开展审计人员热爱审计事业的思想教育,抓好精神文明建设和廉政建设,使审计人员做到廉洁、公正、严格,有奉献精神;要重视审计科研工作,从实际出发,开展对不同类型国家审计制度的理论和方法的研究,学习和借鉴国外审计工作的先进经验；各级审计机关要进一步抓好审计信息宣传工作，对审计中发现的重要情况和问题，要通过信息形式，及时向党政领导部门和上一级审计机关报告。要运用新闻宣传的手段，反映审计工作为改革开放和经济发展服务的典型事例和突出成绩，以扩大审计影响。对群众普遍关心的重要审计事项，经政府同意可向社会公布审计结论；各级审计机关要密切与党政领导部门和综合经济部门的联系，经常沟通情况，取得支持协作，努力创造与强化审计监督相适应的社会环境。

春回大地，气象万千。我们一定要以党的十四大精神为指针，振奋精神，真抓实干，为强化审计监督，促进上海经济发展作出应有的新贡献。

（本文刊于《上海审计》1993年第1期，署名：本刊评论员）

认真学习 积极宣传 切实贯彻《审计法》

我国《审计法》已经第八届全国人民代表大会常务委员会第九次会议通过,并将自1995年1月1日起正式施行。这是我国财政经济领域中的一件大事,是国家加强社会主义法制建设的又一重要成果。它标志着新中国的审计事业进入了一个新的发展阶段。

当前,摆在全市各级审计机关和广大审计人员面前的一项紧迫任务,就是要认真学习《审计法》,积极宣传《审计法》,切实贯彻《审计法》,为《审计法》的施行做好充分的准备工作。

第一,认真学习《审计法》。《审计法》总结了我国审计工作的实践经验并借鉴了外国审计法律制度的有益内容,对我国审计监督制度的原则、审计机关和审计人员、审计机关职责、审计机关权限、审计程序、法律责任等方面的内容作了规定。《审计法》将宪法关于审计监督的规定具体化,不少条文闪烁着新的法律光芒。执法者首先要懂法,就要学法。全市各级审计机关当前应集中一段时间,组织广大审计人员认真学习《审计法》。一是学习要求应严格化。应结合《审计法》条文解释,逐字逐句地精学《审计法》,全面准确地领会和掌握《审计法》各项条文的法律含义,做到真正学懂学好。二是学习形式可多样化。可通过举办《审计法》讲座、开展群众性的《审计法》知识竞赛、组织《审计法》学法日活动等形式多样的学习活动,使《审计法》深入人心。

第二,积极宣传《审计法》。新中国实施审计监督工作的历史不长,当前社会各界对审计工作还不十分了解。我们要抓住《审计法》出台这一有利时机,大张旗鼓地开展审计宣传工作,以增强全社会的审计监督意识,使社会各界更好地了解审计、支持审计。做好《审计法》的宣传工作,一是在宣传的内容上要把握重点。要突出宣传《审计法》颁布的重要意义和《审计法》对促进社会主义市场经济健康发展的重要作用;突出宣传《审计法》关于审计工作的性质、地位、任务以及审计机关职责、权限等各项法律规定;突出宣传审计工作为改革开放和经济建设服务的丰硕成果和成功经验。二是在宣传的方法上应做到多层次、多形式、多渠道。全市各级审计机关要加强与新闻单位的联系,通过报刊、广播、电视等新闻媒介,向社会公众广泛宣传和普及《审计法》知识,切实增强全社会的审计法律意识;可通过座谈会、报告会、研讨会等会议形式,向有关部门和被审计单位宣传《审计法》的重要意义和各项内容,促进提高其贯彻执行《审计法》的自觉性。同时,全市审计机关要按照审计署的统一部署,出色地组织开展好上海《审计法》宣传日活动,使全市的《审计法》宣传活动形成一定的声势和规模。

第三,切实贯彻《审计法》。有法可依,依法办事,是社会主义法制建设两个相辅相成的重要方面。《审计法》的出台,为加强审计法制建设打下了基础,但更重要、更关键的是要依法办事,这是加强审计法制建设的核心。贯彻《审计法》,全市各级审计机关要在完善审计执法机制,严格审计执法上下工夫。具体来说:一是要规范执法行为,严格依法办事。《审计法》对审计机关和审计人员的执法行为提出了严格的要求。全市各级审计机关要严格按照《审计法》的规定,逐步建立起一套与之相适应的审计工作制度和方法,使执法行为规范化,更好地发挥审计监督在发展社会主义市场经济中的作用,并提高其社会地位;二是要增强执法力度,严格审计执法。各级审计机关要认真履行《审计法》赋予的职责,大力加强对国家财政收支和国有资产的审计监督,对那些违反财经法规,弄虚作假,为谋求部门、单位和地方利益而严重损害国家利益的问题,一定要坚决依法严肃处理;三是要研究新情况,适应新要求,完成新任务。《审计法》第十七条第二款对地方各级审计机关开展同级财政预算执行情况的审计监督作出了明确的规定,这是《审计法》赋予地方各级审计机关的一项新的职责和任务,它将有助于提高审计监督的地位,使审计工作更具权威性。全市各级审计机关一定要努力工作,认真履行好这项新的职责,出色完成好这项新的任务,进一步开创审计工作新局面。

(本文刊于《上海审计》1994年第5期,署名:本刊评论员)

维护财经秩序的重要法律

——《中华人民共和国审计法》浅析

我国《审计法》已经八届全国人大常委会第九次会议审议通过，将于1995年1月1日起施行。这是我国财政经济生活中的一件大事，是社会主义法制建设的又一重要成果。

我国《宪法》规定，国家实行审计监督制度。《审计法》在总结我国11年来审计工作实践经验的基础上，借鉴了外国审计法律制度中的一些有益内容，把《宪法》关于审计监督的规定加以具体化，对审计监督的原则、审计机关和审计人员、审计机关职责、审计机关权限、审计程序和法律责任等作出了明确规定。这是一部具有中国特色的适应建立社会主义市场经济体制要求的审计法律。

为了有利于人大常委会对财政收支实行有效监督，《审计法》规定："国务院和县级以上地方各级人民政府应当每年向本级人民代表大会常务委员会提出审计机关对预算执行和其他财政收支的审计工作报告。"

为了加强对国家财政收支的审计监督，《审计法》规定，审计署在国务院总理领导下，对中央预算执行情况进行审计监督，向国务院总理提出审计结果报告；地方各级审计机关分别在省长、自治区主席、市长等和上一级审计机关的领导下，对本级预算执行情况进行审计监督，向省长、自治区主席、市长等和上一级审计机关提出审计结果报告。

为了加强对国有资产的审计监督，保证其保值增值，《审计法》规定，审计机关对国有金融机构和国有企业的资产、负债、损益，国有资产占控股地位或者主导地位的企业，国家事业组织的财务收支，国家建设项目预算的执行情况和决算，社会保障基金、社会捐赠资金以及其他有关基金、资金的财务收支，国际组织和外国政府援助、贷款项目的财务收支进行审计监督。《审计法》还规定，审计机关对与国计民生有重大关系的国有企业、接受财政补贴较多或者亏损数额较大的国有企业，以及国务院和本级地方人民政府指定的其他国有企业，应当有计划地定期进行审计。

我国的审计工作体系，除有国家审计，即各级政府审计机关依法履行审计监督职能外，还包括部门、单位的内部审计机构。地方人民政府各部门、国有的金融机构和企业事业组织，应当按照国家有关规定建立健全内部审计制度。内部审计应当接受审计机关的业务指导和监督。

为了保障审计机关依法履行审计监督职责，《审计法》对审计监督的独立性问题作了明确规定："审计机关依照法律规定独立行使审计监督权。不受其他行政机关、社会团体和个人的干涉。"为了保证审计机关的经费独立，《审计法》规定："审计机关履行职责所需的经费，应当列入财政预算，由本级人民政府予以保证。"为了保障审计人员依法行使职权不受侵害，《审计法》规定："审计机关负责人没有违法失职或者其他不符合任职条件的情况的，不得随意撤换。"这些规定，为审计机关和审计人员严格依法审计提供了法律保障。

《审计法》的颁布施行，将使我国审计监督工作全面纳入法制化轨道。这对于加强和完善我国审计监督制度，维护国家财政经济秩序，促进廉政建设，提高经济效益，保障国民经济健康发展，具有重要意义。

（本文刊于《上海人大》1994年第11期、《上海支部生活》1994年第20期）

贯彻《审计法》 迎接新三年

随着新年钟声的敲响,上海全市审计工作者满怀豪情,迎来了《审计法》施行的第一个年头,迎来了上海新三年的开端之年。

不久前召开的全国审计工作会议和中共上海市委六届三次全会,是两次重要的会议。全国审计工作会议围绕贯彻实施《审计法》,推动审计工作进一步发展这一主题,部署了1995年审计工作任务,为上海审计工作的发展指明了方向。会议期间,李鹏总理亲切接见了会议全体代表,对审计工作作了重要指示,使全市审计工作者深受鼓舞。中共上海市委六届三次全会在总结实现三年大变样宝贵经验的基础上,明确了上海新三年的奋斗目标,激励着全市审计工作者在新的更高的起点上,再创上海审计工作新局面。

在过去的一年里,上海全市各级审计机关和广大审计人员在党委和政府的领导下,围绕深化改革和发展经济,积极履行法定职责,加强审计监督,为促进上海改革开放和经济建设做了大量的工作,取得了显著的成绩。审计工作越来越受到各级党政领导的重视和支持。贯彻全国审计工作会议和中共上海市委六届三次全会精神,在新的一年里,全市各级审计机关和广大审计人员要再接再厉,坚持审计为上海改革开放和经济建设服务的指导思想,全面、正确、认真地贯彻执行《审计法》,突出抓好以下三方面工作,以推动上海审计工作进一步发展。

第一,强化对国家财政收支和与国有资产有关的财务收支的审计监督。强化对国家财政收支的审计监督,是各级审计机关的重要职责。各级审计机关必须严格执行《审计法》的有关规定,在本级政府首脑和上一级审计机关的领导下,积极探索,精心组织,切实做好今年的财政审计工作,充分发挥审计机关在本级政府财政管理监督中的职能作用。加强对国有资产的审计监督,是深化国有企业改革、保障国有资产保值增值的需要。各级审计机关要按照《审计法》的要求,加强对重点国有企业的审计监督,促进企业转换经营机制,加强内部管理,提高经济效益,加快建立现代企业制度的步伐。为了防止国有资产流失,维护国家权益,各级审计机关还要有计划、有重点地加强对国有资产占控股地位或主导地位企业的审计监督。抓好重点建设项目审计,将为进一步推进上海城市基础设施建设提供有力的保障。各级审计机关要继续加强对党政领导关注的重点建设项目的审计监督,促进建设单位加强管理,节约建设资金。加强对各类专项资金的审计,对促进深化改革、加快国民经济和社会发展具有重要意义。各级审计机关要进一步抓好对专项建设资金、社会保障基金、农业资金、教育经费等专项资金的审计,促进加强资金管理,提高资金使用效益。加强对外资运用的审计监督,有利于加强外债管理,提高外资使用效益。要继续抓好对国际金融组织援、贷款项目的审计。切实加强对政府部门的审计监督,是巩固反腐败斗争成果的一项重要任务。各级审计机关要继续加强对政府机关、行政执法部门、经济管理部门财政收支、财务收支的审计监督,促进加强廉政建设。加强对与国家财政收支有关的特定事项的专项审计调查,是《审计法》赋予审计机关的职责。各级审计机关要围绕地方党政领导关心的深化改革和发展经济中的重点、难点、热点问题,组织开展专项审计调查,为各级领导决策服务。

第二,大力发展内部审计和社会审计。内部审计和社会审计是审计组织体系的重要组成部分。各级审计机关要从适应建立现代企业制度的要求出发,加强对内部审计工作的指导和监督,促进各级政府部门和企业事业单位建立健全内部审计制度,充分发挥内部审计在促进部门、单位改善经营管理,提高经济效益,加强廉政建设等方面的重要作用。建立和完善社会主义市场经济体制,需要加强社会审计工作。各级审计机关要进一步采取措施,加强对社会审计工作的指导、监督和管理,监督检查审计师事务所业务质量和职业道德,建立和完善内部管理制度,以推动上海社会审计事业健康发展。

第三,加强审计机关基础建设。加强审计机关基础建设,是贯彻执行《审计法》、推动审计工作进一步发展的根本保证。各级审计机关要按照中共十四届四中全会精神和《审计法》的要求,全面加强审计机关党组织建设,提高党组织的凝聚力和战斗力。要大力加强干部培训工作,不断提高审计人员的政治业务素质。要加强审计信息宣传工作,推动审计工作求深度、上层次,努力扩大审计影响。要加强审计队伍廉政勤政建设,规范审计人员的审计行为,自觉抵制各种消极腐败现象,积极完成各项审计监督工作。

　　春回大地,气象万新。贯彻实施《审计法》,实现上海新三年奋斗目标,对上海审计工作提出了新的更高的要求。全市各级审计机关和广大审计人员一定要齐心协力,艰苦奋斗,精心探索,扎实工作,为在新的一年里进一步开创上海审计工作新局面作出新的贡献。

　　　　(本文刊于《上海审计》1995年第1期,署名:本刊评论员)

努力开创审计工作新局面

不久前召开的全国审计工作会计是一次确定目标、明确任务、落实措施、鼓舞人心的会议。会议贯彻党的十四届五中全会和中央经济工作会议精神,部署了1996年审计工作任务,制定了进一步贯彻执行《审计法》的措施,提出了"九五"时期审计工作的主要奋斗目标,为当前和今后一个时期审计工作的发展指明了方向。会议期间,李鹏总理、李贵鲜国务委员对审计工作作了重要指示,深刻阐述了世纪之交我国审计工作应该遵循的指导思想和面临的重要任务,使广大审计工作者深受教育和鼓舞,进一步增强了搞好审计工作的信心和责任感。

在过去的一年里,本市各级审计机关在本级党委、政府和上级审计机关的领导下,认真贯彻执行《审计法》,紧紧围绕经济工作中心,强化对国家财政收支和与国有资产有关的财务收支的审计监督,在维护财经法纪、健全宏观管理、促进深化改革、提高经济效益、加强廉政建设等方面做了大量工作,发挥了积极作用,共为国家增收节支7.64亿元,为促进上海改革、发展和稳定作出了重要贡献。

在新的一年里,我们要认真贯彻党中央、国务院、市委、市政府的一系列重大决策和全国审计工作会议精神,进一步端正审计工作指导思想,突出审计工作重点,明确审计工作任务,抓住有利时机,采取有力措施,努力开创上海审计工作新局面。1996年上海市审计工作的指导思想是:紧紧围绕实现"两个转变"和正确处理改革、发展、稳定三者关系来开展审计工作,在促进深化经济体制改革和提高经济增长质量上下工夫,严格审计执法,严肃财经纪律,为促进上海率先建立社会主义市场经济运行机制服务,为保持上海国民经济持续、快速、健康发展服务。遵循这一指导思想,在新的一年里,我们要重点抓好以下几项工作。

第一,认真搞好本级预算执行情况审计。今年是全面开展本级财政审计的第一年。全市各级审计机关要在本级政府统一领导和上级审计机关指导下,集中力量抓紧抓好这项工作。要通过开展本级财政审计,促进财政部门和各有关部门加强预算管理,提高财政管理水平,保障上海国民经济和社会各项事业持续、快速、健康发展。同时,要结合本级财政审计,积极开展对预算外资金使用、管理情况的审计调查,促进加强预算外资金管理,提高资金使用效益。

第二,加强对国有企业、固定资产投资项目、金融机构和重点专项资金的审计。今年全市审计机关要从促进深化企业改革、加强企业管理、提高经济效益的目标出发,加强对国有大中型企业和企业集团、现代企业制度试点企业、财政补贴企业等重点企业的审计,重点检查企业财务状况和财务收支真实性,促进企业加强内部管理,遵守财经纪律,提高经济效益,加快建立现代企业制度。要加强对重点建设项目的审计,通过加强调整概算审计、竣工决算审计,完善跟踪审计,强化事前监督,促进重点建设项目节约建设资金,减少损失浪费,提高投资效益。要探索开展对部分中央和地方金融机构的审计,促进国有资产保值增值。要加强对教育经费、养老保险基金和失业保险基金、利用外资等重点专项资金的审计,促进改革和各项社会事业的发展,促进提高利用外资的质量和效益。

第三,加强对内部审计和社会审计的指导和管理。今年全市审计机关要认真贯彻《审计法》和市政府颁布的《上海市企业内部审计制度规定》,进一步采取措施,加强对内部审计工作的指导,促进政府部门、国有企事业单位建立健全内部审计制度,充分发挥内部审计在改善企业内部管理、提高经济效益和建立自我约束机制中的重要作用,努力推动内部审计在建立现代企业制度的改革中不断巩固提高。全市审计师事务所要在加快业务发展的同时,进一步完善自律机制,加强内部建设。各级审计机关要加强对审计师事务所的管理和监督,积极推动本市审计师事务所健康发展,更好地为上海社会经济发展服务。

第四,加强审计机关各项基础建设。为了确保完成今年繁重的审计工作任务,全市各级审计机关要在政治思想、业务培训、制度建设等方面采取措施,加强基础建设。要在继续抓好审计法制建设的同时,认真总结和完善审计工作实践中行之有效的审计规范,加快实现审计工作规范化,进一步提高审计工作质量。要继续抓好教育培训工作,今年要全面启动上海市审计机关新一轮岗位培训,进一步提高审计人员的政治、业务素质。要加强审计科研工作,组织研究重大的审计理论问题,积极吸收和借鉴国外经验,进一步探索先进的审计技术方法。要坚持不懈地加强审计队伍的政治思想建设、廉政建设和"凝聚力工程"建设,大力倡导敬业精神、奉献精神,弘扬审计机关清正廉洁的好风气,进一步增强审计队伍凝聚力。

(本文刊于《上海审计》1996年第1期,署名:本刊特约评论员)

新年献辞——齐心协力　再创佳绩

一元复始，万象更新。1997年的到来，给生机勃勃的上海审计事业带来了新的希望。

刚刚过去的1996年，是上海审计史上不平凡的一年。在这一年里，全市各级审计机关认真贯彻《审计法》，强化对国家财政收支和与国有资产有关的财务收支的审计监督，加强对经济体制改革中的重点、难点、热点问题的审计调查，各项审计工作取得了显著成绩。全市审计机关全年共完成审计单位和专项审计调查项目1 887个，查处违纪金额6.2亿元，已上缴财政2.9亿元。市政府领导对市审计局18份审计报告、信息作了批示。审计工作为促进上海改革、发展和稳定作出了重要贡献，各级党政领导对审计工作寄予厚望。全市审计机关精神文明建设得到进一步加强，干部培训工作取得了实质性进展，审计干部队伍的政治、业务素质有了新的提高。全市社会审计事业有了长足的进步，内部审计在现代企业制度改革中得到巩固发展。全市审计工作者艰苦奋斗，扎实工作，开拓进取，有力地推动了上海审计事业向前发展。

刚刚到来的1997年，将是我国历史上极为重要的一年，也是上海在实现三年大变样的基础上实施第二个三年发展目标的最后一年。展望新的一年，上海审计事业面临着新的机遇、新的挑战、新的前景。全市各级审计机关和广大审计工作者要遵照党中央提出的"把握大局，再接再厉，同心同德，开拓前进"的要求，以新的姿态、新的面貌、新的要求，为实现新一年的奋斗目标作出新的努力。

在新的一年里，全市审计机关审计业务工作要有新突破。全市各级审计机关要按照市委、市政府的部署，紧紧围绕促进"两个根本性转变"，加快上海改革开放和现代化建设这一中心任务开展审计监督。要认真扎实地搞好本级财政预算执行情况审计及其他各项审计工作，积极探索对预算单位从审计银行账户入手加强审计监督的路子，进一步提高审计质量和效果。要进一步加大对上海改革开放和经济发展中的重点、难点、热点问题的审计调查力度，充分发挥审计监督在全市宏观经济管理中的重要作用，出色地为各级党政领导决策服务。要在抓好各项财务收支审计的同时，积极开展经济效益审计，促进提高上海经济运行的质量和效益。

在新的一年里，全市审计机关精神文明建设要有新提高。全市各级审计机关要深入贯彻党的十四届六中全会精神，进一步采取措施，大力加强审计机关精神文明建设，特别是加强思想道德建设和廉政建设。要积极开展创建"文明单位"活动，推动审计机关精神文明建设走在各条战线的前列。要进一步培育和弘扬审计人员勤政务实、廉政奉公的作风和刻苦学习、爱岗尽责的敬业精神，加快建设一支政治强、业务精、纪律严、作风正的高素质审计干部队伍。

在新的一年里，全市审计机关工作规范化建设要有新进展。实现审计工作规范化，是"九五"时期全国审计工作的一项主要奋斗目标。全市各级审计机关领导要高度重视，切实抓好这项具有重要战略意义的基础性工作。对审计署已审定发布试行的38项规范，全市各级审计机关要组织广大审计干部逐项学习，认真消化，贯彻实施，并在实践中不断总结经验，研究提出修改意见和建议。要通过加快全市审计机关审计工作规范化建设，进一步规范审计执法行为，提高审计工作质量和效率。

在新的一年里，全市内部审计和社会审计要有新发展。全市各级内部审计机构和广大内部审计人员要积极进取、扎实工作，进一步发挥内部审计在促进部门单位深化改革、加强管理、提高效益中的重要作用。全市各审计师事务所和广大社会审计人员要强化服务意识，加强自身建设，恪守职业道德规范，进一步提高审计查证和咨询服务的质量，更好地为上海社会经济发展服务。同时，要积极搞好"两会"联合工作。

辞旧迎新，豪情满怀，齐心协力，再创佳绩。让我们紧跟时代前进的步伐，在新的一年里团结奋进，以进一步开创上海审计工作新局面的优异成绩迎接中共十五大胜利召开。

(本文刊于《上海审计》1997年第1期，署名：本刊特约评论员)

高举伟大旗帜　推进审计事业

——写在中国共产党十五大召开之际

举世瞩目的中国共产党第十五次全国代表大会胜利召开了,这是我们党在世纪之交召开的一次承前启后、继往开来、具有划时代意义的历史性盛会。中共十五大以高举邓小平理论伟大旗帜,把建设有中国特色社会主义事业全面推向 21 世纪为主题,提出了今后相当长时期内的治党治国方略,为全党制定了跨世纪的行动纲领,为全国人民描绘了新世纪的宏伟蓝图。上海全市审计工作者和全国人民一样,怀着喜悦、振奋的心情,为中共十五大的胜利召开而欢欣鼓舞。

中共十五大把邓小平理论确立为党的指导思想,这是我们党经过近二十年改革开放和社会主义现代化建设的成功实践之后作出的历史性决策。它反映了我们党政治上的坚定、思想上的清醒和理论上的成熟,反映了时代的要求和人民的愿望。实践已经证明,在当代中国,只有邓小平理论才能够解决社会主义的前途和命运问题。上海人民不会忘记,正是邓小平理论,指引着全市人民抓住九十年代难得的历史机遇,创造了历史性的五年巨变;上海审计工作者不会忘记,正是邓小平理论,指引着全市审计工作者坚持审计工作为改革开放和经济建设服务的指导思想,推动了全市审计事业蓬勃发展。

当前,全党、全国人民正在深入学习中共十五大文件,认真贯彻中共十五大精神。全市各级审计组织和广大审计工作者要抓住学习宣传贯彻中共十五大精神的有利时机,进一步用邓小平理论来指导开展各项审计工作,加快上海审计事业发展的步伐。

第一,要认真学好中共十五大文件,更高地举起邓小平理论的伟大旗帜。江泽民同志的报告通篇贯穿着邓小平理论,牢牢把握社会主义初级阶段这个最大的实际,在一系列重大问题上有新的突破和发展,是指引我们迈向新世纪的纲领性文件;江泽民同志的报告具有强烈的时代精神和很强的思想性、理论性、针对性,必将带来全党、全国人民新的思想大解放。旗帜就是灵魂,旗帜就是方向。高举邓小平理论伟大旗帜不动摇,关系到上海审计事业的兴衰成败。全市各级审计组织一定要认真抓好对中共十五大文件的学习,掀起一个学习中共十五大文件、学习邓小平理论的新高潮。各级领导干部和广大党员要带头学习、自觉学习、善于学习。在学习中,要坚持理论联系实际,完整地、准确地把握邓小平理论的科学体系,着眼于邓小平理论的运用,着眼于提高对实际问题的理论思考,着眼于指导审计工作的实践和发展。要通过深入学习中共十五大文件,进一步解放思想,统一全市审计工作者的认识,在邓小平理论指引下,不断开拓上海审计工作的新局面。

第二,要以中共十五大精神为指针,推动上海审计事业加快发展。我国社会主义条件下的审计监督制度是适应经济体制改革和对外开放的需要而建立的,并随着改革开放的不断深入而逐步发展。巩固和发展符合我国国情的审计监督制度,是建立社会主义市场经济体制的一个不可缺少的组成部分。它对于维护国家财政经济秩序、促进廉政建设以及保障国民经济的健康发展,是十分必要的。中共十五大提出了继续调整和完善所有制结构,进一步解放和发展生产力;深化国有企业改革,力争到本世纪末大多数国有大中型骨干企业初步建立现代企业制度;健全社会主义法制,依法治国,建设社会主义法治国家;在整个改革开放过程中都要反对腐败等一系列重要任务。这就对审计工作提出了新的要求。全市各级审计组织要以中共十五大精神为指针,做好各项审计工作。要进一步端正审计工作的指导思想,明确审计工作的任务,突出审计工作的重点,改进审计工作的组织方式,坚持审计工作以"三个有利于"为判断是非得失的根本标准。要强化政府审计,促进内部审计,发展社会审计,抓好审计队伍建设,更好地发挥审计工作在促进上海两个文明建设中的积极作用。

伟大旗帜指方向,审计事业更兴旺。让我们紧密地团结在以江泽民同志为核心的党中央周围,高举邓小平理论的伟大旗帜,乘中共十五大的东风,抓住机遇,勇于探索,艰苦奋斗,开拓前进,把上海的审计工作做得更好。

(本文刊于《上海审计》1997年第5期,署名:本刊特约评论员)

新年献辞——抓住新机遇　开创新局面

随着新年钟声的敲响,上海全市审计工作者满怀喜悦,迎来了充满希望的1998年。

刚刚过去的1997年,是新中国发展史上极不平凡的一年。在这一年里,我国成功地恢复了对香港行使主权,我们党胜利召开了第十五次全国代表大会。这两件大事的圆满成功,激励着全市审计工作者继承邓小平同志的遗志,满怀信心地在建设有中国特色社会主义的伟大事业中努力奋斗。

刚刚过去的1997年,也是上海审计史上非常重要的一年。在这一年里,全市审计机关在市委、市政府的领导下,紧紧围绕经济建设这个中心,全面开展审计监督工作,在推动深化改革、促进经济发展、健全宏观管理、加强廉政建设等方面发挥了积极作用,取得了为国家增收节支13.5亿元的显著成绩。本级预算执行审计有了新突破,国有企业经济责任审计初战告捷,各级党政领导对审计工作寄予厚望,审计监督的影响日益扩大。

刚刚到来的1998年,是全面贯彻落实中共十五大精神的第一年,也是上海审计事业迈向新世纪的关键一年。中共十五大对审计工作提出了新的更高的要求,同时也为审计事业的发展提供了新的机遇。在新的一年里,全市审计机关要高举邓小平理论伟大旗帜,把深入学习贯彻中共十五大精神作为第一位的任务抓紧抓好。要在中共十五大精神指引下,抓住机遇,开拓进取,扎实工作,艰苦奋斗,进一步开创上海审计工作新局面,努力为推动上海改革开放和现代化建设作出新贡献。

在新的一年里,各项审计业务工作要创新成绩。全市审计机关要紧紧围绕中共十五大和市第七次党代会提出的各项任务,科学安排和合理组织好各项审计工作,做到精心部署,狠抓落实。要严格执行《审计法》和《审计法实施条例》,全面履行审计监督职责,深化本级预算执行审计,继续抓好国有企业经济责任审计,切实加强金融审计和农业资金审计,进一步搞好固定资产投资审计、行政事业审计和外资运用审计,加强对上海改革和发展中的重点、难点、热点问题的审计调查。要在审计财政收支、财务收支真实、合法的基础上,重点检查和分析资金使用情况,促进提高资金使用效益,促进改善经营管理,监督国有资产保值增值。要坚持用解放思想、实事求是的思想路线指导审计工作实践,不断研究解决审计工作中的新情况和新问题,探索审计工作新方法,进一步完善与建立和社会主义市场经济体制相适应的符合上海发展特点的审计监督制度。要继续加强审计工作规范化建设,进一步规范审计执法行为,提高审计执法水平。

在新的一年里,审计干部队伍建设要上新台阶。建设一支高素质的审计干部队伍,是推动上海审计事业不断发展的关键所在。全市审计机关要进一步加强审计干部队伍的政治理论学习,深入学习邓小平理论和中共十五大文件,把学习理论与审计工作实际紧密结合起来。要大力加强思想政治工作,深入开展学习先进的活动,积极倡导敬业爱岗、无私奉献的精神。要坚持抓好廉政建设,进一步完善审计机关内部的监督制约机制,保持审计机关和审计干部良好的社会形象。要继续搞好审计业务培训工作,不断更新知识,进一步提高审计干部的业务素质。要进一步推进审计机关精神文明建设,把创建"文明单位"活动引向深入。

在新的一年里,加强对内部审计和社会审计的指导与管理要有新举措。内部审计和社会审计在社会主义市场经济中发挥着日益重要的作用,面临着很好的发展机遇。全市审计机关要在制定政策法规、抓好业务培训、总结推广经验、加强监督检查等方面狠下工夫,进一步加大对内部审计工作的调查研究,进一步探索在社会主义市场经济条件下指导和搞好内部审计的有效方式和方法,推动内部审计工作在现代企业制度改革中加快发展。要加强对注册会计师协会的指导监督工作,强化对社会审计机构执业质量的监督检查,促进其公正执业、公平竞争,更好地为发展社会主义市场经济服务。

送牛年,硕果累累;迎虎年,斗志昂扬。让我们在新的一年里以中共十五大精神为指针,抓住新机遇,迎接新挑战,做出新成绩,努力把上海审计事业推向新的发展阶段。

(本文刊于《上海审计》1998年第1期,署名:本刊特约评论员)

新年献辞——把审计工作推向新的发展阶段

不久前召开的全国审计工作会议以邓小平理论和中共十五大精神为指导,部署了1999年审计工作任务,提出了今后五年审计工作发展目标。会议传达了朱镕基总理对审计工作的重要指示。王忠禹国务委员代表国务院到会作了重要讲话。这次会议是把审计工作推向一个新的发展阶段的动员会。贯彻落实好这次会议精神,对于上海审计工作的发展必将产生积极的影响。

1999年上海审计工作的总体要求是:高举邓小平理论伟大旗帜,深入贯彻中共十五大精神,紧紧围绕上海改革和发展目标,依法全面履行审计监督职责,加强财政财务收支真实性审计,加强对改革和发展中的重要问题的审计调查,加大审计执法力度,进一步提高审计工作质量和效果,充分发挥审计监督在维护财经秩序、支持改革开放、促进经济发展、加强廉政建设等方面的积极作用。

根据这一总体要求,在新的一年里,全市审计机关和广大审计人员要努力把上海审计工作推向一个新的发展阶段。

第一,要全面审计,突出重点。财政的钱是人民的血汗钱,不能胡花乱用,把住这一关,就是对人民负责。凡使用国家财政拨款的,都在审计监督范围之内,都得审计。全市审计机关要以对国家和人民高度负责的精神,全面履行审计监督职责。在审计工作中要突出重点,加强对财政拨款较多、关系国计民生的重点项目、重点单位的审计监督,加强对财政资金管理和使用情况的审计调查。加强对改革和发展中的重点、难点、热点问题的审计调查。要通过审计监督,揭露和反映财政财务收支中存在的不真实、不合法、不规范以及损失浪费、舞弊腐败等问题。要集中力量抓好一批党政领导和社会各界普遍关心的重点审计项目,精心组织,审深审透,多出高质量、有价值的审计成果。

第二,要加大审计执法力度。当前,财经领域中造假和违法犯罪的情况比较严重,如果这种状况得不到制止,社会主义市场经济难以建成。全市审计机关要站在维护国家利益和法律尊严的立场上,加大审计执法力度,依法审计,严格执法。对审计查出的违法违规问题,要理直气壮地依法处理,该收的钱要收上来,该罚款的要罚款,该追究责任的要追究责任。对审计中发现的严重违法犯罪和舞弊腐败的问题,要一查到底,并及时移交司法机关和有关部门依法处理。对审计查处的重大违法犯罪案件,要及时向社会公布。

第三,要加强对社会审计组织业务质量的监督。对社会审计组织的监督,是《审计法》赋予国家审计机关的一项重要职责。会计师(审计师)事务所不整顿,社会主义市场经济就没希望。全市审计机关要采取重点抽查、结合审计业务检查和根据群众举报专案检查等方式,对本地区有一定影响的社会审计组织的业务质量进行抽查。重点揭露出具虚假审计报告和验资报告等违法违规问题,以促进社会审计组织公正执业,提高业务质量。

第四,要从严治理审计队伍。公正廉洁,是审计机关的生命,是有效发挥审计职能作用的客观要求。全市审计机关要认真贯彻朱镕基总理关于从严治理审计队伍的指示,建立健全各级领导干部和审计人员的廉政责任制,加强对执行廉政纪律情况的监督检查。对违反廉政纪律的问题要严肃查处,绝不能姑息迁就。全市审计机关要进一步加强机关内部建设,坚持讲学习、讲正气,加强业务培训,提高审计人员政治、业务素质,提高审计工作质量和效率,确保1999年各项审计工作任务的圆满完成。

新世纪即将来临,审计工作任重道远。全市审计机关和广大审计人员要只争朝夕,扎实工作,以审计工作的新成绩迎接建国50周年,以新的姿态跨入新的世纪。

(本文刊于《上海审计》1999年第1期,署名:本刊特约评论员)

突出重点　注重分析　讲求效果

——简评"关于30户一级预算单位1995年度财务收支的审计调查"

上海市审计局行政事业审计处选送的"关于30户一级预算单位1995年度财务收支的审计调查"项目,在全市审计机关第五次优质审计项目评选中荣获专项审计调查一等奖。该项目以促进预算单位严格执行《预算法》、加强预算内外资金管理以及提高资金使用效益为目标,通过审计调查与项目相结合,对30户一级预算单位1995年度财务收支情况进行了深入的审计调查,取得了良好的效果。该项目的主要特点有以下几点。

一、突出审计调查重点

一个高质量的审计调查项目,必须突出审计调查重点。一是要在审计调查对象上突出重点,即审计调查对象要有代表性;二是要在审计调查内容上突出重点,即审计调查内容要有宏观性。

该项目在审计调查对象上,重点突出了对资金量大、掌握资金分配权、有执法权以及预算外资金多的30户一级预算单位审计调查。被调查单位包括市公检法、科教文卫等一批层次高、影响力大的国家机关。被调查单位数占全市市一级预算单位总数的30%以上,其中由市政府机关事务管理局拨款的23户一级预算单位,其拨款额占该局拨款总额的55%。该项目在审计调查内容上,除了调查一级预算单位行政经费费、事业经费收支情况外,还重点贯彻国务院关于清理整顿预算外资金的要求,突出了对预算外资金收入、使用情况的审计调查。由于该项目在审计调查对象和内容上突出了重点,保证了审计调查取得预期效果。

二、注重审计调查分析

一个高质量的审计调查项目,应当注重审计调查分析。在反映审计调查基本情况和主要问题时,既要有定性分析,又要有定量分析;既要有综合性数据,又要有典型事例。同时,还要透过现象,剖析问题的性质和产生的原因。

该项目在审计调查分析中较好地体现了上述要求。一是在反映审计调查事项的基本情况时,注重对行政经费、事业经费、预算外资金等各项资金总量、结构的分析、综合性数据翔实、齐全、准确。同时,又注重对资金变化情况的原因分析。如在调查反映由市政府机关事务管理局拨款的23户一级预算单位行政经费支出上升情况时,详细分析了人员经费支出、公用经费支出和地方外事费支出占行政经费总支出的比例,与本年度预算数相比的增幅以及与上年度执行数相比的增幅。同时,又逐项分析了各项行政经费上升的主要原因。二是在反映审计调查发现的主要问题时,注重定性分析与定量分析相结合,并列举典型事例。如在调查反映预算外资金缺乏规范管理问题时,分析了除18户一级预算单位预算外收支管理较好外,其余一级预算单位存在未将预算外资金集中于财务部门、管理不善、财务核算不规范等问题,并列举了5个典型事例。再如在调查反映内部控制制度不健全问题时,分析了除17户一级预算单位建立了较为健全的内部控制制度外,有10户一级预算单位内部控制制度不够完善或执行不力,有3户一级预算单位内部控制制度情况较差的问题,并列举了3个典型事例。再如在调查反映固定资产管理较为薄弱问题时,分析了除15户一级预算单位固定资产管理较好外,有6户一级预算单位用事业经费、预算外资金购置的固定资产未纳入账册管理,有9户一级预算单位固定资产账账不符、账实不符的问题,并列举了3个典型事例。由于该项目注重审计调查分析,情况反映明,问题调查清,为市政府领导提供了有价值的预警信息。

三、讲求审计调查效果

一个高质量的审计调查项目,应当讲求审计调查效果,特别是通过把审计调查结果反映给政府和有关部门,并提出建设性的意见和建议,使审计调查在促进加强宏观管理方面产生积极作用。

该项目讲求审计调查效果,注重扩大审计调查成果。一是写好审计调查报告。该项目在对30户一级预算单位财务收支情况进行深入审计调查的基础上,精心写好审计调查报告,提出了认真贯彻《预算法》,维护预算的严肃性,加强对预算外资金管理,加强对财产物资管理等审计建议。审计调查报告上报市政府后,受到了市政府领导的重视。徐匡迪市长、华建敏副市长分别作了批示,要求抓紧督促有关部门认真整改。审计调查报告的主要内容还纳入了当年度本级预算执行和其他财政收支的审计工作报告。二是报送重要审计信息。该项目在提交审计调查报告的同时,还针对某局救灾款管理薄弱的突出问题,向市政府领导报送了审计专报信息,得到了徐匡迪市长、华建敏副市长、孟建柱副市长的批示,有力地推动了被调查单位积极整改。该项目积极扩大审计调查成果,产生了"一审多果"的良好效果。

(本文刊于《上海审计》1999年第1期)

审计感悟

跨入新世纪　再创新业绩

伴随着新年的钟声,历史翻开了新的一页。人们迎来了新世纪的曙光,满怀希望地走进了新时代。

跨入新世纪的门槛,我们抚今追昔,感慨万千。我们不会忘记,上海的审计事业开创于20世纪80年代,发展于20世纪90年代。在改革开放的春风里,上海的审计事业不断发展,审计队伍不断壮大,审计效果日益显现。至2000年11月,全市审计机关共完成审计项目28 856个;通过审计监督,上缴财政36.19亿元,减少财政拨款和补贴12.08亿元,追还被侵占挪用资金17.9亿元,节省基建投资40.58亿元,共为国家增收节支106.75亿元。这些成绩的取得,为新世纪上海审计工作的发展打下了坚实的基础。

跨入新世纪,各项工作要有新要求。在新的一年里,我们要继续高举邓小平理论的伟大旗帜,按照江泽民同志"三个代表"的要求,认真贯彻中共十五届五中全会和中共上海市委七届七次全会精神,以促进调整经济结构,促进提高城市的国际化、信息化、市场化和法制化水平,促进增强城市的综合竞争力为目标,扎实做好各项审计工作。增强审计工作的开创性、坚韧性和操作性,为顺利完成本市"十五"计划发挥审计监督的积极作用。

跨入新世纪,审计业务工作要有新目标。在新的一年里,我们要以促进实施积极财政政策、强化财税管理为目标,继续深化财政审计;要以促进提高金融资产质量、防范金融风险为目标,继续加强金融审计;要以促进改革发展稳定为目标,加强重点专项资金审计;要以促进加快城市建设和经济发展为目标,加强重点建设项目审计;要以促进企业深化改革和发展为目标,加强重点国有企业审计;要以促进干部队伍建设和廉政建设为目标,加强经济责任审计。

跨入新世纪,审计队伍建设要有新举措。在新的一年里,我们要继续把培养高素质的审计干部队伍放在突出位置,运用"三讲"教育经验,巩固"三讲"教育成果,进一步加强审计机关领导班子建设、基层党组织建设、精神文明建设、职业道德建设和廉政建设,保持审计机关和审计干部良好的社会形象。要加强审计业务培训力度,大力培养优秀审计人才,不断改善审计队伍结构,全面提高审计队伍素质。

跨入新世纪,审计法制建设和审计技术基础建设要有新发展。在新的一年里,我们要认真贯彻执行国家审计基本准则和其他审计通用准则,加快审计工作规范化步伐。要抓好审计项目的质量监督检查,建立和完善审计质量内部控制制度。要下大力气加强审计信息化建设和计算机辅助审计,努力提高审计全过程的电子化、自动化水平,加快实现审计工作的信息化和现代化。

跨入新世纪,对内部审计和社会审计的指导管理要上新水平。在新的一年里,审计机关要加强对内部审计的指导,下大力促进上海内部审计的发展。要继续加强对社会审计组织审计业务质量的监督检查,促进社会审计组织公正执业。全市内部审计机构和社会审计组织要强化服务意识和质量意识,进一步规范审计行为,提高审计质量,更好地为上海社会经济发展服务。

新的世纪已经来临,审计工作任重道远。全市审计机关和审计人员要以新的姿态,进一步振奋精神,发扬成绩,再接再厉,为新世纪上海审计工作的发展作出新的贡献。

(本文刊于《上海审计》2001年第1期,署名:本刊特约评论员)

审计感悟

一个出色的审计调查项目

——本市建设项目招标投标管理办法执行情况审计调查项目点评

上海市审计局原基建审计处报送的本市建设项目招标投标管理办法执行情况审计调查项目,最近经评审,荣获上海市审计机关第六次优质审计项目评审专项审计调查项目二等奖。

《上海市建设工程施工招标投标管理暂行办法》于1989年1月1日起实施。但多年来,本市基建领域中仍存在着不按规定实施招投标、建设单位擅自发包等问题。为了加强建筑市场管理,规范建筑工程承包发包行为,推进建设项目招标投标工作,1998年下半年,市审计局原基建审计处组织各区县审计局对1997年本市建设项目招标投标管理办法执行情况进行了审计调查。这是一次内容新、涉及面广且技术难度大的审计调查,同时也是一次成功、出色的审计调查。本次审计调查所运用的有效方法,值得全市审计机关和广大审计人员学习和借鉴。

一是加强审计调查前的法规学习。招投标审计是基建审计中的一项新内容,各地审计机关未曾开展过此项工作,没有现成经验可以借鉴。为了搞好审计调查,市审计局原基建审计处3次组织全处审计人员和各区县审计局有关审计人员进行法规学习讨论,对近30个招投标相关法规逐一消化理解,并邀请市招投标办公室的有关专家进行法规讲解和辅导,为确保高质量完成审计调查任务奠定了基础。

二是制定科学的审计调查方案。审计调查组在深入市经委、市建委、市农委、市体委等系统了解建设项目投资和管理情况的基础上,制定了内容详细、重点突出的审计调查方案。确定了在审计普查的基础上,重点调查有财政性资金投入、投资额较大的公共基础设施项目招投标执行情况,以及以项目标段为调查统计口径等内容,保证了审计调查实施的科学性。

三是围绕投资控制这条主线开展审计调查。重点调查建设项目是否进行招投标,是否有标底招标,采用何种招标形式等,了解每个标段的标底、投标价、中标价、承包合同价、上报结算价和审定决算价。通过对调查采集到的大量数据进行综合分析研究，从投资控制的角度，全面揭示本市建设项目招投标管理工作中存在的问题。

四是普查与重点调查相结合。为了全面反映本市建设项目招投标情况，本次审计调查通过制发调查表，对1997年度实施招投标管理的2577个建设项目进行了审计普查。在普查的基础上，对129个公共基础设施项目进行了重点调查。重点调查项目总投资402亿元，标段511个，其中勘察设计标131个，施工标380个。通过计算机汇总处理审计调查数据，制成了本市各类招投标情况审计调查汇总表，据此写出了既有综合性数据，又有典型事例，情况全面，内容翔实的审计调查报告。

五是着眼于加强管理和完善法规。本次审计调查不仅揭示了未按规定实施招投标、公开招标率低、邀请招标和议标不符合规定、采用无标底招标等招投标管理办法执行中存在的问题，而且还着重揭示了招投标管理执法不严、管理脱节、法规不完善等招投标管理部门管理和执法中存在的问题。针对审计调查中发现的问题，提出了加大宣传力度、严格执行基建程序、加大执法力度、加强部门横向联系、完善管理法规，以及财政性资金投资的建设项目必须公开招标等一系列审计建议，为招投标管理部门加强管理和完善法规提供了依据。

(本文刊于《上海审计》2001年第4期)

审计感悟

一个成功的审计调查项目

——本市社会保障和市民服务信息系统建设情况审计调查项目点评

上海市审计局社会保障审计处选送的本市社会保障和市民服务信息系统建设情况审计调查项目,最近经评审,荣获上海市审计机关第七次优质审计项目评审专项审计调查项目一等奖。

作为保障市民使用社会保障卡办理劳动就业、社会保障、社会救助、优待抚恤、公积金贷款申领等个人相关社会事务的公共信息系统,本市社会保障和市民服务信息系统于1999年、2000年被列为市政府实事项目。该项目具有投资规模大、资金性质特殊、涉及范围广等特点。为了确保这一公共信息系统建设顺利进行,促进建设单位管好用好建设资金,提高资金使用效益和该实事项目的社会效益,2001年6月至7月,市审计局社会保障审计处对该项目的建设情况进行了专项审计调查。这是一次涉及领域新(新兴的IT项目)、调查面广(市级信息交换平台和5个分系统)且综合性强(从建设项目、建设单位、建设资金审计调查入手)的审计调查,也是一次成功的审计调查。本次审计调查所运用的有效方法,值得本市审计机关和审计人员学习借鉴。

一是加强审计调查前的政策法规学习。由于信息系统建设涉及新兴的IT行业,审计调查组在审计调查的准备阶段,认真学习了国家和本市有关信息化建设的政策文件,学习了建设项目投资管理法规规章和建设项目审计处理暂行规定等,为确保高质量地完成审计调查任务打好了基础。

二是制订科学的审计调查方案。重点调查市级信息交换平台和基础信息共享数据库建设资金使用和管理情况,劳动和社会保障、医疗保险、民政、公安、公积金管理等5个分系统建设项目投资管理和资金使用情况,市级信息交换平台与5个分系统项目的建设进度和相互衔接情况,以及三级网络建设资金到位情况等。通过制定内容详细、重点突出的审计调查方案,保证审计调查实施的科学性。

三是采取灵活多样的审计调查方法。第一,抓住重点,点面结合。即把市级信息交换平台和5个分系统作为调查重点,根据调查需要有选择地向二、三级网络延伸,做到点面结合,层层深入。第二,宏观着眼,微观入手。即把向市政府有关部门调查了解信息化建设政策、动态等宏观信息与深入市级信息交换平台和5个分系统审计调查建设情况结合起来。第三,调查财务资料与业务资料并重。即把检查会计报表、账册、凭证与检查合同、项目立项资料、招投标和采购资料结合起来。审计调查中还采用事先向被调查单位发放调研提纲、召开座谈会等方法。

四是着眼于促进加强管理和提高资金使用效益。本次审计调查肯定了本市社会保障和市民服务信息系统建设取得的阶段性成果,揭示了项目建设进度、基本建设程序、政府采购和招投标、建设资金使用和管理等方面有待改进的问题,提出了加强信息系统建设项目统一管理和统筹协调工作,加强投资管理和政府采购管理,完善资金监控办法等审计建议,以促进建设单位加强投资管理,规范建设程序,合理有效使用建设资金,保证整个系统建设健康、有效、规范发展。

值得指出的是,本次审计调查结果受到市政府领导的高度重视。市有关部门积极采纳审计建议,研究提出了5项整改措施,进一步强化了信息系统建设项目投资管理、资金控制、财务管理、政府采购管理和统筹协调工作,并为加强全市信息化建设项目宏观管理提供了借鉴,审计监督收到了良好效果。

(本文刊于《上海审计》2003年第1期)

政府的厚望　审计的重任

2005年岁末,韩正市长、冯国勤常务副市长莅临市审计局调研,对审计工作作出了一系列重要指示。市政府领导的高度重视和殷切期望,犹如冬天里的一把火,温暖着上海审计人的心,照亮了上海审计工作的前进方向。

在新的一年里,我们要认真贯彻市政府领导对审计工作的指示精神,以更清晰的思路、更扎实的工作、更出色的成绩,进一步开创上海审计工作新局面,为促进上海经济社会更快更好地发展再立新功。

要进一步加大审计监督力度。审计是监督部门,其基本职能是监督,是查问题。要依法履行审计监督职责,狠狠地查问题,绝对不能手软。特别对重大违法违规问题和经济犯罪案件线索,一定要紧抓不放,一查到底。要以对国家对人民高度负责的精神,无私无畏,坚持原则,秉公执法,当好"经济卫士"。

要进一步突出审计工作重点。要坚持"全面审计,突出重点"的方针,把执掌公权力的重点部门、国有资产量大的重点企业、政府投资多的重点项目作为审计的重点对象,同时要关注审计盲点。要把财政财务收支的真实、合法、效益,国有资产的安全完整,财经管理和经济运行中的倾向性问题作为审计的重点内容,同时要关注民生问题。

要进一步提高审计整改效果。发现问题,揭露问题,促进整改,是审计工作不可缺少的三个步骤。要把促进整改作为审计工作的主要目的,花大力气,督促被审计单位认真落实整改。要从完善监督机制入手,通过管人管钱管事的不同部门共同联动,形成监督合力,加大责任追究力度,进一步提高审计查出问题的整改率和整改效果,让人民满意,让政府放心。

要重视抓好审计政策研究。要发挥审计部门专司监督、情况明、数据实的优势,急政府所急,想政府所想,站在政府的角度,对财经管理和经济运行中的重大问题进行深入研究,反映情况,揭示问题,分析原因,提出建议,当好"政府谋士"。要运用专项审计调查、审计综合分析、审计专题研究等手段,从完善体制机制着眼,重点研究规范财经秩序、加强国资监管、提高财政支出效益等问题,进一步提升审计成果的质量和水平。

要稳步推进审计结果公开。对遏制违法违纪行为而言,增加透明度是最好的监督。要采取措施,依法有序地推进审计结果公开,在政府内部形成有效的制约机制。要逐步加大审计信息披露力度,反映审计情况和审计查出问题的处理结果,探索建立政府加强内部监督的"举牌"制度,以严肃财经纪律,促进依法行政。

要进一步加强审计队伍建设。做好审计工作,关键在人。要努力建设一支政治上靠得住、工作上有创新、业务上有本事、作风上过得硬的审计队伍。"公生明,廉生威"。审计是执法监督部门,廉政建设必须长抓不懈。要严格管理,严守纪律,努力保持良好的社会形象。

(本文刊于《上海审计》2006年第1期,署名:本刊特约评论员)

经济责任审计的重要规章

《市纪委、市委组织部、市监察委、市审计局关于本市市管党政领导干部任期经济责任审计实施办法》(以下简称《实施办法》)经市委、市人民政府领导同意,已由市委办公厅、市人民政府办公厅印发施行。这是本市经济责任审计的又一重要规章,也是本市贯彻《中央纪委、中央组织部、监察部、人事部、审计署关于将党政领导干部经济责任审计范围扩大到地厅级的意见》的重要举措。

《实施办法》规定,市管党政领导干部,是指由市委管理的本市党政机关、审判机关、检察机关、群众团体和事业单位的正职领导干部(含主持工作的副职领导干部),各区县党委、人民政府正职领导干部。市管党政领导干部任期经济责任审计,是指审计机关按照国家有关规定,对市管党政领导干部在任职期间对本地区、本部门或者本单位的财政收支、财务收支以及有关经济活动应负经济责任的履行情况进行审计监督。

《实施办法》强调,市管党政领导干部任期经济责任审计应当制度化。市管党政领导干部任期内办理提任、转任、轮岗、免职、辞职等离任事项时,应当接受任期经济责任审计,即"离任审计";根据干部管理监督工作的需要,可以在市管党政领导干部任期内对其进行经济责任审计,即"任中审计";对公权力大、公益性强、公众关注度高的政府部门和各区县党委、政府的正职领导干部,原则上在其一届任期内安排一次经济责任审计,即"轮审一遍"。

《实施办法》还强调,市管党政领导干部任期经济责任审计应当按照计划进行。每年年底前,市纪委、市委组织部、市监察委要根据市委、市人民政府的意见和干部管理监督工作的需要,提出下一年度市管党政领导干部任期经济责任审计委托建议,经市经济责任审计工作联席会议协商确定,报经市有关领导同意后,由市审计局列入下一年度审计项目计划并实施审计。

《实施办法》对市管党政领导干部任期经济责任审计结果的运用作了明确规定,即市审计局向市人民政府提交市管党政领导干部任期经济责任审计结果报告,并抄送市委及党政领导干部管理机关、纪检监察机关和其他有关部门。党政领导干部管理机关应当将市审计局提交的市管党政领导干部任期经济责任审计结果报告,作为对市管党政领导干部考核、奖惩以及提任、调任、免职、辞职等方面的参考依据;应当给予党纪政纪处分的,由纪检监察机关作出处理;应当依法追究刑事责任的,移交司法机关处理。

自2000年9月市委办公厅、市人民政府办公厅印发《上海市区县级以下党政领导干部任期经济责任审计暂行办法》以来,本市全面推进县级以下党政领导干部任期经济责任审计,积极稳妥地开展县级以上党政领导干部任期经济责任审计的试点工作。据统计,2000年至2005年,全市共对1 549人(次)的处级党政领导干部进行了任期经济责任审计;通过试点和扩大试点,先后对27家机关事业单位、33名局级党政领导干部进行了任期经济责任审计。党政领导干部任期经济责任审计,以领导干部的决策、管理、政策执行三项职责的履行为主线,突出对重大经济决策的科学性和民主性及程序的规范性、内部控制制度的健全性和有效性、领导干部及所在单位经济行为的合法性及合规性的监督检查,客观反映领导干部的决策、管理、政策执行及自我约束的能力。通过审计,在加强干部监督管理、从源头上预防和治理腐败、促进领导干部廉洁勤政、推进依法行政等方面发挥了积极作用。

《实施办法》的颁布施行,标志着本市党政领导干部任期经济责任审计工作进入了一个新的发展阶段。今后对局级党政领导干部进行任期经济责任审计的任务将日益增多。审计机关要适应形势要求,加大工作力度,整合审计资源,完善审计规范,提高审计质量,进一步推进市管党政领导干部任期经济责任审计工作。同时,要研究完善市管党政领导干部任期经济责任审计的工作规范和评价标准,从领导决策、大额资金运作、项目运行、内部管理等方面,加强对政绩问题的监督,利用审计手段来规范经济行为。我们相信,随着《实施办法》的贯彻实施,本市市管党政领导干部任期经济责任审计工作必将出现一个崭新的局面。

(本文刊于《上海审计》2006年第4期)

推进内部审计的重要文件

2006年4月11日,上海市人民政府办公厅发出通知,转发市审计局《关于进一步加强内部审计工作的意见》。这是本市推进内部审计的重要文件,也是本市强化部门单位自我约束机制的重要举措。

作为审计监督体系的重要组成部分,内部审计在加强部门单位内部管理控制中发挥着重要作用。推进内部审计是审计机关的法定职责。新修订的《审计法》明确规定,依法属于审计机关审计监督对象的单位,应当按照国家有关规定建立健全内部审计制度;其内部审计工作应当接受审计机关的业务指导和监督。上海市审计局宋依佳局长高度重视推进内部审计工作,去年她两次召开专题会议,听取内部审计指导监督工作汇报,研究解决推进内部审计中遇到的问题。她强调,审计机关必须高度重视推进内部审计工作,内部审计是国家审计的基础,内部审计搞好了,不仅有利于部门单位加强内部管理控制,而且有利于审计机关开展审计工作。她要求,审计机关与内部审计协会要理顺相互关系,形成工作合力。审计机关要结合审计工作,依法加强对内部审计工作的业务指导和监督,推动内部审计加快发展;内部审计协会要做好服务和交流工作,发挥平台作用。

根据宋依佳局长的要求,去年下半年,上海市审计局在推进内部审计方面重点抓了两项工作:一是结合2006年市管企业领导人员任期经济责任审计,对11户市管企业内部审计工作开展情况和内部审计项目质量情况进行检查;二是专门制发了《上海市审计局关于2006年内部审计统计工作的通知》,对本市依法属于审计机关审计监督对象的行政事业单位、国有及国有控股企业、金融机构、人民团体等市级单位及其所属单位内部审计制度建设情况进行统计调查。通过点面结合的检查和调查,揭示了本市市级单位及部分市管企业内部审计工作仍然存在不少问题,如内部审计机构设置和专职内部审计人员配备不够平衡,内部控制评审、效益审计、经济责任审计和风险评估项目完成比例较低,对下属单位监督有待进一步加强等问题。市审计局据此向市政府报送了《关于本市市级单位内部审计制度建设情况统计调查及部分市管企业内部审计工作检查结果的报告》，受到市政府领导的高度重视。市委常委、常务副市长冯国勤作出批示，强调内部审计工作很重要，是从源头上加强监督、防止腐败的重要抓手；要求市审计局会同有关部门认真研究，抓住重点，扎实推进，加强基础，提高内部审计工作水平。

为贯彻市政府领导的批示要求，市审计局根据《审计法》等法律法规精神，结合本市实际，起草了《关于进一步加强内部审计工作的意见》，上报市政府提请批转。市政府领导对此十分重视，同意由市政府办公厅发文转发。为了加大推进内部审计工作的力度，扩大内部审计工作的影响，此次市政府办公厅将市审计局《关于进一步加强内部审计工作的意见》作为最大规模的普发性文件予以转发，印数两千份，发至全市各大单位，并在"中国上海"门户网站全文公布。

上海市审计局《关于进一步加强内部审计工作的意见》，从部门单位、内部审计机构、审计机关、内部审计协会合力推进内部审计工作出发，对进一步加强内部审计工作提出了四点意见：一是各部门、各单位要认真贯彻《审计法》和《审计署关于内部审计工作的规定》，采取切实有效措施，建立健全内部审计制度，加强内部审计工作领导，加强内部审计队伍建设，严格内部审计管理。二是各级内部审计机构要突出审计工作重点，加强审计质量管理，做好与社会审计机构的协调工作，提高内部审计的质量和水平，更好地为本部门、本单位加强管理、提高效益服务。三是各级审计机关要结合审计工作，对被审计单位内部审计制度建立健全情况、内部审计工作开展情况进行检查，对被审计单位内部审计业务质量进行检查和评估，充分利用内部审计工作成果，加强对内部审计工作的业务指导和监督。四是内部审计协会要努力创新工作方式，拓展服务范围，加强业务培训，开展课题研究，总结交流经验，扩大内部审计的影响，提高内部审计队伍的素质。

上海市审计局《关于进一步加强内部审计工作的意见》的转发，为推进本市内部审计工作创造了有利条件。全市各级审计机关、内部审计机构和内部审计协会要认真贯彻市政府办公厅的通知要求，抓住机遇，乘势而上，形成合力，加大力度，认真执行好这一重要文件，为推进本市内部审计工作加快发展作出新努力。

（本文刊于《上海审计》2007年第3期）

严谨细致　精益求精

——对某集团公司经济责任审计项目简评

上海市审计局经济责任审计处选送的"上海某集团有限公司2003年度至2005年度资产负债损益及领导人员任期经济责任审计"项目，经上海市审计机关第十二次优秀审计项目评选，荣获审计项目一等奖。这是全处同志强化审计精品意识，努力提高审计质量的结果。

该集团公司属市管企业，由市国资委监管。2005年年末，该集团资产总额达289.6亿元，下属二级子公司有38家，涉及电子、电器类产品及设备、器件制造与销售、网络业务、房地产开发、货运物流等行业。对这样的大型企业集团进行审计，审计组面临着审计工作量大、审计难度大、审计风险大等困难。在审计组全体同志的共同努力下，圆满完成了审计任务，取得了较好的审计效果。该审计项目有以下主要特点。

一、搞好审前调查，突出审计重点

接获审计任务后，审计组先从外围入手，调阅以前年度审计报告并与前次审计的主审充分沟通，了解和掌握前次审计查出的主要问题。同时，登录该集团网站，查询2003年度至2005年度发生的大事记，从总体上了解该集团的经营状况。在此基础上，审计组制定了详尽的审前调查提纲，组成3个调查小组分赴集团本部、重点二级子公司进行审前调查。除调查内控制度、业务流程、资产状况、财务收支、会计核算等常规内容外，还了解该集团的战略发展规划、国有资产考核指标、关联企业的业务及资金往来情况、有关投资项目的背景资料、财务软件的应用情况、年报审计结果及会计师事务所的变动情况等，做到重大事项重点审计。

通过由内到外、由简到繁、由浅入深地做好审前调查工作，审计组摸清了审计对象的总体情况，为编制审计实施方案和开展下一步审计工作打下了扎实基础。审计组根据审前调查情况分析，确定了本次审计的重点为：损益及大额资金运作。在损益方面，重点关注该集团引进的TFT第五代薄膜晶体管显示器生产线项目的建设、投产、效益情况和企业发展后劲。同时，详细复核该集团已实施的清产核资及CRT产业的逐步退出工作，解决正确性与完整性问题。在大额资金运作方面，重点检查该集团委托理财资金是否面临风险，是否存在重大违纪违规问题。

二、抓好审计实施，改进审计方法

1. 熟练运用计算机辅助审计手段，确保审计实施工作的高质量和高效率。为了迅速查明该集团委托某投资公司理财事项的操作是否存在违纪违规问题，审计组及时抽调人员，组成专门工作小组。从"资金流"及"股票交易流"两方面入手，从头至尾详细审计，以排除审计风险。在审计工作中，大家灵活运用EXCEL软件的筛选、排序和计算等功能，处理了数十万条交易记录，彻底查清了该集团委托理财资金所涉及的15个开户证券公司资金账号内从始至终的资金流转和股票交易全貌。经过历时一周加班加点的审计，不仅查出了1.49亿元资金被违规提取的问题，还查明了4.21亿元巨额浮动亏损的事实。

2. 整合审计资源，充分合理地借助各方审计力量。在本次审计中，根据审计工作需要，我局委托社会审计机构对部分二级子公司进行延伸审计。审计组通过事前制定审计实施框架式方案，事中及时沟通信息了解审计情况，事后复核审计底稿证据等方式，掌握和监控社会审计质量。同时，将社会审计机构查出的二级子公司有关问题，督促该集团深入调查，并要求其将调查结果列为审计整改情况上报我局。此外，审计组还加强与承担该集团年报鉴证审计的会计师事务所的工作联系，对其作出的会计调账的依据深查细究，从中发现问题，查深查透。如审计组根据会计师事务所年报审计中对该集团"在建工程——海外项目"全额计提1 660万元坏账准备（依据为项目失败）的线索，通过该集团内部审计机构调阅相关案卷，走访当时参审人员，最终查明了该集团违规出资200万美元投资海外实验室，并将企业领导人员未经集体决策而作出的这一违规决策行为界定为其负有直接责任。

三、写好审计报告，提升审计成效

审计组加强审计情况综合分析研究，注重写好审计报告和审计结果报告，体现经济责任审计的特色。在审计评价方面，既有总体评价，又有分类评价，并注重对被审计企业领导人员履职情况进行审计评价。在审计成果反映方面,既反映审计发现的主要问题,又提出明确的审计意见,并注重界定被审计企业领导人员应负的经济责任。同时,在审计结果报告中增加了审计建议部分,以供市领导审阅审计结果报告后决策参考。

该集团经济责任审计结果报告受到市领导的高度重视,韩正市长、冯国勤常务副市长分别作出批示。市纪委、市监察委监察综合室根据审计结果报告,编发了《上海某集团审计中发现的主要问题》专报信息,专报市纪委领导。中央纪委常委、市委常委、市纪委书记沈德咏同志作出重要批示。市巡视工作办公室将该集团列为2007年巡视单位,市委巡视组专门听取了审计组汇报,并赴该集团开展巡视工作。市国资委党委、市国资委高度重视本次审计结果,由两委领导带队,深入该集团开展审计整改督查工作。

本次审计也给该集团带来很大的震动。该集团领导班子多次召开会议,研究讨论审计发现的问题和审计意见,落实有关整改措施。目前,该集团对审计发现的问题已全部作了相应的整改处理,同时还修订完善了资金支付管理、风险投资内部控制管理等10多项规章制度,努力从制度建设上防范违规问题的再次发生。在审计机关和被审计单位的共同努力下,审计工作取得了良好效果。

(本文刊于《上海审计》2007年第6期)

进一步做好审计理论研究工作

审计理论研究是整个审计工作的重要组成部分,是推动审计事业科学发展的重要基础建设。审计机关成立以来,各级审计机关高度重视审计理论研究工作,广泛宣传审计监督制度,及时普及审计基本知识,潜心研究社会主义审计理论,积极探索中国特色审计之路,为推进建立和完善适合我国国情的审计监督制度作出了重要贡献。

加强审计理论研究是审计工作贯彻落实科学发展观的客观要求。审计理论研究可以对审计实践发挥指导作用,可以为领导决策发挥一定程度的参谋作用。实践证明,凡是对审计理论研究认识问题解决得好的单位,特别是主要领导认识问题解决得好的单位,对这项工作的重视程度就高,就能够抓出实效,就能够在促进审计事业科学发展方面发挥审计理论研究的重要作用。

第一,审计理论研究要在"结合"上多做文章。审计理论研究必须与审计实践相结合,这是对审计理论研究工作的基本要求。任何理论都来源于实践,是实践经验的总结和升华,反过来又指导实践,接受实践的检验。审计理论研究工作要防止的最大弊病就是脱离实际,搞"两张皮",研究成果不适用,或者研究出来的东西被束之高阁,停留在本本上,不能有效地指导审计实践。一是审计理论研究一定要注重调查研究,了解把握实际情况,使审计理论研究的选题、内容、重点符合形势发展的要求,符合审计实践的需求。二是审计理论研究要与审计各项业务工作紧密结合。要试行"研究式审计"或审计项目课题化,即审计什么研究什么,边研究边审计,结合实践进行研究,最后出两个成果,一个是审计成果,一个是审计课题研究成果。这种方式有利于审计理论与审计实践相结合,有利于审计实践的深化,有利于审计成果的提升,能促进审计理论研究向群众性、实践性方向发展。三是重点课题研究力量的组织上要注重结合。重点研究课题涉及面广,业务交叉,学科交叉,而且质量要求比较高。因此,必须组织精兵强将进行研究,一般要由精通这项工作的领导同志挂帅,组织科研人员、有关专家、业务工作人员参加，组成复合型的研究队伍，发挥各自特长，做到优势互补。四是要十分重视国内情况与国外经验的结合。要做到立足国内实际积极研究，同时借鉴国外现代审计的一些有益研究成果，但不能照抄照搬。

第二，审计理论研究要在"创新"上多做文章。坚持理论创新，是理论研究的一条生命线，也是搞好审计理论研究的重要保障。一是在研究的内容上不断创新。要紧跟形势的发展变化，跟踪审计实践的需求，着力研究事关我国审计事业长远发展的一些重大理论问题和社会关注、领导关心、审计实践当中遇到的重点难点问题。二是研究的成果要有新发展、新飞跃。既要对新鲜经验作出科学的理论概括，也要对原有的理论加以完善和发展，勇于扬弃某些不适宜的旧观点、旧论断，提出符合时代要求和发展规律的新观点、新论断。三是在研究方法上创新。要坚持重点课题研究与群众性研究相结合的方式。对重点课题要专门组织一批骨干力量加以研究，同时必须要有群众性研讨。要积极搭建各种研究的平台，采取多形式、多层次的研究方法。要注意扩大审计理论研究的开放度，不能关起门来搞研究。

第三，审计理论研究要在"队伍"上多做文章。多年的经验证明，要搞好审计理论研究，首先要有一支较高素质的审计理论研究队伍。在抓好专业审计科研队伍建设的同时，要进一步充实新生力量，提高审计科研队伍的素质，以适应审计科研任务的需要。要大力培育审计系统内外的群众性科研骨干队伍。审计机关内部和社会上有一大批关心审计事业、热爱审计理论研究的人才，这是一支十分宝贵的审计科研资源。各级审计学会组织应该发挥桥梁、纽带作用，采取各种有效措施把他们进一步集聚起来，共同为审计理论研究作贡献。特别是要加强对青年理论研究骨干的培训，充分发挥他们的积极作用。

总之，审计理论研究工作必须紧紧围绕中心，服务大局，突出重点，努力为审计实践服务，为审计事业的科学发展服务。只有这样，审计理论研究工作才能取得实效。

（本文刊于《上海审计》2010年第5期，署名：本刊特约评论员）

全面贯彻国家审计准则

修订后的《中华人民共和国国家审计准则》(以下简称《审计准则》)于2010年7月8日经审计长会议审议通过,刘家义审计长于2010年9月1日签署审计署第8号令予以公布,自2011年1月1日起施行。《审计准则》的修订和颁布,是继《审计法》和《审计法实施条例》修订后我国审计法制建设的又一件大事,是完善我国审计法律制度的重大举措,是国家审计准则体系建设史上一个重要的里程碑。对规范审计机关和审计人员执行审计业务的行为,保证审计质量,防范审计风险,发挥审计保障国家经济和社会健康运行的"免疫系统"功能,具有十分重大的意义。

《审计准则》是审计机关和审计人员履行法定审计职责的行为规范,是执行审计业务的职业标准,是评价审计质量的基本尺度。《审计准则》适用于审计机关开展的各项审计业务,对执行审计业务基本程序作了系统规范,体现了很强的综合性;《审计准则》以贯彻落实科学发展观为指针,坚持运用科学的审计理念和先进的审计技术方法,体现了很强的科学性;《审计准则》系统总结了我国国家审计二十多年来的实践经验,将行之有效的做法确定下来,体现了很强的实用性;《审计准则》充分借鉴国际政府审计准则的内容和外国审计机关有益做法,体现了很强的国际性。

认真学习、宣传和贯彻执行《审计准则》,是当前各级审计机关的一项重要任务。各级审计机关和广大审计人员必须高度重视,采取有效措施,精心抓好各项贯彻工作,使《审计准则》成为新的一年推动审计工作科学发展的强大武器。

第一,认真组织学习培训,深刻领会《审计准则》的主要内容及精神实质。各级审计机关要把学习《审计准则》作为审计机关法制宣传教育和干部教育培训的重要内容,大力组织开展多种形式的专题学习培训活动。广大审计人员要尽快掌握《审计准则》的各项内容,领会精神实质。尤其是对《审计准则》与过去准则及审计规范不同的新规定、新要求,要反复研读,融会贯通。要对照审计实践,认真思考,找出差距,重点学习,加深理解。

第二，采取切实有效措施，推动《审计准则》的贯彻落实。各级审计机关要在搞好学习培训的基础上，采取切实有效措施，扎扎实实地推动《审计准则》的贯彻落实。要抓紧清理现行审计业务管理方面的规章制度，及时废止、修订与《审计准则》不一致的内容。要加强调查研究，及时跟踪总结《审计准则》执行中遇到的新情况、新问题，结合本地区、本单位的实际，有针对性地建立健全配套的规章制度和实施细则。同时，根据《审计准则》的规定，完善审计专网信息化应用系统、现场审计支持系统和相关具体操作流程及办法。加强经常性督促检查，切实保证《审计准则》和各项规定落到实处。

第三，严格执行《审计准则》，不断提高审计工作的质量和水平。各级审计机关和广大审计人员要在深入学习领会《审计准则》各项规定的基础上，认真贯彻执行《审计准则》，切实用《审计准则》来规范和指导审计业务，严格依法审计，规范审计行为，不断提高审计工作的质量和水平，推动审计工作深入发展，充分发挥审计保障国家经济和社会健康运行的"免疫系统"功能，为促进转变经济发展方式、推进民主法治、加强廉政建设作出新的更大的贡献。

(本文刊于《上海审计》2010年第6期，署名：本刊特约评论员)

加快审计工作法制化制度化规范化建设

依法审计是审计工作的基本原则,健全制度是审计管理的必然要求,规范操作是审计质量的重要保证。在新的一年里,我们要继续采取有效措施,加快审计工作法制化、制度化、规范化建设,强化审计监督、加强审计管理、提高审计质量,为上海审计工作科学发展提供保障。

第一,要全力以赴做好地方审计立法工作。2012年,上海审计工作法制化建设的重大任务是制定出台《上海市审计条例》。这是上海审计工作的一件大事,关系全局,关系长远,意义重大。我们要举全市审计机关之力,认真做好这项工作。要广泛听取各地区、各部门和有关单位对《上海市审计条例(草案)》初稿的意见,认真研究,反复修改,使之完善。要坚持"问题引导立法,立法解决问题"的原则,做到细化与创制并举、可操作性与前瞻性并重、强化审计监督与规范审计行为相结合,努力制定出一部体现上海审计工作特点和发展需要的地方性审计法规。要集中力量,集中智慧,加强沟通,加强宣传,积极配合有关方面做好审议《上海市审计条例(草案)》的各项工作,保障地方审计立法工作顺利进行。

第二,要建立健全审计质量控制制度。审计工作制度化建设的核心是建立健全审计质量控制制度。为贯彻国家审计准则,市审计局提出要从审计质量责任、审计职业道德、审计人力资源、审计业务执行、审计质量监控五个方面建立健全26项审计质量控制制度。这是一项事关上海审计工作科学发展的基础性系统工程。2012年,我们要在上一年工作的基础上,明确分工,落实责任,加快进度,着力推进审计质量控制制度建设,早日形成具有上海特点的审计质量控制制度体系。同时,要认真执行已出台的各项审计质量控制制度,切实发挥审计质量控制制度在加强审计质量管理中的重要作用。各区县审计局要从本单位实际出发,建立健全审计质量控制制度,组织开展审计项目审理工作,进一步提高审计质量和效果。

第三,要继续抓好审计工作规范化建设。近几年,本市审计机关在探索规范部门预算执行审计、固定资产投资审计定性和处理处罚依据,以及各类审计业务文书格式规范方面作出了努力,取得了成效,推进了审计规范化建设。2012年,我们要围绕社会保障资金审计,研究编制有关社会保障资金审计定性及处理处罚依据手册,为配合完成好这一重大审计任务作出贡献。同时,要注重审计科研成果的转化运用,着力推进各类经济责任审计操作规范化建设,进一步提升经济责任审计质量和水平。此外,要继续抓好审计工作方案、审计整改报告、审计结果公告、政府信息公开等方面的规范化建设,着力推进各类专业审计的规范化操作,全面提高上海审计工作规范化水平。

2012年全市审计机关审计工作任务繁重。我们要坚持"两手抓",一手抓审计项目和审计任务,一手抓审计工作法制化、制度化、规范化建设,做到相互促进,相得益彰,努力实现"双丰收"。

(本文刊于《上海审计》2012年第2期,署名:本刊特约评论员)

充分发挥青年在审计理论研究中的生力军作用

青年是审计事业发展的希望。审计机关的青年干部具有学历高、专业能力强、勤奋敬业等特点。近年来,我们欣喜地看到,青年审计干部不仅在审计项目中逐渐担当重任,而且在审计理论研究中也发挥了重要作用。广大青年审计干部勇担责任,奋发有为,不断加强审计理论研究,展示了朝气蓬勃、善于学习、勤于思考、勇于创新的精神风貌。我们要高度重视青年审计理论研究,充分发挥青年在审计理论研究中的生力军作用。

第一,要提高青年审计理论研究效能。审计理论研究只有与审计实务紧密结合,才能突出服务性、体现自身价值。我们要引导广大审计青年正确把握审计理论研究的方向,紧贴审计工作实践,着力树立创新意识,不断拓展审计理论研究的广度和深度。广大审计青年要把审计工作中的瓶颈问题、重点问题作为审计理论研究的主攻方向,对审计项目实施中积累的经验进行归纳总结、系统提炼和理论升华,突出审计理论研究的实践性、针对性、应用性。当前,根据审计工作发展需要,要进一步突出审计应用理论、审计技术方法和审计管理理论的研究,尤其要重点研究财政、金融、企业、投资、民生、资源环境等审计领域中的深层次问题。青年审计干部要充分发挥思维敏捷、善于创新的特点,带着理论问题进行审计和思考,注重在实际工作中锻炼思维。既要注重理性思考,又要注重实践积累。要从发现问题入手,通过分析问题、研究问题、解决问题,及时把理论研究的成果转化和运用到审计工作中,努力提高审计理论研究的效能。

第二,要激发青年审计理论研究热情。实践证明,青年审计论坛已经逐渐成为本市审计机关培育青年人才、加强理论研究的重要平台。我们要坚持育才宗旨,坚持办好青年审计论坛,努力形成品牌和特色,为青年审计干部发挥聪明才智提供平台和舞台。要倡导青年干部主动参与审计理论研究,在学习、借鉴、总结现有审计成果的基础上努力进行科学理性的思考,从不断发展的审计实践中总结丰富审计理论体系,并提出推动审计实践的新思路和新举措。青年审计理论研究在保证一定的群众面的基础上,更要着重向提高研究质量转变。要不断创新审计理论研究载体和形式,有组织、有计划地开展各类主题研讨活动和审计科研课题研究,引导青年审计干部潜心学习,努力工作,投身科研,激发研究热情,多出研究"精品"。要通过审计科研,从审计理论上拓展青年审计干部的知识面,从审计实务上帮助青年审计干部不断提高业务素质,努力在青年审计干部队伍中形成充分展示自我、思想交流碰撞、共同成长提高的良好氛围。

第三,要注重青年审计科研人才培养。百年大计,人才为先。人才是理论研究的基础。加强青年审计理论研究人才的培养,是加强审计理论研究的重要举措。我们要鼓励素质高、业务精、擅钻研的青年审计干部参与课题研究、论文撰写、实践调研,并在研究思路、研究方法上给予及时的指导;要加大经费投入,完善培训机制,采用走出去、请进来等方式,加强青年审计科研人才培养,充分挖掘青年审计干部研究潜能,不断提高青年审计理论研究素养。要从完善制度层面着力加强青年审计理论研究队伍建设,把科研能力和水平作为选拔使用青年人才的重要参考依据。要把具有较高学历、较强理论研究能力的青年骨干充实到审计理论研究队伍中,建立审计理论研究骨干人才库。市审计科学研究所要认真总结经验,完善工作制度,加强动态管理,进一步抓好以青年为骨干的特约审计研究员队伍建设。要通过加大力度、完善机制,努力培育一支既有较高理论素养、又长于审计实战的青年审计人才队伍,为上海审计工作科学发展提供人才保障。

新形势、新任务、新要求,为广大青年审计干部提供了施展才华的良好机遇。全市审计机关的青年干部要勤奋学习、立足实践、研以致用、勇于创新,在审计理论研究的舞台上得到锻炼成长,不断绽放青春的魅力,为上海审计事业的创新发展贡献力量。

(本文刊于《上海审计》2012年第3期,署名:本刊特约评论员)

大力推进审计信息化建设

　　审计信息化建设是审计机关的一项基础建设,事关审计事业的可持续发展。刘家义审计长曾讲:从一定意义上说,中国审计的根本出路在于信息化,信息化的关键在于数字化。它不只是一种理念,更是一种手段、一种方式和一种发展趋势。原审计长李金华同志曾指出,信息化素质不提高,审计人员将失去审计资格,审计机关的综合管理人员将失去任职资格,审计机关的领导干部将失去指挥资格。在上海加快建设"智慧城市"的新形势下,我们要进一步采取有效措施,大力推进审计信息化建设,为充分发挥审计的"免疫系统"功能提供技术保障。

　　第一,加强领导。审计信息化建设是审计机关的"一把手"工程,必须高度重视,长抓不懈。审计信息化只有阶段,没有尽头。审计机关的各级领导干部要充分了解审计面临的信息化环境、形势和任务,充分了解"金审工程"建设的内容,充分了解信息技术在审计工作中的应用。审计机关的各级领导干部只有刻苦学习,更新观念,拓展视野,成为内行领导,才能促进正确决策,推动本单位、本部门审计信息化建设不断发展。抓好审计信息化建设,审计机关的各级领导干部要注重"十个一些":眼光要再长远一些,工作要再基础一些;思路要再完整一些,开发要再体系化一些;应用要再深入一些,指导要再扎实一些;经验积累要再务实一些,经验总结要再求真一些;研究要再前沿一些,视野要再宽阔一些。要加强审计信息化考核,发挥考核对审计信息化建设的导向和促进作用。

　　第二,培养人才。推进审计信息化,人才是关键。培养审计信息化人才,通过招聘新人,引进有计算机学历背景的人逐渐改善审计队伍的知识结构是一个途径,但最重要的仍然是立足对现有审计人员的培养,这是现实可行的唯一的路。我们现在正处于审计技术革命阶段,处于审计发展方式的转型时期,知识老化的速度在加快。广大审计人员只有不断学习,更新知识,才能适应审计工作发展的需要。要坚持计算机审计中级培训,开展信息系统审计、信息安全、企业资源规划信息系统、大型数据库等专题培训。既要抓一般化、综合性的培训，又要抓专业方向、专题性的培训。要采取案例教学、现场教学、网络培训、模拟审计实验室等培训方式，不断提高审计信息化培训质量。同时，要挑选一部分审计业务能力较强、有一定计算机基础的审计人员，进行计算机强化培训，不断创新和深化审计信息化人才培养。

第三，注重应用。审计信息化关键在用，用到审计上。审计信息化一切工作都要围绕审计应用，这是工作重点，也是考核重点。首先，要抓好以审计项目为重点的信息化应用。完善并推广现场审计实施系统，积极开展信息系统审计，总结计算机审计方法体系，建立健全标准规范制度，组织开展对重要单位的联网审计，积极探索统一组织审计项目管理模式，加强综合数据分析队伍建设。其次，要抓好以管理为重点的数字化建设。形成以审计项目计划实施、审计质量控制、审计成果利用、审计资源调配、机关事务处理为主线的审计管理数字化，创新信息化环境下的审计管理方式。再次，要抓好以数据积累、数据分析为重点的数据分中心建设。建数据库的目的是为了审计，是为了审计之用。要攻克数据采集、数据积累、数据共享三道难关，创建本市物理或逻辑的大集中审计数据平台，开展各类重要行业的纵向历史分析、横向关联分析，为有效提高审计工作质量和水平提供支持。

（本文刊于《上海审计》2012年第4期，署名：本刊特约评论员）

上海审计法制建设的重大成果

《上海市审计条例》(以下简称《条例》)已经上海市第十三届人大常委会第三十六次会议审议通过并公布,自2013年1月1日起施行。这是上海审计法制建设取得的重大成果,也是上海审计史上具有里程碑意义的重大事件。

《条例》作为新中国成立以来上海第一部地方性审计法规,其颁布实施,标志着上海审计工作进入了一个新的发展阶段。《条例》与上位法相衔接,体现了上海审计工作特点,适应了上海经济社会发展需要,是保障审计机关依法履职,充分发挥审计监督职能作用的强大法律武器。《条例》对依法审计提出了新的任务,明确了新的要求,从制度上、法律上解决了上海审计工作发展中带有根本性、全局性、稳定性和长期性的问题,是实现上海审计工作全面科学发展的重要法律保障。《条例》的起草制订,历时数年,凝聚着上海广大审计人员的智慧和心血,体现了党政领导和社会各界对审计工作的重视和支持。学习、宣传和贯彻《条例》,是当前和今后一个时期全市审计机关和广大审计人员的一项重大任务。

第一,要认真学习《条例》。全市审计机关要充分认识《条例》颁布实施的重要意义,把学习《条例》列入重要议事日程,在审计系统内掀起学法用法的新高潮。各单位要安排充足时间组织审计人员专门学习,市审计局要组织指导各区县审计局开展学习。全市审计机关要通过集中培训、个人自学、研讨交流等方式,使广大审计人员准确理解和全面掌握《条例》的各项规定,把思想和行动统一到《条例》的规定上来,为贯彻实施《条例》奠定坚实的基础。

第二,要广泛宣传《条例》。全市审计机关要结合"六五"普法和依法治理工作,利用新闻媒体和实施审计的时机,向被审计单位、有关部门和社会各界广泛宣传《条例》和近年来审计工作取得的显著成绩。要进一步完善宣传形式,加大宣传力度,讲求宣传效果。通过积极有效的宣传活动,使《条例》的主要内容深入人心,使有关部门更加理解和支持审计工作,使被审单位自觉接受和配合审计监督,为审计机关依法履行职责创造良好的社会环境。

第三,要切实贯彻《条例》。依法审计是审计工作的基本原则。《条例》在明确审计事项内容、创新审计方式方法、强化审计结果运用、完善审计协调机制、加强审计工作管理等方面作出了一系列新的规定,对加强和改进上海审计工作具有重要作用。全市审计机关要以贯彻《条例》为契机,采取扎实有效的措施,进一步强化审计监督,进一步规范审计行为,进一步加强审计管理,进一步推进依法审计,真正把《条例》的各项规定落到实处。要坚持用《条例》来规范和指导审计业务,加强调查研究,及时跟踪总结《条例》执行中遇到的新情况、新问题,有针对性地建立健全配套的规章制度和工作机制,真正将《条例》规定的新要求转化为推动审计工作科学发展的新动力,进一步开创上海审计工作新局面。

(本文刊于《上海审计》2012年第5期,署名:本刊特约评论员)

用中共十八大精神指导做好审计工作

举世瞩目的中国共产党第十八次全国代表大会胜利闭幕了。学习宣传贯彻中共十八大精神，为实现中共十八大确定的奋斗目标和工作任务而奋斗，是当前和今后一个时期全市审计机关的首要政治任务。全市审计机关学习宣传贯彻中共十八大精神，要紧密联系审计工作实际，坚持学以致用、用以促学，用中共十八大精神统领审计工作、指导审计实践。当前和今后一个时期，全市审计机关要以中共十八大精神为指导，以推进法治、维护民生、推动改革、促进发展作为出发点和落脚点，结合贯彻《上海市审计条例》，进一步突出审计重点，加大审计力度，改进审计方法，促进全面建成小康社会各项要求落实到位。

中共十八大报告提出"加快改革财税体制""完善促进基本公共服务均等化和主体功能区建设的公共财政体系""加强对政府全口径预算决算的审查和监督"等要求。贯彻中共十八大精神，我们要继续抓好财政审计，促进财政体制改革，完善公共财政体系，在推进财税体制改革中发挥积极作用；加强对政府全口径预算的审计监督，促进管好用好各项财政性资金。

中共十八大报告提出"推进权力运行公开化、规范化，完善党务公开、政务公开、司法公开和各领域办事公开制度，健全质询、问责、经济责任审计、引咎辞职、罢免等制度，加强党内监督、民主监督、法律监督、舆论监督，让人民监督权力，让权力在阳光下运行""严格规范权力行使，加强对领导干部特别是主要领导干部行使权力的监督"等要求。贯彻中共十八大精神，我们应当着力做到：一是大力推进经济责任审计，加大对权力运行的监督制约力度，促进责任追究制度和问责机制的健全完善；二是加大对审计信息的依法公开力度，促进公开透明，让权力在阳光下运行；三是坚持从体制机制制度层面揭示问题、分析原因、提出审计意见和建议，促进法规制度的进一步健全和完善。

中共十八大报告提出"努力办好人民满意的教育""推动实现更高质量的就业""统筹推进城乡社会保障体系建设""提高人民健康水平"等要求。

贯彻中共十八大精神,我们要进一步加强社会保障审计和行政事业审计,加大对重点民生资金和民生项目的审计监督力度,保障中央惠民富民强民政策的落实,维护人民群众的根本利益。

中共十八大报告提出"全面促进资源节约""加大自然生态系统和环境保护力度""加强生态文明制度建设""努力建设美丽中国"等要求。贯彻中共十八大精神,我们要进一步加强资源环境审计,加大对环境保护和资源能源利用情况的审计监督力度,促进生态文明建设。

中共十八大报告提出"把推动发展的立足点转到提高质量和效益上来""实施创新驱动发展战略""推进政府绩效管理"等要求。贯彻中共十八大精神,我们要进一步加大绩效审计力度,促进提高财政资金和公共资源配置、使用、利用的绩效,促进效益、速度和质量的统一,推动经济发展方式转变。

中共十八大报告提出"坚持法律面前人人平等,保证有法必依、执法必严、违法必究""坚决查处大案要案,着力解决发生在群众身边的腐败问题"等要求。贯彻中共十八大精神,我们要进一步强化审计监督,加大对有法不依、执法不严问题的揭示力度,促进依法行政和民主法治建设;加大对重大违法违规和经济犯罪、腐败问题的查处力度,推进反腐倡廉建设和反腐败斗争。

审计机关担负着维护社会主义市场经济秩序,促进社会主义民主政治、先进文化、和谐社会、生态文明建设,加强反腐倡廉建设和维护社会公平正义等重要职责。我们要充分发挥审计监督保障经济社会健康运行的"免疫系统"功能,在建设中国特色社会主义伟大实践中进一步发挥积极作用,为实现中共十八大确定的奋斗目标和工作任务而奋斗。

(本文刊于《上海审计》2012年第6期,署名:本刊特约评论员)

巨大的鼓舞　发展的良机

新中国的审计史将记录这一重要时刻：2012年12月24日上午10时，国务院在北京召开首次全国审计工作电视电话会议，温家宝总理、李克强副总理、马凯国务委员出席会议，温家宝总理发表了重要讲话。温家宝总理在讲话中充分肯定了审计工作取得的成绩，要求审计机关进一步增强责任感和使命感，全面提升审计工作的质量和水平，当好公共财政"卫士"，促进依法治国。在祖国大江南北，各地政府首脑和审计机关负责人齐聚一堂，聆听总理指示，谋划审计大计。在上海分会场，市委副书记、常务副市长杨雄，市委常委、副市长屠光绍率市政府各委、办、局和各区（县）政府主要负责人出席会议。空前的重视，巨大的鼓舞，这是党和政府对审计工作的褒奖和期望，更是审计机关再谋发展、再建新功的良机和动力。

已经到来的2013年，是全面贯彻落实中共十八大精神的开局之年，也是实施"十二五"规划承前启后的关键一年。在新的一年里，全市各级审计机关要用中共十八大精神统领审计工作、指导审计实践，把握发展良机，认真贯彻落实全国审计工作电视电话会议和全国审计工作会议提出的各项任务和要求，贯彻实施《上海市审计条例》，以审计工作的优异成绩为实现全面建成小康社会奋斗目标作出新贡献。

在新的一年里，我们要紧扣科学发展这个主题和加快转变经济发展方式这条主线，通过审计推动各方面把发展的立足点转到提高质量和效益上来。要继续把检查国家各项宏观经济政策执行情况作为工作重点，保证政策落到实处；加强对重大政府投资项目跟踪审计，促进结构调整和优化升级；大力推进绩效审计，提高财政资金的使用效益，厉行节约；加强对资源节约和环境保护的审计监督，为生态文明建设贡献力量。

在新的一年里，我们要把维护人民利益作为工作的出发点和落脚点，加强对民生领域专项资金的审计，更好地保障改善民生。要揭露挤占挪用、损失浪费等影响资金管理和使用效益的问题，促进各项惠民政策落到实处。

在新的一年里，我们要继续加大经济责任审计力度，提高领导干部和国有企业负责人依法行政、依法履职的意识和能力。严肃查处各种违法违规行为,做到有法必依、执法必严、违法必究,维护法律的权威和尊严。依法加大审计过程、审计结果、审计整改的公开力度,让权力在阳光下运行。

在新的一年里,我们要坚持把查处问题与促进改革、完善制度、强化管理结合起来,在更高层次上发挥审计监督的作用。要注重加强对有关单位预算执行、财务管理和内部控制等方面的监督审查,重点揭示管理不严格、制度执行不到位、会计信息质量不高等问题。不仅要审深审透,严肃处理,还要从完善制度、健全机制上有针对性地提出审计意见和建议,发挥好审计的建设性作用。

在新的一年里,我们要加大对重大违法违规问题的查处力度,推进反腐倡廉建设。要完善与纪检监察、公安、检察及国有资产监管等部门的协调配合机制,建立健全审计移送案件的跟踪和查处公告制度,为严厉打击违法犯罪活动提供重要线索。

在新的一年里,我们要加强审计队伍建设和审计能力建设,恪守审计职业操守,坚持依法审计,坚持独立审计,坚持廉洁审计,努力培养造就一支政治坚定、业务精湛、作风扎实、纪律严明的审计队伍。

党的十八大吹响了全面建成小康社会的进军号。做好审计工作责任重大,使命光荣。我们要不辜负党和人民的期望与重托,以更加奋发有为的精神状态,开拓进取,扎实工作,再建新功,不断开创上海审计事业发展的新局面,为全面建成小康社会作出更大贡献!

(本文刊于《上海审计》2013年第1期,署名:本刊特约评论员)

全面提升审计工作质量和水平

2013年2月19日,市政府召开全市审计工作会议暨中央在沪单位审计工作会议。市委副书记、市长杨雄在讲话时强调,当前上海转型发展处于关键阶段,改革创新处于攻坚阶段,审计工作只能加强,不能削弱。要充分认识审计工作对于维护经济秩序、化解经济社会风险、推动改革发展、促进政府自身建设的重要作用。审计部门要进一步把握规律,突出重点,全面提升审计工作的质量和水平。

贯彻全市审计工作会议精神和杨雄市长讲话要求,全市审计机关和广大审计人员要进一步增强责任感和使命感,践行科学审计理念,全面提升审计工作质量和水平,高标准、高质量、高效率地完成各项审计任务,努力为上海转型发展和改革创新作出新的更大贡献。

第一,做到"四个突出"。一是审计工作要突出围绕中心、服务大局,紧扣提高经济增长质量和效益,以绩效审计为抓手,着力揭示和反映制约经济社会健康运行的突出矛盾;二是审计工作要突出揭露问题、查错纠弊,把查处重大违法违规问题作为重要任务,坚持查深查透,依法揭露和处理;三是审计工作要突出过程监督、预警预防,牢固树立防患未然、监督在先的理念,尽可能前移关口,提前监督、定期监督、连续监督;四是审计工作要突出探源治本、完善制度,善于从个案监督中发现规律性问题、提炼制度性对策,推动体制机制制度创新。要通过不断加强和改进审计工作,在更高层次上发挥审计的建设性作用。

第二,实现"五个有效"。一是审计工作要有效地推动各方面把发展立足点放到调结构、转方式上来;二是审计工作要有效地防风险、保安全,及时揭示、有效预防和化解经济社会运行中的各种风险隐患;三是审计工作要有效地服务于惠民生、促和谐,加强对民生项目的审计和民生政策落实情况的重点督查;四是审计工作要有效地助改革、促创新,加大审计监督的深度和分析研究的力度,推动重点领域和关键环节的改革不断深化;五是审计工作要有效地推法治、促廉政,继续加大经济责任审计力度,加大审计结果、审计整改的公开力度,严肃查处违法违规行为。

  第三,增强"两种意识"。一是要进一步增强责任意识。审计工作事关全局。作为保障经济社会健康运行的"免疫系统"和公共财政的强大"卫士",全市审计机关和广大审计人员要用中共十八大精神统领审计工作,贯彻落实全市审计工作会议精神,按照市委、市政府对审计工作的要求,切实履行好审计监督职责,全面提升审计工作的质量和水平。二是要进一步增强服务意识。全市审计机关和广大审计人员要不断加强自身建设,做到依法独立、文明规范、清廉守正,努力提升以科学审计服务科学发展的能力。要牢固树立审计工作为改革开放和经济建设服务的指导思想,注重发挥"审、帮、促"的作用,善于提出建设性的审计意见和建议,积极为上海加快推进"四个率先"、加快建设"四个中心"和社会主义现代化国际大都市献计献策,努力当好党委、政府的参谋和助手。

    (本文刊于《上海审计》2013年第2期,署名:本刊特约评论员)

审计工作要努力促进改革创新

改革创新是上海谋求新发展、实现新突破的根本所在。全面贯彻落实中共十八大精神,就要以更大的勇气和智慧,深化重要领域改革,坚决破除一切妨碍科学发展的思想观念和体制机制弊端;始终把改革创新精神贯彻到各个环节,不断推进理论创新、制度创新、科技创新、文化创新以及其他各方面创新。在当前促进改革创新的新形势下,审计机关要围绕中心、服务大局、依法审计、实事求是、支持改革、促进创新,不断提升审计效果,充分发挥审计保障经济社会健康运行的"免疫系统"功能。

第一,审计机关要坚持揭露查处与预防促进"两手抓、两手硬"。审计机关要以促进提高经济增长的质量和效益为核心,把审计工作融入全面建成小康社会的各项决策部署当中,更加重视加强对政策执行情况的监督检查,更加注重从体制机制和政策等层面提出建议,进一步增强审计工作的整体性、宏观性和建设性,着力推进改革、促进发展、维护民生。

审计机关要重点关注财政预算、国有土地使用权出让、国有产权交易、工程项目招投标、政府采购、保障性住房管理等方面制度建设和执行情况,透过审计涉及的现象,分析体制机制制度性问题,推动进一步深化改革。审计机关要密切关注经济社会运行的新情况、新问题,关注各项政策措施的协调配合情况,促进增强改革的系统性、整体性和协同性。

第二,审计机关要正确处理依法审计与促进改革创新的关系。对法律、法规、规章及国家政策未明确禁止或者限制的,审计机关应当允许被审计单位创新机制、优化管理。对本市地方性法规、市政府规章明确禁止或者限制的,但经研究论证有改革创新必要的,审计机关应当建议依法及时启动修改、废止相关地方性法规、规章的程序。

对审计中发现的一些领域法律法规未及时跟进、出现"无法可依"的问题,一些领域法律法规不符合或滞后于实际发展的需要、出现"有法不能依"的问题,一些领域法律法规的针对性和操作性不强、出现"有法难依"的问题,审计机关应当对相关法律法规进行研究,揭示法律法规不衔接、不配套以及不适应、不利于甚至阻碍科学发展等问题,并提出加强法制建设的建议,以促进法律法规的健全完善。

审计机关要为企业、社会组织改革创新提供保障,对企业、社会组织开展改革创新遇到法律制度障碍的,对其正当合理的要求,审计机关应当向有关部门提出优化管理、创新机制以及提请上级部门协调解决的审计建议。

第三,审计机关在审计工作中要本着"三个有利于"的原则,正确理解和掌握政策。审计机关对审计发现的问题,在弄清事实的基础上,分析问题产生的主客观原因以及带来的实际后果和影响,充分听取被审计单位的意见,实事求是地加以定性和处理。在审计处理的过程中,要严格按照审计程序和职权办事,做到事实清楚、定性准确、处理适当、评价适度。

对于与现行规定不尽一致,但符合改革开放、经济发展方式转变和科技进步的总体要求,符合"三个有利于"原则的问题,审计机关要予以支持,并帮助加以完善;对于因工作失误但不涉及重大违法违规和经济案件的问题,审计机关要慎重稳妥地进行处理,帮助被审计单位吸取教训,落实整改措施;对于弄虚作假,严重违法违规及舞弊和腐败问题,审计机关要一查到底,加大处理处罚力度,按程序移交有关部门追究有关人员的责任。

(本文刊于《上海审计》2013年第3期,署名:本刊特约评论员)

审计工作要更好地服务大局

2013年6月13日,市委副书记、市长杨雄到市审计局调研审计工作。杨雄市长强调,审计工作非常重要,具有"免疫系统功能",是政府的"第三只眼睛"。

杨雄市长对进一步做好审计工作提出要求:审计部门既要坚持依法审计,同时也要围绕大局,进一步转变审计思维方式,处理好依法审计与服务发展、查处问题与鼓励创新的关系,有效服务于上海创新驱动、转型发展;要进一步拓展审计工作内容,加强对重大方针政策、各项纪律要求执行情况,以及政府职能履行情况和政府工作绩效的监督,及时为市政府提供真实信息,提高政府免疫力;要敢于讲真话,善于从具体项目、具体单位的审计中,发现普遍性、倾向性、系统性问题和经济社会运行的薄弱环节,及时向市委、市政府报告,帮助政府守住不出现全局性、系统性风险的底线;要把握审计重点,关注财政专项资金的管理使用,促进专项资金管理制度的有效执行和进一步完善;关注政府投资项目建设程序和资金管理使用,促进提高政府投资项目管理水平和投资效益;关注事业单位管理,促进理顺政府职能和市场职能。

贯彻杨雄市长指示精神,全市审计机关和广大审计干部要围绕中心,发挥好服务、保障作用,推动全市审计工作更好地服务于改革创新大局。

第一,进一步转变审计思维方式。重点处理好"三个关系":一是依法审计与服务发展的关系。审计监督是宪法规定的一项监督制度。一方面,审计部门要依照法律法规的规定,坚持原则,严格审计,敢于讲真话、报实情,当好国家利益的"捍卫者"和公共资金的"守护者",守住依法审计的"底线";另一方面,审计部门要坚持围绕中心、服务大局的工作方针,通过审计工作,促进改革体制、健全法治、完善制度、规范机制、强化管理、防范风险,发挥好审计的建设性作用。二是查处问题与鼓励创新的关系。审计监督作为常态化、综合性的财政经济监督,一方面,要深入揭示、查处滥用权力、以权谋私等行为,促进相关单位管好钱、用好权、尽好责;另一方面,要解放思想,客观公正、实事求是对待审计发现的问题,对相关单位依照规定程序决策、实施的改革创新,在推进中虽有工作失误,但不涉及重大违法违规问题的,要从支持、鼓励创新的角度,帮助吸取教训和落实整改措施,保护相关单位改革创新的积极性。三是处理处罚与宽容失败的关系。对审计发现的问题,要进行分类处理。一方面,对严重违法违规的问题,要以事实为依据,严格依照法律法规进行处理,维护法律权威;另一方面,对改革创新未能实现预期目标的情况,要按照保障改革创新、宽容失败的精神,积极稳妥地进行处理,努力为改革创新营造良好环。

第二,科学把握审计工作重点。重点关注四个方面:一是关注政策措施执行情况,分析政策执行中出现的新情况,揭示政策落实过程中存在的问题,促进相关政策更加合理、得到更好的执行。二是关注经济社会运行中的薄弱环节和潜在风险,对相关领域可能存在的薄弱环节和风险,特别是对一些重大创新举措可能蕴涵的风险,做到及时提醒,发挥好审计的"免疫系统"功能。三是关注经济运行的质量和效益,多角度评价政策实施、资金使用、资源利用、行政运行和企业经营的绩效,促进相关方面把推动发展的立足点转到提高质量和效益上来。四是关注体制机制制度层面的问题,既揭示存在的问题,也深入分析产生问题的原因,促进深化改革、完善制度机制。

第三,努力做改革创新的"助推器"。重点做好三个方面工作:一是促进完善政策法规。坚持法治原则,注重运用法治思维和法治方式服务改革创新,对审计发现一些领域政策法规未及时跟进,不符合或滞后于实际发展需要,针对性或操作性不强等现象,要及时提出依法完善政策法规的建议。二是服务宏观决策和管理。对工作推进过程中出现的新情况、新问题,要如实揭示和反映,为市委、市政府和相关职能部门作出决策、完善体制机制、加强宏观管理,提供及时、真实、可靠的信息。三是帮助完善决策程序、规范执行过程。对相关单位决策程序不完善、执行不到位等问题,要及时揭示,提出相应的意见和建议,促进相关单位作出重大决策之前,认真做好充分、尽职调查和广泛、科学论证,履行必要的决策和审批程序,并在实施过程中规范各项行为,实现预期目标。

(本文刊于《上海审计》2013年第4期,署名:本刊特约评论员)

继往开来　再建新功

——纪念审计机关成立三十周年

在改革开放大潮中诞生的审计机关,到 2013 年初秋时节,已走过了整整三十年历程。

审计三十年,艰辛话征程。在纪念审计机关成立三十周年的时候,我们不应忘记那些为新中国的审计事业奠基开拓、铺路架桥、呕心沥血的前辈;我们不应忘记所有曾经对审计事业的发展壮大给予过热情关怀、积极帮助、大力支持的领导和朋友;我们更要向至今战斗在审计岗位、任劳任怨、无私奉献、立志为审计事业奋斗的全体审计工作者致以崇高的敬礼!

三十年,在历史的长河中只是一瞬间。然而,短暂的历程却经历过多少风雨,多少荆途。从打开工作局面,到取得丰硕成果;从人们对审计存在种种误解、疑虑,到人们称赞审计是"经济卫士""政府谋士"……无不浸透着广大审计工作者辛劳的汗水。回顾三十年难忘的岁月,我们历经风雨磨砺,既有创业的艰辛,又有开拓的拼搏,更有为改革开放和经济建设服务取得成效的喜悦。

三十年来,各级审计机关伴随时代的脚步,肩负历史的重任,认真履行《宪法》赋予的神圣职责,围绕经济建设中心,积极探索具有中国特色社会主义审计的新路,开创了一个令人瞩目的审计新天地:审计队伍不断壮大,审计领域不断扩大,审计成效日益显著,审计地位空前提高……回眸三十年,审计事业从无到有,从小到大,在探索中前进,在发展中提高,为促进改革开放和经济发展作出了宝贵贡献,在新中国历史上谱写了光辉篇章。

三十年来,广大审计工作者发扬"责任、忠诚、清廉、依法、独立、奉献"的精神,不畏风风雨雨,尝尽酸甜苦辣,在审计监督的岗位上为维护财经法纪、促进廉政建设、加强宏观管理尽职尽责,为提高经济效益、加快经济发展、促进改革开放尽心尽力。取得成绩不骄不躁,克服困难不屈不挠。公正廉明,无私奉献。新中国的一代审计人,以自己的智慧和汗水，在改革开放的热土上留下了深深的足迹，受到了党和政府及社会各界的高度赞誉。

三十年的奋斗，三十年的艰辛，奠定了审计监督在改革开放和经济建设中的地位，塑造出新中国一代审计人的风采。三十年审计的辉煌业绩有目共睹，审计工作者的奉献精神值得颂扬。

三十年的耕耘，三十年的收获。新中国的审计已度过了幼年阶段和青少年时期，今后将要步入成年的发展时期。展望未来，任重道远，需要我们脚踏实地，从零开始，继往开来，再建新功。

我们正处在一个伟大的时代。中共十八大吹响了全面建成小康社会的进军号，给审计工作带来了前所未有的发展良机。党和政府十分重视审计工作，要求审计部门更好地围绕经济建设中心，积极履行审计监督职能，以推进法治、维护民生、推动改革、促进发展作为出发点和落脚点，为社会主义市场经济体制的建立和完善提供保障；要求审计部门进一步加大审计监督力度，加强对权力运行的监督和制约，发挥审计保障经济和社会健康运行的"免疫系统"功能，为实现全面建成小康社会奋斗目标作出新贡献。时代呼唤着审计，审计要为伟大时代再建新功。

我们生活在一个英雄的国度。现在，全国上下都在深入贯彻党的十八大精神。实现"两个一百年"的奋斗目标，实现中华民族伟大复兴的中国梦，对审计工作提出了新的更高要求。伟大的巨变，美好的未来，激励着审计工作者积极投身到加快发展的大合唱中去，为我们这个国家的巨变作出贡献。我们要总结三十年审计工作的基本经验，牢固树立审计工作为改革开放和经济建设服务的指导思想，充分发挥审计部门的优势，为实现腾飞出谋划策，贡献智慧和力量。

审计，是崇高的事业，需要一批无私奉献者为之奋斗。我们欣喜地看到，今天在全国审计战线上，不少同志不为高薪聘请而动心，不因暂时困难而沮丧。坚守岗位，勤奋工作，严守纪律，清正廉明，涌现了许多动人的事迹。有人把审计工作者比作骆驼，无论路途多么艰难，总是坚定不移地朝着目的地迈进；有人把审计工作者比作春蚕，毫不计较吃的是桑叶，吐出的却是洁白的丝。高尚的情怀，廉洁的品格，无私奉献的精神，这是审计事业最为宝贵的财富和力量源泉。

伴随着中国的改革开放，审计事业的未来，必将风华正茂、前程似锦。愿审计战线上的全体同志，把握住这个金色的时代，励精图治，奋发作为，创造出更加辉煌的业绩。

（本文刊于《宁夏审计》2013 年第 3 期、《上海审计》2013 年第 4 期、《中国审计》2013 年第 19 期、《北京审计》2013 年第 5 期、《内蒙古审计》2013 年第 5、6 期、《海南审计》2013 年第 6 期、《上海审计》2014 年增刊"纪念上海市审计机关成立三十周年专刊"）

审计整改要形成长效机制

2013年8月12日,杨雄市长主持召开市政府常务会议,研究2012年度财政审计工作。会议听取并原则同意了市审计局关于2012年度市本级预算执行和其他财政收支审计情况的汇报。会议指出,对于审计查出的预算执行中存在的问题,要引起高度重视,认真进行整改。要按照预算公开的要求,优化预算编制,严格财经纪律,强化执行管理,接受社会监督。要及时发现现有制度、规定中存在的问题,不回避矛盾,加强统筹协调,切实研究解决,不断深化财政管理改革。

2013年8月5日,市政府办公厅发出《关于建立上海市审计整改工作联席会议的通知》(沪府办〔2013〕50号)。通知指出,为进一步形成审计整改工作的合力,提高审计整改的质量和效果,经市政府研究,决定建立上海市审计整改工作联席会议。由屠光绍常务副市长为第一召集人,并在市审计局设联席会议办公室。

上述两则信息是市政府高度重视审计整改工作的重要举措,对于推动全市审计整改工作形成长效机制具有重要意义。

加强审计整改是提高政府公信力、推进廉洁政府建设的有效途径。各地区、各部门、各单位必须提高认识,转变观念,认真对待审计发现的问题,不遮丑,不护短,真整改。要通过审计整改,促进各项制度完善。各单位要严格执行审计决定,"一把手"作为第一责任人要亲自抓、负总责。对审计发现的各类问题,能立即整改的,必须采取有效措施立即加以整改;一时整改不了的,必须制定详细的整改计划,明确责任人员,限期加以整改;对发现的违规违纪行为,要按照有关规定对相关责任人员和责任单位进行严肃处理。对一些属于体制、机制方面的问题,要认真研究、查找和分析产生问题的深层次原因,进一步完善相关制度,建立长效机制。

按照"谁审计谁督促整改"的原则,审计机关各审计组要把审计整改作为审计工作的重要组成部分,通过"跨前一步促整改,跟踪回访看整改",积极跟踪审计整改情况,帮助被审计单位分析产生问题的深层次原因,指导建立健全规章制度,从源头上加强规范。要结合审计工作,宣讲审计整改工作的重要意义,切实增强被审计单位审计整改的自觉性和主动性,促进依法管财、依法理财,促进提高被审计单位整改率和审计建议采纳率。审计工作要进一步拓展范围和深度,围绕提高财政资金使用效益和公共资源使用效率,发挥更大的促进作用。

要进一步加强审计整改的闭环管理,提高审计整改的质量和效果。一是在制度和流程上强化闭环管理。要对市政府《关于进一步加强审计整改工作的意见》已经明确的6项制度,即审计整改报告制度、督查制度、联动制度、跟踪检查制度、问责制度、整改结果通报和公告制度进行细化,同时增加整改结果运用制度,以细化措施,规范流程,实现审计整改的闭环管理。二是加强联合督查。充分运用好市审计整改工作联席会议和市经济责任审计工作联席会议两个平台,加大审计整改联合督查力度,细化和完善联合督查制度,逐步扩大督查面。对不认真整改的单位,以及屡审屡犯的单位,要严格依法依纪追究有关人员责任。三是合力解决一些重点难点问题。充分利用两个联席会议平台,逐步推动解决一些重大的政策性、管理性和体制、机制、制度性问题,从根源上减少和避免屡审屡犯的问题。

(本文刊于《上海审计》2013年第5期,署名:本刊特约评论员)

审计工作要总结经验继往开来

今年是审计署成立三十周年,明年是上海市审计机关成立三十周年。三十年来,在党委、政府的领导下,在社会各界和人民群众的支持下,审计机关依法履行审计监督职责,在维护财经秩序、加强廉政建设、推进依法治国、促进深化改革和经济社会发展等方面发挥了积极作用。审计机关在实践中探索,在探索中创新,在创新中发展,开创了中国特色审计之路。

最近,李克强总理指出:"审计是国家监督体制的重要组成部分。审计机关成立三十年来,在维护财经秩序、打击腐败、推动改革等方面做了大量工作,取得显著成绩。谨向全体审计人员表示慰问!在新形势下,希望你们再接再厉,牢固树立科学审计理念,继续履行好《宪法》和法律赋予的职责,坚持原则,敢于碰硬,当好公共资金的守护盾、国家利益的捍卫者,为建设廉洁政府、俭朴政府、法治政府作出新贡献。"贯彻李克强总理的指示要求,全市审计机关和广大审计人员要认真总结审计机关成立三十年来的宝贵经验,坚持围绕中心、服务大局、依法审计、客观公正、无私无畏、尽责担责,努力做到继往开来,再创佳绩。

三十年来,审计工作的宝贵经验主要包括:一是必须坚持把中国特色社会主义理论作为审计工作的前进指南,始终把握正确的政治方向,切实有效履行审计监督职责;二是必须坚持围绕中心、服务大局,立足于从推动完善国家治理、促进经济社会科学发展的全局来谋划和思考审计工作;三是必须坚持从维护法律尊严的高度来开展审计工作,依法规范审计行为,推动依法行政、依法治国;四是必须坚持从实际出发,科学总结,实践检验,勇于开拓进取,走中国特色社会主义审计之路;五是必须坚持以人为本,狠抓队伍建设,为审计事业的持续发展提供坚实的智力支持和人才保证;六是必须坚持"依法、责任、忠诚、清廉、独立、奉献"的审计人员核心价值观,树立坚强的意志品质,无私无畏,为审计工作科学发展奠定基础和提供保障。

三十年来,审计监督的工作重点主要包括:一是加强对中央重大经济政策措施执行情况的跟踪审计,促进政令畅通;二是着力监督会计信息的真实性、合规性,切实维护财经秩序;三是揭露和查处重大违法违规案件线索,推进反腐倡廉建设;四是揭露经济社会运行中的突出矛盾和潜在风险,维护国家经济安全;五是加强对重点民生资金和民生项目的审计监督,促进保障和改善民生;六是加强对权力运行的监督制约,促进责任追究和问责机制的建立健全;七是深入揭示有法不依、执法不严问题,促进依法行政和民主法制建设;八是注重从体制机制制度层面分析原因,提出建议,促进制度创新和深化改革。

三十年来,审计事业的不懈追求主要包括:一是紧紧围绕党和政府中心工作,全面忠实地履行审计监督职责;二是积极探索实践,不断推进审计工作理念创新;三是立足中国国情,推动建设具有中国特色的审计组织和管理体系;四是坚持依法审计,大力推进审计工作法制化、规范化建设;五是着力改进审计技术方法,不断提升审计质量和效率;六是毫不松懈地抓好队伍建设,不断提高审计队伍的战斗力和凝聚力。

全市审计机关和广大审计人员要以纪念审计机关成立三十周年为契机,认真总结经验,突出工作重点,明确目标追求,牢固树立科学审计理念,认真履行好《宪法》和法律赋予的职责,当好公共资金的守护者、国家利益的捍卫者,努力为服务上海改革发展大局做出新成绩、作出新贡献。

(本文刊于《上海审计》2013年第6期,署名:本刊特约评论员)

紧紧围绕改革、发展、反腐加强审计监督

2014年是全面贯彻落实中共十八届三中全会精神、全面深化改革的第一年,是上海实施"十二五"规划、推进转型发展的关键一年。在新的一年里,全市审计工作的总体要求是:紧紧围绕改革、发展、反腐,深入揭示体制机制制度性问题,推动深化改革和制度创新;及时反映经济社会发展中的突出矛盾和风险,推进经济转型升级和民生改善;着力揭露重大违法违纪问题,促进党风廉政建设和反腐败斗争。

第一,加大对改革发展政策措施执行情况的跟踪审计力度,促进深化改革和推进转型升级。加快推进中国上海自由贸易试验区建设、加强政府自身建设、深入推进国资国企改革、促进城乡一体融合协调发展、深化文化体制改革,是今年上海要着力抓好的五项改革。审计机关要适应改革发展新要求,密切关注改革发展政策措施的执行情况,揭示和反映政策措施不适应、不衔接、不配套等问题,促进政策作用有效发挥。要围绕转变政府职能、简政放权的要求,监督检查行政审批权清理下放、政府监管职责履行等情况,密切关注法律法规、发展规划、政策标准的约束和引导作用,促进厘清政府和市场的关系,加强事中事后监管,创新服务管理。要加强政策研究,把握政策意图,关注影响改革发展的体制机制性问题,积极提出深化改革的建议,促进提高政府治理能力。

第二,加大绩效审计力度,促进提质增效和厉行节约。要把问效、问绩、问责贯穿审计工作的始终,密切跟踪预算编制、执行、调整、决算等环节,持续关注财政资金的存量和增量,推动财政资金合理配置、高效使用。要关注行政运行成本和管理绩效,监督检查中央八项规定精神和厉行节约反对浪费等规定的贯彻落实情况,重点加强对各地方、各部门"三公"经费、会议费和楼堂馆所清理情况的专项审计,促进建设俭朴政府。要从政策执行、资金使用、资源利用和行政效能等方面,综合分析经济效益、社会效益和环境效益,揭露和查处严重铺张浪费、重大资源毁损及效益低下等问题,推动实现有效率、可持续发展。

第三,加大经济责任审计力度,促进强化对权力运行的监督和制约。要统筹安排好经济责任审计计划,坚持任中审计与离任审计相结合。对重点地区、部门、单位及关键岗位的领导干部,任期内至少审计一次。要严格依法规范审计内容和审计评价,把债务管理、民生改善、环境治理、生态效益、节能减排、科技创新等指标和实绩作为重要评价内容,引导领导干部树立正确的权力观和政绩观。要强化对审计结果的运用,切实推动对不作为、乱作为等问题的问责追责。要注重经济责任审计经验的总结和推广,加强经济责任审计规范化建设,提高经济责任审计质量。

第四,加大对民生资金和生态环保项目的审计力度,维护人民群众利益。要以落实基本公共服务体系规划为重点,围绕促进社会公平,切实保障和改善民生,加强对就业、社会保障、养老服务、住房保障、教育卫生等方面民生资金和项目的审计,着力保基本、兜底线、促公平。要围绕强化资源节约和环境保护,建设生态宜居城市,加强对土地等自然资源以及污染治理和环境保护情况的审计,推动完善自然资源资产监管体制,建立健全最为严格的生态文明制度,全面推进环境保护和绿化建设。

第五,加强审计能力建设,为实现审计监督全覆盖、促进"改革、发展、反腐"提供坚实保障。当前和今后一段时期的审计任务十分繁重,审计力量不足的矛盾将更加突出。全市审计机关要深挖潜力、强基固本,着力加强审计能力建设。要加强思想政治建设,打造富有战斗力的审计队伍;要创新审计方式方法,优化配置审计资源;要优化审计管理机制,提高审计工作的质量和水平。

新的一年,新的任务考验着我们,新的挑战激励着我们。全市审计机关和广大审计人员要以奋发有为的精神状态、求真务实的工作作风,攻坚克难,再创佳绩,为促进上海经济社会持续健康发展,为推动全面深化改革,为推进党风廉政建设和反腐败斗争作出新的更大贡献!

(本文刊于《上海审计》2014年第1期,署名:本刊特约评论员)

打造纪律严明的审计铁军

在2月26日市政府召开的全市审计工作会议暨中央在沪单位审计工作会议上,市委副书记、市长杨雄强调,审计事业的发展离不开一支富有战斗力的审计队伍。审计部门要勇于创新,敢于碰硬,严于律己,坚持"严"字当头,加强审计队伍建设,打造审计铁军。在2月14日审计署召开的全国审计机关党风廉政建设工作视频会议上,刘家义审计长指出,发挥审计机关在推动党风廉政建设和反腐败斗争方面的作用,归根到底靠的是一支纪律严明、能打硬仗的审计队伍。要高度重视审计机关纪律建设,用铁的纪律打造对党绝对忠诚、依法履职尽责、勇于担当、无私无畏、敢于并善于亮剑的审计铁军。

全市审计机关和广大审计人员要认真贯彻市委、市政府和审计署的要求,进一步采取宣传、教育、监督、检查等有效措施,从六个方面着力加强纪律建设,为打造审计铁军、出色完成今年各项审计工作任务提供纪律保障。

一是要严格遵守政治纪律。政治纪律是遵守党的全部纪律的基础,是党和国家事业兴旺发达的生命线。全市审计机关和广大审计人员要增强政治纪律意识,形成贯彻落实党中央、国务院方针政策的强大合力。作为党员,应牢固树立党章意识,以党章为镜,去歪风、正行为、强党性;作为国家公务员,应严格以《宪法》为镜,以《中华人民共和国公务员法》为镜,在大是大非问题上立场坚定、旗帜鲜明。要正确处理保证中央政令畅通与立足实际创造性开展工作的关系,自觉把审计工作融入发展改革的大局中。

二是要严格遵守组织纪律。组织纪律是提高党的创造力、凝聚力和战斗力,维护党的团结统一的重要保证。要把执行好组织纪律落实到全市审计机关的每一个党支部、党小组。要坚决反对自由主义,牢固树立组织观念,切实遵守组织制度,切实加强组织管理,切实执行组织纪律。

三是要严格遵守廉政纪律。廉洁是审计人员的基本职业道德,也是审计人员核心价值观的重要体现。要进一步加强廉政教育,加大廉政纪律的执行力度,加强廉政风险防控,加强作风建设。当前,中央和市委已经部署开展第二批教育实践活动,市审计局要协助区县党委政府,抓好对区县审计局的指导。

四是要严格遵守保密纪律。保密是审计人员应具备的职业素质,也是国家公务人员基本的纪律要求。要牢固树立保密意识,加大保密教育力度,认真执行保密制度,严格落实保密责任,使全体审计人员真正做到重保密、会保密,筑牢思想防线,确保国家秘密安全。

五是要严格遵守财经纪律。严明的财经纪律约束是确保审计队伍作风优良的重要方面。要树立厉行节约理念,厉行勤俭节约,加强绩效管理,严控"三公经费",抓好财务公开。坚持用高于别人的标准要求自己,用严于别人的标准监督自己,确保审计机关带头做执行财经纪律的表率。

六是要严格遵守工作纪律。要提高工作效率,提升工作质量,坚持文明审计。要把依法履职和审计质量作为审计工作的"生命线",从维护法律尊严的高度,把自由裁量权降到最低、工作随意性减到最小,使审计不缺位、不错位、不越位,在实现依法审计的基础上努力多出审计成果。

加强纪律建设,全市审计机关各级领导干部要做表率,执纪要严肃,问责要跟上。只有认真执行各项纪律,我们才能打造审计铁军,出色完成审计任务,为深化改革、促进经济社会发展、加强党风廉政建设和反腐败斗争作出新的更大贡献!

(本文刊于《上海审计》2014年第2期,署名:本刊特约评论员)

把上海市审计科研工作提高到新水平

在纪念上海市审计机关成立三十周年之际，上海市审计科研工作呈现出生机勃勃的景象。经过多年的苦练内功，今年上海市审计科研工作初试锋芒，打出了一套颇为漂亮的组合拳。

重点课题连中三元。上海市审计局《审计报告改革研究》课题组获审计署 2014 至 2015 年度重点科研课题立项，上海市审计科学研究所《权责发生制政府综合财务报告国际比较研究》课题组获 2014 年度上海市人民政府决策咨询研究重点课题立项，上海市审计局《财政科技经费绩效评价体系研究》课题组获 2014 年度上海市科技发展基金软科学研究重点项目立项。一年拿下三个省部级重点课题，上海市审计科研工作实施"走出去"战略初见成效。

科研协作广泛开展。2014 年上海市审计学会与中国审计学会合作开展《深化国有企业审计》课题研究，2014 年上海市审计局与审计署审计科研所合作开展《国有企业改革与审计策略》研究。2014 年度上海市人民政府决策咨询研究审计专项课题向社会招标获得成功，上海立信会计学院《国家审计促进政府自身建设的作用和途径研究》课题组、华东理工大学《自然资源资产负债表与领导干部自然资源资产离任审计研究》课题组获得立项。学界的参与，使上海市审计科研力量更为充实。

科研成果不断涌现。《上海审计课题研究报告（2011—2012）》一书已由中国时代经济出版社出版，《上海市审计机关审计课题研究成果选编（2009—2012）》已编印；2013 年度上海市人民政府决策咨询研究合作交流专项课题《上海市对口支援建设项目联网审计模式研究》已结项，2013 年上海市审计学会与中国审计学会合作研究课题《财政专项资金绩效审计研究》已结项，2013 年度上海市审计局重点科研课题《上海数字化智能审计工程项目研究》已结项；《审计案例选编》一书即将由中国时代经济出版社出版，审计培训教材《绩效审计案例》已编印。

上述审计科研工作取得的重要进展，是全市审计机关和广大审计人员共同努力的结果,是纪念上海市审计机关成立三十周年的具体行动。

审计科研是审计工作的重要组成部分,对审计工作科学发展发挥着思想先导和理论支撑的"智库"作用。坚持从实际出发,科学总结,实践检验,勇于开拓进取,走中国特色社会主义审计之路,是三十年来审计工作的宝贵经验。我们要坚持审计科研为审计工作服务的方向,继续采取有效措施,不断加强和改进审计科研工作。

审计理论研究要在"结合"上下工夫。要试行"研究式审计"或审计项目课题化,即审计什么研究什么,边研究边审计,结合审计实践进行研究,最后出两个成果:一个是审计成果,一个是审计课题研究成果。推动审计理论研究与审计业务工作紧密结合。

审计理论研究要在"队伍"上下工夫。上海市审计科研人才资源丰富。全市各级审计机关和审计学会要发挥平台作用,组织好国家审计机关、内部审计机构、社会审计组织和高等院校四路审计科研大军,进一步壮大全市审计科研队伍。特别要加强对青年审计理论研究骨干的培养,充分发挥其生力军作用。

审计理论研究要在"成果"上下工夫。要进一步提高审计科研质量,注重抓好审计科研成果的转化运用,努力把审计科研成果转化为党委政府决策、审计法规制度、审计操作规范、审计培训教材等,推动全市审计工作科学发展。

审计科研是推动审计工作科学发展的重要动力,上海市审计科研工作应当走在全国前列。在纪念上海市审计机关成立三十周年之际,我们要认真总结经验,勇于开拓进取,努力把上海市审计科研工作提高到一个新水平,为全面深化改革和审计全面升级作出新贡献。

(本文刊于《上海审计》2014年第3期,署名:本刊特约评论员)

坚持推动发展改革和惩治腐败"两手抓"

当前,我国经济发展正处于增长速度换挡期、结构调整阵痛期、前期刺激政策消化期三重叠加阶段,各种深层次矛盾和问题逐步显现,经济面临较大下行压力。同时,反腐倡廉任务艰巨,需要审计机关发挥更大作用。面对新形势,全市审计机关要紧紧围绕本级党委、政府的工作中心,坚持"两手抓",一手抓推动深化改革,促进经济平稳健康发展,一手抓反腐倡廉,惩治腐败。要切实增强责任感和使命感,做到依法审计、实事求是,充分发挥审计促进国家治理的重要作用。

在抓推动深化改革,促进经济平稳健康发展方面,全市审计机关要进一步突出工作重点。一是要结合国家政策的着力点和资金投向要求,加强对城市基础设施、节能环保、社会事业等重点项目的审计,监督好社会保障、保障性安居工程、生态环境保护等民生资金的使用,着力发挥投资拉动经济增长的积极作用。二是要围绕中央关于稳增长、调结构、惠民生、促改革的政策目标,监督检查财政、金融、产业、投资、惠民等政策措施执行和完成情况,及时查处上有政策、下有对策,有令不行、有禁不止行为,促进各项政策及时落实和政令畅通。三是在关注财政收支、财务收支真实性、合法性的基础上,更加突出效益性,把财政资金投入与项目进展、事业发展以及政策目标实现统筹考虑,把规范支出与促进投入有机结合,把问效、问绩、问责贯穿始终,推动财政资金合理配置、高效使用,促进提高财政资金使用绩效。四是要积极关注体制机制制度性问题,对不合时宜、制约发展、阻碍政策落实的制度规定,要切实予以反映和提出修改完善建议。要推动财政体制改革,促进各级政府预算和决算公开,建立财权与事权相匹配的财政体制。要推动金融改革,促进加强金融监管协调。要推动国有企业改革,强化内部管控,促进建立健全现代企业制度和完善公司法人治理结构。

在反腐倡廉,惩治腐败方面,全市审计机关要进一步加大工作力度。一是要通过开展党政领导干部和国有企业领导人员经济责任审计,强化对权力运行的监督制约,着力监督检查各级各部门各单位领导干部守法守规守纪尽责情况。对不作为、假作为、乱作为的领导干部,要依法依纪揭示和反映,促进有关方面追责和问责。二是要围绕中央八项规定精神、国务院"约法三章"要求和厉行节约反对浪费条例等规定的贯彻落实,在各级预算执行审计中,加大对各部门"三公"经费、会议费使用和楼堂馆所建设的检查力度,努力降低行政运转支出,促进建设俭朴政府。三是对审计中发现的重大违法违纪问题,要查深查透查实。要重点关注财政、金融、企业、投资和资源环境等领域,关注重大项目审批、土地交易、项目招标投标、重大物资采购、重大项目投资决策、银行贷款发放、国有股权转让、专项资金分配等环节,严肃查处公职人员特别是领导干部以权谋私、权钱交易、失职渎职、贪污受贿及侵吞国有资产等问题,严厉打击职务犯罪,惩治权力运行中的贪腐行为。

全市审计机关要结合改革发展的新要求,实事求是地揭示、分析和反映问题,客观审慎地作出审计处理和提出审计建议。一方面要坚持依法审计,对严重违法违纪、以权谋私和腐败问题,要严肃查处;另一方面要坚持实事求是,既不能以现在的规定制度去查处以前的老问题,也不能用过时的制度规定来衡量当前的创新事项。对突破原有制度或规定,但符合中央精神和改革方向,有利于科学发展、有利于深化改革、有利于中央政策措施落实的创新举措,要予以支持。对改革和发展中出现的工作失误,不能一味简单地套用现成的标准和规定,要认真研究分析,历史地、辩证地、客观地看待,慎重稳妥地反映和处理。要正确把握改革和发展中出现的新情况新问题,努力提高审计的针对性、建设性、时效性,充分发挥审计对经济平稳健康运行的推动和促进作用。

(本文刊于《上海审计》2014年第4期,署名:本刊特约评论员)

让绩效审计之花遍地开放

上海市审计机关第十九次优秀审计项目评选结果揭晓了,我们欣喜地看到,绩效审计项目在本次评选中获得大面积"丰收"。在 28 个获奖项目中,绩效审计项目达 12 个,占到 43%。其中:2 个一等奖项目均为绩效审计项目,另有 3 个二等奖项目和 7 个三等奖项目为绩效审计项目。绩效审计项目在优秀审计项目评选中获得如此佳绩,这在上海审计史上前所未有,它预示着上海绩效审计开启了新的发展阶段。

绩效审计是世界审计的主流,是我国政府审计的发展方向,是上海审计服务"四个率先"的必由之路。推进绩效审计,对于贯彻党的十八大精神,促进转变经济发展方式,提高财政资金和公共资源管理活动的经济性、效率性和效果性,推动建立健全政府绩效管理制度,促进提高经济发展的质量和效益,具有重要作用。上海开展绩效审计,在法制保障、审计研究、人力资源等方面有着较好的基础条件。上海绩效审计工作应当走在全国前列。我们要认真总结经验,坚持开拓创新,不断推动上海绩效审计工作升级和发展。

第一,要依法开展绩效审计。2013 年 1 月 1 日起施行的地方性法规《上海市审计条例》,对开展绩效审计作出了规定。全市审计机关和广大审计人员要认真贯彻《上海市审计条例》,依法开展绩效审计,依法规范审计行为。一是对社会关注度高、使用财政资金数量大、涉及重大公共利益的事项,应当专门开展绩效审计;二是要明确绩效审计的重点审查内容;三是要明确绩效审计评价依据的来源,以及审计机关选择绩效审计评价标准时听取意见的要求。要立足结合型绩效审计模式,加大独立型绩效审计力度,攻坚克难,勇于探索,坚持每年绩效审计有新举措,出新成果。

第二,要突出重点开展绩效审计。纵观本次绩效审计获奖项目,一个显著特点是,紧紧围绕民生、环境保护重点领域进行选题立项,追踪问效。在民生方面,既有机构养老绩效情况、福利彩票公益金使用管理绩效情况、民政信息化建设管理及应用绩效情况,又有义务制小学午餐管理运营绩效情况、院前急救资金管理和使用绩效情况、封闭型小区技防监控设施资金使用及项目管理绩效情况。在环境保护方面,既有城市污水污泥及垃圾处理项目建设和运营绩效情况、黑臭河道专项整治资金使用管理绩效情况、生活垃圾处置绩效情况、不规范畜禽养殖治理资金管理和使用绩效情况,也有节能减排专项资金使用管理及其效果情况、环保企业环保业务开展情况。实践表明,突出重点抓好选题立项,是确保绩效审计取得成效的重要前提。

第三,要继续大力推进绩效审计。近年来,本市审计机关着力加强绩效审计法制建设,开展绩效审计课题研究、召开绩效审计推进会议,组织绩效审计案例培训,并汇编绩效审计报告集、绩效审计经验交流材料、绩效审计培训讲义,为开展绩效审计创造了条件。今后,我们要继续采取有效措施,开展绩效审计案例评审,汇编绩效审计案例集,建立绩效审计专家库,组织绩效审计经验交流,不断提高绩效审计质量和水平,持续推进绩效审计向前发展。我们相信,在全市审计机关和广大审计人员的共同努力下,绩效审计之花一定会遍地开放,结出丰硕的果实。

(本文刊于《上海审计》2014年第5期,署名:本刊特约评论员)

加强审计工作的纲领性文件

党的十八届四中全会审议通过了《中共中央关于全面推进依法治国若干重大问题的决定》(以下简称《决定》)。《决定》提出了"加强党内监督、人大监督、民主监督、行政监督、司法监督、审计监督、社会监督、舆论监督制度建设,努力形成科学有效的权力运行制约和监督体系,增强监督合力和实效。""完善审计制度,保障依法独立行使审计监督权。对公共资金、国有资产、国有资源和领导干部履行经济责任情况实行审计全覆盖。强化上级审计机关对下级审计机关的领导。探索省以下地方审计机关人财物统一管理。推进审计职业化建设。"

2014年10月9日,国务院发出了《国务院关于加强审计工作的意见》(国发〔2014〕48号)(以下简称《意见》)。《意见》从总体要求、发挥审计促进国家重大决策部署落实的保障作用、强化审计的监督作用、完善审计工作机制、狠抓审计发现问题的整改落实、提升审计能力、加强组织领导七个方面,提出了加强审计工作的22条意见。

《决定》对审计工作提出了新要求,明确了审计监督的定位,强调了审计监督要严格依法,强化了审计机关的独立性,充分体现了党中央对审计工作的高度重视,也为进一步做好审计工作指明了前进方向、提供了根本遵循。《意见》对审计工作赋予了新使命,明确了审计机关要发挥审计的保障作用和监督作用,完善审计监督机制,强化审计工作制度保障,努力实现审计监督全覆盖,极大提升了审计工作的层次和水平。《决定》和《意见》是新形势下党中央、国务院加强审计工作的纲领性文件,对于指导做好当前和今后一个时期的审计工作,具有极为重要的意义。

当前,审计工作形势喜人,任务繁重。全市审计机关和广大审计人员要立足当前、谋划长远,认真抓好以下几项工作。

一要深入学习宣传和贯彻《决定》和《意见》。要把学习《决定》和《意见》同学习中共十八大报告,学习中共十八届二中、三中全会精神,学习习近平总书记重要讲话结合起来。通过学习,切实把思想统一到中央精神上来,把行动统一到中央的部署上来,把力量凝聚到实现中央确定的各项任务上来,依法履职尽责,切实把党中央、国务院总体部署和各项要求落到实处。

二要结合实际研究制定贯彻落实措施。全市审计机关要从本地区经济社会发展实际出发,把《决定》精神和《意见》要求转化为实际措施、实际行动和实际效果。要抓好教育实践活动查出问题的整改落实,以扎实的整改巩固活动成果,以活动成果推动下一步审计工作。要研究落实对公共资金、国有资产、国有资源、领导干部经济责任履行情况实现审计监督全覆盖的措施,促进国家治理现代化和国民经济健康发展。要加强经验总结和理论研究,不断形成新的研究成果,推动审计理论实现新的发展。

三要认真做好当前几项重点工作。要重点做好土地出让收支和耕地保护情况审计及后续工作,持续开展好稳增长、促改革、调结构、惠民生、防风险等政策措施落实情况跟踪审计,开展好今年的财政存量资金摸底工作。要积极谋划好明年工作,加强审计计划的调查研究和总体把握,抓好财政审计项目的前期准备工作,切实提升审计工作的成效。

四要从严管理审计队伍,努力打造审计铁军。落实党中央、国务院要求,关键在人。要加强思想建设,坚定理想信念,增强党性修养,牢固树立宗旨意识,坚持正确的政治观念。要加强组织建设,强化领导班子建设,坚持五湖四海的选人用人观念。要加强纪律建设,严守政治纪律、廉政纪律、工作纪律、财经纪律和保密纪律。要加强作风建设,做到联系实际、面向实际、深入实际。要加强能力建设,切实提升学习能力、鉴别能力和工作能力。

全市审计机关和广大审计人员一定要增强责任意识、使命意识、机遇意识,锐意进取,改革创新,乘势而上,以奋发有为的精神状态,肩负起时代赋予的光荣使命,在推进国家治理体系和治理能力现代化的伟大实践中作出应有的贡献。

(本文刊于《上海审计》2014年第6期,署名:本刊特约评论员)

审计感悟

审计工作要做到"四个紧紧盯住"

当前,我国经济发展进入新常态,上海经济继续处于创新转型的关键时期。审计工作作为国家监督体系的重要组成部分和推进依法治国的重要手段,只能加强,不能削弱。习近平总书记和李克强总理都对加强审计监督提出了明确的要求。最近,国务院印发了加强审计工作的意见,审计署召开了全国审计工作会议。全市审计机关要结合上海实际,坚决抓好贯彻落实。抓好2015年审计工作,关键是要把发现问题、解决问题、防范问题贯穿始终,做到"四个紧紧盯住",努力在"促发展、防腐败"上有更大作为。

第一,紧紧盯住重大决策,确保改革发展重大举措落实到位。一要当好落实重大决策的"督查员"。今年市委"1+8"重点调研课题、重点推进和督查工作已经明确,市政府20项重点工作也都作了部署。审计部门要盯住这些重大政策落实、重大项目落地、重点资金保障的情况,及时揭示和反映其中的乱作为、不作为、慢作为以及选择性作为等问题,深入分析原因并提出对策建议。通过持续跟踪审计,打通重大决策落实过程中的"最先一公里""最后一公里",力破"中梗阻",确保各项重点工作落到实处、取得实效。二要当好深化改革的"助推器"。监督也是一种"倒逼"机制,能够形成推动改革的动力。审计监督有能力、也有责任在这方面有所作为。要把促进深化改革贯穿始终,善于发现改革涉及的各方面关系不协调、配合不顺畅、机制不健全等问题,并从宏观和全局出发,积极提出建设性意见,推动各项改革相互促进、形成合力。

第二,紧紧盯住突出风险,切实维护经济社会运行安全。一要在揭示经济运行风险隐患上下工夫。审计部门要做"温度计",对财政、金融、社会稳定风险以及信息化条件下的社会风险,要增强预见性,敏锐感知、快速反映风险隐患。在此基础上,及时推动堵塞漏洞、妥善处置,防止苗头性问题转化为趋势性问题、局部性问题演变为全局性问题。二要在促进完善风险防控机制上下工夫。审计部门相对客观独立、专业性强。从体制机制和制度层面提出建议,更加有助于扎紧防范风险的篱笆。重点要分析各种体制性障碍、机制性扭曲、制度性缺陷和管理上漏洞,推动体制机制完善。

第三,紧紧盯住公共资金,确保用得其所、发挥最大效用。一要推进存量盘活。要更多地唤醒趴在账上的"沉睡资金",更好地用到保民生、补短板、增后劲的"刀刃"上。特别是要推动专项资金清理整合。二要促进增量优化。要紧紧盯住资金的管理、分配、使用过程,不仅关注财政收入的真实性,更要关注财政支出的合规性和绩效。对各项民生资金,特别是事关群众饥寒冷暖的保命钱、救济款,更要看紧盯牢,严防"鲸吞蚕食"。今年,审计署将统一组织全国审计机关对基本养老保险基金进行全面审计,各相关单位要认真配合。

第四,紧紧盯住公共权力,加强对权力运行的监督和制约。审计是依法监督和制约权力的一项制度安排,必须念好这个"紧箍咒"。一要在促进依法行政上有更大作为。审计部门要围绕全面加强法治政府建设的部署,对照权力清单、责任清单、负面清单三张清单,审查依法办事情况。特别是要抓住领导干部这个"关键少数",揭示和反映有法不依、执法不严等问题,揭示和反映徇私枉法、以权压法、以言代法等问题,揭示和反映严重损害群众利益、妨害公平竞争等问题。二要在推进廉政建设上有更大作为。要持续关注中央八项规定精神和国务院"约法三章"要求的落实情况,促进厉行节约和规范管理。对审计发现的违纪违规问题,要查源头、查原因、查责任、查后果,推动建立不敢腐、不能腐的制度体系。三要在推动履职尽责上有更大作为。要用好经济责任审计这个"撒手锏",着力检查领导干部守法守纪守规尽责情况,促进各级领导干部主动作为、有效作为。重点是要把问效、问绩、问责贯穿始终,实现经济责任审计的常态化、制度化。

(本文刊于《上海审计》2015年第2期,署名:本刊特约评论员)

迎接审计理论研究的春天

中共十八大和中共十八届三中、四中全会以及国务院《关于加强审计工作的意见》,对新形势下审计事业的发展提出新的要求。审计理论研究是审计工作的重要组成部分,对审计事业科学发展起着理论支撑的作用。上海审计工作者要贯彻落实"四个全面"战略布局和要求,以国家审计基本理论和应用理论为重点,推动审计理论创新,探索审计发展规律,加强审计理论研究成果的宣传推广和转化利用,为充分发挥审计在国家治理中的重要作用提供智力支持,迎接审计理论研究春天的到来。

一要把握审计理论研究总体目标。要结合我国政治、经济、社会发展的实际,增强大局意识和宏观视野,全面把握审计发展的环境和趋势;立足于国家治理和经济社会发展的大系统,准确认识和把握国家审计本质及发展规律;总结、提升审计实践中的成功经验,有效指引审计实践创新;围绕新形势下审计实践中面临的重点、热点和难点问题,认真研究审计工作面临的重大现实问题,切实起到指导和推动审计实践深化的作用。

二要坚持审计理论研究指导原则。要坚持理论联系实际,积极推动审计科研成果在实践中的转化和应用;要坚持理论创新,充实和完善中国特色社会主义审计理论体系;要坚持传承与发展,积极借鉴国外审计理论研究成果;要坚持百花齐放,百家争鸣,促进审计理论研究不断深入;要坚持重点课题研究与多种形式的群众性研讨相结合,使审计理论研究更加扎实、有效。

三要加强对审计环境和发展趋势的研究。要重点开展国家审计发展战略研究,审计环境与审计发展现代化研究,大数据环境下审计模式研究,审计监督在权力运行制约和监督体系中的作用机理研究,全面依法治国环境下依法独立行使审计监督权研究,国家审计促进"引进来、走出去"对外开放政策措施落实研究等。

四要加强对国家审计本质和规律的研究。要重点开展审计本质研究,审计目标研究,审计文化研究,国家审计在国家治理中的作用研究,国家审计在推动依法治国战略中的作用研究,完善审计制度研究,经济责任审计的本质、定位和发展趋势研究，审计职业化研究等。

五要加强对重大现实问题的针对性和前瞻性研究。要重点开展现代审计方式研究，统一组织大项目审计方式下的审计资源整合研究，大数据审计与维护国家经济安全研究，领导干部自然资源资产离任审计研究，国家审计促进国家重大决策部署和政策措施落实情况审计研究，境外国有资产的审计监督问题研究，省级以下审计机关人、财、物统一管理方式研究等。

六要加大对实践经验的理论总结和提升。要重点开展被审计单位业务数据和财务数据集中条件下的审计技术方法研究，查处重大违纪违法和经济犯罪案件线索规律研究，审计机关对内部审计工作的业务指导和监督研究，经济责任审计评价体系研究，预算执行审计分阶段组织实施研究，财政决算审计内容与组织方法研究等。

全市各级审计机关和审计学会要加强对审计理论研究工作的领导，组织国家审计机关、内部审计机构、社会审计组织、高校审计专业"四路大军"，优势互补，协同攻关。要提出针对性强的选题建议，进一步完善课题立项评审、中期检查和结项评审，加强对课题研究过程中的跟踪、协调和指导，加强课题研究成果的提炼、宣传推广和利用。要继续办好《上海审计》杂志，加快传播审计理论研究成果。要继续按年度对审计重点科研课题研究报告进行汇编出版，使审计重点科研课题研究成果在更大范围内得到宣传和推广。要加强审计理论研究人才队伍建设，鼓励更多青年审计人员和青年学者研究审计问题，继续通过审计青年论坛等形式培育审计理论研究骨干队伍，努力使上海审计理论研究工作走在全国前列。

（本文刊于《上海审计》2015年第3期，署名：本刊特约评论员）

在践行"三严三实"中发挥审计作用

在县处级以上领导干部中开展"三严三实"专题教育,是党的群众路线教育实践活动的延展深化,是持续深入推进党的思想政治建设和作风建设的重要举措,是严肃党内政治生活、严明党的政治纪律和政治规矩的重要抓手。践行"三严三实"要常态化、长效化,全市审计机关的每一位党员干部都必须高度重视。

"三严三实"是密切相联、相互促进的有机统一整体。"三严"是内在要求,指向是主观世界的改造,是"三实"的基础;"三实"是行为取向,指向是客观世界的改造,是"三严"实际价值的体现。

要坚定信念,做到严以修身,就是要加强党性修养,坚定理想信念,提升道德境界,追求高尚情操,自觉远离低级趣味,自觉抵制歪风邪气。要依法行政,做到严以用权,就是要坚持用权为民,按规则、按制度行使权力,把权力关进制度的笼子里,任何时候都不搞特权、不以权谋私。要心存敬畏,做到严以律己,就是要手握戒尺,慎独慎微、勤于自省,遵守党纪国法,做到为政清廉。要注重实际,做到谋事要实,就是要从实际出发谋划事业和工作,使点子、政策、方案符合实际情况、符合客观规律、符合科学精神,不好高骛远,不脱离实际。要敢于担当,做到创业要实,就是要脚踏实地、真抓实干,敢于担当责任,勇于直面矛盾,善于解决问题,努力创造经得起实践、人民、历史检验的实绩。要襟怀坦白,做到做人要实,就是要对党、对组织、对人民、对同志忠诚老实,做老实人、说老实话、干老实事,襟怀坦白,公道正派。

"严"和"实"是一种习惯,是能够通过后天努力改进和养成的;"严"和"实"是一个影子,时时处处体现在审计干部学习、生活和工作当中;"严"和"实"是一种能力,能决定一个人的成长进步;"严"和"实"是一种力量,能够推动审计事业向前发展。让我们积极行动起来,努力打造"三严三实"的审计铁军,充分发挥审计在国家治理中的重要作用。

一要当好政策措施落实的"督查员",促进政令畅通。在各项审计中都要关注国家重大政策和决策部署贯彻落实情况,监督检查各地区、各部门落实稳增长、促改革、调结构、惠民生、防风险等政策措施的具体部署、执行进度、实际效果等情况,及时发现问题,提出建议,促进政策落地生根和不断完善。

二要当好深化改革的"催化剂",推进体制机制创新。深入揭示各项重点改革领域中的体制性障碍、机制性扭曲、制度性缺陷和管理上的漏洞,密切关注各领域改革措施的实施进度和协调配合情况,积极提出解决突出问题和推进长远发展的建议,促进各项改革协调、有序推进。

三要当好经济发展的"安全员",维护国家经济安全。始终关注财政、政府性债务、金融等方面存在的薄弱环节和风险隐患,以及可能引发的社会不稳定因素,关注风险发生发展的趋势,反映苗头性、倾向性问题,防范系统性和区域性风险。

四要当好反腐败的"利剑",促进反腐倡廉建设。敢于揭露问题,勇于担当,紧紧盯住重点领域和关键环节,揭露以权谋私、失职渎职、贪污受贿、内幕交易、损失浪费等问题,提出完善制度的建议,促进织牢扎紧制度的"笼子"。

五要当好公共资金的"守护者",促进提高财政资金使用绩效。密切关注财政资金的存量和增量,促进减少财政资金沉淀,盘活存量资金,推动财政资金高效使用,把钱用在刀刃上。

六要当好权力运行的"紧箍咒",推动领导干部履职尽责。强化对领导干部行使权力的监督和制约,促进各级领导干部主动作为、有效作为,切实履职尽责。依法依纪反映不作为、慢作为、乱作为问题。对审计发现的重大问题,要移送有关部门依法依纪作出处理,推动追责问责。

(本文刊于《上海审计》2015年第4期,署名:本刊特约评论员)

进一步加大审计执法力度

审计监督是执法监督，审计机关是执法监督机关。根据审计法律法规的规定，对被审计单位违反国家规定的财政收支、财务收支行为，依法应当由审计机关在法定职权范围内作出处理、处罚决定的，审计机关应当出具审计决定书。审计处理包括责令限期缴纳应当上缴的款项、责令限期退还被侵占的国有资产、责令限期退还违法所得、责令按照国家统一的会计制度的有关规定进行处理等。审计处罚包括警告、没收违法所得、罚款等。审计决定具有法律强制力，被审计单位应当执行。被审计单位不执行审计决定的，审计机关应当责令限期执行；逾期仍不执行的，审计机关可以申请人民法院强制执行。

应当看到，当前本市审计机关在审计法律法规执行方面，总体情况是好的，但也存在着职责履行不到位，执法力度不够的问题，其中一个突出表现是未按规定进行处理处罚。据统计，2014年，本市市、区（县）两级审计机关下达审计决定项目数分别占年度审计项目总数的30%左右。有的审计报告反映的财政违法行为问题，依据《财政违法行为处罚处分条例》的有关规定应当作出处理，但未下达审计决定。存在该处理处罚的未处理处罚，以审计报告代替审计决定书的现象，混淆了审计反映与处理处罚的不同职能作用和法律效力。上述情况和问题，与全面推进依法治国的形势要求不符，与审计机关依法审计的履职要求不符，影响到审计整改和审计效果，是当前本市审计机关执法监督和"三严三实"专题教育中有待解决的问题之一。

第一，依法出具审计决定书。审计机关作为国家的专门监督机关，对审计或者专项审计调查中发现的违反国家规定的财政收支、财务收支行为，依法出具审计决定书进行处理、处罚，是履行法定职责的必然要求。审计机关在法定职权范围内行使处理处罚权，有利于严肃财经法纪，及时纠正、遏制和惩治财政收支、财务收支中的违法违规行为，维护财经秩序，保障财政资金和国有资产安全完整，促进廉政建设。同时，也有利于增强审计监督的威慑力，充分发挥审计监督职能作用，解决违法违规问题屡查屡犯。在是否作出处理、处罚决定方面,审计机关必须依照法律、行政法规的规定出具审计决定书,不享有自由裁量权,不能有随意性,不能搞变通,不能以审计报告代替审计决定书。

第二,规范出具审计决定书。根据《国家审计准则》第一百二十七条的规定,审计决定书的内容主要包括:审计的依据、内容和时间;违反国家规定的财政收支、财务收支行为的事实、定性、处理处罚决定以及法律法规依据;处理处罚决定执行的期限和被审计单位书面报告审计决定执行结果等要求;依法提请政府裁决或者申请行政复议、提起行政诉讼的途径和期限。审计机关在作出处理处罚的审计决定时,必须规范审计行为,有明确的法律法规依据,这是依法审计的必然要求。审计机关应当以已明确审计机关为执法主体的具体法律、行政法规的规定,作为作出审计决定的主要法律法规依据。必要时,其他有关财政收支、财务收支的法律、行政法规,也可以成为审计机关作出审计决定的法律法规依据。

总之,依法审计是依法治国方略在审计领域的具体体现,依法进行处理处罚是贯彻依法审计原则的具体体现。全市审计机关和广大审计人员要切实增强执行审计法律法规的自觉性,依法履职,进一步加大审计执法力度,依法、规范作出审计决定,为强化审计监督、推进依法治国提供保障。

(本文刊于《上海审计》2015年第5期,署名:本刊特约评论员)

推动审计工作在新时期实现新发展

中共中央十八届五中全会是在我国经济社会发展的关键时期召开的具有里程碑式重大意义的一次会议。全会审议通过的"十三五"规划建议，提出了"十三五"时期我国发展的指导思想、基本原则、目标要求、基本理念、重大举措，描绘了未来5年国家发展蓝图，为当前和今后一个时期的经济社会发展指明了方向。规划建议具有很强的思想性、战略性、前瞻性、指导性，是动员全党全国人民夺取全面建成小康社会伟大胜利的纲领性文件，对于坚持和发展中国特色社会主义，实现"两个一百年"奋斗目标和中华民族伟大复兴的中国梦，具有重大和深远的意义。

全市审计机关要认真贯彻中共中央十八届五中全会精神，按照协调推进"四个全面"战略布局的要求，紧紧围绕"反腐、改革、法治、发展"，大力推进对公共资金、国有资产、国有资源和领导干部履行经济责任情况的审计全覆盖，加大审计力度，创新审计方式，促进转方式、补短板、防风险，推动实现创新、协调、绿色、开放、共享发展，充分发挥审计推动完善国家治理的重要保障作用。

一要当好政策措施落实的"督查员"，促进政令畅通。要组织开展稳增长、促改革、调结构、惠民生、防风险等政策措施贯彻落实情况跟踪审计，并对"一带一路"战略落实情况进行检查。加大对不作为、慢作为问题的揭露和查处力度，促进中央重大政策措施和决策部署贯彻落实，促进优化资源配置，促进提高发展质量和效益。二要当好公共资金的"守护者"，促进提高财政资金使用绩效。加大绩效审计力度，加强对教育、医疗、社保等民生保障资金和项目的审计，维护人民群众根本利益，推进共享发展。三要当好深化改革的"催化剂"，推进体制机制创新。加大资源环境审计力度，探索开展领导干部自然资源资产离任审计，促进加快推进生态文明建设，推进绿色发展；健全国有资本审计监督体系和制度，建立对企业国有资本的经常性审计制度，实行企业国有资产审计监督全覆盖，促进深化国有企业改革。四要当好权力运行的"紧箍咒"，推动领导干部履职尽责。进一步加大领导干部经济责任审计力度,促进强化对权力运行的制约和监督,加强审计结果运用,推进依法治国。五要当好反腐败的"利剑",促进反腐倡廉建设。加大对重大违法违纪问题的揭露和查处力度,注重发现大案要案线索,配合纪检监察机关查案,配合巡视工作,促进党风廉政建设和反腐败斗争。

全市审计机关和广大审计人员要依法全面履行审计监督职责,秉公用权,敢于碰硬,勇于担当,严格遵守审计工作纪律和各项廉政、保密规定,讲究工作方式方法,切实做到依法审计、文明审计。要正确把握改革和发展中出现的新情况新问题,客观审慎地反映和处理,既不能以新出台的制度规定去衡量以前的老问题,也不能生搬硬套或机械地使用原有的制度规定来衡量当前的创新事项。全市审计机关要认真谋划审计事业长远发展,组织摸清审计对象底数,建立审计对象数据库,组织编制分行业、分领域审计项目安排中长期规划,结合实际,对本单位"十三五"期间审计工作发展作出谋划,推动审计工作在新时期实现新发展。

(本文刊于《上海审计》2015年第6期,署名:本刊特约评论员)

充分发挥审计在党和国家监督体系中的重要作用

2016年是"十三五"规划的开局之年,也是贯彻落实中共中央办公厅、国务院办公厅《关于完善审计制度若干重大问题的框架意见》及相关配套文件(以下简称《框架意见》)和《国务院关于加强审计工作的意见》的关键之年。全市审计机关要谋好局、起好步,按照全国审计工作会议的安排部署,主动作为,大胆创新,充分发挥审计在党和国家监督体系中的重要作用。

认真学习全面落实《框架意见》。《框架意见》对完善审计制度、保障依法独立行使审计监督权等重大问题作出部署,各级审计机关要认真学习,深刻领会,抓好贯彻落实。完善审计制度是重大改革举措,任务重、情况复杂、涉及面广,各级审计机关在贯彻落实中要结合本地本单位实际,积极开拓创新,研究符合自身特点的工作思路、实现途径和落实措施。各级审计机关要一把手亲自抓,成立专门机构,精心组织、周密部署,按照"谋长远、想深透、做扎实、快启动、稳步行"的要求,对《框架意见》要求的每项任务进行细化分解,分门别类拿出具体落实措施和办法,确保各项改革有序推进。

认真谋划"十三五"审计工作。各级审计机关要立足本地实际,坚持目标导向和问题导向相结合,坚持战略性与操作性相结合,明确"十三五"审计工作发展思路,对本地区未来5年审计工作的发展目标、审计业务、审计管理以及理论研究等方面作出规划和安排,推动审计工作在新时期实现新发展。要摸清审计对象底数,编制中长期审计项目计划。对重点党政部门、重点国有企业、重点金融机构要每年审计,其他审计对象确保一定周期内至少审计1次,对重点地区、部门、单位以及关键岗位的领导干部任期内至少审计1次,对重大政策措施、重大投资项目、重点专项资金和重大突发事件开展跟踪审计,对问题多、反映大的单位及领导干部要加大审计频次,从未审计过的地区、部门、单位和领导干部优先安排审计,确保实现有重点、有步骤、有深度、有成效的审计全覆盖。

依法履行审计监督职责。各级审计机关要紧紧围绕党和国家的中心工作，按照全国审计工作会议精神，牢固树立和贯彻落实"创新、协调、绿色、开放、共享"的发展理念，主动适应新形势，结合各地实际更加有效地履行审计监督职责。要持续做好重大政策措施落实情况跟踪审计，促进政令畅通。要深化财政审计，促进提高财政资金使用绩效。要加大民生审计力度，维护群众利益。要深入开展经济责任审计，推进依法治国。要加强政府投资项目审计，促进加快项目建设进度。要大力开展资源环境审计，促进绿色发展。要加大对地方国有企业和地方金融机构的审计力度，促进提质增效。各项审计都要将推动中央重大决策部署贯彻落实作为重中之重，把稳增长等政策措施落实情况作为重要内容。

着力加强审计信息化建设、审计机关内部管理和审计队伍建设。加强审计信息化建设是提升审计能力、实现审计全覆盖的根本保障。全市审计机关要加强审计信息化基础设施建设，加大信息化人才培养力度，加大数据采集集中力度，加强大数据综合分析。全市审计机关要健全完善内部管理制度，强化内部管理，努力提高内部管理的科学化、精细化水平，确保各项工作顺利实施。全市审计机关要加强理想信念教育，加强审计能力培养，加强作风建设，严格遵守各项纪律，着力打造一支政治强、业务精、作风优、纪律严的审计铁军，做到忠诚、干净、担当。

（本文刊于《上海审计》2016年第1期，署名：本刊特约评论员）

审计工作要适应新常态践行新理念

党的十八大以来,以习近平同志为总书记的党中央形成了一系列治国理政的新理念、新思想、新战略。当前和今后一个时期,全市审计机关要把学习贯彻中央精神作为首要政治任务,组织开展好"适应新常态、践行新理念"大讨论。

通过学习讨论,全市审计机关和广大审计人员要深刻领会经济发展新常态是基于我国发展阶段的科学判断,深刻领会创新、协调、绿色、开放、共享这五大发展理念集中体现了今后五年乃至更长时期内我国的发展思路和发展方向,深刻领会供给侧结构性改革是经济发展新常态下解决我国调结构、转方式进程中的主要矛盾、根本问题和发展短板的着力点,深刻领会宏观政策要稳、产业政策要准、微观政策要活、改革政策要实、社会政策要托底这五大政策支柱是供给侧结构性改革顺利推进的重要条件,深刻领会去产能、去库存、去杠杆、降成本、补短板这五大重点任务是针对当前经济形势和发展需要的重要举措。通过深入学习领会中央精神,全市审计机关和广大审计人员要把思想和行动统一到中央重大决策部署上来,自觉适应新常态,践行新理念,进一步开创审计工作新局面、更好地发挥审计在党和国家监督体系中的重要作用。

在适应新常态,践行新理念的过程中,全市审计机关和广大审计人员要转变思想观念,转换思维方式,正确把握改革和发展中出现的新情况、新问题,既不能以新出台的制度规定去衡量以前的老问题,也不能生搬硬套或机械地使用不符合改革发展要求的旧制度规定来衡量当前的创新事项。要在审计工作中切实做到"四个坚持"。

一要坚持客观求实。要严格遵循宪法和基本法律法规,以是否符合中央决定精神和重大改革方向作为审计定性判断的标准。要把推进改革中因缺乏经验、先行先试出现的失误和错误,与明知故犯的违纪违法行为区分开来;把上级尚无限制的探索性试验中的失误和错误,与上级明令禁止后依然我行我素的违纪违法行为区分开来;把为推动发展的无意过失,与为谋取私利的违纪违法行为区分开来。审慎作出审计结论和审计处理。

二要坚持问题导向。要严肃查处损害国家和人民利益、重大违纪违法、重大履职不到位、重大损失浪费、重大环境污染和资源毁损、重大风险隐患等问题。对以权谋私、假公济私、权钱交易、骗取财政资金、失职渎职、贪污受贿、内幕交易等违法犯罪问题,审计机关要始终坚持"零容忍",坚决查处。

三要坚持鼓励创新。要注重保护改革发展中的新生事物。对突破原有制度或规定,但有利于维护人民利益,有利于调结构、补短板、化解产能过剩,有利于降低企业成本、提质增效,有利于化解房地产库存,有利于扩大有效供给,有利于防范化解金融风险,有利于资源节约利用和保护生态环境,有利于推进财政资金统筹使用和提高资金绩效的创新举措,审计机关要坚决支持鼓励,积极促进规范和完善,大力推动形成新的制度规范。要适时总结经验,推动有关方面建立容错机制。

四要坚持推动改革。要关注影响改革发展的深层次问题。对制约和阻碍中央重大政策措施贯彻落实,制约和阻碍结构性改革推进,制约和阻碍创新创业、激发活力,制约和阻碍简政放权、政府职能转变,制约和阻碍转型升级、提高绩效等体制机制性问题,要及时反映,推动完善制度和深化改革;对不合时宜、制约发展、阻碍政策落实的法律和行政法规,要推动及时清理完善;对改革推进中出现的政策措施不衔接、不配套等问题,要提出建议,促进增强改革的系统性和协调性。

(本文刊于《上海审计》2016年第2期,署名:本刊特约评论员)

大力倡导研究型审计

当前,在经济新常态和反腐新形势下,审计工作面临着许多新情况、新任务、新要求。做好新时期的审计工作,充分发挥审计在党和国家监督体系中的重要作用,必须适应新常态,践行新理念,大力倡导研究型审计。事实上,无论是当前正在开展的重大政策措施落实情况跟踪审计、财政预算执行和决算草案审计、公共资金使用绩效审计,还是今后将要推开的领导干部自然资源资产离任审计、政府财务报告审计、政府环境责任审计等,都呼唤着研究型审计的到来。

所谓研究型审计,就是依托审计项目开展政策研究,边审计边研究,通过研究,提升审计成果的质量和水平。研究型审计注重加强对审计成果的综合利用和分析,密切关注改革的推进力度和效果,重点关注各领域改革措施不配套、不衔接甚至相互矛盾、抵消等问题,及时揭示制约发展、阻碍改革的重点环节和突出方面,深入分析影响改革推进的根本性和深层次原因,积极提出对策建议,推动各项改革相互促进、整体推进、形成合力。开展研究型审计,有利于发挥审计的建设性作用,更好地为推进依法治国、鼓励创新、推动改革服务。

根据新形势和新要求,不断研究新情况,着力解决新问题,是当前全市审计机关和广大审计人员面临的现实而紧迫的任务。当前,依托审计项目开展研究型审计,要注重把握以下三个方面。

一是促进改革。在经济发展新常态下,审计机关要更加深刻地理解改革、把握改革,更加主动地适应改革、服务改革。对体制机制性问题,凡是制约和阻碍中央重大政策措施贯彻落实的,凡是制约和阻碍结构性改革推进的,凡是制约和阻碍创新创业、激发活力的,凡是制约和阻碍简政放权、政府职能转变的,凡是制约和阻碍转型升级、提高绩效的,都要坚决揭示反映,大力推动完善制度和深化改革。对改革发展中的积极探索和创新举措,凡是有利于调结构、补短板、化解过剩产能的,凡是有利于降低企业成本、提质增效的,凡是有利于化解房地产库存的,凡是有利于扩大有效供给的,凡是有利于防范化解金融风险的,都要坚决促进总结完善,大力推进形成新的制度规范。

二是鼓励创新。我们要充分认识到,创新大多有一个探索尝试、厚积薄发的过程,可能会产生一些不可预知的风险乃至失败。对审计中发现的一些创新事项,要有包容精神。只要创新不违背改革的大原则、大方向,就应积极支持,推动其改进完善,并注意总结经验,推动形成合理的容错纠错机制,促进健全正向激励机制。审计人员要加强学习研究,创新思维方式,提高分析研判的能力。一方面,要加强对政治、经济、科技、文化等领域最新知识的学习,加快知识更新储备,提升专业素养;另一方面,要深入学习研究中央重大政策措施的内容、背景和目的,深刻领会和把握改革方向,了解相关改革的最新进展,做到辨别并支持那些符合改革方向的创新举措。

三是推进法治。审计机关和审计人员要处理好依法审计与实事求是的关系。严格遵循宪法和法律,以是否符合党的政策、中央的决策部署和重大改革方向作为审计定性判断的标准。对于行政法规、部门规章、地方性法规中的具体规定,要深入理解和把握其精神实质,符合党的十八届三中、四中、五中全会精神的,符合习近平总书记系列重要讲话精神的,要坚决依照执行。反之,要根据审计情况,积极提出意见建议,促进及时修改完善。对审计发现的问题,凡是严重损害国家和人民利益的,凡是重大违纪违法的,凡是有令不行、有禁不止、阳奉阴违、上有政策、下有对策等置党纪国法、国家和人民利益于不顾的,凡是不作为、慢作为、假作为等重大履职不到位的,凡是造成重大损失浪费的,凡是造成重大环境污染和资源毁损的,必须坚决揭露查处,大力推动整改问责。

(本文刊于《上海审计》2016年第3期,署名:本刊特约评论员)

审计
新闻篇

本市审计工作将有重大改进

由注重抓经济生活中消极点转向注重增强经济发展活力

本报讯 市审计局为适应改革开放新形势,已提出加强和改进审计工作的一系列新措施,本市审计工作将在内容和方法上做重大改进,为促进上海改革开放和经济发展服务。

据悉,本市审计工作将由注重抓经济生活中的消极点转向注重增强经济发展活力;由偏重对微观经济组织直接审计转向积极参与宏观经济管理;由重点检查利润分配和一般费用开支标准转向保障国有资产安全与增值。在审计工作中,以"三个有利于"标准和国家重要财经法规为审计执法依据,对故意违反国家财经法规、严重损害国家利益、干扰和影响改革等问题,要依法严肃处理;对在改革开放中无法可依、原有法规明显不合理、法规之间有矛盾、界限不清的情况,不作为问题查处。

市审计局将改进企业审计。国家审计机关集中力量抓对国民经济影响重大的国有大中型企业的审计,对一般国有企业主要依靠内部审计机构或委托社会审计组织进行审计查证。在审计内容上,坚持维护企业经营自主权,对属于企业经营自主权范围内的问题,均不作干预;对财政、税务部门检查的企业财务会计、税收方面的问题,一般不搞重复检查;对向企业摊派人力、物力、财力的行为,要作出处理。同时,通过检查企业资产负债和损益情况,保障国家对企业财产的所有权,实现企业财产保值、增值。在审计方法上,坚持和完善以财务收支审计为基础,向管理和效益延伸。

与此同时,本市将大力发展社会审计组织,打破"一地一所"的限制,积极支持创办具有特色的审计师事务所,满足社会经济发展需要。

(本稿刊于《解放日报》1992年8月19日、《文汇报》1992年8月19日)

上海市审计工作会议提出
审计工作要为宏观管理服务

本报讯 从日前召开的上海市审计工作会议上传出消息,市审计局今年将把工作重点转到为宏观管理服务上来,并以此作为强化审计监督的主要内容。庄晓天副市长出席会议并讲话。

庄晓天副市长指出,社会主义市场经济体制的建立,更需要加强审计监督。今后审计工作要把重点放在对经济执法部门、国有资产以及科技、教育事业费使用的审计监督上,要针对经济工作中的新情况、新问题加强审计调查,提出审计建议,为领导宏观决策服务。

据了解,去年本市审计机关全年共审计1 994个单位,通过审计,查处并上缴财政金额1.26亿元,促进提高效益金额1.19亿元;改革了企业审计,对一批"转换机制、放开经营""税利分流、税后还贷、全员劳动合同制"和"六自主"改革试点企业,通过审计提出建议,促进企业转换经营机制,提高经济效益;开展了299项审计调查,提交专题报告592篇,为市政府和有关部门解决产成品资金上升、外贸超亏挂账、商业设施建设等提供了情况和审计意见;去年新批准成立审计师事务所14家,审批执业审计师249名,全市审计师事务所总数已达45家。

按照审计工作为宏观管理服务的要求,今年本市审计工作将进一步突出重点。今年全市共重点安排1 070个审计项目,将重点审计区县政府财政收支、对上海经济发展影响大的少数重点企业的资产负债和损益情况、重大建设项目投资、社会保障专项基金、土地使用权出让金、大型国际性文体活动经费收支、国外贷款援款项目外资运用等。同时,将进一步加快发展审计咨询业,促进国有大中型企业、股份制企业等健全内部审计制度。

(本稿刊于《解放日报》1993年2月10日、《文汇报》1993年2月10日、《新民晚报》1993年2月10日、《劳动报》1993年2月10日、《新闻报》1993年2月11日、《上海商报》1993年2月15日)

两权长期分离　影响商业发展
商业用房体制亟待改革

上海是一个老商业城市,由于诸多的原因,本市商业设施建设与世界上同类大城市以及国内其他大城市相比,仍处于滞后状态。加速上海商业设施改造和建设,已成为繁荣上海商业,把上海建成国际经济、金融、贸易中心之一的首要任务。

在加速上海商业设施改造和建设中,当前一个突出的问题是,现行的商业用房管理体制与加快上海商业建设和改革的形势要求不相适应,它制约了上海商业设施的改造和建设,影响了上海商业的繁荣和发展,亟待进行改革。

一、现行商业用房管理体制的弊端

长期以来,本市商业用房的房产权属房管部门,由商业企业租赁使用,支付租金。据了解,1991年全市400万平方米的商业用房中,约300万平方米是有商业企业向房管部门租赁使用,年租金达1.15亿元。房管部门对商业用房收取租金,行使管理权,但不承担对商业用房的改扩建和维修任务。这种房产权和使用权长期相分离的商业用房管理体制,弊端甚多。

首先,严重影响了商业企业投资改造的积极性。近年来,本市不少商业企业为了扩大营业面积,改善购物环境,相继投入大量资金,对原有的商业用房进行了改造和扩建,其中有相当部分的商业企业是在拆除原有用房的基础上进行的。由于不少商店与居民住房犬牙交错,投资改造的商业企业还支出了数额巨大的动迁费用。但商业用房投资改造建成后,其结果不仅新增的房产仍归房管部门所有,而且投资改造的商业企业还要大幅度增加房租支出。这种投资建房却无产权的状况,严重影响商业企业投资改造的积极性,在一定程度上加剧了本市商业设施陈旧落后的状况。

其次,造成商业企业自我积累、自我发展能力差的局面。长期以来,由于现行的商业用房管理体制"两权分离",商业企业即使花费了大量资金对商业用房进行改扩建后,也不能作为企业的固定资产,不能提取折旧和大修理基金。现在,一般商业企业只有数额很少的更新改造资金,难以形成企业自我积累、自我发展的能力。商业企业是上海商业发展的主体,商业用房是商业企业开展经营活动的重要基础和必要条件。商业用房管理体制"两权分离"的状况不改变,商业企业自我积累、自我发展的能力得不到增强,最终将严重影响到整个上海商业的繁荣和发展。

再次,影响商业企业资产评估,与加快上海商业改革开放的形势要求不相适应。根据上海商业改革的目标和要求,本市一些商业企业正在逐步改制为股份制企业。但由于商业企业无房产权,资产评估缺少房产这一块,从而造成资产评估偏低,不能全面反映国有资产的真实状况。同时,第三产业已对外开放,不少外商对投资上海商业较感兴趣,但由于商业企业无房产权,同外商谈判时,中方资产相对较小,处于不利地位,影响了国家利益。

二、对本市商业用房管理体制改革的几点思考

商业用房管理体制的改革,是整个上海商业改革的重要组成部分。抓好这项改革,对于加速上海商业设施改造和建设,形成商业企业自我积累、自我发展机制,促进上海商业的进一步繁荣和发展,具有重要的意义。

笔者认为,本市商业用房管理体制改革的基本思路应该是,通过将商业用房产权由国家有偿转让给商业企业的办法,逐步理顺商业用房的产权关系,实现房产权和使用权"两权合一"。

第一,根据不同类型的商业企业,采取分步实施的方法,推进商业用房管理体制改革。对已向社会发行股票的股份制商业企业,其商业用房可通过公正折价,经国有资产管理局核准,由这些企业出资购买,作为企业自有固定资产,实行资产一体化管理;对新组建的国有大中型商业企业集团公司,其商业用房可通过评估有偿划拨给企业,作为国有固定资产入账,直接由企业管理和使用;对其他国有商业企业的房产,目前以不低于租金水平向国家交纳有偿使用费的方式,有偿划拨给企业直接管理和使用。

第二,商业用房产权有偿转让所获资金,应用于促进上海商业和城市建设的共同繁荣。对本市现有商业网点房产实行全部有偿转让给商业企业后,所取得的资金应由房管部门统一用于旧房改造、住宅建设和商品房产经营,也可参与商业用房的成片开发和经营(包括出售、招商和租赁),使房管部门切实从管理型向经营型转变,以促进上海房地产市场的健康发展,驱动

上海商业和城市建设共同繁荣。

  第三,研究建立商业地段级差地租制度和商业房产产权交易制度,使生产要素能向经营较好的商业企业流动。当前,为保证商业设施改造和建设的顺利进行,对规划区域内的居住房,应由房管部门按对各方有利的原则作价转让给商业企业,并给投资方以完全的产权;对其他非商业用房,应由房管部门(或有产权的部门)按规划用途招标有偿转让产权,限期建设。

(本稿刊于《上海商报》1993年3月22日)

黄浦区审计咨询业发展迅速

查证项目和业务收入居全市首位

本报讯 在上海商业繁华的黄浦区,一个新兴的第三产业行业——审计咨询业正在悄然崛起。去年该区审计师事务所共完成审计查证咨询项目1 104项,业务收入达138万元,分别比上年增长4.7倍和6倍,在全市45家审计师事务所中名列榜首。

黄浦区是上海著名的商业区。为了繁荣和发展黄浦商业经济,该区各审计师事务所注重为区内众多的商业企业提供优质的审计咨询服务。如联系上海北泉实业公司的审计人员,为该公司设计了一套《商业零售企业商品管理基本要求》,受到该公司领导的欢迎。联系美丽华办公用品公司、春秋西服公司、恒源祥绒线商店的审计顾问人员,认真协助委托单位做好1992年度财税、物价大检查自查工作,受到了委托单位的一致好评。

据悉,黄浦区将作出规划,把审计咨询业列为本区第三产业发展的重点之一,在政策、资金、场地、人才等方面给予重点扶植,使之更好地满足社会经济发展的需要,为繁荣黄浦经济服务。

(本稿刊于《上海商报》1993年4月7日)

中外合资合作企业审计新法颁布

本报讯 审计署不久前制定并发布了《中外合资合作经营企业审计办法》(以下简称《办法》),规定凡是国有资产的合资、合作企业及其分支机构,均属审计机关的审计范围。审计机关依照中华人民共和国的法律、法规对合资、合作企业独立进行审计监督,依法审计,维护中外投资者的合法权益。

根据该《办法》,审计机关应对国有资产占控股地位的合资企业的财产保值增值指标完成情况、资产负债和损益及其有关的经营活动进行审计监督。审计机关认为必要时,可以对国有资产占参股地位的合资企业和国有资产的合作企业进行审计监督。

《办法》还规定了实施审计的具体内容和工作要求。对香港、澳门、台湾的公司、企业和其他经济组织或者个人在内地投资兴办的合资、合作企业的审计监督,参照该《办法》执行。

(本稿刊于《新民晚报》1993年4月9日、《新闻报》1993年4月22日、《上海劳动》1993年第8期、《文汇报》1993年5月19日)

为加快城市建设和经济发展服务
上海基建审计成绩斐然

九年为上海建设增收节支 13 亿元

本报讯 记者昨天从上海市基建审计工作会议上获悉:今年本市固定资产投资将继续在调整投资结构和提高效益上下工夫,投资重点向产业结构调整和浦东开发倾斜,各类资金要优先确保市重点项目进度的需要,确保城市基础设施项目,第三产业、高科技术、能源建设、农田水利建设以及与人民生活密切相关的项目。

据了解,上海基建审计工作开展九年来,市审计局共完成基建审计项目 1 480 项,审计基建资金达 372.98 亿元。其中包括南浦大桥、吴淞路闸桥、沪嘉高速公路等一大批城市基础设施建设重大工程项目和关港装卸区、市内电话网、浦东煤气厂等一批国家重点建设项目。通过审计,减少损失浪费金额 1.06 亿元,促进建设单位增收节支 8.77 亿元,节减财政投资和上缴财政金额 3.46 亿元。共为上海建设增收节支 13 亿元,对加快城市建设和经济发展作出了重大贡献。

九年来,上海基建审计以城市基础设施建设重大工程为审计重点,不断拓宽审计领域,审计范围已遍及基建工程项目、城建专项资金、施工企业承包经营责任制等,并对基建领域中的倾向性、典型性、普遍性问题开展了一系列富有成果的审计调查,为国家和上海市一大批重点建设项目提供了客观公正的审计评价,受到了各级领导的重视和广大施工、建设单位的欢迎。

经过九年审计实践,上海市审计机关已探索形成了抓开工前审计、在建工程审计和竣工决算审计三个阶段连续审计和从资金投入、资金使用、资金管理三个环节入手审计的基建审计新方法,使基建审计工作逐步趋向规范化、科学化。

目前,上海基建审计已形成了国家审计机关、社会审计组织和内部审计机构协同审计、各具特色的审计组织体系。在社会审计中,已有 35 家审计师事务所开展了基建工程审计业务。仅去年一年,共完成 2 193 项基建工程预决算审计验证，审计工程总造价达 10.59 亿元，为建设单位节约投资 8 000 万元。

  会议强调，特别要围绕治理整顿建筑市场，加强财经法纪审计，对扰乱经济秩序，非法转让买卖土地、房屋，偷工减料造成严重质量事故，高估冒算，弄虚作假，贪污盗窃，行贿索贿等违法乱纪行为，应坚决查处。构成犯罪行为的，依法移送司法机关处理。

  （本稿刊于《解放日报》1993 年 6 月 5 日、《新民晚报》1993 年 6 月 6 日、《劳动报》1993 年 6 月 11 日、《上海商报》1993 年 6 月 11 日、《上海科技报》1993 年 6 月 16 日、《新闻报》1993 年 6 月 17 日、《城市导报》1993 年 6 月 24 日、《房地产报》1993 年 7 月 10 日）

劳动制度改革激发了职工的经营积极性

浦东商场是一家综合性国营零售商业企业,地处浦东新区,属上海市百货大店之一。1992年该商场被列为本市大中型商业企业实行"六自主"改革试点单位。在改革中,该商场以劳动用工和工资分配改革为突破口,初步形成了企业内部的竞争机制,增强了企业自主经营意识,调动了职工的经营积极性,提高了企业的效益。

一、实行公开竞聘,干部能上能下

"六自主"改革打破了干部与职工的身份界限,搬掉了管理岗位的"铁交椅"。商场经理经区财办严格考核后,改任命制为聘任制,成为商场第一个劳动合同制职工。然后由经理负责,在党支部和工会的配合下,公开竞聘中层管理人员。商场中层管理人员的聘任工作,花了18天时间,共召开8场竞聘会,原31名正副职中层干部中有25人报名参加竞聘。此外,商场所在职工都可参加竞聘,最多的有4人竞聘同一岗位,竞争十分激烈。经考核,原31名正副职中层干部中落聘7人,占原中层干部总数的21.9%;原52名柜组长中落聘11人,占原柜组长总数的21.2%。经过公开考核竞聘,在竞聘者中新提任总经理助理1名,原中层副职提为中层正职5名,由办事员或柜组长聘任为中层干部3名,由原职工新提为柜组长8名。公开竞聘后,企业管理人员队伍的素质提高了,关系理顺了。现在,管理人员对现任职位深感来之不易,工作责任心和主动性大大增强,商场的各项管理大有起色。

二、实行"三岗制"管理

劳动用工制度改革的主要内容是实行"三岗制"管理(上岗、试岗、待岗)。按照双方选择、公开竞争、允许流动的原则,组员可以选择经理,经理也可以选择组员。对组合下来的人员采取自找岗位与组织推荐相结合,岗位转移与出岗待聘相结合的办法进行妥善安置。经过两个星期的组合,有309人上岗,占职工总数的95.4%。试岗6人,待岗9人。这段时间里,许多职工的竞争意识增强,上岗的有工作压力,下岗的有精神压力。组合后,下岗职工仅占职工总数的 20%,但受到机制转换教育的职工却是百分之一百。职工们普遍珍惜自己的岗位,部门经理反映"现在的工作好做多了"。过去有的职工对工作岗位无所谓,现在下岗了,才觉得岗位的可贵。实行"三岗制"管理以后,职工的积极性提高了,懒散现象得到了治理,效果较为明显。

三、内部分配以劳动成果为考核制度

在工资分配方面,实行了岗位技能工资制。按劳动技能、劳动责任、劳动强度和劳动条件四大要素,评定各劳动岗位之间的差距,按岗序分成 12 个档次,实行一岗一薪。不论年龄大小、工龄长短、资历深浅,只要符合条件能够上岗的,在哪个岗位就拿哪个岗位的工资,岗位变动,工薪随变。

在奖金分配方面,改革了原来按人头分奖的办法,实行按经营成果(工作效率)分配奖金,并同税利直接挂钩,考核到部门,各部门再按实际工作考核到职工。这种考核与个人的经营(劳动)成果紧密挂钩,操作明确具体的奖金分配办法,获得了明显的效果。如食品部,过去有些职工千方百计要"避三峰"(星期天的高峰日,一天最忙的高峰时,同一柜台里最忙的高峰岗位)。实行分箱收银,按人考核后,原来要"避三峰"的职工变为"三主动"(主动要求星期天上班,主动争取到营业高峰时顶班,主动抢着去生意忙的位置),并做到忙时不叫,人少不吵,服务态度改善,劳动纪律加强。职工经营积极性空前高涨,整个商场出现了争柜台、扩品种、比效益的喜人景象。

(本稿刊于《上海劳动》1993 年第 12 期)

落实中央宏观调控决策
市审计局强化监督职能

本报讯 强化审计监督职能,发挥审计在宏观管理中的监督作用,为加强和改善宏观调控服务,维护政令的权威性、严肃性和有效性,对影响、干扰中央宏观调控措施贯彻落实的人和事,应大胆揭露,严肃查处。这是市审计局目前提出的下半年全市审计工作的中心任务。

在集中力量加强对中央宏观调控措施贯彻落实时,市审计局要求各级审计机关针对本地区深化改革、扩大开放中出现的一些重点、难点问题以及某些不完善的地方,组织开展专题性审计调查,积极提出符合实际、促进深化改革、加快经济发展的审计建议,使本地区经济健康发展。为此,市审计局将从七个方面强化审计监督职能,落实中央宏观调控的决策。

——组织开展对重点企业生产经营资金、新开工和在建项目建设资金、房地产开发经营企业、国有土地使用权有偿出让金、股份制上市公司、国家和地区期货市场等专项审计调查,促进健全宏观管理。

——强化财政审计。重点审计区县政府财政决算的真实性,加强对财政预算外资金使用、管理的监督,促进加强财税管理,积极组织做好财税大检查工作,防止财政收入流失。

——深化基建审计。开展新开工项目资金来源审计,确保国家重点建设项目的资金需要;加强对在建项目的审计,帮助建设单位加强投资管理,减少损失浪费,提高投资效益;加强对基建项目竣工决算的审计,揭露高估冒算等问题,以节约建设投资。

——抓好企业审计。探索建立企业资产负债和损益情况审计制度,确保国有资产保值增值;继续抓好对改革试点企业的审计,推动企业转换经营机制,帮助企业落实经营自主权;针对当前企业成本、消耗上升的情况,重点帮助企业加强成本、物耗管理,挖掘降低成本潜力,促进提高经济效益。

——坚持行政事业审计。抓好对社会保障基金、社会筹集资金和各类专项资金的审计,促进提高资金使用效益;强化对经济执法和管理部门的经常性审计监督,制止乱收费、乱摊派、乱罚款及接受和赠送礼金、有价证券等违法违纪行为,促进党政机关廉政建设。

——健全审计规章。尽快颁布、实施《上海市全民所有制企业转换经营机制审计监督暂行规定》和《关于基本建设项目竣工决算审计规定》等规章。

——加快政府职能转变。积极发展与社会主义市场经济相适应的社会审计中介机构,组织成立高层次、多功能、集团化的社会审计组织,促进经济立法,以适应社会主义市场经济条件下强化审计监督的需要。

(本稿刊于《解放日报》1993年8月1日、《劳动报》1993年8月6日、《上海商报》1993年8月6日、《新民晚报》1993年8月7日)

石门一路北段形成服饰商业街

服饰商业网点已达 40 家　年销售收入逾 1.5 亿元

本报讯 经过两年建设,一条以经营"名、特、优、新、精"服饰用品为特色的专业街市,已在本市石门一路北段(南京西路至威海路)初步形成。目前,该路段经营服饰用品的商店已达 40 家,占该路段商业企业总数的 67%。去年服饰业销售收入和销售毛利已分别达 1.5 亿元和 2 795 万元,平均单位营业面积实现销售已接近南京西路商业街的水平。这是静安区政府为繁荣静安商业,发展静安经济采取的重大举措所取得的明显成效。

石门一路北段服饰商业街建设,走的是"政府搭台,企业唱戏"的路子,即政府引导搞规则,企业集资搞建设。在服饰商业网点建设中,国家不花一分钱,企业通过合资合作、参联转制等形式,直接吸收区外资金近千万元。目前,该路段服饰商业企业有中外合资合作、内联、股份合作制等多种企业形式。去年,该路段服饰联营企业上缴流转税 219 万元,为该区参联企业投资额的 3.85 倍,投资效益显著。

服饰商品汇集一市,形成了同行业的竞争,产生了吸引顾客、促进销售的效应。不少服饰商业企业为能在竞争中站住脚,努力转换经营机制,加强内部管理,从服务态度、服务质量、分配制度、资金使用,到商品的进、销、调、存各个环节进行改进和调整,形成了经营方式多样化、销售服务规范化。丰富的商品、优质的服务,使该街市更具吸引力,每天慕名来购物者络绎不绝,整个街市生意兴隆。如开设在该路段上的"豹王"等 8 家皮草行,已在上海消费者中颇有名气,其中豹王皮草行最高日销售量和销售收入曾达 778 件和 60 万元。

据悉,为增强石门一路服饰商业街的整体效应,静安区政府将在该路北段服饰商业网点建设取得成效的基础上,加快该路南段服饰商业网点建设,使整条街服饰商业网点规模尽快达到全路商业网点 70% 以上的目标。

(本稿刊于《上海商报》1993 年 8 月 4 日、《劳动报》1993 年 8 月 7 日、《城市导报》1993 年 8 月 12 日、《上海供销信息报》1993 年 8 月 13 日)

房地产企业财务管理亟待加强

去年以来,上海房地产业迅猛发展。据统计,至今年6月底,全市房地产开发经营公司已达1 350家。目前,房地产企业的组建势头还在持续发展。房地产企业的大量涌现,对推动本市土地批租和土地的成片开发,加快上海城市建设和住宅建设,无疑起了积极的促进作用。但与此同时,也出现了一些新情况和新问题。其中一个较为突出的问题是:房地产企业内部管理现状与房地产企业迅猛发展的势头不相适应,房地产企业的财务管理滞后、脱节,状况不佳。

据某区审计部门对区内房地产开发经营公司财务管理状况的审计调查反映,当前,不少房地产企业在财务管理方面存在两大问题:一是财会力量薄弱,财会水平较低。一些有资质等级的房地产企业,至今没有按规定要求配备中级以上职称的财务主管;大部分房地产企业财会人员未接受过房地产企业财务知识培训,记账不规范。二是财务管理混乱,财务核算不规范。有的房地产企业开业以来,几千万元资金已经投入,但至今还未建立财务账册,未编制财务报表;有的房地产企业账账、账表、账实不符,各类报表编报内容残缺不全;有的房地产企业房产售出后未计算实际成本,货款长期挂账,利润反映不真实等等。

据调查分析,造成上述问题的原因,主要有两方面:一是部分房地产企业管理意识不强,自我要求不高,只顾业务发展,忽视内部管理,以致造成财务管理滞后、脱节;二是主管部门对房地产行业财务管理要求不够明确,缺少指导和检查。

房地产开发经营企业属资金密集型企业,其资金的筹集,价格的形成,价款的结算和成本的核算,有着不同于其他行业企业的特点。强化房地产企业内部管理,提高房地产企业财务管理水平,是当前加强房地产业宏观管理、促进房地产业健康发展的一项重要工作,必须引起有关部门和广大房地产企业的高度重视。

加强房地产企业财务管理,以笔者一孔之见,当前应抓好三项工作:一是广大房地产企业要切实增强管理意识,针对企业管理薄弱环节,认真落实整改措施,改进和完善财务管理,并根据企业经营特点和经济核算规定,建立健全各项内部控制制度,使企业各项经营活动和管理工作充分体现合法性、合理性和有效性;二是财政、税务、建设银行等房地产企业财务主管部门要加强相互协调和对企业的检查指导,从制度上、法规上进一步规范企业财务管理和财务核算行为;三是审计部门要加强对房地产企业财务收支和经济活动的审计监督,促进企业改善投资管理,提高投资效益,并帮助企业建立和完善内部审计制度,形成自我约束机制,推动房地产企业尽快走上健康发展的轨道。

(本稿刊于《上海商报》1993年8月9日、《解放日报》1993年8月16日、《中国财经报》1993年8月21日、《劳动报》1993年8月26日、《上海工业经济报》1993年9月10日)

东亚运主会场工程审计结束

核减投资逾三百万元

本报讯 据市审计局日前透露,第一届东亚运动会主会场——虹口体育场建筑装修工程竣工,决算审计已结束。经审计,原报 1 565.28 万元的工程决算,被审定为 1 261.68 万元,核减投资 303.6 万元。

虹口区审计局和上海公正审计师事务所抽调精兵强将,组成了审计小组实施审计。此次竣工决算审计涉及市、区 27 个施工单位承担的该场 146 个建筑装修工程项目。审计人员对每个项目的实际工程量进行实地丈量测算,严格把关。如为了核实该场大厅花岗石铺设量和火炬墙大理石面积,审计人员先后六次进行实地丈量和四次爬上看台测算,由此核减了近百平方米大理石和花岗石铺设量。

(本稿刊于《上海科技报》1993 年 8 月 18 日、《新民晚报》1993 年 8 月 19 日、《城市导报》1993 年 8 月 26 日)

特色商办工业应予扶持

长期以来,黄浦区内不少老店名店利用其传统的经营特色和工艺技术,在"前店后工场"的基础上发展了商办工业企业,生产出一大批在国内外市场享有一定声誉、深受消费者喜爱的特色产品,由此形成了黄浦区商业的一大经营特色和优势。

然而,近年来由于诸多的原因,黄浦区商办工业企业的经营优势逐渐减弱,企业在经营、发展中遇到了不少困难。据该区审计局最近对区内34户商办工业企业经营情况的审计调查反映,当前黄浦区特色商办工业企业面临四大困难:

一是企业生产条件落后,缺乏改造资金,发展受到制约。近几年来,虽在区有关部门的大力支持下,一部分商办工业企业在浦东新区或外区新建了厂房,生产环境有所改善,但由于企业自我积累少,缺乏改造资金,难以进行设备更新,制约了企业生产的发展。

二是企业负担日益加重,市场竞争乏力,经营效益呈下降趋势。近年来,由于生产原料大幅度上涨,生产费用、销售费用增大,给部分商办工业企业生产经营带来困难。同时,随着市场竞争的日益激烈,目前区属商办工业企业推销商品的手段在政策许可范围和企业承受能力上,难以与外地企业、三资企业和私营企业相比,使商办工业企业优质商品在黄浦区商业市场上的占有率逐渐下降,企业微利和亏损情况不断增加。据调查,1992年黄浦区34户商办工业企业实现利润总额1 187万元,比上年下降了7.2%;发生亏损的企业有6户,比上年增加了5户;亏损总额124.1万元,比上年增加了123.7万元。

三是受市政动迁影响,企业生产经营遇到新的困难。如由于部分动迁安置工作考虑不周,影响了商办工业企业的生产经营能力。

四是干部队伍思想不稳定,影响了企业的稳步发展。由于受外部环境的影响,目前商办工业企业干部队伍中存在着"走"和"等"的不稳定思想。"走"即想调到盈利较高的商店去任职或去承包乡镇企业。"等"是等待上级部门给政策或等待厂址搬迁,而不考虑目前企业的改革和发展。同时,有的上级公司只要求企业能解决好职工的生计,维持日常开销,缺乏对企业的具体关心、指导和支持,使一些商办工业企业成了被改革遗忘的角落。

产品一厂一特色的黄浦区商办工业企业,是整个黄浦商业经济中的重要组成部分。扶持特色商办工业发展,是保持和发挥黄浦商业优势、繁荣和发展黄浦商业经济的一项重要工作,应引起有关部门和领导的重视。

当前,扶持黄浦区特色商办工业企业发展,应采取四项措施。

一是充分发挥黄金地段效益,加快商办工业企业改造。为了更好地发挥黄浦区金融、贸易、信息中心区域的功能,当前应把商办工业企业在浦西所占用的土地资源尽可能置换出来。对周围环境有污染、处于居民区包围中的商办工业企业,应向郊县、外区发展;生产萎缩、经济效益差的商办工业企业,应向第三产业转换。在加快商办工业企业改造中,有关部门应切实安排好资金和生产场地,促进特色商办工业企业生产能力不断提高;二是发挥规模效益,加快新产品开发,提高商办工业企业产品市场占有率。具有一定生产规模和经营条件的商办工业企业,应实行供产销一体化,充分利用黄浦区商业网点"窗口"优势,收集信息,改善产品设计和产品包装,大力开发科技含量高的新产品,做到"生产一代、储备一代、研制一代、构思一代",不断提高产品在黄浦区商业市场的占有率,并向外区、外省市发展;三是加快企业改革,增强企业活力。目前,商办工业企业应加大改革力度,加快内部机制转换。在尚无具体实施办法之前,有关部门可选择试点企业,探索试行股份合作制、风险责任承包等改革形式,以增强企业活力;四是加强技术培训,稳定技术队伍。为了使特色商办工业企业"三特"产品(特色原料、特色工艺、特色配方)能生存保留下来,有关部门和企业应采取措施,进一步加强对企业技术力量的培训,努力培养一批符合特色商办工业企业发展要求的技术骨干,并形成对商办工业企业技师、技工培训、考核和聘任等制度。

(本稿刊于《解放日报》1993年9月14日、《上海商报》1993年9月17日)

观念陈旧　经营不活　负担超重
上海一些基层供销社效益滑坡

作为乡村区域的商业主渠道,基层供销社为发展农村经济、搞活城乡商品流通作出了贡献。但近一、两年来,由于诸多原因,部分基层供销社经济效益不佳,需引起有关部门和领导的重视。

据松江县审计局不久前对县部分供销社经营情况的审计调查,当前基层供销社经济效益滑坡呈现四个特点:一是商品销售增长缓慢。4个单位3年销售仅增长11.56%;二是商品流通费逐年上升。4个单位3年间商品流通费共上升54.4%;三是利润大幅度下降。去年4个单位利润总额仅41.58万元,比两年前减少59.2%,如提取网点设施基金则经营无利;四是潜亏不容忽视。调查中发现,基层供销社资产负债和损益的真实性存在不少问题,如应计未计费用、应列未列损失及有问题的商品和资金等,严重影响了企业的后劲。

基层供销社经济效益下降,有其主客观原因。从客观原因上看,一是受地理环境和本乡经济发展水准的影响;二是在税赋和促销手段上不能与私营商店、个体户公平竞争;三是近年来不少农村集体商店难以维持而并入基层供销社,由此增加了人员费用支出。从主观原因上看,一是企业经营观念转变缓慢。部分基层供销社由于习惯于传统的经济运行模式,在向市场经济转轨中,表现出经营观念陈旧,开拓创新不足。购销依赖计划,市场局限本乡,网点设施陈旧,改造起点较低,跟不上当前城乡经济的发展和群众消费需求的变化;二是商办工业决策不当。坚持一业为主多种经营,本是提高企业经济效益的有效途径,但关键问题是要因地制宜,发挥行业优势,否则得不偿失,甚至还会拖累主业的正常发展。某供销社在市场预测、可行性研究不够的情况下,盲目办起了模具厂,3年来产品质量差退货积压造成损失10万余元;三是企业管理不善。目前较突出的问题有应收销货款催收不及时而长期被拖欠、对乡村双代店管理松弛、商品滞销积压严重、会计核算不实等。

针对基层供销社经济效益滑坡以及目前面临的困难,有关人士认为,应抓好以下几项工作:一是政府职能部门要进一步转变职能,放宽政策,认真落实企业经营自主权,允许基层供销社跨行业、跨地区搞多种经营,并在多方面予以支持。县供销合作联社应帮助基层供销社确立大商业、大流通、大市场的观念,以此组织供销工作,进一步拓宽经营领域,适合农村经济发展的需要;二是要针对乡供销社实力薄弱的现状,打破一乡一社的格局,按经济区域调整建立几个县属供销实业公司,减少非营业人员比例,增强企业竞争能力。同时,要调整网点布局,加快设施改造,创造优美购物环境,培育市场引导消费;三是基层供销社要深化企业内部改革,转换经营机制。当前应注重抓好扩大"六自主"改革试点范围、实施全员劳动合同制、推行内部门店经营风险抵押承包、将地处偏僻不易管理的小网点出售转让或由职工个人租赁经营等工作。

(本稿刊于《东方城乡报》1993 年 9 月 18 日、《劳动报》1993 年 9 月 23 日、《解放日报》1993 年 10 月 5 日)

上海加强新开工建设项目资金来源审计

本报讯 为了集中资金，保证当前经济工作重点需要，市审计局、市计委、市经委、市建委、人行市分行最近联合发出通知，提出加强对新开工建设项目资金来源审计的要求。

本市明确规定，全民所有制单位总投资额在100元以上的地方基本建设项目和技术改造项目，其资金来源必须依照规定报送审计机关进行审计。今年未经审计已开工的建设项目须在九月底前补办资金来源审计。审计的重点是新开工建设项目的资金是否落实；来源是否正当；是否用银行拆借资金、银行投资、银行贷款作为自筹资金；有否未经批准进行集资等。

为确保新开工建设项目资金来源审计顺利进行，本市还对此项审计分工和审计处理作了明确规定。凡市计委审批的地方基本建设项目、市政府各委办审批的技术改造项目以及须上报国家审批的新开工建设项目，由市审计局进行审计；浦东新区审批的新开工建设项目，由浦东新区审计局进行审计；区、县及市属各主管局审批的新开工建设项目，由区、县审计局及市属各主管局内部审计部门进行审计。对未经审计或被确认为资金不落实、来源不正当的新开工建设项目，投资许可证发放办公室不予发放投资许可证，规划部门不予核发建筑工程规划许可证，银行不予拨付工程用款。

（本稿刊于《文汇报》1993年9月22日、《上海商报》1993年9月24日、《房地产报》1993年9月25日、《上海金融报》1993年9月27日、《城市导报》1993年10月17日、《新闻报》1993年12月2日）

黄浦区审计局围绕"四大资源"加强审计监督

本报讯 "土地、房产、资金、网点"是支撑黄浦区经济发展的"四大资源"。黄浦区审计局适应当前加强宏观调控的要求,以"四大资源"为审计重点,加强审计监督,确保其合理配置和有效使用,积极促进地区经济健康发展。

黄浦区审计局围绕"四大资源",近期将开展五项审计调查:一是对本区土地批租情况开展审计调查,重点对资金到位情况进行监控;二是对本区30项重点基建项目的资金到位情况进行审计调查,确保重点项目资金落实;三是对1993黄浦旅游节专项经费和本区利用外资情况进行专项审计和审计调查,促进提高资金使用效益;四是对本区商业网点出租、联营、合资等情况进行审计调查,进一步挖掘黄浦区商业网点资源潜力;五是对本区利用房产、网点置换发展证券业和中介咨询业情况进行审计调查。

(本稿刊于《新闻报》1993年10月7日)

华东地区审计工作交流会在沪召开
上海将从五个方面调整审计工作

本报讯 "上海审计工作要紧紧围绕党的经济建设中心,为加快改革开放和经济发展服务,并从审计对象、审计目的、审计内容、审计方法、审计执法思想五个方面进行调整,使上海审计工作在宏观管理中适应社会主义市场经济发展的要求。"昨天在沪召开的华东地区审计工作交流会上,上海市审计局提出了上述目标。

当前上海审计工作实现的五个方面调整:一是将审计对象的重点从过去以企业审计为主,调整为重点抓财政审计、基建审计、金融审计、借用外资审计、社会保障专项基金审计和少数重点企业审计;二是从过去单纯地维护分配关系中的国家利益,调整为确保企业资产负债和损益的真实性、国有资产的保值增值和国家资金安全、有效地管理和运用;三是从过去以合法性、查处违纪问题为主,调整为以财政、财务收支及经济活动的真实性为基本内容,并大力加强对被审计单位内部管理制度和经济效益的延伸监督评价,同时要严肃查处严重的违纪问题;四是从过去一家一户、一笔笔财务审计居多,调整为围绕经济发展中的重点、热点和难点,从宏观层面上突出对行业性、区域性、倾向性问题的审计和审计调查,为领导宏观决策服务;五是在坚持依法审计原则的同时,充分考虑到当前法规建设落后于经济发展的现实,把原则性和灵活性结合起来。

据了解,本市审计机关抓改革试点、抓经济热点、抓工作难点,为上海改革开放保驾护航,取得了重要进展。今年1月至9月,共完成审计项目846个,审计金额134亿元,为国家节约资金近1亿元。首先,积极参与宏观经济管理,促进落实中央宏观调控措施。为此,市审计局加大了对财政、基建、借用外资等重点领域的审计监督力度,开展了对部分重点企业资金运行情况、部分重点建设项目资金落实情况等审计调查。其次,针对上海改革开放和经济发展中出现的一些重点、难点、热点问题,加强审计监督,开展审计调查。市审计局先后组织开展了对部分工业股份制上市公司、股份合作制试点企业、房地产公司、土地批租收入资金以及外贸企业超亏挂账等审计调查,并积极提出了审计建议和专题报告,受到了各级领导的重视和被审计单位的欢迎。

会议透露,为适应建立社会主义市场经济体制,我国审计工作正面临新的转折和发展。审计工作的重点将突出抓财政、金融、基建、农业资金、借用外资、重点企业国有资产的保值增值、社会保障专项基金等领域的审计。全国人大常委会已将《审计法》列为明年出台的经济法律之一。我国的审计事业将在法制化的新起点上蓬勃发展。

来自华东地区各省、直辖市、计划单列市审计局局长及审计署驻上海特派员等出席了会议。

(本稿刊于《新民晚报》1993年10月12日、《解放日报》1993年10月13日、《文汇报》1993年10月13日、《劳动报》1993年10月13日、《新闻报》1993年10月14日)

本市建筑市场发生六大变化

企业多元化　价格多样化　工程装饰化

随着改革开放和经济建设步伐的加快,上海基建热、装修热方兴未艾,建筑业的蓬勃发展,使建筑市场发生了六大显著变化。

一是施工企业所有制性质的多元化。原有的以本市国营大中型施工企业为主的局面被打破,外商独资、合资企业、外省市进沪企业、私营企业,个体户挂靠于国营或三资企业以及名目繁多的联营施工企业大量进入申城,从而使上海建筑市场中的施工企业性质呈现多元化的局面。

二是建筑材料的价格多样化。在建筑工程造价中,最大的成本项目是钢材、木材、水泥等建筑材料,约占总造价的60%。由于目前上海建材的价格已完全放开,经营部门的多层次,进货的多渠道,导致建材价格的不统一。如同样的砂石料,但价格上下浮动约有30%。

三是工程造价从结构倾向装饰化。目前工程造价已从原来以土建费用为主体,转变为以装潢费用为主体。如一般框架结构的商场建筑物,按近期价格测算,其土建结构费用每平方米平均为850元,而装潢费用每平方米4 000元已不属罕见。

四是工程项目利润反差大,导致竞争手段的激烈化。国家从国民经济的宏观调控要求出发,对建筑业从整体上制定了低利润的行业政策。但是,反映在具体不同的建设项目上,利润水平却大不一样。如承接商业网点的高档装修任务,其利润率至少在30%以上;而承接多层住宅楼,即使有较为完善的管理和进货渠道,其利润也至多在10%左右。建设项目的利润不同,导致施工企业在招投标中激烈竞争,加上招投标管理工作不够完善以及"经纪人"的作用,"回扣"问题已成为公开的秘密。

五是竣工决算中多计量、价、费明显化。由于当前我国经济体制正处于转换之中,一方面,作为乙方的施工企业率先以项目体、个体承包为经营手段,另一方面,作为甲方的建设单位依然保持原来的管理模式,工程造价的高低与项目负责人或经办人的自身经济利益有直接利害关系,加上由于业务能力与职业道德的原因,造成施工单位在竣工决算中多计量、价、费,弄虚作假的事例屡见不鲜。在装饰工程上,其利润率远远超过了社会平均利润率。如不锈钢饰面,其成本每平方米约 450 元,但有的施工单位却以 3 倍于成本的价格收取费用。

六是原有定额的老龄化。目前所用的定额大多数为 1985 年制定(俗称八五定额),其中人工费每工为 2.70 元左右。现在虽已调整到 6.50 元/工日左右,但在目前的劳动力市场上,一个普通的杂工工资也已达到 10 元/工日左右,较为高级的技术工种工价更为昂贵,另外,由于目前建筑材料价格的快速上扬,有关部门曾 10 次调整材差系数,已使有些项目中的材差补贴远远超过定额中的直接费之和。这些合法而不合理的现象使原有定额显得不合时宜。

(本稿刊于《建筑时报》1993 年 11 月 22 日、《劳动报》1993 年 12 月 14 日)

全国十五城区交流审计工作

本报讯 来自成都、广州、北京、武汉、西安、重庆、杭州、昆明、石家庄、上海等15个城区的审计工作者,日前聚首上海,就区际审计工作的协作、发展交流了经验和做法。

这次会议围绕经济建设这个中心,探讨了在改革开放形势下,如何做好审计服务工作的做法,适应建立社会主义市场经济体制、加快发展审计咨询业和发挥审计监督在宏观管理中的作用等问题。

本市闸北区审计局、卢湾区审计局在会上介绍了探索开展基建项目竣工决算审计和大力发展审计咨询业的经验。北京市东城区审计局今年1月至9月已完成了65个审计项目。他们除查出违纪金额119.2万元外,还注意汇集带有倾向性的问题及时反映给各级领导。广州市越秀区审计局近年来积极探索经济案件的鉴证工作,切实做到以事实为根据,以法律为准绳,客观公正地作出审计结论,受到广大企事业单位的好评。

(本稿刊于《上海法制报》1993年11月22日)

资金渠道拓宽　　自主权利扩大　　职工收入提高
本市城镇集体企业股份合作制发展迅速

本市股份合作制试点工作取得了明显进展。据统计,截至今年10月底,本市试行股份合作制的城镇集体企业已达1 800余户,这些企业通过转换经营机制,显示出勃勃生机。

拓宽了资金来源渠道,增强了企业发展实力。上海城镇集体企业发展中的一个突出问题是资金紧缺。试行股份合作制,把职工手头的消费资金转化为生产发展资金,起到了弥补企业资金不足,增加企业生产经营投入、增强企业发展实力的积极作用。黄浦区商委系统6户老集体企业,改制前注册资金共为312.7万元,改制后注册股本总额达595万元,增加了近一倍。其中个人股397.5万元,占总股金的67%。黄浦区集成实业公司将改制所集的100万元股金,用于调网并店,扩大经营规模,改善购物环境,调整经营档次,先后在北京路开设了五金、电器等联营企业,在黄河路凤阳路开设了酒楼,在九江路开设了服装店。形成了"一业为主,多种经营"的经营局面。公司所属联营企业的年利润总额也从原20万元提高到60万元。

形成了企业和职工的命运共同体,调动了广大职工的积极性和创造性。职工投资入股后,既是企业的生产者,又是部分生产资料的占有者。职工与企业利益共享,风险共担,增强了职工的主人翁意识,激发了职工的工作热情和创造性。松江轧花厂过去生产设备稍有毛病,生产工人便停在一边,而现在机器出了故障调换零件,工人就要算算成本,能够自己解决的决不去找机修人员。另外,过去一到冬春季节该厂生产进入淡季,工人们就无事可做。改制以后,全厂干部、职工利用生产淡季,自己动手修补包装原棉的麻袋,节约了一大笔开支。黄浦区康达烟杂商店改制后,一些核算店纷纷要求增加经营品种,主动延长营业时间,做足生意,出现了"不用扬鞭自奋蹄"的景象。

促进了企业转换经营机制,企业自主权有所扩大。各试点企业基本上按照试点办法规定设置了职工(股东)代表大会,并产生了董事会。涉及股份结构变化、生产经营方向、投资决策等的重大问题,均由董事会讨论决定。主管部门对企业日常经营活动的干预渐趋减少。各企业通过改革劳动人事制度、内部分配制度和建立民主管理制度,理顺了企业内部关系,逐步形成自主经营、自负盈亏、自我约束、自我发展的经营机制。

试行股份合作制后,企业的经济效益和职工收入普遍得到了提高。静安区新星静电喷涂厂等5户企业改制后,1992年销售总额、利润总额、人均创利税和人均收入,分别比上年提高了49.4％、63.8％、64.3％和60.9％。

(本稿刊于《劳动报》1993年11月25日)

徐汇区商业建设结硕果

襄阳南路电器街有特色

本报讯 继北京东路电子一条街之后,本市又多了一条襄阳南路电器一条街,这是徐汇区商业建设经过一年辛勤"耕耘"结出的新成果。

襄阳南路电器街南起永嘉路,北至淮海中路。目前已开业的电器商店共有30家,占该路段商业网点总数的40%。电器街经营商品丰富,从电料、元器件、厨房电器到电动工具、电脑、工业电动化控制器等,品种完备,档次齐全。既有普及型商品,又有高档特色商品。如电器街经销的德国AEC公司的电动工具、日本欧姆龙公司的工业自动化控制器件等,均为上海电器市场上不多见的高技术产品。

电器商店汇集一市,集中经营,方便了顾客,同时也加剧了同行竞争。为了吸引顾客,扩大销售,电器街不少商店纷纷亮出"绝招",加强售后服务工作,注重提高服务质量。如群力电器商场分店采取送货上门服务方式;市百十一店淮海分店对售出的家用电器一律实行保修,并做到进口商品有特约维修部,购空调器有特约安装队为顾客服务;京海自动化科技公司与卢湾区业余大学合办技术培训班,帮助用户熟悉了解商品性能。这些有效的售后服务措施,解除了顾客购物的后顾之忧,使电器街名声鹊起,近悦远来,销售大增。今年上半年电器街销售额已达1.6亿元,比去年全年增长了78%。

据悉,襄阳南路电器街目前第二期工程建设正在抓紧进行,其中包括现代音像电子商厦、天天购物中心等一批较大规模的商业设施项目。不少工商企业也有意在电器街开设"窗口"。电器街将以新的经营规模和特色,为日益繁荣的徐汇商业经济增添光彩。

(本稿刊于《劳动报》1993年12月2日、《上海供销信息报》1993年12月10日、《上海商报》1993年12月13日、《上海工业经济报》1993年12月21日)

黄浦区积极发展区域证券业

本报讯 黄浦区以建设一流的中央商务区为目标,积极发展区域证券业。全区区域内至今已开设证券营业部19家,区域证券业的发展,为黄浦经济注入了新的活力。

黄浦区在发展区域证券业过程中,区政府各部门和有关街道、居委做了大量的服务工作。如万国证券公司黄浦业务部位于广东路上,黄浦区有关方面从治安保卫、环境卫生、维持交通秩序等方面给予了大力支持,促进了该证券业务部的迅速发展,其经营成果已在万国证券公司所属各业务部中居于首位。黄浦区还积极牵线搭桥,帮助各证券营业部解决营业用房,目前已正式营业的12家证券营业部共租借到营业用房7 750平方米。如建设银行安徽省信托投资公司上海证券业务部通过龙门路房管所转租到沪光电影院、聚宝盆百货商店营业用房,上工信用社证券部通过四川南路房管所转租到黄浦区业余大学营业用房。黄金地段的房产置换产生了高效益,全区证券网点营业用房年租金达941万元。

目前,上海证券市场已从区域性市场迅速成为全国性市场。上海证券交易所中外地会员、外地证券商交易席位和交易额已分别占总会员数、总交易席位数、总交易额的90%、70%和40%。据悉,为了吸引和鼓励更多的外地证券商来黄浦开设证券网点,黄浦区将积极采取措施,提供更多方便,进一步加快区域证券业的发展,充分发挥中央商务区的金融、证券功能。

(本稿刊于《解放日报》1993年12月5日、《上海金融报》1993年12月6日、《上海商报》1993年12月20日、《城市导报》1993年12月30日、《劳动报》1994年1月26日)

资产评估不客观　股金构成不规范
财务管理老一套
企业实行股份合作制亟需规范化

去年以来,本市股份合作制试点工作取得了明显进展。截至今年11月底,全市试行股份合作制的城镇集体企业已达1 800余家。为了完善和规范股份合作制试点,促进其健康发展,黄浦、静安、徐汇、长宁、杨浦、南市、松江等区县审计局,先后对本地区试行股份合作制的70余家企业进行了审计调查。结果表明:股份合作制试点工作已取得了初步成效,总体发展是健康的,但也存在着一些亟待完善和需解决的问题。

试点企业在改制过程中,都遇到改制前的资产界定和产权归属这一敏感问题。由于企业改制前的资产的形成较为复杂,既有企业改制前的历史积累,又有主管部门的"输血",从而形成了这部分资产难以界定,产权归属不清的状况。加紧对存量资产的界定,理顺产权关系,是当前发展股份合作制的关键工作。这一问题不解决,既影响到企业自主权的落实,又不利于界定企业自负盈亏的责任,将影响试点工作进一步发展。

据审计调查,目前有相当一部分试点企业没有委托具有资产评估资格的社会中介机构进行资产评估,而是由行业评估委员会自行评估,影响了评估的客观性和公正性。还有些企业在改制前,没有按规定对原有固定资产进行清点登记造册和对流动资产盘点核实,做到账物相符,清产核资工作很不规范。对股金管理也存在诸多问题。各企业基本上没有一套完整的管理制度,现有的示范性章程对股金管理也不够明确。比较突出的问题有三个:一是股本金构成随意性大。大部分企业以内部职工股为主,联社股和法人股兼而有之;有的企业只有内部职工股,而将企业改制前的部分资产作为借入资金,参照银行利率上缴给主管部门资产占有费。有个区6户企业在股本金构成比例上,联社股最高为37.5%,最低为16%;内部职工股最高为100%,最低为52.5%,两者相差一倍左右。二是部分入股资金未到位。某区15户企业中有6户企业职工入股资金没有到位。三是非企业内部职工参股。有些企业擅自吸收一部分有协作关系的外单位人员入股，出现了把股份搞成福利股、交际股、奖励股的不良倾向。

由于股份合作制企业财务会计制度尚未出台，不少企业改制前，财务核算和会计报表仍沿用过去集体企业的一套办法和表式，而改制后一些新的内容无法在财务报表中直接反映。如对改制前企业的存量资产未单独设置"改制前固定资产""改制前固定资产折旧""改制前固定资金"等会计科目，对其货币的反映不够详细；利润表中利润总额没有包括对外投资损益等，使得计税所得额不明了，企业税后利润分配情况在利润和利润分配表中未予以充分列示等，这些都与当前会计制度改革不相适应。

作为集体企业一种重要的资产组织和经营形式，股份合作制顺应了建立社会主义市场经济体制的需要，易为广大集体企业职工所接受，是当前深化集体企业改革的有效途径。为促进股份合作制试点工作健康规范地向前发展，有关专家认为必须做好改制企业的清产核资工作，以及让社会中介机构客观公正地搞好资产评估。企业要建立健全股金管理制度，企业内部职工股应控制在企业章程所规定的份额内，坚决纠正擅自扩大入股范围等做法。有关部门也应抓紧研究制定股份合作制企业财务会计制度，使改制企业有章可循，把企业利润搞实，逐步做到与国际财务制度接轨。

（本稿刊于《劳动报》1993 年 12 月 9 日）

放贷超额度　手续欠完备　担保不规范
城市信用社亟待加强贷款管理

去年以来,上海城市信用社发展迅速。目前,全市开业的城市信用社已达82户,另有17户不久也将陆续开业。城市信用社的大量涌现,减轻了专业银行经营上的压力,对完善上海金融体系起到了积极的作用。据审计部门最近对本市某区5户城市信用社经营状况的调查,发现部分城市信用社在贷款管理方面存在以下主要问题:

一是贷款规模超额度。中国人民银行规定,城市信用社对集体企业和实行承包、租赁的小型国有企业一笔大额贷款的最高额度不能超过自有资本金的50％。但调查中发现,有4户城市信用社均存在一次性发放信用贷款相当全部资金的现象,占到调查户数的80％。

二是贷款手续不完备。专业银行发放贷款均采取信贷员、信贷科长、支行行长(或办事处主任)三级审批制,力求做到层层把关,以确保信贷资金的安全。而某城市信用社发放贷款则采取两级审批制,有的是信贷员直接报社主任审批,有的是信贷部经理直接报社主任审批,贷款手续很不完备。

三是担保资格不合规。根据中国人民银行的有关规定,贷款担保者必须是法人且是经济实体,并要有足够的经济实力,即担保者的资金实力必须大于贷款数额。但调查中发现,2户城市信用社的贷款担保者中,有的是某局行业管理处,有的是某公司集体事业办公室。这些单位既不是经济实体,也不具有法人资格。调查中还发现,一家资产总额为146.7万元的商业服务公司,在5户城市信用社中为其下属多户企业进行贷款担保,其中为一户下属企业担保贷款就达180万元,担保贷款数额大大超过其资金实力。

作为中国人民银行领导下的群众性合作金融组织,城市信用社是上海金融体系中一支不容忽视的新生力量。为了确保城市信用社信贷资金的安全性,促进其健康发展,有关部门建议各城市信用社应严格执行中国人民银行有关金融机构贷款管理的规定,进一步加强贷款管理,控制贷款规模,健全规章制度,提高信贷管理水平,努力把放贷资金的风险降低到最低程度,并逐步探索以抵押贷款取代信用贷款,更好地为促进上海经济持续、快速、健康发展服务。

(本稿刊于《上海工业经济报》1993年12月17日)

坚持依法审计　服务反腐肃贪
司法审计事务所享誉沪上

本报讯　建所仅一年的上海司法审计师事务所,坚持为司法机关反腐肃贪服务,依法出色承办一百多起经济案件的审计鉴证和鉴定,已成为本市审计咨询业中颇具特色的专业事务所。

司法审计,对于司法机关侦查、起诉、审理经济犯罪案件和经济纠纷案件,具有重要的查证、鉴证和鉴定作用。为了创出专业特色,这个所注重队伍建设,特聘本市司法及审计机关权威人士担任顾问,并拥有一批经验丰富的注册审计师和高中级会计师、经济师、工程师等专业技术人员。一年来,该所接受本市检察、审判机关和有关单位的委聘,先后独立承办了73起经济犯罪案件和32起经济纠纷案件的审计鉴证和鉴定,其中包括一批大案要案。该所出具的审计查证报告和审计鉴定报告,客观公正,严谨翔实,为司法机关查明案情、正确定罪、适当量刑提供了有力的证据,受到了委托单位的高度重视和好评。

针对当前经济犯罪作案手法新、审计查证鉴定难度大等特点,该所审计人员不畏困难,勇于办案。如在承办某铁路运输单位一起贪污大案的审计鉴定时,审计人员配合检察机关,内查外调,历经周折,最终查证了案犯利用职务之便,采用境内外相勾结的手法,隐匿返回利润,从中进行贪污达一百多万元港币的重大犯罪事实。该所审计人员深知,司法审计,人命关天,责任重大。他们视审计查证鉴定质量信誉为事务所的生命,严格依法审计,一丝不苟办案。在审计中,为了查证一个案情,作出一项鉴定,审计人员常常废寝忘食,埋头苦干,从浩如烟海的数十本案卷账目中,逐笔检查每笔金额的来龙去脉,找出疑点问题,排出侦查线索,直至证据确凿地查证案情真相为止。今年以来,该所积极配合检察机关,依法承办了本市证券业、金融业、房地产业从业人员挪用公款、贪污受贿等一批重大经济犯罪案件及其黄金走私案、巨额诈骗案的审计鉴证和鉴定,为本市深入开展反腐败斗争,严惩经济犯罪行为作出了贡献,被誉为司法机关的助手,犯罪分子的"克星"。

优质的服务,出色的办案,使该所赢得了信誉,名声大振。不仅本市司法机关前往争相委聘查证,江西鹰潭、广东南海等地司法机关也慕名前来委托办案。

(本稿刊于《上海商报》1993年12月22日、《新闻报》1993年12月30日、《上海经济报》1994年2月22日、《上海法制报》1994年3月4日)

审计咨询业走向高层次集团化

上海市审计中心今成立

本报讯 本市审计咨询业已首次向集团化进军,一个由本市多家审计师事务所组建而成的高层次、集团化的市场中介组织——上海市审计中心今天成立。这标志着上海社会审计事业进入了新的发展阶段。

上海是全国的经济中心,社会审计组织已成为上海经济生活中一支重要的不可缺少的社会力量。广大企事业单位依法委托和自觉接受社会审计组织审计鉴证的观念和意识不断增强,迫切要求建立健全企事业单位财务收支和经济活动的社会审计监督机制。作为新兴第三产业的审计咨询业,组成审计集团化组织是为了适应率先在上海建立社会主义市场经济运行机制的客观需要。目前本市审计师事务所已发展到 52 家,从业人员达 1 800 余人,其中拥有注册审计师 425 名。

上海市审计中心集团成员由上海审计师事务所、上海司法审计师事务所、文汇审计财务咨询公司、万隆审计师事务所、浦东审计师事务所等组成。据该中心总裁郁云龙介绍,上海市审计中心将发挥集团优势和行业"龙头"作用,以"质量第一、服务第一、信誉第一"为宗旨,面向全社会,在财务报表审计鉴证、财务收支审计、基建工程预算验证、经济案件鉴定、资产评估、注册资金验证和年检、经济管理咨询、专业人员培训等方面,展开全方位服务,并逐步与国际民间审计接轨。

据悉,全市的审计师事务所已受理各类审计查证、咨询项目 2.9 万项,通过审计查证,核减基建工程预决算金额达 1.2 亿元。

(本稿刊于《新民晚报》1993 年 12 月 29 日、《上海经济报》1994 年 1 月 2 日、《组织人事报》1994 年 1 月 6 日、《城市导报》1994 年 1 月 6 日、《经济参考报》1994 年 1 月 21 日)

查清资金投向　促进合理使用
上海开展专项建设资金审计

本报讯 为加强宏观经济管理工作,经市政府同意,上海市将开展对各类市级专项建设资金的审计。

此项审计由市计委、市财政局、市审计局牵头组织,由市审计局按规定的程序和审计法规实施审计。审计的对象为市政府各委办所属的大口投资公司和基金会。审计的内容:一是预算内切块的建设财力;二是各类专项集资收费和加价收入;三是经市政府批准设置的其他专项建设资金。审计范围包括资金收入、使用、支出、回收及增值等情况。审计的目的要求是:针对当前资金管理多元化、资金收支多渠道的新情况,查清各类市级专项建设资金投向及合理使用,加强对资金的综合平衡和财政财务监督。

据悉,此项审计今后将逐步列入市政府综合经济部门的正常工作,建立例行审计制度,每年进行一次审计。

（本稿刊于《城市导报》1994年1月13日、《上海经济报》1994年1月16日、《上海商报》1994年1月28日、《房地产报》1994年3月16日）

本市聘任 13 名特约审计员

本报讯 今天,13 位民主党派、无党派人士被市审计局聘任为市特约审计员。这标志着本市在民主党派参政议政、加强社会主义民主监督方面又迈出了新的步伐。

本市自 1990 年 5 月开展特约审计员工作以来,特约审计员已对市审计局 14 个重大审计项目进行了审议,参加各种重点审计活动 36 余次,提出审计建议 30 余条,积极发挥了参政议政和民主监督的重要作用。

据了解,此次聘任的 13 名特约审计员中,除 10 名系原特约审计员外,另有市致公党副主委、华东师大教授陈昌福,市工商联副主委、高级工程师蔡森以及民进成员、上海古北房产投资咨询公司总经理陈建德 3 名新聘特约审计员。

(本稿刊于《新民晚报》1994 年 2 月 7 日、《劳动报》1994 年 2 月 8 日、《组织人事报》1994 年 2 月 10 日、《上海商报》1994 年 2 月 16 日、《联合时报》1994 年 2 月 18 日、《上海侨报》1994 年 2 月 22 日)

市政府召开审计工作会议确定

今年全市审计项目千余个

本报讯 "审计机关要加强对各类财政资金和基金、重大建设项目、重点国有企业和利用外资的审计监督,加强对改革和经济发展中出现的新情况、新问题的审计调查,为各级政府加强和改善宏观管理服务。"这是副市长孟建柱在昨日市政府召开的全市审计工作会议上提出的今年上海审计工作的总要求。

孟建柱还指出,强化审计监督是党的十四大提出的明确要求,是发展社会主义市场经济的客观需要。各级政府要加强对审计工作的领导,积极支持审计部门依法履行审计监督职能。

去年全市审计机关共完成审计、审计调查和各项检查项目1 644个,审计资金总额达1 643亿元,比上年增加33.7%。通过审计监督,上缴财政及促进增收节支、减少浪费金额达2.19亿元。提交各类综合、专题审计报告及重要审计信息774篇。

今年全市安排审计项目1 100项,其中十大重点项目是对区县政府财政收支、市级专项建设资金、社会保障基金、股份制上市公司、转换经营机制重点企业、中外合资合作企业、物资期货市场、重大工程建设项目、国际金融组织贷款项目、大型国际性文体活动经费收支等开展审计或审计调查。

(本稿刊于《新民晚报》1994年3月22日、《上海经济报》1994年3月22日、《解放日报》1994年3月23日、《文汇报》1994年3月23日、《江西日报》1994年3月24日、《上海商报》1994年3月25日、《联合时报》1994年3月25日、《东方城乡报》1994年3月26日、《新闻报》1994年3月27日)

截留营业款　虚列工资　私设小金库　偷漏税款
本市餐饮业财务管理亟待加强

随着市场需求的扩大,沪上饮食业如雨后春笋般涌现。但由于不少餐饮店或系企业联营,或由个人承包,开业时间短,从业人员大多向社会招聘,或由亲朋好友推荐,内部管理较为薄弱,尤其在财务管理方面问题更为突出。

据上海黄浦审计师事务所最近对数家餐饮店的审计结果表明,当前餐饮业财务管理方面存在的主要问题有:

一是截留营业款。其手法是:对不需要开发票的营业款,由大堂账台的收银员将菜单、卖单抽下,连同现金一起交出纳,由此直接减少账面利润。如某酒店从1992年11月至1993年6月,共截留营业款达29.7万元。

二是虚列工资。其手法是:虚列名单,领取加班工资或聘用人员工资。如某酒家部门负责人虚列加班职工名单,10个月中虚支加班工资达3 795元。又如某酒家虚列聘用人员2人,10个月中虚支聘用人员工资达4 230元。

三是私设小金库。其手法是:进货回扣收进不入账,形成账外小金库。如某酒家一年中收进进货及广告费回扣达16.3万元,采取不入账的方式任意支用。

四是少缴税款。按税法规定,餐饮业设KTV包房、卡拉OK,应缴纳特种消费行为附加费40%,娱乐税10%。但不少酒家则从低计税,一律按5%饮食业税率缴纳。如某酒家经审计,其KTV包房、卡拉OK收入需补缴税款2.5万元,为已缴此税额的14.7倍。

加强餐饮业财务管理,是当前促进餐饮业健康发展和保持繁荣的重要任务,需引起有关方面和餐饮企业的重视。为此,笔者建议:有关餐饮企业应建立健全规章制度,加强财务力量,强化自我约束,堵塞各种漏洞;有关方面要重视对餐饮业的审计。通过定期财务审计,规范企业行为,督促企业严格遵守国家各项财税法规,推动餐饮业走上合法经营,健康发展的道路。

(本稿刊于《劳动报》1994年4月6日、《上海商报》1994年4月11日、《东方城乡报》1994年4月12日、《解放日报》1994年8月17日)

管理不善　亏损严重　资金流失
对个人承包集体企业应加强管理

近年来，本市郊县对部分亏损、微利的小型乡镇企业实行了个人承包经营，其目的在于搞活企业，调动企业生产经营积极性。但由于种种原因，目前部分个人承包经营的集体企业亏损严重，有的已资不抵债。

据最近部分县乡镇内部审计人员对9户个人承包经营企业的审计，发现9户企业合计亏损额（不包括潜在亏损）达47.7万元，平均每户企业承包期为11个月，亏损额达5.3万元，其中有4户企业已资不抵债。经分析，个人承包集体企业亏损严重的主要原因：

一是集体资产管理权限不明，监督不力。当前在实行个人承包集体企业过程中，存在着一个较为普遍的问题，即发包方"病急乱投医"，只要有人肯承包，便一包了之，签订的承包协议中缺乏承包者对集体资产保值增值应承担的责任。一旦发现问题，企业已成了"烂摊子"。有的纯属发包方搞"人情"发包造成的。二是承包者素质差。承包人有的原是个体户，有的是外行。他们不具备经营者应有的素质，其承包带有很大的盲目性，对集体资产缺乏责任感。还有的借集体承包之名，谋个人之利。如一户个人承包经营的门市部，承包者将营业款不解银行而放进自己口袋，承包仅4个月，亏损已达2 700元。三是管理混乱。某镇一商行集体投资9.9万元，承包给个人经营，由于管理混乱，开支大手大脚，仅10个月业务费支出就达1.4万元，并两次盘缺商品1.4万元。承包10个月，合计亏损达8.6万元。清理时还发现被私人拖欠的白条上百张，合计金额4.2万元，有的白条已无法认定。审计中还发现，个人承包企业大都仓库无账，材料、产品进出无手续，管理相当混乱。

加强对个人承包集体企业的管理，是当前防止集体资产流失、保障集体资产保值增值的一项重要工作，应引起有关方面的高度重视。对此，笔者建议：一是要加强对个人承包企业的日常管理和监督。个人承包仅是一种经营方式，企业主管部门有责任确保集体资产安全完整。对个人承包企业的集体资产,应由企业主管部门把关、签证,并进行司法公证,以防止事后发生问题处理难;二是要对承包者进行必要的资格审定,考察其是否具有经营能力,并尽可能地实行个人资产风险抵押承包形式;三是对个人承包企业应建立经常性审计制度。发现问题,及时查明原因,作出处理。个人承包企业承包期结束时要进行资产清理和认定,以防止集体资产流失。

（本稿刊于《解放日报》1994年4月16日、《上海经济报》1994年4月19日、《上海商报》1994年4月20日、《东方城乡报》1994年4月21日、《组织人事报》1994年4月21日、《劳动报》1994年4月23日、《上海科技报》1994年4月23日、《上海法制报》1994年5月27日）

本市审计调查菜地建设基金

本报讯 为了配合市政府进一步抓好"菜篮子"工程,促进各有关方面管好、用好菜地建设基金,提高基金使用效益,市审计局近期将对菜地建设基金进行审计调查。

据悉,此项调查的主要内容是菜地建设基金的征收、管理、上交和使用情况。调查的方法采取点、面结合。调查将涉及市财政局、市土地局、市蔬菜办公室、闵行区、嘉定区、宝山区、青浦县、南汇县、松江县以及部分乡政府的职能部门。

(本稿刊于《上海经济报》1994年4月19日、《上海商报》1994年4月22日、《城市导报》1994年5月4日、《上海科技报》1994年5月4日)

本市部分企业三产为何不景气

决策失误和经营不善是主要原因

最近,记者在工业系统采访,发现一些企业的三产很不景气,有的亏损,有的微利,有的甚至到了办不下去的地步。这与以往有些专家说的"老百姓离不开吃穿用,办三产总是赚钱的"情况截然不同,这究竟是何原因呢?

据了解,一些企业三产不景气的原因是多方面的。一种是企业领导决策失误,选择了不该从事的行当。而今企业发展三产,在于什么行当时,往往是厂长等几个人说了算,很少作可行性调查。眼下上海酒家、百货店林立,已接近于饱和状态。但有的工厂企业仍急着上马,这样办起来的酒家、百货店恰似在夹缝中生存,哪能竞争得过一些老对手呢?

二是经营者是外行。本市不少工厂企业三产的经理原先都是副厂长、工会主席和科室干部。他们对从事新的行当如百货业、餐饮业、广告业等可谓一窍不通,大都得从头学起,与行家里手相差一大截。由于业务能力差,经营不得法,企业自然难以兴旺。有位曾担任过厂工会主席的一家酒家经理对记者说:"我虽然每天工作十五六个小时,但是酒家依然生意清淡。看到别的酒家营业额往上蹿,真是急煞人。"

三是经营管理不善。某纺织厂办了一家实业公司,这家公司见装潢业生意不错,靠贷款进了大量涂料、墙纸和装潢产品。结果销售不佳,产品大量积压,企业由此背上了沉重的债务。

企业的三产要办得兴旺,首先,选择的目标要准。企业事先应进行可行性调查,了解哪些行当和产品市场已饱和,哪些行当和产品有发展前途,并根据自己的特点,确定发展目标,切忌个人武断专行或亦步亦趋。其次,要委派懂行的同志从事三产管理工作,这样才能驾轻就熟,干出一番事业来。如果企业内部无内行者,则可通过社会公开招聘,起用外界能人。另外,工厂对三产企业要加强管理和考核,对长期经营不善的单位,要对其领导层作及时调整。

(本稿刊于《劳动报》1994年4月20日)

加强投资管理　提高投资效益
本市将对重大项目实施跟踪审计

本报讯　今年本市审计机关将对内环线等 45 项被列入 1994 年市重大项目的建设工程实施全过程跟踪审计,以促进建设单位进一步加强投资管理,节约建设资金,提高投资效益。这是日前召开的上海市固定资产投资审计工作会议传出的信息。

据了解,去年本市审计机关以市重点建设项目为审计重点,对江苏路拓宽工程等 154 项固定资产投资项目进行了审计,审计建设资金总额达 98.2 亿元。通过审计,查出违纪违规资金 3.6 亿元,节约建设投资 5 700 万元,并向市领导部门提供了一批有深度、有价值的固定资产投资审计信息,为促进加强宏观投资管理、加快上海城市建设发挥了积极作用。

为适应投资体制改革的需要,按照国家有关部门的规定,今后审计机关将重点加强对基础性项目、国家和地方重点建设项目、社会公益性项目等审计。竞争性项目将由审计师事务所进行审计查证。

据悉,今年本市审计机关除抓好对市重大在建项目跟踪审计外,还将对杨浦大桥等 18 项已竣工的市重大项目进行竣工决算审计,对商品住宅基金会等 7 项市级城市建设专项资金进行年度例行审计,并严格执行有关新开工项目的审批程序,进一步加强对全市新开工项目资金落实情况的审计监督。

（本稿刊于《解放日报》1994 年 4 月 22 日、《劳动报》1994 年 4 月 25 日、《上海经济报》1994 年 4 月 26 日、《新华每日电讯》1994 年 5 月 1 日、《建筑时报》1994 年 5 月 2 日、《房地产报》1994 年 5 月 4 日、《新闻报》1994 年 5 月 17 日、《上海商报》1994 年 5 月 23 日、《上海法制报》1994 年 6 月 3 日、《组织人事报》1994 年 6 月 9 日）

加快市场中介组织法制建设
《上海市审计师事务所规定》出台

本报讯 为进一步发挥审计师事务所这一市场中介组织在经济活动中的作用,市政府日前颁布了《上海市审计师事务所规定》。这标志着上海在加快市场中介组织法制建设方面又迈出了新步伐。

作为政府规章,《上海市审计师事务所规定》对本市审计师事务所的法律地位、组织管理、业务范围、执业要求、权利义务、法律责任等均作了明确规定。其中明确规定了审计师事务所可接受外商投资企业、私营企业、个体工商户和个人的委托,承办有关审计业务。

据了解,目前上海市共有审计师事务所54家,从业人员达2 000余人。去年全市审计师事务所共承办各类审计查证、咨询服务项目3.75万个,担任1 600余户企事业单位常年审计顾问。通过审计查证,为委托方核减基建工程预决算金额达2.36亿元。

(本稿刊于《解放日报》1994年5月10日、《劳动报》1994年5月10日、《上海商报》1994年5月13日、《城市导报》1994年5月16日、《上海经济报》1994年5月17日、《组织人事报》1994年5月19日、《东方城乡报》1994年5月21日、《新华每日电讯》1994年6月11日)

本市举行大型审计咨询活动

本报讯 为了宣传贯彻市政府颁布的《上海市审计师事务所规定》,使社会各界进一步了解审计师事务所在经济活动中的作用,日前,本市举行大型社会审计咨询服务活动。

参加咨询服务活动的有全市55家审计师事务所,咨询服务点遍布全市各区县。600多名社会审计人员热情为社会各界提供审计、经济管理等方面的咨询服务。据了解,去年全市审计师事务所共完成各类审计鉴证、咨询服务项目3.75万个,为委托方挽回经济损失数亿元,有效地维护了社会公共利益和委托人的合法权益。

(本稿刊于《解放日报》1994年5月18日、《新民晚报》1994年5月18日、《城市导报》1994年5月26日、《组织人事报》1994年6月2日、《上海商报》1994年6月6日、《新闻报》1994年6月14日)

上海审计立大功 十年节财二十亿

一批"经济卫士"昨日受到表彰

本报讯 昨天,本市召开审计系统先进表彰大会,有10个单位、20名个人被授予市审计系统先进集体和先进工作者称号。国家审计署副审计长刘鹤章、上海市副市长孟建柱分别在会上讲话,市人大常委会副主任胡正昌等出席会议。

据统计,全市审计机关十年累计完成审计项目1.67万个,通过审计监督,上缴财政12.49亿元,减少财政拨款和补贴、追还被挪用的专项资金、节省基建投资等7.12亿元,共为国家增收节支20亿元。审计中还查出万元以上贪污案件15件,移送监察、司法机关处理的责任人员有130人。审计监督为维护国家财政经济秩序,保障改革和经济建设健康发展,发挥了"经济卫士"的作用。

十年来,全市审计机关始终坚持"一审二帮三促进"的原则,累计促进企业提高经济效益1.49亿元。注重从宏观着眼、微观入手,加强对重点、难点、热点问题的审计调查,累计提交审计调查报告2 227篇,被各级领导机关采用887篇,为党政领导的决策提供了重要依据和信息。

据了解,经过十年艰苦创业,本市已形成了以国家审计机关为主体、内部审计机构和社会审计组织为组成部分的全方位、多层次的审计网络,并拥有一支近7 000人的政治、业务素质较好的审计队伍。其中:全市内部审计机构十年累计完成审计项目5.61万个,通过审计,纠正各类违纪金额达10.27亿元,查出损失浪费金额6.22亿元,促进增收节支3.41亿元。全市审计师事务所累计完成各类审计查证和咨询服务项目10.64万个,其中承办经济案件审计鉴定806件。核减基建决算不实金额4亿元,培训审计、财会人员7 500多人次。近年来迅猛发展的审计师事务所,已成为上海社会中介组织中的一支生力军。

(本稿刊于《新民晚报》1994年6月16日、《解放日报》1994年6月17日、《文汇报》1994年6月17日、《上海经济报》1994年6月17日、《劳动报》1994年6月18日、《上海商报》1994年6月20日、《上海法制报》1994年6月27日、《东方城乡报》1994年7月9日)

上海十四家审计师事务所跻身全国百强

本报讯 近年来,本市社会审计工作发展迅速。在日前揭晓的由中国注册审计师协会等单位组织的全国审计师事务所百强评选活动中,本市有14家审计师事务所跻身百强行列。这标志着上海社会审计在全国占有重要的地位。

这次全国审计师事务所百强评选,是根据1993年底全国审计师事务所的年度营业额、专业人员数量、业务范围、社会效益等指标,经过综合考核确定的。上海被评为全国百强的有杨浦、公信、上海、东华、徐汇、黄浦、公正、大同、普陀、浦东、司法、新闵、上工、长宁14家审计师事务所,其中杨浦、公信、上海3家审计师事务所分别名列全国百强第五、第六、第八名。

社会审计作为发展社会主义市场经济必不可少的社会中介组织,近年来在全国和本市得到了迅速发展。据悉,全国已建立审计师事务所3 375个,有从业人员3.6万人;上海现有审计师事务所55家,有从业人员2 000余人。上海的审计师事务所虽仅占全国1.03%,但上海的审计师事务所规模大、专业人员多、业务范围广、社会效益和经济效益显著,在全国同行业中名列前茅。

(本稿刊于《解放日报》1994年7月4日、《上海商报》1994年7月6日、《上海法制报》1994年7月8日、《东方城乡报》1994年7月26日)

十年长征路 一朝喜相庆

——记上海市审计系统先进集体、先进工作者表彰大会

上海市审计系统先进集体、先进工作者表彰大会于6月16日上午在上海影城大剧场隆重召开。

这次盛会,是本市纪念审计机关成立10周年活动的最高潮,也是上海10年审计辉煌业绩的巡礼。全市1000多名审计干部满怀喜悦的心情欢聚一堂,会场里充满了欢快、热烈的气氛。

审计署副审计长刘鹤章、上海市人大常委会副主任胡正昌、上海市副市长孟建柱等领导,以及市财贸党委、市计委、市经委、市建委、市监委、市财贸办、市工商局、市物价局、市人事局、审计署驻上海特派办等部门的负责同志出席了大会。出席大会的还有市审计局、审计署驻上海特派办的老领导,市特约审计员,新上海空调器公司总经理任毅等嘉宾。

大会由市审计局副局长郁云龙主持。市审计局总会计师於榕首先宣读了中共上海市委副书记、上海市市长黄菊的贺词和市人大常委会主任叶公琦、审计署原审计长于明涛、吕培俭的题词。市领导和审计署领导对上海审计工作的充分肯定和殷切期望,激起了全场一阵阵热烈的掌声。

市审计局局长靳曾德在大会上作了上海10年审计工作的总结报告(全文另发)。靳曾德局长的报告共分三个部分:一、上海10年审计工作的回顾;二、上海10年审计工作的基本经验;三、今后一个时期上海审计工作面临的任务。

审计署副审计长刘鹤章在大会上讲了话(全文另发)。刘鹤章副审计长代表审计署和郭振乾审计长,向上海市审计系统的各级领导和同志们、向市审计系统先进集体和先进工作者表示热烈的祝贺,并致以衷心的问候。刘鹤章副审计长还对上海审计工作的发展提出了希望和要求。

市人事局副局长陈勇福在大会上宣读了《上海市审计局、上海市人事局关于表彰市审计系统先进集体和先进工作者的决定》。在欢快的乐曲声中,

静安区审计局等10个上海市审计系统先进集体的代表和贾洪忠等20名上海市审计系统先进工作者依次走上主席台,从领导同志手中接过奖状和荣誉证书。这时,全场响起了一阵阵热烈的掌声。

大会还宣读了《上海市审计局关于对具有十年审计工龄人员颁发荣誉证书的决定》。赵洪元等230位同志荣获了荣誉证书。这是对上海审计战线一代创业者十年艰苦创业、无私奉献的赞誉和鼓励。

市工商联副主委、市特约审计员蔡森代表市特约审计员向大会赠匾并致贺词。题名为"一帆风顺"的精美画匾和热情洋溢的贺词,表达了市特约审计员对上海审计事业的良好祝愿。

上海市副市长孟建柱在热烈的掌声中讲了话(全文另发)。孟建柱副市长在讲话中充分肯定了上海10年审计工作取得的显著成绩,并对上海审计工作的发展提出了四点希望:一、要紧紧围绕党的基本路线来开展审计工作;二、要不断研究改革开放中出现的新情况、新问题,充分发挥审计在国家宏观管理中的监督作用;三、要进一步做好社会审计组织的指导工作,进一步促进企业内部审计工作的巩固和发展;四、要进一步提高审计队伍自身的素质,建设一支过得硬的审计队伍。

这次大会,是上海市审计系统回顾过去、展望未来、团结进取、再创辉煌的盛会,它引起了本市新闻界的关注。《解放日报》《文汇报》《新民晚报》《劳动报》《新闻报》《上海经济报》《上海商报》《上海法制报》以及上海电视台、东方电视台、上海电台、东方电台等本市主要新闻单位纷纷对大会进行了新闻报道,产生了较为广泛的社会影响。

表彰大会结束后,举行了由新上海空调器公司和《上海审计》杂志联合举办的"新上海杯"审计知识有奖竞赛抽奖仪式和全市审计系统文艺演出。市审计局局长靳曾德、新上海空调器公司总经理任毅、市审计局原局长赵洪元、市审计局原总会计师徐惠勇分别为参赛者抽取特等奖和一、二、三等奖。来自市审计局财金审计处、工交审计处、基建审计处、科研培训中心和普陀、黄浦、杨浦、虹口、闵行、嘉定、徐汇、青浦、南汇、奉贤等区县审计局的文艺演出队演出了精彩纷呈的文艺节目,市审计局副局长郑健龄也上台引吭高歌。欢乐的文艺演出,将本市纪念审计机关成立10周年的活动推向了高潮。

(本稿刊于《上海审计》1994年第4期)

审计机关领导上街宣传《审计法》

本报讯 昨天是本市《审计法》宣传日,数百名审计机关干部在南京东路、铁路上海站广场、中山公园门口等处设立宣传点,热情宣传《审计法》。

市审计局、审计署驻上海特派员办事处和各区审计局负责人亲临宣传点,宣传《审计法》知识,接受市民的审计法律咨询。黄浦、闸北、长宁等区领导也参加了宣传日活动。

(本稿刊于《新闻报》1994年9月17日、《新民晚报》1994年9月18日、《解放日报》1994年9月19日、《上海法制报》1994年9月19日、《组织人事报》1994年9月29日)

加强对国家财政收支和国有资产的审计监督
《审计法》将于明年元旦起施行

本报讯 《审计法》已经第八届全国人大常委会第九次会议审议通过,将于1995年元旦起施行。这是我国在财政经济领域加强社会主义法制建设取得的又一重要成果,标志着我国审计监督工作进入新的发展阶段。

《审计法》总结了我国11年来的审计工作实践经验,借鉴了外国审计法律制度中的一些有益内容,把宪法关于审计监督的规定加以具体化。

为了有利于人大常委会对财政收支情况实行有效监督,《审计法》规定,国务院和县级以上地方人民政府应当每年向本级人民代表大会常务委员会报告审计机关对预算执行和其他财政收支的审计工作报告。为了加强对国有资产的审计监督,《审计法》规定,审计机关对国有金融机构和国有企业的资产、负债、损益、国有资产占控股地位和主导地位的企业,国家事业组织的财务收支、国家建设项目预算的执行情况和决算,社会保障基金、社会捐赠资金以及其他有关基金、资金的财务收支,国际组织和外国政府援助、贷款项目的财务收支进行审计监督。还规定,审计机关对与国计民生有重大关系的国有企业、接受财政补贴较多或者亏损数额较大的国有企业,以及国务院和本级地方人民政府指定的其他国有企业,有计划地定期进行审计。

《审计法》的颁布施行,对于强化审计监督,维护国家财政经济秩序,促进廉政建设,提高经济效益,保障国民经济健康发展,具有重要意义。

(本稿刊于《上海金融报》1994年9月19日、《上海经济报》1994年9月20日、《上海商报》1994年9月21日、《新闻报》1994年10月6日)

关于《审计法》的问答

问:《中华人民共和国审计法》(以下简称《审计法》)的颁布施行,有何重要意义?

答:《审计法》自1995年1月1日起施行,这是我国财政经济活动和民主法制建设中的一件大事。我国《宪法》规定,国家实行审计监督制度。我国审计机关建立11年来,通过查处违反财经法纪问题,共收缴应当上缴财政的资金258亿元,减少财政拨款和补贴、追还被侵占挪用的资金、节省基建投资等187亿多元,还查出万元以上贪污案件1 615起,移送监察、司法机关处理的责任人员10 561人。《审计法》的颁布实施,对于进一步加强和完善审计监督制度,维护国家财政经济秩序,促进廉政建设,提高经济效益,保障国民经济健康发展,具有重要意义。

问:《审计法》在加强对国家财政收支的审计监督方面,有何规定?

答:《审计法》强化了审计机关对国家财政收支监督的职能。《审计法》第十七条明确规定:"审计署在国务院总理领导下,对中央预算执行情况进行审计监督,向国务院总理提出审计结果报告。地方各级审计机关分别在省长、自治区主席、市长、州长、县长、区长和上一级审计机关的领导下,对本级预算执行情况进行审计监督,向本级人民政府和上一级审计机关提出审计结果报告。"作这样的规定,有利于对国家财政收支建立有效的监督机制。

同时,为了加强人大对政府预算执行情况的审查监督,《审计法》对政府向人大作预算执行情况的审计工作报告制度作出了规定。《审计法》第四条规定:"国务院和县级以上地方各级人民政府应当每年向本级人民代表大会常务委员会提出审计机关对预算执行和其他财政收支的审计工作报告。"这就强化了审计监督在我国财政经济运行中的重要地位。

问:《审计法》在加强对国有资产的审计监督方面有何规定?

答:为了防止国有资产流失,保障国有资产保值增值,《审计法》规定,审计机关对国有金融机构和国有企业的资产、负债、损益,国有资产占控股地位或者主导地位的企业、国家事业组织的财务收支,国家建设项目预算的执行情况和决算,社会保障基金,社会捐赠资金以及其他有关基金、资金的财务收支,国际组织和外国政府援助、贷款项目的财务收支进行审计监督。同时规定,审计机关对与国计民生有重大关系的国有企业,接受财政拨款较多或者亏损数额较大的国有企业,以及国务院和本级人民政府指定的其他国有企业,应当有计划地定期进行审计。

问:《审计法》对完善我国审计工作体系,有哪些规定?

答:我国的审计工作体系,除有国家审计,即各级政府审计机关依法履行审计监督职能外,还包括部门、单位的内部审计和社会审计。《审计法》规定,国务院各部门和地方人民政府各部门、国有的金融机构和企业事业组织,应当按照国家有关规定建立健全内部审计制度。内部审计应当接受审计机关的业务指导和监督。还规定,对依法独立进行社会审计的机构的指导、监督、管理,依照有关法律和国务院的规定执行。作这些规定,有利于健全和完善部门单位的自我约束机制,有利于社会审计中介机构的健康发展。

问:《审计法》在与国际审计惯例接轨方面,有哪些内容?

答:《审计法》总结了我国审计工作实践经验,并借鉴了外国审计法律制度中的一些有益的内容,是一部具有中国特色的、适应建立社会主义市场经济体制要求的、并与国际审计惯例接轨的审计法律。

《审计法》参照国际惯例,结合我国实际情况,就审计监督的独立性问题作了明确规定:"审计机关依照法律规定独立行使审计监督权,不受其他行政机关、社会团体和个人的干涉。"为了保证审计机关的经费独立,《审计法》第十一条规定:"审计机关履行职责所必需的经费,应当列入财政预算,由本级人民政府予以保证。"为了保证审计工作的客观公正性,《审计法》第十三条规定:"审计人员办理审计事项,与被审计单位或者审计事项有利害关系的,应当回避。"为了保障审计人员依法行使职权不受侵害,《审计法》第十五条第三款规定:"审计机关负责人没有违法失职或者其他不符合任职条件的情况的,不得随意撤换。"为了突出对财政、金融、建设项目等的审计监督,《审计法》第二十七条规定:"审计机关有权对与国家财政收支有关的特定事项,向有关地方、部门、单位进行专项审计调查,并向本级人民政府和上一级审计机关报告审计调查结果。"为了加强社会舆论监督,《审计法》第三十六条规定:"审计机关可以向政府有关部门通报或者向社会公布审计结果。"这些规定,既符合国际上的通行做法,也符合我国审计监督工作的实际情况和今后的发展趋势。

(本稿刊于《上海支部生活》1994年第20期)

上海加强企业内部审计工作

具有一定规模的企业公司可设总审计师

本报讯 为了促进深化企业改革,加快建立现代企业制度,市审计局、市体改委、市政府法制办日前联合制发了《关于在国有企业中建立健全内部审计制度,加强内部审计工作的若干意见》。

此项规范性文件规定,本市国有企业、国有独资公司、国有企业改建成立的股份有限公司和改组成立的有限责任公司、有国家资本的股份有限公司和有限责任公司以及股份合作制企业等必须建立健全内部审计制度。企业内部审计制度的主要内容是:对企业内部与财务收支有关的一切经济活动进行审计,对企业对外投资组建的经济实体的财务收支、经济效益进行审计,对企业投资的基本建设项目进行审计,对企业内部实行的承包、租赁、分配兑现以及其他有关事项进行审计。企业内部审计制度的基本要求是:通过内部审计制度的实施,客观反映企业的经济效益、经济效率和经济效果,保护企业、公司、股东和债权人的合法权益,促使企业加强管理,堵塞漏洞,建立健全自我约束机制,提高经济效益。

文件还规定,具有一定规模的企业公司,可以设总审计师。同时,应当明确保障内部审计制度有效实施的部门和机构,并配备与企业审计业务量相适应的审计人员;国有企业改建股份有限公司、有限责任公司时,应当有明确的实施内部审计制度的方案,并报市体改委备案;市审计局负责对全市企业内部审计工作进行业务指导和监督。

(本稿刊于《新闻报》1994年11月24日、《上海法制报》1994年11月28日、《上海经济报》1994年11月29日、《组织人事报》1994年12月1日、《上海商报》1994年12月5日)

企业建制必须强化"铁算盘"

本报讯 建立现代化企业制度,必须加强内部审计工作。这是市审计局领导在日前召开的内部审计工作座谈会上,向全市国有企业提出的明确要求。

市审计局领导日前与上海三枪内衣集团公司、上海三维制药公司等 6 家全国现代企业制度试点企业的领导和本市部分部门、单位的内部审计人员,围绕建立现代企业制度过程中进一步加强内部审计工作,更好地发挥其职能作用进行了座谈。会上,市审计局领导强调指出,建立现代企业制度的重要内容之一,是完善内部监督机制,以保证企业经营活动的规范和有效,其中内部审计占有十分重要的地位。全市各级审计机关要加强对内部审计工作的指导和监督,促进国有企业建立健全内部审计制度,充分发挥内部审计的作用。各部门、企业内部审计机构要围绕企业改革,发挥熟悉情况的优势,积极为企业改善经营管理献计献策,促进企业转换经营机制,提高经济效益。

据了解,目前全市共建有内部审计机构 1 187 个,配备专、兼职内部审计人员 4 754 名。去年全市内部审计机构共完成审计项目 9 181 个,纠正违纪金额 1.87 亿元,查出损失浪费金额 3.13 亿元,促进增收节支 1.93 亿元,查出贪污贿赂案件移送司法机关和监察部门处理 57 人。内部审计在促进企业建制改制、改善经营管理、提高经济效益、加强廉改建设等方面发挥了重要作用。

(本稿刊于《劳动报》1995 年 1 月 14 日、《人民日报华东新闻版》1995 年 1 月 17 日、《新华每日电讯》1995 年 1 月 20 日、《新闻报》1995 年 1 月 20 日、《上海法制报》1995 年 1 月 20 日、《上海经济报》1995 年 1 月 20 日、《组织人事报》1995 年 1 月 26 日、《经济参考报》1995 年 1 月 27 日、《东方城乡报》1995 年 2 月 7 日)

审计审出大钱来

去年本市通过审计监督为国家增收节支 3.17 亿元

本报讯 昨天召开的上海市审计工作会议,提出今年本市审计工作的指导思想是,全面贯彻执行《审计法》,加强对国家财政收支和国有资产的审计监督,为促进上海改革开放和经济发展服务。国家审计署副审计长刘鹤章,市委常委、副市长华建敏出席会议并讲话。

华建敏指出,审计是国家的一项重要经济监督制度。今年1月1日起施行的《审计法》具有十分重要的意义。各地区、各部门、各单位要进一步提高对审计工作重要性的认识,切实加强对审计工作的领导,认真地、全面地贯彻实施《审计法》。

根据会议部署,今年本市审计工作的主要任务,一是对市、区、县同级预算执行情况和其他财政收支进行审计;二是对现代企业制度试点企业,接受财政补贴较多和亏损数额较大的公用事业企业、粮油企业、副食品企业进行重点审计,促进深化企业改革,保障国有资产保值增值;三是对市重大工程项目实施全过程跟踪审计等。

据了解,去年本市审计工作加大执法力度,取得显著成绩。全市审计机关全年共完成审计项目1 804个,比上年增长9.7%。审计资金总额2 045亿元,比上年增长24.4%。通过审计监督,已上缴财政金额1.29元,决定追还被侵占挪用资金、减少财政拨款和补贴1.12亿元,节省基建投资7 300万元,罚款金额361万元,共为国家增收节支3.17亿元,比上年增加88%。全市社会审计、内部审计、审计法制工作等均走在全国前列。

会上还传达了李鹏总理、李贵鲜国务委员对审计工作的重要讲话和全国审计工作会议精神。

(本稿刊于《人民日报华东新闻版》1995年2月10日、《解放日报》1995年2月10日、《文汇报》1995年2月10日、《劳动报》1995年2月10日、《新闻报》1995年2月10日、《上海商报》1995年2月13日、《城市导报》1995年2月13日、《组织人事报》1995年2月16日)

上海"十佳审计新秀"上榜亮相

本报讯 首届上海"十佳审计青年"评选活动日前结束,王鸿伟等10名青年审计员荣获上海"十佳审计青年"荣誉称号。

作为国家综合性的财政经济监督部门,审计机关在维护国家财经秩序、加强宏观管理、提高经济效益、促进廉政建设等方面,发挥着"经济卫士"和"政府谋士"的重要作用。在此次荣获上海"十佳审计青年"荣誉称号的10名青年审计员中,有开拓进取,勇挑重任,担任过市重大审计项目主审的"审计小行家";有忠于职守,秉公执法,为国家挽回重大经济损失的"新长征突击手";有兢兢业业,刻苦钻研,在审计调查中提出一系列建设性审计建议,受到政府领导好评的"优秀共青团员"。热爱审计事业,勤奋学习,积极进取,立足本职,岗位成才,以优异的成绩为新中国审计事业贡献力量,是他们的共同特点。

据市审计局局长靳曾德介绍,在目前全市1 160名审计干部队伍中,35岁以下的青年审计员有496名,占43%;共青团员有377名,占33%。全市已形成一支以青年为主体,朝气蓬勃,特别能战斗的审计员队伍。

(本稿刊于《人民日报华东新闻版》1995年5月5日、《劳动报》1995年5月5日、《新闻报》1995年5月5日、《上海经济报》1995年5月5日、《上海商报》1995年5月5日、《组织人事报》1995年5月18日)

今年金融审计重点:资产负债损益

审计范围为农、中、建行和人保、国投等机构

本报讯 各级审计机关要适应金融事业迅速发展和金融体制改革不断深化的新形势,抓住金融工作中影响宏观经济调控和国民经济发展的问题开展审计监督。这是日前结束的全国审计工作会议对今年金融审计工作提出的要求。

据了解,今年国家审计署将统一组织地方审计机关审计中国农业银行和中国银行系统,选审中国人民保险公司系统;组织审计署驻地方派出机构审计中国人民建设银行系统和中国国际信托投资公司及其子公司,选审中国新技术创业投资公司及其子公司。主要审计金融机构的资产、负债和损益,重点检查损益的真实性、负债的合理性和国有资产的保值增值情况。

据悉,去年国家审计署根据《审计法》确定审计管辖范围,对工行、中行、建行、交行及其部分分支机构进行了审计,共查出违纪金额99亿元。

(本稿刊于《上海金融报》1996年1月15日)

外资审计瞄准效益和规模

全国审计工作会议提出外资审计任务

本报讯 审计部门要围绕充分发挥外债资金的使用效益和外债规模要与国力相适应两个重点,加强对利用外资的审计,促进有关部门和用款单位提高外资使用效益,增强还款能力,这是日前结束的全国审计工作会议对今年外资审计工作提出的要求。

据会议透露,今年外资审计任务主要有三项:一是重点抓好对180多个世界银行、亚洲开发银行和国外援助项目的审计。有条件的审计机关可开展对世界银行、亚洲开发银行贷款项目后评估审计试点工作;二是继续开展中外合资合作企业审计和借贷外债年度检查工作;三是对20个利用外资项目外债偿还情况开展审计调查。

会议要求,开展国外援贷款项目审计,要坚持对外公证和对内监督并重的原则,既要有利于吸引外资,又要监督切实用好资金,为我国经济和社会发展服务。开展外债偿还情况审计调查,要重点了解外债项目单位偿还外债情况及存在的问题,分析产生问题的原因,提出解决建议,保障如期还债,维护我国利用外资的信誉。

据了解,去年,审计署组织驻地方派出机构和部分地方审计机关,对162项利用国际金融组织贷援款项目进行了审计,出具对外审计报告239份。审计署与国家外汇管理局合作,对54个外债项目进行了审计,查出超规模借用短期商业借款、借取外债总成本超过国家核定标准、借取的外债资金未按规定汇入境内、未经批准擅自出具对外借款担保等问题。此外,全国还对303户中外合资合作企业、65户境外企业进行了审计。

(本稿刊于《上海金融报》1996年1月18日、《上海经济报》1996年1月25日、《新闻报》1996年3月21日)

促进改革开放和经济建设持续快速发展
本市今年审计工作重点已定

本报讯 昨天,上海市政府召开上海市审计工作会议,传达全国审计工作会议精神,部署上海1997年审计工作。市委常委、副市长华建敏出席会议并讲话。

华建敏在讲话中充分肯定了全市各级审计部门和广大审计工作者为促进上海改革开放和经济建设持续快速健康发展作出的重要贡献,并对搞好今年本市审计工作提出了要求。华建敏指出,今年是贯彻《审计法》全面开展本级财政审计的第一年。开展本级财政审计,是各级审计部门的一件大事,也是各级政府的一项重要工作。各级政府要切实加强对这项审计工作的领导,积极支持审计部门依法审计。要通过搞好本级财政审计,促进提高财政管理水平和财政资金使用效益,更好地为各级政府加快经济和社会各项事业的发展服务。

华建敏强调,各级审计部门要进一步加大对重点建设项目的审计力度,促进节约建设投资,降低建设成本,提高投资效益,保证重大项目建成。要围绕促进企业改革和发展搞好企业审计,推动深化国有企业改革,促进企业加强内部管理,降低成本,提高经济效益。要加强对利用外资的审计,促进提高外资使用效益和按照国际通行规则加强管理。

全市审计机关去年共完成调查项目1 777个,审计资金总额5 618亿元,是上年的2.7倍;查出违纪金额6.08亿元,是上年的2.3倍;为国家增收节支7.64亿元,是上年的2.2倍。

据了解,今年全市审计工作的重点已经确定:一是贯彻《审计法》搞好本级财政审计。除重点审计财政、地方税务部门外,还要加强对农业、教科支卫、公检法、基本建设、国有企业计划亏损补贴等重点预算资金以及各类市级专项建设资金的审计,并开展对预算外资金使用、管理情况的审计调查;二是加强对国有大中型企业和企业集团、控股(集团)公司、财政补贴企业、外贸企业等重点企业的审计,开展对国有企业建立现代企业制度改革情况,国有企业基础管理情况等的审计调查;三是加强对基础性、公益性和对经济建设有较大影响的地方重点建设项目的在建项目审计、竣工决算审计和调整概算审计,进一步完善跟踪审计,强化建前监督;四是对本市部分地方金融机构以及中国银行上海市分行、中国人民保险公司上海市分公司及其分支机构进行审计;五是加强对社会保障基金、利用外资等重点专项资金的审计。继续加强对全市养老保险基金和失业保险基金的审计,重点抓好上海地区世界银行、亚洲开发银行等国际金融组织贷款项目审计。继续组织开展中外合资合作企业审计和外债年度检查工作,并对本市部分利用外资项目外债偿还情况开展审计调查。

（本稿刊于《新民晚报》1996年1月29日、《上海金融报》1996年1月29日、《解放日报》1996年1月30日、《文汇报》1996年1月30日、《劳动报》1996年1月30日、《新闻报》1996年1月30日、《上海经济报》1996年1月30日、《人民日报华东新闻版》1996年1月31日、《上海商报》1996年2月2日、《上海商报》1996年2月7日、《经济参考报》1996年2月16日）

上海表彰内部审计先进

《上海市内部审计制度规定》颁布实施

本报讯 日前,上海市审计局隆重召开上海市内部审计先进集体和先进工作者表彰大会。会上,上海汽车有限公司审计室等41个内部审计机构和上海港务局审计处处长钱蓓蓓等70名内部审计人员被授予先进荣誉称号。

作为企业现代化科学管理的重要组成部分,内部审计在促进部门、单位遵守财经法纪、改善经营管理、提高经济效益、维护合法权益,加强廉政建设等方面发挥了重要作用。据了解,至1995年年底,本市共建有内部审计机构1 128个,配备内部审计人员4 893名。去年全市内部审计机构共审计了9 770个单位,纠正违纪金额7 029万元,查出损失浪费金额4.01亿元,促进提高经济效益金额1.07亿元,提出建议措施被采用4 191条,向司法机关移送案件15件。在全市内部审计战线上,涌现了一大批忠于职守、积极进取、成绩显著的先进集体和先进工作者。

据悉,为了促使企业建立科学的内部管理制度,改善经营管理,提高经济效益,市政府已颁布实施《上海市内部审计制度规定》。根据此项规章,本市的国有企业和国有资产占控股地位或者主导地位的企业,应当建立内部审计制度。其他企业可以根据需要建立内部审计制度。

(本稿刊于《金融时报》1996年2月14日、《解放日报》1996年2月15日、《新闻报》1996年2月15日、《上海金融报》1996年2月15日)

上海审计：对经济监督有效

新华社上海 2 月 25 日电 上海快速运转的经济正受到各级审计部门越来越有效的监督。1995 年，上海审计机关在 5 618 亿元的审计资金总额中，共查出违纪金额 6.08 亿元，为国家增收节支 7.64 亿元。

上海区县财政审计覆盖面去年首次达到百分之百。全市 19 个区县政府和浦东新区管委会上一年度的财政预算执行情况，都经过审计，审计资金总额达 176 亿元。在对其中 9 个区县政府和浦东新区管委会的财政审计中，共查出违纪金额 6 496 万元，已上缴财政 4 444 万元，决定追还被侵占挪用资金 2 052 万元。

对基本建设重大项目加大审计力度，使建设项目严重超概算的问题得到抑制。去年上海审计机关基建审计核减工程预决算 2.86 亿元，全市审计师事务所核减工程预决算 13.63 亿元。对跟踪审计中发现的重大项目基建程序不够规范、建设投资难以控制、挪用挤占建设资金情况突出、前期动迁和劳力安置费用结余过多等问题，向市政府反映后受到重视。

上海审计部门还在企业审计中把监督触角伸向新兴领域。除对国有大型企业、财政补贴企业进行资产、损益审计外，市级审计机关去年还对 27 户股份制上市公司、6 户商品期货经纪公司和 80 户中外合资合作企业进行审计。结果发现，17 户股份制企业利润失实总额占财务报表上利润总额的 7.5%；商品期货经纪公司存在保证金制度和强制平仓制度执行不力、国有资产潜在损失较大等问题；33 户中外合资企业漏交国家税收 3 339 万元，25 户中外合资企业潜亏总额 5 015 万元。

上海审计机关还对世界银行、亚洲开发银行等国际金融组织贷款项目和上海利用外债情况进行了审计调查。

（本稿刊于《新华每日电讯》1996 年 2 月 26 日，署名：林忠华、李荣）

金山县建立乡镇审计室

本报讯 为了保障农村集体经济健康发展,金山县政府决定在全县各乡镇政府中建立审计室。这是该县为完善农村集体经济监管体制作出的有益探索。

据了解,目前金山县16个乡镇政府均已建立了独立建制的审计室,共配备审计人员54名。乡镇政府审计室的主要任务,除了对乡、镇、村集体企业、基建项目、合作基金会的财务活动进行审计监督外,还将对乡镇政府管理部门、村级管理部门和生产队(组)的财务收支、资金使用情况以及农民负担情况进行审计监督。

(本稿刊于《新民晚报》1996年2月27日)

量体裁衣　锱铢必较

上海审计师事务所严把投资关

本报讯　在上海蓬勃发展的基本建设、房地产开发等各类工程项目建设中,活跃着一大批擅长工程审计的社会中介机构——审计师事务所,为建设单位严把资金关发挥了很大的作用。

据统计,1995年至1996年第一季度,全市70余家审计师事务所接受建设单位委托,共完成各类工程审计项目7 233项,审计工程总造价277亿元。通过审计,为建设单位节约投资17.46亿元。在市级审计师事务所中,涌现了沪港、上海、浦东等一批工程审计技术力量雄厚、工程审计业务大幅增长的审计师事务所。

沪上审计师事务所工程审计快速发展的主要原因,在于适应了近年来上海城市和经济建设迅猛发展的客观需要。据行家介绍,审计师事务所受托开展工程审计,其作用十分明显。一是有利于合理确定工程造价。如上海沪港审计师事务所对某食品有限公司新厂房工程项目进行审计,该项目原决算造价2 050万元,经审计,核减施工单位高估冒算金额495万元。二是有利于对建设项目进行科学管理和监督。如上海审计师事务所接受新黄浦集团、亚细亚商城、易初摩托车有限公司等单位委托,开展了从工程项目立项、预算编制、投标咨询到竣工决算的建设全过程审计,受到建设单位的普遍欢迎。三是有利于建筑市场的合理竞争。审计师事务所通过工程审计,提供了正确的造价和主要材料及设备的需要数量,为建设项目的招标与投标奠定了基础。这不仅促进了沪上建筑市场的合理竞争,也促进了众多施工企业不断提高经营管理水平。

(本稿刊于《上海金融报》1996年5月30日、《上海商报》1996年6月3日、《上海法制报》1996年6月7日、《解放日报》1996年6月16日、《建筑时报》1996年6月24日)

我国形成多层次外资审计格局

全国外资审计工作研讨会在沪召开

本报讯 全国审计机关要认真抓好世界银行、亚洲开发银行和国际组织贷款援款,包括政府外债、中外合资企业以及境外企业的审计管理工作。这是国家审计署副审计长郑力日前在沪举行的全国外资审计工作研讨会上所作的表示。

此次会议透露,自1984年我国审计机关正式开展外资审计工作以来,全国外资审计工作已发展成为以世界银行、亚洲开发银行等国际组织贷款援款项目审计为主干,包括政府外债、中外合资企业、境外企业等多方面以及从中央到省、地(市)、县多层次的外资运用审计格局。1995年,全国共完成外资审计项目4 668项,出具对外审计报告249份、对内审计报告3 362份,查处违纪金额14.5亿元。

上海市副市长赵启正出席会议并讲话,他强调,要更有效地利用外资,就必须加强外资审计,搞好外资审计才能更好地利用外资。他要求全市审计机关认真履行外资审计对外公证、对内监督的双重职能,为促进上海更有效地利用外资进一步发挥作用。

(本稿刊于《解放日报》1996年9月24日、《劳动报》1996年9月24日、《上海金融报》1996年9月26日)

审计感悟

上海确定今年审计重点

本报讯 昨天,上海市政府召开上海市审计工作会议,传达全国审计工作会议精神,部署上海1997年审计工作。

根据会议部署,今年全市审计机关在本级预算执行审计中将重点审计财政、地方税务、国有资产管理等部门和其他财政收支;在重点企业审计中将重点审计大型企业集团、现代企业制度试点企业、政策性亏损企业、医药生产流通企业、中外合资合作企业等;在重点单位审计中将重点审计一级预算单位、地方信托投资公司、医院等;在重点项目审计中将重点审计重大建设项目、使用公共财力和国外贷援款的项目、国家安居工程等;在重点资金审计中将重点审计普教经费、科技资金、社会保障基金等。

去年全市审计机关共完成审计单位和审计调查项目1 887个,通过审计,已上缴财政2.29亿元,减少财政拨款和补贴1.66亿元,追还被侵占挪用资金1.17亿元,节省基建投资5.36亿元,共为国家增收节支10.48亿元,比上年增长37.2%。

(本稿刊于《新民晚报》1997年3月5日、《解放日报》1997年3月6日、《文汇报》1997年3月6日、《劳动报》1997年3月6日、《新闻报》1997年3月6日、《上海金融报》1997年3月6日、《上海商报》1997年3月9日、《人民日报华东新闻版》1997年3月10日、《上海法制报》1997年3月10日)

申城评出"十佳审计青年"

本报讯 第二届上海"十佳审计青年"评选日前揭晓,黄琪舫等10名青年审计员榜上有名。

荣获第二届上海"十佳审计青年"称号的是:市审计局的黄琪舫、孔繁勇、张国庆、林华,杨浦区审计局的徐敏,浦东新区审计局的唐世名,卢湾区审计局的李德华,静安区审计局的张春花,南汇县审计局的季荣华,青浦县审计局的赖伟春。在他们中间,有开拓进取,勇挑重担,担任过市重大审计项目主审的"审计小行家";有忠于职守,秉公执法,为国家挽回重大经济损失的"新长征突击手";有兢兢业业,扎实工作,在平凡的岗位上无私奉献的"优秀共青团员"。

据市审计局局长靳曾德介绍,在目前全市审计机关1 216名审计员队伍中,35岁以下的青年审计员有543名,占45%。全市审计机关已形成一支以青年为主体,朝气蓬勃,爱岗敬业的审计员队伍。

(本稿刊于《上海经济报》1997年5月16日、《上海金融报》1997年5月17日、《新闻报》1997年5月21日、《上海商报》1997年5月23日)

市审计局"透明"办公

下半年起实行政务"五公开"

本报讯 为了促进审计机关对内建立"文明高效、廉洁自律"的机制,对外树立"公开公正、依法审计"的执法形象,自觉接受社会监督,市审计局决定从今年下半年起实行政务"五公开"。

市审计局实行政务"五公开"的主要内容为:公开审计机关职责;公开审计机关权限;公开审计程序;公开审计处理、处罚准则;公开审计纪律。实行政务"五公开",基本覆盖了市审计局审计工作的各个方面,为社会各界了解审计、重视审计、支持审计创造了条件。

据市审计局局长靳曾德介绍,近几年来,全市各级审计机关坚持"两手抓、两手硬",审计业务工作和审计队伍建设取得了显著成绩。去年,全市审计机关通过审计1 887个单位和项目,共为国家增收节支10.48亿元,这次审计局实行政务公开,旨在进一步推进审计机关勤政廉政建设,促进审计工作有序、有效地开展,更好发挥审计监督在全市宏观经济管理中的重要作用。

(本稿刊于《上海金融报》1997年7月12日、《上海经济报》1997年7月15日)

本市审计工作"锁定"目标

市政府今天召开审计工作会议

本报讯 市政府今天召开上海市审计工作会议,部署今年的审计工作,确定今年上海审计工作的重点:加强对财政性资金的审计监督、围绕改革与发展中的重要问题开展审计工作。

据了解,去年本市审计工作在财政、金融、固定资产投资、行政事业、外资运用等审计领域取得了显著成绩。全市审计机关全年共完成审计单位和审计调查项目2047个。通过审计,查出应上缴财政6.32亿元,减少财政拨款和补贴2亿元,追还被侵占挪用资金2600万元,罚款530万元,节省基建投资4.83亿元,共为国家增收节支13.46亿元,比上年增长16.2%。

据悉,今年本市审计工作的主要任务是:在财政审计方面,要重点抓好本级预算执行审计和对下级政府决算审计;在金融审计方面,要重点抓好地方证券公司和中保(集团)公司在沪分公司审计;在企业审计方面,要重点抓好对34家市管大型企业和企业集团的年度经济责任审计,对10家工业类股份制企业和25家商业类股份制企业进行审计,并加强对政策性亏损企业、粮食系统、中外合资合作企业等审计;在固定资产投资审计方面,要重点抓好地铁二号线、浦东国际机场、外环线等重大工程项目在建审计,对一批已竣工的重大工程项目进行决算审计,开展项目招投标执行情况和房地产开发经营收费情况审计调查;在行政事业审计方面,要重点抓好对30户市一级预算单位和社会保障基金、住房资金、水利资金等专项资金审计;在外资运用审计方面,要重点抓好对国际金融组织贷款援款项目执行情况审计。同时,要加快审计工作法制化、规范化建设,加强对内部审计和社会审计的指导监督。

(本稿刊于《新民晚报》1998年3月11日、《解放日报》1998年3月12日、《文汇报》1998年3月12日、《新闻报》1998年3月12日、《上海金融报》1998年3月12日、《国际金融信息报》1998年3月13日、《上海经济报》1998年3月13日、《城市导报》1998年3月17日)

确保粮食流通体制改革顺利进行
本市清查审计粮食亏损挂账

本报讯 为了保证上海粮食流通体制改革顺利进行，日前，市审计局、市财政局、市监委、人民银行市分行、市计委、市粮食局、农业发展银行上海市分行、农业银行上海市分行等联合发出通知，决定在全市范围内，对农业发展银行和粮食系统新增财务挂账和其他不合理占用贷款问题进行清查审计。

通知指出，这次清查审计主要检查农业发展银行上海市分行系统发放和管理粮棉油收购贷款情况、市粮食系统新增财务挂账和其他不合理占用银行贷款情况。通过清查审计，核实本市粮食系统新增财务挂账和不合理占用农业发展银行贷款的数额，分清问题性质及责任。凡违反规定虚增粮食亏损挂账的，要坚决剔除。对清查审计中发现的造假账、挤占挪用专项资金、违规经营等违反财经法规的重大问题，要依照有关法规作出处理。对严重违纪违法的责任人员和有意干扰这次清查审计的人员，要及时移送监察部门或司法机关严肃处理。

通知强调，这次清查审计是保证本市粮食流通体制改革顺利进行的重要措施。清查审计工作由市审计局牵头，各地各部门要切实加强领导，精心组织，密切配合，积极抽调人员，搞好清查审计。金融机构要协助提供有关情况和数据，粮食企业要如实提供有关资料。市审计局将会同市有关部门对10个县、区的清查审计情况进行检查和指导。

（本稿刊于《解放日报》1998年6月11日、《劳动报》1998年6月11日、《上海金融报》1998年6月13日、《国际金融信息报》1998年6月15日、《上海经济报》1998年6月23日）

特约审计员制度有新突破

请党外人士当审计"高参"

本报讯 本市审计系统的特约审计员制度又有新突破。昨天,民革上海市委副主委李世耀、致公党上海市委副主委陈昌福、上海市工商联副会长李念政等12位民主党派和无党派人士成为市审计局第三届特约审计员。市政协副主席、九三学社上海市委主委谢丽娟出席聘任会并讲话。

据悉,本市自1990年5月建立特约审计员制度以来,市审计局已先后聘请了两届特约审计员共25名。8年来,特约审计员共参加各类审计活动90多次,其中对31个重大审计项目进行了审议,共提出建设性意见80多条,促进了审计机关完善审计工作决策,提高审计项目质量。此外,特约审计员还参加了中共上海市委统战部组织的4次大型社会咨询活动,共接受群众举报和咨询110人次。特约审计员积极参与审计工作,发挥了参政议政和民主监督的作用,为推进反腐倡廉工作作出了贡献。

本届受聘的12名特约审计员中,有民主党派成员9人,无党派人士3人;有10人具有教授、高级工程师、会计师、经济师等职称;有7人担任全国政协委员、市政协常委、市人大代表等职务。

(本稿刊于《新闻报》1998年7月31日、《新民晚报》1998年8月1日、《劳动报》1998年8月1日、《新华每日电讯》1998年8月3日、《上海法制报》1998年8月3日、《国际金融信息报》1998年8月4日、《上海经济报》1998年8月7日、《组织人事报》1998年8月20日、《城市导报》1998年8月25日)

审计感悟

本市审计机关羁剑高悬
280亿元违规金额无所遁形

本报讯 去年,本市审计机关共查出违规行为金额279.89亿元,在审计查处的违反财经法规金额中,应上缴财政1.84亿元,应减少财政拨款和补贴2.65亿元,应归还原渠道资金1.46亿元,共为国家增收节支5.95亿元。这是1月21日由市政府召开的市财政、审计暨中央驻沪单位审计工作会议传出的信息。

1998年,全市审计机关根据市委、市政府要求和审计署的安排,共完成审计单位和专项审计项目1 443个。通过审计监督,不仅为国家节约了大量资金,维护了财经秩序,还对审计中发现的问题分析原因,提出对策,发挥了"经济卫士"和"政府谋士"的作用。

从会议获悉,今年本市审计工作的主要任务是:在财政审计方面,深化本级预算执行审计,加大对下级政府财政决算的审计力度,依法规范财政分配秩序和财政管理行为,提高财政资金使用效益;在金融审计方面,以促进整顿金融秩序,防范和化解金融风险为目标,抓好对建行上海市分行和地方商业银行财务收支的审计;在固定资产投资审计方面,重点加强对国家投资较大的项目的审计;在行政事业审计方面,重点抓好财政预算资金、行政性收费和罚款收入管理情况及社会保障基金等专项资金的审计;在企业审计方面,要在审计企业资产负债损益真实性的基础上,重点检查评价企业资产质量状况、经济效益情况和国有资产保值增值情况;在外资运用审计方面,重点抓好国际金融机构贷款项目执行情况审计;在专项审计方面,重点抓好一批党政领导和社会普遍关心问题的专项审计调查项目。此外,还要加强对内部审计指导和社会审计业务的质量监督。

(本稿刊于《上海金融报》1999年1月21日、《解放日报》1999年1月22日、《文汇报》1999年1月22日、《新民晚报》1999年1月22日、《劳动报》1999年1月22日、《新闻报》1999年1月22日、《上海经济报》1999年1月22日、《国际金融信息报》1999年1月22日、《上海商报》1999年1月28日)

审计十五载　节支八十亿

申城表彰一批"经济卫士"

本报讯　本市审计机关成立15年来,依法加强审计监督,为国家增收节支80亿元,出色地发挥了"经济卫士"作用。昨天,市审计局隆重召开纪念上海市审计机关成立15周年暨先进表彰大会,表彰一批先进集体和优秀审计干部。副市长冯国勤出席大会并讲话。

冯国勤指出,审计监督制度是我国现行《宪法》规定的重要的经济监管制度。改革越深入,经济越发展,审计越要加强。他要求全市各级审计机关坚持围绕中心、服务大局的审计工作方针,坚持依法审计、实事求是的审计工作原则,进一步做好各项审计工作,全面提高审计执法水平,切实加强审计队伍建设,更好地发挥审计监督在支持改革、促进发展、维护稳定中的重要作用,为上海审计事业的跨世纪发展再立新功。

15年来,上海市各级审计机关加强对财政、金融、固定资产投资、国有企业、行政事业单位、外资运用等领域的审计监督,加强对改革和发展中的重点、难点、热点问题的审计调查,共审计了25 219个单位,完成专项审计调查项目2 091个。通过审计,上缴财政29.71亿元,减少财政拨款和补贴8.65亿元,追还被侵占挪用资金9.62亿元,罚款0.3亿元,节省基建投资32.71亿元,共为国家增收节支80.99亿元。此外,还提交审计工作报告、审计信息8 716篇,被批示、采用4 339篇,批示采用率达49.8%。审计监督在维护财经秩序、推动深化改革、促进经济发展、加强廉政建设等方面发挥了积极作用,被誉为"经济卫士"和"政府谋士"。

经过15年的探索和实践,上海审计工作开始走上了法制化、制度化、规范化的轨道。全市已逐步建立起本级预算执行审计、社会保障资金审计、重点建设项目审计、重点专项资金审计、国有企业经济责任审计、国有企业内部审计等一系列有中国特色和上海特点的审计监督制度,有效地保障了上海改革开放和经济建设的健康发展。同时,全市各级审计机关注重加强审计队伍建设,涌现出一大批秉公执法、无私奉献的先进集体和优秀审计干部。有6个单位被评为全国审计机关先进集体,有18个单位50余次被评为市、区、县文明单位和先进集体,有16名审计干部分别获全国审计机关先进工作者、市劳动模范、市三八红旗手等称号。

大会表彰了一批上海市审计机关先进集体和先进工作者、廉政先进单位和先进个人、"十佳审计青年"等。

（本稿刊于《解放日报》1999年6月19日、《文汇报》1999年6月19日、《新民晚报》1999年6月19日、《劳动报》1999年6月19日、《上海经济报》1999年6月19日、《上海金融报》1999年6月19日、《上海商报》1999年6月19日、《城市导报》1999年6月19日、《组织人事报》1999年6月24日、《中国审计报》1999年8月18日）

锐意进取　广开新路

上海市积极开拓审计工作新领域

本报讯　为了更好地发挥审计监督的职能作用,促进上海率先建立社会主义市场经济运行机制,近年来,上海市审计机关坚持从上海的实际出发,不断开拓审计工作的新领域,深化审计工作新内容,探索审计工作新方法,推动上海审计工作与改革开放和经济建设同步发展,加快与国际审计惯例接轨。

——开展商品期货市场审计。1993—1996年,上海市审计局连续4年对上海商品期货市场规范运作情况进行审计和审计调查。审计和审计调查的对象涉及上海各商品期货交易所、数十家商品期货经纪公司,以及参与商品期货交易的部分客户单位。通过审计和审计调查,促进加强了商品期货市场监管,推动了上海商品期货市场规范运作和健康发展,完善了市场体制建设。

——开展股份制企业审计。上海的股份制企业起步早,发展快,数量多。1993年以来,上海市审计局对74家股份制上市公司进行了审计和审计调查。通过审计和审计调查,促进了上市公司规范运作,稳健经营,不断提高盈利能力和资本运作效率,推动了上海股份制企业健康发展。

——开展审计风险控制研究和审计实践。1993年起,上海市审计机关借鉴国外先进经验,开展了以审计风险控制为主要内容的审计技术方法研究。1995年5月,上海市审计局特邀毕马威国际会计公司,举办了现代审计理论与实务高级研修班,与来访的荷兰鹿特丹市审计代表团联合举办了审计风险控制研讨会。通过开展交流活动,推动了全市审计机关对审计风险控制的深入研究,促进提高了审计工作质量。

——探索开展经济效益审计。在审计财政财务收支真实、合法的基础上,检查、分析资金使用情况,促进提高资金使用效益,是上海市审计机关审计工作的一项重要目标。为此,上海市审计局探索开展了对一些同类型单位的效益对比审计。1997年9月,上海市审计局与德国汉堡市审计署联合举办了中德经济效益审计研修班。1998年10月,上海市审计局又与来访的荷兰鹿特丹市审计代表团专题交流经济效益审计。通过开展这些活动,对推动全市审计机关探索开展经济效益审计起到了积极的促进作用。

——探索开展环境审计。实施可持续发展战略,是上海实现跨世纪发展目标的必然选择。围绕推进上海可持续发展,上海市审计局积极探索开展环境审计,先后对环保资金、绿化建设资金以及一批环保建设项目进行了审计,取得了良好效果。

——加快审计机关信息化建设和计算机辅助审计。近年来,上海市审计机关加大投入,强化培训,加强研究,加快审计机关信息化建设和计算机辅助审计。上海市审计局利用国外贷款建设了局域网,研制完成9个审计管理和计算机辅助审计软件,探索开展了6个计算机辅助审计项目,促进了审计手段现代化的建设。

(本稿刊于《中国审计报》1999年8月25日,署名:林忠华、钱红喜)

历年来最好的审计报告

——市十一届人大常委会第十二次会议审议本级财政审计工作报告侧记

1999年8月18日上午,人民大厦4楼大会议厅,上海市地方国家权力机关的常设机关——市十一届人大常委会正在举行第十二次会议。9时20分,市人大常委会主任陈铁迪宣布:"请市审计局局长靳曾德作关于上海市1998年本级预算执行和其他财政收支的审计工作报告。"话音刚落,靳曾德局长健步走上讲台,朗声作起报告。这是自1994年《审计法》颁布以来,市审计局局长受市政府委托,第四次向市人大常委会报告本级财政审计工作情况。

靳曾德局长的报告长达8 000字,历时40分钟。在肯定了工商税收收入稳定增长、财政支出结构进一步优化、财政预算管理和其他财政收支管理逐步加强等1998年本级预算执行和其他财政收支情况良好的主要表现后,靳曾德局长重点报告了1998年本级预算执行审计结果及处理意见,内容包括审计市财税部门具体组织执行市级预算情况、审计一级预算单位预算执行情况、审计教育经费和科技经费拨付管理情况、审计有市财力投资的建设项目资金使用管理情况、审计政策性亏损企业财政补贴资金使用管理情况、审计住房解困政府补贴款收支管理情况、审计调查纺织压锭财政补贴资金使用情况等。同时,还报告了其他财政收支审计结果及处理意见,内容包括审计国有资产收支管理情况、审计人防专项资金征收管理使用情况、审计环保专项资金管理使用情况、审计养老保险基金征收支付管理情况、审计市管企业财务收支情况等。最后,提出了加强本市财政收支管理的3点意见:强化财税管理,严格预算执行;整顿财经秩序,严肃财经法纪;加强审计监督,保障经济增长。

靳曾德局长报告完毕后,全体会议即进行了审议。在1小时10分钟的审议中,有11位市人大常委会组成人员和1位列席会议的市人大代表先后发言。

一、这次审计报告是历次报告中最好的

靳曾德局长所作的审计工作报告,受到了市人大常委会组成人员的充分肯定和高度评价。第一位发言的市人大常委会委员杨代葳说,听了审计报告,感到非常满意。要高度评价市审计局的工作在依法治市中的作用。市审计局的工作越做越好,越做越细,越做越深。这次报告对存在问题的单位也点了名,维护了国家和人民的利益,保证了财经工作的健康发展。市人大常委会委员、财经委主任委员张燕也表示,这几年审计工作每年都有发展,工作很深入,同意报告中对上海财经工作的评价。市人大常委会副主任胡正昌用"这次审计报告是历次报告中最好的"话语来表达对审计工作的充分肯定。市人大常委会副主任沙麟说,赞成审计报告,要肯定这几年审计报告一年比一年好。市人大常委会副主任张圣坤说,很欣赏这个报告,实事求是,既肯定了成绩,也指出了问题。市人大常委会委员徐根生说,很赞同审计报告,说明市政府对违反财政纪律问题不护短,勇于揭露。市人大常委会委员孙潮认为,这是个非常好的报告,如实反映了上海在财经管理中存在的问题,抓住问题实质加以解决,建议以后的报告要以此为榜样。

二、在严肃财经纪律问题上要动真格

这次审计工作报告揭露出的本级预算执行和其他财政收支中的一些不真实、不合法、不规范的问题,引起了市人大常委会组成人员的极大关注。张燕、孙潮等市人大常委会委员在发言中均称"感到触目惊心"。几乎所有发表审议意见的市人大常委会组成人员都要求对审计查出的问题进行严肃处理,并向市人大常委会报告处理结果。

市人大常委会委员邓金华说,在严肃财经纪律问题上要动真格,要有处理结果。如养老保险基金被挪用、市管企业虚增利润等,一些不真实、不合法、不规范的问题要严肃处理。胡正昌副主任说,对问题要一查到底,严肃处理,吸取教训,有的要追究责任人员的责任。张燕委员说,对于提出的审计意见,执行结果如何要有跟踪反馈。特别是关系到老百姓的钱,如被挪用出借的养老保险基金应完璧归赵。徐根生委员指出,市管企业虚增利润问题,会造成市委、市政府领导决策的偏差,要引起重视。要严肃财经纪律,加大处理力度,加强信息的真实性。针对存在的问题,孙潮委员提出了3条建议:一是今后财政行为应尽可能公开,增强透明度,便于监督;二是必须建

立有关人员的责任制,要让涉及财务方面的人员承担相应的法律责任,这是依法治市的重要措施;三是要完善财务报告制度,财务报告必须准确、真实,要严格要求,依法审计。他强调,依法治市不是个口号,要从制度上建立长期的、有效的、可以追查的程序,要通过有关方式追究有关责任人员的责任。沙麟副主任则希望市政府充分利用审计报告,把查出的问题解决好,真正体现审计报告中提出的3点意见。市人大常委会主任陈铁迪强调,查出问题要依法进行处理,要用处理结果来教育大家,严肃财经纪律。她指出,上海要成为国际金融中心,一定要依法办事。财政的钱是国家的资金,人民的血汗,不能乱用。对直接责任人员要严肃追究责任,杜绝今后此类问题的发生。她希望市政府加强对干部的教育,要把查出的问题作为教育干部的案例,提高干部遵守财经纪律的自觉性。

三、审计工作是人大监督财经工作的抓手

听了审计工作报告,市人大常委会组成人员对审计工作的重要性有了更深刻的认识,纷纷表示市人大要全力支持审计工作。杨代葳委员说,审计工作对于提高经济运行质量是很重要的,审计工作是人大监督财经工作的一个很重要的抓手。如果没有审计工作,人大依法治市就是一句空话。孙潮委员说,市人大要鼓励和支持市审计局的工作,做好制度上、程序上的规范工作。市人大常委会副主任叶叔华认为,市人大应该大力支持市审计局的工作,提高审计的权威性,审计工作要做到经常化、有计划。市人大常委会副主任包信宝说,加强审计工作,也是支持政府工作的表观,对于整个经济运行的好转会起到推动作用。他强调,要加大对企业,特别是对国有企业的审计力度,这个环节非常重要。列席会议的市人大代表朱荣林希望审计部门忠于职责,依法行政,参与政府决策,正确反映信息,积极向政府多提建议。张圣坤副主任则表示,一方面,市人大要全力支持审计工作;另一方面,市审计局也要提出在哪些方面需要市人大协助,如怎样加强立法和监督的力度等。陈铁迪主任也表示,市人大财经委要继续关心审计处理情况,对于一些涉及人民群众切身利益的重点资金,如环保专项资金、养老保险基金等使用管理情况,要作深入的调查和监督。

(本稿刊于《上海审计》1999年第5期)

查大案要案线索　抓经济责任审计
——全国审计工作座谈会(上海片)在沪召开

1999年8月16日至18日,审计署在沪召开了全国审计工作座谈会(上海片)。这次会议的主要内容是:总结今年上半年各级审计机关贯彻落实朱镕基总理关于"全面审计,突出重点,注意发现大案要案线索"指示的情况;交流地方各级审计机关贯彻落实中共中央办公厅、国务院办公厅印发的《县级以下党政领导干部任期经济责任审计暂行规定》和《国有企业及国有控股企业领导人员任期经济责任审计暂行规定》的情况,并对如何贯彻落实两个审计暂行规定进行研究部署。

审计署审计长李金华、中纪委驻审计署纪检组组长王道成、审计署原副审计长罗进新出席了会议。参加会议的有上海、江苏、浙江、安徽、福建、河南、湖北、湖南、宁波、厦门10个审计厅(局)的主要负责人;审计署驻上海、南京、郑州、武汉、长沙5个特派员办事处的主要负责人;审计署财政审计司、经贸审计司、社会保障审计司、外事司、人事教育司、计算机中心、培训中心、中国审计报社以及南京审计学院的主要负责人。人民日报社、中央电视台等新闻单位的记者到会作了新闻报道。

在8月16日上午的会议上,李金华审计长作了题为《审计署贯彻朱总理指示情况通报》的讲话。李金华审计长指出,今年以来,全国各级审计机关认真贯彻中央关于开展"三讲"教育和维护社会稳定的各项工作部署,紧紧围绕经济工作中心,贯彻朱总理指示精神,进一步加大审计力度,深入揭露和查处当前财经领域的严重违法违规问题和经济犯罪案件,各项审计工作有了新的进展。1至6月份,全国审计机关共查出违反财经法规金额1 174亿元,为国家增收节支153亿元,向司法机关移送案件297件,协助有关部门查处案件317件。审计监督在维护经济秩序、加强廉政建设、促进国家宏观调控政策的贯彻落实方面发挥了重要作用。李金华审计长从四个方面通报了审计署贯彻朱总理指示的情况:一是从促进依法行政的高度,强化了中央预算执行审计;二是从促进加强金融监管和防范金融风险出发,揭露和查处了当前金融领域的重大违法犯罪问题;三是根据实施积极财政政策和维护社会稳定的需要,认真搞好专项资金审计;四是认真完成了领导交办的经济案件审计查证工作。在分析今年以来审计署各项审计工作取得明显成效的原因时,李金华审计长指出,一是贯彻朱总理指示态度坚决,审计监督力度明显加大;二是国务院、全国人大的重视和支持,为严格审计执法创造了良好的环境;三是通过各种渠道,扩大审计影响,增强审计监督威慑力;四是依法审计,敢于碰硬,不怕得罪人。上海市审计局全体局领导、各专业审计处处长和各区县审计局局长,审计署驻上海特派员办事处的领导也到会听取了李金华审计长的讲话。

会上,各单位交流了今年以来按照全国审计工作会议的部署、采取有效措施、贯彻落实朱总理指示、取得明显成效的工作情况。地方审计厅(局)的负责同志还交流了贯彻落实两个审计暂行规定的工作情况。上海市审计局局长靳曾德在会上首先作了题为《注意发现大案要案线索,认真抓好经济责任审计》的交流发言。通过交流,与会同志对进一步贯彻落实朱总理指示精神和两个审计暂行规定统一了认识,总结了经验,增强了信心。

8月18日下午,李金华审计长在会议结束时作了总结讲话。李金华审计长讲了三点意见:一、从讲政治的高度充分认识贯彻朱总理指示的重要意义。强调注意发现大案要案线索,既是惩治腐败、促进廉政建设的客观要求,也是审计机关应尽的职责,是全面贯彻落实《审计法》的重要体现,是党中央、国务院交给我们的一项重要政治任务。贯彻朱总理指示的关键是要严格执法,加大审计力度。贯彻朱总理指示要有良好的精神状态。审计署近期将组织特派办对去年增发1000亿元国债资金的分配使用情况进行审计。各级审计机关明年要考虑把国有企业审计作为一项重要工作进行研究和部署。二、统一认识,开阔思路,创造性地开展经济责任审计。强调开展领导干部任期经济责任审计是具有中国特色的一项崭新的工作。各级审计机关要以高度的政治责任感,精心组织,积极稳妥地做好这项工作。审计署将在适当时候召开经验交流会。三、抓住有利时机,切实加强干部队伍建设。各级审计机关要按照当地党委的部署,深入搞好"三讲"教育。同时,要利用机构改革的机会,优化人员结构,提高审计队伍整体素质。

上海市政府对全国审计工作座谈会(上海片)在沪召开极为重视。8月17日晚,徐匡迪市长会见了李金华审计长、王道成组长和罗进新同志。8月19日上午,李金华审计长及全体会议代表参观考察了浦东国际机场、陆家嘴金融贸易开发区,以及金茂大厦、上海国际会议中心。中午,周禹鹏副市长会见了李金华审计长等审计署领导。在沪期间,李金华审计长等审计署领导还视察了上海市审计局、审计署驻上海特派员办事处、上海市南汇县审计局,看望了审计干部们。

(本稿刊于《上海审计》1999年第5期)

上海确定五项审计任务

上海去年通过审计增收节支 10.93 亿元

本报讯 昨天,上海市政府召开上海市审计工作会议,传达全国审计工作会议精神,部署 2000 年审计工作任务。

据了解,去年上海市审计机关以真实性为基础,以打假治乱为重点,加强了对财政、金融、固定资产投资、国有企业、行政事业、外资运用等领域的审计监督,全年共审计了 1 207 个单位,完成专项审计调查项目 117 个。通过审计,应上缴财政 3.18 亿元,应减少财政拨款和补贴 2.23 亿元,应归还原渠道资金 5.52 亿元,共为国家增收节支 10.93 亿元。

根据会议部署,今年上海市审计机关将加强对重点领域、重点资金、重点项目和重点企业的审计监督,加大对重大违法违规问题和经济案件的查处力度。主要任务有:一是加强本级预算执行和其他财政收支审计,重点抓好财政部门、地方税务部门、地方国库、国资管理部门、一级预算单位等审计;二是加强重点专项资金审计,重点抓好环保专项资金、排水专项资金、养老保险基金、失业保险基金、医疗保险基金、国有企业下岗职工基本生活保障和再就业补助资金、住房公积金等审计;三是加强重点建设项目审计,重点抓好财政性资金安排的建设项目、使用国债资金的公路建设项目、市重大工程建设项目、国外贷款项目等审计;四是加强国有企业审计,抓好重点国有企业、政策性亏损企业财务收支审计;五是加强经济责任审计,重点抓好区县级以上党政领导干部和国有企业领导人员任期经济责任审计。

(本稿刊于《新民晚报》2000 年 3 月 10 日、《国际金融信息报》2000 年 3 月 10 日、《人民日报华东新闻版》2000 年 3 月 11 日、《文汇报》2000 年 3 月 11 日、《劳动报》2000 年 3 月 11 日、《上海金融报》2000 年 3 月 11 日、《新闻报》2000 年 3 月 13 日)

完善企业法人治理结构　维护出资人合法权益
上海市审计局促进国有企业监事会建设

本报讯　为进一步完善国有企业法人治理结构,维护出资人权益,优化企业领导班子结构,在最近由上海市委组织部、市国资办联合召开的上海市加强国有企业监事会建设工作会议上,上海市审计局提出从三个方面着手,做好促进国有企业监事会建设工作。

该局提出,一是加强对企业的外部审计监督。首先是依法加强国有重点企业财务收支审计。今年重点抓好对 20 户国有重点企业的财务收支审计,同时抓好对政策性亏损企业、上市公司、中方控股的中外合资企业的财务收支审计。在真实性审计的基础上,重点检查企业会计信息质量和资产质量,促进企业规范财务核算,加强经营管理,完善内部控制,提高资产质量和经济效益。其次是依法加强国有企业及国有控股企业领导人员任期经济责任审计。根据市委组织部的要求,市审计局今年安排审计 14 家市管企业。通过抓好企业经济责任审计,促进建立健全企业领导人员对国有资产保值增值的责任制度、企业经营业绩考核制度和企业领导人员决策失误追究制度,促进加强企业经营管理队伍建设。

二是加强对企业内部审计的指导和监督。首先要结合企业审计项目,检查企业内部审计制度建立情况,支持企业内部审计机构开展工作,促进被审计企业建立健全内部审计制度。其次要加强业务指导和培训,指导企业内部审计机构开展财务收支审计、经济责任审计、经济效益审计等各项内部审计工作,积极探索信息技术条件下内部审计的方法,提高内部审计人员的业务素质,推动内部审计在企业改革中加快发展,充分发挥内部审计在企业财务监控中的重要作用。

三是加强与监事会和监事会管理机构的协作配合。首先是加强工作沟通。审计机关要及时将年度企业审计工作的安排,审计工作的重点内容和要求,以及审计中发现的重要情况和问题与监事会和监事会管理机构进行沟通。通过沟通信息,加强相互配合,以合理利用监督资源,降低监督成本,提高监督效率。其次是及时提出意见和建议。审计机关要根据企业审计中发现的情况和问题,及时向监事会提出完善内部控制,加强内部监督的意见和建议,为监事会开展工作提供依据。再次是为监事会建设做好有关服务工作。如参与对监事会成员的业务培训,为监事会提供有关审计法律法规等等。

(本稿刊于《中国审计报》2000年5月24日,署名:林忠华、钱红喜)

江苏设国际注册内部审计师资格考点

上海地区 CIA 考生就地报名

本报讯 经中国内部审计学会批准,我国第三个 CIA(国际注册内部审计师)资格考试点在江苏设立,并将于今年 11 月 16～17 日首次开考。为方便本市有意赴考者报名,现已在上海市审计局(陆家浜路 1388 号)设立 CIA 考试上海市报名点,即日起办理上海地区考生的报名手续。

CIA 资格考试科目分为内部审计程序、内部审计技术、管理控制和信息技术、审计环境 4 门。考试采用中、英文两种,考生可任选其中之一。

具备下列条件之一者,可报名参加考试:1. 具有学士及其以上学位;2. 具有中级及其以上专业技术资格;3. 具有注册会计师执业会员资格或非执业会员资格;4. 本科院校审计、会计及相关专业四年级学生;5. 现从事审计、会计教学工作的普通高等院校及中专学校的教育工作者。

(本稿刊于《新民晚报》2000 年 7 月 13 日)

上海市实行经济责任审计工作联席会议制度

本报讯 为了贯彻中共中央办公厅、国务院办公厅两个暂行规定,加强对经济责任审计工作的协调和领导,形成工作合力,进一步推动上海市经济责任审计工作的深入开展,最近,中共上海市纪委、市委组织部、市监察委、市审计局联合制定了《上海市经济责任审计工作联席会议组织办法》,实行经济责任审计工作联席会议制度。

该办法明确规定,市经济责任审计工作联席会议成员单位由市纪委、市委组织部、市监察委和市审计局组成。根据市委要求,联席会议牵头单位为市委组织部,会议成员为各单位分管领导。联席会议办公室设在市审计局,平时日常工作由市审计局直接负责。

该办法还明确了联席会议各成员单位的工作职责。

市委组织部工作职责为:负责提出市管企业领导人员和区县审判机关、检察机关领导干部任期经济责任审计的年度计划名单(包括计划之外确需增加的经济责任审计事项),交联席会议讨论商定;负责利用审计结果,对被审计的市管企业领导人员和区县审判机关、检察机关领导干部的调任、免职、辞职、解聘、退休等提出处理意见;负责对下级组织干部部门执行经济责任审计暂行规定、办法,利用审计结果的情况实行监督、检查。

市纪委、市监察委工作职责为:负责对市管企业领导人员和区县审判机关、检察机关领导干部任期经济责任审计中发现的案件线索进行立案查处;负责利用审计结果,对应当给予党纪政纪处分的市管企业领导人员和区县审判机关、检察机关领导干部作出处理;负责对下级纪检、监察机关执行经济责任审计暂行规定、办法,利用审计结果的情况实行监督、检查。

市审计局工作职责为:根据联席会议商定并报市政府批准的市管企业领导人员任期经济责任审计年度计划,以及市委组织部提出的区县审判机关、检察机关领导干部任期经济责任审计的委托建议,依法独立实施审计;负责提交市管企业领导人员和区县审判机关、检察机关领导干部任期经济责任审计结果报告,并抄送联席会议其他成员单位和有关部门;负责对承办企业领导人员任期经济责任审计的会计师（审计师）事务所、上级内部审计机构的审计业务质量实行监督；负责对各区县审计局执行经济责任审计暂行规定、办法的情况实行监督、检查；负责联席会议办公室的日常工作。

6月22日，上海市经济责任审计工作联席会议召开第一次会议。会议讨论通过了《上海市经济责任审计工作联席会议组织办法》，讨论通过了市纪委、市委组织部、市监察委、市审计局联合起草的《上海市区县以下党政领导干部任期经济责任审计暂行办法》（送审稿）和《上海市国有企业及国有控股企业领导人员任期经济责任审计暂行办法》（送审稿）。会议决定将这两个办法（送审稿）呈报市委、市政府审定批准，并建议由市委办公厅、市政府办公厅印发施行。

（本稿刊于《中国审计报》2000年7月31日，署名：林忠华、钱红喜）

采取多种形式　服务西部大开发
上海市审计局加大对口支援力度

本报讯　最近,上海市审计局认真贯彻《审计署关于进一步加强审计工作为实施西部大开发战略服务的意见》精神,并结合上海实际,提出了为实施西部大开发战略服务的若干意见。

该局提出:一要根据上海市委、市政府制定的东西部地区干部交流计划,推荐选派政治素质高、业务能力强的年轻干部到西部地区锻炼。对安排来市审计局挂职锻炼的西部地区审计干部,做到热情接待,妥善安排,支持挂职干部大胆工作,为西部地区干部的成长创造条件。二要加强与西部地区审计机关在审计项目方面的合作,重点加强上海与中西部地区协作和对口支援项目(包括重点投资项目、重点联营企业)的审计合作。在审计项目合作中,正确处理依法审计与实事求是、审计监督与服务大局的关系,促进西部地区产业结构调整、地方经济发展和社会稳定。三要加强与西部地区审计机关在审计信息、审计情况、审计科研等方面的协作和对口支援,相互交流审计信息资料、审计法规和规章制度、审计科研成果,联合开展审计科研课题研究,不定期地召开审计工作专题研讨会,实现审计资源共享,促进提高审计工作水平,推动东、西部地区审计工作的共同发展。四要加强与西部地区审计机关在审计信息系统开发、审计方法运用等方面的协作和对口支援。共同开发各类计算机辅助审计应用软件,向西部地区审计机关提供市审计局开发的计算机辅助审计应用软件,并提供计算机辅助审计软件的运用培训和技术支持。五要根据西部地区审计工作的发展需要,为西部地区审计机关提供多种形式的审计业务培训。采取在沪举办西部地区审计机关业务培训班,或派师资赴西部地区进行授课等形式,为西部地区尽快建设一支高素质的审计干部队伍发挥积极作用。

(本稿刊于《中国审计报》2000年9月22日,署名:林忠华、杨崇惠)

审计感悟

加强审计监督　促进经济发展

——上海市领导重视支持审计工作撷影

90年代,是上海发展进程中一个重要的历史时期,全市经济持续、快速、健康发展,城市面貌日新月异。上海的发展是市委、市政府坚持"稳中有进,重在有质,重在求实"的方针,积极推进两个根本性转变,以及全市人民共同努力的结果。其中也包含了上海市一千多名审计干部在改革开放中发挥监督、保证作用所作出的努力。

近两年来,全市审计机关认真贯彻《审计法》,紧紧围绕经济工作中心,积极开展审计工作,充分发挥了审计监督在维护财经秩序,推动深化改革,促进经济发展,加强廉政建设等方面的重要作用,为促进上海改革开放和经济发展作出了积极贡献。审计工作受到了市委、市人大、市政府、市纪委等领导的高度重视,审计监督的权威性有了很大的提高。这种提高,是广大审计干部开拓进取、团结拼搏、共同努力的结果,也是与市领导对审计工作的重视与支持分不开的。

一、交任务,提要求,突出审计工作重点

在每年年初制定年度审计工作计划时,市领导注重加强对本市审计工作的具体指导,就事关上海改革和发展大局的一些重点事项、重点资金、重点单位的审计提出要求。1998年以来,市审计局共接受市委、市政府领导交办的审计任务16项,其中包括对市煤气公司、自来水公司财政补贴资金审计和亏损情况审计调查、绿化建设资金使用情况审计调查、八万人体育场竣工决算审计、排水费征收管理使用情况审计等。1998年徐匡迪市长认真审阅了市审计局上报的1998年度重点审计项目计划的报告,并作了重要批示。市政府领导提出的审计要求,为审计局在编制审计计划时进一步明确审计工作指导思想,紧贴市政府中心工作,选准上海经济发展和改革开放中的重点、难点和热点问题创造了条件。在市领导的重视和关心下,这几年上海审计工作的重点进一步突出,各项审计工作取得了较好的效果。

上海市历届领导都十分重视和关心审计,经常对审计工作提出要求。原协管审计工作的副市长华建敏希望审计部门提出一些有质量的建议、起到点石成金的作用。市领导在对上海经济工作形势和任务的精辟分析,以及对加强审计队伍建设、搞好审计工作提出的要求,开拓了审计干部的思路,促进了全市审计机关较好地发挥了防范、促进、遏制和参谋作用。

二、听汇报,作批示,发挥审计工作作用

上海市领导十分重视发挥审计工作的作用,把审计工作作为政府监管经济运行和党风廉政建设的重要抓手。他们在繁忙的工作中,注意了解审计工作进展情况,经常听取市审计局领导的工作汇报。仅1999年一年中,市政府领导听取审计工作汇报达20次之多。

"审计局是市政府重大决策的重要依靠力量",这是2000年4月份韩正副市长在听取市审计局关于本市排水费审计情况的汇报时说的。韩正副市长充分肯定了市审计局对本市排水费审计取得的成绩。他说,市审计局认真、细致的工作,给我们提供很好的信息,使市政府心中有底,为进一步的决策工作提供了很大的帮助。审计提出的建议非常好,要从机制上入手,认真整改,逐项整改。韩正副市长还多次听取市审计局对市自来水公司、建设资金、国债建设资金和市城市建设投资公司等方面的审计情况。

市领导还十分重视市审计局上报的审计综合报告,对审计综合报告中揭示的问题以及提出的意见和建议予以重视,并批示有关部门研究处理。1998年以来,市政府领导共对市审计局上报的35篇审计工作报告或审计信息作了批示。

近几年来,上海公用事业行业的体制改革不断深化,根据市政府领导对公用事业行业亏损企业审计的要求,市审计局对市自来水公司1998年度财务收支进行了审计。审计中,审计人员转变指导思想,从单纯的亏损真实性审计,转向帮助企业扭亏为盈,从机制上挖掘减亏潜力,发挥了审计高层次的监督作用,取得了良好的效果。市审计局在向韩正副市长的专题汇报中,分析了该公司亏损的原因以及资金现状,揭示了该公司贴费排管预收款中有大量资金沉淀在公司下属企业,截至审计日,尚有可动用资金达4.5亿元。市审计局认为,该公司只要加强管理、挖掘潜力、增收节支并动用部分贴费排管预收款,市政府提出的自来水公司减亏目标是可以实现的。审计结果引起了市领导的高度重视,成为上海实施自来水公司体制改革的重要

依据。此外,市审计局还对本市燃气行业政策性亏损企业进行审计,发现燃气行业一些大的固定资产投资项目大都由市政府投资拨交企业运用,政府既要承担固定资产投资责任,又要以财政补贴方式承担这部分固定资产的折旧,这种做法不利于调动企业在利用折旧资金进行再投资方面的积极性和主动性,提出了本市燃气行业投融资体制有待改革的审计建议。市审计局关于1998年度本市部分公用事业企业亏损情况的综合审计报告上报市政府后,引起了市领导的重视。徐匡迪市长、韩正副市长等领导都作了批示,认为"市审计局的工作值得表扬,审计报告实实在在、实事求是地反映问题,有利于市政府全面掌握情况,科学决策,针对性采取措施。公用事业特别是自来水行业全面引入竞争机制,彻底转变机制,确保明年全面扭亏。"韩正副市长还指出,自来水公司提前2年减亏,市审计局立了大功,一笔钱派了三个用处:自来水公司减亏,困难企业解困,同时市政府将审计后收回的1.6亿元资金用于本市大型绿化工程,使上海城市建设和管理大大推进了一步。

围绕市政府关心的热点问题,1999年度市审计局开展了对本市住房解困政府补贴资金的审计调查,通过审计调查,核减了市解困办申报的住房解困政府补贴资金1.16亿元。审计调查报告引起了市领导及有关方面的高度重视,韩正副市长作了批示,市有关部门和被审计单位认真采纳审计意见,积极进行整改,确保了住房解困政府补贴资金合理有效使用。1999年上半年,市审计局还对市社会保险事业基金结算中心1998年度养老保险基金征、拨、缴等情况进行了审计,针对审计中发现的问题,提出了审计意见和建议。此项审计工作受到市政府领导的重视,徐匡迪市长在市审计局上报的审计综合报告上批示:对广大群众养老的"活命钱",务必规范、谨慎管好。在市领导的重视下,此项审计取得了良好的效果,促进了本市社会保险经办机构进一步建立健全监督制约机制,依法规范管理,确保养老保险基金安全运营。

三、搞调研,作指导,检查审计工作情况

为了促进上海审计工作发展,市领导在百忙中抽出时间,亲临市审计局开展审计工作调研,检查审计工作开展情况,对进一步做好审计工作提出要求。1998年6月16日,市人大常委会党组副书记、副主任孙贵璋来市审计局视察工作。孙贵璋副主任在视察中强调,十多年来,审计部门为上海城市

建设、经济发展和人民生活的提高作出了贡献。审计工作是经济监督工作，审计部门要敢于监督，善于监督。孙贵璋副主任要求审计部门正确处理和解决好各种矛盾和问题，进一步做好审计工作。为上海的改革和发展作出更大的贡献。同年7月23日，冯国勤副市长来市审计局检查本市粮食财务挂账清查审计工作。在听取市审计局领导有关审计工作进展情况汇报以后，冯国勤副市长对粮食财务挂账清查审计取得的阶段性成果给予肯定，并要求审计部门继续抓紧抓好这项审计工作，查清事实，搞准数字，掌握政策，为深化本市粮食流通体制改革服务。1999年9月8日，中共上海市委常委、市纪委书记、市监察委主任张惠新来市审计局调研审计工作。在调研中，张惠新书记召开座谈会详细了解市审计局贯彻朱镕基总理关于"全面审计，突出重点，注意发现大案要案线索"重要批示的工作情况。张惠新书记对审计机关依法审计，敢于碰硬，不怕得罪人给予了肯定，并对纪检监察机关与审计机关在查办案件和审计工作中加强相互配合提出了要求。

四、抓反馈，查落实，提高审计工作效果

近几年来，根据《审计法》的规定，市审计局每年对本级预算执行和其他财政收支进行了审计，审计的领域不断拓宽，审计的力度得到加强，已初步形成了以财政、地方税务、国有资产管理部门预算执行情况审计为主导，一级预算单位审计、政策性亏损企业审计、市财力投资的建设项目审计、财政专项资金审计、社会保障资金审计为基础，其他财政收支审计为补充的综合财政审计工作体系。卓有成效的审计工作得到了市人大常委会的肯定。市人大常委会在听取关于上海市1998年本级预算执行和其他财政收支的审计工作报告以后，对审计报告给予了很高的评价。市人大常委会副主任胡正昌用"这次审计报告是历次报告中最好的"话语来表达对审计工作的充分肯定。市人大常委会在审议中普遍认为，审计工作是人大监督财政工作的一个很重要的抓手，如果没有审计工作，人大依法治市就是一句空话。本级财政审计工作报告所披露出来的问题，引起了市人大常委会主任陈铁迪等领导的极大关注。陈铁迪主任明确指出：国家的钱不能流失占用，对审计查出的问题要有结果，并向市人大常委会报告。根据市人大常委会审议意见，市审计局对被审计单位执行审计意见和决定情况进行了跟踪检查。检查结果表明，有关被审计单位重视审计查出的问题，采取相应的整改措施，积极采纳审计意见，认真执行审计决定，切实改进工作，审计监督取得了良好的

效果。如市财政局针对具体组织执行市级预算情况审计中查出的问题,采取了整改措施,部分预算收入已上交国库,预算列支的有关费用已陆续按规定审核拨付到有关企业,并成立了财政资金管理小组,对原分散在各处室的账户进行清理,以解决财政资金开户过多的问题。

(本稿刊于《上海审计》2000年第5期,署名:林忠华、王秀珍)

召开专门会议　研讨未来发展
上海市审计局提出审计综合工作四个重点

本报讯　为进一步加大审计综合工作力度,最近,上海市审计局召开了全市审计机关审计综合工作会议。各区县审计局分管局长、市局各专业审计处分管处长、部分综合科(组)长和审计统计人员出席了会议。

会议传达了《审计署关于进一步提高审计信息质量有关问题的通知》,统一了《全市经济责任审计工作量调查表》和《经济责任审计情况报表》的填报口径。会上,上海市审计局提出近期审计综合工作要重点做好四个方面工作:在审计项目计划管理工作方面,一是要采取切实措施,确保完成全年审计项目计划;二是要结合本市"十五"计划的要求和经济发展的趋势,开展审计项目计划调研,尽早提出明年的审计工作思路;三是要进一步加强市局与区县局在计划管理中的协调,抓好审计项目计划的动态管理。在审计统计管理方面,一是各单位要加强对审计统计工作的领导;二是要重视做好审计统计资料的复核工作,建议建立统计工作"三级复核制度",道道把关,确保审计统计数据的真实性和完整性;三是在经济责任审计统计中,要强化"紧扣责任"意识。在审计信息工作方面,要按照审计署关于进一步提高审计信息质量的有关要求,认真抓好审计信息工作,特别是要多报送一些审计情况反映类的综合性信息,以更好地反映审计工作成果。在经济责任审计工作方面,各单位要结合实际,研究经济责任审计文书、审计统计、计划管理以及委托审计等方面的规范运作,进一步加强经济责任审计的规范化建设。

(本稿刊于《中国审计报》2000年12月11日,署名:林忠华、王秀珍)

李金华在上海市审计局考察工作时强调

审计工作要总结经验加强研究提高层次

本报讯 7月26日,正在上海出席审计署驻地方特派员办事处工作座谈会的李金华审计长兴致勃勃地来到上海市审计局考察工作。李金华听取了该局的工作汇报,看望了该局处级以上干部,并发表讲话。李金华强调,要认真总结审计工作经验,加强对重大审计理论与实践问题的研究,进一步提高审计工作层次。

李金华指出,近年来,审计事业发展很快,审计工作水平明显提高,审计队伍素质明显改善,审计机关的影响力不断增强。审计工作之所以发展这么快,一方面,得益于改革开放和整个国家的社会经济发展,这是大环境。另一方面,与我们认真贯彻朱镕基总理"全面审计、突出重点"的方针密不可分,这是审计工作乘势而上,加快发展的重要原因。明年是审计机关成立20周年,要认真总结20年来审计工作的基本经验,进一步提高审计工作层次。

李金华强调指出,国家审计的本质是监督。在建立社会主义市场经济体制过程中,审计机关除了监督财政财务收支外,主要作用应是促进政府行为的公开、透明,推进依法治国和依法行政。最近几年,审计署通过开展预算执行审计,促进细化了财政预算,增强了财政透明度,得到了国务院和全国人大常委会的肯定。今后要通过加强审计监督,促进增强财政转移支付的透明度。最近,审计署实行审计结果公告制度,这必将进一步发挥审计监督作用,促进增强政府工作的透明度。总之,审计的作用不应仅仅是查错纠弊,促进管理,审计的本质更应是促进政府职能的转变,增强政府工作的透明度。

李金华要求,当前要认真研究和探索一系列重要的审计实践课题,如怎样通过财政审计,促进建立公共财政框架体系;怎样通过金融审计,促进提高金融资产质量;怎样通过国有企业审计,推进国有企业改革和发展;怎样在真实性审计的基础上,探索开展绩效审计;在抓好国有企业领导人员经济责任审计的同时,如何探索开展对党政领导干部的经济责任审计。同时,要进一步加大计算机开发应用的力度,抓紧培养一批计算机审计骨干,加快审计信息化建设的步伐。

李金华对近年来上海市审计工作取得的成绩给予充分肯定。他说,上海市审计工作基础不错,发展很好。"有为才能有位"。上海市审计机关有很好的条件和环境,要充分发挥审计的职能作用,促进上海市的改革开放和经济发展。李金华希望上海市审计机关认真总结成立以来的经验,发挥自身优势,积极开拓创新,加强对审计前沿问题的研究和探索,为全国审计机关积累宝贵经验,继续走在全国审计工作的前列。审计署办公厅负责同志陪同考察。

(本稿刊于《中国审计报》2002 年 7 月 31 日,署名:林忠华、张海军)

12名新聘特约审计员"上岗"

本报讯 日前,上海市12名民主党派成员和无党派人士从市审计局局长手中接过聘书,成为上海市审计局第四届特约审计员。市委常委、副市长冯国勤出席聘任仪式并讲话。

冯国勤在讲话中指出,做好新形势下的特约审计员工作,有利于充分发挥民主党派和无党派人士参政议政和民主监督的职能,有利于健全和完善法律监督制约体系,有利于密切审计机关与人民群众的联系。他强调,一要加强领导,充分发挥特约审计员的专业特长和优势;二要加强学习,夯实特约审计员工作的基础;三要加强服务,为特约审计员开展工作创造良好条件。

据了解,上海市审计局从1990年聘任第一届特约审计员以来,迄今共聘请民主党派成员和无党派人士担任特约审计员49人(次)。10多年来,特约审计员认真履行职责,积极帮助审计机关完善审计工作决策,优化审计工作计划,提高审计工作质量,加快审计法规建设,为促进上海审计事业发展发挥了独特作用。

据悉,新聘任的12名特约审计员中,2名是无党派人士,其余来自8个民主党派。其中:有全国人大代表、全国政协委员、市人大常委、市人大代表、市政协常委、市政协委员11人,有7人系民主党派市委、市工商联负责人,有5人担任民主党派中央常委、中央委员职务,有10人具有教授、研究员、高级工程师、高级会计师、高级经济师等高级技术职称。

(本稿刊于《解放日报》2003年11月13日、《文汇报》2003年11月13日、《新民晚报》2003年11月13日、《新闻晨报》2003年11月13日、《上海经济报》2003年11月13日、《上海法治报》2003年11月14日、《中国审计报》2003年12月1日)

上海市市长韩正要求：
审计要确保权为民所用

本报讯 在3月1日召开的上海市审计工作暨中央在沪单位审计工作会议上，上海市委副书记、市长韩正明确指出，审计监督是规范权力运作、提高行政效能、维护国家和群众利益的重要保障。要坚持以真实性审计为基石，进一步突出重点，强化对权力的制约与监督，确保以人民赋予的权力为人民谋利益。

韩正在讲话时指出，审计是行政监督的重要组成部分，实践证明，审计监督有利于规范权力运作，有利于提高行政效能，有利于推进科学民主决策，有利于促进政府行为公开透明，也有利于推动廉政建设。各区县、各部门、各单位要从建设服务政府、责任政府、法治政府的高度，充分认识加强审计工作的重要性，更加重视和支持审计工作。

针对目前财经领域中存在的会计信息失真、资金管理不善、财经纪律松懈、经济效益不高等问题，韩正指出，必须加大审计力度，强化对权力的制约与监督，权力运行到哪里监督就要延伸到哪里，切实做到有权必有责、用权受监督、侵权要赔偿、违法须追究。他提出，要突出对公权力大的重点部门、国有资产量大的重点企业、财政资金投入多的重点项目的审计；要强化对财政资金分配权和使用权、国有资产经营决策权和资产运营处置权的制约和监督；要加大对"金额大""范围大""影响大""危害大"问题的审计力度，揭露重大违法违规问题和影响经济全局的问题；要把事前、事中、事后的监督结合起来，做到监督关口前移。

韩正强调，对审计中查出的问题，一定要切实落实整改措施，使审计取得实效。他希望审计部门既当好"经济卫士"，又当好"政府谋士"，不断提高审计监督的能力和水平。同时，要按照严谨细致、积极稳妥、注重效果的原则，逐步增加审计透明度。

（本稿刊于《中国审计报》2005年3月23日，署名：林忠华、张海军）

将党政领导干部经济责任审计范围扩大到地厅级

上海出台领导干部经济责任审计办法

本报讯 日前,中共上海市委办公厅、上海市政府办公厅转发了《市纪委、市委组织部、市监察委、市审计局关于本市市管党政领导干部任期经济责任审计实施办法》,这是上海市贯彻《中央纪委、中央组织部、监察部、人事部、审计署关于将党政领导干部经济责任审计范围扩大到地厅级的意见》的重要举措。

该办法规定,市管党政领导干部任期经济责任审计应当制度化。市管党政领导干部任期内办理提任、转任、轮岗、免职、辞职等离任事项时,应当接受任期经济责任审计。根据干部管理监督工作的需要,可以在市管党政领导干部任期内对其进行经济责任审计。对公权力大、公益性强、公众关注度高的政府部门和各区县党委、政府的正职领导干部,原则上在其一届任期内安排一次经济责任审计。

该办法还规定,市审计局向市政府提交市管党政领导干部任期经济责任审计结果报告,并抄送市委及党政领导干部管理机关、纪检监察机关和其他有关部门。党政领导干部管理机关应当将市审计局提交的市管党政领导干部任期经济责任审计结果报告,作为对市管党政领导干部考核、奖惩以及提任、调任、免职、辞职等方面的参考依据;应当给予党纪政纪处分的,由纪检监察机关作出处理;应当依法追究刑事责任的,移交司法机关处理。

该办法的颁布施行,标志着上海市党政领导干部任期经济责任审计工作进入了一个新的发展阶段,今后对局级党政领导干部进行任期经济责任审计的任务将日益增多。

据了解,自2000年9月中共上海市委办公厅、上海市政府办公厅印发《上海市区县级以下党政领导干部任期经济责任审计暂行办法》以来,上海市全面推进县级以下党政领导干部任期经济责任审计,积极稳妥地开展县级以上党政领导干部任期经济责任审计的试点工作。据统计,2000年至2005年,全市共对1 549人(次)的处级党政领导干部进行了任期经济责任审计;通过试点和扩大试点,先后对 27 家机关事业单位、33 名局级党政领导干部进行了任期经济责任审计。通过审计,在加强干部监督管理、从源头上预防和治理腐败、促进领导干部廉洁勤政、推进依法行政等方面发挥了积极作用。

(本稿刊于《中国审计报》2006 年 7 月 14 日)

上海要求进一步加强内部审计工作

本报讯 日前,上海市政府办公厅发出通知,转发市审计局《关于进一步加强内部审计工作的意见》。这是上海市推进内部审计工作,强化部门单位自我约束的又一重要举措。

《关于进一步加强内部审计工作的意见》对进一步加强内部审计工作提出四点要求:一是各部门、各单位要认真贯彻《审计法》和《审计署关于内部审计工作的规定》,采取切实有效措施,建立健全内部审计制度,加强内部审计工作领导,加强内部审计队伍建设,严格内部审计管理。二是各级内部审计机构要突出审计重点,加强审计质量管理,做好与社会审计机构的协调工作,提高内部审计的质量和水平,更好地为本部门、本单位加强管理、提高效益服务。三是各级审计机关要结合审计工作,对被审计单位内部审计制度建立健全情况、内部审计工作开展情况进行检查,对被审计单位内部审计业务质量进行检查和评估,充分利用内部审计工作成果,加强对内部审计工作的业务指导和监督。四是内部审计协会要努力创新工作方式,拓展服务范围,加强业务培训,开展课题研究,总结交流经验,扩大内部审计的影响,提高内部审计队伍的素质。

据了解,上海市政府和审计机关高度重视推进内部审计工作,去年下半年,市审计局结合经济责任审计,对11户市管企业内部审计工作进行了检查。去年年底,又组织开展了对全市市级单位内部审计制度建设情况调查。针对审计结果,上海市政府要求市审计局会同有关部门认真研究,抓住重点,扎实推进,提高内部审计工作水平。

据悉,为扩大内部审计工作的影响,此次上海市将《关于进一步加强内部审计工作的意见》作为普发性文件予以转发,印数达两千份,发至全市各大单位,并在"中国上海"门户网站全文公布。

(本稿刊于《中国审计报》2007年5月9日)

上海加强市管干部经济责任审计

本报讯 今年以来，为适应强化干部监督管理、加强党风廉政建设的需要，上海加快推进市管干部经济责任审计，取得了较为明显的成效。

根据市委组织部委托，今年上海市审计局将组织开展对 29 个单位 41 名市管干部任期经济责任审计。审计对象包括：15 个机关事业单位 19 名主要负责人，5 个区 13 名主要负责人，9 户市管企业 9 名主要负责人。今年上海市管干部经济责任审计工作安排的主要特点：一是审计任务加重，被审计单位数和被审计市管干部人数分别比去年增幅达 32％ 和 64％。二是地厅级党政领导干部经济责任审计项目数首次超过市管企业领导人员经济责任审计项目数。三是部门领导干部经济责任审计首次与部门预算执行审计"两审并一审"。四是地区党政领导干部经济责任审计全部实行党委、政府主要负责人"捆绑式"审计。公权力大、公益性强、公众关注度高的政府部门和各区（县）党委、政府的主要负责人，已成为上海市管干部经济责任审计的重点对象。

据了解，为了全面完成今年市管干部经济责任审计任务，上海市审计局已采取有效措施，举全局之力，抓好审计组织实施。同时，从统一审计工作方案、规范审计报告格式、加强审计质量控制着手，进一步提高经济责任审计工作水平。

（本稿刊于《中国审计报》2007 年 8 月 3 日）

上海组织交流区县经济责任审计工作经验

本报讯 2004年至2006年期间,上海19个区县审计局在经济责任审计中共查出违规资金13.85亿元、管理不规范金额71.4亿元。昨天,上海召开区县经济责任审计工作经验交流会,有关单位就开展经济责任审计工作的做法和结果运用等进行了经验交流。市委常委、组织部长沈红光出席会议并讲话。

近年来,上海市经济责任审计工作发展很快。去年以来,上海进一步加强了经济责任审计结果运用工作,市纪委、市委组织部、市监察委、市审计局、市国资委党委联合制定了《上海市市管领导干部任期经济责任审计结果运用办法》,近期将由中共上海市委办公厅、上海市人民政府办公厅印发施行。该办法的出台,将进一步强化对领导干部的监督管理,促进领导干部正确履行经济责任,完善权力制约机制,推进审计整改工作。

据了解,2004年至2006年,上海19个区县审计局共审计党政领导干部785人、区县管企业领导人员113人。在审计查出的违规资金、管理不规范金额中,涉及领导干部直接责任的问题金额6.2亿元。审计还发现领导干部个人经济问题金额395万元。有关部门参考审计结果,给予领导干部免职、降职、撤职22人,移送纪检监察机关和司法机关处理4人。经济责任审计在加强干部监督管理和党风廉政建设中发挥了重要作用,已成为上海各级审计机关法定的主要审计工作。

市委常委、市委组织部部长沈红光在会上强调,对审计查出的存在违纪违规问题的领导干部,以及其任职期间内对所在单位发生的重大经济损失或严重违法违纪问题负有责任的,要按有关规定给予相应的组织处理,绝不姑息。

(本稿刊于《新民晚报》2007年8月10日、《中国审计报》2007年8月24日)

强化干部监督管理　推进党风廉政建设
上海出台经济责任审计结果运用办法

本报讯　日前,中共上海市委办公厅、上海市人民政府办公厅发出通知,印发《上海市市管领导干部任期经济责任审计结果运用办法》。这是上海强化干部监督管理、推进党风廉政建设的又一重要举措。

该办法明确,经济责任审计结果运用是指纪检监察机关、干部管理部门、国有资产监管部门、审计机关和其他有关部门在党风廉政建设和反腐败工作中,在市管领导干部考核、任免、奖惩和后续管理工作中,在国有资产监管和财政监督工作中,或在作出组织处理、纪律处分等决定时,将审计结果作为参考依据。该办法规定,经济责任审计结果运用工作,由市经济责任审计工作联席会议统一协调,市经济责任审计工作联席会议办公室负责审计结果运用工作的具体协调和督促检查。纪检监察机关在党风廉政建设和反腐败工作中,要充分运用审计结果。干部管理部门在市管领导干部考核、任免、奖惩和后续管理工作中,应将审计结果作为参考依据之一。国有资产监管部门和有关主管部门在国有资产监管和财政监督工作中,应有效运用审计结果。审计机关要根据法律法规和本市有关规定,充分运用审计结果。被审计市管领导干部及其任职期间所在单位应认真执行审计决定,积极运用审计结果。

(本稿刊于《中国审计报》2007年9月10日)

审计感悟

珍贵的照片　难忘的回忆

在我的审计工作生涯中,留有一些珍贵的照片和难忘的回忆。从20世纪90年代起,我曾多次随同领导,赴北京出席全国审计工作重要会议。会议期间,与会代表受到国务院领导同志亲切接见并合影留念。在纪念上海市审计机关成立三十周年之际,我翻出五张珍藏的照片,写下回忆文字,与读者分享国家领导人对审计工作的关怀。

一、第一张照片

时间:1994年12月29日上午;地点:北京中南海紫光阁前。我随同市审计局局长靳曾德出席在北京京西宾馆召开的全国审计工作会议。接会务组通知,12月29日上午,国务院领导同志将在中南海接见会议全体代表。中南海是党中央、国务院办公地。这是我第一次进入中南海,心情激动且充满好奇。会议代表在中南海紫光阁前列队完毕不久,国务院总理李鹏、副总理邹家华、国务委员李贵鲜、国务委员兼国务院秘书长罗干,在审计署郭振乾审计长、崔建民副审计长、金基鹏副审计长、李金华副审计长、刘鹤章副审计长、郑力副审计长、罗进新副审计长的陪同下,来到会议代表面前,同大家亲切见面。在热烈的掌声中,李鹏总理发表了重要讲话。

李鹏总理说,今天很高兴有机会与参加全国审计工作会议的代表们见面。我首先感谢全国审计工作战线的同志,为建立社会主义市场经济体制,为维护国家财政经济秩序,为增加国家财政收入,作出了很大的努力。郭振乾同志告诉我,1994年通过审计为国家财政挽回损失100多亿元。对此,我向大家表示感谢。我们的审计工作直属各级行政首长领导。在省里属省长领导,在县里属县长领导,在中央属总理领导。《宪法》赋予了审计机关很大的权力,对国务院各部门和地方各级政府的财政收支、对国家财政金融机构和企事业单位的财务收支,进行审计监督。从1995年1月1日起,《审计法》正式生效施行,审计部门可以依照《审计法》进行审计。这就增加了审计监督的权威性,同时责任也更大了。随后,国务院领导同志与会议全体代表合影留念。《中国审计信息与方法》杂志1995年第1期作为封面照刊登了合影照片。

另值得一提的是,我第二次进入中南海是1996年1月5日上午。当时我随同市审计局局长靳曾德出席在北京京西宾馆召开的全国审计工作会议。1月5日上午,国务院总理李鹏、国务委员李贵鲜在中南海国务院第一会议室接见出席全国审计工作会议全体代表。李鹏总理说,过去的一年,审计工作取得了很大成绩。《审计法》正式实施,审计队伍的素质不断提高,审计部门依法审计,为国家增收节支150多亿元,这是一个很大的贡献。李鹏总理代表党中央、国务院向全国审计工作战线的同志表示感谢。李鹏总理强调,各级审计部门要认真贯彻中央的方针政策,为严肃财经纪律,维护正常的经济秩序,促进改革开放,保持社会稳定作出新的贡献。此次接见因采取座谈形式,未合影留念。

二、第二张照片

时间:1997年1月21日;地点:北京人民大会堂北大厅。我随同市审计局局长靳曾德出席在北京京西宾馆召开的全国审计工作会议。接会务组通知,1月21日,国务院领导同志将在人民大会堂接见会议全体代表。人民大会堂是重要的国务活动场所,全国人大开会的地方。这是我第一次进入人民大会堂,心情激动且充满好奇。会议代表在人民大会堂北大厅列队完毕不久,国务院总理李鹏、国务委员李贵鲜、国务委员兼国务院秘书长罗干,在审计署郭振乾审计长、金基鹏副审计长、李金华副审计长、刘鹤章副审计长、翟熙贵副审计长、刘家义副审计长、吴定富纪检组长的陪同下,来到会议代表面前,同大家亲切见面。在全场热烈的掌声中,李鹏总理发表了重要讲话。

李鹏总理说,自从审计署和各级审计机关建立以来,积极开展审计工作,作出了很大贡献。特别是1996年,你们对中央各级预算执行情况进行了审计,同时审计了预算外资金,对行政部门、企业、事业单位也进行了审计,成绩很大,为国家增收节支280多亿元。我看问题不仅在于多少钱,通过审计,发现一些好的企业、好的单位,能执行国家财经纪律,也查出了一些违纪违法案件,对整顿整个经济秩序,加强宏观调控,产生一种威慑的力量。你们作出了贡献,向你们表示感谢。随后,国务院领导同志与会议全体代表合影留念。

三、第三张照片

时间：1997年12月22日；地点：北京人民大会堂台湾厅。我随同市审计局总会计师於榕出席在北京京西宾馆召开的全国审计工作会议。会议期间，同时召开全国审计机关先进集体和先进工作者表彰大会。上海市审计局外资审计处、上海市南汇县审计局荣获全国审计机关先进集体称号，上海市浦东新区审计局唐世名荣获全国审计机关先进工作者称号。市审计局副局长葛爱玲、南汇县审计局局长王永明、浦东新区审计局唐世名作为先进表彰大会代表出席会议。接会务组通知，12月22日，国务院领导同志将在人民大会堂接见出席全国审计工作会议暨全国审计机关先进集体和先进工作者表彰大会的全体同志。全国审计工作会议代表和佩戴大红花的先进表彰大会代表在人民大会堂台湾厅列队完毕不久，国务院总理李鹏、国务委员李贵鲜、国务委员兼国务院秘书长罗干，在审计署郭振乾审计长、金基鹏副审计长、李金华副审计长、刘鹤章副审计长、翟熙贵副审计长、刘家义副审计长、吴定富纪检组长的陪同下，来到会议代表面前，同大家亲切见面。在全场热烈的掌声中，李鹏总理发表了重要讲话。

李鹏总理强调，越是发展市场经济，越要加强审计监督。李鹏总理向这次大会表彰的先进集体和先进工作者表示祝贺。李鹏总理说，党的十四大以来，审计事业有了较快的发展。国家制定、颁布了《审计法》和《审计法实施条例》。经过多年的努力，我们已初步建立起有中国特色的审计监督制度的基本框架，审计工作开始走上法制化、制度化、规范化的轨道。李鹏总理指出，今年以来，审计战线的同志做了很多工作，取得了显著成就。通过审计为国家增收节支300多亿元，这是一个很大的贡献。更重要的是，审计监督在维护国家财政经济秩序，促进廉政建设，保障国民经济健康发展等方面，发挥了积极的作用。这些成绩的取得是包括先进集体和先进工作者在内的全国审计战线的同志们辛勤劳动、共同努力的结果。对此，向大家表示衷心的感谢。随后，国务院领导同志与出席两个会议的全体同志合影留念。

四、第四张照片

时间：2000年10月26日；地点：北京京西宾馆会见厅。我随同市纪委副书记何卫国、市委组织部副部长周鹤龄、市审计局局长靳曾德，出席中央纪委、中组部、监察部、人事部、审计署联合在北京京西宾馆召开的全国经济责任审计工作会议。10月26日,国务委员王忠禹出席全国经济责任审计工作会议并作重要讲话。王忠禹国务委员指出,能否在新的世纪迎接和战胜各种困难,实现中华民族的伟大复兴,很重要的一项工作就是全面提高干部队伍素质,加强对领导干部的监督和管理,加强对领导干部的经济责任审计工作。王忠禹国务委员强调,要全面开展县以下党政领导干部经济责任审计工作,并逐步开展县以上党政领导干部经济责任审计的试点工作,同时,要深入开展国有及国有控股企业领导人员的经济责任审计。通过审计,促进国有企业领导人员严格执行财经纪律,加强企业内部管理,提高企业经济效益,促进国有企业的改革和发展。各地要在党委和政府的领导下,本着突出重点、统筹安排的原则,有计划、有重点地逐步扩大对国有及国有控股企业领导人员经济责任审计的覆盖面,不断深化审计内容,改进审计方法,逐步扩大审计范围,不断总结经验,努力提高审计质量。

会议期间,王忠禹国务委员,中央纪委副书记、监察部部长何勇,审计署审计长李金华,中央纪委常委、中央组织部副部长赵洪祝,监察部副部长陈昌智,人事部副部长张学忠,审计署副审计长翟熙贵,审计署纪检组长王道成等领导同志在京西宾馆会见厅会见会议全体代表并合影留念。这是中央五部委首次召开全国经济责任审计工作会议。会上,市委组织部副部长周鹤龄代表中共上海市委、上海市人民政府,作了题为《加强经济责任审计,促进国有企业改革和发展》的大会交流发言。

五、第五张照片

时间:2003年1月21日上午;地点:北京怀柔审计署培训中心广场。我随同市审计局局长葛爱玲出席在北京怀柔审计署培训中心召开的全国审计工作会议。1月21日上午,国务委员兼国务院秘书长王忠禹出席全国审计工作会议并作重要讲话。王忠禹国务委员传达了朱镕基总理和温家宝副总理1月13日在审计署考察工作时的重要讲话精神,并对认真贯彻国务院领导同志的有关指示提出了要求。王忠禹国务委员强调,为进一步强化审计监督工作,一是各级审计机关要总结经验,并结合新的实践,不断加以完善,努力开创审计工作的新局面;二是要认清形势,进一步提高对审计工作重要性的认识,从更高层次上充分认清所承担的职责,切实增强做好审计工作的责任感和使命感;三是要明确目标,继续突出对重点领域、重点部门、重点资金的审计,突出对重大的违法违规问题,特别是经济犯罪案件的查处,不断提高审计效果,保证审计质量,认真完成好今年的审计工作任务;四是要抓紧建设"金审工程",继续坚持和推广"八不准"审计纪律,进一步加强干部教育培训,努力造就一支政治过硬、业务精湛、清正廉洁的审计队伍。

  会议期间,王忠禹国务委员在审计署李金华审计长、令狐安副审计长、翟熙贵副审计长、刘家义副审计长、董大胜副审计长、项俊波副审计长、王道成纪检组长的陪同下,在审计署培训中心广场亲切会见会议全体代表并合影留念。

  (本文刊于《上海审计》2014年增刊"纪念上海市审计机关成立三十周年专刊"、《甘肃审计》2014年第7期、《特区审计》2014年第3期、《教育审计》2016年第2期)

我与《上海审计》杂志

我自1992年初调入上海市审计局工作起,便与《上海审计》杂志结下了不解之缘。《上海审计》杂志当时由上海市审计学会、上海市审计科学研究所主办,是公开出版的双月刊,在华东地区乃至全国审计界都有一定的影响,1995年最高发行量曾达每期1.7万本。我在《上海审计》杂志1993年第5期发表了本人进市审计局工作后的第一篇审计论文《股份合作制企业审计调查浅析》。该篇论文当年获上海市会计学会1993年度潘序伦中青年会计审计优秀论文奖和上海市审计学会第三届优秀论文奖,并刊于《决策参考》《上海经济》《上海综合经济》等刊物。此后二十多年,我在《上海审计》杂志陆续发表文章共计67篇,经历了从作者到副主编的角色转变,见证了《上海审计》杂志与上海审计事业共发展的难忘历史。

一、为《上海审计》杂志撰稿

我是《上海审计》杂志的忠实读者,也是一名尽力的作者。二十多年来,尽管本职工作繁忙,但我仍挤出时间为《上海审计》杂志撰稿。我写的一些文章虽曾在审计署《中国审计》、中国审计学会《审计研究》、中国内部审计协会《中国内部审计》、国家发展和改革委员会《宏观经济管理》、财政部《预算管理与会计》、国务院发展研究中心《中国经济报告》等国家级期刊上发表,但我都在第一时间优先供《上海审计》杂志刊登。作为作者,我视《上海审计》杂志为自己投稿的第一选择。

(一)为《上海审计》杂志撰写审计论述性文章

20多年来,我在《上海审计》杂志发表审计论述性文章26篇。在市审计局综合业务处工作期间,我先后撰写了《股份合作制企业审计调查浅析》《探索审计宣传工作的有效途径》《探索提高本级财政审计两个报告的质量》《进一步发挥审计在上海国有资产运行中的监督作用》《试论对国家计划执行情况的审计监督》。在市审计局办公室工作期间,我先后撰写了《试析当前财政和国资领域的两项改革》《政府投资项目效益审计初探》。在市审计局经济责任审计处工作期间,我先后撰写了《关于深化经济责任审计的若干思考》《关于推进内部审计工作的若干思考》《上海市管领导干部经济责任审计新特点》《经济责任审计需研究改进的若干问题》《企业内部控制初探》《企业集团财务监管与审计监督》。担任市审计局领导后,我笔耕不辍,先后撰写了《撰写审计报告和审计调查报告的有关要求》《关于加强审计质量管理的若干思考》《关于上海审计立法的若干思考》《四个经典管理理论对审计管理的启示》《当前审计面临的四大挑战及对策》《审计人员应当具备的主要知识和能力浅析》《国家和政府资产负债表初探》《加强对大气污染防治的审计监督》《探索领导干部自然资源资产离任审计》《绩效审计方法探析》《关于规范审计行为与加强审计质量控制的若干思考》《外国审计机关绩效审计探析》《促进审计教育界与审计实务界优势互补协同发展》。

(二)为《上海审计》杂志撰写特约评论员文章

评论员文章作为《上海审计》杂志的卷首,政治性、政策性强,起着舆论导向作用,十分重要。评论员文章作为言论,内容上要求围绕中心、服务大局、求真务实、强调引领;文字上要求短小精悍、突出重点、精益求精。20多年来,应《上海审计》杂志编辑部要求,我共为《上海审计》杂志撰写特约评论员文章32篇,其中10年为《上海审计》杂志年度第1期撰写新年献词类特约评论员文章。1993年第1期为《振奋精神,真抓实干,把强化审计监督的各项任务落到实处》,1995年第1期为《贯彻〈审计法〉,迎接新三年》,1996年第1期为《努力开创审计工作新局面》,1997年第1期为《新年献辞——齐心协力,再创佳绩》,1998年第1期为《新年献辞——抓住新机遇,开创新局面》,1999年第1期为《新年献辞——把审计工作推向新的发展阶段》,2001年第1期为《跨入新世纪,再创新业绩》,2006年第1期为《政府的厚望,审计的重任》,2013年第1期为《巨大的鼓舞,发展的良机》,2014年第1期为《紧紧围绕改革、发展、反腐加强审计监督》。此外,我还结合时事,为《上海审计》杂志撰写特约评论员文章。《审计法》颁布后,我在1994年第5期发表了《认真学习、积极宣传、切实贯彻〈审计法〉》。中共十五大召开后,我在1997年第5期发表了《高举伟大旗帜,推进审计事业——写在中国共产党十五大召开之际》。《国家审计准则》颁布后,我在2010年第6期发表了《全面贯彻国家审计准则》。《上海市审计条例》颁布后,我在2012年第5期发表了《上海审计法制建设的重大成果》。中共十八大召开后,我在2012年第6期发表了《用中共十八大精神指导做好审计工作》。《中共中央关于全面推进依法治国若干重大问题的决定》和《国务院关于加强审计工作的意见》颁布后,我在2014年第6期发表了《加强审计工作的纲领性文件》。为纪念审计机关成立三十周年,我在《上海审计》杂志2013年第4期发表了《继往开来,再建新功——纪念审计机关成立三十周年》,《中国审计》杂志2013年第19期以本刊特约评论员署名刊发此文。

(三)为《上海审计》杂志撰写优秀审计项目点评文章

多年来,我一直负责或参与市审计局优秀审计项目评选工作。根据评选结果,我为《上海审计》杂志撰写优秀审计项目点评文章4篇,介绍和推广优秀审计项目经验。我在1999年第1期发表了《突出重点,注重分析,讲求效果——简评"关于30户一级预算单位1995年度财务收支的审计调查"》,在2001年第4期发表了《一个出色的审计调查项目——本市建设项目招标投标管理办法执行情况审计调查项目点评》,在2003年第1期发表了《一个成功的审计调查项目——本市社会保障和市民服务信息系统建设情况审计调查项目点评》,在2007年第6期发表了《严谨细致,精益求精——对某集团公司经济责任审计项目简评》。

(四)为《上海审计》杂志撰写新闻稿

为加强审计宣传工作,我还为《上海审计》杂志撰写新闻稿4篇。1994年第4期刊发了我撰写的《十年长征路,一朝喜相庆——记上海市审计系统先进集体、先进工作者表彰大会》。1999年第5期刊发了我撰写的《历年来最好的审计报告——市十一届人大常委会第十二次会议审议本级财政审计工作报告侧记》。1999年第5期刊发了我撰写的《查大案要案线索,抓经济责任审计——全国审计工作座谈会(上海片)在沪召开》。《上海审计》杂志2014年增刊"纪念上海市审计机关成立三十周年专刊"刊发了我撰写的《珍贵的照片,难忘的回忆》。

二、作为副主编,分管《上海审计》杂志编辑部工作

2008年6月起,我兼任《上海审计》杂志副主编,分管《上海审计》杂志编辑部工作。这些年,我在市审计局分管审计法规、审计复核审理、审计科研、审计培训、审计学会等工作,日常工作繁忙。但为了办好《上海审计》杂志,助推上海审计事业科学发展,我殚精竭虑,亲力亲为,倾注了很大的心血。2008年8月至2015年8月,7年间我共参与和负责《上海审计》杂志组稿、编稿、审稿44期,共计刊发稿件898篇,约450万字。

（一）组织举办《上海审计》杂志征文活动

1. 2008年举办"绩效审计"征文。为加强全市审计机关绩效审计理论研究和实务探索，推动本市绩效审计工作开展，2008年，《上海审计》杂志编辑部举办"绩效审计"征文比赛。自2008年7月15日至2009年3月31日，《上海审计》杂志编辑部共收到征文55篇，其中：市审计局审计人员投稿27篇，占49％；区县审计局审计人员投稿23篇，占42％；内部审计机构审计人员投稿5篇，占9％。于2008年第5期至2009年第3期择优刊登20篇。于2009年第4期公布评奖结果，其中一等奖1篇，二等奖2篇，三等奖3篇。

2. 2010年举办纪念《上海审计》杂志创刊25周年征文。2010年8月20日是《上海审计》杂志创刊25周年纪念日。为了充分发挥《上海审计》杂志的理论园地和宣传阵地作用，进一步加强全市审计系统审计理论研究和实务探讨，推动本市审计工作科学发展，《上海审计》杂志编辑部举办"纪念《上海审计》杂志创刊25周年征文"活动。征文于2010年第3～6期择优刊登7篇。于2011年第1期公布评奖情况，其中一等奖1篇，二等奖1篇，三等奖2篇。

3. 2011年举办"经济责任审计"征文。2010年10月12日，中共中央办公厅、国务院办公厅印发了《党政主要领导干部和国有企业领导人员经济责任审计规定》（下称《规定》），并于12月8日向社会公布。这是我国经济责任审计发展的重要里程碑，标志着经济责任审计进入了新的历史发展时期。为了宣传好、贯彻好、落实好《规定》的各项内容，推进经济责任审计工作科学发展，《上海审计》杂志编辑部举办"经济责任审计"征文活动。征文于2011年第3～6期择优刊登11篇。于2012年第1期公布评奖情况，其中一等奖1篇，二等奖2篇，三等奖3篇。

4. 2012年举办"国家审计如何在加强文化建设中发挥作用"和"政策执行情况跟踪审计"征文。根据中国审计学会2012年的工作思路，结合上海审计工作的实际和理论研究的现状，《上海审计》杂志确定了2012年的征文主题：①国家审计如何在加强文化建设中发挥作用；②政策执行情况跟踪审计。征文于2012年第3～5期择优刊登了8篇。于2013年第1期公布评奖情况，其中一等奖1篇，二等奖1篇，三等奖2篇。

5. 2013年举办"国家审计推动完善国家治理路径"和"国家审计信息化"征文。为进一步加强审计理论研究，充分发挥广大读者在审计理论研究工作中的积极作用,《上海审计》杂志编辑部组织开展 2013 年征文活动,征文主题为:①国家审计推动完善国家治理路径;②国家审计信息化。征文于 2013 年第 4~6 期及 2014 年第 1 期择优刊登了 8 篇。于 2014 年第 2 期公布评奖情况,其中一等奖 1 篇,二等奖 1 篇,三等奖 2 篇。

6. 2014 年举办上海市审计机关成立 30 周年征文。2014 年是上海市审计机关成立 30 周年。30 年来,全市审计机关认真履行宪法赋予的神圣职责,围绕经济建设中心,积极探索具有中国特色社会主义审计的新路,发挥审计机关"免疫系统"功能,推动完善国家治理,在维护国家安全,保护群众利益,促进深化改革,加强反腐倡廉,推进依法治国等方面发挥了积极作用。在上海市审计机关成立 30 周年之际,《上海审计》杂志编辑部面向全市审计机关和广大审计人员开展征文活动。自 2014 年第 1 期刊登征文启事至 2014 年 10 月月底,编辑部共收到征文 15 篇。15 篇征文分别刊登于 2014 年第 2~6 期,于 2015 年第 1 期公布评奖情况(与汇编出版增刊的 50 篇纪念文章合并评奖),其中一等奖 2 篇,二等奖 4 篇,三等奖 8 篇。

(二)组织召开《上海审计》杂志作者和读者座谈会

1. 2012 年 4 月召开《上海审计》杂志作者座谈会。为了进一步提高《上海审计》杂志的办刊质量,更好地发挥《上海审计》杂志的审计理论园地和审计宣传阵地的作用,2012 年 4 月 17 日,《上海审计》杂志编辑部召开作者座谈会。我主持座谈会,来自市审计局机关、区县审计局、有关内部审计机构的 9 位《上海审计》杂志作者出席了座谈会。座谈会上,大家回顾了《上海审计》杂志创刊 27 年来的不平凡历程,在充分肯定《上海审计》杂志所取得成绩的同时,对如何进一步转变办刊理念,增强杂志的理论性和应用性,丰富杂志内容,提高稿件质量,更好地贴近审计实践为上海审计事业发展服务提出了一系列建议。此次座谈会的召开,有助于《上海审计》杂志不断改进办刊工作、提高办刊质量,使《上海审计》杂志努力成为全市审计人员的良师益友,更好地服务于上海审计事业的科学发展。

2. 2012 年 6 月召开《上海审计》杂志读者座谈会。为了更好地让《上海审计》杂志走近广大读者,贴近审计实践,充分发挥其审计理论园地和审计宣传阵地的作用,2012 年 6 月 21 日,《上海审计》杂志编辑部召开读者座谈会。我主持座谈会,来自市审计局、区县审计局、有关社会审计机构的 9 位读者出席了座谈会。座谈会上,读者代表在充分肯定《上海审计》杂志所取得成绩的同时,对如何进一步转变办刊理念,增强杂志的理论性和应用性,丰富杂志内容,提高稿件质量,更好地贴近审计实践为上海审计事业发展服务提出了一系列建议。

(三)编印《审计"精品"是怎样打造的》和出版《上海审计》增刊

1. 编印《审计"精品"是怎样打造的——上海市审计机关优秀审计项目点评集》。优秀审计项目作为审计精品,对促进提高审计质量具有示范作用。为了充分发挥优秀审计项目的示范作用,每次评选活动结束后,上海市审计局法规处都撰写评选综述文章,并组织评委对荣获二等奖以上的优秀审计项目进行点评。《上海审计》杂志编辑部及时开设专栏,刊发综述、点评文章,积极宣传、推介优秀审计项目。由《上海审计》杂志编辑部编印的《审计"精品"是怎样打造的——上海市审计机关优秀审计项目点评集》,汇编了2008年至2011年全市审计机关第13~16次优秀审计项目评选的综述、点评文章共33篇,其中:2008年至2010年即第13~15次优秀审计项目评选收录了综述1篇、点评文章7篇,2011年第16次优秀审计项目评选收录了综述1篇、点评文章8篇,共计约15万字。透过综述和点评文章,优秀审计项目蕴含的审计思路、方法和经验值得广大审计人员学习借鉴。

2. 出版《上海审计》杂志2014年增刊《纪念上海市审计机关成立三十周年专刊》。2014年是上海市审计机关成立30周年。在上海市审计机关成立30周年之际,《上海审计》杂志编辑部面向全市审计机关和广大审计人员开展征文活动。编辑部共收到纪念文章50篇,于2014年6月汇编出版《上海审计》杂志增刊《纪念上海市审计机关成立三十周年专刊》,共计约20万字。

这些年来,我在兼任《上海审计》杂志副主编,分管《上海审计》杂志编辑部的工作中,大力提携积极投稿的审计青年。不少青年作者通过在《上海审计》杂志发表论文,为申报参加高级审计师任职资格评审创造了条件。许多青年作者平时关注《上海审计》杂志,视《上海审计》杂志为良师益友,促进提高自身素质,在审计工作中进步成长,崭露头角。同时,我注重《上海审计》杂志栏目的多样化,除了按审计业务类型和领域开设栏目外,还开辟了"内审天地""审计教育""审计文苑"等专栏,以满足读者的需要。

功夫不负有心人。在《上海审计》杂志编辑部全体同仁的共同努力下,2010年在中国人民大学复印报刊资料V3《审计文摘》专题转载篇目排序表107种杂志中,《上海审计》杂志名列第14位;在同类型杂志(省级审计机关审计刊物)排序中,《上海审计》杂志与《浙江审计》杂志并列第3位。

2015年8月20日是《上海审计》杂志创刊30周年纪念日。30年来,《上海审计》杂志走过了不平凡的发展道路。从《上海审计》杂志原主编、已故的上海市审计局原总会计师徐惠勇的呕心沥血,到宣明忠、李伟忠、李子雄、王桂萍等《上海审计》杂志历任老编辑的精心培育,《上海审计》杂志历经风雨,茁壮成长,发挥了审计理论园地和审计宣传阵地的重要作用。

三十而立。《上海审计》杂志要百尺竿头,更进一步。《上海审计》杂志编辑部将继往开来,再接再厉,认真总结经验,发扬优良传统,健全来稿审读制度,购买运用查重软件,注重刊发高校教授稿件,加强与其他刊物学习交流,不断提高办刊质量和水平,更好地服务上海审计事业的科学发展。

(本文刊于《上海审计》2015年第4期)

附 录
个人审计工作经历

参加审计课题研究情况

一、审计署课题

1. 1999年,参加审计署办公厅布置上海市审计局承担的国家软科学研究项目《股份有限公司审计理论与实践研究》课题研究。此项目由国家科委立项并资助经费,审计署审计科研所为项目承担单位,审计署办公厅为项目保证单位。

2. 2014年至2015年,参加2014—2015年度审计署重点科研课题《审计报告改革研究》研究,任课题组成员。课题研究报告刊于《上海审计课题研究报告(上)(2013—2014)》(上海市审计局编,中国时代经济出版社2015年12月出版)。

二、上海市人民政府决策咨询研究课题

1. 2014年,参加2014年度上海市人民政府决策咨询研究政府财政专项重点课题《权责发生制政府综合财务报告国际比较研究》(2014—A—05—B)研究,任课题负责人。这是上海市审计局首次参与市人民政府决策咨询研究重点课题研究工作。课题研究报告刊于《2014年度上海市人民政府决策咨询研究重点课题成果摘要汇编》(上海市人民政府发展研究中心编)、《上海审计课题研究报告(上)(2013—2014)》(上海市审计局编,中国时代经济出版社2015年12月出版)。

2. 2015年,参加2015年度上海市人民政府决策咨询研究综合专项重点课题《"权力清单"和"责任清单"细分标准与提升政府法治能力研究》(2015—A—20—B)研究,任课题负责人。课题研究报告刊于《2015年度上海市人民政府决策咨询研究重点课题成果摘要汇编》(上海市人民政府发展研究中心编)。

三、上海市科技发展基金软科学研究项目

1. 2008年,参加上海市科技发展基金软科学研究项目《审计公开制度

体系建设研究》(08692105600)研究,任课题组副组长。课题研究报告刊于《上海审计课题研究报告(2009—2010)》(上海市审计局编,中国时代经济出版社2011年12月出版)。

2. 2010年,参加上海市科技发展基金软科学研究项目《审计计划管理与组织实施方式方法创新研究》(10692105000)研究,任课题组副组长。课题研究报告刊于《上海审计课题研究报告(2009—2010)》(上海市审计局编,中国时代经济出版社2011年12月出版)。

3. 2012年,参加上海市科技发展基金软科学研究项目《上海科技项目经费预决算管理机制研究》研究,任课题组高级研究人员。课题研究报告刊于《上海审计课题研究报告(2011—2012)》(上海市审计局编,中国时代经济出版社2013年12月出版)。

4. 2014年至2015年,参加2014年度上海市软科学研究计划重点项目《财政科技经费绩效评价体系研究》研究,任课题组高级研究人员。课题研究报告刊于《上海审计课题研究报告(上)(2013—2014)》(上海市审计局编,中国时代经济出版社2015年12月出版)。

四、中国审计学会课题

1. 2000年,参加上海市审计学会承担的中国审计学会课题《国家审计在宏观经济管理中的作用研究》研究,任课题组成员。课题研究报告刊于《上海审计》2002年第4期、第5期、第6期。

2. 2011年,参加上海市审计学会承担的中国审计学会合作研究课题《国家审计工作科学化若干重大问题研究——基于广泛问卷调查的分析》研究,任课题组副组长。课题研究报告刊于《上海审计课题研究报告(2011—2012)》(上海市审计局编,中国时代经济出版社2013年12月出版)。

3. 2013年,参加上海市审计学会承担的中国审计学会合作研究课题《财政专项资金绩效审计研究》研究,任课题组顾问。课题研究报告刊于《中国审计学会2013年度合作课题研究报告选编》(中国审计学会编,中国时代经济出版社2014年8月出版)、《上海审计课题研究报告(上)(2013—2014)》(上海市审计局编,中国时代经济出版社2015年12月出版)。

4. 2014年,参加上海市审计学会承担的中国审计学会合作研究课题《深化国有企业审计研究》研究,任课题组组长。课题研究报告刊于《上海审计课题研究报告(上)(2013—2014)》(上海市审计局编,中国时代经济出版社 2015 年 12 月出版)。

5. 2015 年,参加上海市审计学会承担的中国审计学会合作研究课题《财政决算草案审计研究》研究,任课题组组长。

6. 2016 年,参加上海市审计学会承担的中国审计学会合作研究课题《政策措施落实情况跟踪审计理论与实务研究》研究,任课题组组长。

五、审计署审计科研所课题

1. 2012 年,参加审计署审计科研所科研协作课题《国家审计在预算绩效管理改革中的作用研究》研究,任课题组顾问。课题研究报告刊于《上海审计课题研究报告(2011—2012)》(上海市审计局编,中国时代经济出版社 2013 年 12 月出版)、《中国审计研究报告(2013)》(审计署审计科研所编,中国时代经济出版社 2014 年 4 月出版)。

2. 2014 年,参加审计署审计科研所科研协作课题《大气污染防治审计研究》(2014006)研究,任课题组组长。课题研究报告刊于审计署审计科研所《审计研究简报》2015 年第 7 期、《上海审计课题研究报告(下)(2013—2014)》(上海市审计局编,中国时代经济出版社 2015 年 12 月出版)。

3. 2014 年,参加审计署审计科研所科研协作课题《国资国企改革与审计策略研究》研究,任课题组组长。课题研究报告刊于《全面深化改革背景下的审计策略研究》(崔振龙、潘博主编,中国时代经济出版社 2014 年 12 月出版)、《上海审计课题研究报告(下)(2013—2014)》(上海市审计局编,中国时代经济出版社 2015 年 12 月出版)。

4. 2015 年,参加审计署审计科研所科研协作课题《审计机关审计质量控制制度研究》(201508)研究,任课题组组长。

5. 2015 年,参加审计署审计科研所科研协作课题《审计成果利用制度研究》(2015012)研究,任课题组组长。

六、中共上海市委组织部、上海市国有资产管理办公室课题

1998 年至 1999 年,参加中共上海市委组织部、上海市国有资产管理办公室课题《关于国有资产运行监督机制的思考》研究,任课题组成员。课题研究报告刊于《国有资产监督机制研究》(中共上海市委组织部、上海市国有资产管理办公室编,上海财经大学出版社 2001 年 9 月出版)。

七、上海市社会科学界联合会课题

1. 2013年,参加上海市社会科学界联合会"党的十八大精神"理论课题研究项目《培育审计核心价值观,传递经济社会发展正能量——按照党的十八大精神要求,培育审计核心价值观的实践与探索》研究,任课题组组长。课题研究报告刊于《上海审计》2014年第1期、《上海审计课题研究报告(下)(2013—2014)》(上海市审计局编,中国时代经济出版社2015年12月出版)。

2. 2014年,参加上海市社会科学界联合会2014年度学会学术课题研究合作项目《推进国有企业改革与国有企业审计创新研究》研究,任课题组组长。课题研究报告刊于《上海审计课题研究报告(下)(2013—2014)》(上海市审计局编,中国时代经济出版社2015年12月出版)。

八、上海市审计局课题

1. 2007年,参加上海市审计局审计科研立项一般课题《深化经济责任审计研究》(07SSK02006)研究,任课题组组长。课题研究报告刊于《上海审计课题研究报告(2007)》(上海市审计局编,中国时代经济出版社2008年11月出版)。

2. 2008年,参加上海市审计局审计科研立项重点课题《信息化条件下审计项目质量控制系统研究》(08SSK01001)研究,任课题组顾问。课题研究报告刊于《上海审计课题研究报告(2008)》(上海市审计局编,中国时代经济出版社2009年12月出版)。

3. 2009年,参加上海市审计局审计科研立项重点课题《建立审计项目审理制度的思考》(09SSK01005)研究,任课题组顾问。课题研究报告刊于《上海审计课题研究报告(2009—2010)》(上海市审计局编,中国时代经济出版社2011年12月出版)。

4. 2010年,参加上海市审计局审计科研立项重点课题《〈上海市审计条例〉立法研究》(10SSK01001)研究,任课题组顾问。课题研究报告刊于《上海审计课题研究报告(2009—2010)》(上海市审计局编,中国时代经济出版社2011年12月出版)。

5. 2010年,参加上海市审计局审计科研立项一般课题《国家审计科研工作科学化研究》(10SSK02007)研究,任课题组顾问。课题研究报告刊于《上海市审计机关审计课题研究成果选编(2009—2012)》(上海市审计科学研究所编）。

6. 2011年，参加上海市审计局审计科研立项重点课题《〈上海市审计条例〉立法研究与立项论证》(11SSK01001)研究，任课题组组长。课题研究报告刊于《上海审计课题研究报告(2011—2012)》(上海市审计局编，中国时代经济出版社2013年12月出版)。

7. 2012年，参加上海市审计局审计科研立项重点课题《财政专项资金绩效审计操作研究》(12SSK01004)研究，任课题组顾问。课题研究报告刊于《上海审计课题研究报告(2011—2012)》(上海市审计局编，中国时代经济出版社2013年12月出版)。

8. 2014年，参加上海市审计局审计科研立项重点课题《审计报告变革研究——基于上海审计发展的需求》(14SSK01001)研究，任课题组组长。课题研究报告刊于《上海审计课题研究报告（下）(2013—2014)》(上海市审计局编，中国时代经济出版社2015年12月出版)。

9. 2015年，参加上海市审计局政策研究课题《关于制定审计权力清单和责任清单的思考和对策》(2015SHSJ002)研究，任课题负责人。

九、上海市审计科学研究所课题

1. 2014年，参加上海市审计科学研究所审计课题《基于预算绩效管理改革新环境下的绩效审计实务研究》研究，任课题组组长。课题研究报告刊于《上海市审计科学研究所审计课题研究报告集(2013—2015)》(上海市审计科学研究所编)。

2. 2015年，参加上海市审计科学研究所承接的上海市宝山区审计局审计协作课题《宝山区"十三五"审计工作发展规划研究》研究，任课题负责人。

十、区县审计局课题

2015年，参加上海市浦东新区审计局审计课题《进一步推进浦东审计结果运用的思考和对策》研究。课题研究报告刊于《上海审计》2015年第6期。

参加审计图书编审和志书年鉴编纂情况

一、审计图书编审情况

1. 2004 年,参加《画说审计》(过剑飞主编,上海文化出版社 2004 年 4 月出版)编审,任编委。

2. 2008 年,参加《上海审计课题研究报告(2007)》(上海市审计局编,中国时代经济出版社 2008 年 11 月出版)编审,任编审委员会成员,负责编审、出版协调工作。该报告集约 84 万字,汇集 2007 年上海市审计局立项的 6 个重点审计科研课题、28 个一般审计科研课题的研究报告。

3. 2009 年,参加《审计案例集》(宋依佳主编,中国时代经济出版社 2009 年 5 月出版)编审,任副主编,负责编审、出版协调工作。2008 年 9 月起,上海市审计局在全市审计机关组织开展审计案例征集活动,共征集到各类审计案例 126 篇,经过反复编审修改,最终遴选出 77 篇审计案例汇编成书。《审计案例集》约 43.8 万字,初次发行量为 5 000 册。

4. 2009 年,参加《上海审计课题研究报告(2008)》(上海市审计局编,中国时代经济出版社 2009 年 12 月出版)编审,任编审委员会成员,负责编审、出版协调工作。该报告集约 58 万字,汇集 2008 年上海市审计局组织开展的 6 个重点审计科研课题、25 个一般审计科研课题的研究报告。

5. 2011 年,参加《上海审计课题研究报告(2009—2010)》(上海市审计局编,中国时代经济出版社 2011 年 12 月出版)编审,任编审委员会成员,负责编审、出版协调工作。该报告集共收录 2009 年至 2010 年上海市审计局组织开展的 16 个重点审计科研课题的研究报告,共 70.3 万字。

6. 2013 年,参加《上海审计课题研究报告(2011—2012)》(上海市审计局编,中国时代经济出版社 2013 年 12 月出版)编审,任编审委员会成员,负责编审、出版协调工作。该报告集约 54.4 万字,汇集 2011 年至 2012 年上海市审计局组织开展的 9 个重点审计科研课题的研究报告。

7. 2014 年,参加《审计案例选编》(田春华主编,中国时代经济出版社

2014年12月出版)编审,任副主编,负责编审、出版协调工作。2013年4月起,上海市审计局在全市审计机关组织开展审计案例征集活动,共征集到各类审计案例118篇,经过反复编审修改,最终遴选出57篇审计案例汇编成书。《审计案例选编》约29.7万字,初次发行量为5 000册。

8. 2015年,参加《上海审计课题研究报告(上)(下)(2013—2014)》(上海市审计局编,中国时代经济出版社2015年12月出版)编审,任编审委员会成员,负责编审、出版协调工作。该报告集约76.1万字,汇集2013年至2014年上海市审计局组织开展的16个重点审计科研课题的研究报告。

二、志书年鉴编纂情况

1. 作为提供资料人员,参加《上海审计志》(《上海审计志》编纂委员会编,蔡元来主编,王明泽副主编,上海社会科学院出版社1994年6月出版)编纂工作。

2. 作为撰稿人员,参加《上海通志》第3册第十六卷"综合经济管理"第五章"审计"(《上海通志》编纂委员会编,上海人民出版社、上海社会科学院出版社2005年5月出版)编纂工作。

3. 作为特邀编辑,参加《中国审计年鉴》(2004)(《中国审计年鉴》编辑委员会编,中国时代经济出版社2004年11月出版)有关上海内容的编辑工作,任上海组长。

4. 作为特邀编辑,参加《中国审计年鉴》(2005)(《中国审计年鉴》编辑委员会编,中国时代经济出版社2005年12月出版)有关上海内容的编辑工作,任上海组长。

参加审计工作报告审计法规规章规范性文件专项材料起草情况

一、审计工作报告

1. 1996年,负责起草《关于1995年市级预算执行和其他财政收支的审计工作报告》。1996年8月19日,上海市第十届人民代表大会常务委员会第二十九次会议听取和审议市审计局副局长郑健龄代表靳曾德局长所作的《关于上海市1995年预算执行和其他财政收支的审计工作报告》。这是上海市审计局按照《审计法》的规定,受市政府委托,第一次向市人大常委会报告市级预算执行和其他财政收支的审计工作。我作为工作人员参加会议。

2. 1997年,负责起草《关于1996年度上海市本级预算执行和其他财政收支的审计工作报告》。1997年7月9日,上海市第十届人民代表大会常务委员会第三十七次会议听取和审议市审计局局长靳曾德所作的《关于上海市1996年预算执行和其他财政收支的审计工作报告》。我作为工作人员参加会议。

3. 1998年,负责起草《关于上海市1997年预算执行和其他财政收支的审计工作报告》。1998年8月11日,上海市第十一届人民代表大会常务委员会第四次会议听取和审议市审计局局长靳曾德所作的《关于上海市1997年预算执行和其他财政收支的审计工作报告》。我作为工作人员参加会议。

4. 1999年,负责起草《关于上海市1998年本级预算执行和其他财政收支的审计工作报告》。1999年8月18日,上海市第十一届人民代表大会常务委员会第十二次会议听取和审议市审计局局长靳曾德所作的《关于上海市1998年本级预算执行和其他财政收支的审计工作报告》。我作为工作人员参加会议。

5. 2000年,负责起草《关于上海市1999年本级预算执行和其他财政收支的审计工作报告》。2000年8月8日,上海市第十一届人民代表大会常务委员会第二十一次会议听取和审议市审计局局长靳曾德所作的《关于上海市1999年本级预算执行和其他财政收支的审计工作报告》。我作为工作人员参加会议。

6. 2002年，负责起草《关于上海市2001年度本级预算执行和其他财政收支的审计工作报告》。2002年8月14日，上海市第十一届人民代表大会常务委员会第四十二次会议听取和审议市审计局局长葛爱玲所作的《关于上海市2001年度本级预算执行和其他财政收支的审计工作报告》。我作为工作人员参加会议。

7. 2004年，负责起草《关于上海市2003年度本级预算执行和其他财政收支的审计工作报告》。2004年8月19日，上海市第十二届人民代表大会常务委员会第十四次会议听取和审议市审计局局长葛爱玲所作的《关于上海市2003年度本级预算执行和其他财政收支的审计工作报告》。我作为工作人员参加会议。

8. 2005年，负责起草《关于上海市2004年度本级预算执行和其他财政收支的审计工作报告》。2005年8月11日，上海市第十二届人民代表大会常务委员会第二十一次会议听取和审议市审计局局长葛爱玲所作的《关于上海市2004年度本级预算执行和其他财政收支的审计工作报告》。我作为工作人员参加会议。

二、审计法规规章规范性文件

1. 1997年，参与起草《上海市国有企业经济责任审计规定》。1998年3月4日，中共上海市委组织部、上海市审计局、上海市财政局印发《上海市国有企业经济责任审计规定（试行）》（沪委组〔1998〕158号）。

2. 2000年，负责起草《上海市区县级以下党政领导干部任期经济责任审计暂行办法》和《上海市国有企业及国有控股企业领导人员任期经济责任审计暂行办法》。2000年9月21日，中共上海市委办公厅、上海市人民政府办公厅发出《关于印发〈上海市区县级以下党政领导干部任期经济责任审计暂行办法〉和〈上海市国有企业及国有控股企业领导人员任期经济责任审计暂行办法〉的通知》（沪委办〔2000〕11号）。

3. 2000年，参加审计署起草组，参与起草《县级以下党政领导干部任期经济责任审计暂行规定实施细则》和《国有企业及国有控股企业领导人员任期经济责任审计暂行规定实施细则》。2000年12月25日，审计署发出《关于印发〈县级以下党政领导干部任期经济责任审计暂行规定实施细则〉和〈国有企业及国有控股企业领导人员任期经济责任审计暂行规定实施细则〉的通知》(审办发〔2000〕121号)。

4. 2001年9月,参加市财政局、市审计局、市政府法制办联合起草组,参与研究起草《上海市社会保险基金监督管理暂行条例》(草案讨论稿)。《上海市社会保险基金监督管理暂行条例》(草案讨论稿)系根据上海市人大常委会立法计划,依据《中华人民共和国预算法》《中华人民共和国审计法》《社会保险基金征缴暂行条例》等有关规定,结合上海市实际情况进行研究起草。

5. 2006年下半年至2007年8月,负责起草《上海市市管领导干部任期经济责任审计结果运用办法》。2007年8月16日,中共上海市委办公厅、上海市人民政府办公厅发出《关于印发〈上海市市管领导干部任期经济责任审计结果运用办法〉的通知》(沪委办发〔2007〕23号)。2007年9月10日,中央五部委经济责任审计工作联席会议办公室发出《关于转发上海市市管领导干部任期经济责任审计结果运用办法的通知》(经审办字〔2007〕7号)。

6. 2007年,负责起草市审计局《关于进一步加强内部审计工作的意见》。2007年4月11日,上海市人民政府办公厅发出《上海市人民政府办公厅转发市审计局关于进一步加强内部审计工作意见的通知》(沪府办发〔2007〕15号)。

7. 2011年至2012年,参与起草《上海市审计条例》。2012年6月6日,上海市第十三届人大常委会第三十四次会议举行全体会议,听取市审计局局长宋依佳所作的《上海市审计条例(草案)》的说明和市人大财经委员会副主任委员任连友所作的上海市人大财经委员会关于《上海市审计条例(草案)》的审议意见报告。6月7日上午,市人大常委会组成人员分成4组,审议《上海市审计条例(草案)》和市人大财经委审议意见的报告(第一次审议)。为进一步发扬民主,上海市人大常委会办公厅将该法规草案在解放日报、新民晚报、上海法治报、东方网(www.eastday.com)、上海人大公众网(www.spcsc.sh.cn)上公布,自6月9日至6月24日向社会广泛征求意见,以便进一步研究修改,提请市人大常委会再次审议。2012年7月23日,上海市第十三届人大常委会第三十五次会议举行全体会议,听取市人大法制委员会委员刘国胜所作的上海市人民代表大会法制委员会关于《上海市审计条例(草案)》审议结果的报告。上海市十三届人大常委会第三十五次会议对《上海市审计条例(草案)》(修改稿)进行了分组审议(第二次审议)。2012年9月26日,上海市第十三届人大常委会第三十六次会议举行全体会议,听取市人大法制委员会委员朱言文所作的上海市人民代表大会法制委员会关于《上海市审计条例(草案)》(修改稿)修改情况的报告。9月26日,《上海市审计条例》经上海市第十三届人大常委会第三十六次会议表决通过并公布,自2013年1月1日起施行。我作为部门分管负责人参加上述会议。

三、专项材料

1. 1996年,负责起草市审计局在中共上海市委于1996年6月19日召开的上海市统战工作会议上的交流发言材料《加强领导,健全制度,充分发挥特约审计员民主监督作用》。市审计局局长靳曾德作交流发言。

2. 1997年,负责起草市审计局在中共上海市委组织部于1997年10月21日召开的上海市国有企业领导班子考核建设工作经验交流会上的交流发言材料《抓好经济责任审计,促进考核建设工作》。市审计局局长靳曾德作交流发言。

3. 1999年,负责起草市审计局在上海市政协、中共上海市委统战部于1999年2月24日联合召开的特约监督员工作会议上的交流发言材料《发挥民主监督作用,促进审计事业发展》。市审计局局长靳曾德作交流发言。

4. 2000年,负责起草市审计局在中共上海市委组织部于2000年4月20日召开的上海市加强国有企业监事会建设工作会议上的交流发言材料《加强审计监督,促进国有企业监事会建设》。市审计局局长靳曾德作交流发言。

5. 2000年,负责起草中共上海市委、上海市人民政府在中央纪委、中央组织部、监察部、人事部、审计署于2000年10月26日召开的全国经济责任审计工作会议上的交流发言材料《加强经济责任审计,促进国有企业改革和发展》。中共上海市委组织部副部长周鹤龄代表中共上海市委、上海市人民政府作大会交流发言。

6. 2000年,负责起草中共上海市审计局党组在中共上海市委七届八次全会上的交流材料《把握方向,突出重点,全面履行审计监督职责》。

7. 2002年,负责起草中共上海市审计局党组在中共上海市委八届二次全会上的交流材料《积极发挥审计监督职能作用,为加快上海新一轮发展服务》。

8. 2012年,负责起草市审计局在上海市人大常委会于2012年5月28日召开的《上海市审计条例(草案)》解读会上所作的《上海市审计条例(草案)》解读稿。市审计局局长宋依佳作解读。

9. 2012年,负责起草《〈上海市审计条例(草案)〉》的说明。2012年6月6日,上海市第十三届人大常委会第三十四次会议举行全体会议,听取和审议市审计局局长宋依佳所作的《〈上海市审计条例(草案)〉的说明》。

10. 2012年,负责起草《〈上海市审计条例〉宣传提纲》。《〈上海市审计条例〉宣传提纲》在"中国上海"门户网站刊登,在《上海审计》杂志2012年第5期全文刊登。

组织汇编审计制度规范课题研究成果论文讲义情况

一、审计制度规范

1. 2007年8月,组织上海市审计局经济责任审计处汇编《经济责任审计制度规范汇编》(上海市经济责任审计工作联席会议办公室编印),共收录市委办公厅,市政府办公厅,市经济责任审计工作联席会议,市经济责任审计工作联席会议办公室,区县党委、政府,区县党委办公室、政府办公室,区县经济责任审计工作联席会议,区县经济责任审计工作联席会议办公室和市、区县经济责任审计工作联席会议成员单位制定的目前仍在执行的经济责任审计规章制度和工作规范101件。其中:经济责任审计规章制度75件,经济责任审计工作规范26件。

2. 2012年10月,组织上海市审计局法规处汇编《〈上海市审计条例〉宣传资料》,包括《上海市审计条例》和《〈上海市审计条例〉宣传提纲》。

3. 2015年3月,组织上海市审计局法规处汇编《上海市审计局审计质量控制制度汇编》(上海市审计局编印),共收录上海市审计局有关审计质量责任、审计职业道德、审计人力资源、审计业务执行、审计质量监控等审计质量控制制度共25件。2011年1月,上海市审计局制定的《上海市审计局审计组组长审核规则(试行)》《上海市审计局审计业务处复核规则(试行)》《上海市审计局审计业务分级质量控制责任制(试行)》和《上海市审计局审计项目质量责任追究办法(试行)》4项制度被审计署办公厅《审计工作动态》2011年第1期全文刊发。

二、审计业务规范

1. 2009年3月,组织上海市审计局法规处汇编《部门预算执行审计定性及处理处罚依据手册》(上海市审计局编印)。该手册共汇集九大类130

种违反财经法规行为,针对违反财经法规行为分别列出定性依据和处理处罚依据。

2. 2010年6月,组织上海市审计局法规处编撰完成《审计业务文书格式规范》(上海市审计局编印),共汇集审计通知类、查询通知类、审计报告类、审计结果报告类、审计决定类、函、审计听证类等八大类32种审计业务文书格式。

3. 2011年6月,组织上海市审计局法规处汇编《固定资产投资审计定性及处理处罚依据手册》(上海市审计局编印)。该手册共汇集九大类149种违反财经法规行为,针对违反财经法规行为分别列出定性依据和处理处罚依据。

4. 2011年10月,组织上海市审计局法规处汇编《审计业务文书格式规范(修订本)》(上海市审计局编印),共汇集审计通知类、查询通知类、审计报告类、审计结果报告类、审计决定类等九大类36种审计业务文书格式和审计文本格式。

5. 2012年3月,组织上海市审计局法规处汇编《有关社会保障资金审计定性及处理处罚依据手册》(上海市审计局编印)。该手册共汇集新型农村社会养老保险基金、新型农村合作医疗保险基金、城镇居民最低生活保障资金、农村居民最低生活保障资金等七大类88种违反财经法规行为,针对违反财经法规行为分别列出定性依据和处理处罚依据。

三、审计课题研究成果

1. 2013年12月,组织上海市审计科学研究所汇编《上海市审计机关审计课题研究成果选编(2009—2012)》(上海市审计科学研究所编印),共收录上海市审计机关2009年至2012年完成的37个一般审计科研课题研究报告,共计64.92万字。

2. 2015年5月,组织上海市审计科学研究所汇编《上海市审计机关审计课题研究成果选编(2014)》(上海市审计科学研究所编印),共收录上海市审计机关2014年完成的23个一般审计科研课题研究报告,共计45.51万字。

3. 2016年4月,组织上海市审计科学研究所汇编《上海市审计机关审计课题研究成果汇编(2015)》(上海市审计科学研究所编印),共收录上海市审计机关2015年完成的24个一般审计科研课题研究报告,共计37.68万字。

4. 2016年6月,组织上海市审计科学研究所汇编《上海市审计科学研究所审计课题研究报告集(2013—2015)》(上海市审计科学研究所编印),共收录上海市审计科学研究所2013—2015年完成的15个审计科研课题研究报告,共计21.5万字。

四、审计论文选编

1. 2009年5月,组织上海市审计学会秘书处汇编《审计论文选(2008)》(上海市审计学会编印),共汇编2008年度群众性审计科研论文45篇。

2. 2009年11月,组织上海市审计学会秘书处汇编《审计获奖论文选编(2009)》(上海市审计学会编印),以2007—2008年度上海市审计学会获奖论文为基础,汇编五大类共20篇获奖论文。

3. 2011年6月,组织上海市审计学会秘书处汇编《审计获奖论文选编(2010)》(上海市审计学会编印),以2009—2010年度上海市审计学会获奖论文为基础,汇编五大类共17篇获奖论文。

4. 2012年4月,组织上海市审计学会秘书处汇编《上海审计青年论坛论文集(2012)》(上海市审计局、上海市审计学会编印),共收录25篇论文,涉及当代中国青年审计人的核心价值观、国家审计与国家治理两个主题。

5. 2012年12月,组织上海市审计学会秘书处汇编《2012上海金融审计研讨会论文集》(上海市审计学会编印),共收录28篇金融审计研讨论文,涉及金融审计在上海国际金融中心建设中的作用、金融审计与金融机构风险管理、金融机构主要负责人任期经济责任审计三个主题。

6. 2013年6月,组织上海市审计学会秘书处汇编《审计获奖论文选编(2012)》(上海市审计学会编印),以2011—2012年度上海市审计学会获奖论文为基础,汇编六大类共35篇获奖论文。

7. 2014年12月,组织上海市审计学会秘书处汇编《上海市审计学会专题研讨会论文集(2014)》(上海市审计学会编印),共收录征集论文23篇。其中:经济责任审计责任界定专题论文15篇,审计促进国资国企改革专题论文8篇。

8. 2015年5月,组织上海市审计学会秘书处汇编《审计获奖论文选编(2013—2014)》(上海市审计学会编印),以2013—2014年度上海市审计学会获奖论文为基础,汇编五大类共25篇获奖论文。

9. 2015年7月,组织上海市审计学会秘书处汇编《第二届上海审计青年论坛论文选编(2015)》(上海市审计学会编印),共收录35篇论文,涉及审计如何促进国家治理现代化、审计制度如何创新与完善、如何开展政策措施贯彻落实情况跟踪审计三个主题。

五、审计经验集萃

1. 2007年8月,组织上海市审计局经济责任审计处汇编《区县经济责任审计工作交流材料汇编》(上海市经济责任审计工作联席会议办公室编印),共收录19个区县经济责任审计工作交流材料。

2. 2008年5月,组织上海市审计局经济责任审计处汇编《内部审计工作经验交流材料汇编》(上海市审计局编印),共收录16个机关、企业、事业单位内部审计工作经验交流材料。

3. 2011年10月,组织上海市审计局法规处汇编《审计工作的生命线——上海市审计机关审计质量管理经验集萃》(上海市审计局编印),共收录上海市审计局12个处室和18个区县审计局的审计质量管理经验交流材料。

4. 2011年12月,组织上海市审计科学研究所汇编《发挥审计"智库"作用——上海市审计机关审计科研成果转化运用经验集萃》(上海市审计科学研究所编印),共收录上海市审计机关32篇审计科研成果转化运用经验交流材料。

5. 2011年12月,组织《上海审计》杂志编辑部汇编《审计"精品"是怎样打造的——上海市审计机关优秀审计项目点评集》(《上海审计》杂志编辑部编印),共收录2008年至2011年全市审计机关优秀审计项目评选的综述和点评文章33篇。

6. 2012年11月,组织上海市审计局法规处汇编《绩效审计——审计工作的发展方向》(上海市审计局编印),共收录市审计局2个审计业务处、5个区审计局近年来开展绩效审计工作的经验和体会、成果与展望。此外,还将《上海市审计条例》有关绩效审计的条款、浦东新区绩效审计办法和静安区审计局绩效审计操作指南作为附录。

7. 2012年11月,组织上海市审计局法规处汇编《绩效审计报告选编》(上海市审计局编印)。绩效审计报告征集活动始于2012年下半年,共征集到80篇审计报告(含专项审计调查报告)。经过比较,遴选出41篇审计报告汇编成册。

8. 2015年6月,组织上海市审计学会秘书处汇编《大力提高高校审计专业教育水平——上海高校审计专业教育经验集萃》(上海市审计学会编印),收录上海3所开展审计专业学位硕士研究生教育的高校和5所开设审计学本科专业的高校,以及上海市审计学会共9篇交流材料。

9. 2015年11月,组织《上海审计》杂志编辑部汇编《审计"精品"是怎样打造的——上海市审计机关优秀审计项目点评集(续集)2012—2015》(《上海审计》杂志编辑部编印),共收录2012年至2015年全市审计机关优秀审计项目评选的综述和点评文章36篇。

六、审计培训讲义

1. 2013年9月,组织上海市审计局财政审计处、经济责任审计处汇编上海市审计人员培训讲义《乡镇审计与乡镇党政领导干部经济责任审计》(上海市审计培训中心编印)。培训讲义汇集乡镇审计的重点审计内容、方法步骤、适用法规和典型案例,以及乡镇党政领导干部经济责任审计的审计管理、审计程序、审计内容、审计评价和责任界定。

2. 2013年10月,组织上海市审计局农业与资源环保审计处汇编上海市审计人员培训讲义《资源环境审计》(上海市审计培训中心编印)。培训讲义汇集土地资源审计、节能减排审计、农村饮用水安全工程审计、污水处理项目审计、水污染防治审计、工业园区环境综合整治审计、城市生活垃圾收运和处理审计、林业生态建设专项资金审计的审计内容和重点、主要审计方法和步骤以及典型审计案例。

3. 2014年6月,组织上海市审计局法规处汇编上海市审计人员培训讲义《绩效审计案例》(上海市审计培训中心编印)。培训讲义汇集9个绩效审计案例,涉及财政专项资金管理使用绩效审计、公共工程建设和运营绩效审计、民生项目运行绩效审计、国有企业经营绩效审计等领域。

4. 2015年5月,组织上海市审计培训中心汇编上海市审计人员培训讲义《行政事业单位会计制度及内部控制规范》(上海市审计培训中心编印)。培训讲义汇集《行政单位会计制度》解读、《事业单位会计制度》解读和《行政事业单位内部控制规范》解读。

5. 2013年8月,组织上海市审计局社会保障审计处汇编上海市审计人员培训讲义《社会保障审计》(上海市审计培训中心编印)。培训讲义汇集社会保险审计、社会救助审计、社会福利审计、社会优抚和慈善互助审计、其他社会保障专项资金审计,以及社会保障计算机审计的审计内容和重点、主要审计方法和步骤以及典型审计案例。

出席或参加重要审计会议情况

一、出席全国审计工作会议

1. 1994年12月29日,随同上海市审计局局长靳曾德,出席审计署在北京京西宾馆召开的全国审计工作会议。12月29日,国务院总理李鹏、副总理邹家华、国务委员李贵鲜、国务委员兼国务院秘书长罗干在中南海紫光阁前接见会议全体代表。国务委员李贵鲜、审计署审计长郭振乾、审计署副审计长金基鹏出席会议并讲话。

2. 1996年1月5日,随同上海市审计局局长靳曾德,出席审计署在北京京西宾馆召开的全国审计工作会议。1月5日上午,国务院总理李鹏、国务委员李贵鲜在中南海国务院第一会议室接见会议全体代表。国务委员李贵鲜、审计署审计长郭振乾、审计署副审计长金基鹏出席会议并讲话。

3. 1997年1月21日至23日,随同上海市审计局局长靳曾德,出席审计署在北京京西宾馆召开的全国审计工作会议。这次会议重点研究从预算单位银行开户入手进行审计和实施审计工作规范两大措施,把本级预算执行审计和整个审计工作提高到一个新水平。1月21日,国务院总理李鹏、国务委员李贵鲜、国务委员兼国务院秘书长罗干在人民大会堂北大厅接见会议全体代表。国务委员李贵鲜、审计署审计长郭振乾、审计署副审计长金基鹏出席会议并讲话。

4. 1997年12月21日至23日,随同上海市审计局总会计师於榕,出席审计署在北京京西宾馆召开的全国审计工作会议。这次会议研究如何进一步贯彻落实《审计法》和《审计法实施条例》,全面审计财政财务收支的真实、合法、效益,重点检查和分析资金使用状况,努力促进提高经济效益,为实现两个根本转变作出贡献。12月22日,国务院总理李鹏、国务委员李贵鲜、国务委员兼国务院秘书长罗干在人民大会堂台湾厅接见会议全体代表。国务委员李贵鲜、审计署审计长郭振乾、审计署副审计长金基鹏出席会议并讲话。

5. 1998年12月20日至23日,随同上海市审计局局长靳曾德,出席审计署在北京国谊宾馆召开的全国审计工作会议。这次会议主要研究改进内部审计工作,制定建设高素质审计干部队伍的主要措施。国务委员王忠禹、审计署审计长李金华、审计署副审计长金基鹏出席会议并讲话。

6. 2000年1月19日至22日,随同上海市审计局局长靳曾德,出席审计署在审计署干部培训中心北京怀柔基地召开的全国审计工作会议。国务委员王忠禹、审计署审计长李金华、审计署副审计长翟熙贵出席会议并讲话。

7. 2003年1月21日至23日,随同上海市审计局局长葛爱玲,出席审计署在审计署干部培训中心北京怀柔基地召开的全国审计工作会议。这次会议主要研究2003年及今后审计工作的发展目标和措施。1月21日上午,国务委员兼国务院秘书长王忠禹在审计署干部培训中心广场会见会议全体代表。李金华审计长、令弧安副审计长在会议上作了讲话。

8. 2004年1月30日至31日,随同上海市审计局局长葛爱玲,出席审计署在审计署干部培训中心北京怀柔基地召开的全国审计工作会议。这次会议主要研究进一步提高审计工作质量和水平的措施。李金华审计长、令弧安副审计长在会议上作了讲话。

9. 2005年1月5日至6日,随同上海市审计局巡视员徐志中,出席审计署在福建省厦门市召开的全国审计工作会议。这次会议主要研究以科学发展观为指导,进一步提高依法审计能力和审计工作质量的措施。李金华审计长、令弧安副审计长在会议上作了讲话。福建省省长黄小晶到会讲话。

10. 2005年12月26日至27日,随同上海市审计局局长葛爱玲,出席审计署在审计署干部培训中心北京怀柔基地召开的全国审计工作会议。李金华审计长、令弧安副审计长在会议上作了讲话。

二、出席全国审计工作座谈会

1. 1994年9月5日至7日,随同上海市审计局副局长郁云龙,出席审计署在北京审计署西直门招待所召开的省市区审计厅局长座谈会。这次会议主要研究学习宣传贯彻《审计法》的措施。审计署审计长郭振乾、审计署副审计长崔建民出席会议并讲话。

2. 2000年7月20日至21日,随同上海市审计局局长靳曾德,出席审计署在青海省西宁市召开的全国审计工作座谈会。审计署审计长李金华出席会议并讲话。青海省省长赵乐际到会讲话。

3. 2003年8月19日至21日,随同上海市审计局局长葛爱玲,出席审计署在贵州省贵阳市召开的全国审计理论研讨会。李金华审计长在会议上作了讲话。贵州省省长石秀诗到会讲话。

4. 2005年7月28日至29日,随同上海市审计局局长葛爱玲,出席审计署在宁夏回族自治区银川市召开的全国审计工作座谈会。这次会议主要研究审计署如何进一步加强对全国审计工作的指导问题。李金华审计长、令弧安副审计长在会议上作了讲话。宁夏回族自治区主席马启智到会讲话。

三、出席全国经济责任审计会议

1. 1999年12月23日至25日,与上海市审计局局长靳曾德、中共上海市纪委常委成作民、中共上海市委组织部干部审查处副处长张雪峰一起,出席中央纪委、中央组织部、监察部、人事部和审计署在湖北省武汉市召开的部分省市经济责任审计工作座谈会。这次会议主要研究讨论进一步推动经济责任审计工作的措施和办法。审计署审计长李金华,中央纪委常委、中央纪委秘书长袁纯清,中央组织部副部长黄晴宜出席会议并讲话。

2. 2000年10月26日,随同中共上海市纪委副书记何卫国、中共上海市委组织部副部长周鹤龄、上海市审计局局长靳曾德,出席中央纪委、中央组织部、监察部、人事部、审计署联合在北京京西宾馆召开的全国经济责任审计工作会议。10月26日,国务委员王忠禹,中央纪委副书记、监察部部长何勇,审计署审计长李金华,中央纪委常委、中央组织部副部长赵洪祝,监察部副部长陈昌智,人事部副部长张学忠,审计署副审计长翟熙贵,审计署纪检组长王道成等领导同志在京西宾馆会见厅会见会议全体代表。

3. 2006年10月23日至24日,出席审计署在浙江省杭州市召开的全国县市长经济责任审计座谈会。审计署总审计师孙宝厚、浙江省审计厅厅长谢力群出席会议并讲话。

4. 2007年9月27日至28日,出席审计署经济责任审计司在山东省东营市召开的全国乡镇和村干部经济责任审计工作座谈会。审计署经济责任审计司司长李树廷出席会议并讲话。

四、出席审计署办公厅有关会议

1. 1994年10月18日至21日,出席审计署办公厅在江苏省苏州市江苏省审计干部培训中心召开的审计信息调研工作座谈会。审计署办公厅副主任(正司级)高奇、审计署办公厅副主任谭绳喜、江苏省审计局副局长余效明出席会议并讲话。审计署办公厅调研处处长刘英来、副处长刘玉慧,信息处副处长王倩等出席会议。

2. 1995年10月17日至20日,出席审计署办公厅在安徽省黄山市安徽省审计厅太平培训中心召开的审计信息宣传工作研讨会。审计署办公厅副主任(正司级)高奇、审计署办公厅副主任谭绳喜、安徽省审计厅副厅长祝德智出席会议并讲话。审计署办公厅信息处处长王冰、副处长王倩等出席会议。

3. 1997年9月20日至24日,出席审计署办公厅在安徽省黄山市召开的提高财政审计两个报告质量研讨会。审计署办公厅调研处处长王秀明、安徽省审计厅副厅长汪元义出席会议并讲话。

五、出席审计署综合司有关会议

1. 1996年10月21日至26日,出席审计署综合司在广东省顺德市召开的中国荷兰审计研讨会。审计署综合司司长赵连栋、副司长张德山等出席会议。

2. 1996年11月28日至30日,出席审计署在审计署干部培训中心桂林基地召开的全国审计机关综合处长会议。这次会议研讨对预算单位从账户审计入手加强财政性资金的审计监督问题。11月28日,审计署副审计长金基鹏出席会议并讲话。

3. 1997年11月6日至8日,出席审计署在福建省厦门市召开的全国审计机关综合处长会议。这次会议的中心议题是认真学习贯彻党的十五大精神,初步研究1998年的审计工作及如何进一步做好审计综合工作。11月6日,审计署副审计长金基鹏出席会议并讲话。

六、出席审计署法规司有关会议

1. 2010年3月16日,出席审计署在审计署干部培训中心北京怀柔基地举办的审计法实施条例培训班。3月16日,审计署总审计师孙宝厚出席培训班并讲话。

2. 2010年11月19日至22日,出席审计署在审计署干部培训中心北京怀柔基地举办的国家审计准则培训班。11月19日,审计署审计长刘家义出席培训班并讲话。11月22日,审计署总审计师孙宝厚出席培训班并讲话。

七、出席审计署社会保障审计司会议

2002年2月28日,出席审计署在北京华审宾馆召开的全国社会保障审计工作会议。审计署审计长李金华、审计署副审计长项俊波出席会议并讲话。

八、出席中国审计报社有关会议

1. 1998年10月12日,出席在北京华审宾馆召开的《中国审计报》工作会议。审计署纪检组长吴定富出席会议并讲话。

2. 1999年7月30日,出席中国审计报社在云南省昆明市召开的《中国审计报》第一次通联工作会议。中国审计报社社长谭绳喜出席会议并讲话。

3. 2009年7月2日,出席中国审计报社在宁夏回族自治区银川市召开的《中国审计报》通联发行工作会议。中国审计报副总编辑陈胜利、纪检组长张友芳出席会议并讲话。

九、出席审计署审计科研所有关会议

1. 2012年10月11日,出席审计署审计科研所在吉林省长春市召开的"国家审计能力建设"课题研讨会。会议对《国家审计能力框架研究(初稿)》、审计能力建设实践等进行了研讨。审计署审计科研所副所长姚汝杰、吉林省审计厅厅长阎宝泰出席会议并讲话。

2. 2014年3月11日,出席审计署审计科研所在湖南省长沙市召开的全国审计科研协作会议。会议明确了近期理论研究的目标方向和形势任务。审计署审计科研所所长崔振龙、湖南省审计厅厅长唐会忠、审计署驻长沙特派员办事处特派员彭华彰出席会议并讲话。

3. 2015年4月8日,出席审计署审计科研所在山东省济南市召开的全国审计科研协作会议。会议阐述了当前审计理论研究面临的形势和任务,提出了科研协作的重点内容和方式方法。审计署审计科研所所长崔振龙、副所长彭新林,山东省审计厅厅长马青山出席会议并讲话。

十、出席中国时代经济出版社有关会议

2013年12月24日,出席中国时代经济出版社《中国审计》编辑部在北

京中国时代经济出版社召开的重点理论问题专题研讨会。中国时代经济出版社社长王鸿津主持研讨会。审计专家、学者10人出席研讨会。

十一、出席中国审计学会有关会议

1. 2001年12月13日至15日,出席中国审计学会和上海市审计学会在上海吴宫饭店联合召开的"国家审计在宏观经济管理中的作用"课题研讨会。中国审计学会会长、审计署原审计长吕培俭,中国审计学会副会长、审计署副审计长金基鹏出席会议并讲话。上海市审计局局长葛爱玲、党组书记程志强,上海市审计学会会长赵洪元,上海银行董事长靳曾德,上海市审计学会副会长徐惠勇,上海市审计局总会计师、上海市审计学会常务副会长於榕等出席研讨会。

2. 2011年11月13日,出席中国审计学会在广西壮族自治区南宁市召开的中国审计学会有关省级审计学会合作研究课题《国家审计工作科学化若干重大问题研究》交流会。中国审计学会会长翟熙贵、广西壮族自治区审计厅厅长黄必贵出席会议并讲话。

3. 2014年2月28日,代表宋依佳同志,出席在北京召开的中国审计学会第六届常务理事会第七次会议。翟熙贵会长主持会议。刘达朱副会长受翟熙贵会长委托作关于中国审计学会2013年工作情况和2014年工作安排的报告。翟熙贵会长就落实中国审计学会2014年工作安排提出要求。

4. 2014年6月14日,出席中国审计学会与北京工商大学联合举办的自然资源资产离任审计专题研讨会。中国审计学会会长翟熙贵,副会长兼秘书长刘达朱,副会长兼审计署审计科研所所长崔振龙,北京工商大学副校长谢志华、张耘出席研讨会。提交研讨会论文的作者和北京工商大学部分教师、研究生共100余人参加研讨会。谢志华、崔振龙、西南财经大学蔡春教授、北京大学王立彦教授、我、中国人民大学耿建新教授作为研讨会特邀专家分别以"自然资源资产离任审计的若干关键问题""自然资源资产离任审计的内容与制度安排""关于自然资源资产离任审计的几个理论问题""微观财务信息的宏观社会价值缺陷""探索领导干部自然资源资产离任审计"和"对自然资源资产负债表的理解与认识"为题作了大会发言。

十二、出席华东地区审计工作座谈会

1. 1994年7月15日至18日,随同上海市审计局局长靳曾德,出席在江西省审计厅庐山培训中心召开的华东地区企业审计座谈会。华东地区各省市审计厅局长和审计署工业交通审计司副司长朱立豪等出席会议。江西省审计厅厅长池宝库主持会议,审计署副审计长刘鹤章出席会议并讲话。

2. 1995年8月30日至9月2日,随同上海市审计局副局长郑健龄,出席在福建省武夷山市召开的华东地区审计工作座谈会。会议研讨、交流同级财政预算执行情况审计的有关问题及准备情况。福建省审计厅厅长陈丽群主持会议。湖北省审计厅厅长吴定富应邀出席会议。

3. 2000年10月17日至20日,随同上海市审计局总会计师於榕,出席在山东省济南市召开的华东地区审计厅局长座谈会。会议围绕如何进一步规范领导干部任期经济责任审计,深化国有企业审计,加强审计队伍建设进行交流、研讨。会议由山东省审计厅厅长柏继民主持,山东省副省长黄可华致辞。

十三、出席直辖市审计工作座谈会

1. 1995年1月1日,随同上海市审计局局长靳曾德,出席在北京市召开的直辖市审计工作座谈会。北京市审计局党组书记、局长翟鸿祥,原党组书记、副局长张剑平,副局长钟维禄、齐国生,纪检组长沈志德,天津市审计局局长靳祥麟等出席会议。

2. 2000年1月16日至18日,随同上海市审计局局长靳曾德、总会计师於榕,出席在北京市审计局审计培训中心昌平基地召开的京津沪渝四市审计机关工作交流会。交流主题为经济责任审计和审计机关人事制度政策。北京市审计局局长齐国生、副局长沈志德、程显华、赵济堃、张均满,天津市审计局局长王志铭、副局长王兴虎、石爱中,重庆市审计局局长余敏、副局长吴德珍等出席会议。会议期间,北京市副市长翟鸿祥看望了与会同志。

十四、列席上海市经济责任审计工作联席会议

1. 2000年6月22日,由市委组织部牵头,市纪委、市委组织部、市监察委、市审计局的负责同志在市审计局召开贯彻落实中办、国办印发的《县级以下党政领导干部任期经济责任审计暂行规定》和《国有企业及国有控股企业领导人员任期经济责任审计暂行规定》联席会议。会议由市委组织部副部长周鹤龄主持。会议重点讨论了经济责任审计工作的有关办法,并决定建立市经济责任审计工作联席会议制度,联席成员单位由市纪委、市委组织

部、市监察委、市审计局组成,由市委组织部牵头,在市审计局设立联席会议办公室处理日常工作。我参加此次会议并负责起草相关文件。

2. 2003年7月28日,作为市经济责任审计工作联席会议办公室成员,列席2003年度上海市经济责任审计工作联席会议第一次会议。会议由市委组织部副部长王乐齐主持。市委副书记、市委组织部部长王安顺出席会议并讲话。

3. 2004年2月19日,作为市经济责任审计工作联席会议办公室成员,列席2004年度上海市经济责任审计工作联席会议第一次会议。市委组织部副部长、市经济责任审计工作联席会议召集人王乐齐主持会议。市委副书记、市委组织部部长王安顺出席会议并讲话。

4. 2005年2月18日,作为市经济责任审计工作联席会议办公室成员,列席2005年度上海市干部监督工作联席会议、经济责任审计工作联席会议。市委常委、市委组织部部长姜斯宪主持会议并讲话。

5. 2007年6月26日,作为市经济责任审计工作联席会议办公室副主任,列席2007年度上海市干部监督工作联席会议、经济责任审计工作联席会议。市委常委、市委组织部部长沈红光主持会议并讲话。

6. 2008年3月26日,作为市经济责任审计工作联席会议办公室副主任,列席2008年度上海市干部监督工作联席会议、经济责任审计工作联席会议。市委常委、市委组织部部长沈红光主持会议并讲话。

十五、作为工作人员参加有关审计会议

1. 1992年10月11日至16日,作为工作人员,参加在上海市召开的1993年度华东地区审计工作交流会。这次会议主要交流、研究在新形势下审计监督在宏观管理方面发挥作用的内容、重点和方法,还专题研究了综合业务工作和外资审计工作。审计署办公厅副主任叶祥训、审计署驻上海特派员办事处特派员崔雷平应邀出席会议。上海市人民政府财贸办公室主任张广生代表徐匡迪常务副市长出席会议开幕式并致辞。

2. 1995年10月10日,作为工作人员,参加中国内部审计学会、中国国际经济技术交流中心在上海邮电大厦举办的内部审计研讨会暨培训班,负责新闻报道工作。审计署原副审计长、中国内部审计学会副会长崔建民主持开幕式。审计署副审计长金基鹏、上海市副市长孟建柱出席开幕式并讲话。

3. 1996年9月23日,作为工作人员,参加审计署在上海物资贸易中心大厦召开的全国外资审计工作研讨会,负责新闻报道工作。审计署外资运用审计司司长黄时强主持开幕式。审计署副审计长郑力,中共上海市委常委、上海市副市长赵启正出席会议开幕式并讲话。上海市审计局局长靳曾德、审计署驻上海特派员办事处副特派员陈遴也在开幕式上讲话。

4. 1997年6月22日至28日,作为工作人员,参加在上海市召开的京津沪审计局局长座谈会。北京市审计局局长翟鸿祥、天津市审计局局长靳祥麟、上海市审计局局长靳曾德等出席会议。会议的主要内容是座谈交流账户审计、内部审计、审计机关实施国家公务员制度以及"两会"联合后有关社会审计的情况。

5. 1999年8月16日至18日,作为工作人员,参加审计署在沪召开的全国审计工作座谈会(上海片)。审计署审计长李金华、中纪委驻审计署纪检组组长王道成、审计署原副审计长罗进新出席会议。8月17日晚,徐匡迪市长会见了李金华审计长、王道成组长和罗进新同志。8月19日上午,李金华审计长及全体会议代表参观考察了浦东国际机场、陆家嘴金融贸易开发区。中午,周禹鹏副市长会见了李金华审计长等审计署领导。在沪期间,李金华审计长等审计署领导还视察了上海市审计局、审计署驻上海特派员办事处、上海市南汇县审计局,看望了审计干部。

参与组织重要审计会议或活动情况

一、上海市审计工作会议组织工作

1. 1993年2月9日,上海市审计工作会议在市政府后厅会议室召开。我参与会议组织工作。会议由市审计局局长汪宗熙主持。市政府副秘书长胡正昌出席会议。市审计局副局长靳曾德传达全国审计工作会议精神,提出市审计局贯彻意见。副市长庄晓天出席会议并讲话。

2. 1994年3月22日,上海市审计工作会议在上海影城召开。我参与会议组织工作。会议由市审计局副局长郑健龄主持。市审计局副局长郁云龙传达全国审计工作会议精神,市审计局局长靳曾德总结1993年全市审计工作情况,部署1994年全市审计工作任务。副市长孟建柱出席会议并讲话。

3. 1995年2月9日,上海市审计工作会议在上海展览中心友谊会堂三楼宴会厅召开。我参与会议组织工作。会议由市委副秘书长、市政府副秘书长蔡来兴主持。市审计局局长靳曾德传达李鹏总理、李贵鲜国务委员对审计工作的重要讲话,市审计局副局长郑健龄传达全国审计工作会议精神,市审计局总会计师於榕部署1995年全市审计工作任务。审计署副审计长刘鹤章,市委常委、副市长华建敏出席会议并讲话。

4. 1996年1月29日,上海市审计工作会议在市政府大厦三楼大会议室召开。我参与会议组织工作。会议由市政府副秘书长韩正主持。市审计局副局长徐志中传达李鹏总理接见出席全国审计工作会议代表时的讲话,市审计局副局长郑健龄传达李贵鲜国务委员在全国审计工作会议上的讲话,市审计局总会计师於榕传达全国审计工作会议精神;市审计局局长靳曾德总结1995年全市审计工作情况,部署1996年全市审计工作任务。市委常委、副市长华建敏出席会议并讲话。

5. 1997年3月5日,上海市审计工作会议在市政府大厦三楼大会议室召开。我参与会议组织工作。会议由市审计局副局长郑健龄主持。市审计局副局长徐志中传达李鹏总理接见全国审计工作会议代表时的讲话、李贵鲜国务委员在全国审计工作会议上的讲话和全国审计工作会议精神；市审计局局长靳曾德总结1996年全市审计工作情况，部署1997年全市审计工作任务。市政府领导讲话。

6. 1998年3月11日，上海市审计工作会议在市政府大厦三楼大会议室召开。我参与会议组织工作。会议由市审计局副局长程志强主持。市审计局副局长徐志中传达全国审计工作会议精神；市审计局局长靳曾德总结1997年全市审计工作情况，部署1998年全市审计工作任务。市政府领导讲话。

7. 1999年1月21日，上海市财税审计工作会议在上海展览中心友谊会堂召开。我参与会议组织工作。会议由市委副秘书长、市政府副秘书长姜斯宪主持。市财政局、市地方税务局党委书记、副局长张爱民传达全国财政工作会议精神；市国家税务局局长周杏英传达全国税务工作会议精神；市财政局、市地方税务局局长刘红薇部署1999年财税工作任务；市审计局局长靳曾德传达全国审计工作会议精神；市审计局副局长程志强部署1999年审计工作任务。市政府领导讲话。

8. 2000年3月10日，上海市审计工作会议暨中央在沪单位审计工作会议在上海展览中心友谊会堂三楼宴会厅召开。我参与会议组织工作。会议由市委副秘书长、市政府副秘书长姜斯宪主持。市审计局副局长徐志中传达全国审计工作会议精神；市审计局局长靳曾德部署2000年上海市审计工作；审计署驻上海特派员办事处特派员崔雷平部署2000年中央在沪单位审计工作。市政府领导讲话。

9. 2004年2月23日，我参与上海市审计工作会议暨中央在沪单位审计工作会议组织工作。会议由市委常委、副市长冯国勤主持。市政府秘书长杜家毫、副秘书长吉晓辉出席会议。市审计局局长葛爱玲传达全国审计工作会议精神，部署2004年全市审计工作任务；审计署驻上海特派员办事处特派员刘海彬通报2004年中央在沪单位审计工作任务。市委副书记、市长韩正出席会议并讲话。

10. 2005年3月1日，我参与上海市审计工作会议暨中央在沪单位审计工作会议组织工作。会议由市委常委、副市长冯国勤主持。市政府秘书长杨定华、副秘书长吉晓辉出席会议。市审计局局长葛爱玲传达全国审计工作会议精神，部署2005年全市审计工作任务；审计署驻上海特派员办事处特派员刘海彬通报2005年中央在沪单位审计工作任务。市委副书记、市长韩正出席会议并讲话。

11. 2006年2月10日,上海市审计工作会议暨中央在沪单位审计工作会议在上海展览中心友谊会堂召开。我参与会议组织工作。会议由市委常委、常务副市长冯国勤主持。市政府秘书长杨定华、副秘书长吉晓辉出席会议。市审计局局长葛爱玲传达全国审计工作会议精神,部署2006年审计工作主要任务,并对推进全市内部审计工作提出要求;审计署驻上海特派员办事处特派员庄晓玖通报中央在沪单位审计工作。市委副书记、市长韩正出席会议并讲话。

12. 2007年8月9日,上海市区、县经济责任审计工作经验交流会在上海展览中心友谊会堂召开。我负责会议组织工作。会议由市经济责任审计工作联席会议召集人、市委组织部副部长冯小敏主持。市、区县经济责任审计工作联席会议成员及办公室成员共250人出席会议。出席会议的还有市国资委党委书记、市国资委主任杨国雄等。会上,杨浦区委常委、区委组织部部长冯伟,宝山区委组织部副部长王友农,奉贤区委常委、区委组织部部长钱城乡,崇明县委常委、县委组织部部长宋宝儒交流了所在区、县开展经济责任审计工作的做法和成效。市委常委、市委组织部部长沈红光,市纪委副书记、市监察委主任顾国林,市审计局局长宋依佳讲话。

13. 2008年5月20日,市政府在上海展览中心友谊会堂召开上海市内部审计工作会议,表彰内部审计先进单位和先进工作者,交流内部审计工作经验。我负责会议组织工作。会议由市政府副秘书长蒋卓庆主持。会上,市审计局局长宋依佳宣读了本市获得全国内部审计先进单位和先进工作者的名单,以及《上海市审计局关于表彰上海市内部审计先进单位和先进工作者的决定》,并作了上海市内部审计工作情况的报告。市教育委员会主任薛明扬、上海汽车工业(集团)总公司财务总监朱根林、上海浦东发展银行股份有限公司首席审计官林福臣作内部审计工作经验交流发言。市委常委、副市长屠光绍出席会议并讲话。

二、上海市审计系统先进表彰大会组织工作

1. 1994年6月18日,上海市审计系统先进集体、先进工作者表彰大会暨上海市审计局成立十周年庆祝大会在上海影城召开。我参与大会组织工作。市审计局副局长郁云龙主持大会。审计署副审计长刘鹤章、市人大常委会副主任胡正昌、副市长孟建柱以及市财贸党委、市计委、市经委、市建委、市监察委、市财贸办、市工商局、市物价局、市人事局、审计署驻上海特派员办事处等部门的负责同志出席大会。市审计局总会计师於榕宣读市委副书记、市长黄菊的贺词和市人大常委会主任叶公琦、审计署原审计长于明涛、审计署原审计长吕培俭的题词；市人事局副局长陈勇福宣读《上海市审计局、上海市人事局关于表彰市审计系统先进集体和先进工作者的决定》；市审计局局长靳曾德作工作报告；市财贸党委书记任徽典、上海市副市长孟建柱、审计署副审计长刘鹤章先后讲话。大会还宣读了《上海市审计局关于对具有十年审计工龄人员颁发荣誉证书的决定》，赵洪元等230位同志荣获荣誉证书。表彰大会结束后，举行了全市审计系统文艺演出。

2. 1999年6月18日，纪念上海市审计机关、审计学会成立十五周年暨先进表彰大会在上海展览中心友谊会堂举行。我参与大会组织工作。市审计局副局长徐志中主持大会。审计署驻上海特派员办事处特派员崔雷平应邀出席会议。市审计局副局长葛爱玲宣读审计署领导和市领导的题词；市审计局副局长郑健龄宣读《上海市审计局关于表彰本市审计机关先进集体和先进工作者、廉政先进单位和先进个人的决定》；市审计局副局长、市审计机关思想政治工作研究会副会长徐志中宣读《关于表彰上海市审计机关"十佳审计青年"的决定》；市审计局总会计师、市审计学会常务副会长於榕宣读《上海市审计学会关于优秀审计论文获奖名单的通报》；市审计局局长靳曾德作题为《围绕中心，服务大局，推动上海审计工作跨世纪发展》的报告。副市长冯国勤讲话。

3. 2004年6月18日，纪念上海市审计机关成立二十周年大会暨审计专场文艺演出在上海东方电视台东视演播剧场举行。我任总协调，负责会务组织工作。纪念上海市审计机关成立二十周年大会由市审计局巡视员徐志中主持。市综合工作党委书记赵效定、审计署驻上海特派员办事处特派员刘海彬应邀出席会议。市审计局局长葛爱玲传达韩正市长近期对审计工作的重要批示，并作主题报告。市委常委、副市长冯国勤出席会议并讲话。会前，与会领导和审计干部参观了"上海审计二十年"图片展。大会结束后，举行了"审计之光"纪念上海市审计机关成立二十周年专场文艺演出。演出主办单位：上海市审计局；演出协办单位：武警上海市总队政治部、武警上海市总队后勤部、上海文化广播影视集团、上海文广新闻传媒集团、上海东方电视台文艺频道。

三、上海市审计机关工作会议组织工作

1. 1993年1月18日至20日,上海市审计机关系统工作会议在松江县召开。我参与会议组织工作。市审计局副局长郁云龙主持会议。市审计局总会计师於榕传达全国审计工作会议精神;市审计局副局长靳曾德作1992年工作回顾及当前强化审计监督意见的报告;市审计局局长汪宗熙作会议总结。

2. 1994年2月2日至4日,上海市审计机关系统工作会议在南汇县召开。我参与会议组织工作。市审计局副局长郁云龙主持会议。市审计局局长靳曾德传达全国审计工作会议精神;市审计局副局长郑健龄作1993年本市审计工作总结报告;市审计局总会计师於榕作1994年本市审计工作计划安排报告。审计署副审计长刘鹤章出席会议并讲话。市审计局局长靳曾德作会议总结。

3. 1995年2月9日至10日,上海市审计机关系统审计工作会议在市机电工业局招待所召开。我参与负责会议组织工作。市审计局副局长郑健龄主持会议。市审计局局长靳曾德作1994年上海市审计工作总结以及会议总结。会议期间,审计署副审计长刘鹤章和部分市特约审计员参加了分组讨论。

4. 1997年2月3日至5日,上海市审计机关审计工作会议在青浦县朱家角镇景苑召开。我参与负责会议组织工作。市审计局副局长徐志中主持会议。市审计局副局长郑健龄传达李鹏总理接见全国审计工作会议代表时的讲话和李贵鲜国务委员在全国审计工作会议上的讲话。市审计局总会计师於榕传达郭振乾审计长、金基鹏副审计长在全国审计工作会议上的讲话。市审计局局长靳曾德总结1996年全市审计工作情况,部署1997年全市审计工作任务。

5. 1998年1月19日至21日,上海市审计机关审计工作会议在浦东仁和大厦召开。我参与负责会议组织工作。市审计局局长靳曾德在会上作了题为《认真贯彻党的十五大精神,推动审计工作为两个根本转变服务》的工作报告,全面总结了1997年全市审计工作情况,提出了1998年全市审计工作的主要任务。浦东新区管委会副主任董大胜到会讲话。

6. 1999年1月25日至27日,上海市审计机关审计工作会议在南汇县召开。我负责会议组织工作。市审计局局长靳曾德补充传达全国审计工作会议

精神;市审计局副局长徐志中作1998年全市审计工作总结;市审计局副局长程志强作会议总结。

7. 2000年1月27日至28日,上海市审计机关审计工作会议在上海国脉通信股份有限公司徐泾乡培训基地召开。我参与负责会议组织工作。市审计局局长靳曾德总结1999年全市审计工作,部署2000年审计工作任务。市审计局副局长徐志中作会议总结。

8. 2003年1月28日,上海市审计机关审计工作会议在上海外高桥公寓酒店召开。我负责会议组织工作。市审计局局长葛爱玲在会上作了题为《认真贯彻党的十六大精神,进一步开创上海审计工作新局面》的工作报告,全面总结了2002年全市审计工作情况,提出了2003年全市审计工作的总体要求和主要任务。市审计局党组书记、副局长程志强作会议总结。

9. 2004年1月11日至12日,上海市审计机关审计工作会议在金山宾馆召开。我负责会议组织工作。市审计局巡视员徐志中主持会议。市审计局局长葛爱玲在会上作了题为《求真务实,开拓创新,进一步提高审计工作质量和水平》的工作报告,提出了2004年全市审计工作的总体要求和主要任务,以及进一步提高审计工作质量和水平的要求。市审计局副局长江小民作会议总结。

10. 2005年2月1日至2日,上海市审计机关审计工作会议在市审计局召开。我负责会议组织工作。市审计局局长葛爱玲在会上作了题为《全面贯彻科学发展观,不断提高审计监督能力和水平》的工作报告,对加强审计机关能力建设,提高审计监督能力和水平提出了要求。市审计局副局长江小民作会议总结。

11. 2006年1月12日至13日,上海市审计机关审计工作会议在市审计局召开。我负责会议组织工作。市审计局局长葛爱玲在会上作了题为《坚持以科学发展观和构建和谐社会为统领,更好地发挥审计监督职能作用》的工作报告,总结2005年审计工作情况,部署2006年审计工作任务。市审计局副局长江小民作会议总结。

四、上海市审计局特约审计员聘任会议组织工作

1. 1994年2月7日,我参与上海市审计局第二届特约审计员聘任会议组织工作。会议由市审计局副局长郁云龙主持。市审计局局长靳曾德向王定甫、黄振钢、陆德麟、龚志望、邵辛生、王松华、叶大惠、孙锡才、陈天章、徐

治怀、陈昌福、蔡森、陈建德13位第二届特约审计员颁发聘书并讲话。市委统战部有关同志也作了讲话。

2. 1998年7月31日,我负责上海市审计局第三届特约审计员聘任会议组织工作。会议由市审计局副局长徐志中主持。市审计局副局长程志强宣读《上海市审计局关于聘任第三届特约审计员的通知》,市审计局局长靳曾德向李世耀、黄振纲、王定甫、冯雅芬、王松华、沈立玮、陈昌福、梁恭杰、李念政、徐治怀、朱成纲、齐鸿浩13位第三届特约审计员颁发聘书并讲话。市政协副主席、九三学社上海市委主委谢丽娟代表各民主党派市委和市工商联领导讲话。中共上海市委统战部副部长陶人观代表市委统战部讲话。

3. 2003年11月12日,我负责在上海国际会议中心浦江厅举行的上海市审计局第四届特约审计员聘任仪式组织工作。聘任仪式由市审计局副局长徐志中主持。市审计局副局长施涛宣读《上海市审计局关于聘任第四届特约审计员的通知》,市审计局局长葛爱玲向李世耀、蒋洪、吴大器、李维屏、严定邦、郁建生、叶建农、蔡建国、褚君浩、王中、李念政、梁源凯12位第四届特约审计员颁发聘书并讲话。市委统战部副部长周箴讲话。市委常委、副市长冯国勤出席聘任仪式并讲话。在开展聘任工作中,我带领市审计局办公室有关人员,逐一走访各拟聘人员,征求意见。

五、其他重要审计会议组织工作

1. 1994年6月17日,上海市审计局在上海科学会堂举行形势报告会。市审计局局长靳曾德主持形势报告会。形势报告会特邀分管工业经济的上海市副市长蒋以任为我市审计干部作《当前上海工业经济形势和工业企业改革》的形势报告。我参与报告会组织工作。

2. 2003年11月20日至24日,华东地区审计厅局长座谈会在上海兴国宾馆召开。我负责会议组织工作。会议由上海市审计局局长葛爱玲主持。华东地区六省一市和宁波、厦门、青岛3个计划单列市审计厅局长出席会议。北京市审计局局长杨晓超、天津市审计局局长王志铭、辽宁省审计厅厅长王悦、大连市审计局局长白日玲应邀出席会议。会议围绕整合审计资源和探索效益审计进行交流和研讨。审计署审计长李金华,中共上海市委常委、上海市副市长冯国勤出席会议并讲话。会议期间,上海市市长韩正、副市长冯国勤,市政府秘书长杜家毫、副秘书长吉晓辉会见李金华审计长和与会的审计厅局长。与会的审计厅局长还参观了浦东新区、青浦区、松江区、嘉定区，亲身感受上海改革开放以来经济发展取得的巨大成就和城市建设发生的巨大变化。

3. 2003年12月2日至10日，上海市审计局举办上海市审计机关处级领导干部学习贯彻"三个代表"重要思想和十六届三中全会精神研修班。我参与研修班组织工作。市审计局局长葛爱玲主持研修班并作讲话。市委常委、副市长冯国勤出席研修班并作经济形势报告。研修班还邀请市发展改革委、市国资委、市劳动保障局和市金融工委的负责人作专题报告。

4. 为了更好地学习、宣传、贯彻《上海市审计条例》，2012年11月13日，上海市审计局在上海国际会议中心召开贯彻《上海市审计条例》情况汇报会。我负责会议组织工作。市审计局局长宋依佳主持会议，市人大法制委主任委员张凌，市人大财经委主任委员袁以星，市人大常委会法工委主任丁伟，市人大常委会预算工委主任任连友，市人大法制委委员李民权，市人大常委会预算工委副主任王中，市政府法制办副主任张忠玉，市审计局副局长江小民、范少军和我出席会议。会上，我汇报了全市审计机关学习、宣传、贯彻《上海市审计条例》的总体情况。宋依佳局长就深入学习、宣传、贯彻《上海市审计条例》，进一步做好各项审计工作提出了意见。

5. 2012年11月15日，上海市审计局召开全市审计机关绩效审计推进会。我主持会议。会上，市审计局局长宋依佳作了题为《贯彻〈上海市审计条例〉，深入推进绩效审计工作》的讲话。市审计局农业与资源环保审计处、外资运用审计处、浦东新区审计局、徐汇区审计局、黄浦区审计局、静安区审计局和宝山区审计局作了交流发言。

六、其他重要审计活动组织工作

1. 1994年5月18日，上海市审计局组织本市审计师事务所开展社会咨询活动，在淮海公园、外滩、浦东、上海商城等处设点，宣传上海市政府60号令《上海市审计师事务所规定》。我负责组织活动新闻报道工作。上海市审计局副局长郑健龄参加活动并接受有关新闻单位采访。上海各大新闻单位均对活动作了报道。

2. 1994年9月18日，上海市审计局组织《审计法》宣传日活动，在南京东路、中山公园、新客站等处设点，宣传《审计法》。我负责组织宣传日活动新闻报道工作。上海市审计局领导靳曾德、郁云龙、郑健龄、於榕参加宣传日活动并接受记者采访。长宁区区长董正祚，黄浦区常务副区长毛佳梁，闸北区人大常委会主任成素娟等区领导也参加了宣传日活动。全市新闻界积极配合,开展了颇有声势的《审计法》新闻宣传。

3. 1994年6月26日,中共上海市委统战部在联谊俱乐部联合举办本市特约"四员"(特约监察员、特约检察员、特约审计员、特约教育督导员)第二次大型社会咨询活动。我参与社会咨询活动组织工作。上海市审计局共有陈昌福等11位特约审计员参加社会咨询活动。

4. 1995年11月25日,中共上海市委统战部在联谊俱乐部联合举办本市特约"四员"(特约监察员、特约检察员、特约审计员、特约教育督导员)第三次大型社会咨询活动。我参与社会咨询活动组织工作。上海市审计局共有陈昌福等11位特约审计员参加社会咨询活动。

5. 1996年9月14日,中共上海市委统战部组织本市特约"四员"(特约监察员、特约检察员、特约审计员、特约教育督导员)第四次大型社会咨询活动。我参与社会咨询活动组织工作。上海市审计局共有8位特约审计员和管理部门、业务部门6名干部参加。市审计局局长靳曾德到活动现场慰问特约审计员并接受市民的咨询。市政协副主席王生洪、陈正兴也到活动现场慰问特约审计员。

6. 1998年5月8日,由市人大常委会办公厅与上海人民广播电台联合举办的"做人民的好公仆"特别节目,邀请新一届市政府组成人员、上海市审计局局长靳曾德作为嘉宾,在上海人民广播电台990千赫"市民与社会"直播节目与听众交流讨论审计工作。在长达50分钟的直播节目中,靳曾德局长向广大听众简要介绍了审计的定义、我国审计发展的历史、审计机关的职责、上海市审计局专业审计处的构成以及近年来本市审计机关取得的审计成果等。同时,通过直播节目热线电话与5位听众就共同关心的问题进行探讨交流。我陪同靳曾德局长出席直播节目并与节目主持人左安龙商议直播事宜。

7. 1999年9月19日,中共上海市委统战部组织本市特约"四员"(特约监察员、特约检察员、特约审计员、特约教育督导员)第五次大型社会咨询活动。我参与社会咨询活动组织工作。上海市审计局共有9位特约审计员和部分处室负责人参加。中共上海市委统战部副部长陶人观、市审计局局长靳曾德到活动现场慰问特约审计员。

8. 为贯彻《上海市审计局关于进一步加强内部审计工作的意见》,上海市审计局指导上海市内部审计师协会,根据《上海市内部审计人员岗位资格证书考试办法》等有关规定,组织开展上海市内部审计人员岗位资格证书考试。全市有596个单位(系统)的1163人报名参加考试,其中具有高级技术职称资格的有28人,具有中级技术职称资格的有336人。2008年3月1日下午,上海市内部审计人员岗位资格证书考试在上海市商业会计学校举行。全市1 099人参加了考试,出考率94.5%。我与上海市内部审计师协会会长徐志中、上海市商业会计学校校长陆明华等,陪同上海市审计局局长宋依佳、副局长施涛莅临考场巡考。

参与接待或陪同有关领导考察调研情况

一、审计署领导

1. 1992年5月6日至23日,我随同上海市审计局副局长靳曾德、郁云龙,陪同审计署副审计长刘鹤章在沪调研上海深化国有企业改革情况。先后调研上海第三钢铁厂、上海第二纺织机械厂、上海第十印染厂、上海第二十八棉纺织厂、上海第一百货商店等8家改革试点企业,以及上海市审计师事务所、静安区政府、黄浦区政府等,协助起草调研报告。

2. 1995年3月20日至28日,审计署审计长郭振乾来沪考察上海市审计局贯彻全国审计工作会议精神情况,并进行调查研究。我负责起草汇报材料,参与有关接待工作。

3. 2002年7月26日,正在上海出席审计署驻地方特派员办事处工作座谈会的审计署审计长李金华,在审计署办公厅主任刘宝衡的陪同下,来到上海市审计局考察工作。我参与接待工作。李金华审计长听取了上海市审计局局长葛爱玲的工作汇报,看望了上海市审计局处级以上干部,观摩了审计软件演示,并就如何做好审计工作发表了讲话。

4. 2002年9月4日,我随同上海市审计局局长葛爱玲、审计署驻上海特派员办事处特派员刘海彬,陪同审计署审计长李金华赴青浦区、松江区进行考察调研。在青浦区,李金华听取了副区长姚全根、区审计局局长金伯涛关于审计工作情况的汇报。在松江区,李金华听取了区委书记潘龙清、副区长周雪娣关于松江区经济社会发展情况的汇报。

5. 2002年11月27日至29日,我随同上海市审计局局长葛爱玲,陪同中央纪委常委、审计署副审计长刘家义在沪进行工作调研。11月27日中午,市委副书记、市纪委书记罗世谦会见刘家义副审计长。刘家义副审计长先后听取了上海市审计局和部分区审计局的工作汇报,观看了市审计局计算机应用演示,并在市审计局局长葛爱玲的陪同下,赴青浦区和松江区进行考察调研。

6. 2003年7月21日,审计署副审计长董大胜来上海市审计局考察调研审计工作。我参与接待工作。董大胜副审计长听取了上海市审计局局长葛爱玲的工作汇报,对围绕上海建设金融中心,搞好金融审计工作提出了要求。

7. 2004年7月5日至10日,审计署党组成员、纪检组长王道成,由审计署办公厅副主任刘玉慧、监察局副局级综合室主任张端民陪同,来沪调研经济责任审计工作和审计机关建立廉政工作体系情况。我参与调研接待工作。7月8日,市委常委、副市长冯国勤会见王道成一行。调研期间,王道成先后听取了上海市审计局关于开展经济责任审计工作及建立廉政工作体系情况的汇报和中共上海市委组织部关于上海市开展经济责任审计情况的介绍。王道成一行在上海市审计局副局长施涛的陪同下,深入到松江区审计局和徐汇区审计局调研经济责任审计工作和建立廉政工作体系情况。

8. 2004年11月26日,正在上海率中央七部委进行土地市场治理整顿检查验收工作的审计署党组副书记、副审计长令孤安,在市委常委、副市长冯国勤的陪同下,来到上海市审计局考察工作。我参与考察接待工作。令孤安副审计长听取了上海市审计局有关工作情况的汇报,察看了市审计局计算机房,慰问了在职工食堂就餐的审计干部和职工。

9. 2005年10月20日,审计署审计长李金华来到上海市审计局考察工作。我参与考察接待工作。李金华审计长听取了上海市审计局局长葛爱玲的工作汇报,强调要树立科学发展观,进一步加强审计管理。

10. 2005年11月6日至13日,审计署副审计长董大胜来沪调研审计工作。我参与调研接待工作。11月7日,董大胜副审计长到上海市审计局与审计干部座谈,听取了上海市审计局局长葛爱玲的工作汇报。11月9日至12日,我随同葛爱玲局长,陪同董大胜副审计长赴浦东新区审计局和南汇区审计局考察工作。市委常委、浦东新区区委书记杜家毫,浦东新区区长张学兵等会见董大胜副审计长。

11. 2006年3月22日,审计署党组副书记、副审计长令孤安到上海市审计局考察工作。我参与考察接待工作。令孤安副审计长在听取上海市审计局局长葛爱玲的工作汇报后作了讲话,对做好审计工作提出要求。我随同葛爱玲局长,陪同令孤安副审计长赴嘉定区审计局考察。

二、上海市领导

1. 1996年7月4日,市委常委、副市长华建敏来市审计局调研。我参与接待工作。华建敏副市长在市审计局靳曾德局长、徐志中副局长、於榕总会计师的陪同下,深入到市审计局各处、室,看望干部、职工。华建敏副市长在调研时强调,审计部门要开创一流的工作。

2. 1998年6月16日,市人大常委会党组副书记、副主任孙贵璋来市审计局视察。我参与接待工作。孙贵璋副主任听取了市审计局局长靳曾德的工作汇报,与参加市审计局中心组学习的全体同志见面,并作了简短讲话。

3. 2002年9月5日,市委副书记、市纪委书记罗世谦在市纪委副书记何卫国,市纪委常委、市监察委副主任孟庆钟,市纪委常委、市纪委秘书长刘纪舟的陪同下,来到市审计局进行专题调研。我参与调研接待工作。罗世谦听取了市审计局局长葛爱玲关于审计机关在加强党风廉政建设和反腐败工作中发挥作用的情况汇报,强调要充分发挥审计机关在加强党风廉政建设和反腐败工作中的作用。市审计局领导程志强、徐志中、於榕参加汇报会。

4. 2005年4月27日,市委常委、副市长冯国勤来市审计局调研工作。市政府副秘书长吉晓辉参加调研。我参与调研接待工作。冯国勤副市长听取了市审计局局长葛爱玲的工作汇报,对发挥好审计机关"经济卫士"和"政府谋士"作用提出要求。冯国勤副市长还参观了市审计局档案室和图书资料室。

5. 2005年11月29日,市委常委、常务副市长冯国勤到市审计局调研工作。市政府副秘书长吉晓辉参加调研。我参与调研接待工作。冯国勤常务副市长听取了市审计局局长葛爱玲关于2005年审计工作情况和2006年审计工作基本思路的汇报,对进一步搞好审计工作提出要求。

6. 2005年12月23日,市委副书记、市长韩正到市审计局调研工作。市委常委、常务副市长冯国勤,市政府秘书长杨定华、副秘书长吉晓辉参加调研。我参与调研接待工作。韩正市长在听取市审计局局长葛爱玲关于2005年审计工作情况和2006年审计工作基本思路的汇报后作了讲话,对做好审计工作提出要求。冯国勤常务副市长也讲了话。

7. 2011年5月18日,上海市人大常委会副主任杨定华率《上海市审计条例》立法考察组一行10人专赴江苏省进行立法考察。上海市人大财经委主任委员袁以星,上海市人大财经委副主任委员、常委会预算工委主任任连友,上海市审计局副局长江小民和我陪同考察。江苏省人大常委会副主任丁解民,江苏省人大财经委、常委会预算工委,江苏省审计厅及江苏省政府法制办等部门的相关负责人参加了审计立法考察座谈会。座谈会上，江苏省人大财经委主任委员、常委会预算工委主任朱尧平对《江苏省审计条例》的立法思路、立足解决的实际问题及立法经验等作了详细介绍，江苏省审计厅副厅长褚宗明介绍了该省审计立法的基本情况、主要经验和特点。

三、中国内部审计协会、中国审计学会领导

1. 2006年8月4日，我与上海市内部审计师协会会长徐志中一起，陪同中国内部审计协会会长王道成，赴上海汽车集团股份有限公司进行内部审计工作调研。上海汽车集团股份有限公司审计室主任陈翠娣作工作汇报。

2. 2009年7月13日，中国审计学会会长翟熙贵到上海市审计局调研重大项目跟踪审计工作开展情况。我负责调研接待工作。上海市审计局汇报了自1991年对城市轨道交通一号线首次开展跟踪审计以来，对政府投资项目进行跟踪审计的总体情况，跟踪审计取得的成效，跟踪审计开展的方式方法，不同时期进行跟踪审计的主要侧重点等情况。我陪同翟熙贵会长参观了建设中的上海世博会场馆。

3. 2013年11月8日至9日，中国审计学会会长翟熙贵到上海市审计局和审计署驻上海特派员办事处进行工作调研。我参与调研接待工作。在调研座谈会上，审计署驻上海特派员办事处特派员李晓钟和我分别汇报了两个单位审计理论研究工作情况。

四、其他部门单位领导

1. 1995年11月，审计署办公厅调研处副处长姜江华等来沪调研上海审计工作情况，为起草全国审计工作会议材料作准备。我负责调研接待工作，并陪同到上海市南市区审计局、松江县审计局调研。

2. 1998年3月底，由人事部政策法规司副司长段余应率领的中纪委、中组部、监察部、人事部、审计署联合调研小组来沪调研领导干部经济责任审计工作，征求本市有关部门对中央5个部门制定的《党政领导干部任期经济责任审计暂行规定》（征求意见稿）和《国有企业领导干部任期经济责任审计暂行规定》（征求意见稿）的修改意见。我参与中央调研小组接待工作，并陪同中央调研小组深入到松江县、上海汽车工业（集团）总公司开展调研工作。

3. 2001年3月28日,审计署社会保障审计司司长赵连栋率调研组来沪调研社会保障情况。在沪调研期间,上海市审计局局长葛爱玲、党组书记程志强向赵连栋司长介绍了上海社会保障审计工作情况。赵连栋司长听取了我的工作汇报,对上海市审计局社会保障审计处的开局工作予以肯定。我陪同审计署调研组到上海市劳动和社会保障局、上海市民政局召开调研座谈会。

4. 2001年7月24日至28日,审计署社会保障审计司派出调研组,对上海市城镇职工基本医疗保险制度建立和运行情况进行调研。我陪同调研组,到上海市医疗保险局、上海市社会保险事业基金结算管理中心分别听取上海市城镇职工基本医疗保险制度改革情况、上海市医疗保险基金征缴情况介绍。同时,还深入到上海市医疗保险事务管理中心、上海市医疗保险信息中心、仁济医院、黄浦区医疗保险办公室进行实地调研,详细了解医疗保险基金审核、结算、拨付等使用管理情况。

5. 2002年6月7日,国家保密局副局长王善琪在上海市国家保密局局长董惠明的陪同下,来上海市审计局调研确定保密要害部门、部位试点工作情况。我参与调研接待工作。上海市审计局保密委员会主任、副局长徐志中作试点工作情况汇报。上海市审计局局长葛爱玲、党组书记程志强出席调研会。

6. 2007年1月7日至9日,审计署经济责任审计司二处处长张广春率调研组来沪调研上海市经济责任审计工作情况。我负责调研接待工作,并陪同调研组到市委组织部召开调研座谈会,赴静安区审计局、松江区审计局调研。

7. 2009年5月22日至26日,审计署法规司副司长李淑敏率检查组来到上海市审计局开展审计项目质量检查工作。我负责接待工作。检查组听取了我关于近年来上海市审计局在贯彻落实审计法、审计署6号令和相关审计准则等方面的具体做法的汇报,随机抽查了上海市审计局2008年度实施完成的3个审计项目质量。

8. 2010年5月17日,审计署审计科研所所长王秀明率调研组来上海市审计局,就本市审计机关开展审计理论研究情况进行实地调研。上海市审计局局长宋依佳和我向调研组详细介绍了本市审计机关开展审计理论研究的有关情况,包括重点科研课题立项研究情况、审计科研成果转化和运用情况以及本市开展审计理论研究的主要保障措施等。审计署审计科研所调研组对本市审计机关开展审计理论研究的经验和做法给予肯定。

9. 2011年10月23日至28日,审计署驻济南特派员办事处副特派员矫强率检查组一行5人来到上海市审计局开展审计法律法规执行情况检查和调研。我负责接待工作。检查组听取了我关于上海市审计局审计法律法规执行情况的汇报。对上海市审计局本级审计法律法规执行情况和5个审计项目质量情况进行了现场检查,对上海市人民政府、有关部门、被审计单位执行审计法律法规情况开展了调研。

10. 2014年5月29日,上海市社会科学界联合会学会管理处处长王克梅一行6人来市审计学会调研工作。我出席调研会。会上,市审计学会秘书处介绍了市审计学会基本情况、近三年开展活动情况以及学会2014年工作要点。市社会科学界联合会调研组对市审计学会的工作予以肯定,并就社会科学学术团体如何发挥"桥梁纽带、组织协调、咨询服务、宣传普及"四大作用,与市审计学会进行探讨。

11. 2016年5月4日和5日,审计署驻上海特派员办事处特派员胡家俊率审计署审计法修订调研组分别到上海市浦东新区、黄浦区和市委市政府有关部门进行调研。我陪同调研。上海市委常委、浦东新区区委书记沈晓明会见调研组成员。上海市政府副秘书长、浦东新区区长孙继伟出席调研座谈会。上海市政府副秘书长俞北华,浦东新区区委常委、副区长周亚,黄浦区区委常委、副区长曹金喜分别主持调研座谈会。

五、上海市审计局领导

1. 为了做好第三届市特约审计员聘任工作,1998年6月18日,我陪同市审计局局长靳曾德,走访民革、民盟、民建、致公党上海市委,与民革上海市委副主委过传忠、秘书长罗华荣,民盟上海市委副主委沈立恭、马克烈,民建上海市委副主委王宇平、朱德瀛,致公党上海市委副主委陈作义等共商第三届市特约审计员聘任工作。

2. 1999年6月9日至24日,我陪同市审计局局长靳曾德、总会计师於榕,先后到闸北区审计局、徐汇区审计局和青浦县审计局调研县级以下党政领导干部和国有企业及国有控股企业领导人员任期经济责任审计工作开展情况。闸北区区长郭天成、副区长严定邦、区委组织部部长应炳华,徐汇区区委书记钱景林、区长沈骏、副区长费滨海、区纪委书记郑上埠、区委组织部部长沈东昌,青浦县县长巢卫林、副县长姚全根、县纪委书记居洁与市审计局领导就经济责任审计工作进行了探讨。

3. 2002年5月30日,我陪同市审计局局长葛爱玲,党组书记程志强,副局长、保密委员会主任徐志中,赴全国保密工作先进单位江南造船(集团)公司就保密工作进行参观学习。江南造船(集团)公司董事长陈金海、党委书记谢中全接待参观。

4. 2008年10月23日,我陪同市审计局局长宋依佳,赴闵行区审计局开展调研工作。着重围绕如何更好地发挥审计建设性作用,服务于上海"四个率先",广泛听取意见和建议,谋划对策。闵行区区长陈靖、副区长金士华参加调研。闵行区领导介绍了闵行区近年来经济发展、财政改革、节约型社会建设等工作情况,并围绕闵行区财政体制改革、财政实行"两个集中"、加强政府自律行为、如何提高政府依法行政能力等作了交流。

参加审计考察调研活动情况

一、参加审计考察活动情况

1. 1997年5月4日至12日,随同市审计局副局长郑健龄,组织上海市审计局特约审计员考察团一行13人赴云南省考察审计工作。云南省审计厅厅长程映萱、副厅长冯毅等会见上海市审计局特约审计员考察团。

2. 2004年5月10日至15日,参加中共上海市委统战部特约"四员"(特约监察员、特约检察员、特约审计员、特约教育督导员)考察团,由市监察委员会副主任吴幼英带队,赴重庆市、四川省考察特约"四员"工作。

3. 2005年9月5日至11日,随同市审计局副局长江小民,组织上海市审计局学习考察团对新疆维吾尔自治区审计工作进行学习考察。

4. 2007年11月26日至30日,随同市审计局副局长施涛,参加上海市审计局学习考察团对河南省审计工作进行学习考察。

5. 2011年5月,《上海市审计条例》立法研究和立项论证联合课题组先后赴北京、天津、重庆3市开展审计立法考察。我和联合课题组成员:市人大常委会俞国生、王中、周锦尉、宋龙明、邱益中、张佩卿、徐燕平,市政府法制办李培恒,市审计局黄琪舫、肖铭、张康伟等分别参加考察。北京市审计局副局长李拥军、天津市审计局副局长王润生、重庆市审计局副巡视员谢大全等陪同考察。通过了解掌握各地审计立法情况,分析研究各地审计立法特点,为本市审计立法工作提供可借鉴的经验。

6. 2011年6月6日至10日,与市审计局副局长范少军一起,率上海市审计局学习考察团对贵州省审计工作进行学习考察。

7. 2012年9月3日至7日,与市审计局副局长江小民一起,率上海市审计局学习考察团对黑龙江省审计工作进行学习考察。黑龙江省审计厅副厅长伞宏晶等陪同考察。

二、参加审计调研活动情况

1. 2006年4月,率市审计局经济责任审计处有关人员走访市委组织部干部监督室,市国资委统计评价处、业绩考核处,市经委技术进步处、节能环保处等部门,并与审计署经济责任审计司沟通相关信息,进一步了解对国有企业领导人员任期经济责任审计的要求。通过走访调研,为有针对性地制定《2006年市管企业领导人员任期经济责任审计工作方案》创造条件。

2. 2007年4月5日,带队到奉贤区调研村干部经济责任审计及乡镇内部审计情况,深入到奉城镇了解情况。2007年4月6日,带队到金山区调研村干部经济责任审计及乡镇内部审计情况,深入到枫泾镇、廊下镇了解情况。2007年4月8日,陪同市审计局副局长施涛,对松江区村干部经济责任审计和乡镇内部审计开展调研,深入到泖港镇了解情况。通过调研,了解各镇开展村干部经济责任审计和内部审计的基本情况、主要做法和工作成效,听取各镇对加强村干部经济责任审计和内部审计的意见和建议,为市审计局进一步研究制定推动乡镇内部审计工作措施提供依据。

3. 2006年下半年至2008年上半年,率市审计局经济责任审计处,先后对市公安局、市国家安全局、市监狱管理局、上海纺织控股(集团)公司、申能(集团)有限公司、光明食品(集团)有限公司、上海建工(集团)总公司、上海国际港务(集团)有限公司、市农工商(集团)总公司、中国上海外经(集团)有限公司、上海外高桥(集团)有限公司、上海金桥(集团)有限公司、上海现代建筑设计(集团)有限公司、上海市机械设备成套(集团)有限公司、上海柴油机股份有限公司、上海文化广播影视集团、上海国际信托投资有限公司、上海浦东发展银行、中国太平洋保险(集团)股份有限公司、国泰君安证券股份有限公司、华东政法大学、松江区教育局等单位内部审计工作进行调研。

4. 2007年9月起,先后到市教育委员会参加市内部审计师协会行政事业专业委员会会议、到市第四建筑有限公司参加市内部审计师协会建设交运专业委员会会议、到上海家化(集团)有限公司参加市内部审计师协会制造业专业委员会会议,对内部审计工作进行调研。

5. 2008年,组织市审计局经济责任审计处,开展对本市市级单位内部审计制度建设情况统计调查及部分市管企业内部审计工作检查。统计调查和工作检查结果报告上报市政府后得到市政府领导批示。

6. 2008年4月22日,与市内部审计师协会会长徐志中一起,应邀出席徐汇区内部审计工作经验交流会暨内部审计单位和先进工作者表彰大会并讲话。

7. 2010年12月20日,率市审计学会秘书处赴中国人民银行上海总部内审部调研,与中国人民银行上海总部内审部处长季家友等进行研讨,就加强市审计学会与上海金融机构的工作联系与学术交流听取意见。

8. 2010年12月至2011年3月,率市审计局法规处,先后对闸北、普陀、长宁、金山、闵行、浦东、虹口、青浦、崇明、松江等10个区县审计局进行了审计质量管理情况专题调研。通过专题调研,了解各区县审计局加强审计质量管理的理念、思路和方法,对贯彻落实新的国家审计准则提出具体要求。

9. 2011年4月19日至20日,市审计局分两批组织召开了由区县审计局主要负责人或分管法制工作负责人、综合法规科科长等参加的《上海市审计监督条例》立法调研座谈会。我主持会议并介绍了立法背景、立法基本思路及外省市立法情况。

10. 2011年7月19日至20日,市审计局分两批组织召开了由区县审计局主要负责人参加的《上海市审计条例(草案)》立法座谈会。我主持会议并听取和征求区县审计局对《上海市审计条例(草案)》的意见。

11. 2012年5月17日,率市审计局法规处赴浦东新区审计局开展绩效审计工作调研,与浦东新区审计局副局长段际凯、绩效审计处处长李益等研讨绩效审计工作,指导制定《浦东新区绩效审计办法》。

12. 2013年4月18日,率市审计学会秘书处赴市会计学会学习取经。市财政局副局长、市会计学会副会长袁白薇介绍市会计学会的组织结构和会员组织的发展等基本情况,并重点介绍市会计学会组织会计理论课题研究、开展会计专业培训与专题讲座、《新会计》杂志编辑管理工作等方面的经验和做法。双方还就今后加强学会之间在课题研究、学术交流等方面的合作事宜进行商讨。

13. 2013年6月20日,赴嘉定区审计局开展审计科研课题调研。听取该局2012年审计科研课题《司法程序在审计项目质量控制中的运用研究》成果汇报,与嘉定区审计局局长柏永明等课题组成员进行研讨交流。

14. 2014年6月6日至26日,率市审计学会秘书处人员,赴上海海关学院、上海金融学院、上海政法学院、上海立信会计学院、上海对外经贸大学等5所本市开设审计学本科专业的高校走访调研。此次走访旨在加强上海市审计学会与高等院校的交流合作,发挥上海市审计学会集聚审计理论研究人才的平台作用。上海海关学院副院长陈晖、上海金融学院副校长吴大器、上海政法学院副校长关保英、上海立信会计学院副校长许玫、上海对外经贸大学会计学院院长李婉丽及本校相关部门人员与上海市审计学会调研组进行座谈交流。

  15. 2014年6月26日至7月15日,率市审计学会秘书处人员,赴上海交通大学、上海国家会计学院、上海立信会计学院3所本市开展审计硕士专业学位教育的高校走访调研。此次走访旨在加强上海市审计学会与高等院校之间的联系与合作,共同推动上海审计理论研究和学术交流。上海交通大学安泰经济与管理学院副院长赵旭、上海国家会计学院副院长刘勤、上海立信会计学院副校长许玫分别率本校相关人员与上海市审计学会调研组进行座谈交流。

参加审计项目评选情况

一、参加上海市审计机关审计项目评选

1. 1996年3月4日至6日,参加上海市审计机关第四次优质审计项目评选,任评选委员会委员,担任评选工作组组长。

2. 1998年10月26日至29日,参加上海市审计机关第五次优质审计项目评选,任评选委员会委员,担任专项审计调查项目评审小组组长。

3. 2001年4月23日至25日,参加上海市审计机关第六次优质审计项目评选,任评选委员会委员,担任专项审计调查项目评审小组组长。

4. 2002年8月27日至29日,参加上海市审计机关第七次优质审计项目评选,任评选委员会委员,担任专项审计调查项目评审小组组长。

5. 2003年8月28日至29日,参加上海市审计机关第八次优质审计项目评选,任评选委员会委员,担任专项审计调查项目评审小组组长。

6. 2004年8月9日至10日,参加上海市审计机关第九次优质审计项目评选,任评选委员会委员,担任专项审计调查项目评审小组组长。

7. 2005年10月9日至10日,参加上海市审计机关第十次优秀审计项目评选,任评选委员会委员,担任专项审计调查项目评审组组长。

8. 2006年7月27日至28日,参加上海市审计机关第十一次优秀审计项目评选,任评选委员会委员,担任专项审计调查项目评审组组长。

9. 2007年7月30日至8月1日,参加上海市审计机关第十二次优秀审计项目评选,任评选委员会委员,担任专项审计调查项目评审组组长。

10. 2008年7月14日至16日,参加上海市审计机关第十三次优秀审计项目评选,任评选委员会委员,担任专项审计调查项目评审组组长。

11. 2009年7月20日至22日,参加上海市审计机关第十四次优秀审计项目评选,任评选委员会委员。

12. 2010年7月14日至16日,参加上海市审计机关第十五次优秀审计项目评选,任评选委员会委员。

13. 2011年8月31日至9月2日,参加上海市审计机关第十六次优秀审计项目评选,任评选委员会委员,担任市审计局审计项目评审组组长。

14. 2012年9月11日至14日,参加上海市审计机关第十七次优秀审计项目评选,任评选委员会委员,担任市审计局审计项目评审组组长。

15. 2013年8月26日至27日,参加上海市审计机关第十八次优秀审计项目评选,任评选委员会委员,担任市审计局审计项目评审组组长。

16. 2014年8月6日至8日,参加上海市审计机关第十九次优秀审计项目评选,任评选委员会委员,担任市审计局审计项目评审组组长。

17. 2015年8月24日至26日,参加上海市审计机关第二十次优秀审计项目评选,任评选委员会委员,担任市审计局审计项目评审组组长。

二、参加区审计局审计项目评选

1. 2012年6月15日,应邀参加上海市浦东新区审计局优秀审计项目评选,任评审组专家。

2. 2012年12月6日,应邀参加上海市浦东新区审计局绩效审计案例评审,担任评审组专家。

3. 2013年6月26日,应邀参加上海市浦东新区审计局优秀审计项目评选,任评审组专家。

4. 2014年1月22日,应邀参加上海市浦东新区审计局绩效审计案例评审,担任独立型绩效审计案例评审组专家。

5. 2014年6月11日,应邀参加上海市浦东新区审计局优秀审计项目评选,任评审组专家。

6. 2015年3月19日,应邀参加上海市浦东新区审计局绩效审计案例评审,担任独立型绩效审计案例评审组专家。

7. 2015年6月17日,应邀参加上海市浦东新区审计局优秀审计项目评选,任评审组专家。

8. 2016年6月29日,应邀参加上海市浦东新区审计局优秀审计项目评选,任评审组专家。

组织或参加审计学术交流活动情况

一、主持或出席论坛

1. 2008年10月30日,上海市审计局在上海科学会堂举行上海审计科研论坛。我主持论坛。上海市审计局党组书记、局长宋依佳作了关于上海审计科研工作的主旨讲话。审计署审计科研所副所长于汉贵,上海市科技党委副书记、上海市科学技术委员会副主任陆晓春应邀出席论坛并致词。

2. 2009年12月10日,上海市审计学会第七届理事会第二次会议暨理事论坛在上海科学会堂召开。会议由上海市审计学会副会长李若山教授主持。受上海市审计局局长、上海市审计学会会长宋依佳委托,我到会讲话。

3. 2012年5月3日,上海市审计学会和上海市审计局人事处、团委联合举办2012年上海审计青年论坛。我主持论坛。上海市审计局党组书记、局长、上海市审计学会会长宋依佳出席论坛,并作了题为《加强青年审计理论研究,推进审计事业创新发展》的讲话。论坛对获奖论文进行了表彰,5位论文作者就"当代中国青年审计人的核心价值观"和"国家审计与国家治理"两个主题作了演讲,5位评委进行了论文点评。

4. 2012年12月18日,上海立信会计学院和上海市浦东新区审计局联合主办的审计实训(培训)基地揭牌仪式暨浦东审计创新论坛在上海国际会议中心举行。我应邀出席论坛并代表上海市审计局讲话。此外,还作为嘉宾参与论坛发言。上海市人大常委会原副主任胡炜、审计署驻上海特派员办事处人事教育处处长于新生、上海市浦东新区审计局党组书记刘永鑫,上海立信会计学院党委书记董金平、校长唐海燕、副校长邵瑞庆、校长助理李延绍等出席,上海市浦东新区审计局局长徐国平主持揭牌仪式。

5. 2014年5月30日,应邀在上海市领导科学学会跨界领导力研究中心举办的上海首届跨界领导力论坛——"经济责任审计与跨界领导力"作"总结经验,继往开来,推动经济责任审计工作深入发展"主旨演讲。上海市领导科学学会名誉顾问周禹鹏、上海市领导科学学会会长奚洁人出席论坛并讲话。沪港国际咨询集团董事长、党委书记郭康玺主持论坛。

6. 2014年10月23日,上海市审计学会举办"新预算法与预算管理"学术论坛,邀请上海市财政局局长、上海市财政学会会长宋依佳作主题报告。上海市审计局局长、上海市审计学会会长田春华主持论坛。我负责学术论坛组织工作。

7. 2014年12月3日,应邀在沪港国际咨询集团联合上海市浦东新区基本建设优化研究会举办的"建设审计与优化管理"论坛作"审计工作新要求、新动态"主题演讲。沪港国际咨询集团董事长、党委书记郭康玺主持论坛。

8. 2015年7月7日,上海市审计学会举办第二届上海审计青年论坛暨上海市审计学会2013—2014年优秀审计论文表彰会。本届论坛被上海市社会科学界联合会列为"2015年度青年学者论坛项目"。我主持论坛。上海市审计局党组书记、局长,上海市审计学会会长田春华在论坛上作了"创新审计理论研究,推动审计事业科学发展"主题讲话。

9. 2015年11月5日,上海市审计学会根据上海市社会科学界联合会第九届"学会学术活动月"的计划安排,举办"审计与上海科技创新中心建设"理事学术论坛。我主持论坛。上海市浦东新区审计局局长康晴华、上海市教育委员会审计处处长吴小蕾、上海电气集团股份有限公司审计稽查室主任朱茜、沪港国际咨询集团董事长郭康玺、上海立信会计学院审计硕士教育中心主任王扬5位常务理事、理事作了发言。上海市审计学会会长、上海市审计局局长田春华作了"大力推进审计创新,服务上海改革发展"主题讲话。

二、主持或出席交流会、研讨会

1. 2007年11月8日,上海教育系统审计论文交流会在上海市金山区教育局召开。我应邀出席会议并讲话。上海市教委有关领导、市属22所高校和19个区县教育局参加论文交流的代表共70余人参加了会议。

2. 2007年12月26日,2007年度上海教育审计工作年会在上海大学国际会议中心召开。上海市教委副主任李骏修,上海大学党委副书记、常务副校长周哲玮,上海大学党委副书记、纪委书记忻平等出席会议。上海市教委审计处处长沈国强主持会议。我与上海市内部审计师协会会长徐志中应邀出席会议并讲话。教育部直属在沪高校、各市属高校、各区县教育局和教委直属事业单位内部审计机构负责人参加会议。

3. 2009年5月27日,上海市审计学会召开2008年度群众性审计科研活动交流会。会议由上海市审计学会副会长靳曾德主持。我到会讲话。会议交流了4篇审计科研论文,上海市审计局经贸审计处、徐汇区审计局、嘉定区审计局、上海浦东发展银行审计部作群众性审计科研活动经验交流发言。

4. 2010年12月23日,上海市教育审计系统论文研讨会在上海远程教育集团上海电视大学召开。审计署驻上海特派员办事处特派员卢家辉,上海市教委副主任李俊修,上海远程教育集团主任、上海电视大学党委书记、上海教育电视台台长张德明,中国教育审计学会常务副会长沈国强等出席会议。会议由上海市教委审计处处长吴小蕾主持。我应邀出席会议并讲话。

5. 2011年12月15日,上海市审计局和上海市审计学会联合召开上海市审计机关加强审计质量管理研讨会。我主持研讨会,并作题为"着力规范审计行为,强化审计过程控制,全面提升审计工作质量和水平"的讲话。研讨会上,市审计局农业与资源环保审计处和外资运用审计处、徐汇区审计局和崇明县审计局分别就本部门(单位)加强审计质量管理的情况做交流发言。市审计局法规处通报了审计署审计法律法规执行情况检查和调研情况及审计署审计项目审理工作研讨班情况。

6. 2012年12月28日,由上海市审计学会主办,上海市审计局、审计署驻上海特派员办事处、上海市内部审计师协会协办的2012年上海金融审计研讨会在市审计科学研究所大楼报告厅举行。我主持研讨会。研讨会围绕金融审计在上海国际金融中心建设中的作用、金融机构主要负责人任期经济责任审计、金融审计与金融机构风险管理三个主题,从28篇研讨论文中选择交流了8篇论文。上海市审计局副局长江小民、审计署驻上海特派员办事处副特派员黄建宇,以及上海市金融服务办、人民银行上海总部、上海证监局、上海保监局有关人员出席研讨会。

7. 2014年12月26日,上海市审计学会举办"经济责任审计责任界定"和"审计促进国资国企改革"两个专题的研讨会。我主持研讨会。会上,围绕"经济责任审计责任界定"及"审计促进国资国企改革"两个主题内容,市国资委预算收益处、中国太平洋保险(集团)股份有限公司审计中心、上海电气集团财务有限责任公司、嘉定区审计局和市审计局经济责任审计处等单位的论文作者做了交流发言。研讨会特邀审计署经济责任审计司副司长张广春作题为"经济责任审计如何界定责任和助力国企改革"的研讨讲话。

8. 2015年6月23日,由上海市审计学会主办、上海海关学院承办的上海高校审计教育理论研讨会第一次会议在上海海关学院举行。我主持会议。上海海关学院副院长陈晖出席会议并讲话。会议以"会计师事务所对高校审计专业学生知识与能力的要求"为研讨主题。上海市注册会计师协会副秘书长张又模介绍了上海注册会计师行业发展情况。

9. 2015年10月23日,审计署审计科研所副所长彭新林一行来上海市审计科学研究所,召开"完善国家审计质量管理制度"主题研讨会。彭新林副所长主持研讨会。会上,我作为上海市审计科学研究所课题组负责人,介绍了课题的研究情况、上海市审计局审计质量控制工作情况和研究成果。审计署审计科研所胡胜校处长,审计署驻上海特派办法规处处长周旋,浙江省审计厅法规处处长叶青,浙江省审计科研所所长甘伟军等参加研讨会。

10. 2015年10月30日,由上海市审计学会、上海市内部审计师协会主办,上海对外经贸大学承办的上海高校审计教育理论研讨会第二次会议在上海对外经贸大学举行。会议以"内部审计机构对高校审计专业学生知识与能力的要求"为研讨主题。我主持会议。上海对外经贸大学副校长聂清出席会议并讲话。上海市内部审计师协会秘书长韦理介绍了上海内部审计工作的开展情况。上海汽车集团股份有限公司审计室主任姜宝新,中国工商银行内部审计局上海分局副局长邱仁尔,上海广播电视台、上海文化广播影视集团有限公司审计室主任陈萍,百联集团有限公司审计中心主任陶清分别结合单位情况,介绍了当前内部审计工作及其对内部审计人员的知识与能力的要求。

11. 2016年1月15日,上海市审计局举办机关青年审计干部"思变革,求突破,推进审计工作跨越发展"主题辩论会。市审计局领导班子成员出席辩论会,市审计局各处、室、中心负责人以及120余名青年审计干部现场聆听辩论会。辩论会上,正反双方辩手围绕"转变审计观念,审计积累与审计创新孰更重要"辩题,联系当前形势和审计工作实际,通过开篇立论、驳立论、攻辩、自由辩论、总结陈词等环节,阐述各自观点,并对对方论点进行回驳。我应邀对辩论主题、双方观点及表现进行点评。

12. 2016年4月8日,由上海市审计学会主办、上海立信会计学院承办的上海高校审计教育理论研讨会第三次会议在上海立信会计学院举行。我主持会议。上海立信会计学院党委书记李世平会见与会代表。上海立信会计学院副校长许玫出席会议并讲话。会议以"国家审计机关对高校审计专业学生知识与能力的要求"为研讨主题。上海市审计局人事处、上海市审计科学研究所、上海市审计培训中心、上海市审计信息中心,以及浦东、徐汇、宝山、嘉定、松江、青浦、奉贤、崇明8个区县审计局负责人和各高校审计专业负责人分别介绍了本市审计机关人力资源和职业化建设情况，以及审计教育情况。

三、主持报告会

1. 2010年8月27日，上海市审计学会举办了"世博跟踪审计"学术报告会，特邀上海市审计局副局长范少军作题为"创新机制、全程跟踪、切实发挥审计保障世博的建设性作用"的学术报告。我主持报告会。

2. 2010年10月26日，上海市审计学会和上海市审计科学研究所联合举办审计理论研究学术报告会，邀请审计署审计科研所副所长、中国审计学会副秘书长刘力云作学术报告。我主持报告会。

3. 2011年10月21日，上海市审计学会与上海市审计科学研究所联合举办了学术报告会，特邀复旦大学管理学院教授、博士生导师、上海市审计学会副会长李若山作题为"经济发展方式转变对当代审计的影响"学术报告。我主持报告会。

4. 2011年11月21日，上海市审计局和上海市审计学会联合举办审计学术报告会，邀请审计署审计科研所副所长（主持工作）、中国审计学会副会长崔振龙作"基于国家治理的审计战略"学术报告。我主持报告会。

5. 2012年11月9日，上海市审计学会举行审计学术报告会，邀请北京国家会计学院党委书记兼副院长、教授、博士生导师、中国审计学会副会长秦荣生作题为"云计算的发展及其对会计、审计的挑战"学术报告。我主持学术报告会。

6. 2013年5月30日，上海市审计学会、上海市审计科学研究所举办审计学术报告会暨特约研究员培训讲座，邀请审计署审计科研所所长、中国审计学会副会长崔振龙到会作审计学术报告。我主持报告会。会议还为上海市审计学会评选出的2011—2012年度优秀审计论文作者颁发了获奖证书，向上海市审计科学研究所特约研究员颁发了聘书。

7. 2013年11月8日，上海市审计学会举办审计学术报告会，邀请审计署审计科研所副所长、中国审计学会副秘书长刘力云作纪念中国审计机关成立30周年专题学术报告。我主持报告会。

四、主持《上海审计》杂志座谈会

1. 为了进一步提高《上海审计》杂志的办刊质量，更好地发挥《上海审计》杂志的审计理论园地和审计宣传阵地的作用,2012 年 4 月 17 日,《上海审计》杂志编辑部召开作者座谈会。我主持座谈会。

2. 为了更好地让《上海审计》杂志走近广大读者,贴近审计实践,充分发挥其审计理论园地和审计宣传阵地的作用,2012 年 6 月 21 日,《上海审计》杂志编辑部召开读者座谈会。我主持座谈会。

3. 为纪念《上海审计》杂志创刊 30 周年,2015 年 8 月 20 日,《上海审计》杂志编辑部召开"《上海审计》杂志的昨天、今天和明天"专题座谈会。我主持座谈会。上海市审计局局长、《上海审计》杂志主编田春华出席座谈会。

五、主持或出席市审计学会有关会议

1. 2008 年 11 月 20 日,出席上海市审计学会第六届理事会第三次会议,并首次作为市审计局分管领导到会讲话。

2. 2011 年 6 月 17 日,出席上海市审计学会第七届理事会第三次会议,会上被增补为上海市审计学会副会长。

3. 2013 年 12 月 26 日,上海市审计学会召开第八届第一次会员代表大会,240 名会员代表参加会议。我主持会议。上海市社会科学界联合会党组书记、专职副主席沈国明出席会议并讲话。会议审议通过了上海市审计学会第七届理事会工作报告和财务报告以及修改后的《上海市审计学会章程》,选举产生了 85 人组成了第八届理事会。在随后召开的上海市审计学会第八届理事会第一次会议上,选举产生了 23 人组成的上海市审计学会常务理事会、11 人组成的上海市审计学会学术委员会及新一届上海市审计学会领导成员。我当选为上海市审计学会副会长兼学术委员会主任委员。

六、应邀参加有关高校学术活动

1. 2013 年 9 月 13 日,作为教育指导委员会委员,出席上海立信会计学院审计硕士专业学位教育指导委员会 2013 年度工作会议。上海立信会计学院副校长邵瑞庆任上海立信会计学院审计硕士专业学位教育指导委员会主任,上海市审计局副局长江小民任上海立信会计学院审计硕士专业学位教育指导委员会副主任。

2. 2014 年 6 月 8 日,应邀出席上海立信会计学院 2014 届审计硕士专业学位研究生学位论文答辩会,担任答辩委员会委员。

3. 2014 年 6 月 21 日,应邀出席上海立信会计学院首届审计硕士专业学位研究生毕业典礼暨学位授予仪式。审计署驻上海特派员办事处特派员胡家俊、上海市教育委员会副主任陆靖、上海市审计局巡视员江小民、浦东新区审计局局长徐国平、松江区审计局局长沈日新等出席。

4. 2014年11月12日，应邀出席上海市学位委员会办公室在上海立信会计学院召开的"服务国家特殊需求项目"试点中期考核专家进校指导工作会议。上海市教育委员会副主任陆靖等出席会议。

5. 2015年5月17日，应邀出席在上海立信会计学院举行的中国会计博物馆2015国际博物馆日特展——《会苑奇珍：西南少数民族地区会计文化展》开幕式并致辞。上海立信会计学院党委书记李世平、校长唐海燕等出席。

6. 2015年5月23日，应邀出席上海立信会计学院2015届审计硕士专业学位研究生学位论文答辩会，担任答辩委员会委员。

7. 2015年6月5日，应邀出席上海政法学院经济管理学院召开的"财务管理与审计专业人才培养方案"研讨会。会议由上海政法学院经济管理学院院长王明华教授主持。上海政法学院副校长胡继灵教授出席并致辞。

8. 2015年6月19日，应邀出席上海海关学院涉关专业行业专家教学指导委员会聘任仪式暨涉关专业人才培养方案论证会议。上海海关学院副院长陈晖主持会议。上海海关学院院长肖建国出席会议并致辞。肖建国院长向我颁发上海海关学院涉关专业行业专家教学指导委员会委员聘书。

9. 2015年9月17日下午，上海海事大学在经济管理学院学术报告厅举行客座教授受聘仪式。上海海事大学经济管理学院院长刘斌教授主持受聘仪式。上海海事大学副校长王海威向我颁发上海海事大学客座教授聘书，并为我佩戴上海海事大学校徽。聘任仪式结束后，我应邀在上海海事大学滴水湖经济与管理论坛系列报告之三十七作"审计工作新要求新动态及审计人员应具备的知识和能力"报告。上海海事大学财务处处长张川教授主持报告会。

10. 2015年11月10日，应邀出席上海政法学院经济管理学院召开的审计学专业硕士点建设研讨会。会议由上海政法学院经济管理学院院长王明华教授主持。

11. 2015年11月27日下午，应邀参加由上海市教育委员会召开的关于组建上海立信金融学院（暂名）论证报告专家论证会。上海市教育委员会副主任丁晓东主持会议。

12. 2015年11月28日,应邀出席由上海市学位委员会办公室主办、上海立信会计学院承办的2015年上海"新常态时期审计理论与实务创新"研究生学术论坛,并与上海对外经贸大学杨淑娥教授一起作获奖论文点评。上海立信会计学院副校长许玫出席论坛并致辞。上海汽车集团股份有限公司财务总监谷峰、沪港国际咨询集团董事长郭康玺、上海证券交易所市场监管部高级经理王建春出席论坛并作演讲。

13. 2015年12月26日,应邀出席上海立信会计学院"一带一路"会计文化研究中心第一届第一次理事会会议,以及上海立信会计学院"一带一路"会计文化研究中心成立仪式暨"一带一路":经济与文化融合下的新机遇与新挑战学术报告会。上海立信会计学院副校长许玫主持会议。上海立信会计学院党委书记、上海立信会计学院"一带一路"会计文化研究中心理事会理事长李世平向我颁发上海立信会计学院"一带一路"会计文化研究中心理事会理事聘书。

14. 2016年1月25日上午,上海立信会计学院举行客座教授聘任仪式。上海立信会计学院审计硕士教育中心主任王扬主持聘任仪式。上海立信会计学院党委书记李世平向我颁发上海立信会计学院客座教授聘书。上海立信会计学院副校长许玫,研究生工作办公室、人事处相关负责人,审计硕士教育中心全体人员参加聘任仪式。

15. 2016年5月29日,应邀出席上海立信会计学院2016届审计硕士专业学位研究生学位论文答辩会,担任答辩委员会委员。

16. 2016年6月24日,作为校外导师,应邀出席上海立信会计金融学院2016届研究生毕业典礼暨学位授予仪式。

七、参加其他审计学术活动

1. 2011年7月1日,应邀参加上海科学院、中船重工七一一所、上海科技管理干部学院承担的《深化国有科研院所经济责任审计的战略思考》课题研讨会并发表意见。

2. 为推动全市审计机关深入开展审计理论研究,更好地发挥审计科研的"智库"作用,2012年2月至3月,组织上海市审计科学研究所开展全市审计机关优秀审计课题研究报告评选活动。经组织有关专家对符合评审条件的课题研究报告进行评审,并报市审计机关审计科研工作领导小组审定,有6项审计课题研究报告荣获2009—2010年度优秀审计课题研究报告一、二、三等奖。

3. 2014年度上海市政府决策咨询研究审计专项课题自2014年3月25日面向社会公开招标,并于5月8日组织专家评委与申报课题组举行面谈评审会,最终评审结果是:《国家审计促进政府自身建设的作用和途径研究》由上海立信会计学院王扬负责的课题组承接;《自然资源资产负债表与领导干部自然资源资产离任审计研究》由华东理工大学张爱民负责的课题组承接。这是上海市审计局首次以市政府决策咨询研究审计专项课题名义面向社会公开招标并获得成功。我组织上海市审计科学研究所具体负责此项招标工作,并主持召开面谈评审会。

4. 2015年4月28日,应邀出席由华东理工大学课题组承接的教育部教育经费监管事务中心委托课题《高校内部控制风险点梳理和基本制度框架体系》子课题《高校内部控制规范的监督》研讨会并发表意见。

5. 2014年12月,应邀参加上海交通大学医学院审计处组织的审计论文评审,任评审专家。

6. 2015年度上海市政府决策咨询研究审计专项课题自2015年4月2日面向社会公开招标,5月19日经组织专家会议和面试比选两轮评审,确定2个课题组中标。《大数据环境下的审计方式和技术创新研究》由上海对外经贸大学张天舒、孙文龙负责的课题组承接;《审计在法治政府建设中的作用和途径研究》由上海海事大学张川负责的课题组承接。我组织上海市审计科学研究所具体负责此项招标工作,并主持召开面谈评审会。

7. 2015年12月13日,应邀出席沪港国际咨询集团举办的上海市社会团体管理局民办非企业单位机构管理制度研讨会,就《民办非企业单位财务会计制度研究课题研究》发表意见。

8. 2015年12月,应邀参加上海交通大学医学院审计处组织的审计论文评审,任评审专家。

9. 2016年度上海市政府决策咨询研究审计专项课题自2016年3月31日面向社会公开招标,5月19日经组织专家会议面谈评审,确定2个课题组中标。《政府财务报告审计制度研究》由上海立信会计学院王扬负责的课题组承接;《审计职业化建设研究》由上海对外经贸大学程安林负责的课题组承接。我组织上海市审计科学研究所具体负责此项招标工作,并主持召开面谈评审会。

主持培训班和法制讲座情况

一、主持培训班

1. 2006年8月3日至4日,上海市审计局举办2006年区县党政领导干部任期经济责任审计业务培训班。我主持培训班。市审计局有关处室重点讲解了2006年区县党政领导干部任期经济责任审计工作方案、区县财政审计工作重点、区县社会保障资金审计要点、区县土地资源利用和土地使用权出让情况审计要点、区县国资审计重点、政府投资项目审计特点等。同时,进行了经济责任审计案例分析。

2. 2008年9月15日至28日,上海市审计局在上海市举办了2008年度西部地区发展优势产业人才培训——政府投资项目效益审计专题研修班。我指导上海市审计局培训中心负责组织研修班。共有来自四川、云南、重庆、西藏、新疆、湖北6个省、市、自治区的49名学员参加研修班,其中:来自审计系统的干部33人,来自财政系统的干部6人,来自发展改革委系统的干部10人。为组织好为期2周的研修班教学培训工作,上海市审计局固定资产投资审计处先后选派具有丰富投资审计经验的9位专家和骨干进行授课,结合市畜禽场综合治理、轨道交通莘闵线等8个项目效益审计案例,详细讲解了政府投资项目效益审计的主要内容和具体方法、政府投资项目的财务管理、建设项目资金效益的计算机辅助审计等内容。同时,组织学员参观考察上海长江隧桥、2010年上海世博会、洋山深水港和东海大桥等重大建设项目,增强了投资效益审计的教学效果。

3. 为了促进都江堰市审计工作在保障灾后重建和灾区经济社会健康发展中发挥更大作用,2009年8月20日至23日,上海市审计局在四川省都江堰市举办了为期4天的上海市对口援建审计专题研修班。我指导上海市审计局培训中心负责组织研修班。我与成都市审计局副局长罗济沙,都江堰市市委常委、组织部长陈扬杰出席开班典礼并讲话。都江堰市审计局全体人员,都江堰市财政局、发展改革局、建设局、教育局、社会保障局、农村发展局、纪委、青城山都江堰管理局等部门以及各乡镇政府的相关人员共计150人参加了审计专题研修班。在审计专题研修班上，上海市审计局办公室李文、法规处肖铭、财政审计处傅敏、社会保障审计处韦理、农业与资源环保审计处贾洪忠、经济责任审计处吴晓玲、固定资产投资审计处陈晓光和黄俊分别作了审计项目计划管理、审计质量控制、财政预算执行审计、社保资金审计、农业与资源环保专项资金绩效审计、经济责任审计、政府投资项目审计常见问题及审计方法、政府投资项目效益审计主要内容及具体方法等专题讲座。举办审计专题研修班，是上海市审计局探索开展对口援建审计工作的一次新尝试，得到了上海市政府合作交流办公室、上海市对口支援都江堰市灾后重建指挥部和都江堰市政府的重视和支持。上海市对口支援都江堰市灾后重建指挥部副总指挥是明芳与我会晤，表示感谢。

4. 2011年12月21日，上海市审计科学研究所举办全市审计机关审计理论研究青年骨干培训班。我出席培训班并作动员讲话，各区县审计局、市局各处室青年科研骨干50余人参加培训。

5. 2014年5月17日至31日，根据上海市对口支援与合作交流工作领导小组办公室《2014年上海市为对口支援地区实施人才资源开发项目资金安排方案》的通知要求，上海市审计局在上海市组织举办了对口援建青海省果洛藏族自治州审计系统综合业务培训班。我出席开班仪式并讲话。来自青海省果洛藏族自治州及所属6县审计局的47名审计人员参加了培训班。

6. 为深入贯彻《上海市审计条例》，进一步推进绩效审计工作，2014年6月13日，上海市审计局举办了为期一天的绩效审计案例培训班。我主持培训班。

7. 2014年9月10日至21日，上海市审计局在上海市举办西藏日喀则地区审计局审计综合业务培训班。我出席培训班并作动员讲话。来自西藏日喀则地区审计局11名审计人员参加了培训。

8. 2015年5月29日，上海市审计局举办了为期一天的行政事业单位会计制度及内部控制规范培训班，邀请上海立信会计学院副教授、高级会计师、上海市财务会计管理中心特聘专家李正华主讲。我主持培训班。

9. 2015年7月18日至24日，我率上海市审计局进藏送教代表团一行7人，赴西藏自治区日喀则市审计局举办审计综合业务培训班，实施智力援藏。我除作开班动员讲话外，并作"撰写审计报告的有关要求"专题讲座。上海市审计局财政审计处冯炜、经贸审计处高峰、行政事业审计处张溪远、农业与资源环保审计处李骞分别作财政预算执行审计、经济责任审计、行政事业单位审计、资源环保审计等专题讲座。日喀则市审计局党组书记陈元森、局长次仁率全局干部职工以及社会中介机构审计人员50余人参加培训。此次进藏送教,受到有关方面高度重视。西藏自治区日喀则市市长张洪波,市委副书记、上海市第七批援藏干部联络组领队戴晶斌,副市长甘立泉,市委副秘书长、上海市第七批援藏干部联络组副领队赵亮,上海市人民政府驻西藏办事处常务副主任熊英等分别会见我一行,对上海市审计局进藏送教智力援藏表示感谢。

10. 为加强社会保障审计工作,2015年9月2日,上海市审计局举办了为期一天的社会保障审计培训班。我主持培训班。上海市审计局社会保障审计处黄蕾、吴士军、马晶晶、顾朝晖分别作专题讲座。

11. 2015年9月16日至25日,根据上海市对口支援与合作交流工作领导小组办公室《2014年上海市为对口支援地区实施人才资源开发项目资金安排方案》的通知要求,上海市审计局在上海市组织举办了对口援建新疆喀什地区审计系统培训班。我出席开班仪式并讲话。来自新疆喀什地区及所属县审计局的25名审计人员参加培训班。

二、主持法制讲座

1. 2013年10月25日,上海市审计局召集各区县审计局负责政府信息公开工作的相关领导和人员,举办了为期一天的有关政府信息公开审计法制讲座。我主持讲座。邀请市高级人民法院行政审判庭庭长殷勇、市政府办公厅政府信息公开处处长潘旭山、市政府法制办行政复议处处长刘建平就政府信息公开案件裁判标准和审查方式、新形势下的政府信息公开,以及从行政复议看政府信息公开等方面进行了讲解。

2. 2014年5月16日,上海市审计局举办审计法制专题讲座,邀请审计署法规司法规准则处处长彭新林向全市审计机关审计人员作以"审计现场管理"为主题的讲座。我主持讲座。

3. 2015年4月24日,上海市审计局举办审计法制专题讲座,邀请上海市政府法制办行政复议处调研员宋健向全市审计机关审计人员作"浅谈依法行政"讲座。我主持讲座。

应邀作专题讲座或报告情况

1. 1996年11月8日,应邀在审计署办公厅于云南省昆明市举办的全国审计信息宣传培训班作"审计新闻写作"专题讲座。审计署办公厅副主任谭绳喜、审计署办公厅信息处处长王冰出席,审计署办公厅信息处副处长王倩主持讲座。

2. 1998年10月,应邀在上海市国有资产管理办公室举办的首届国有企业监事会主席培训班作"国有企业审计"专题讲座。

3. 2006年5月31日,应邀在上海交通大学国际与公共事务学院举办的河南省郑州市市级机关干部培训班作"经济责任审计"专题讲座。

4. 2006年10月31日,应邀在上海市卫生局内部审计人员培训班作"加强经济责任审计"专题讲座。

5. 2007年6月12日,应邀在上海良友(集团)有限公司内部审计人员培训班作"加强经济责任审计"专题讲座。

6. 2007年7月4日,应邀在上海市公安局内部审计人员培训班作"内部审计工作面临的新形势新任务"专题讲座。

7. 2007年10月22日,应邀在上海汽车工业(集团)总公司审计人员继续教育培训班作"加强国有企业内部审计"专题讲座。

8. 2007年12月13日,应邀在上海经济管理干部学院举办的上海市国资委监管企业监事会主席财务总监培训班作"国有企业经济责任审计发现的主要问题"专题讲座。

9. 2008年1月22日,应邀在上海锦江国际(集团)有限公司内部审计工作年会作"加强内部审计工作转型"专题讲座。

10. 2008年2月1日,应邀在上海市内部审计师协会、上海市审计局培训中心举办的上海市内部审计高级研修班作"上海经济责任审计情况"专题讲座。

11. 2008年4月1日,应邀在上海市人力资源与社会保障局内部审计人员培训班作"经济责任审计"专题讲座。

12. 2008年4月10日,应邀在上海师范大学举行的上海市教育委员会内部审计人员培训班作"经济责任审计规范与要求"专题讲座。

13. 2008年5月8日,应邀在上海市公安局出入境管理局举行的上海市内部审计师协会军队武警政法专业委员会审计知识专题讲座作"深入开展经济责任审计工作"专题辅导报告。

14. 2008年8月26日,应邀在上海良友(集团)有限公司内部审计人员培训班作"国有企业推进经济责任审计的要求"专题讲座。

15. 2008年9月24日,应邀在2008年上海市卫生系统内部审计人员继续教育培训班作"内部审计发展要求与质量控制"专题讲座。

16. 2008年10月28日,应邀在上海市监狱管理局内部审计人员培训班作"经济责任审计"专题讲座。

17. 2008年12月30日,应邀在上海市公安局内部审计人员培训班作"经济责任审计"专题讲座。

18. 2009年4月27日,应邀在上海市政法管理干部学院举行的上海市司法局内部审计人员培训班作"经济责任审计规范与要求"专题讲座。

19. 2009年8月6日,应邀在上海市审计局全员集中培训班作"撰写审计报告和审计调查报告的有关要求"专题讲座。

20. 2010年7月20日,应邀在上海瑞金医院作"经济责任审计"专题讲座。

21. 2010年7月21日,应邀在上海良友(集团)有限公司内部审计人员培训班作"当前审计工作的若干热点问题"专题讲座。

22. 2011年9月1日,应邀在上海良友(集团)有限公司内部审计人员培训班作"国有企业领导人员经济责任审计的有关要求"专题讲座。

23. 2013年10月28日,应邀在上海良友(集团)有限公司内部审计人员培训班作"《中国内部审计准则》解读"专题讲座。

24. 2013年12月25日,应邀在上海银行内部审计人员培训班作"《中国内部审计准则》解读"专题讲座。

25. 2014年4月29日,应邀在上海立信会计学院专业学位行业发展前沿——立信MAud讲坛(第10期)作"自然资源资产负债核算与领导干部自然资源资产离任审计"专题讲座。

26. 2014年5月27日,应邀在上海财经大学继续教育学院举办的浙江省丽水市内部审计人员培训班作"内部审计工作流程与方法"专题讲座。

27. 2014年5月28日,应邀在上海财经大学继续教育学院举办的山东省济宁市政府投资审计骨干能力提升班作"审计项目质量管理"专题讲座。

28. 2014年7月10日,应邀在由上海市学位委员会办公室主办、上海立信会计学院承办的2014年上海"审计高级实务前沿"研究生暑期学校作"当前审计面临的挑战与对策及审计人员应具备的知识与能力"专题讲座。

29. 2014年8月21日,应邀在上海市内部审计师协会举办的内部审计系列讲座作"知识与能力 挑战与对策 合力与发展"专题讲座。

30. 2014年11月10日,应邀在上海财经大学继续教育学院举办的新疆维吾尔自治区文化厅干部培训班作"加强单位内部审计,推进经济责任审计"专题讲座。

31. 2014年11月14日,应邀在上海交通大学医学院领导干部经济责任审计专题培训班作"加强医院审计,促进后勤管理"专题讲座。上海交通大学医学院副院长郭莲主持讲座。

32. 2014年11月19日,应邀在上海立信会计学院立信MAud讲坛(第18期)作"政府审计实务概况及要求"专题讲座。

33. 2014年11月25日,应邀在上海海关学院举办的海关稽查内审人员培训班作"加强海关内部控制,促进海关健康运行"专题讲座。

34. 2014年12月4日,应邀在上海对外经贸大学会计学院作"政府审计实务概况及相关问题研究"专业基础讲座。

35. 2014年12月10日,应邀在上海大学2014年第九次中心组学习报告会作"加强高校审计,促进廉政建设"专题报告。上海大学党委副书记、纪委书记夏小和,副校长丛玉豪及校院两级中心组成员,副处级以上干部近两百人出席。报告会由夏小和主持。

36. 2014年12月18日,应邀在贵州省审计厅作"大力推进绩效审计"专题讲座。贵州省审计厅总审计师李凌主持讲座,贵州省各级审计机关视频转播讲座。

37. 2014年12月25日,应邀在上海交通大学安泰经济与管理学院会计系会计硕士名家论坛作"政府审计实务概况及要求"专题讲座。

38. 2015年4月29日,应邀在上海海事局内部审计人员培训班作"加强海事局内部控制,促进海事局健康运行"专题讲座。

39. 2015年5月9日,应邀在复旦大学国际关系与公共事务学院举办的南宁市人大财经系统领导干部综合能力提升培训班作"政府审计中的常见问题"专题讲座。

40. 2015年5月31日,应邀在立信会计师事务所党员大会作"增强职业操守,防范审计风险,提高职业能力"专题讲座。立信会计师事务所首席合伙人、党委书记朱建弟主持讲座。

41. 2015年6月6日,应邀在上海市闸北区党政主要负责同志培训班作

"进一步做好和深化经济责任审计工作"专题讲座。闸北区区委常委、区纪委书记李渤主持讲座。

42. 2015年6月26日,应邀在华东理工大学商学院作"上海教育界与政府审计界的优越互补"专题报告。

43. 2015年9月15日,应邀在上海社会科学院处级以上党员干部集中学习会上作"加强科研单位科研管理和内部控制"专题讲座。上海社会科学院党委书记于信汇主持讲座。上海社会科学院院长王战等出席会议。

44. 2015年9月19日和22日,应邀在上海国家会计学院举办的山东省青岛市下属区、县审计局审计人员培训班分别作"《国家审计准则》及其在基层审计机关的运用"和"财政资金绩效审计"专题讲座。

45. 2015年9月25日,应邀在上海戏曲艺术中心作"加强文艺单位经费监管和内部控制"专题讲座。

46. 2015年10月9日,应邀在上海财经大学继续教育学院举办的浙江省台州市审计局审计人员培训班作"加强审计项目质量管理"专题讲座。

47. 2015年10月22日,应邀在上海市内部审计师协会举办的内部审计系列讲座作"审计案例讲解"专题讲座。

48. 2015年10月26日,应邀在上海国家会计学院举办的山东省青岛市下属区、县审计局审计人员培训班作"加强审计项目质量管理"专题讲座。

49. 2015年10月28日,应邀在上海交通大学安泰经济与管理学院会计系作"审计工作新要求新动态及审计人员应具备的知识和能力"专题讲座。

50. 2015年11月3日,应邀在上海海关学院作"审计简介及审计人员应具备的知识和能力"专题讲座。

51. 2015年11月11日,应邀在上海财经大学继续教育学院举办的江苏省苏州市地方税务局稽查内审培训班作"加强行政机关内部审计"专题讲座。

52. 2015年11月18日,应邀在国家电网公司华东分部(华东电网有限公司)审计部作"审计案例讲解"专题讲座。

53. 2015年11月25日,应邀在上海立信会计学院作"经济新常态与反腐新形势下的国家审计新使命"专题讲座。

54. 2015年11月26日,应邀在上海市计划生育科学研究所作"加强科研单位科研管理和内部控制"专题讲座。上海市计划生育科学研究所党委书记刘伟主持讲座。

55. 2015年11月30日,应邀在上海国家会计学院举办的江西省新余市审计局审计人员培训班作"加强审计项目质量管理"专题讲座。

56. 2015年12月12日,应邀在上海财经大学继续教育学院举办的河南省焦作市审计局审计人员培训班作"深化经济责任审计"和"推进审计全覆盖"专题讲座。

57. 2015年12月14日,应邀在上海市教育卫生工作党委、上海市教育委员会直属单位审计工作暨审计培训会上作"加强教育单位内部控制和审计监督"专题讲座。上海市教育委员会副巡视员王志伟出席会议。

58. 2016年3月12日,应邀在上海财经大学MPAcc中心作"国家审计的新使命与新举措"专题讲座。

59. 2016年4月14日,应邀在上海新南洋股份有限公司作"加强国有企业内部控制和廉政建设"专题讲座。

60. 2016年4月19日,应邀在上海金融学院会计学院作"审计组织体系与国家审计新使命"专题讲座。

61. 2016年5月12日,应邀在上海海洋大学继续教育学院举办的国家海洋局北海分局会计人员业务提升培训班作"加强审计监督,促进廉政建设"专题讲座。

62. 2016年5月16日,应邀在上海对外经贸大学会计学院作"经济新常态和反腐新形势下的国家审计新使命"专题讲座。

63. 2016年6月18日、19日,应邀在上海财经大学商学院举办的吉林省林业重点工程资金监管培训班作"审计法规体系和审计规范深度解读""审计报告撰写方法实务""财政收支违法行为的审计处理"专题讲座。

64. 2016年6月27日,应邀在上海财经大学商学院举办的内蒙古自治区人民政府办公厅、内蒙古自治区经济和信息化委员会系统财务人员培训班作"政府审计重点内容与审计实务"专题讲座。

65. 2016年6月28日,应邀在国家电网公司华东分部(华东电网有限公司)审计部作"经济发展新常态与加强国有企业审计"专题讲应。

参加高级专业技术职务任职资格评审情况

一、参加上海市经济系列高级专业技术职务任职资格评审

1. 2001年9月29日,作为学科组专家,参加上海市经济系列(流通领域)高级专业技术职务任职资格年度评审。

2. 2002年6月12日,作为学科组专家,参加上海市经济系列(流通领域)高级专业技术职务任职资格年度评审。

3. 2003年3月5日,作为学科组专家,参加上海市经济系列(流通领域)高级专业技术职务任职资格年度评审。

4. 2005年9月4日,作为学科组专家,参加上海市经济系列(综合经济)高级专业技术职务任职资格年度评审。

5. 2010年11月28日,作为学科组专家,参加上海市经济系列(综合经济)高级专业技术职务任职资格年度评审。

二、参加上海市审计系列高级专业技术职务任职资格评审

1. 2009年11月28日,作为评审委员会委员,参加上海市审计系列高级专业技术职务任职资格年度评审。

2. 2010年11月20日,作为评审委员会委员,参加上海市审计系列高级专业技术职务任职资格年度评审。

3. 2012年11月24日,作为评审委员会委员,参加上海市审计系列高级专业技术职务任职资格年度评审。

4. 2013年11月30日,作为评审委员会委员,参加上海市审计系列高级专业技术职务任职资格年度评审。

5. 2015年12月6日,作为评审委员会委员,参加上海市审计系列高级专业技术职务任职资格年度评审。

参与接待来沪访问的外国审计代表团情况

1. 2002年3月23日至26日,参与接待来沪访问的缅甸联邦审计长公署审计长丁埃准将为团长的缅甸联邦审计长公署代表团一行3人。上海市政府秘书长姜斯宪会见缅甸联邦审计长公署代表团,上海市审计局局长葛爱玲参加会见。缅甸客人在沪期间,还参观了浦东新区。

2. 2002年3月29日至31日,参与接待来沪访问的俄罗斯联邦审计院院长斯捷帕申先生(前总理)为团长的俄罗斯联邦审计院代表团一行8人。上海市常务副市长蒋以任、上海市政府副秘书长杨雄会见俄罗斯联邦审计院代表团。俄罗斯联邦审计院代表团参观了浦东新区,受到浦东新区区长胡炜的热情接待。上海市审计局局长葛爱玲全程陪同俄罗斯客人在沪参观访问,并参加有关会见。

3. 2002年5月11日至13日,参与接待来沪访问的越南审计署审计长、越共中央委员会委员杜平洋先生为团长的越南审计署代表团一行7人。上海市政府秘书长姜斯宪会见越南审计署代表团。上海市审计局局长葛爱玲、副局长徐志中、副局长郑健龄、总会计师於榕与越南客人进行工作会谈。上海市审计局党组书记、副局长程志强陪同越南客人参观了浦东新区。

4. 2002年10月3日至5日,参与接待来沪访问的阿根廷议会审计委员会审计长莱昂德落·德斯普伊博士。上海市副市长姜斯宪会见阿根廷外宾。上海市审计局局长葛爱玲、副局长程志强分别陪同阿根廷外宾参观了浦东新区,游览了上海市容。

5. 2002年10月12日至19日,参与接待来沪访问的荷兰鹿特丹市审计局局长凡·高特先生为团长的荷兰鹿特丹市审计局代表团一行5人。10月16日至18日,随同上海市审计局局长葛爱玲,陪同荷兰鹿特丹市审计局代表团赴北京拜会中国审计署。10月16日下午,中国审计署审计长李金华、副审计长刘家义会见荷兰鹿特丹市审计局代表团。

6. 2002年11月7日至10日,参与接待来沪访问的委内瑞拉国家审计署审计长克洛多斯瓦尔多·鲁西安·乌斯卡特吉先生及夫人。上海市副市长姜斯宪会见委内瑞拉外宾。上海市审计局局长葛爱玲、副局长徐志中、副局长江小民分别陪同委内瑞拉外宾游览了上海市容和青浦朱家角古镇,参观了浦东新区。

7. 2003年9月3日至5日,参与接待来沪访问的巴基斯坦审计署审计长穆罕默德·尤尼斯·汗先生为团长的巴基斯坦审计署代表团一行3人。上海市副市长姜斯宪会见巴基斯坦审计署代表团。巴基斯坦审计署代表团在沪期间,分别由上海市审计局局长葛爱玲、副局长徐志中、副局长江小民陪同,游览了上海市容,参观了浦东新区。

8. 2004年3月29日至31日,参与接待来沪访问的缅甸联邦审计长公署审计长伦貌少将为团长的缅甸联邦审计长公署代表团一行4人。上海市副市长冯国勤会见缅甸联邦审计长公署代表团。缅甸客人在沪期间,由上海市审计局副局长江小民陪同,参观了浦东新区,游览了上海市容。

9. 2004年6月18日至20日,参与接待来沪访问的哥伦比亚审计署审计长埃尔南德斯先生为团长的哥伦比亚审计署代表团一行4人。上海市副市长冯国勤会见哥伦比亚审计署代表团。哥伦比亚客人在沪期间,由上海市审计局副局长江小民陪同,参观了豫园、东方明珠电视塔、朱家角古镇和F1赛车场。

10. 2004年7月19日,参与接待来沪访问的以韩国审计监察院检察官金成弘先生为团长的韩国审计监察院考察团一行14人。考察团由2名韩国审计监察院检察官和12名政府部门内部审计师组成。上海市审计局巡视员、上海市内部审计师协会会长徐志中等与韩国审计监察院考察团进行了工作交流。

11. 2004年7月23日至28日,参与接待来沪访问的瑞士联邦审计署审计长克特·格鲁特先生为团长的瑞士联邦审计署代表团一行5人。上海市副市长冯国勤会见瑞士联邦审计署代表团。上海市审计局局长葛爱玲、副局长江小民与瑞士联邦审计署代表团进行了工作会谈。

12. 2004年8月22日至28日,参与接待来沪访问的德国汉堡市审计院领导成员米厦埃尔·奥托·阿贝肯先生为团长的德国汉堡市审计院代表团一行4人。

13. 2004年9月8日至10日,参与接待来沪访问的罗马尼亚审计法院院长丹·德罗苏·沙古纳先生为团长的罗马尼亚审计法院代表团一行7人。上海市副市长冯国勤会见罗马尼亚审计法院代表团。罗马尼亚客人在沪期间,分别由上海市审计局领导陪同,参观了上海市容市貌。

14. 2004年11月28日至30日,参与接待来沪访问的乌克兰审计院院长西蒙年科先生为团长的乌克兰审计院代表团一行4人。上海市副市长冯国勤会见乌克兰审计院代表团。乌克兰客人在沪期间,分别由上海市审计局领导陪同,参观了上海市容市貌。

15. 2005年4月26日至28日,参与接待来沪访问的挪威审计长公署审计长加尼·莫克·埃登姆先生为团长的挪威审计长公署代表团一行3人。上海市副市长冯国勤会见挪威审计长公署代表团。挪威客人在沪期间,分别由上海市审计局局长葛爱玲,副局长江小民、施涛陪同,参观了上海市容市貌。

16. 2005年6月23日至26日,参与接待来沪访问的文莱审计署审计长萨玛尔女士为团长的文莱审计署代表团一行6人。上海市副市长冯国勤会见文莱审计署代表团。文莱客人在沪期间,分别由上海市审计局领导陪同,参观了上海市容市貌。

17. 2005年7月18日至20日,参与接待来沪访问的英国国家审计署审计长约翰·布恩爵士为团长的英国国家审计署代表团一行4人。上海市常务副市长冯国勤会见英国国家审计署代表团。上海市审计局局长葛爱玲等与英国国家审计署代表团进行了工作交流。英国客人在沪期间,分别由上海市审计局领导陪同,参观了上海市容市貌。

18. 2005年9月14日至15日,参与接待来沪访问的利比亚财政和技术监督机构(即利比亚最高审计机关)主席穆罕默德·阿卜杜拉·巴伊特·玛尔先生为团长的利比亚财政和技术监督机构代表团一行13人。上海市常务副市长冯国勤会见利比亚财政和技术监督机构代表团。利比亚客人在沪期间,由上海市审计局局长葛爱玲陪同,参观了上海市容市貌。

19. 2006年1月12日至14日,参与接待来沪访问的韩国审计监察院事务次长(副部级)河福东先生为团长的韩国监察院审计代表团一行5人。上海市审计局局长葛爱玲与韩国监察院审计代表团进行了工作会谈。韩国监察院审计代表团在沪期间,还参观了东方明珠电视塔和磁悬浮列车。

20. 2006年,参与亚洲审计组织第十届大会暨第三次研讨会有关筹备和接待工作。经国务院批准,亚洲审计组织第十届大会暨第三次研讨会于2006年9月在上海召开。为了确保大会顺利召开,2006年2月24日下午,审计署副审计长、亚洲审计组织第十届大会暨第三次研讨会筹备工作领导小组副组长刘家义在上海市审计局召开亚洲审计组织第十届大会暨第三次研讨会筹备工作协调会议。审计署外事司、审计署驻上海特派员办事处、上海市政府外事办、上海市公安局警卫局、上海市审计局(葛爱玲局长和我参加)有关领导就筹备工作进行商讨。会上,我汇报了上海市审计局有关筹备工作情况。2006年9月11日晚,中国审计署在上海国际会议中心7楼上海厅1区宴会大厅举行晚宴,欢迎出席亚洲审计组织第十届大会暨第三次研讨会的全体代表。中国审计署副审计长刘家义主持欢迎晚宴,中国审计署审计长李金华致祝酒词,上海市常务副市长冯国勤、上海市审计局局长宋依佳等出席。我作为中方主陪人员之一,出席了欢迎晚宴。2006年9月15日晚,上海市人民政府在上海展览中心友谊会堂三楼宴会厅举行招待晚宴,宴请出席亚洲审计组织第十届大会暨第三次研讨会的全体代表。上海市政府秘书长杨定华主持招待晚宴,上海市市长韩正致祝酒词,上海市常务副市长冯国勤、上海市审计局局长宋依佳等出席。我作为中方主陪人员之一,出席了招待晚宴。

21. 2010年9月29日至30日,参与接待来沪访问的挪威审计署审计长尤尔根·科斯莫先生为团长的挪威审计署代表团一行2人。上海市副市长屠光绍会见挪威审计署代表团。访沪期间,我陪同外宾参观了上海世博会挪威馆和上海市容市貌。

22. 2011年9月28日至30日,参与接待来沪访问的保加利亚审计署副审计长瓦列利·奥博斯特洛夫先生和副审计长茨维坦·茨维特科夫先生的保加利亚审计署代表团一行3人。访沪期间,保加利亚审计署代表团来上海市审计局开展工作会谈。上海市审计局副局长江小民和我向外宾介绍了上海市审计机关的组织构架和主要职能,双方还就两国审计体系和审计职能的异同之处进行了深入交流。

23. 2012年4月23日至24日,中国审计署在上海举办上海合作组织成员国、观察员国和对话伙伴国最高审计机关领导人第二次会议,就最高审计机关在反腐败中的作用、最高审计机关对国家经济合作的联合审计两个议题开展讨论。中国审计署审计长刘家义、上海市市长韩正出席大会开幕式并致辞。来自9个国家的最高审计机关领导人等38位代表出席本次会议。上海市审计局作为会议协办方。我作为中方主陪人员之一,出席了4月23日上海市人民政府举行的欢迎晚宴。

访问境外审计机构情况

1. 1995年11月26日至12月17日,参加以上海市审计局局长靳曾德为团长的上海市审计局赴英国、法国审计业务培训团。访问英国审计委员会、英国审计署、英国公认会计师公会(ACCA)总部、英国伦敦金融城财务委员会、英国索尔兹勃里市布朗和劳伦斯会计师事务所、法国审计法院、法国巴黎大区审计法庭、法国全国审计师同业公会、欧盟审计院。

2. 1999年1月14日至26日,参加以中共上海市委组织部副巡视员邵正平为团长的上海市国有资产管理办公室赴美国、加拿大国外企业监督体系考察团。访问美国华盛顿某会计师事务所。

3. 2002年6月13日至20日,参加以上海市审计局副局长郑健龄为团长的上海市审计局赴德国汉堡市审计院访问团。访问德国汉堡市审计院。

4. 2004年9月12日至23日,参加以上海市审计局副局长江小民为团长的上海市审计局赴瑞典、丹麦"审计质量控制体系建设"考察团。访问瑞典审计署、瑞典斯德哥尔摩市审计局、瑞典威斯特梅兰德州政府、丹麦注册会计师协会,了解瑞典、丹麦的审计质量控制体系,学习其在审计质量控制方面的成熟经验。

5. 2005年11月26日至12月16日,参加上海市审计局赴澳大利亚绩效审计培训团,任团长。在澳期间,培训团在悉尼科技大学听取了有关专家关于澳大利亚绩效审计情况的讲课介绍,并访问澳大利亚联邦审计署、澳大利亚新南威尔士州审计局、澳大利亚堪培拉市审计局,与澳大利亚审计同行就绩效审计进行了广泛的讨论,取得了富有成果的收获。

6. 2006年12月4日至15日,参加以上海市审计局副局长施涛为团长的上海市审计局赴南非、新加坡"审计计划管理与公共财政审计"考察团。访问南非审计署、南非内部审计协会、南非西开普敦经济发展署、新加坡 C. C. YANG&CO 会计师事务所、东方资金新加坡顾问有限公司。了解南非、新加坡在公共财政审计方面的经验,学习和借鉴审计计划管理的相关内容,并就预算管理、计算机辅助审计、政府采购审计等内容与南非、新加坡审计部门进行探讨和交流。

7. 2008年5月27日至6月5日，参加以上海市审计局局长宋依佳为团长的上海市审计局赴马来西亚、菲律宾"公共财政审计"考察团。访问马来西亚审计署、菲律宾审计委员会，探讨公共财政审计及其他政府审计方面的相关内容，加强审计理论研究和审计信息的交流。

8. 2010年4月21日至30日，参加上海市审计局赴西班牙、葡萄牙审计考察团，任团长。访问西班牙审计法院、西班牙财政部办公厅、葡萄牙审计法院，就审计人才培养、审计科研、世博审计实践经验等方面进行探讨交流。西班牙审计法院院长曼努艾尔·鲁内兹·佩雷斯、葡萄牙审计法院院长格雷厄姆·德奥维拉·马丁分别会见上海市审计局考察团。

9. 2013年8月29日至9月5日，参加上海市审计局赴瑞士、意大利审计出访团，任团长。访问瑞士苏黎世州财务审计局、意大利维泰伯切卡罗尼审计事务所、意大利米兰Demitri审计事务所，就公共财政与绩效审计的审计对象、审计内容、审计程序和审计技术方法等内容进行了交流。

10. 2015年10月11日至18日，参加上海市审计局赴波兰、荷兰审计出访团，任团长。访问波兰最高监查院、荷兰财政部中央审计办公室、荷兰审计法院，围绕审计组织管理方式、开展大项目审计及审计技术方法等内容进行交流和审计业务洽谈。波兰最高监查院副院长库忒瓦会见我出访团。

除上述访问境外审计机构外，2012年10月20日至26日，参加上海市审计学会赴台湾地区审计交流访问团，任团长。这是上海市审计学会首次组团访问台湾地区。访问期间，访问台湾地区审计主管部门台北市审计处，与台湾地区审计主管部门审计业务研究委员会执行秘书郭大荣、台北市审计处副处长李奕勋等就审计业务、审计理论研究工作等内容进行交流。

任职与参加学习培训和考核奖励情况

一、任职情况

1. 1994年1月20日,任上海市审计局综合业务处副处长(沪审人〔1994〕2号)。

2. 1995年1月,任上海市审计局综合业务处副处长(主持工作)。负责审计计划、审计信息、审计统计、审计业务协调,审计综合分析、财税物价大检查、审计文书核稿、重要文稿起草、审计宣传、志书年鉴、提案办理、办文办会、特约审计员、区县审计局联系指导等工作。

3. 2000年7月,任上海市经济责任审计工作联席会议办公室成员(沪审综〔2000〕114号)。

4. 2000年11月7日,任上海市审计局社会保障审计处处长(沪审人〔2000〕199号)。

5. 2002年2月28日,任上海市审计局办公室(由原办公室与原综合业务处合并)主任(沪审人〔2002〕31号)。

6. 2003年7月,任上海市经济责任审计工作联席会议办公室成员(沪经审办〔2003〕3号)。

7. 2006年3月17日,任上海市审计局经济责任审计处处长(沪审人〔2006〕38号)。期间,兼任上海市经济责任审计工作联席会议办公室副主任。

8. 2007年5月21日,在上海市内部审计师协会第二届理事会第一次会议上当选为上海市内部审计师协会副会长。

9. 2008年6月16日,上海市人民政府任命我为上海市审计局副巡视员(沪府任〔2008〕96号)。我分管上海市审计局法规处(复核审理处)、上海市审计科学研究所、上海市审计培训中心、上海市审计学会、《上海审计》杂志编辑部,联系上海市闵行区审计局、上海市宝山区审计局。

10. 2008年6月,任《上海审计》杂志副主编。

11. 2009年3月19日,在上海市审计学会第七届理事会第一次会议上当选为上海市审计学会常务理事和学术委员会委员。

12. 2009年8月,任上海市宏观经济学会理事。

13. 2009年12月30日,任市纪委市监察局市审计局案件查处和预防协作配合联席会议成员(沪纪〔2010〕2号)。

14. 2010年1月至2014年12月,任中国审计学会第六届理事会理事。

15. 2010年3月30日,在上海市社会科学界联合会第六次代表大会上当选为上海市社会科学界联合会第六届委员会委员。

16. 经参加中共上海市委组织部在上海市公开选拔领导干部,2010年12月13日起,我任上海市审计局总审计师,继续分管上述工作。上海市人民政府2010年12月13日发出《上海市人民政府关于林忠华同志职务任免的通知》(沪府任〔2010〕158号)。上海市公务员局2010年12月13日颁发韩正市长签署的上海市人民政府任命书(第2010—117号)。

17. 2011年5月23日,任上海市促进注册会计师行业加快发展工作联席会议组成人员(沪府办〔2011〕34号)。2012年7月5日,我代表上海市审计局出席上海市注册会计师协会第五次会员代表大会。

18. 2011年3月17日,中共上海市委组织部审批同意我兼任上海市审计学会副会长。2011年6月17日,在上海市审计学会第七届理事会第三次会议上,我被增补为上海市审计学会副会长。

19. 2011年10月28日,任上海市人民检察院、上海市审计局协调配合领导小组成员(沪检发〔2011〕319号)。

20. 2012年4月5日,任上海市审计机关审计科研工作领导小组组长(沪审科〔2012〕46号)。

21. 2012年4月13日,任上海市政府质量奖审定委员会委员(沪府办〔2012〕40号)。

22. 2012年9月21日,任中共上海市审计局党组成员(沪委组〔2012〕干字496号)。

23. 2013年6月24日,任上海市社会信用体系建设联席会议组成人员(沪府办〔2013〕42号)。

24. 2013年9月,被聘为上海立信会计学院审计硕士专业学位教育指导委员会委员。

25. 2013年12月,任上海市审计学会第八届理事会副会长兼学术委员会主任委员。

26. 2015年5月,被聘为上海海关学院涉关专业行业专家教学指导委员会委员。

27. 2015年12月,被聘为上海立信会计学院"一带一路"会计文化研究中心理事会理事。

二、获得职称资格情况

1. 1992年11月22日,经考试,获审计署授予的审计师专业技术资格证书(编号:0010525)。

2. 1996年2月19日,经上海市经济系列(流通领域)高级经济师评审委员会(1995年度)会议评审表决通过,获上海市职称改革工作领导小组颁发的高级经济师任职资格证书(1995年度)(编号:95L—0191)。

3. 2001年8月起,被上海市职称改革工作领导小组聘为上海市经济系列(流通领域)高级专业技术职务任职资格审定委员会学科组专家。

4. 2005年1月26日,获上海市人事局授予的上海市国家公务员面试考官资格证书(编号:023006)。

5. 2005年至2011年,任上海市经济系列(综合经济)高级专业技术职务任职资格审定委员会"发展规划与改革,投资项目管理"学科组专家。

6. 2007年4月7日至10日,参加上海证券交易所2007年度第五期上市公司独立董事任职资格培训班学习,获结业证书(编号:00734)。

7. 2008年10月,经考试,获国际注册内部审计师协会(IIA)颁发的国际注册内部审计师(CIA)资格证书(英文,证书号:85870);获经国际注册内部审计师协会授权,由中国内部审计协会颁发的国际注册内部审计师(CIA)资格证书(中文,证书号:85870)。

8. 2008年10月20日,被中共南京市委组织部聘请为2008年南京市公开选拔正局职领导干部面试考官,担任公开选拔南京市审计局局长面试考官。

9. 2009年7月、2012年7月、2015年7月,被上海市人力资源和社会保障局聘为上海市审计系列高级专业技术职务任职资格评审委员会委员。

10. 2014年11月,被聘为上海立信会计学院审计专业学位硕士研究生导师。

11. 2015年9月,被聘为上海海事大学客座教授。

12. 2016年1月,被聘为上海立信会计学院客座教授。

13. 2016年4月,被聘为上海市浦东新区审计局绩效审计咨询专家。

三、参加学习培训情况

1. 1994年10月,参加上海行政学院第6期国家行政机关干部岗位培训班学习。

2. 1995年5月15日至19日,参加上海市审计局在上海科学会堂举办的现代审计理论与实务高级研修班学习。研修班特邀毕马威国际会计公司审计专家授课。

3. 1997年9月5日至23日,参加上海市审计局举办的中德经济效益审计专题研修班学习。研修班特邀德国汉堡市审计院审计专家主讲经济效益审计专题。

4. 1998年9月至2001年7月,参加中共中央党校研究生院在职研究生班经济学专业学习,任上海班班级委员。2001年7月15日,获中共中央党校毕业证书(证字200132175)、中共中央党校学历证明(编号:98175)。参加中共中央党校研究生院毕业典礼,中共中央党校常务副校长郑必坚与毕业生合影。

5. 2001年9月至10月,参加上海行政学院第17期处级国家公务员领导职务任职培训班学习,任班长。获结业证书。

6. 2003年3月3日至6月27日,参加中共上海市委党校第25期中青年干部培训班学习。获结业证书(结字第032262号)。

7. 2008年9月1日至28日,参加中共上海市委党校第68期领导干部进修班学习,获结业证书(结字第0806308号)。

8. 2010年9月,参加审计署2010年度第二期司(厅、局)级干部专题研究班学习。

9. 2011年5月14日至6月4日,参加上海市干部选学高级研修班(总第四期)华东政法大学"领导干部法律素养"专题研修班学习。

10. 2011年9月1日至24日,参加上海市干部选学高级研修班(总第五期)上海财经大学"领导干部金融创新与管理"专题研修班学习。

11. 2012年5月5日至26日,参加上海市干部选学高级研修班(总第六期)中欧国际工商学院"组织能力与战略"研修班学习。

12. 2012年9月1日至22日,参加上海市干部选学高级研修班(总第七期)上海交通大学安泰经济与管理学院"领导力"专题研修班学习。

13. 2013年1月7日至9日,参加中共上海市委组织部、中共上海市委宣传部、中共上海市委党校主办的第5期领导干部学习贯彻党的十八大精神专题研讨班学习。

14. 2013年5月4日至25日,参加上海市干部选学高级研修班(总第八期)复旦大学"公共管理能力与领导者素养"专题研修班学习。

15. 2014年2月26日至28日,参加中共上海市委组织部、中共上海市委党校主办的第5期领导干部学习贯彻习近平总书记系列重要讲话精神专题研讨班学习。

16. 2014年5月10日至6月7日,参加上海市干部选学高级研修班(总第十期)华东师范大学"转型社会中的干部心理管理"专题研修班学习。

17. 2014年10月18日至11月8日,参加上海市干部选学高级研修班(总第十一期)同济大学"智慧城市建设"专题研修班学习。

18. 2015年10月24日至11月14日,参加上海市干部选学高级研修班(总第十三期)上海市科学技术协会"科技创新中心建设与科学发展"专题研修班学习。

19. 2016年5月7日至28日,参加上海市领导干部专题研讨班(总第十四期)上海音乐学院"音乐艺术与优美人格"专题研讨班学习。

四、考核奖励情况

1. 1992年度、1995年度、1996年度、1997年度、1998年度、2000年度、2002年度、2003年度、2004年度、2006年度、2007年度、2012年度公务员考核,考核等次为优秀。

2. 1993年1月,获上海市审计局1992年度记大功奖励证书。

3. 1994年3月,被上海市人民政府办公厅评为1993年度上海市政务信息先进工作者。徐匡迪副市长接见先进工作者并合影。

4. 1996年7月,被上海市人民政府办公厅评为1996年度上海市政务信息工作先进个人(沪府办〔1996〕25号)。

5. 1996年7月,被评为上海市审计局优秀共产党员。

6. 1998年7月,被评为上海市审计局1996—1998年度优秀共产党员。

7. 1999年6月,被上海市审计局评为上海市审计机关先进工作者。

8. 2001年6月,被中共上海市委党校评为中共中央党校1998级在职研究生班(上海班)优秀学员。

9. 2003年12月,被中共中央保密委员会办公室、国家保密局评为全国先进保密工作者。

10. 2014年7月,获中共上海市委组织部2012年度嘉奖公务员奖励证书。